山东大学儒学高等研究院儒学研究项目结项成果

历代帝王评儒辑录

徐庆文　辑

山东大学出版社

图书在版编目(CIP)数据

历代帝王评儒辑录/徐庆文辑. —济南:山东大学出版社,2019.4

ISBN 978-7-5607-6327-9

Ⅰ. ①历… Ⅱ. ①徐… Ⅲ. ①儒家—哲学思想—思想评论—中国—古代 Ⅳ. ①B222.05

中国版本图书馆 CIP 数据核字(2019)第 079371 号

责任编辑:张　瑞
封面设计:张　荔

出版发行:山东大学出版社
社　址　山东省济南市山大南路 20 号
邮　编　250100
电　话　市场部(0531)88363008
经　销:新华书店
印　刷:山东新华印务有限责任公司
规　格:787 毫米×1092 毫米　1/16
30.75 印张　562 千字
版　次:2019 年 4 月第 1 版
印　次:2019 年 4 月第 1 次印刷
定　价:60.00 元

前　言

一

儒学作为中华民族的主流思想及其文化基因已是不争的事实。儒学是怎样成为中华民族的主流思想的？它为何会由先秦的“显学”而上升为国家主流意识形态，并持续两千余年，从而塑造了中华民族的品性呢？这诚然与儒学的内容关系密切，同时也与历史上的帝王对儒学的推重与褒扬有关。所以，儒学的传承中历来就有道统与政统之说。道统在很大程度上是指学术儒学，政统（亦称“正统”或“治统”）在很大程度上指帝王推崇的儒学。

道统主旨在弘道，固守儒学的核心价值，将儒家思想的核心观念通过师道家法的形式代代相传，使儒学成为一种纯粹的“形上学”；政统在意的是儒学取势，借助王权政治势力弘扬光大。道统注重儒家思想的内求之路，即“反身而诚”，由内圣成就外王；政统则寻求“王道”，借助政治势力，将儒家思想制度化、体制化。在自汉以后的传统社会中，道统与政统互相支撑，互相扶助，共同起到将儒学发扬光大的作用，成就了儒学两千余年欣欣向荣的景象，也成就了帝王国泰民安的事业。

儒学传承的政统谱系中，起关键作用的是当时的帝王。帝王的一句话、一道旨意等都能够成为臣民行动的方向。自汉至清的两千余年中，帝王对儒学的言论、对孔子的祭祀甚至亲赴孔府谒孔等，已经成为儒学传承与发展的风向标，从某种意义上说支撑着儒学命脉的延续，也见证了儒学发展的轨迹。因此，这些帝王评儒，应该是儒学发展史的重要资料。

二

历史上的帝王对儒学的评价，虽然主流是褒奖，但也有贬损儒学的特例。即使是褒奖，其褒奖的程度也是不一样的，大体上体现出了距离孔子生活年代越远的帝王对儒学的评价越高，对儒学也越重视，也就越善于利用儒学的特点。这些在帝王对孔子的封号、尊孔的程度等中均有明显体现。

对儒学进行贬损的帝王虽然是极少数，但也应该成为帝王评儒的重要内容。事实上，孔子创立儒学之初，曾到许多诸侯国推荐自己的思想，也曾受到诸侯国君的重视。齐景公、卫灵公、鲁定公、鲁哀公等都曾问政于孔子，孔子以儒家思想回答后，这些国君也表示认可、赞许。然而，各位诸侯国君却不用孔子的思想治理国家。齐景公闻听孔子论政后，“厚其礼，留其封，敬见而不问其道”（《墨子·非儒下》），并对孔子说“吾老矣，弗能用也”（《史记·孔子世家》）。卫灵公只是因孔子当时的名气比较大，而给予孔子在鲁国相同的“粟六万”的待遇，至于孔子的思想却并未采用。鲁定公听闻孔子之道可治天下，曾以孔子为司空，治理鲁国时“物各得其所生之宜，咸得厥所”（《孔子家语·相鲁》），但最终也没有启用孔子之政。鲁哀公听孔子的言论后，“言加信，行加义，终没世不敢以儒戏”（《礼记·儒行》），并感叹曰：“嘻，美哉。子道广矣！”（《大戴礼记·四代》）秦始皇时觉得齐鲁儒生“议各乖异”（《汉书·郊祀志》），难施用，由此黜儒生，并以儒生“妖言以乱黔首”为由，将460余人“坑之咸阳”（《史记·秦始皇本纪》），可谓对儒家贬损之极。即使是以太牢祀孔子的汉高祖刘邦，在做皇帝之前对儒家的评价也不高：“沛公不喜儒，诸客冠儒冠来者，沛公辄解其冠，溺其中。与人言，常大骂。未可以儒生说也。”（《汉书·郦陆朱刘叔孙传》）

对孔子及儒家的礼敬从汉初的刘邦始。刘邦曾以太牢之礼祀孔子，从此开启了从汉到清皇帝对儒家的尊崇。皇帝对孔子及其儒家思想的尊崇形式多样，包括对孔子及其儒家代表人物的封号，对孔子（包括颜渊、曾参、孟子）后代的褒奖，还通过尊奉儒家经典、修建孔庙等纪念孔子，亲自到曲阜孔庙或派官员到孔庙祭祀等。

首先，帝王对孔子的封号。历代帝王给予孔子很多封号，这些封号大体上代表着帝王尊孔的程度。据史料记载，中国历史的演进过程中，孔子获得过30多个封号，其中帝王封谥达24次。帝王对孔子的封谥中，最早的是鲁哀公诔为尼父，只是象征性的“诔”。但到了西汉孝平皇帝，则追谥孔子为褒成宣尼公，孔子上升到公的地位。东汉孝和皇帝又改封褒成侯，由公上升到侯。北齐高皇帝又封为素王。虽然是素王，但地位却是王。唐太宗又封孔子为先圣；唐玄宗谥孔子为文宣王。元武宗给孔子加号大成至圣文宣王。帝王一步步地对孔子的追谥达到了无以复加的地步。从尼父，到公、侯、王、圣，再到圣王一体，明显反映了帝王对孔子的重视在不断提升。

其次，帝王对儒学的重视程度。在先秦，齐景公、鲁哀公等诸侯王均向孔子“问政”，但均是问而不用。汉高祖曾发出过“为天下安用腐儒哉”（《汉书·韩彭英卢吴传》）之问。汉武帝也只是对“礼坏乐con”“甚愍”（《册府元龟》卷四九）。随着汉武帝“独尊儒术”政策的推广，儒学逐渐受到重视，皇帝圣旨中开始引用儒家经典，国家设五经博士，置五经师。对于孔子的祭祀，最初只是一般按岁时祭，而且大多是民间祭，即孔子诞辰日、逝世日祭祀。汉武帝时期，派遣大司空宋宏到阙里祭祀孔子，开启了大臣代表皇帝祭孔的先例。其后，祭孔由民间上升到官方，从一年一祭改为一年多祭。唐时实行春秋二仲祭，清代固定春秋丁祭，春秋仲月上丁日皇帝或亲赴孔庙祭祀，或遣使臣进行祭祀。清代祭孔最盛时，不但要春秋祭，举凡孔庙修葺、册立皇太子、平定叛乱等均要“诣阙里祭告孔子”。从皇帝派大臣祭孔，到皇帝亲自祭祀，再到皇帝亲赴曲阜孔庙祭祀，祭孔的规模也在不断提升。受到祭礼的对象也由孔子扩展到四配、十哲、历代大儒，构成了一个庞大的“孔家店”。祭祀“孔家店”的礼乐也由普通的祭祀礼乐上升到八佾舞、大成乐，一步步将孔子塑造成神。崇儒尊孔远不止于此，从汉到清，孔子后裔历代受封（许多朝代孔、颜、曾、孟后裔也受朝廷封赐），其长子长孙出生即封公侯。而儒家经典也成为上至皇帝、下到平民百姓信奉的神圣教义，“在漫长的中国封建社会里，经学由于统治阶级的反复提倡，经典就具有了宰制万态、牢笼百家的功用。举凡治国的道理、社会的准则、教育的内容、做人的规矩、知识的获得等等，都可以通过研读经书的活动得到‘权威’的答复”[①]。为了推崇儒家思想，各地修建各种纪念设施表彰忠臣、孝子、义夫、节妇，使儒家思想落实于社会的各个层面和角落。

① 许道勋、徐洪兴：《中国经学史》，上海人民出版社 2006 年版，第 410～411 页。

三

从春秋时期到清代的古代社会中有几百位帝王，其中大多数帝王均有评儒言论与行动。特别是汉武帝采用“独尊儒术”政策后，帝王对儒学的评价和尊孔的行动尤其显著，但这些言论与行动的记载散记在各种古籍当中。即使有书籍将其单独编辑成册，如《文庙丁祭谱》《孔氏祖庭广记》，但从今天的视野看来，编辑也有很大的缺陷：一是资料不全。《文庙丁祭谱》中的《先师源流考》记载的范围是鲁哀公十六年（周敬王四十一年）至清道光二十三年；而《孔氏祖庭广记》则是从鲁哀公十六年记到金哀宗正大年间。两部典籍记载得均不全面，皇帝派遣大臣祭孔以及春（秋）筵帝王对儒家典籍的精到解读等内容也均无记载。二是重复。由于分类不同，《二十四史》《文庙丁祭谱》《孔氏祖庭广记》《明实录》《清实录》等典籍记载有许多重复之处，而且记载同一件事情或帝王的同一次评儒内容或活动，记录的内容有许多不同之处。

怎样将这些散在古代典籍中的帝王评儒内容聚集到一起，为后人查阅资料与研究这方面内容提供方便？这是辑者最初的一个理想化设计。曾经有一段时间，辑者几近放弃这一项目，但为了给项目一个交代，也为了实现给后人研究提供方便这一目标，我们还是坚持了下来。但坚持下来的结果，与我们项目立项的初衷还是有很大的差距。

其一，资料的完整性。我们开始设想，将春秋到清代（至少从汉到清）所有帝王评儒的言行尽量收集齐全。但在收集过程中发现，朝代距今越久远，记录的帝王评儒内容散佚得越多。即使没有散佚，但在文献中朝代越久远，记录得越简陋；而朝代越近，记录得越详细。这样收集到的内容就有失公允。同样是春筵，唐代的记录非常简短，而清代的记录则非常详细。这不是唐代帝王评儒的过程、言论比清代的简单，而是囿于记载官员考虑纸张、传承等因素而有意为之。所以，这就形成了宋元以前文献记录比较简略而明清时文献记录详细的格局。

其二，资料的准确性。由于《二十四史》中记载帝王评儒的言行非常简略，许多帝王评儒的资料则来源于正史以外的其他典籍，其中很多都是从地方志中辑录的。这些记载的准确性究竟有多大，我们不敢确定。事实上，同一件事情，在不同的文献中的记载就有许多不同。有的记载详细，有的记载简略，有的文献记载皇帝评儒的规格很高，有的记载得相对较低。我们很难从这些不同的记载中判断哪一种记载更为准确，只能将原始记载辑录，由读者进行取舍。需要说明的是，同一帝王评儒的事件或言论，多处典籍均有记载的，我们只采用其中一种，仅在该段内容后面标注其他典籍。其中，内容差别较大的，则加注释进行说明；内容差别不大的，则视为各典籍记载相同。

四

古代社会帝王评儒涉及时间达两千余年，而内容则繁杂无序。怎样编排才能方便阅读？《孔氏祖庭广记》将其分为“先圣追崇”“崇奉诏文”“崇奉杂事”“林庙亲祠”“祭祀杂事”“古碑”等内容；《阙里志》集中在卷六《祀典志》、卷一四《历代诰敕》、卷一五《明朝诰敕》、卷一六《御制祭文》、卷一七《御制赞》、卷一八《历代碑记》、卷一九《明朝碑记》；《文庙丁祭谱》主要集中在卷二《祀典源流谱》中。这些典籍按照不同的类别将内容相近的编排到一起，为阅读提供方便。但这种编排方式造成很多内容重复记载，而一些内容又容易疏漏。因此，本书以时间为序辑录帝王评儒内容。记载中没有具体时间的，我们一般会根据的内容推断出大体时间。这样虽显内容不够紧凑，但帝王评儒的脉络却清晰。

在帝王评儒的内容上，本文尽量收全，因此与帝王评儒相关的一些内容也收录其中。大体上分为帝王评儒“诏书”“言论”“祭文”“春筵讲经”“诰敕”以及帝王评儒过程的记载等。考虑到帝王遣官祭孔及诏书等毕竟是奉帝王旨意，因此将这部分内容也收录其中。

由于文献方面的原因，时间越往前追溯，文献中记录的帝王评儒就越简陋，内容也相对较少；而时间越往后移，记载帝王评儒的内容就越多。《明实录》和《清实录》大量记载帝王评儒的内容，所以明、清时期的内容较多，而宋元以前的内容较少。这并不是说宋元以前帝王评儒内容少，或帝王不重视儒家思想，而是文献记录的原因。由于明、清时期帝王评儒内容记录得比较详细，因此本书单列这一时期每位皇帝的评儒内容。

《明实录》采用台北“中央研究院”历史语言研究所 1962 年影印版，《清实录》采用中华书局 1985 年影印版。《孔氏祖庭广记》《文庙丁祭谱》《阙里志》采用山东友谊书社 1989 年版的《孔子文化大全》丛书的影印本。这些典籍大都是繁体字竖排，而且没有进行点校，经辑录者点校成现在书中内容。影印本文字有许多已经无法看清，有的文字属于明显的错字和别字。文字不清的，辑者据上下文补写；而错别字，辑者则直接改正。由于辑者并非文献学专业的学者，难免会出现点校方面的错误。辑校者尽量补全原文中大量遗漏之处和更正一些错、讹字。其中，有许多字是靠辑者的臆断更正的，因此难免会出现错误。

感谢前人的大量成果。没有前人的成果，本书无法完成，这些成果均列入参考资料中。我的研究生裴继祥、张敏、尹朱研帮助收集了大量资料，项申、曹红星帮助校对《明实录》和《清实录》的内容，在此一并感谢。同时，也感谢山东大学儒学高等研究院学术委员会各位委员们将此项目列入儒学高等研究院项目之中，感谢山东大学人文社科研究院对于本书的资助，感谢山东大学出版社姜明、张瑞为此书出版付出的辛苦劳动。

徐庆文

2019 年 2 月 10 日

目　录

第1章　先秦帝王评儒

1.1 《史记·孔子世家》

鲁昭公之二十年，而孔子盖年三十矣。齐景公与晏婴来适鲁，景公问孔子曰："昔秦穆公国小处辟，其霸何也？"对曰："秦，国虽小，其志大；处虽辟，行中正。身举五羖，爵之大夫，起累绁之中，与语三日，授之以政。以此取之，虽王可也，其霸小矣。"景公说。

1.2 《史记·孔子世家》

景公问政孔子。孔子曰："君君，臣臣，父父，子子。"景公曰："善哉！信如君不君，臣不臣，父不父，子不子，虽有粟，吾岂得而食诸！"他日又复问政于孔子，孔子曰："政在节财。"景公说，将欲以尼谿田封孔子。晏婴进曰："夫儒者滑稽而不可轨法；倨傲自顺，不可以为下；崇丧遂哀，破产厚葬，不可以为俗；游说乞贷，不可以为国。自大贤之息，周室既衰，礼乐缺有闲。今孔子盛容饰，繁登降之礼，趋详之节，累世不能殚其学，当年不能究其礼。君欲用之以移齐俗，非所以先细民也。"后景公敬见孔子，不问其礼。异日，景公止孔子曰："奉子以季氏，吾不能。"以季孟之间待之。齐大夫欲害孔子，孔子闻之。景公曰："吾老矣，弗能用也。"孔子遂行，反乎鲁。

1.3 《孔子家语·贤君》

齐景公来适鲁，舍于公馆，使晏婴迎孔子。

孔子至，景公问政焉。孔子答曰："政在节财。"

公悦。又问曰："秦穆公国小处僻而霸，何也？"

孔子曰："其国虽小，其志大，处虽僻，而其政中。其举也果，其谋也和，法无私而令不偷。首拔五羖，爵之大夫，与语三日而授之以政。此取之，虽王可，其霸少矣。"

景公曰："善哉！"

（又见于《说苑·尊贤》）

1.4 《孔子家语·六本》

孔子在齐，舍于外馆，景公造焉。宾主之辞既接，而左右白曰："周使适至，言先王庙灾。"景公覆问："灾何王之庙也？"孔子曰："此必釐王之庙。"公曰："何以知之？"

孔子曰："《诗》云：'皇皇上天，其命不忒。'天之以善，必报其德。祸亦如之。夫釐王变文武之制，而作玄黄华丽之饰，宫室崇峻，舆马奢侈，而弗可振也。故天殃所宜加其庙焉，以是占之为然。"

公曰："天何不殃其身，而加罚其庙也？"

孔子曰："盖以文武故也。若殃其身，则文武之嗣，无乃殄乎？故当殃其庙以彰其过。"

俄顷，左右报曰："所灾者，釐王庙也。"

景公惊起，再拜曰："善哉！圣人之智，过人远矣。"

（又见于《说苑·权谋》）

1.5 《墨子·非儒下》

齐景公问晏子曰："孔子为人何如？"晏子不对。公又复问，不对。景公曰："以孔某语寡人者众矣，俱以贤人也。今寡人问之，而子不对，何也？"晏子对曰："婴不肖，不足以知贤人。虽然，婴闻所谓贤人者，入人之国，必务合其君臣之亲，而弭其上下之怨。孔某之荆，知白公之谋，而奉之以石乞，君身几灭，而白公僇。婴闻贤人得上不虚，得下不危，言听于君必利人，教行下必于上，是以言明而易知也，行明而易从也。行义可明乎民，谋虑可通乎君臣。今孔某深虑同谋以奉贼，劳思尽知以行邪，劝下乱上，教臣杀君，非贤人之行也。入人之国，而与人之贼，非义之类也。知人不忠，趣之为乱，非仁义之也。逃人而后谋，避人而后言，行义不可明于民，谋虑不可通于君臣，婴不知孔某之有异于白公也，是以不对。"景公曰："呜乎！贶寡人者众矣，非夫子，则吾终身不知孔某之与白公同也。"

孔某之齐见景公，景公说，欲封之以尼谿，以告晏子。晏子曰："不可！夫儒，浩居而自顺者也，不可以教下。好乐而淫人，不可使亲治；立命而怠事，不可使守职；宗丧遂哀，不可使慈民；机服勉容，不可使导众。孔某盛容修饰以蛊世，弦歌鼓舞以聚徒，繁登降之礼以示仪，务趋翔之节以观众，博学不可使议世，劳思不可以补民，累寿不能尽其学，当年不能行其礼，积财不能赡其乐。繁饰邪术，以营世君；盛为声乐，以淫遇民。其道不可以期世，其学不可以导众。今君封之，以利齐俗，非所以导国先众。”公曰：“善。”于是厚其礼，留其封，敬见而不问其道。

1.6 《孔子家语·相鲁》

孔子初仕，为中都宰。制为养生送死之节，长幼异食，强弱异任，男女别涂，路无拾遗，器不雕伪。为四寸之棺，五寸之椁，因丘陵为坟，不封不树。行之一年，而西方之诸侯则焉。

定公谓孔子曰：“学子此法以治鲁国，何如？”

孔子对曰：“虽天下可乎，何但鲁国而已哉！”

于是二年，定公以为司空。乃别五土之性，而物各得其所生之宜，咸得厥所。

1.7 《史记·孔子世家》

定公十年春，及齐平。夏，齐大夫黎钽言于景公曰：“鲁用孔丘，其势危齐。”乃使使告鲁为好会，会于夹谷。鲁定公且以乘车好往。孔子摄相事，曰：“臣闻有文事者必有武备，有武事者必有文备。古者诸侯出疆，必具官以从。请具左右司马。”定公曰：“诺。”具左右司马。会齐侯夹谷，为坛位，土阶三等，以会遇之礼相见，揖让而登。献酬之礼毕，齐有司趋而进曰：“请奏四方之乐。”景公曰：“诺。”于是旍旄羽袚矛戟剑拨鼓噪而至。孔子趋而进，历阶而登，不尽一等，举袂而言曰：“吾两君为好会，夷狄之乐何为于此！请命有司！”有司却之，不去，则左右视晏子与景公。景公心怍，麾而去之。有顷，齐有司趋而进曰：“请奏宫中之乐。”景公曰：“诺。”优倡侏儒为戏而前。孔子趋而进，历阶而登，不尽一等，曰：“匹夫而营惑诸侯者罪当诛！请命有司！”有司加法焉，手足异处。景公惧而动，知义不若，归而大恐，告其群臣曰：“鲁以君子之道辅其君，而子独以夷狄之道教寡人，使得罪于鲁君，为之奈何？”有司进对曰：“君子有过则谢以质，小人有过则谢以文。君若悼之，则谢以质。”于是齐侯乃归所侵鲁之郓、汶阳、龟阴之田以谢过。

1.8 《史记·孔子世家》

孔子遂适卫，主于子路妻兄颜浊邹家。卫灵公问孔子：“居鲁得禄几何？”对曰："奉粟六万。"卫人亦致粟六万。居顷之，或谮孔子于卫灵公。

1.9 《荀子·哀公》

定公问于颜渊曰："东野毕之善驭乎？"

颜渊对曰："善则善矣。虽然，其马将失。"

定公不悦，入谓左右曰："君子固谗人乎！"

三日而校来谒，曰："东野毕之马失。两骖列，两服入厩。"定公越席而起曰："趋驾召颜渊！"

颜渊至。定公曰："前日寡人问吾子，吾子曰：'东野毕之驭，善则善矣。虽然，其马将失。'不识吾子何以知之？"

颜渊对曰："臣以政知之。昔舜巧于使民，而造父巧于使马。舜不穷其民，造父不穷其马，是以舜无失民，造父无失马也。今东野毕之驭，上车执辔，衔体正矣；步骤驰骋，朝礼毕矣；历险致远，马力尽矣。然犹求马不已，是以知之也。"

定公曰："善！可得少进乎？"

颜渊对曰："臣闻之：'鸟穷则啄，兽穷则攫，人穷则诈。'自古及今，未有穷其下而能无危者也。"

（又见于《吕氏春秋·离俗览·适威》《韩诗外传·二》《新序·杂事五》《孔子家语·颜回》）

1.10 《孔子家语·贤君》

孔子见宋君，君问孔子曰："吾欲使长有国，而列都得之。吾欲使民无惑，吾欲使士竭力，吾欲使日月当时，吾欲使圣人自来，吾欲使官府治理，为之奈何？"

孔子对曰："千乘之君，问丘者多矣，而未有若主君之问，问之悉也。然主君所欲者，尽可得也。丘闻之，邻国相亲，则长有国；君惠臣忠，则列都得之；不杀无辜，无释罪人，则民不惑；士益之禄，则皆竭力；尊天敬鬼，则日月当时；崇道贵德，则圣人自来；任能黜否，则官府治理。"

宋君曰："善哉！岂不然乎！寡人不佞，不足以致之也。"

（又见于《说苑·政理》）

1.11 《孔子家语·大婚》[1]

孔子侍坐于哀公。公问曰："敢问人道孰为大？"

孔子愀然作色而对曰："君及此言也，百姓之惠也，固臣敢无辞而对。人道，政为大。夫政者，正也。君为正，则百姓从而正矣。君之所为，百姓之所从。君不为正，百姓何所从乎！"

公曰："敢问为政如之何？"

孔子对曰："夫妇别，男女亲，君臣信，三者正，则庶物从之。"

公曰："寡人虽无能也，愿知所以行三者之道，可得闻乎？"

孔子对曰："古之政，爱人为大；所以治爱人，礼为大；所以治礼，敬为大；敬之至矣，大婚为大。大婚至矣，冕而亲迎者，敬之也。是故君子兴敬为亲，舍敬则是遗亲也。弗亲弗敬，弗尊也。爱与敬，其政之本与？"

公曰："寡人愿有言也。然冕而亲迎，不已重乎？"

孔子愀然作色而对曰："合二姓之好，以继先圣之后，以为天下宗庙社稷之主，君何谓已重焉？"

公曰："寡人实固，不固安得闻此言乎！寡人欲问，不能为辞，请少进。"

孔子曰："天地不合，万物不生。大婚，万世之嗣也，君何谓已重乎？"孔子遂言曰："内以治宗庙之礼，足以配天地之神；出以治直言之礼，足以立上下之敬。物耻则足以振之，国耻足以兴之。故为政先乎礼，礼其政之本与。"孔子遂言曰："昔三代明王，必敬妻子也，盖有道焉。妻也者，亲之主也。子也者，亲之后也。敢不敬与？是故君子无不敬，敬也者，敬身为大。身也者，亲之枝也，敢不敬与？不敬其身，是伤其亲；伤其亲，是伤其本也；伤其本，则枝从之而亡。三者，百姓之象也。身以及身，子以及子，妃以及妃，君以修此三者，则大化忾乎天下矣，昔太王之道也。如此，国家顺矣。"

公曰："敢问何谓敬身？"

孔子对曰："君子过言则民作辞，过行则民作则。言不过辞，动不过则，百姓恭敬以从命。若是，则可谓能敬其身，则能成其亲矣。"

公曰："何谓成其亲？"

孔子对曰："君子者也，人之成名也。百姓与名，谓之君子，则是成其亲，为

---

[1] 从1.11～1.30全部为"哀公问"。《史记》只记载"哀公问政"，《孔子家语》《礼记》《说苑》等均记"哀公问"内容。这些记载并没有标明时间顺序。本书将这些"哀公问"的内容按人道、礼、行为、人情、治国经验、用兵、人才、治国之道等顺序排列为1.11～1.28。1.29内容为"为政"的总方略，是1.11～1.28的总结。1.30为年长者在朝的作用，故放在本章的最后。

君而为其子也。"孔子遂言曰:"爱政而不能爱人,则不能成其身;不能成其身,则不能安其土;不能安其土,则不能乐天;不能乐天,则不能成其身。"

公曰:"敢问何能成其身?"

孔子对曰:"夫其行已不过乎物,谓之成身。不过乎,合天道也。"

公曰:"君子何贵乎天道也?"

孔子曰:"贵其不已也。如日月东西相从而不已也,是天道也;不闭而能久,是天道也;无为而物成,是天道也;已成而明之,是天道也。"

公曰:"寡人且愚冥,幸烦子之于心。"

孔子蹴然避席而对曰:"仁人不过乎物,孝子不过乎亲。是故仁人之事亲也如事天,事天如事亲,此谓孝子成身。"

公曰:"寡人既闻如此言,无如后罪何?"

孔子对曰:"君子及此言,是臣之福也。"

(又见于《礼记·哀公问》)

1.12 《礼记·哀公问》

哀公问于孔子曰:"大礼何如?君子之言礼何其尊也?"孔子曰:"丘也小人,不足以知礼。"君曰:"否。吾子言之也。"

孔子曰:"丘闻之,民之所由生,礼为大,非礼无以节事天地之神也,非礼无以辨君臣、上下、长幼之位也,非礼无以别男女、父子、兄弟之亲,昏姻疏数之交也。君子以此之为尊敬然。然后以其所能教百姓,不废其会节。有成事,然后治其雕镂、文章、黼黻以嗣。其顺之,然后言其丧算,备其鼎俎,设其豕腊,修其宗庙,岁时以敬祭祀,以序宗族。即安其居,节丑其衣服,卑其宫室。车不雕几,器不刻镂,食不贰味,以与民同利。昔之君子之行礼者如此。"

公曰:"今之君子胡莫行之也?"孔子曰:"今之君子,好实无厌,淫德不倦,荒怠敖慢,固民是尽,午其众以伐有道,求得当欲不以其所。昔之用民者由前,今之用民者由后。今之君子莫为礼也。"

(又见于《孔子家语·问礼》)

1.13 《礼记·儒行》

鲁哀公问于孔子曰:"夫子之服,其儒服与?"孔子对曰:"丘少居鲁,衣逢掖之衣,长居宋,冠章甫之冠。丘闻之也:君子之学也博,其服也乡。丘不知儒服。"

哀公曰:"敢问儒行?"孔子对曰:"遽数之,不能终其物。悉数之,乃留,更仆未可终也。”

哀公命席，孔子侍曰：“儒有席上之珍以待聘，夙夜强学以待问，怀忠信以待举，力行以待取。其自立有如此者。

“儒有衣冠中，动作慎。其大让如慢，小让如伪，大则如威，小则如愧，其难进而易退也，粥粥若无能也。其容貌有如此者。

“儒有居处齐难，其坐起恭敬，言必先信，行必中正。道涂不争险易之利，冬夏不争阴阳之和，爱其死以有待也，养其身以有为也。其备豫有如此者。

“儒有不宝金玉，而忠信以为宝；不祈土地，立义以为土地；不祈多积，多文以为富。难得而易禄也，易禄而难畜也。非时不见，不亦难得乎？非义不合，不亦难畜乎？先劳而后禄，不亦易禄乎？其近人有如此者。

“儒有委之以货财，淹之以乐好，见利不亏其义。劫之以众，沮之以兵，见死不更其守。鸷虫攫搏，不程勇者。引重鼎，不程其力，往者不悔，来者不豫，过言不再，流言不极。不断其威，不习其谋。其特立有如此者。

“儒有可亲而不可劫也，可近而不可迫也，可杀而不可辱也。其居处不淫，其饮食不溽，其过失可微辨而不可面数也。其刚毅有如此者。

“儒有忠信以为甲胄，礼义以为干橹。戴仁而行，抱义而处，虽有暴政不更其所。其自立有如此者。

“儒有一亩之宫，环堵之室，筚门圭窬，蓬户瓮牖，易衣而出，并日而食。上答之，不敢以疑。上不答，不敢以谄。其仕有如此者。

“儒有今人与居，古人与稽，今世行之，后世以为楷。适弗逢世，上弗援，下弗推，谗谄之民有比党而危之者，身可危也，而志不可夺也。虽危，起居竟信其志，犹将不忘百姓之病也。其忧思有如此者。

“儒有博学而不穷，笃行而不倦，幽居而不淫，上通而不困。礼之以和为贵，忠信之美，优游之法，慕贤而容众，毁方而瓦合。其宽裕有如此者。

“儒有内称不辟亲，外举不辟怨。程功积事，推贤而进达之，不望其报。君得其志，苟利国家，不求富贵。其举贤援能有如此者。

“儒有闻善以相告也，见善以相示也，爵位相先也，患难相死也，久相待也，远相致也。其任举有如此者。

“儒有澡身而浴德，陈言而伏，静而正之。上弗知也，粗而翘之，又不急为也。不临深而为高，不加少而为多。世治不轻，世乱不沮，同弗与，异弗非也。其特立独行有如此者。

“儒有上不臣天子，下不事诸侯，慎静而尚宽，强毅以与人，博学以知服。近文章，砥厉廉隅。虽分国，如锱铢，不臣不仕。其规为有如此者。

“儒有合志同方，营道同术，并立则乐，相下不厌。久不相见，闻流言不信。

其行本方，立义，同而进，不同而退。其交友有如此者。

“温良者，仁之本也；敬慎者，仁之地也；宽裕者，仁之作也；孙接者，仁之能也；礼节者，仁之貌也；言谈者，仁之文也；歌乐者，仁之和也；分散者，仁之施也。儒皆兼此而有之，犹且不敢言仁也。其尊让有如此者。

“儒有不陨获于贫贱，不充诎于富贵，不慁君王，不累长上，不闵有司，故曰儒。今众人之命儒也妄常，以儒相诟病。”

孔子至舍，哀公馆之。闻此言也，言加信，行加义，终没吾世，不敢以儒为戏。

（又见于《孔子家语·儒行》）

1.14 《大戴礼记·少闲》

公曰：“今日少闲，我请言情于子。”

子愀焉变色，迁席而辞曰：“君不可以言情于臣，臣请言情于君，君则不可。”

公曰：“师之而不言情焉？其私不同。”

子曰：“否，臣事君而不言情于君，则不臣；君而不言情于臣，则不君。有臣而不臣，犹可；有君而不君，民无所错手足。”

公曰：“君度其上下，咸通之；权其轻重，居之；准民之色，目既见之；鼓民之声，耳既闻之；动民之德，心既和之；通民之欲，兼而壹之；爱民亲贤而教不能，民庶说乎？”

子曰：“说则说矣，可以为家，不可以为国。”公曰：“可以为家，胡为不可以为国？国之民，家之民也。”

子曰：“国之民诚家之民也。然其名异，不可同也。同名同食曰同等，唯不同等，民以知极。故天子昭有神于天地之间，以示威于天下也。诸侯修礼于封内，以事天子；大夫修官守职，以事其君；士修四卫，执技论力，以听乎大夫；庶人仰视天文，俯视地理，力时使以听乎父母。此唯不同等，民以可治也。”

公曰：“善哉！上与下不同乎？”

子曰：“将以时同时不同。上谓之闲，下谓之多疾。君时同于民，布政也；民时同于君，服听也。上下相报，而终于施。大犹已成，发其小者；远犹已成，发其近者；将行重器，先其轻者。先清而后浊者，天地也。天政曰正，地政曰生，人政曰辨。苟本正，则华英必得其节以秀孚矣，此官民之道也。”

公曰：“善哉！请少复进焉。”

子曰：“昔尧取人以状，舜取人以色，禹取人以言，汤取人以声，文王取人以度。此四代五王之取人，以治天下如此”。

公曰："嘻！善之不同也。"

子曰："何谓其不同也？"

公曰："同乎？"

子曰："同。"

公曰："人状可知乎？"

子曰："不可知也。"

公曰："五王取人，各有以举之，胡为人之不可知也？"

子曰："五王取人，比而视，相而望。五王取人各以已焉，是以同状。"

公曰："以子相人何如？"

子曰："否，丘则不能五王取人。丘也传闻之，以委于君。丘则否能，亦又不能。"

公曰："我闻子之言，始蒙矣。"

子曰："由君居之，成于纯，胡为其蒙也？虽古之治天下者，岂生于异州哉！昔虞舜以天德嗣尧，布功散德制礼，朔方幽都来服，南抚交趾，出入日月，莫不率俾，西王母来献其白琯。粒食之民，昭然明视，民明教，通于四海，海外肃慎、北发、渠搜、氐、羌来服。舜崩，有禹代兴，禹卒受命，乃迁邑姚姓于陈。作物配天，修德使力。民明教通于四海，海之外肃慎、北发、渠搜、氐、羌来服。禹崩，十有七世，乃有末孙桀即位。桀不率先王之明德，乃荒耽于酒，淫泆于乐，德昏政乱，作宫室高台，污池土察，以民为虐，粒食之民惛焉几亡。乃有商履代兴。商履循礼法，以观天子，天子不说，则嫌于死。成汤卒受天命，不忍天下粒食之民刈戮，不得以疾死，故乃放移夏桀，散亡其佐。乃迁姒姓于杞。发厥明德，顺民天心啬地，作物配天，制典慈民。咸合诸侯，作八政，命于总章。服禹功以修舜绪，为副于天。粒食之民昭然明视，民明教，通于四海，海之外肃慎、北发、渠搜、氐、羌来服。成汤卒崩，殷德小破，二十有二世，乃有武丁即位。开先祖之府，取其明法，以为君臣上下之节，殷民更眩，近者说，远者至，粒食之民昭然明视。武丁年崩，殷德大破，九世，乃有末孙纣即位。纣不率先王之明德，乃上祖夏桀行，荒耽于酒，淫泆于乐，德昏政乱，作宫室高台，污池土察，以为民虐，粒食之民忽然几亡。乃有周昌霸，诸侯佐之。纣不说诸侯之听于周昌，则嫌于死。乃退伐崇许魏，以客事天子。文王卒受天命，作物配天，制无用，行三明，亲亲尚贤。民明教，通于四海，海之外肃慎、北发、渠搜、氐、羌来服。君其志焉，或徯将至也。"

公曰："大哉，子之教我政也。列五王之德，烦烦如繁诸乎！"

子曰："君无誉臣，臣之言未尽，请尽臣之言，君如财之。"曰："于此有功匠焉，有利器焉，有措扶焉，以时令其藏必周密。发如用之，可以知古，可以察今，可以事亲，可以事君，可用于生，又用之死，吉凶并兴，祸福相生，卒反生福，大德配天。”

公愀然其色曰：“难立哉！”

子曰：“臣愿君之立知如以观闻也。时天之气，用地之财，以生杀于民，民之死不可以教。”

公曰：“我行之，其可乎？”

子曰：“唯此在君。君曰足，臣恐其不足。君曰不足，举其前，必举其后，举其左，必举其右。君既教矣，安能无善。”

公吁焉其色曰：“大哉，子之教我制也。政之丰也，如木之成也。”

子曰：“君知未成，言未尽也。凡草木根鞁伤，则枝叶必偏枯，偏枯是为不实。谷亦如之。上失政大，及小人畜谷。”

公曰：“所谓失政者，若夏商之谓乎？”

子曰：“否，若夏商者，天夺之魄，不生德焉。”

公曰：“然则何以谓失政？”

子曰：“所谓失政者，疆蓺未亏，人民未变，鬼神未亡，水土未细，糟者犹糟，实者犹实，玉者犹玉，血者犹血，酒者犹酒。优以继湛，政出自家门，此之谓失政也。非天是反，人自反。臣故曰：君无言情于臣，君无假人器，君无假人名。”

公曰：“善哉！”

1.15 《说苑·尊贤》

哀公问于孔子曰：“人若何而可取也？”

孔子对曰：“毋取拑者，毋取健者，毋取口锐者。”

哀公曰：“何谓也？”

孔子曰：“拑者大给利不可尽用；健者必欲兼人，不可以为法也；口锐者多诞而寡信，后恐不验也。夫弓矢和调而后求其中焉；马悫愿顺，然后求其良材焉；人必忠信重厚，然后求其知能焉。今有人不忠信重厚而多智能，如此人者，譬犹豺狼与，不可以身近也。是故先其仁义之诚者，然后亲之；于是有知能者，然后任之；故曰：亲仁而使能。夫取人之术也，观其言而察其行，夫言者所以抒其胸而发其情者也，能行之士必能言之，是故先观其言而揆其行，夫以言揆其行，虽有奸轨之人，无以逃其情矣。”

哀公曰：“善。”

1.16 《大戴礼记·千乘》

公曰：“千乘之国，受命于天子，通其四疆，教其书社，循其灌庙，建其宗主，设其四佐，列其五官，处其朝市，为仁如何？”

子曰:"不仁,国不化。"

公曰:"何如之谓仁?"

子曰:"不淫于色。"

子曰:"立妃设如太庙然,乃中治,中治不相陵,不相陵斯庶嫔遧;遧则事上静,静斯洁信在中。朝大夫必慎以恭,出会谋事必敬以慎,言长幼小大必中度。此国家之所以崇也。立子设如宗社,宗社先示威,威明显见,辨爵集德,是以母弟官子咸有臣志,莫敢援于外,大夫中妇私谒不行,此所以使五官治执事政也。夫政以教百姓,百姓齐以嘉善,故蛊佞不生,此之谓良民。国有道则民昌,此国家之所以大遂也。卿设如大门,大门显美,小大尊卑中度。开明闭幽,内禄出灾,以顺天道,近者闲焉,远者稽焉。君发禁,宰而行之以时,通于地,散布于小,理天之灾祥,地宝丰省,及民共飨其禄,共任其灾,此国家之所以和也。国有四辅,辅,卿也。卿设如四体,毋易事,毋假名,毋重食。凡事,尚贤进能使知事,爵不世,能之不愆。凡民,戴名以能,食力以时成,以事立。此所以使民让也。民咸孝弟而安让,此以怨省而乱不作也,此国之所以长也。下无用,则国家富;上有义,则国家治;长有礼,则民不争;立有神,则国家敬;兼而爱之,则民无怨心;以为无命,则民不偷。昔者先王本此六者而树之德,此国家之所以茂也。设其四佐而官之。司徒典春,以教民之不则时、不若、不令。成长幼老疾孤寡,以时通于四疆。有阖而不通,有烦而不治,则民不乐生,不利衣食。凡民之藏贮,以及山川之神明加于民者,发国功谋,斋戒必敬,会时必节。日、历、巫、祝,执伎以守官,俟命以作,祈王年,祷民命及畜谷、蜚征、庶虞草。方春三月,缓施生育,动作百物,于时有事,享于皇祖皇考,朝孤子八人,以成春事。司马司夏,以教士车甲。凡士执伎论功,修四卫。强股肱,质射御,才武聪慧,治众长卒,所以为仪缀于国。出可以为率,诱于军旅,四方诸侯之游士,国中贤余秀兴阅焉。方夏三月,养长秀,蕃庶物,于时有事,享于皇祖皇考,爵士之有庆者七人,以成夏事。司寇司秋,以听狱讼,治民之烦乱,执权变民中。凡民之不刑,崩本以要闲,作起不敬,以欺惑憧愚。作于财贿、六畜、五谷曰盗;诱居室家有君子曰义;子女专,曰媟;饬五兵及木石曰贼;以中情出,小曰闲,大曰讲;利辞以乱属,曰谗;以财投长,曰贷。凡犯天子之禁,陈刑制辟,以追国民之不率上教者。夫是故一家三夫道行,三人饮食,哀乐平,无狱。方秋三月,收敛以时,于时有事,尝新于皇祖皇考,食农夫九人,以成秋事。司空司冬,以制度制地事,准揆山林,规表衍沃,畜水行衰濯浸,以节四时之事。治地远近,以任民力,以节民食。太古食壮之食,攻老之事。"

公曰:"功事不少,而糇粮不多乎?"

子曰:"太古之民,秀长以寿者,食也;在今之民,羸丑以胔者,事也。太古无游民，食节事时，民各安其居，乐其宫室，服事信上，上下交信，地移民在。今之世上治不平，民治不和，百姓不安其居，不乐其宫，老疾用财，壮狡用力，于兹民游，薄事贪食，于兹民忧。古者殷书为成男成女名属，升于公门，此以气食得节，作事得时，劝有功；夏服君事不及暍，冬服君事不及冻，是故年谷不成，天之饥馑，道无殣者。在今之世，男女属散，名不升于公门，此以气食不节，作事不成，天之饥馑，于时委民，不得以疾死。是故立民之居，必于中国之休地。因寒暑之和，六畜育焉，五谷宜焉。辨轻重，制刚柔，和五味，以节食时事。东辟之民曰夷，精以侥，至于大远，有不火食者矣。南辟之民曰蛮，信以朴，至于大远，有不火食者矣。西辟之民曰戎，劲以刚，至于大远，有不火食者矣。北辟之民曰狄，肥以戾，至于大远，有不火食者矣。及中国之民曰五方之民，有安民，和味，咸有实用利器，知通之，信令之。及量地度居，邑有城郭，立朝市，地以度邑，以度民，以观安危。距封后利，先虑久固，依固可守，为奥可久，能节四时之事，霜露时降。方冬三月，草木落，庶虞藏，五谷必入于仓，于时有事，蒸于皇祖皇考，息国老六人，以成冬事。民咸知孤寡之必不末也，咸知有大功之必进等也，咸知用劳力之必以时息也，推而内之水火，入也弗之顾矣，而况有强适在前，有君长正之者乎！”

公曰：“善哉。”

1.17 《大戴礼记·四代》

公曰：“四代之政刑，论其明者，可以为法乎？”

子曰：“何哉？四代之政刑皆可法也。”

公曰：“以我行之，其可乎？”

子曰：“否，不可。臣愿君之立知而以观闻也。四代之政刑，君若用之，则缓急将有所不节；不节君将约之，约之卒将弃法，弃法是无以为国家也。”

公曰：“巧匠辅绳而斫，胡为其弃法也。”

子曰：“心未之度，习未之狎，此以数逾而弃法也。夫规矩准绳钧衡，此昔者先王之所以为天下也。小以及大，近以知远，今日行之，可以知古，可以察今，其此邪！水火金木土谷，此谓六府，废一不可，进一不可，民并用之。今日行之，可以知古，可以察今，其此邪！昔夏、商之未兴也，伯夷谓此二帝之眇。”

公曰：“长国治民恒干，论政之大体以教民辨，历大道以时地性，兴民之阳德以教民事，上服周德之典以顺事天子，修政勤礼以交诸侯，大节无废，小眇其后乎？”

子曰：“否，不可后也。《诗》云‘东有开明’，于时鸡三号，以兴庶虞，庶虞动，蜚征作。啬民执功，百草咸淳，地倾水流之。是以天子盛服朝日于东堂，以教敬示威于天下也。是以祭祀昭有神明，燕食昭有慈爱，宗庙之事昭有义，率礼朝廷，昭有五官，无废甲胄之戒，昭果毅以听，天子曰崩，诸侯曰薨，大夫曰卒，士曰不禄，庶人曰死，昭哀。哀爱无失节，是以父慈子孝，兄爱弟敬。此昔先王之所先施于民也，君而后此，则为国家失本矣。"

公曰："善哉！子察教我也。"

子曰："乡也君之言善，执国之节也。君先眇而后善，中备以君子言，可以知古，可以察今，奂然而兴民壹始。"

公曰："是非吾言也，吾一闻于师也。"

子吁焉其色曰："嘻！君行道矣。"

公曰："道邪？"

子曰："道也。"

公曰："吾未能知人，未能取人。"

子曰："君何为不观器视才？"

公曰："视可明乎？"

子曰："可以表仪。"

公曰："愿学之。"

子曰："平原大薮，瞻其草之高丰茂者，必有怪鸟兽居之，且草可财也，如艾而夷之，其地必宜五谷。高山多林，必有怪虎豹蕃孕焉；深渊大川，必有蛟龙焉。民亦如之，君察之，可以见器见才矣。"

公曰："吾犹未也。"

子曰："群然，戚然，颐然，睪然，踖然，柱然，抽然，首然，佥然，湛然，渊渊然，淑淑然，齐齐然，节节然，穆穆然，皇皇然。见才色修声不视闻，怪物恪命不改志，舌不更气，君见之举也，得之取也，有事事也。事必与食，食必与位，无相越逾。昔虞舜天德嗣尧，取相十有六人如此。"

公曰："嘻，美哉！子道广矣。"

曰："由德径径。吾恐惛而不能用也。何以哉！"

公曰："请问图德何尚？"

子曰："圣，知之华也。知，仁之实也。仁，信之器也。信，义之重也。义，利之本也。委利生孽。"

公曰："嘻，言之至也。道天地以民辅之，圣人何尚？"

子曰："有天德，有地德，有人德，此谓三德。三德率行，乃有阴阳；阳曰德，阴曰刑。"

公曰："善哉！再闻此矣。阳德何出？"

子曰："阳德出礼，礼出刑，刑出虑，虑则节事于近，而扬声于远。"

公曰："善哉！载事何以？"

子曰："德以监位，位以充局，局以观功，功以养民，民于此乎上。"

公曰："禄不可后乎？"

子曰："食为味，味为气，气为志，发志为言，发言定名，名以出信，信载义而行之，禄不可后也。"

公曰："所谓民与天地相参者，何谓也？"

子曰："天道以视，地道以履，人道以稽。废一曰失统，恐不长飨国。"

公愀然其色。子曰："君藏玉，惟慎用之，虽慎敬而勿爱。民亦如之。执事无贰，五官有差，喜无并爱，卑无加尊，浅无测深，小无招大，此谓楣机。楣机宾荐不蒙。昔舜征荐此道于尧，尧亲用之，不乱上下。"

公曰："请问民征。"

子曰："无以为也，难行。"

公曰："愿学之，几必能。"

子曰："贪于味不让，妨于政；愿富不久，妨于政；慕宠假贵，妨于政；治民恶众，妨于政；为父不慈，妨于政；为子不孝，妨于政；大纵耳目，妨于政。好色失志，妨于政；好见小利，妨于政；变从无节，挠弱不立，妨于政；刚毅犯神，妨于政；鬼神过节，妨于政。幼勿与众，克勿与比，依勿与谋，放勿与游，徼勿与事。臣闻之弗庆，非事君也。君闻之弗用，以乱厥德，臣将庆其简者。盖人有可知者焉：貌色声众有美焉，必有美质在其中者矣；貌色声众有恶焉，必有恶质在其中者矣。此者，伯夷之所后出也。"

子曰："伯夷建国建政，修国修政。"

公曰："善哉。"

1.18 《大戴礼记·虞戴德》

公曰："昔有虞戴德何以？深虑何及？高举安取？"

子曰："君以闻之，唯丘无以更也。君之闻如未成也，黄帝慕修之。曰：'明法于天明，开施教于民，行此，以上明于天化也，物必起，是故民命而弗改也。'"

公曰："善哉！以天教于民，可以班乎？"

子曰："可哉。虽可而弗由，此以上知所以行斧钺也。父之于子，天也；君之于臣，天也。有子不事父，有臣不事君，是非反天而到行耶？故有子不事父，不顺；有臣不事君，必刃。顺天作刑，地生庶物。是故圣人之教于民也，率天如祖地，能用民德，是以高举不过天，深虑不过地，质知而好仁，能用民力。此三常之礼明，而民不蹇。礼失则坏，名失则惛。是故上古不讳，正天名也。天子之官四通，正地事也。天子御珽，诸侯御荼，大夫服笏，正民德也。敛此三者而一举之，戴天履地，以顺民事。天子告朔于诸侯，率天道而敬行之，以示威于天下也。诸侯内贡于天子，率名教地实也，是以不至必诛。诸侯相见，卿为介，以其教士毕行，使仁守，会朝于天子。天子以岁二月，为坛于东郊，建五色，设五兵，具五味，陈六律，品奏五声，听明教。置离，抗大侯，规鹄，坚物。九卿佐三公，三公佐天子。天子践位，诸侯各以其属就位，乃升诸侯、诸侯之教士。教士执弓挟矢，揖让而升，履物以射其地，心端色容正，时以教伎。时有庆以地，不时有让以地。天下之有道也，有天子存；国之有道也，君得其正；家之不乱也，有仁父存。是故圣人之教于民也，以其近而见者，稽其远而明者。天事曰明，地事曰昌，人事曰比，两以庆。违此三者，谓之愚民，愚民曰奸，奸必诛。是以天下平而国家治，民亦无贷，居小不约，居大则治，众则集，寡则缪，祀则得福，以征则服，此唯官民之上德也。”

公曰：“三代之相授，必更制典物，道乎？”

子曰：“否。猷德保。保惛乎前，以小继大，变民示也。”

公曰：“善哉！子之察教我也。”

子曰：“丘于君唯无言，言必尽，于他人则否。”

公曰：“教他人则如何？”

子曰：“否。丘则不能。昔商老彭及仲傀，政之教大夫，官之教士，技之教庶人，扬则抑，抑则扬，缀以德行，不任以言。庶人以言，犹以夏后氏之袝怀袍褐也，行不越境。”

公曰：“善哉！我则问政，子事教我。”

子曰：“君问已参黄帝之制，制之大礼也。”

公曰：“先圣之道斯为美乎？”

子曰：“斯为美。虽有美者，必偏。属丁斯，昭天之福，迎之以祥；作地之福，制之以昌；兴民之德，守之以长。”

公曰：“善哉。”

1.19 《大戴礼记·用兵》

公曰：“用兵者，其由不祥乎？”

子曰：“胡为其不祥也。圣人之用兵也，以禁残止暴于天下也。及后世贪者之用兵也，以刈百姓、危国家也。”

公曰：“古之戎兵，何世安起？”

子曰：“伤害之生久矣，与民皆生。”

公曰：“蚩尤作兵与？”

子曰：“否。蚩尤，庶人之贪者也，及利无义，不顾厥亲，以丧厥身。蚩尤惛欲而无厌者也，何器之能作！蜂虿挟螫而生见害，而校以卫厥身者也。人生有喜怒，故兵之作，与民皆生，圣人利用而弭之，乱人兴之丧厥身。《诗》云：‘鱼在在藻，厥志在饵。鲜民之生矣，不如死之久矣。’校德不塞，嗣武孙武子。圣人爱百姓而忧海内，及后世之人，思其德必称其仁，故今之道尧舜禹汤文武者，犹威致王，今若存。夫民思其德必称其人，朝夕祝之，升闻皇天，上神歆焉，故永其世而丰其年也。夏桀、商纣羸暴于天下，暴极不辜，杀戮无罪，不祥于天，粒食之民，布散厥亲，疏远国老，幼色是与，而暴慢是亲，谗贷处谷，法言法行处辟；殀替天道，逆乱四时，礼乐不行，而幼风是御；历失制，摄提失方，邹大无纪；不告朔于诸侯，玉瑞不行诸侯，力政不朝于天子，六蛮、四夷交伐于中国。于是降之灾；水旱臻焉，霜雪大满，甘露不降，百草殨黄，五谷不升，民多夭疾，六畜饽胔，此太上之不论不议也。殀伤厥身，失坠天下。夫天下之报殃于无德者，必与其民。”

公惧焉，曰：“在民上者，可以无惧乎哉？”

1.20 《庄子·德充符》

鲁哀公问于仲尼曰：“卫有恶人焉，曰哀骀它。丈夫与之处者，思而不能去也。妇人见之，请于父母曰‘与为人妻，宁为夫子妾’者。十数而未止也，未尝有闻其唱者也，常和而已矣。无君之位以济乎人之死，无聚禄以望人之腹，又以恶骇天下。和而不唱，知不出乎四域，且而雌雄合乎前，是必有异乎人者也。寡人召而观之，果以恶骇天下。与寡人处，不至以月数，而寡人有意乎其为人也。不至乎期年，而寡人信之。国无宰，寡人传国焉，闷然而后应，泛而若辞。寡人丑乎，卒授之国，无几何也，去寡人而行。寡人恤焉若有亡也，若无与乐是国也。是何人者也？”

仲尼曰：“丘也尝使于楚矣，适见豚子食于其死母者，少焉眴若，皆弃之而走。不见己焉尔，不得类焉尔。所爱其母者，非爱其形也，爱使其形者也。战而死者，其人之葬也，不以翣资。刖者之屦，无为爱之。皆无其本矣。为天子之诸御，不爪翦，不穿耳，娶妻者，止于外，不得复使。形全犹足以为尔，而况全德之人乎？今哀骀它未言而信，无功而亲，使人授己国，唯恐其不受也。是必才全而德不形者也。”

哀公曰：“何谓才全？”

仲尼曰：“死生存亡，穷达富贵，贤与不肖，毁誉饥渴寒暑，是事之变，命之行也。日夜相代乎前，而知不能规乎其始者也，故不足以滑和，不可入于灵府。使之和豫通而不失于兑，使日夜无却，而与物为春，是接而生时于心者也，是之谓才全。”

“何谓德不形？”

曰："平者水停之盛也，其可以为法也。内保之而外不荡也。德者成和之修也，德不形者，物不能离也。"

哀公异日以告闵子曰："始也，吾以南面而君天下，执民之纪而忧其死，吾自以为至通矣。今吾闻至人之言，恐吾无其实，轻用吾身而亡其国。吾与孔丘，非君臣也，德友而已矣。"

1.21 《荀子·哀公》

鲁哀公问于孔子曰："吾欲论吾国之士，与之治国，敢问何如取之邪？"

孔子对曰："生今之世，志古之道；居今之俗，服古之服。舍此而为非者，不亦鲜乎？"

哀公曰："然则夫章甫、絇屦、绅而搢笏者，此贤乎？"

孔子对曰："不必然。夫端衣、玄裳、絻而乘路者，志不在于食荤；斩衰、菅屦、杖而啜粥者，志不在于酒肉。生今之世，志古之道；居今之俗，服古之服。舍此而为非者，虽有，不亦鲜乎？"

哀公曰："善！"

（又见于《大戴礼记·哀公问五义》《孔子家语·五仪解》《新序·杂事四》）

1.22 《荀子·哀公》

孔子曰："人有五仪：有庸人，有士，有君子，有贤人，有大圣。"

哀公曰："敢问何如斯可谓庸人矣？"

孔子对曰："所谓庸人者，口不能道善言，心不知邑邑；不知选贤人善士托其身焉以为己忧；动行不知所务，止立不知所定；日选择于物，不知所贵；从物如流，不知所归；五凿为正，心从而坏。如此，则可谓庸人矣。"

哀公曰："善！敢问何如斯可谓士矣？"

孔子对曰："所谓士者，虽不能尽道术，必有率也；虽不能遍美善，必有处也。是故知不务多，务审其所知；言不务多，务审其所谓；行不务多，务审其所由。故知既已知之矣，言既已谓之矣，行既已由之矣，则若性命肌肤之不可易也。故富贵不足以益也，卑贱不足以损也。如此，则可谓士矣。"

哀公曰："善！敢问何如斯可谓之君子矣？"

孔子对曰："所谓君子者，言忠信而心不德，仁义在身而色不伐，思虑明通而辞不争，故犹然如将可及者，君子也。"

哀公曰："善！敢问何如斯可谓贤人矣？"

孔子对曰："所谓贤人者，行中规绳而不伤于本，言足法于天下而不伤于身，富有天下而无怨财，布施天下而不病贫。如此，则可谓贤人矣。”

哀公曰：“善！敢问何如斯可谓大圣矣？”

孔子对曰：“所谓大圣者，知通乎大道，应变而不穷，辨乎万物之情性者也。大道者，所以变化遂成万物也；情性者，所以理然不取舍也。是故其事大辨乎天地，明察乎日月，总要万物于风雨，缪缪肫肫。其事不可循，若天之嗣；其事不可识，百姓浅然不识其邻。若此，则可谓大圣矣。”

哀公曰：“善！”

（又见于《大戴礼记·哀公问五义》《孔子家语·五仪解》《新序·杂事四》）

1.23 《孔子家语·五仪解》

哀公问于孔子曰：“寡人欲吾国小而能守，大则无攻，其道如何？”

孔子对曰：“使君朝廷有礼，上下相亲，天下百姓皆君之民，将谁攻之？苟为此道，民畔如归，皆君之仇也，将与谁守？”

公曰：“善哉！”于是废山泽之禁，弛关市之税，以惠百姓。

（又见于《说苑·指武》）

1.24 《孔子家语·五仪解》

哀公问于孔子曰：“吾闻君子不博，有之乎？”

孔子曰：“有之。”

公曰：“何为？”

对曰：“为其二乘。”

公曰：“有二乘，则何为不博？”

子曰：“为其兼行恶道也。”

哀公惧焉。有间，复问曰：“若是乎，君子之恶恶道至甚也？”

孔子曰：“君子之恶恶道不甚，则好善道亦不甚；好善道不甚，则百姓之亲上亦不甚。《诗》云：‘未见君子，忧心惙惙。亦既见止，亦既觏止，我心则悦。’《诗》之好善道甚也如此。”

公曰：“美哉！夫君子成人之善，不成人之恶。微吾子言焉，吾弗之闻也。”

（又见于《说苑·君道》）

1.25 《孔子家语·五仪解》

哀公问于孔子曰：“夫国家之存亡祸福，信有天命，非唯人也？”

孔子对曰：“存亡祸福，皆己而已，天灾地妖，不能加也。”

公曰："善！吾子之言，岂有其事乎？"

孔子曰："昔者殷王帝辛之世，有雀生大鸟于城隅焉，占之者曰：'凡以小生大，则国家必王，而名必昌。'于是帝辛介雀之德，不修国政，亢暴无极，朝臣莫救，外寇乃至，殷国以亡。此即以己逆天时，诡福反为祸者也。又其先世殷王太戊之时，道缺法圮，以致夭蘖、桑谷于朝，七日大拱，占之者曰：'桑谷野木而不合生朝，意者国亡乎？'太戊恐骇，侧身修行，思先王之政，明养民之道，三年之后，远方慕义，重译至者，十有六国。此即以己逆天时，得祸为福者也。故天灾地妖，所以儆人主者也；寤梦征怪，所以儆人臣者也；灾妖不胜善政，寤梦不胜善行，能知此者，至治之极也，唯明王达此。"

公曰："寡人不鄙固此，亦不得闻君子之教也。"

（又见于《说苑·敬慎》）

1.26 《孔子家语·贤君》

哀公问政于孔子。

孔子对曰："政之急者，莫大乎使民富且寿也。"

公曰："为之奈何？"

孔子曰："省力役，薄赋敛，则民富矣；敦礼教，远罪疾，则民寿矣。"

公曰："寡人欲行夫子之言，恐吾国贫矣。"

（又见于《说苑·政理》）

1.27 《新序·杂事四》

哀公问孔子曰："寡人生乎深宫之中，长于妇人之手，寡人未尝知哀也，未尝知忧也，未尝知劳也，未尝知惧也，未尝知危也。"

孔子辟席曰："吾君之问，乃圣君之问也，丘小人也，何足以言之？"

哀公曰："否。吾子就席，微吾子，无所闻之矣。"

孔子就席曰："君入庙门，升自阼阶，仰见榱栋，俯见几筵，其器存，其人亡，君以此思哀，则哀将安不至矣？君昧爽而栉冠，平旦而听朝，一物不应，乱之端也，君以此思忧，则忧将安不至矣？君平旦而听朝，日昃而退，诸侯之子孙，必有在君之门廷者，君以此思劳，则劳将安不至矣？君出鲁之四门，以望鲁之四郊，亡国之墟，列必有数矣，君以此思惧，则惧将安不至矣？丘闻之君者舟也，庶人者水也，水则载舟，水则覆舟，君以此思危，则危将安不至矣。夫执国之柄，履民之上，懔乎如腐索御奔马。易曰：'履虎尾。'《诗》曰：'如履薄在。'不亦危乎？"

哀公再拜曰："寡人虽不敏，请事斯语矣。"

1.28 《说苑·敬慎》

鲁哀公问孔子曰："予闻忘之甚者，徙而忘其妻，有诸乎？"

孔子对曰："此非忘之甚者也，忘之甚者忘其身。"

哀公曰："可得闻与？"

对曰："昔夏桀贵为天子，富有天下，不修禹之道，毁坏辟法，裂绝世祀，荒淫于乐，沈酗于酒，其臣有左师触龙者，谄谀不止，汤诛桀，左师触龙者，身死，四支不同坛而居，此忘其身者也。"

哀公愀然变色曰："善！"

1.29 《孔子家语·哀公问政》

哀公问政于孔子。

孔子对曰："文武之政，布在方策。其人存则其政举，其人亡则其政息。天道敏生，人道敏政，地道敏树，夫政者，犹蒲卢也，待化以成，故为政在于得人。取人以身，修道以仁。仁者，人也，亲亲为大；义者，宜也，尊贤为大。亲亲之杀，尊贤之等，礼所以生也。礼者，政之本也，是以君子不可以不修身。思修身，不可以不事亲；思事亲，不可以不知人；思知人，不可以不知天。天下之达道有五，其所以行之者三。曰君臣也，父子也，夫妇也，昆弟也，朋友也。五者，天下之达道。智仁勇三者，天下之达德也。所以行之者，一也。或生而知之，或学而知之，或困而知之。及其知之，一也。或安而行之，或利而行之，或勉强而行之。及其成功，一也。"

公曰："子之言美矣至矣，寡人实固，不足以成之也。"

孔子曰："好学近乎智，力行近乎仁，知耻近乎勇。知斯三者，则知所以修身；知所以修身，则知所以治人；知所以治人，则能成天下国家者矣。"

公曰："政其尽此而已乎？"

孔子曰："凡为天下国家有九经，曰修身也，尊贤也，亲亲也，敬大臣也，体群臣也，子庶民也，来百工也，柔远人也，怀诸侯也。夫修身则道立，尊贤则不惑，亲亲则诸父兄弟不怨，敬大臣则不眩，体群臣则士之报礼重，重庶民则百姓劝，来百工则财用足，柔远人则四方归之，怀诸侯则天下畏之。"

公曰："为之奈何？"

孔子曰："斋洁盛服，非礼不动，所以修身也。去谗远色，贱财而贵德，所以尊贤也。爵其能，重其禄，同其好恶，所以笃亲亲也。官盛任使，所以敬大臣也。忠信重禄，所以劝士也。时使薄敛，所以劝百姓也。日省月试，饩廪称事，所以来百工也。送往迎来，嘉善而矜不能，所以绥远人也。继绝世，举废邦，治乱持危，朝聘以时，厚往而薄来，所以怀诸侯也。治天下国家有九经，其所以行之者，一也。凡事豫则立，不豫则废，言前定则不跲，事前定则不困，行前定则不疚，道前定则不穷。在下位不获于上，民弗可得而治矣。获于上有道：不信于友，不获于上矣。信于友有道：不顺于亲，不信于友矣。顺于亲有道：反诸身不诚，不顺于亲矣。诚身有道：不明于善，不诚于身矣。诚者，天之至道也；诚之者，人之道也。夫诚弗勉而中，不思而得，从容中道，圣人之所以定体也。诚之者，择善而固执之者也。”

公曰：“子之教寡人备矣，敢问行之所始。”

孔子曰：“立爱自亲始，教民睦也；立敬自长始，教民顺也；教之慈睦，而民贵有亲；教以敬，而民贵用命。民既孝于亲，又顺以听命，措诸天下，无所不可。”

公曰：“寡人既得闻此言也，惧不能果行而获罪咎。”

（又见于《礼记·中庸》）

1.30 《孔子家语·正论解》

哀公问于孔子曰：“二三大夫皆劝寡人，使隆敬于高年，何也？”

孔子对曰：“君之及此言，将天下实赖之，岂唯鲁哉。”

公曰：“何也？其义可得闻乎？”

孔子曰：“昔者有虞氏贵德而尚齿，夏后氏贵爵而尚齿，殷人贵富而尚齿，周人贵亲而尚齿。虞、夏、殷、周，天下之盛王也，未有遗年者焉。年者，贵于天下久矣，次于事亲。是故朝廷同爵而尚齿，七十杖于朝，君问则席；八十则不仕朝，君问则就之，而悌达乎朝廷矣。其行也肩而不并，不错则随，斑白者不以其任于路，而悌达乎道路矣。居乡以齿，而老穷不匮，强不犯弱，众不暴寡，而悌达乎州巷矣。古之道，五十不为甸役，颁禽隆之长者，而悌达乎蒐狩矣。军旅什伍，同爵则尚齿，而悌达乎军旅矣。夫圣人之教孝悌，发诸朝廷，行于道路，至于州巷，放于蒐狩，循于军旅，则众感以义，死之而弗敢犯。”

公曰：“善哉，寡人虽闻之，弗能成。”

（又见于《礼记·祭义》）

1.31 《说苑·政理》

仲尼见梁君。梁君问仲尼曰：“吾欲长有国，吾欲列都之得，吾欲使民安不惑，吾欲使士竭其力，吾欲使日月当时，吾欲使圣人自来，吾欲使官府治，为之奈何？”

仲尼对曰：“千乘之君，万乘之主，问于丘者多矣，未尝有如主君问丘之术也，然而旧得也。丘闻之，两君相亲，则长有国；君惠臣忠，则列都之得；毋杀不辜，毋释罪人，则民不惑；益士禄赏，则竭其力；尊天敬鬼，则日月当时；善为刑罚，则圣人自来；尚贤使能，则官治。”

梁君曰：“岂有不然哉！”

1.32 《史记·孔子世家》①

哀公诔曰：“旻天不吊，不慭遗一老，俾屏余一人以在位，茕茕余在疚。于乎哀哉！尼父无自律。”

（又见于《春秋左传·哀公十六年》《礼记·檀公上》《孔子家语·终记》《历代尊孔纪》）

1.33 《韩非子·难三》

鲁穆公问于子思曰：“吾闻庞耥氏之子不孝，其行奚如？”子思对曰：“君子尊贤以崇德，举善以观民。若夫过行，是细人之所识也，臣不知也。”子思出，子服厉伯入见，问庞耥氏子，子服厉伯对曰：“其过三，皆君之所未尝闻。”自是之后，君贵子思而贱子服厉伯也。

1.34 《韩非子·外储说左下》

齐宣王问匡倩曰：“儒者博乎？”曰：“不也。”王曰：“何也？”匡倩对曰：“博者贵枭，胜者必杀枭。杀枭者，是杀所贵也。儒者以为害义，故不博也。”又问曰：“儒者弋乎？”曰：“不也。弋者，从下害于上者也，是从下伤君也。儒者以为害义，故不弋。”又问：“儒者鼓瑟乎？”曰：“不也。夫瑟以小弦为大声，以大弦为小声，是大小易序，贵贱易位。儒者以为害义，故不鼓也。”宣王曰：“善。”仲尼曰：“与其使民谄下也，宁使民谄上。”

1.35 《荀子·儒效》

秦昭王问孙卿子曰：“儒无益于人之国。”孙卿子曰：“儒者法先王，隆礼义，谨乎臣子而致贵其上者也。人主用之，则执在本朝而宜；不用，则退编百姓而悫；必为顺下矣。虽穷困、冻馁，必不以邪道为贪。无置锥之地，而明于持社稷之大义。呜呼而莫之能应，然而通乎财万物，养百姓之经纪。势在人上，则王公之材也；在人下，则社稷之臣、国君之宝也。虽隐于穷阎漏屋，人莫不贵之，道诚存也。仲尼将为司寇，沈犹氏不敢朝饮其羊，公慎氏出其妻，慎溃氏逾境而徙，

① 《阙里志·谥号》载：“鲁哀公敬王四十二年诔孔子：天不遗耆老，莫相予位焉，呜呼哀哉，尼父。”

鲁之粥牛马者不豫贾，修正以待之也。居于阙党，阙党之子弟罔不分，有亲者取多，孝弟以化之也。儒者在本朝则美政，在下位则美俗。儒之为人下如是矣。”王曰：“然则其为人上何如？”孙卿曰：“其为人上也，广大矣！志意定乎内，礼节修乎朝，法则度量正乎官，忠信爱利形乎下。行一不义，杀一无罪，而得天下，不为也。此若义信乎人矣，通于四海，则天下应之如欢。是何也？则贵名白而天下治也。故近者歌讴而乐之，远者竭蹶而趋之，四海之内若一家，通达之属莫不从服。夫是之谓人师。诗曰：‘自西自东，自南自北，无思不服。’此之谓也。夫其为人下也如彼，其为人上也如此，何谓其无益于之国也！”昭王曰：“善！”

第2章 秦汉帝王评儒

2.1 《史记·秦始皇本纪》

二十八年，始皇东行郡县，上邹峄山。立石，与鲁诸儒生议，刻石颂秦德，议封禅望祭山川之事。乃遂上泰山，立石，封，祠祀。下，风雨暴至，休于树下，因封其树为五大夫。禅梁父。刻所立石，其辞曰：

皇帝临位，作制明法，臣下修饬。二十有六年，初并天下，罔不宾服。亲巡远方黎民，登兹泰山，周览东极。从臣思迹，本原事业，祗诵功德。治道运行，诸产得宜，皆有法式。大义休明，垂于后世，顺承勿革。皇帝躬圣，既平天下，不懈于治。夙兴夜寐，建设长利，专隆教诲。训经宣达，远近毕理，咸承圣志。贵贱分明，男女礼顺，慎遵职事。昭隔内外，靡不清净，施于后嗣。化及无穷，遵奉遗诏，永承重戒。

2.2 《史记·秦始皇本纪》

始皇置酒咸阳宫，博士七十人前为寿。

仆射周青臣进颂曰："他时秦地不过千里，赖陛下神灵明圣，平定海内，放逐蛮夷，日月所照，莫不宾服。以诸侯为郡县，人人自安乐，无战争之患，传之万世。自上古不及陛下威德。"始皇悦。

博士齐人淳于越进曰："臣闻殷、周之王千余岁，封子弟功臣，自为枝辅。今陛下有海内，而子弟为匹夫，卒有田常、六卿之臣，无辅拂，何以相救哉？事不师古而能长久者，非所闻也。今青臣又面谀以重陛下之过，非忠臣。"

始皇下其议。丞相李斯曰："五帝不相复，三代不相袭，各以治，非其相反，时变异也。今陛下创大业，建万世之功，固非愚儒所知。且越言乃三代之事，何足法也？异时诸侯并争，厚招游学。今天下已定，法令出一，百姓当家则力农工，士则学习法令辟禁。今诸生不师今而学古，以非当世，惑乱黔首。丞相臣斯昧死言：古者天下散乱，莫之能一，是以诸侯并作，语皆道古以害今，饰虚言以乱实，人善其所私学，以非上之所建立。今皇帝并有天下，别黑白而定一尊。私学而相与非法教，人闻令下，则各以其学议之，入则心非，出则巷议，夸主以为名，异取以为高，率群下以造谤。如此弗禁，则主势降乎上，党与成乎下，禁之便。臣请史官非秦记皆烧之，非博士官所职，天下敢有藏《诗》、《书》、百家语者，悉诣守、尉杂烧之。有敢偶语《诗》《书》者弃市，以古非今者族，吏见知不举者与同罪。令下三十日不烧，黥为城旦。所不去者，医药、卜筮、种树之书。若欲有学法令，以吏为师。”

制曰：“可。”

2.3 《汉书·郊祀志》

（秦始皇）即帝位三年，东巡狩郡县，祠驺峄山，颂功业。于是从齐鲁之儒生博士七十人，至于泰山下。诸儒生或议曰：“古者封禅为蒲车，恶伤山之土石草木；扫地而祠，席用苴秸，言其易遵也。”始皇闻此议各乖异，难施用，由此黜儒生。①

（又见于《资治通鉴》卷七）

2.4 《史记·秦始皇本纪》

侯生、卢生相与谋曰：“始皇为人，天性刚戾自用，起诸侯，并天下，意得欲从，以为自古莫及己。专任狱吏，狱吏得亲幸。博士虽七十人，特备员，弗用。丞相诸大臣皆受成事，倚办于上。上乐以刑杀为威，天下畏罪持禄，莫敢尽忠。上不闻过而日骄，下慑伏谩欺以取容。秦法，不得兼方不验，辄死。然候星气者至三百人，皆良士，畏忌讳谀，不敢端言其过。天下之事无小大皆决于上，上至以衡石量书，日夜有呈，不中呈不得休息。贪于权势至如此，未可为求仙药。”于是乃亡去。

始皇闻亡，乃大怒曰：“吾前收天下书不中用者尽去之。悉召文学方术士甚众，欲以兴太平，方士欲练以求奇药。今闻韩众去不报，徐市等费以巨万计，终不得药，徒奸利相告日闻。卢生等吾尊赐之甚厚，今乃诽谤我，以重吾不德也。诸生在咸阳者，吾使人廉问，或为妖言以乱黔首。”

于是使御史悉案问诸生，诸生传相告引，乃自除犯禁者四百六十余人，皆坑之咸阳，使天下知之，以惩后。益发谪徙边。

---

① 《资治通鉴》卷七为：“始皇帝下二十八年（壬午，公元前二一九年），始皇东行郡、县，上邹峄山，立石颂功业。于是召集鲁儒生七十人，至泰山下，议封禅。诸儒或曰：‘古者封禅，为蒲车，恶伤山之土石、草木；扫地而祭，席用菹秸。’议各乖异。始皇以其难施用，由此绌儒生。”

2.5 《汉书·郦陆朱刘叔孙传》

郦食其，陈留高阳人也。好读书，家贫落魄，无衣食业。为里监门，然吏县中贤豪不敢役，皆谓之狂生。

及陈胜、项梁等起，诸将徇地过高阳者数十人，食其闻其将皆握龊好荷礼自用，不能听大度之言，食其乃自匿。后闻沛公略地陈留郊，沛公麾下骑士适食其里中子，沛公时时问邑中贤豪。骑士归，食其见，谓曰："吾闻沛公嫚易人，有大略，此真吾所愿从游，莫为我先。若见沛公，谓曰'臣里中有郦生，年六十余，长八尺，人皆谓之狂生'，自谓我非狂。"骑士曰："沛公不喜儒，诸客冠儒冠来者，沛公辄解其冠，溺其中。与人言，常大骂。未可以儒生说也。"食其曰："第言之。"骑士从容言食其所戒者。

沛公至高阳传舍，使人召食其。食其至，入谒，沛公方踞床令两女子洗，而见食其。食其入，即长揖不拜，曰："足下欲助秦攻诸侯乎？欲率诸侯（攻）〔破〕秦乎？"沛公骂曰："竖儒！夫天下同苦秦久矣，故诸侯相率攻秦，何谓助秦？"食其曰："必欲聚徒合义兵诛无道秦，不宜踞见长者。"于是沛公辍洗，起衣，延食其上坐，谢之。食其因言六国从衡时。沛公喜，赐食其食，问曰："计安出？"食其曰："足下起瓦合之卒，收散乱之兵，不满万人，欲以径入强秦，此所谓探虎口者也。夫陈留，天下之冲，四通五达之郊也，今其城中又多积粟。臣知其令，今请使，令下足下。即不听，足下举兵攻之，臣为内应。"于是遣食其往，沛公引〔兵〕随之，遂下陈留。号食其为广野君。

2.6 《汉书·郦陆朱刘叔孙传》

通儒服，汉王憎之，乃变其服，服短衣，楚制。汉王喜。

通之降汉，从弟子百余人，然无所进，刬言诸故群盗壮士进之。弟子皆曰："事先生数年，幸得从降汉，今不进臣等，刬言大猾，何也？"通乃谓曰："汉王方蒙矢石争天下，诸生宁能斗乎？故先言斩将搴旗之士。诸生且待我，我不忘矣。"汉王拜通为博士，号稷嗣君。

汉王已并天下，诸侯共尊为皇帝于定陶，通就其仪号。高帝悉去秦仪法，为简易。群臣饮争功，醉或妄呼，拔剑击柱，上患之。通知上益餍之，说上曰："夫儒者难与进取，可与守成。臣愿征鲁诸生，与臣弟子共起朝仪。"高帝曰："得无难乎？"通曰："五帝异乐，三王不同礼。礼者，因时世人情为之节文者也。故夏、殷、周礼所因损益可知者，谓不相复也。臣愿颇采古礼与秦仪杂就之。"上曰："可试为之，令易知，度吾所能行为之。"

2.7 《汉书·韩彭英卢吴传》

项籍死，上（汉高祖）置酒对众折随何曰腐儒，“为天下安用腐儒哉！”随何跪曰：“夫陛下引兵攻彭城，楚王未去齐也，陛下发步卒五万人，骑五千，能以取淮南乎？”曰：“不能。”随何曰：“陛下使何与二十人使淮南，如陛下之意，是何之功贤于步卒数万，骑五千也。然陛下谓何腐儒，‘为天下安用腐儒’，何也？”上曰：“吾方图子之功。”乃以随何为护军中尉。

2.8 《至圣世纪》

高帝十二年冬十一月，上行自淮南，还过鲁以太牢祀孔子。

（又见于《史记·孔子世家》《孔氏祖庭广记·林庙亲祠》、《册府元龟》卷四九《帝王部·崇儒术第一》、《阙里志》卷六、《文庙丁祭谱》《历代尊孔纪》）

2.9 《册府元龟》卷四九《帝王部·崇儒术第一》

文帝时，天下亡，治书者独闻齐有伏生。故秦博士治《尚书》，年九十余，老不可至，乃诏太常使人受之太常。遣晁错受《尚书》伏生所还，因上书称说诏以为太子舍人。

2.10 《册府元龟》卷四九《帝王部·崇儒术第一》

武帝元朔五年六月诏曰：“盖闻导民以《礼》，风之以《乐》，今《礼》坏《乐》瘵，朕甚闵焉。故详延天下方闻之士，咸荐诸朝。其令礼官劝学，讲议洽闻，举遗兴礼以为天下。先太常议与博士弟子，崇乡党之化以厉贤材焉。时御史大夫倪宽有俊才，初见帝语经学，帝说之曰：‘吾始以《尚书》为朴学，弗好及闻，宽说可观，乃从宽问一篇。’擢为中大夫。其后诏求为《韩诗》者，征蔡义待诏，久不进见。义上疏曰：‘臣山东草莽之人，行能无所，比容貌不及众，然而不弃人伦者，窃以闻道于先师。自于经术也。愿赐清闇之燕，得尽精思于前帝。’召见义说《诗》，甚说之。擢为光禄大夫给事中。”

2.11 《汉书·董仲舒传》

武帝即位，举贤良文学之士前后百数，而仲舒以贤良对策焉。

制曰：朕获承至尊休德，传之亡穷，而施之罔极，任大而守重，是以夙夜不皇康宁，永惟万事之统，犹惧有阙。故广延四方之豪俊，郡国诸侯公选贤良修洁博习之士，欲闻大道之要，至论之极。今子大夫褎然为举首，朕甚嘉之。子大夫其精心致思，朕垂听而问焉。

盖闻五帝三王之道，改制作乐而天下洽和，百王同之。当虞氏之乐莫盛于《韶》，于周莫盛于《勺》。圣王已没，钟鼓管弦之声未衰，而大道微缺，陵夷至乎桀、纣之行，王道大坏矣。夫五百年之间，守文之君，当涂之士，欲则先王之法以戴翼其世者甚众，然犹不能反，日以仆灭，至后王而后止，岂其所持操或悖缪而失其统与？固天降命不可复反，必推之于大衰而后息与？乌乎！凡所为屑屑，夙兴夜寐，务法上古者，又将无补与？三代受命，其符安在？灾异之变，何缘而起？性命之情，或夭或寿，或仁或鄙，习闻其号，未烛厥理。伊欲风流而令行，刑轻而奸改，百姓和乐，政事宣昭，何修何饬而膏露降，百谷登，德润四海，泽臻草木，三光全，寒暑平，受天之祜，享鬼神之灵，德泽洋溢，施乎方外，延及群生？

子大夫明先圣之业，习俗化之变，终始之序，讲闻高义之日久矣，其明以谕朕。科别其条，勿猥勿并，取之于术，慎其所出。乃其不正不直，不忠不极，枉于执事，书之不泄，兴于朕躬，毋悼后害。子大夫其尽心，靡有所隐，朕将亲览焉。

仲舒对曰：

陛下发德音，下明诏，求天命与情性，皆非愚臣之所能及也。臣谨案《春秋》之中，视前世已行之事，以观天人相与之际，甚可畏也。国家将有失道之败，而天乃先出灾害以谴告之；不知自省，又出怪异以警惧之；尚不知变，而伤败乃至。以此见天心之仁爱人君而欲止其乱也。自非大亡道之世者，天尽欲扶持而全安之，事在强勉而已矣。强勉学问，则闻见博而知益明；强勉行道，则德日起而大有功：此皆可使还至而(立)有效者也。《诗》曰“夙夜匪解”，《书》云“茂哉茂哉”皆强勉之谓也。

道者，所由适于治之路也，仁义礼乐皆其具也。故圣王已没，而子孙长久安宁数百岁，此皆礼乐教化之功也。王者未作乐之时，乃用先王之乐宜于世者，而以深入教化于民。教化之情不得，雅颂之乐不成，故王者功成作乐，乐其德也。乐者，所以变民风，化民俗也；其变民也易，其化人也著。故声发于和而本于情，接于肌肤，臧于骨髓。故王道虽微缺，而管弦之声未衰也。夫虞氏之不为政久矣，然而乐颂遗风犹有存者，是以孔子在齐而闻《韶》也。夫人君莫不欲安存而恶危亡，然而政乱国危者甚众，所任者非其人，而所由者非其道，是以政日以仆灭也。夫周道衰于幽、厉，非道亡也，幽、厉不由也。至于宣王，思昔先王之德，兴滞补弊，明文、武之功业，周道粲然复兴，诗人美之而作，上天祐之，为生贤佐，后世称诵，至今不绝。此夙夜不解行善之所致也。孔子曰“人能弘道，非道弘人”也。故治乱废兴在于己，非天降命不可得反，其所操持悖谬失其统也。

臣闻天之所大奉使之王者，必有非人力所能致而自至者，此受命之符也。天下之人同心归之，若归父母，故天瑞应诚而至。《书》曰“白鱼入于王舟，有火复于王屋，流为乌"，此盖受命之符也。周公曰"复哉复哉"，孔子曰"德不孤，必有邻"，皆积善累德之效也。及至后世，淫佚衰微，不能统理群生，诸侯背畔，残贼良民以争壤土，废德教而任刑罚。刑罚不中，则生邪气；邪气积于下，怨恶畜于上。上下不和，则阴阳缪盭而妖孽生矣。此灾异所缘而起也。

臣闻命者天之令也，性者生之质也，情者人之欲也。或夭或寿，或仁或鄙，陶冶而成之，不能粹美，有治乱之所在，故不齐也。孔子曰："君子之德风，小人之德草，草上之风必偃。"故尧、舜行德则民仁寿，桀、纣行暴则民鄙夭。未上之化下，下之从上，犹泥之在钧，唯甄者之所为；犹金之在熔，唯冶者之所铸。"绥之斯来，动之斯和"，此之谓也。

臣谨案《春秋》之文，求王道之端，得之于正。正次王，王次春。春者，天之所为也；正者，王之所为也。其意曰，上承天之所为，而下以正其所为，正王道之端云尔。然则王者欲有所为，宜求其端于天。天道之大者在阴阳。阳为德，阴为刑；刑主杀而德主生。是故阳常居大夏，而以生育养长为事；阴常居大冬，而积于空虚不用之处。以此见天之任德不任刑也。天使阳出布施于上而主岁功，使阴入伏于下而时出佐阳；阳不得阴之助，亦不能独成岁。终阳以成岁为名，此天意也。王者承天意以从事，故任德教而不任刑。刑者不可任以治世，犹阴之不可任以成岁也。为政而任刑，不顺于天，故先王莫之肯为也。今废先王德教之官，而独任执法之吏治民，毋乃任刑之意与！孔子曰："不教而诛谓之虐。"虐政用于下，而欲德教之被四海，故难成也。

臣谨案《春秋》谓一元之意，一者万物之所从始也，元者辞之所谓大也。谓一为元者，视大始而欲正本也。《春秋》深探其本，而反自贵者始。故为人君者，正心以正朝廷，正朝廷以正百官，正百官以正万民，正万民以正四方。四方正，远近莫敢不壹于正，而亡有邪气奸其间者。是以阴阳调而风雨时，群生和而万民殖，五谷孰而草木茂，天地之间被润泽而大丰美，四海之内闻盛德而皆徕臣，诸福之物，可致之祥，莫不毕至，而王道终矣。

孔子曰："凤鸟不至，河不出图，吾已矣夫！"自悲可致此物，而身卑贱不得致也。今陛下贵为天子，富有四海，居得致之位，操可致之势，又有能致之资，行高而恩厚，知明而意美，爱民而好士，可谓义主矣。然而天地未应而美祥莫至者，何也？凡以教化不立而万民不正也。夫万民之从利也，如水之走下，不以教化堤防之，不能止也。是故教化立而奸邪皆止者，其堤防完也；教化废而奸邪并出，刑罚不能胜者，其堤防坏也。古之王者明于此，是故南面而治天下，莫不以教化为大务。立太学以教于国，设庠序以化于邑，渐民以仁，摩民以义，节民以礼，故其刑罚甚轻而禁不犯者，教化行而习俗美也。

圣王之继乱世也，扫除其迹而悉去之，复修教化而崇起之。教化已明，习俗已成，子孙循之，行五六百岁尚未败也。至周之末世，大为亡道，以失天下。秦继其后，独不能改，又益甚之，重禁文学，不得挟书，弃捐礼义而恶闻之，其心欲尽灭先圣之道，而颛为自恣苟简之治，故立为天子十四岁而国破亡矣。自古以来，未尝有以乱济乱，大败天下之民如秦者也。其遗毒余烈，至今未灭，使习俗薄恶，人民嚚顽，抵冒殊扞，孰烂如此之甚者也。孔子曰："腐朽之木不可雕也，粪土之墙不可圬也。"今汉继秦之后，如朽木、粪墙矣，虽欲善治之，亡可奈何。法出而奸生，令下而诈起，如以汤止沸，抱薪救火，愈甚亡益也。窃譬之琴瑟不调，甚者必解而更张之，乃可鼓也；为政而不行，甚者必变而更化之，乃可理也。当更张而不更张，虽有良工不能善调也；当更化而不更化，虽有大贤不能善治也。故汉得天下以来，常欲善治而至今不可善治者，失之于当更化而不更化也。古人有言曰："临渊羡鱼，不如退而结网。"今临政而愿治七十余岁矣，不如退而更化；更化则可善治，善治则灾害日去，福禄日来。《诗》云："宜民宜人，受禄于天。"为政而宜于民者，固当受禄于天。夫仁、义、礼、知、信五常之道，王者所当修饬也；五者修饬，故受天之祐，而享鬼神之灵，德施于方外，延及群生也。

天子览其对而异焉，乃复册之曰：

制曰：盖闻虞舜之时，游于岩郎之上，垂拱无为，而天下太平。周文王至于日昃不暇食，而宇内亦治。夫帝王之道，岂不同条共贯与？何逸劳之殊也？

盖俭者不造玄黄旌旗之饰。及至周室，设两观，乘大路，朱干玉戚，八佾陈于庭，而颂声兴。夫帝王之道岂异指哉？或曰良玉不琢，又曰非文亡以辅德，二端异焉。

殷人执五刑以督奸，伤肌肤以惩恶。成、康不式，四十余年天下不犯，囹圄空虚。秦国用之，死者甚众，刑者相望，秏矣哀哉！

乌乎！朕夙寤晨兴，惟前帝王之宪，永思所以奉至尊，章洪业，皆在力本任贤。今朕亲耕籍田以为农先，劝孝弟，崇有德，使者冠盖相望，问勤劳，恤孤独，尽思极神，功烈休德未始云获也。今阴阳错缪，氛气充塞，群生寡遂，黎民未济，廉耻贸乱，贤不肖浑淆，未得其真，故详延特起之士，庶几乎！今子大夫待诏百有余人，或道世务而未济，稽诸上古之不同，考之于今而难行，毋乃牵于文系而不得骋与？将所由异术，所闻殊方与？各悉对，著于篇，毋讳有司。明其指略，切磋究之。以称朕意。

仲舒对曰：

臣闻尧受命，以天下为忧，而未以位为乐也，故诛逐乱臣，务求贤圣，是以得舜、禹、稷、卨、咎由。众圣辅德，贤能佐职，教化大行，天下和洽，万民皆安仁乐义，各得其宜，动作应礼，从容中道。故孔子曰："如有王者，必世而后仁，"此之谓也。尧在位七十载，乃逊于位以禅虞舜。尧崩，天下不归尧子丹朱而归舜。

舜知不可辟，乃即天子之位，以禹为相，因尧之辅佐，继其统业，是以垂拱无为而天下治。孔子曰“《韶》尽美矣，又尽善矣”，此之谓也。至于殷纣，逆天暴物，杀戮贤知，残贼百姓。伯夷、太公皆当世贤者，隐处而不为臣。守职之人皆奔走逃亡，入于河海。天下秏乱，万民不安，故天下去殷而从周。文王顺天理物，师用贤圣，是以闳夭、大颠、散宜生等亦聚于朝廷。爱施兆民，天下归之，故太公起海滨而即三公也。当此之时，纣尚在上，尊卑昏乱，百姓散亡，故文王悼痛而欲安之，是以日昃而不暇食民。孔子作《春秋》，先正王而系万事，见素王之文焉。由此观之，帝王之条贯同，然而劳逸异者，所遇之时异也。孔子曰“《武》尽美矣，未尽善也”，此之谓也。

臣闻制度文采玄黄之饰，所以明尊卑，异贵贱，而劝有德也。故《春秋》受命所先制者，改正朔，易服色，所以应天也。然则宫室旌旗之制，有法而然者也。故孔子曰：“奢则不逊，俭则固。”俭非圣人之中制也。臣闻良玉不瑑，资质润美，不待刻瑑，此亡异于达巷党人不学而自知也。然则常玉不瑑，不成文章；君子不学，不成其德。

臣闻圣王之治天下也，少则习之学，长则材诸位，爵禄以养其德，刑罚以威其恶，故民晓于礼义而耻犯其上。武王行大义，平残贼，周公作礼乐以文之，至于成康之隆，囹圄空虚四十余年，此亦教化之渐而仁义之流，非独伤肌肤之效也。至秦则不然。师申商之法，行韩非之说，憎帝王之道，以贪狼为俗，非有文德以教训于(天)下也。诛名而不察实，为善者不必免，而犯恶者未必刑也。是以百官皆饰虚辞而不顾实，外有事君之礼，内有背上之心；造伪饰诈，趣利无耻；又好用憯酷之吏，赋敛亡度，竭民财力，百姓散亡，不得从耕织之业，群盗并起。是以刑者甚众，死者相望，而奸不息，俗化使然也。故孔子曰“导之以政，齐之以刑，民免而无耻”，此之谓也。

今陛下并有天下，海内莫不率服，广览兼听，极群下之知，尽天下之美，至德昭然，施于方外。夜郎、康居，殊方万里，说德归义，此太平之致也。然而功不加于百姓者，殆王心来加焉。曾子曰：“尊其所闻，则高明矣；行其所知，则光大矣。高明光大，不在于它，在乎加之意而已。”愿陛下因用所闻，设诚于内而致行之，则三王何异哉！

陛下亲耕藉田以为农先，夙寤晨兴，忧劳万民，思维往古，而务以求贤，此亦尧、舜之用心也，然而未云获者，士素不厉也。夫不素养士而欲求贤，譬犹不琢玉而求文采也。故养士之大者，莫大乎太学；太学者，贤士之所关也，教化之本原也。今以一郡一国之众，对亡应书者，是王道往往而绝也。臣愿陛下兴太学，置明师，以养天下之士，数考问以尽其材，则英俊宜可得矣。今之郡守、县令，民之师帅，所使承流而宣化也；故师帅不贤，则主德不宣，恩泽不流。今吏既亡教训于下，或不承用主上之法，暴虐百姓，与奸为市，贫穷孤弱，冤苦失职，甚不称陛下之意。是以阴阳错缪，氛气充塞，群生寡遂，黎民未济，皆长吏不明，使至于此也。

夫长吏多出于郎中、中郎，吏二千石子弟选郎吏，又以富訾，未必贤也。且古所谓功者，以任官称职为差，非谓积日累久也。故小材虽累日，不离于小官；贤材虽未久，不害为辅佐。是以有司竭力尽知，务治其业而以赴功。今则不然。累日以取贵，积久以致官，是以廉耻贸乱，贤不肖浑淆，未得其真。臣愚以为使诸列侯、郡守、二千石各择其吏民之贤者，岁贡各二人以给宿卫，且以观大臣之能；所贡贤者有赏，所贡不肖者有罚。夫如是，诸侯、吏二千石皆尽心于求贤，天下之士可得而官使也。遍得天下之贤人，则三王之盛易为，而尧、舜之名可及也。毋以日月为功，实试贤能为上，量材而授官，录德而定位，则廉耻殊路，贤不肖异处矣。陛下加惠，宽臣之罪，令勿牵制于文，使得切磋究之，臣敢不尽愚！

于是天子复册之。

制曰：盖闻"善言天者必有征于人，善言古者必有验于今"。故朕垂问乎天人之应，上嘉唐虞，下悼桀、纣，浸微浸灭浸明浸昌之道，虚心以改。今子大夫明于阴阳所以造化，习于先圣之道业，然而文采未极，岂惑乎当世之务哉？条贯靡竟，统纪未终，意朕之不明与？听若眩与？夫三王之教所祖不同，而皆有失，或谓久而不易者道也，意岂异哉？今子大夫既已著大道之极，陈治乱之端矣，其悉之究之，孰之复之。《诗》不云乎，"嗟尔君子，毋常安息，神之听之，介尔景福。"朕将亲览焉，子大夫其茂明之。

仲舒复对曰："臣闻《论语》曰：'有始有卒者，其唯圣人乎！'今陛下幸加惠，留听于承学之臣，复下明册，以切其意，而究尽圣德，非愚臣之所能具也。前所上对，条贯靡竟，统纪不终，辞不别白，指不分明，此臣浅陋之罪也。"

册曰："善言天者必有征于人，善言古者必有验于今。"臣闻天者群物之祖也。故遍覆包函而无所殊，建日月风雨以和之，经阴阳寒暑以成之。故圣人法天而立道，亦溥爱而亡私，布德施仁以厚之，设义立礼以导之。春者天之所以生也，仁者君之所以爱也；夏者天之所以长也，德者君之所以养也；霜者天之所以杀也，刑者君之所以罚也。由此言之，天人之征，古今之道也。孔子作《春秋》，上揆之天道，下质诸人情，参之于古，考之于今。故《春秋》之所讥，灾害之所加也；《春秋》之所恶，怪异之所施也。书邦家之过，兼灾异之变；以此见人之所为，其美恶之极，乃与天地流通而往来相应，此亦言天之一端也。古者修教训之官，务以德善化民，民已大化之后，天下常亡一人之狱矣。今世废而不修，亡以化民，民以故弃行义而死财利，是以犯法而罪多，一岁之狱以万千数。以此见古之不可不用也，故《春秋》变古则讥之。天令之谓命，命非圣人不行；质朴之谓性，性非教化不成；人欲之谓情，情非度制不节。是故王者上谨于承天意，以顺命也；下务明教化民，以成性也；正法度之宜，别上下之序，以防欲也；修此三者，而大本举矣。人受命于天，固超然异于群生，入有父子兄弟之亲，出有君臣上下之义，会聚相遇，则有耆老长幼之施，粲然有文以相接，欢然有恩以相爱，此人之所以贵也。生五谷以食之，桑麻以衣之，六畜以养之，服牛乘马，圈豹槛虎，是其得天之灵，贵于物也。故孔子曰："天地之性人为贵。"明于天性，知自贵于物；知自贵于物，然后知仁义；知仁义，然后重礼节；重礼节，然后安处善；安处善，然后乐循理；乐循理，然后谓之君之。故孔子曰"不知命，亡以为君子"，此之谓也。

册曰："上嘉唐、虞，下悼桀、纣，浸微浸灭浸明浸昌之道，虚心以改。"臣闻众少成多，积小致巨，故圣人莫不以暗致明，以微致显。是以尧发于诸侯，舜兴乎深山，非一日而显也，盖有渐以致之矣。言出于己，不可塞也；行发于身，不可掩也。言行，治之大者，君子之所以动天地也。故尽小者大，慎微者著。《诗》云："惟此文王，小心翼翼。"故尧兢兢日行其道，而舜业业日致其孝，善积而名显，德章而身尊，以其浸明浸昌之道也。积善在身，犹长日加益，而人不知也；积恶在身，犹火之销膏，而人不见也。非明乎情性察乎流俗者，孰能知之？此唐、虞之所以得令名，而桀、纣之可为悼惧者也。夫善恶之相从，如景乡之应形声也。故桀、纣暴谩，谗贼并进，贤知隐伏，恶日显，国日乱，晏然自以如日在天，终陵夷而大坏。夫暴逆不仁者，非一日而亡也，亦以渐至，故桀、纣虽亡道，然犹享国十余年，此其浸微浸灭之道也。

册曰："三王之教所祖不同，而皆有失，或谓久而不易者道也，意岂异哉？"臣闻夫乐而不乱复而不厌者谓之道；道者万世亡弊，弊者道之失也。先王之道必有偏而不起之处，故政有眊而不行，举其偏者以补其弊而已矣。三王之道所祖不同，非其相反，将以救溢扶衰，所遭之变然也。故孔子曰："亡为而治者，其舜乎！"改正朔，易服色，以顺天命而已；其余尽循尧道，何更为哉！故王者有改制之名，亡变道之实。然夏上忠，殷上敬，周上文者，所继之救，当用此也。孔子曰："殷因于夏礼，所损益可知也；周因于殷礼，所损益可知也；其或继周者，虽百世可知也。"此言百王之用，以此三者矣。夏因于虞，而独不言所损益者，其道如一而所上同也。道之大原出于天，天不变，道亦不变，是以禹继舜，舜继尧，三圣相受而守一道，亡救弊之政也，故不言其所损益也。由是观之，继治世者其道同，继乱世者其道变。今汉继大乱之后，若宜少损周之文致，用夏之忠者。

陛下有明德嘉道，愍世欲之靡薄，悼王道之不昭，故举贤良方正之士，论议考问，将欲兴仁义之休德，明帝王之法制，建太平之道也。臣愚不肖，述所闻，诵所学，道师之言，廑能勿失耳。若乃论政事之得失，察天下之息耗，此大臣辅佐之职，三公九卿之任，非臣仲舒所能及也，然而臣窃有怪者。夫古之天下亦今之天下，今之天下亦古之天下，共是天下，古以大治，上下和睦，习俗美盛，不令而行，不禁而止，吏亡奸邪，民亡盗贼，囹圄空虚，德润草木，泽被四海，凤皇来集，麒麟来游，以古准今，壹何不相逮之远也！安所缪盭而陵夷若是？意者有所失于古之道与？有所诡于天之理与？试迹之于古，返之于天，党可得见乎？

夫天亦有所分予，予之齿者去其角，傅其翼者两其足，是所受大者不得取小也。古之所予禄者，不食于力，不动于末，是亦受大者不得取小，与天同意者也。夫已受大，又取小，天不能足，而况人乎！此民之所以嚣嚣苦不足也。身宠而载高位，家温而食厚禄，因乘富贵之资力，以与民争利于下，民安能如之哉！是故众其奴婢，多其牛羊，广其田宅，博其产业，畜其积委，务此而亡已，以迫蹴民，民日削月朘，浸以大穷。富者奢侈羡溢，贫者穷急愁苦；穷急愁苦而上不救，则民不乐生；民不乐生，尚不避死，安能避罪！此刑罚之所以蕃而奸邪不可胜者也。故受禄之家，食禄而已，不与民争业，然后利可均布，而民可家足。此上天之理，而亦太古之道，天子之所宜法以为制，大夫之所当循以为行也。故公仪子相鲁，之其家见织帛，怒而出其妻，食于舍而茹葵，愠而拔其葵，曰："吾已食禄，又夺园夫红女利乎！"古之贤人君子在列位者皆如是，是故下高其行而从其教，民化其廉而不贪鄙。及至周室之衰，其卿大夫缓于义而急于利，亡推让之风而有争田之讼。故诗人疾而刺之，曰："节彼南山，惟石岩岩，赫赫师尹，民具尔瞻。"尔好义，则民乡仁而俗善；尔好利，则民好邪而俗败。由是观之，天子大夫者，下民之所视效，远方之所四面而内望也。近者视而放之，远者望而效之，岂可以居贤人之位而为庶人行哉！夫皇皇求财利常恐乏匮者，庶人之意也；皇皇求仁义常恐不能化民者，大夫之意也。《易》曰："负且乘，致寇至。"乘车者君子之位也，负担着小人之事也，此言居君子之位而为庶人之行者，其患祸必至也。若居君子之位，当君子之行，则舍公仪休之相鲁，亡可为者矣。

《春秋》大一统者，天地之常经，古今之通义也。今师异道，人异论，百家殊方，指意不同，是以上亡以持一统；法制数变，下不知所守。臣愚以为诸不在六艺之科孔子之术者，皆绝其道，勿使并进。邪辟之说灭息，然后统纪可一而法度可明，民知所从矣。

对既毕，天子以仲舒为江都相，事易王。易王，帝兄，素骄，好勇。仲舒以礼义匡正，王敬重焉。久之，王问仲舒曰："粤王勾践与大夫泄庸、种、蠡谋伐吴，遂灭之。孔子称殷有三仁，寡人亦以为粤有三仁。桓公决疑于管仲，寡人决疑于君。"仲舒对曰："臣愚不足以奉大对。闻昔者鲁君问柳下惠：'吾欲伐齐，何如？'柳下惠曰：'不可。'归而有忧色，曰：'吾闻伐国不问仁人，此言何为至于我哉！'徒见问耳，且犹羞之，况设诈以伐吴乎？由此言之，粤本无一仁。夫仁人者，正其义不谋其利，明其道不计其功。是以仲尼之门，五尺之童羞称五伯，为其先诈力而后仁义也。苟为诈而已，故不足称于大君子之门也。五伯比于他诸侯为贤，其比三王，犹武夫之与美玉也。"王曰："善。"

2.12 《册府元龟》卷四九《帝王部·崇儒术第一》

宣帝即位，闻卫太子好《穀梁春秋》，以问丞相韦贤。长信少府夏侯胜及侍中乐陵侯史高皆鲁人也。言穀梁子本鲁学，公羊氏，齐学也，宜兴穀梁。时蔡千秋为郎召见，与公羊家并说。帝善穀梁说，擢千秋为谏大夫给事中。后有过，左迁平陵令。复求能为穀梁者，莫及千秋。帝闵其学。且绝乃以千秋为郎中户将（户将官名），选郎十人从受。又梁丘贺从京房受《易》，帝闻京房为《易》名，求其门人得贺。贺时为都司空令，坐事论免为庶人待诏。黄门数入说教侍中（为诸侍中说经为教授）以召贺，贺入说，帝善之（说于天子之前），以贺为郎中，修武帝故事，讲六艺群书，博士尽奇异之。

2.13 《汉书·宣帝纪》

（甘露三年）三月己丑，丞相霸薨。

（汉宣帝）诏诸儒讲五经同异，太子太傅萧望之等平奏其议，上亲称制临决焉。乃立梁丘易、大小夏侯尚书、穀梁春秋博士。

（又见于《册府元龟》卷四九《帝王部·崇儒术第一》）

2.14 《汉书·元帝纪》

孝元皇帝，宣帝太子也。母曰共哀许皇后，宣帝微时生民间。年二岁，宣帝即位。八岁，立为太子。壮大，柔仁好儒。见宣帝所用多文法吏，以刑名绳下，大臣杨恽、（盍）〔盖〕宽饶等坐刺讥辞语为罪而诛，尝侍燕从容言："陛下持刑太深，宜用儒生。"宣帝作色曰："汉家自有制度，本以霸王道杂之，奈何纯（住）〔任〕德教，用周政乎！且俗儒不达时宜，好是古非今，使人眩于名实，不知所守，何足委任！"

2.15 《册府元龟》卷四九《帝王部·崇儒术第一》

元帝即位（前汉元帝初元中），征高密相孔霸，以师赐爵关内侯，号褒成君。霸上书求奉孔子祭礼。帝下诏曰："其令师褒成君关内侯霸，以所食邑八百户祀孔子焉。"故霸还长安子福名数，于鲁奉孔子祀（名数户籍也）。帝好儒术，文辞颇改宣帝之政。言事者多进见,人人自以为得帝意。[①]

(又见于《孔氏祖庭广记·崇奉杂事》《汉书·孔光传》、《全汉文》卷七、《阙里志》卷六、《文庙丁祭谱》)

2.16 《汉书·元帝纪》

(汉元帝)少而好儒,及即位,征用儒生,委之以政,贡、薛、韦、匡迭为宰相。而上牵制文义,优游不断,孝宣之业衰焉。然宽弘尽下,出于恭俭,号令温雅,有古之风烈。

(又见于《册府元龟》卷四九《帝王部·崇儒术第一》)

2.17 《汉书·郊祀志》

元帝好儒,贡禹、韦玄成、匡衡等相继为公卿。禹建言汉家宗庙祭祀多不应古礼,上是其言。

2.18 《汉书·隽疏于薛平彭传》

自元帝时,韦玄成为丞相,奏罢太上皇寝庙园,当上书言:"臣闻孔子曰:'如有王者,必世而后仁。'三十年之间,道德和洽,制礼兴乐,灾害不生,祸乱不作。今圣汉受命而王,继体承业二百余年,孜孜不怠,政令清矣。然风俗未和,阴阳未调,灾害数见,意者大本有不立与?何德化休征不应之久也!祸福不虚,必有因而至者焉。宜深迹其道而务修其本。昔者帝尧南面而治,先'克明俊德,以亲九族',而化及万国。孝经曰:'天地之性人为贵,人之行莫大于孝,孝莫大于严父,严父莫大于配天,则周公其人也。'夫孝子善述人之志,周公既成文武之业而制作礼乐,修严父配天之事,知文王不欲以子临父,故推而序之,上极于后稷而以配天。此圣人之德,亡以加于孝也。高皇帝圣德受命,有天下,尊太上皇,犹周文武之追王太王、王季也。此汉之始祖,后嗣所宜尊奉以广盛德,孝之至也。书云:'正稽古建功立事,可以永年,传于亡穷。'"上纳其言,下诏复太上皇寝庙园。

2.19 《汉书·匡张孔马传》

孔光字子夏,孔子十四世之孙也。孔子生伯鱼鲤,鲤生子思伋,伋生子上帛,

---

① 《孔氏祖庭广记·崇奉杂事》《汉书·孔光传》《全汉文》卷七均载:"前汉元帝初元中,下诏太师褒成君霸,以所食邑八百户祀先圣。"

帛生子家求，求生子真箕，箕生子高穿。穿生顺，顺为魏相。顺生鲋，鲋为陈涉博士，死陈下。鲋弟子襄为孝惠博士，长沙太傅。襄生忠，忠生武及安国，武生延年。延年生霸，字次儒。霸生光焉。安国、延年皆以治尚书为武帝博士。安国至临淮太守。霸亦治尚书，事太傅夏侯胜，昭帝末年为博士，宣帝时为太中大夫，以选授皇太子经，迁詹事，高密相。是时，诸侯王相在郡守上。

元帝即位，征霸，以师赐爵关内侯，食邑八百户，号褒成君，给事中，加赐黄金二百斤，第一区，徙名数于长安。霸为人谦退，不好权势，常称爵位泰过，何德以堪之！上欲致霸相位，自御史大夫贡禹卒，及薛广德免，辄欲拜霸。霸让位，自陈至三，上深知其至诚，乃弗用。以是敬之，赏赐甚厚。及霸薨，上素服临吊者再，至赐东园秘器钱帛，策赠以列侯礼，谥曰烈君。

……

初，光以丞相封，后益封，凡食邑万一千户。病甚，上书让还七千户，及还所赐一弟。

子放嗣。莽篡位后，以光兄子永为大司马，封侯。昆弟子至卿大夫四五人。始光父霸以初元元年为关内侯食邑。霸上书求奉孔子祭祀，元帝下诏曰："其令师褒成君关内侯霸以所食邑八百户祀孔子焉。"故霸还长子福名数于鲁，奉夫子祀。霸薨，子福嗣。福薨，子房嗣。房薨，子莽嗣。元始元年，封周公、孔子后为列侯，食邑各二千户。莽更封为褒成侯，后避王莽，更名均。

2.20 《汉书·儒林传》

汉兴，言易自淄川田生；言书自济南伏生；言诗，于鲁则申培公，于齐则辕固生，燕则韩太傅；言礼，则鲁高堂生；言春秋，于齐则胡毋生，于赵则董仲舒。及窦太后崩，武安君田蚡为丞相，黜黄老、刑名百家之言，延文学儒者以百数，而公孙弘以治春秋为丞相封侯，天下学士靡然乡风矣。

弘为学官，悼道之郁滞，乃请曰："丞相、御史言：制曰'盖闻导民以礼，风之以乐。婚姻者，居室之大伦也。今礼废乐崩，朕甚愍焉，故详延天下方闻之士，咸登诸朝。其令礼官劝学，讲议洽闻，举遗兴礼，以为天下先。太常议，予博士弟子，崇乡里之化，以厉贤材焉。'谨与太常臧、博士平等议，曰：闻三代之道，乡里有教，夏曰校，殷曰庠，周曰序。其劝善也，显之朝廷；其惩恶也，加之刑罚。故教化之行也，建首善自京师始，由内及外。今陛下昭至德，开大明，配天地，本人伦，劝学兴礼，崇化厉贤，以风四方，太平之原也。古者政教未洽，不备其礼，请因旧官而兴焉。为博士官置弟子五十人，复其身。太常择民年十八以上仪状端正者，补博士弟子。郡国县官有好文学，敬长上，肃政教，顺乡里，出入不悖，所闻，令相长丞上属所二千石。二千石谨察可者，常与计偕，诣太常，得受业如弟子。

一岁皆辄课，能通一艺以上，补文学掌故缺；其高第可以为郎中，太常籍奏。即有秀才异等，辄以名闻。其不事学若下材，及不能通一艺，辄罢之，而请诸能称者。臣谨案诏书律令下者，明天人分际，通古今之义，文章尔雅，训辞深厚，恩施甚美。小吏浅闻，弗能究宣，亡以明布谕下。以治礼掌故，以文学礼义为官，迁留滞。请选择其秩比二百石以上及吏百石通一艺以上补左右内史、大行卒史，比百石以下补郡太守卒史，皆各二人，边郡一人。先用诵多者，不足，择掌故以补中二千石属，文学掌故补郡属，备员。请著功令。它如律令。"

制曰："可。"自此以来，公卿大夫士吏彬彬多文学之士矣。

昭帝时举贤良文学，增博士弟子员满百人，宣帝末增倍之。元帝好儒，能通一经者皆复。数年，以用度不足，更为设员千人，郡国置五经百石卒史。成帝末，或言孔子布衣养徒三千人，今天子太学弟子少，于是增弟子员三千人。岁余，复如故。平帝时王莽秉政，增元士之子得受业如弟子，勿以为员，岁课甲科四十人为郎中，乙科二十人为太子舍人，丙科四十人补文学掌故云。

2.21 《汉书·成帝纪》

（阳朔二年）九月，奉使者不称。诏曰："古之立太学，将以传先王之业，流化于天下也。儒林之官，四海渊原，宜皆明于古今，温故知新，通达国体，故谓之博士。否则学者无述焉，为下所轻，非所以尊道德也。'工欲善其事，必先利其器'。丞相、御史其与中二千石、二千石杂举可充博士位者，使卓然可观。"

（又见于《全汉文》卷八）

2.22 《历代尊孔纪》

成帝绥和元年，封孔吉为殷绍嘉侯。三月与周承休侯。皆进爵为公。

初诏求殷后，分散为十余姓，推求其嫡，不能得国衡梅福，皆以为宜封孔子世为汤后。上从之。

2.23 《汉书·平帝纪》

（元始元年）封周公后公孙相如为褒鲁侯，孔子后孔均为褒成侯，奉其祀。追谥孔子曰褒成宣尼公。

（又见于《孔氏祖庭广记·追崇圣号》、《册府元龟》卷四九《帝王部·崇儒术第一》、《阙里志》卷六、《文庙丁祭谱》）

2.24 《册府元龟》卷四九《帝王部·崇儒术第一》

后汉光武建武五年七月，幸沛十月，还，幸鲁，使大司空祠孔子。是月初，起太学(在洛阳城故开阳门外，去宫八里，讲堂长十丈广三丈)，帝幸太学，赐博士弟子各有差。[1]

(又见于《后汉书·光武帝纪》《孔氏祖庭广记·历代崇重》、《阙里志》卷六、《文庙丁祭谱》)

2.25 《后汉书·光武帝纪》

(建武十四年)夏四月辛巳，封孔子后志为褒成侯。

(又见于《册府元龟》卷四九《帝王部·崇儒术第一》)

2.26 《册府元龟》卷四九《帝王部·崇儒术第一》

(建武)十九年，立皇太子，选求明经。乃擢桓荣弟子豫章、何汤为虎贲中郎将，以《尚书》授太子。帝从容问汤："本师为谁?"汤对曰："事沛国桓荣。"帝即召荣令说《尚书》，甚善之，拜为议郎，赐钱十万，入使授太子。每朝会辄，令荣于公卿前敷奏经书，帝称善曰："得生几晚。"会欧阳博士缺，因拜荣为博士。车驾幸太学，会诸博士论难于前，桓荣被服儒衣，温恭有蕴藉，辨明经义每以礼让，相厌不以辞长胜人，儒者莫之及，特加赏赐。又诏诸生雅吹击磬，尽日乃罢。

2.27 《册府元龟》卷四九《帝王部·崇儒术第一》

明帝永平二年三月，诏郡国县道行乡饮酒，于学校皆祠先圣先师周公、孔子，牲以太牢，孟冬亦如之。

(又见于《文庙丁祭谱》)

2.28 《册府元龟》卷四九《帝王部·崇儒术第一》

(明帝永平)九年四月，开立学校，置五经师(自皇太子诸王侯及功臣子弟莫不受经。又为外戚樊氏、郭氏、阴氏、马氏诸子弟立学官，号四姓小侯。以非列侯故曰：小侯)。

2.29 《册府元龟》卷四九《帝王部·崇儒术第一》

(明帝永平)十年，九江人鲍骏上书，言丁鸿经学至行。帝甚贤之，诏征鸿至即，召见《说文》侯之命篇，赐御衣，及授廪食公车与博士同礼。

---

① 《后汉书·光武帝纪》《至圣世纪》《孔氏祖庭广记·历代崇重》均为："冬十月，还，幸鲁，使大司空祠孔子。"

2.30 《册府元龟》卷四九《帝王部·崇儒术第一》

(明帝永平)十五年,帝东巡,过鲁,幸孔子宅,祠仲尼及七十二弟子。亲御讲堂,命皇太子、诸王说经。帝自制五家要说章句,令桓郁校定于宣明殿(一云:帝自制五行章句,此言五家即谓五行之家也)。其冬,帝亲于辟雍自讲所制五行章句,已复令郁说一篇,帝谓郁曰:“我为孔子,即为‘子夏,起予者商也’。”又问郁曰:“子几人能传学?”郁曰:“臣子皆未能传学,孤兄子一人学方起。”帝曰:“努力教之。有起者即白之。”①

(又见于《后汉书·明帝纪》《孔氏祖庭广记·林庙亲祠》、《阙里志》卷六、《文庙丁祭谱》)

2.31 《后汉书·章帝纪》

(建初四年)十一月壬戌,诏曰:“盖三代导人,教学为本。汉承暴秦,褒显儒术,建立《五经》,为置博士。其后学者精进,虽曰承师,亦别名家。孝宣皇帝以为去圣久远,学不厌博,故遂立大、小夏侯《尚书》,后又立《京氏易》。至建武中,复置颜氏、严氏《春秋》,大、小戴《礼》博士。此皆所以扶进微学,尊广道艺也。中元元年诏书,《五经》章句烦多,议欲减省。至永平元年,长水校尉儵奏言,先帝大业,当以时施行。欲使诸儒共正经义,颇令学者得以自助。孔子曰:‘学之不讲,是吾忧也。’又曰:‘博学而笃志,切问而近思,仁在其中矣。’於戏,其勉之哉!”于是下太常,将、大夫、博士、议郎、郎官及诸生、诸儒会白虎观,讲议《五经》同异,使五官中郎将魏应承制问,侍中淳于恭奏,帝亲称制临决,如孝宣甘露石渠故事,作《白虎议奏》。

(又见于《全后汉文》卷四、《册府元龟》卷四九《帝王部·崇儒术第一》)

2.32 《后汉书·章帝纪》

(建初八年十二月甲午)诏曰:“《五经》剖判,去圣弥远,章句遗辞,乖疑难正,恐先师微言将遂废绝,非所以重稽古,求道真也。其令群儒选高才生,受学《左氏》《穀梁春秋》《古文尚书》《毛诗》,以扶微学,广异义焉。”

(又见于《册府元龟》卷四九《帝王部·崇儒术第一》)

---

① 《历代尊孔纪》载:“明帝建武中元十五年三月,至鲁诣孔子宅。诣孔子宅亲御讲堂,命皇太子诸王说经。”

2.33 《后汉书·章帝纪》

(元和二年三月)庚寅,祠孔子于阙里,及七十二弟子,赐褒成侯及诸孔男女帛。

(又见于《文庙丁祭谱》)

2.34 《后汉书·儒林列传》

元和二年春,帝东巡狩,还过鲁,幸阙里,以太牢祠孔子及七十二弟子,作六代之乐,大会孔氏男子二十以上者六十三人,命儒者讲《论〔语〕》。僖因自陈谢。帝曰:"今日之会,宁于卿宗有光荣乎?"对曰:"臣闻明王圣主,莫不尊师贵道。今陛下亲屈万乘,辱临敝里,此乃崇礼先师,增辉圣德。至于光荣,非所敢承。"帝大笑曰:"非圣者子孙,焉有斯言乎!"遂拜僖郎中,赐褒成侯损及孔氏男女钱帛,诏僖从还京师,使校书东观。

(又见于《孔氏祖庭广记·林庙亲祠》、《册府元龟》卷四九《帝王部·崇儒术第一》、《阙里志》卷六、《阙里志》卷一二)

2.35 《阙里志》卷六

永元四年,(汉和帝)追封孔子为褒尊侯。

2.36 《册府元龟》卷四九《帝王部·崇儒术第一》

安帝延光二年,诏选三署郎及吏人,能通《古文尚书》《毛诗》《穀梁春秋》一人。

2.37 《后汉书·安帝纪》

(延光三年三月)戊戌,祀孔子及七十二弟子于阙里,自鲁相、令、丞、尉及孔氏亲属、妇女、诸生悉会,赐褒成侯以下帛各有差。

(又见于《孔氏祖庭广记·林庙亲祠》、《册府元龟》卷四九《帝王部·崇儒术第一》、《阙里志》卷六、《阙里志》卷一二、《文庙丁祭谱》)

2.38 《阙里志》卷六

桓帝元嘉二年,诏孔子庙置百户卒史一人,掌领礼器。

(又见于《文庙丁祭谱》)

2.39 《孔氏祖庭广记·历代崇重》

桓帝元嘉三年二月，司徒吴雄等奏请：孔子庙置百户，卒史一人，掌领礼器，春秋飨礼，出王家钱给大酒直河南尹，给牛羊豕各一，大司农给米，太常丞监祠。诏可其请。

2.40 《至圣世纪》

建宁二年，诏祀孔子依社稷出王家，春秋行礼。[①]

（又见于《阙里志》卷六、《文庙丁祭谱》）

2.41 《后汉书·灵帝纪》

（熹平）四年春三月，诏诸儒正《五经》文字，刻石立于太学门外。

（又见于《册府元龟》卷四九《帝王部·崇儒术第一》）

2.42 《孔氏祖庭广记·崇奉杂事》

后汉灵帝光和元年二月，始置鸿都门，学画先圣及七十二弟子像。

（又见于《册府元龟》卷四九《帝王部·崇儒术第一》、《文庙丁祭谱》）

2.43 《册府元龟》卷四九《帝王部·崇儒术第一》

（光和）二年六月，诏公卿，举能通《尚书》《毛诗》《左氏》《穀梁春秋》各一人，悉除议郎。

2.44 《后汉书·献帝纪》

（初平四年）九月甲午，试儒生四十余人，上第赐位郎中，次太子舍人，下第者罢之。诏曰："孔子叹'学之不讲'，不讲则所识日忘。今耆儒年逾六十，去离本土，营求粮资，不得专业。结童入学，白首空归，长委农野，永绝荣望，朕甚愍焉。其依科罢者，听为太子舍人。"

2.45 《后汉书·儒林列传》

昔王莽、更始之际，天下散乱，礼乐分崩，典文残落。及光武中兴，爱好经

---

① 《至圣世纪》《阙里志》《文庙丁祭谱》均记载为："诏祀孔子依社稷出王家穀春秋行礼。"疑"穀"为衍文，故去掉。

术，未及下车，而先访儒雅，采求阙文，补缀漏逸。先是四方学士多怀协图书，遁逃林薮。自是莫不抱负坟策，云会京师，范升、陈元、郑兴、杜林、卫宏、刘昆、桓荣之徒，继踵而集。于是立《五经》博士，各以家法教授，《易》有施、孟、梁丘、京氏，《尚书》欧阳、大小夏侯，《诗》齐、鲁、韩，《礼》大小戴，《春秋》严、颜，凡十四博士，太常差次总领焉。

建武五年，乃修起太学，稽式古典，笾豆干戚之容，备之于列，服方领习矩步者，委它乎其中。中元元年，初建三雍。明帝即位，亲行其礼。天子始冠通天，衣日月，备法物之驾，盛清道之仪，坐明堂而朝群后，登灵台以望云物，袒割辟雍之上，尊养三老五更。飨射礼毕，帝正坐自讲，诸儒执经问难于前，冠带缙绅之人，圜桥门而观听者盖亿万计。其后复为功臣子孙、四姓末属别立校舍，搜选高能以受其业，自期门羽林之士，悉令通《孝经》章句，匈奴亦遣子入学。济济乎，洋洋乎，盛于永平矣！

建初中，大会诸儒于白虎观，考详同异，连月乃罢。肃宗亲临称制，如石渠故事，顾命史臣，着为通义。又诏高才生受《古文尚书》《毛诗》《穀梁》《左氏春秋》，虽不立学官，然皆擢高第为讲郎，给事近署，所以网罗遗逸，博存众家。孝和亦数幸东观，览阅书林。及邓后称制，学者颇懈。时樊准、徐防并陈敦学之宜，又言儒职多非其人，于是制诏公卿妙简其选，三署郎能通经术者，皆得察举。自安帝览政，薄于艺文，博士倚席不讲，朋徒相视怠散，学舍颓敝，鞠为园蔬，牧儿荛竖，至于薪刈其下。顺帝感翟酺之言，乃更修黉宇，凡所造构二百四十房，千八百五十室。试明经下第补弟子，增甲乙之科员各十人，除郡国耆儒皆补郎、舍人。本初元年，梁太后诏曰："大将军下至六百石，悉遣子就学，每岁辄于乡射月一飨会之，以此为常。"自是游学增盛，至三万余生。然章句渐疏，而多以浮华相尚，儒者之风盖衰矣。党人既诛，其高名善士多坐流废，后遂至忿争，更相言告，亦有私行金货，定兰台漆书经字，以合其私文。熹平四年，灵帝乃诏诸儒正定《五经》，刊于石碑，为古文、篆、隶三体书法以相参检，树之学门，使天下咸取则焉。

2.46 《后汉书·儒林列传》

初，平帝时王莽秉政，乃封孔子后孔均为褒成侯，追谥孔子为褒成宣尼。及莽败，失国。建武十三年，世祖复封均子志为褒成侯。志卒，子损嗣。永元四年，徙封褒亭侯。损卒，子曜嗣。曜卒，子完嗣。世世相传，至献帝初，国绝。

第3章　魏晋南北朝帝王评儒

3.1 《孔氏祖庭广记·崇奉杂事》

魏文帝黄初元年，令鲁郡修起旧庙，置吏卒百户以守卫之，又于其外广为室宇，以居学者。

3.2 《三国志·魏志·文帝纪》

黄初二年正月壬午，以孔羡为宗圣侯置吏修庙诏。

诏曰："昔仲尼资大圣之才，怀帝王之器，当衰周之末，无受命之运，在鲁、卫之朝，教化乎洙、泗之上，凄凄焉，遑遑焉，欲屈己以存道，贬身以救世。于时王公终莫能用之，乃退考五代之礼，修素王之事，因鲁史而制《春秋》，就太师而正《雅》《颂》，俾千载之后，莫不宗其文以述作，仰其圣以成谋，咨！可谓命世之大圣，亿载之师表者也。遭天下大乱，百祀堕坏，旧居之庙，毁而不修，褒成之后，绝而莫继，阙里不闻讲颂之声，四时不睹蒸尝之位，斯岂所谓崇礼报功，盛德百世必祀者哉！其以议郎孔羡为宗圣侯，邑百户，奉孔子祀。"令鲁郡修起旧庙，置百户吏卒以守卫之，又于其外广为室屋以居学者。

（又见于《宋书·礼志四》、嘉靖《山东通志》卷三七《遗文上·御制类》、《册府元龟》卷四九《帝王部·崇儒术第一》、《阙里志》卷一四、《文庙丁祭谱》）

3.3 《三国志·魏志·明帝纪》

（太和二年）六月，诏曰："尊儒贵学，王教之本也。自顷儒官或非其人，将何以宣明圣道？其高选博士，才任侍中、常侍者。申敕郡国，贡士以经学为先。"

（又见于《册府元龟》卷四九《帝王部·崇儒术第一》）

3.4 《三国志·魏志·明帝纪》

(太和)四年春二月壬午,诏曰“世之质文,随教而变。兵乱以来,经学废绝,后生进趣,不由典谟,岂训导未洽,将进用者不以德显乎?其郎吏学通一经,才任牧民,博士课试,擢其高第者,亟用;其浮华不务道本者,皆罢退之。”

3.5 《册府元龟》卷四九《帝王部·崇儒术第一》

景初中,帝以高堂隆苏林秦静等老,恐无能传业者,乃诏曰:“昔先圣既没,而其遗言余教著于《六艺》之文礼,又为急弗可斯须离者也。末俗背本所由来久,故闵子讥原宪之不学,荀卿丑秦世之坑儒。儒学既废,则风化何由兴哉!方今宿生、巨儒并各年高,教训之道孰为其继?昔伏生将老,汉文帝嗣以晁错、穀梁寡畴,宣帝承以十郎其科,郎吏高才,解经义者三十人,从光禄勋、隆散骑、常侍、林博士静分受四经三礼。主者,具为设课试之法。夏侯胜昔有言:‘士病经不明,经术苟明,其取青紫如俯拾地芥耳。’今学者有能究极经道,则爵禄荣宠不期而至,可不勉哉!”数年隆等皆卒,学者遂废。

3.6 《三国志·魏志·三少帝纪》

(正始)二年春二月,帝初通《论语》,使太常以太牢祭孔子于辟雍,以颜渊配。

(又见于《孔氏祖庭广记·历代崇重》、《册府元龟》卷四九《帝王部·崇儒术第一》、《阙里志》卷六、《文庙丁祭谱》)

3.7 《宋书·礼志四》

魏齐王正始二年三月,帝讲《论语》通,五年五月,讲《尚书》通,七年十二月,讲《礼记》通,并使太常释奠,以太牢祀孔子于辟雍,以颜渊配。

3.8 《三国志·魏志·三少帝纪》

(正始五年)五月癸巳,讲《尚书》经通,使太常以太牢祀孔子于辟雍,以颜渊配;赐太传、大将军及侍讲者各有差。

(又见于《册府元龟》卷四九《帝王部·崇儒术第一》)

3.9 《册府元龟》卷四九《帝王部·崇儒术第一》

(正始)六年,诏故司空王朗所作《易传》,令学者得以课试。

3.10 《三国志·魏志·三少帝纪》

（正始七年）冬十二月，讲《礼记》通，使太常以太牢祀孔子于辟雍，以颜渊配。

（又见于《册府元龟》卷四九《帝王部·崇儒术第一》）

3.11 嘉靖《山东通志》卷三八《遗文下·论类》

（高贵乡公颜子论）心不违仁，行无二过，用行舍藏，与同进退，听承圣言，罔有不喻。叙之于易，以章殊异，死则悲恸，谓天丧己，所以殷勤至于此者，圣人嘉美良才之效也。设使天假之年后，孔子没焉，知其不光明圣道，阐扬师业有卓尔之美乎。百虑之所得，愚者有焉，愿后之君子详览之焉尔。

3.12 《三国志·魏志·三少帝纪》

（甘露元年四月）丙辰，帝幸太学，问诸儒曰："圣人幽赞神明，仰观俯察，始作八卦，后圣重之为六十四，立爻以极数，凡斯大义，罔有不备，而夏有《连山》，殷有《归藏》，周曰《周易》，《易》之书，其故何也？"《易》博士淳于俊对曰："包羲因燧《皇之图》而制八卦，神农演之为六十四，黄帝、尧、舜通其变，三代随时，质文各由其事。故《易》者，变易也，名曰《连山》，似山出内云气，连天地也；《归藏》者，万事莫不归藏于其中也。"帝又曰："若使包羲因燧皇而作《易》，孔子何以不云燧人氏没包羲氏作乎？"俊不能答。帝又问曰："孔子作《彖》《象》，郑玄作注，虽圣贤不同，其所释经义一也。今《彖》《象》不与经文相连，而注连之，何也？"俊对曰："郑玄合《彖》《象》于经者，欲使学者寻省易了也。"帝曰："若郑玄合之，于学诚便，则孔子曷为不合以了学者乎？"俊对曰："孔子恐其与文王相乱，是以不合，此圣人以不合为谦。"帝曰："若圣人以不合为谦，则郑玄何独不谦邪？"俊对曰："古义弘深，圣问奥远，非臣所能详尽。"帝又问曰："《系辞》云'黄帝、尧、舜垂衣裳而天下治'，此包羲、神农之世为无衣裳。但圣人化天下，何殊异尔邪？"俊对曰："三皇之时，人寡而禽兽众，故取其羽皮而天下用足，及至黄帝，人众而禽兽寡，是以作为衣裳以济时变也。"帝又问："乾为天，而复为金，为玉，为老马，与细物并邪？"俊对曰："圣人取象，或远或近，近取诸物，远则天地。"

讲《易》毕，复命讲《尚书》。帝问曰："郑玄曰'稽古同天，言尧同于天也'。王肃云'尧顺考古道而行之'。二义不同，何者为是？"博士庾峻对曰："先儒所执，各有乖异，臣不足以定之。然洪范称'三人占，从二人之言'。贾、马及肃皆以为'顺考古道'。以洪范言之，肃义为长。"帝曰："仲尼言'唯天为大，唯尧则之'。尧之大美，在乎则天，顺考古道，非其至也。今发篇开义以明圣德，而舍其大，更称其细，岂作者之意邪？"峻对曰："臣奉遵师说，未喻大义，至于折中，裁之圣思。"次及四岳举鲧，帝又问曰："夫大人者，与天地合其德，与日月合其明，思无不周，明无不照，今王肃云'尧意不能明鲧，是以试用'。如此，圣人之明有所未尽邪？"峻对曰："虽圣人之弘，犹有所未尽，故禹曰'知人则哲，惟帝难之'，然卒能改授圣贤，缉熙庶绩，亦所以成圣也。"帝曰："夫有始有卒，其唯圣人。若不能始，何以为圣？其言'惟帝难之'，然卒能改授，盖谓知人，圣人所难，非不尽之言也。经云：'知人则哲，能官人。'若尧疑鲧，试之九年，官人失叙，何得谓之圣哲？"峻对曰："臣窃观经传，圣人行事不能无失，是以尧失之四凶，周公失之二叔，仲尼失之宰予。"帝曰："尧之任鲧，九载无成，汩陈五行，民用昏垫。至于仲尼失之宰予，言行之间，轻重不同也。至于周公、管、蔡之事，亦《尚书》所载，皆博士所当通也。"峻对曰："此皆先贤所疑，非臣寡见所能究论。"次及"有鳏在下曰虞舜"，帝问曰："当尧之时，洪水为害，四凶在朝，宜速登贤圣济斯民之时也。舜年在既立，圣德光明，而久不进用，何也？"峻对曰："尧咨嗟求贤，欲逊己位，岳曰'否德忝帝位'。尧复使岳扬举仄陋，然后荐舜。荐舜之本，实由于尧，此盖圣人欲尽众心也。"帝曰："尧既闻舜而不登用，又时忠臣亦不进达，乃使岳扬仄陋而后荐举，非急于用圣恤民之谓也。"峻对曰："非臣愚见所能逮及。"

于是复命讲《礼记》。帝曰："'太上立德，其次务施报'。为治何由而教化各异，皆修何政而能致于立德，施而不报乎？"博士马照对曰："太上立德，谓三皇五帝之世以德化民，其次报施，谓三王之世以礼为治也。"帝曰："二者致化薄厚不同，将主有优劣邪？时使之然乎？"照对曰："诚由时有朴文，故化有薄厚也。"

3.13　《全三国文》卷六四

（永安元年十一月）置学官立五经博士诏：

古者建国，教学为先，所以道世治性，为时养器也。自建兴以来，时事多故，吏民颇以目前趋务，去本就末，不循古道。夫所尚不，则伤化败俗。其案古置学官，立五经博士，核取应选，加其宠禄；科见吏之中及将吏子弟有志好者，各令就业。一岁课试，差其品第，加以位赏。使见之者乐其荣，闻之者羡其誉。以敦王化，以隆风俗。

（又见于《吴志·嗣主休传》《宋书·礼志一》、《通典》卷五三、《太平御览》卷二三六）

3.14　《晋书·宣帝纪》

（宣帝）少有奇节，聪朗多大略，博学洽闻，伏膺儒教。

3.15 《宋书·礼志四》

晋武帝泰始三年十一月，改封宗圣侯孔震为奉圣亭侯。又诏太学及鲁国四时备三牲以祀孔子。

（又于见《孔氏祖庭广记·历代崇重》《册府元龟·帝王部·崇儒术第一》、《阙里志》卷六、《文庙丁祭谱》）

3.16 《晋书·嘉礼志》

武帝泰始六年十二月，帝临辟雍，行乡饮酒之礼。诏曰："礼仪之废久矣，乃今复讲肄旧典。"赐太常绢百匹，丞、博士及学生牛、酒。咸宁三年，惠帝元康九年，复行其礼。

3.17 《至圣世纪》

泰始七年，皇太子讲《孝经》通，亲释奠于太学，以太牢祀孔子，以颜回配。

（又见于《文庙丁祭谱》）

3.18 《晋书·吉礼志》

昔武王入殷，未及下车而封先代之后，盖追思其德也。孔子以大圣而终于陪臣，未有封爵。至汉元帝，孔霸以帝师赐爵，号褒成君，奉孔子后。魏文帝黄初二年正月，诏以议郎孔羡为宗圣侯，邑百户，奉孔子祀，令鲁郡修旧庙，置百户吏卒以守卫之。及武帝泰始三年十一月，改封宗圣侯孔震为奉圣亭侯。又诏太学及鲁国，四时备三牲以祀孔子。明帝太宁三年，诏给奉圣亭侯孔亭四时祠孔子祭直，如泰始故事。

礼，始立学必先释奠于先圣先师，及行事必用币。汉世虽立学，斯礼无闻。魏齐王正始二年二月，帝讲《论语》通。五年五月，讲《尚书》通。七年十二月，讲《礼记》通，并使太常释奠，以太牢祠孔子于辟雍，以颜回配。武帝泰始七年，皇太子讲《孝经》通。咸宁三年，讲《诗》通。太康三年，讲《礼记》通。惠帝元康三年，皇太子讲《论语》通。元帝太兴二年，皇太子讲《论语》通。太子并亲释奠，以太牢祠孔子，以颜回配。成帝咸康元年，帝讲《诗》通。穆帝升平元年三月，帝讲《孝经》通。孝武宁康三年七月，帝讲《孝经》通，并释奠如故事，穆帝、孝武并权以中堂为太学。

（又见于《孔氏祖庭广记·学庙亲祠皇太子附》、《阙里志》卷六）

3.19 《宋书·礼志四》

（东晋）明帝太宁三年，诏给事奉圣亭侯孔亭四时祠孔子，祭宜如泰始故事。亭五代孙继之博塞无度，常以祭直顾进，替慢不祀。宋文帝元嘉八年，有司奏夺爵。至十九年，又授孔隐之。兄子熙先谋逆，又失爵。二十八年，更以孔惠云为奉圣侯。后有重疾，失爵。孝武大明二年，又以孔迈为奉圣侯。迈卒，子莽嗣，有罪，失爵。

（又见于《孔氏祖庭广记·历代崇重》、《全晋文》卷九、《册府元龟》卷四九《帝王部·崇儒术第一》、《阙里志》卷六、《文庙丁祭谱》）

3.20 《宋书·礼志四》

（东晋）成帝咸康元年，帝讲《诗》通。穆帝升平元年三月，帝讲《孝经》通。孝武宁康三年七月，帝讲《孝经》通，并释奠如故事。

（又见于《孔氏祖庭广记·学庙亲祠皇太子附》、《册府元龟》卷四九《帝王部·崇儒术第一》、《阙里志》卷六、《文庙丁祭谱》）

3.21 《阙里志》卷六

（东晋）穆帝升平元年，亲释奠如故事。权以中堂为太学。

（又见于《文庙丁祭谱》）

3.22 《册府元龟》卷四九《帝王部·崇儒术第一》

孝武帝宁康三年七月，帝讲《孝经》通，释奠如故事。时以学在水南，悬远有司，定议依升平元年于中堂权立行太学，于时无复国子生有司奏，应须复二学生百二十人，太学生取见人六十，国子生权铨，大臣子孙六十人事讫。罢奏。可释奠礼，毕会百官六品以上。十二月，帝释奠于中堂，祠孔子，以颜回配。时学校陵迟谢石上，疏请兴复国学，以训胄子，班下州郡普乡校疏奏。帝纳焉。

（又见于《孔氏祖庭广记·学庙亲祠皇太子附》《晋书·孝武帝纪》《阙里志》卷六、《文庙丁祭谱》）

3.23 《孔氏祖庭广记·学庙亲祠皇太子附》

前秦苻坚行礼于辟雍，祀先师孔子，其太子及公侯卿大夫之元子，皆束修释奠焉。

3.24 《册府元龟》卷四九《帝王部·崇儒术第一》

（东晋孝武帝太元）十一年八月，封孔靖之为奉圣亭，侯奉宣尼祀。

3.25 《孔氏祖庭广记·学庙亲祠皇太子附》

后魏太祖天兴四年二月，命乐师入学习舞，释奠于先圣先师。

（又见于《册府元龟》卷四九《帝王部·崇儒术第一》）

3.26 《魏书·明元帝纪》

（泰常八年）帝礼爱儒生，好览史传，以刘向所撰《新序》《说苑》于经典正义多有所阙，乃撰新集三十篇，采诸经史，该洽古义，兼资文武焉。

（又见于《北史·魏本纪第一》）

3.27 《魏书·太武帝纪》

（始光三年）二月，起太学于城东，祀孔子，以颜渊配。

（又见于《北史·魏本纪第二》《孔氏祖庭广记·学庙亲祠皇太子附》、《册府元龟》卷四九《帝王部·崇儒术第一》、《阙里志》卷六）

3.28 《南史·宋本纪中第二》

（义隆十五年）立儒学馆于北郊，命雷次宗居之。

3.29 《孔氏祖庭广记·历代崇奉诏文》

宋文帝元嘉十九年，十二月丙申，诏曰：胄子虽集，学业方兴，自微言泯绝，逝将千载，感事思人，意有慨然。奉圣之荫，可速议继袭，于先庙地特为营建，依旧给祠直，令四时飨祀。阙里往经寇乱，黉学残毁，并下鲁郡，复修学舍。采召生徒，昔之贤哲，及一介之善，犹或卫其土垅，禁其刍牧。况尼父德表生民，功被百代，而坟茔荒芜，荊棘弗翦。可蠲墓侧数户，以掌洒埽，鲁郡上民孔景等五户，居近孔子墓侧，其课役以给洒埽，并种松柏六百株。

（又见于《全宋文》卷三、《阙里志》卷一四、《文庙丁祭谱》）

3.30 《阙里志》卷六

（宋）文帝元嘉二十二年，释奠孔子。

3.31 《全宋文》卷三

(宋文帝元嘉二十三年十月)嘉奖师儒诏。

庠序兴立累载,胄子肄业有成。近亲策试,睹济济之美,缅想洙泗,永怀在昔。诸生答问,多可采览。教授之官,并宜沾赉。赐帛各有差。

(又见于《宋书·文帝纪》)

3.32 《魏书·太武帝纪》

(太平真君十一年)十有一月辛卯,至于邹山,刘义隆、鲁郡太守崔邪利率属城降。使使者以太牢祀孔子。①

(又见于《北史·魏本纪第二》《孔氏祖庭广记·学庙亲祠皇太子附》、《册府元龟》卷四九《帝王部·崇儒术第一》、《阙里志》卷六、《历代尊孔纪》)

3.33 《历代尊孔纪》

宋元嘉二十八年,更以孔惠云为奉圣侯。后于重疾失爵。

3.34 《孔氏祖庭广记·历代崇奉诏文》

世祖孝武皇帝孝建元年,冬十月戊寅,诏曰:仲尼体天降德,维周兴汉,经纬三极,冠冕百王。爰自前代,咸加褒述,典司失人,用阙宗祀。先朝远存遗范,有诏缮立,世故妨道,事未克就,国难频深,忠勇奋厉,实凭圣义,大教所敦,永惟兼怀,无忘待旦。可开建庙制,同诸侯之礼,详择爽垲,厚给祭秩。

(又见于乾隆《山东通志》卷一一《阙里志三》、《孔氏祖庭广记·崇奉杂事》、《孔氏祖庭广记·学庙亲祠皇太子附》、《阙里志》卷一四、《文庙丁祭谱》)

3.35 《历代尊孔纪》

宋武帝大明二年,以孔迈为奉圣侯。迈卒,子[illegible]嗣焉。

3.36 《册府元龟》卷四九《帝王部·崇儒术第一》

(北魏)献文皇兴二年,以青徐平,诏中书令高允兼太常,至兖州以太牢祭孔

① 《历代尊孔纪》载:"魏太武帝太平真君十一年十一月,魏主进至鲁郡,以太牢祀孔子。"

子庙帝。谓允曰:“此简德而行,勿有辞也。”

(又见于《孔氏祖庭广记·历代崇重》、《阙里志》卷六)

3.37 《魏书·孝文帝纪》

(延兴二年)二月乙巳,诏曰:“尼父禀达圣之姿,体生知之量,穷理尽性,道光四海。顷者淮徐未宾,庙隔非所,致令祠典寝顿,礼章殄灭,遂使女巫妖觋,淫进非礼,杀生鼓舞,倡优媟狎,岂所以尊明神敬圣道者也。自今以后,有祭孔子庙,制用酒脯而已,不听妇女合杂,以祈非望之福。犯者以违制论。其公家有事,自如常礼。牺牲粢盛,务尽丰洁。临事致敬,令肃如也,牧司之官,明纠不法,使禁令必行。”

(又见于乾隆《山东通志》卷一一《阙里志三》、《孔氏祖庭广记·历代崇奉诏文》、《册府元龟》卷四九《帝王部·崇儒术第一》、《阙里志》卷六、《阙里志》卷一四、《文庙丁祭谱》)

3.38 《魏书·孝文帝纪》

(延兴三年四月)壬子,诏以孔子二十八世孙鲁郡孔乘为崇圣大夫,给十户以供洒扫。

(又见于《北史·魏本纪第三》、《册府元龟》卷四九《帝王部·崇儒术第一》)

3.39 《南齐书·陆澄王摛列传》

建元肇运,戎警未夷,天子少为诸生,(昊)〔端〕拱以思儒业,载戢干戈,遽诏庠序。永明纂袭,克隆均校,王俭为辅,长于经礼,朝廷仰其风,胄子观其则,由是家寻孔教,人诵儒书,执卷欣欣,此焉弥盛。建武继立,因循旧绪,时不好文,辅相无术,学校虽设,前轨难追。

3.40 《孔氏祖庭广记·历代崇奉诏文》

南齐世祖永明七年,二月己丑,诏曰:宣尼诞敷文德,峻极自天,发辉七代,陶钧万品,英风独举,素王谁匹。功隐于当年,道深于日月。感麟厌世,缅邈千祀,川竭谷虚,陵夷渊塞。非但洙泗湮沦,至乃飨尝乏主。前王敬仰,崇修寝庙,岁月亟流,鞠为茂草,今学敩兴立,实禀洪规,抚事怀人,弥增钦属。可改筑宗祊,务在爽垲,量给祭秩,礼同诸侯,奉圣之爵,以时继绍。

(又见于乾隆《山东通志》卷一一《阙里志三》、《阙里志》卷一四、《文庙丁祭谱》)

3.41 《魏书·孝文帝纪》

（太和十三年七月）立孔子庙于京师。

（又见于《北史·魏本纪第三》《孔氏祖庭广记·崇奉杂事》、《册府元龟》卷四九《帝王部·崇儒术第一》）

3.42 《阙里志》卷六

（北魏）太和十六年，诏宣尼庙别敕有司享荐之礼。

3.43 《魏书·孝文帝纪》

北魏太和十六年二月诏："改谥宣尼曰文圣尼父。"

（又见于乾隆《山东通志》卷一一《阙里志三》、《孔氏祖庭广记·追崇圣号》、《册府元龟》卷四九《帝王部·崇儒术第一》、《阙里志》卷六）

3.44 《册府元龟》卷四九《帝王部·崇儒术第一》

（北魏太和十六年）四月甲寅，幸皇宗学，亲问博士经义。

3.45 《南齐书·礼志上》

隆昌元年，有司奏，参议明堂，咸以世祖配。国子助教谢昙济议："案《祭法》禘郊祖宗，并列严祀。郑玄注义，亦据兼飨。宜祖宗两配，文、武双祀。"助教徐景嵩、光禄大夫王逡之谓宜以世（祖）〔宗〕文皇帝配。祠部郎何佟之议："周之文、武，尚推后稷以配天，谓文皇宜推世祖以配帝。虽事施于尊祖，亦义章于严父焉。"左仆射王晏议，以为"若用郑玄祖宗通称，则生有功德，没垂尊称，历代配帝，何止于（郊）邪？今殷荐上帝，允属世祖，百代不毁，其文庙乎！"诏可。

3.46 《魏书·孝文帝纪》

（太和十九年四月）庚申，行幸鲁城，亲祠孔子庙。辛酉，诏拜孔氏四人、颜氏二人为官。诏兖州刺史举部内士人才堪军国及守宰治行，具以名闻。又诏赐兖州民爵及粟帛如徐州。又诏选诸孔宗子一人，封崇圣侯，邑一百户，以奉孔子之祀。又诏兖州为孔子起园柏，修饰坟垅，更建碑铭，褒扬圣德。

（又见于《北史·魏本纪第三》《孔氏祖庭广记·林庙亲祠》、《册府元龟》卷四九《帝王部·崇儒术第一》、《阙里志》卷六）

3.47 《孔氏祖庭广记·历代崇奉诏文》

（南齐）明帝永泰元年，三月戊申，诏曰：仲尼明圣在躬，允光上哲，弘厥雅道，大训生民。师范百王，轨仪千载。世人斯仰，忠李攸出，玄功潜被，至德弥阐。虽反袂遐旷，而祧荐靡阙。时祭旧品，秩比诸侯，顷岁以来，祀曲陵替。俎豆寂寥，牲奠莫举，岂所以克昭大烈，永隆风教者哉！式循旧典，详复祭秩，使牢饩备礼，钦飨兼申。

（又见于乾隆《山东通志》卷一一《阙里志三》、《孔氏祖庭广记·历代崇重》《阙里志》卷一四、《文庙丁祭谱》）

3.48 《梁书·武帝纪》

（天监四年）六月庚戌，立孔子庙。

（又见于《南史·梁本纪第六》《孔氏祖庭广记·崇奉杂事》）

3.49 《册府元龟》卷四九《帝王部·崇儒术第一》

（北魏宣武正始）四年四月诏曰："高祖德格两仪，明并日月。播文教以怀远人，调礼学以旌俊造。徙县中区，光宅东邑，总霜露之所均，一姬卜于洛涘。戎缮兼兴，未遑儒教。朕纂承鸿绪，君临宝历，思模圣规，述遵先志。今天平地，宁方隅无事，可敕有司准仿前式，置国子、立大学、树小学于四门。"

3.50 《梁书·武帝纪》

（天监八年）五月壬午，诏曰："学以从政，殷勤往哲，禄在其中，抑亦前事。朕思阐治纲，每敦儒术，轼闾辟馆，造次以之。故负帙成风，甲科间出，方当置诸周行，饰以青紫。其有能通一经、始末无倦者，策实之后，选可量加叙录。虽复牛监羊肆，寒品后门，并随才试吏，勿有遗隔。"

3.51 《册府元龟》卷四九《帝王部·崇儒术第一》

（北魏）孝明正光元年正月诏曰："建国纬民，立教为本。尊师崇道，兹典自昔。来岁仲阳节和气润，释奠孔颜乃其时也。有司可豫缮国学，图希圣贤，置官检牲择吉备礼。"

（又见于乾隆《山东通志》卷一一《阙里志三》）

3.52　《文庙丁祭谱》卷二之一

（北魏）孝明帝正光二年（梁普通二年）春三月庚午，帝诣国学，祠孔子，以颜回配。

先是，元年春正月乙酉，诏曰：建国纬民，立教为本。尊师崇道，兹典自昔。来岁仲阳节和气润，释奠孔、颜乃其时也。有司可预缮国学图饰圣贤，置官简牲，择吉行礼。

（又见于《孔氏祖庭广记·学庙亲祠皇太子附》、《册府元龟》卷四九《帝王部·崇儒术第一》、《北史·魏本纪第四》）

3.53　《册府元龟》卷四九《帝王部·崇儒术第一》

（北魏）出帝（孝武帝）永熙三年二月丙子，亲释奠礼先师，诏延公卿学官于显阳殿，敕祭酒刘廞讲《孝经》，黄门李郁讲《礼记》，中书舍人卢景宣解《大戴礼记·夏小正》篇。时广招儒学引令预听，国子博士李同轨经义素优，辨析兼美，而不得执经，深为慨恨。

（又见于《魏书·李顺列传》、《文庙丁祭谱》卷二之一）

3.54　《孔氏祖庭广记·崇奉杂事》

（梁）元帝初为荆州刺史，起州学宣尼庙置儒林参军一人，劝学从事二人，生三十人加廪饩，帝工书善画，自图书圣像，为之赞而书之，时人谓之三绝。

3.55　《全梁文》卷一八

（梁元帝）释奠祭孔子文："粤若宗师，猗欤乃圣。惟岳降神，惟天所命。上善如水，至人若镜。"

3.56　《全梁文》卷一八

（梁元帝）又祭颜子文："钦哉体一，亚彼至人。乍分介石，时知落鳞。不先称宝，席上为珍。致虚守静，曲巷安贫。钦风味道，其德有邻。"

（又见于《艺文类聚》卷三八）

3.57　《文庙丁祭谱》卷二之一

庚午，齐文宣帝天保元年（梁大宝元年）夏六月，遣祭孔子。制：将讲于天子，先定经于庙，讲毕，以一太牢释奠，列轩县乐，六佾舞，行三献礼。皇太子每通一经及新立学必释奠，定春秋二仲致祭。月朔，祭酒以下拜孔、揖颜，郡学于坊内立孔、颜庙，博士以下每月而朝。此春秋释奠及朔日行礼之始。

3.58 《北齐书·文宣帝纪》

（天保元年六月己辛巳）诏封崇圣侯邑一百户，以奉孔子之祀，并下鲁郡以时修治庙宇，务尽褒崇之至。

（又见于《北史·齐本纪中第七》《孔氏祖庭广记·历代崇重》、《阙里志》卷六）

3.59 《北齐书·文宣帝纪》

（天保元年）八月，诏郡国修立黉序，广延髦俊，敦述儒风。其国子学生亦仰依旧铨补，服膺师说，研习礼经。往者文襄皇帝所运蔡邕石经五十二枚，即宜移置学馆，依次修立。

（又见于《北史·齐本纪第七》）

3.60 《孔氏祖庭广记·历代崇奉诏文》

梁敬皇帝太平二年，春正月壬寅，诏曰：夫子降灵体喆，经仁纬义，允光素王，载阐玄功，仰之者弥高，诲之者不倦，立忠立孝，德被烝民，制礼作乐，道冠群后，虽泰山颓峻，一篑不遗，而泗水余澜，千载犹在，自国图屯，阻祧荐不修，奉圣之门，胤嗣歼灭，敬神之寝，簠簋寂寥，永言声烈，实兼钦怆，外可搜举鲁国之族，以为奉圣后，并缮庙堂，只备祀典，四时荐秩一皆遵旧。

（又见于乾隆《山东通志》卷一一《阙里志三》、《梁书·敬帝纪》、《阙里志》卷一四、《文庙丁祭谱》）

3.61 《册府元龟》卷四九《帝王部·崇儒术第一》

（北周）武帝天和元年七月，诏："诸胄子入学，但束修于师，不劳释奠。释奠者，学成之祭。自今即为常式。"

（又见于《文献通考》卷四一）

3.62 《陈书·废帝纪》

（光大元年）十二月庚寅，以兼从事中郎孔英哲为奉圣亭侯，奉孔子祀。

（又见于《南史·陈本纪上》）

3.63 《周书·武帝纪》

（建德二年）十二月癸巳，集群臣及沙门、道士等，帝升高座，辨释三教先后，以儒教为先，道教为次，佛教为后。

（又见于《北史·周本纪下》）

3.64 《周书·武帝纪》

（建德六年九月）壬辰，诏东土诸州儒生，明一经以上，并举送，州郡以礼发遣。

（又见于《北史·周本纪下》）

3.65 《孔氏祖庭广记·学庙亲祠皇太子附》

后周宣帝大象二年，二月丁巳，帝幸露门学，行释奠之礼。

3.66 《周书·宣帝纪》

（大象二年）三月丁亥，赐百官及民大酺。诏曰："盛德之后，是称不绝，功施于民，义昭祀典。孔子德惟藏往，道实生知，以大圣之才，属千古之运，载弘儒业，式叙彝伦。至如幽赞天人之理，裁成礼乐之务，故以作范百王，垂风万叶。朕钦承宝历，服膺教义，眷言洙、泗，怀道滋深。且褒成启号，虽彰故实，旌崇圣绩，犹有阙如。可追封为邹国公，邑数准旧，并立后承袭。别于京师置庙，以时祭享。"

（又见于《北史·周本纪下》《孔氏祖庭广记·追崇圣号》《孔氏祖庭广记·历代崇奉诏文》《孔氏祖庭广记·学庙亲祠皇太子附》、《册府元龟》卷四九《帝王部·崇儒术第一》、《阙里志》卷六、《阙里志》卷一四、《文庙丁祭谱》卷二之一）

3.67 《孔氏祖庭广记·历代崇奉诏文》

陈后主至德三年，十一月辛丑，释奠于先师，礼毕，设金石之乐，会宴王公卿士。

（又见于《阙里志》卷六）

3.68 《孔氏祖庭广记·历代崇奉诏文》

陈后主至德三年，十一月己未，诏曰：宣尼诞膺上哲，体资至道，祖述宪章之典，并天地而合德，乐正雅颂之奥，与日月而偕明，垂后昆之制范，开生民之耳目，梁季湮微，灵寝志处，鞠为茂草，三十余年，敬仰如在，永惟忾息，今雅道和熙，由庚得所，断琴故履，零落不追，閲笥开书，无因循复，外可详之礼典，改筑旧庙，药房榱栋，咸使惟新，芳蘩洁潦，以时飨奠。

（又见于乾隆《山东通志》卷一一《阙里志三》、《孔氏祖庭广记·崇奉杂事》、《阙里志》卷一四、《文庙丁祭谱》）

第4章　隋唐帝王评儒

4.1 《至圣世纪》

文帝开皇初，赠孔子为先师尼父，诏国子寺每岁以四仲月上丁释奠先圣先师，州郡学以春秋仲月释奠，乐奏咸夏。

（又见于《阙里志》卷六）

4.2 《册府元龟》卷四九《帝王部·崇儒术第一》

（文帝开皇三年）四月，诏天下劝学行礼。时潞州刺史柳昂见天下无事，上表请劝学行礼。帝览而善之。因下诏曰："建国重道，莫先于学，尊主庇民，莫先于礼。自魏氏不竞，周、齐抗衡，分四海之民，斗二邦之力，递为强弱，多历年所。务权诈而薄儒雅，重干戈而轻俎豆，民不见德，唯争是闻。朝野以机巧为师，文吏用深刻为法，风浇俗弊，化之然也。虽复建立庠序，兼启黉塾，业非时贵，道亦不行。其间服膺儒术，盖有之矣，彼众我寡，未能移俗。然其维持名教，奖饰彝伦，微相弘益，赖斯而已。王者承天，休咎随化，有礼则祥瑞必降，无礼则妖孽兴起。人禀五常，性灵不一，有礼则阴阳合德，无礼则禽兽其心。治国立身，非礼不可。朕受命于天，财成万物，去华夷之乱，求风化之宜。戒奢崇俭，率先百辟，轻徭薄赋，冀以宽弘。而积习生常，未能惩革，闾阎士庶，吉凶之礼，动悉乖方，不依制度。执宪之职，似塞耳而无闻；莅民之官，犹蔽目而不察。宣扬朝化，其若是乎？古人之学，且耕且养。今者民丁非役之日，农亩时候之余，若敦以学业，劝以经礼，自可家慕大道，人希至德。岂止知礼节，识廉耻，父慈子孝，兄恭弟顺者乎？始自京师，爰及州郡，宜祇朕意，劝学行礼。"自是天下州县皆置博士习礼焉。

4.3 《隋书·高祖纪》

（仁寿元年六月）乙丑，诏曰："儒学之道，训教生人，识父子君臣之义，知尊卑长幼之序，升之于朝，任之以职，故能赞理时务，弘益风范。朕抚临天下，思弘德教，延集学徒，崇建庠序，开进仕之路，伫贤隽之人。而国学胄子，垂将千数，州县诸生，咸亦不少。徒有名录，空度岁时，未有德为代范，才任国用。良由设学之理，多而未精。今宜简省，明加奖励。"于是国子学唯留学生七十人，太学、四门及州县学并废。其日，颁舍利于诸州。

（又见于《册府元龟》卷四九《帝王部·崇儒术第一》）

4.4 《文庙丁祭谱》卷二之一

辛酉，隋文帝仁寿九年制释奠乐章。制：国子岁以四仲月上丁释奠先圣先师，郡学以春秋仲月释奠。奏诚夏。今存者惟登歌一章，辞曰：

经国立训，学重教先。
《三坟》肇册，《五典》留篇。
开凿理著，陶铸功宣。
东胶西序，春诵夏弦。
芳尘载仰，祀典无骞。

谨案：旧志有隋文帝赠孔子为先师尼父一条，而阙里文献考不载。今附注于此。

4.5 《隋书·炀帝纪》

（大业元年闰七月）丙子，诏曰：君民建国，教学为先，移风易俗，必自兹始。而言绝义乖，多历年代，进德修业，其道浸微。汉采坑焚之余，不绝如线，晋承板荡之运，扫地将尽。自时厥后，军国多虞，虽复黉宇时建，示同爱礼，函丈或陈，殆为虚器。遂使纡青拖紫，非以学优，制锦操刀，类多墙面。上陵下替，纲维靡立，雅缺道消，实由于此。朕纂承洪绪，思弘大训，将欲尊师重道，用阐厥繇，讲信修睦，敦奖名教。方今宇宙平一，文轨攸同，十步之内，必有芳草，四海之中，岂无奇秀！诸在家及见入学者，若有笃志好古，耽悦典坟，学行优敏，堪膺时务，所在采访，具以名闻，即当随其器能，擢以不次。若研精经术，未愿进仕者，可依其艺业深浅，门荫高卑，虽未升朝，并量准给禄。庶夫恂恂善诱，不日成器，济济盈朝，何远之有！其国子等学，亦宜申明旧制，教习生徒，具为课试之法，以尽砥砺之道。

（又见于《册府元龟》卷四九《帝王部・崇儒术第一》）

4.6 《隋书・炀帝纪》

（大业三年六月）丁亥，诏曰："聿追孝飨，德莫至焉，崇建寝庙，礼之大者。然则质文异代，损益殊时，学灭坑焚，经典散逸，宪章湮坠，庙堂制度，师说不同。所以世数多少，莫能是正，连室异宫，亦无准定。朕获奉祖宗，钦承景业，永惟严配，思隆大典。于是询谋在位，博访儒术。咸以为高祖文皇帝受天明命，奄有区夏，拯群飞于四海，革凋敝于百王，恤狱缓刑，生灵皆遂其性，轻徭薄赋，比屋各安其业。恢夷宇宙，混壹车书。东渐西被，无思不服，南征北怨，俱荷来苏。驾毳乘风，历代所弗至，辫发左衽，声教所罕及，莫不厥角关塞，顿颡阙庭。译靡绝时，书无虚月，韬戈偃武，天下晏如。嘉瑞休征，表里禔福，猗欤伟欤，无得而名者也。朕又闻之，德厚者流光，治辨者礼缛。是以周之文、武，汉之高、光，其典章特立，谥号斯重，岂非缘情称述，即崇显之义乎？高祖文皇帝宜别建庙宇，以彰巍巍之德，仍遵月祭，用表蒸蒸之怀。有司以时创选，务合典制。又名位既殊，礼亦异等。天子七庙，事著前经，诸侯二昭，义有差降，故其以多为贵。王者之礼，今可依用，贻厥后昆。"

4.7 《隋书・炀帝纪》

（大业四年）冬十月丙午，诏曰："先师尼父，圣德在躬，诞发天纵之姿，宪章文、武之道。命世膺期，蕴兹素王，而颓山之叹，忽逾于千祀，盛德之美，不存于百代。永惟懿范，宜有优崇。可立孔子后为绍圣侯。有司求其苗裔，录以申上。"

（又见于《阙里志》卷一四、《孔氏祖庭广记・历代崇奉诏文》、《册府元龟》卷四九《帝王部・崇儒术第一》）

4.8 乾隆《山东通志》卷一一

（高祖武德二年六月戊戌）诏："大德必祀，义在方册。达人命世，流庆后昆，爰始姬旦，匡翊周邦，创设礼经，大明典宪，启生民之耳目，穷法度之本原。粤若，宣尼天资睿哲，四科之教，历代不刊，三千之徒，风流无斁。惟兹二圣，道济生人，尊礼不修，孰明褒尚。宜命有司，立周公、孔子庙各一所，四时致祭。”①

（又见于《阙里志》卷三、《旧唐书·高祖纪》《新唐书·高祖纪》《新唐书·礼乐志》、《全唐文》卷一《令国子学立周公孔子庙诏》、《孔氏祖庭广记·历代崇奉诏文》《孔氏祖庭广记·崇奉杂事》、《阙里志》卷六、《阙里志》卷一四、《文庙丁祭谱》卷二之一）

4.9 《孔氏祖庭广记·学庙亲祠皇太子附》

唐高祖武德三年六月一日，诏令有司于国子学，立孔子庙一所，四时致祭。

4.10 《孔氏祖庭广记·学庙亲祠皇太子附》

（唐高祖武德三年）七年二月十七日，幸国子学，亲临释奠。

4.11 《全唐文》卷三《令诸州举送明经诏》

（武德七年二月己酉诏）：“六经茂典，百王仰则；四学崇教，千载垂范。是以西胶东序，春诵夏弦，说《礼》敦《诗》，本仁祖义，建邦立极，咸必由之。自叔世浇讹，雅道沦缺，爰历岁纪，儒风莫扇。隋季以来，丧乱滋甚，眷言篇籍，皆为煨烬。周孔之教，阙而不修，庠塾之仪，泯焉将坠。非所以阐扬徽烈，敦尚风范，训民调俗，垂裕后昆。朕受命膺期，握图驭宇，思宏至道，冀宣德化，永言坟素，深存讲习。所以捃摭遗逸，招集散亡，诸生胄子，特加奖劝。而凋敝之余，湮替日久，学徒尚少，经术未隆，《子衿》之叹，无忘兴寝。方今函夏既清，干戈渐戢，缙绅之业，此则可兴。宜下四方诸州，有明一经已上未被升擢者，本属举送，具以名闻，有司试策，加阶叙用。其吏民子弟，有识性开敏，志希学艺，亦具名状，申送入京，量其差品，并即配学。明设考课，各使励精，琢玉成器，庶其非远，州县及乡，各令置学。官僚牧宰，或不存意，普更颁下，早遣立修。夫安上治民，莫善于礼，出忠入孝，自家刑国，揖让俯仰，登降折旋，皆有节文，咸资端肃。末叶疏惰，随时将废，凡厥生民，各宜勉励。又释奠之礼，致敬先师，鼓箧之义，以明逊志，比

---

① 《册府元龟》卷五〇《帝王部·崇儒术第二》为：“唐高祖武德二年，诏曰：盛德必祀，义存方策。达人命世，流庆后昆。建国君临弘风阐教，崇贤章善，莫尚于兹。自八卦初陈，九畴攸叙，徽章既革，节文不备。爰始姬旦，主翊周邦，创设礼经，大明典宪，启生人之耳目，穷法度之本原。化起二南，业隆八百，丰功茂德，独冠终古。暨乎！王道既衰，颂声不作，诸侯力争，礼乐陵迟。粤若，宣尼天姿睿哲，经过齐鲁之际，揖让洙泗之间，综理遗文，弘宣旧制，四科之教，历代不刊，三千之徒，风流无歇。惟兹二圣，道著生民，宗祀不修，孰明褒尚。朕君临区宇，兴化崇儒，永言先达，情深绍嗣。宜令有司于国子学立周公、孔子庙各一所，四时致祭。仍博求其后，具以名闻，计考所宜，当加爵土。”

多阙略，更宜详备。仲春释奠，朕将亲览，所司具为条式，以时宣下。”

（又见于《旧唐书·礼仪志》、《册府元龟》卷五〇《帝王部·崇儒术第二》、《文庙丁祭谱》卷二之一）

4.12　《全唐文》卷三《赐学官胄子诏》

自古为政，莫不以学，则仁、义、礼、智、信五者俱备，故能为利博深。朕今欲敦本息末，崇尚儒宗，开后生之耳目，行先王之典训。而三教虽异，善归一揆，沙门事佛，灵宇相望；朝贤宗儒，辟雍顿废，王公以下，宁得不惭。朕今亲自观览，仍征集四方胄子，冀日就月将，并得成业，礼让既行，风教渐改。使期门介士，比屋可封；横经庠序，皆遵雅俗。诸王公子弟，并皆率先，自相劝励。

4.13　《全唐文》卷三《擢史孝谦诏》

自隋以来，离乱永久，雅道沦缺，儒风莫扇。朕膺期御宇，静难齐民，钦若典谟，以资政术，思宏德教，光振遐轨。是以广设庠序，益召学徒，旁求俊异，务从奖擢。宁州罗川县前兵曹史孝谦，守约邱园，伏膺道素，爰有二子，年并幼童，讲习《孝经》，咸畅厥旨。义方之训，实堪励俗，故从优秩，赏以不次。宜普颁示，咸使知闻，如此之徒，并即申上，朕加亲览，特将褒异。

4.14　《旧唐书·礼仪志》

（武德七年二月）丁酉，幸国子学，亲临释奠。引道士、沙门有学业者，与博士杂相驳难，久之乃罢。

（又见于《新唐书·礼乐志》、《阙里志》卷六）

4.15　《阙里志》卷一四

（武德九年十二月二十九日）诏曰：宣尼以大圣之德，天纵多能，王道借以裁成，人伦资其教义，故孟轲称“生民以来，一人而已”。自汉氏驭，历室分区，爰及晋朝，暨于隋代，咸相崇尚，用存享祀。朕钦若前王，宪章故实，亲师宗圣，是所庶几，存亡继绝，抑惟通典。可立孔子后为褒圣侯，以隋故绍圣侯孔嗣哲嫡子德伦为嗣。

（又见于《新唐书·礼乐志》、《全唐文》卷四《封孔德纶为褒圣侯诏》）

4.16　《贞观政要·崇儒学》

太宗初践祚，即于正殿之左，置弘文馆，精选天下文儒，令以本官兼署学士，给以五品珍膳，更日宿直，以听朝之隙引入内殿，讨论坟典，商略政事，或至夜分乃罢。又诏勋贤三品已上子孙为弘文学生。

4.17 《新唐书·礼乐志》

贞观二年，左仆射房玄龄、博士朱子奢建言："周公、尼父俱圣人，然释奠于学，以夫子也。大业以前，皆孔丘为先圣，颜回为先师。"乃罢周公，升孔子为先圣，以颜回配。

（又见于《孔氏祖庭广记·追崇圣号》《孔氏祖庭广记·崇奉杂事》、《文庙丁祭谱》卷二之一）

4.18 《贞观政要·崇儒学》

贞观二年，诏停周公为先圣，始立孔子庙堂于国学，稽式旧典，以仲尼为先圣，颜子为先师，两边俎豆干戚之容，始备于兹矣。是岁大收天下儒士，赐帛给传，令诣京师，擢以不次，布在廊庙者甚众。学生通一大经已上，咸得署吏。国学增筑学舍四百余间，国子、太学、四门、广文亦增置生员，其书、算各置博士、学生，以备众艺。太宗又数幸国学，令祭酒、司业、博士讲论，毕，各赐以束帛。四方儒士负书而至者，盖以千数。俄而吐蕃及高昌、高丽、新罗等诸夷酋长，亦遣子弟请入于学。于是国学之内，鼓箧升讲筵者，几至万人，儒学之兴，古昔未有也。

（又见于《阙里志》卷六）

4.19 《新唐书·礼乐志》

（贞观）四年，诏州、县学皆作孔子庙。

（又见于《阙里志》卷六、《文庙丁祭谱》卷二之一）

4.20 《贞观政要·崇儒学》

贞观四年，太宗以经籍去圣久远，文字讹谬，诏前中书侍郎颜师古于秘书省考定《五经》。及功毕，复诏尚书左仆射房玄龄集诸儒重加详议。时诸儒传习师说，舛谬已久，皆共非之，异端蜂起。而师古辄引晋、宋已来古本，随方晓答，援据详明，皆出其意表，诸儒莫不叹服。太宗称善者久之，赐帛五百匹，加授通直散骑常侍，颁其所定书于天下，令学者习焉。太宗又以文学多门，章句繁杂，诏师古与国子祭酒孔颖达等诸儒，撰定《五经》疏义，凡一百八十卷，名曰《五经正义》，付国学施行。

4.21 《册府元龟》卷五〇《帝王部·崇儒术第二》

太宗贞观十年，封孔子裔德伦为褒圣侯。

4.22 《旧唐书·太宗纪》

（贞观十一年四月）丙寅，诏：河北、淮南举孝悌淳笃，兼闲时务；儒术该通，可为师范；文辞秀美，才堪著述；明识政体，可委字人：并志行修立，为乡闾所推者，给传诣洛阳宫。

4.23 《历代尊孔纪》

太宗贞观十一年，制释奠以孔子为先圣。

旧制，释奠于太学，以周公为先圣，孔子为配享。至是，房玄龄等建议，以孔子为先圣，颜回配享。诏从之。

4.24 《新唐书·礼乐志》

（贞观）十一年（七月二十四日），诏尊孔子为宣父，作庙于兖州，给户二十以奉之。

（又见于《孔氏祖庭广记·追崇圣号》《孔氏祖庭广记·历代崇重》、《阙里志》卷六、《文庙丁祭谱》卷二之一）

4.25 《册府元龟》卷五〇《帝王部·崇儒术第二》

十二年二月丁丑，幸国子学，亲观释奠。国子祭酒以下官及学生高弟精勤者，加级赐帛各有差。

4.26 《历代尊孔纪》

（贞观）十四年二月，诣国子监。

上幸国子监观释奠，命祭酒孔颖达讲《孝经》，赐诸生帛有差。是时，上大征天下名儒为官，数幸国子监，使之讲论。学生能明一经以上，皆得补官。增筑学舍千二百间，增学生满三千二百六十员。自屯营飞骑，亦给博士，使授以经。有能通经者，听得贡举。于是，四方学者云集京师，乃至高丽、百济、新罗、高昌、吐蕃诸酋长，亦遣子弟请入国学。升讲筵者，至八千余人。上以师说多门，章句繁杂，命颖达与诸儒定《五经》疏谓之“正义”，令学者习之。

4.27 《旧唐书·礼仪志》

贞观十四年三月丁丑，太宗幸国子学，亲观释奠。祭酒孔颖达讲《孝经》。太宗问颖达曰："夫子门人，曾、闵俱称大孝，而今独为曾说，不为闵说，何耶?"对曰："曾孝而全，独为曾能达也。"制旨驳之曰："朕闻《家语》云：曾皙使曾参锄瓜，而误断其本，皙怒，援大杖以击其背，手仆地，绝而复苏。孔子闻之，告门人曰：'参来勿内。'既而曾子请焉，孔子曰：'舜之事父母也，使之，常在侧；欲杀之，乃不得。小棰则受，大杖则走。今参于父，委身以待暴怒，陷父于不义，不孝莫大焉。'由斯而言，孰愈于闵子骞也?"颖达不能对。太宗又谓侍臣："诸儒各生异意，皆非圣人论孝之本旨也。孝者，善事父母，自家刑国，忠于其君，战陈勇，朋友信，扬名显亲，此之谓孝。具在经典，而论者多离其文，迥出事外，以此为教，劳而非法，何谓孝之道耶!"

（又见于《新唐书·礼乐志》《孔氏祖庭广记·学庙亲祠皇太子附》、《阙里志》卷六、《文庙丁祭谱》卷二之一）

4.28 《贞观政要·崇儒学》

贞观十四年诏曰："梁皇侃、褚仲都，周熊安生、沈重，陈沈文阿、周弘正、张讥，隋何妥、刘炫，并前代名儒，经术可纪，加以所在学徒，多行其讲疏，宜加优赏，以劝后生，可访其子孙见在者，录姓名奏闻。"

4.29 《孔氏祖庭广记·学庙亲祠皇太子附》

（贞观）二十年二月，诏皇太子于国学，释奠于先圣先师，皇太子为初献，国子祭酒张复为亚献，光州刺史摄司业赵弘智为终献，既而就讲。弘智谈《孝经》忠臣孝子之义，右庶子许敬宗上四言诗，以美其事。

（又见于《阙里志》卷六）

4.30 《全唐文》卷八《左邱明等二十一人配享孔子庙诏》

（贞观二十一年二月诏）左邱明、卜子夏、公羊高、穀梁赤、伏胜、高堂生、戴圣、毛苌、孔安国、刘向、郑众、杜子春、马融、卢植、郑元、服虔、何休、王肃、王弼、杜元凯、范宁等二十有一人，并用其书，垂于国胄。既行其道，理合褒崇。自今有事太学，可与颜子俱配享孔子庙堂。

（又见于《贞观政要·崇儒学》、《册府元龟》卷五〇《帝王部·崇儒术第二》）

4.31 《旧唐书·礼仪志》

（贞观）二十一年，诏曰："左丘明、卜子夏、公羊高、穀梁赤、伏胜、高堂生、戴圣、毛苌、孔安国、刘向、郑众、杜子春、马融、卢植、郑玄、服虔、何休、王肃、王弼、杜预、范宁、贾逵总二十二座，春秋二仲，行释奠之礼。"初，以儒官自为祭主，直云博士姓名，昭告于先圣。又州县释奠，亦以博士为主。敬宗等又奏曰：

按《礼记·文王世子》："凡学，春官释奠于其先师。"郑注云："官，谓《诗》《书》《礼》《乐》之官也。"彼谓四时之学，将习其道，故儒官释奠，各于其师。既非国学行礼，所以不及先圣。至于春、秋二时合乐之日，则天子视学，命有司典秩，即总祭先圣、先师焉。秦、汉释奠，无文可检。至于魏武，则使太常行事。自晋、宋已降，时有亲行，而学官主祭，全无典实。且名称国学，乐用轩悬，樽俎威仪，盖皆官备，在于臣下，理不合专。况凡在小神，犹皆遣使行礼，释奠既准中祀，据理必须禀命。今请国学释奠，令国子祭酒为初献，祝辞称"皇帝谨遣"，仍令司业为亚献，国子博士为终献。其州学，刺史为初献，上佐为亚献，博士为终献。县学，令为初献，丞为亚献，博士既无品秩，请主簿及尉通为终献。若有阙，并以次差摄。州县释奠，既请各刺史、县令亲献主祭，望准祭社，同给明衣。修附礼令，以为永则。

（又见于《文庙丁祭谱》卷二之一）

4.32 《全唐文》卷九《奖魏徵编注戴氏礼诏》

《礼经》残缺，其来已久，汉代戴圣，爰记旧闻。古今所宗，条目杂乱，先儒传授，多历年所，咸事因循，莫能厘正。特进郑国公徵，文高翰林，学综册府，服膺典礼，有志讨论。乃依圣所记，更事编录，以类相从，别为篇第，并更注解，文义粲然，遂得先圣微言，因兹重阐后之学者，多有宏益。宜付秘书。

4.33 《全唐文》卷一一《补授儒官诏》

（高宗永徽元年六月诏曰）昔勋华肇政，仁义居先，殷周创基，教学成本。朕嗣立鸿基，裁成丕绪，如临于海，罔知攸济，思得学徒，用康庶绩。而顷岁所敦，先诸圣教，青襟方领。未达至怀。唯欲思辕固以加班，想高堂以授秩，斯文寥落，去之弥远，深加发虑，称朕意焉。儒官员阙，即宜补授，其馆博士助教，节级赐物，三馆学士，有业科高第景行淳良者，所司简试，俱以名闻。

（又见于《册府元龟》卷五〇《帝王部·崇儒术第二》）

4.34 《新唐书·礼乐志》

永徽中，复以周公为先圣、孔子为先师，颜回、左丘明以降皆从祀。

（又见于《阙里志》卷六）

4.35 《新唐书·礼乐志》

显庆二年，太尉长孙无忌等言："《礼》：'释奠于其先师。'若《礼》有高堂生，《乐》有制氏，《诗》有毛公，《书》有伏生。又《礼》：'始立学，释奠于先圣。'郑氏注：'若周公、孔子也。'故贞观以夫子为圣，众儒为先师。且周公作礼乐，当同王者之祀。"乃以周公配武王，而孔子为先圣。

（又见于《孔氏祖庭广记·崇奉杂事》《阙里志》卷六、《文庙丁祭谱》卷二之一）

4.36 《历代尊孔纪》

（显庆）三年，文宣王庙，诏周宣和之舞。

国子博士范颓撰乐章。

4.37 嘉靖《山东通志·遗文上·御制类》卷三七

乾封元年正月，驾发泰山，至曲阜亲幸祠庙。诏曰：朕闻德契机神，盛烈光于后代，化成天地，玄功被于庶物。鲁大司寇宣尼父孔某，资大圣之材，属衰周之末，思欲屈己济俗。弘道佐时，历聘周流，莫能见用。想乘桴以永叹，因获麟而兴感，于是垂素王之雅则，正鲁史之繁文，播鸿业于一时，昭景化于千祀。朕嗣膺宝历，祗奉睿图，宪章前王，规矩先圣，崇至公于海内，行大道于天下。遂得八表乂安，两仪交泰，功成化洽，礼备乐和。展采东巡回舆，西上途经兹境，抚事兴怀，驻跸荒区。愿为师友，瞻望幽墓，思承格言。虽宴寝荒芜，余基尚在，灵庙空寂，徽烈犹存。孟轲曰："自生民以来，未若孔子者也。"微禹之叹既深，褒崇之道宜峻，可追赠太师。庶年代虽远，式范令图，景业维新，仪形茂实。其庙宇制度卑陋非宜，更加修造，仍令三品一人，以少牢致祭，褒圣侯德伦，既承胤嗣，有异常流，其子孙并免赋役。

（又见于《旧唐书·高宗纪》《新唐书·高祖纪》、《阙里志》卷一四、《全唐文》卷一二《赠孔子为太师诏》、《孔氏祖庭广记·追崇圣号》《孔氏祖庭广记·历代崇奉诏文》《孔氏祖庭广记·林庙亲祠》、《册府元龟》卷五〇《帝王部·崇儒术第二》、《阙里志》卷六、《文庙丁祭谱》卷二之一）

4.38 《孔氏祖庭广记·历代崇重》

高宗乾封元年十二月，上遣司稼正卿扶余隆，以太牢之奠致祭于先圣。

4.39 《全唐文》卷一二《赠颜曾诏》

皇太子宏，近因释菜，齿胄上庠，祇事先师，驰心近侍。仰崇山而景行，眷曩哲以勤怀，显颜、曾之特高，扬仁义之双美。请申褒赠，载甄芳烈。朕嘉其进德，冀以思齐，训诱之方，莫斯为尚。颜回可赠太子少师，曾参可赠太子少保，并配享。

4.40 《全唐文》卷一二《营造孔子庙堂及学馆诏》

诸州县孔子庙堂及学馆，有破坏并先来未造者，遂使生徒无肄业之所，先师阙奠祭之仪，久致飘露，深非敬本。宜令所司，速事营造。

4.41 《全唐文》卷一二《令州县举明习礼乐诏》

礼乐之道，其来尚矣。朕诞膺明命，克光正历，思隆颂声，以康至道。而曲台阐训，犹乖揖让之容；大乐登歌，徒纪铿锵之韵。良以教亏绵蕝，学阙瞽宗，兴言盛业，寤叹盈抱。然则幽诚所著，纵九皋而必闻；忠信所存，在十室而无弃。但虑习俎之彦，韫迹于闾阎；辨铎之英，韬深于林薮。夫良玉无胫，求之斯来；真龙难睹，好之而至。其四方士庶，及邱园栖隐，有能明习礼乐，祥究音律，于行无遗，在艺可录者，宜令州县搜扬博访具以名闻。

4.42 《阙里志》卷一六

维乾封元年岁次景寅二月戊戌朔二日己亥，皇帝遣司稼正卿扶余隆，以少牢之尊致祭先圣孔宣父之灵：惟神玉钩陈贶，灵开四肘之源；金鼎流祯，庆传三命之范。神资越诞，授山岳以腾英；天纵攸高，蕴河海而标状。折衷六艺，宣创九流。睿乃生知，灵非外奖。于是考三古，褒一言，刊典谟，定风什。庄敬之容毕备，钟鼓之音载和。父子爰亲，君臣以穆。荡乎焕乎，乐正雅颂，各得其所，可不谓至圣矣夫。

朕以凉德，嗣膺神器，式崇祇配，展义云亭。感周礼之尚存，悲素王之独往。杼轴洙泗，如挹清澜；留连舞雩，似闻金奏。昌门曳练，徒有生刍之疑；汉曲移舟，非复祥萍之实。慨然不已，爰赠太师。堂宇卑陋，仍命修造。褒圣子孙，合门勿事，庶能不遗百代，助损益之可知；永鉴千年，同比肩而为友。聿陈菲奠，用旌无朽。梅曙霞梁，松春月牖，德音畅而无斁，形神忽其将久，傥弗沫于生前，亦知荣于身后。尚飨！

（又见于《全唐文》卷一五《祭告孔子庙文》）

4.43 《旧唐书·礼仪志》

总章元年二月，皇太子弘幸国学，释奠，赠颜回太子少师，曾参太子少保。

（又见于《新唐书·礼乐志》《孔氏祖庭广记·学庙亲祠皇太子附》）

4.44 《全唐文》卷一三《营造孔子庙堂及学馆诏》

（咸亨元年五月诏曰）诸州县孔子庙堂及学馆，有破坏并先来未造者，遂使生徒无肄业之所，先师阙奠祭之仪，久致飘露，深非敬本。宜令所司，速事营造。

（又见于《新唐书·礼乐志》、《册府元龟》卷五〇《帝王部·崇儒术第二》、《文庙丁祭谱》卷二之一）

4.45 《旧唐书·礼仪志》

仪凤三年五月，诏："自今已后，《道德经》并为上经，贡举人皆须兼通。其余经及《论语》，任依常式。"

4.46 《至圣世纪》

天授元年[①]封孔子为隆道公。

（又见于《孔氏祖庭广记·追崇圣号》、《阙里志》卷六）

4.47 《旧唐书·礼仪志》

则天天授三年，追封周公为褒德王，孔子为隆道公。

（又见于《新唐书·则天顺圣武皇后纪》）

4.48 《旧唐书·礼仪志》

则天长寿二年，自制《臣轨》两卷，令贡举人为业，停《老子》。

4.49 《旧唐书·礼仪志》

神龙元年，停《臣轨》，复习《老子》。以邹、鲁百户封隆道公，谥曰文宣。

（又见于《孔氏祖庭广记·历代崇重》）

---

① 《文庙丁祭谱》卷二之一记载："庚寅，中宗皇帝嗣圣七年冬十月，封孔子为隆道公。"

4.50　《旧唐书·中宗睿宗纪》

（中宗神龙元年五月）丙午，制以邹鲁之邑百户为太师、隆道公宣尼采邑，用供荐享。又授裔孙褒圣侯崇基朝散大夫，仍许子孙传袭。

（又见于《册府元龟》卷五〇《帝王部·崇儒术第二》、《文庙丁祭谱》卷二之一）

4.51　《全唐文》卷一九《申劝礼俗敕》

（睿宗景云元年七月）门下：朕克缵丕业，诞膺景命，宪章昔典，钦若前王。克己励精，缅思至道，宵衣旰食，勤修庶政，夙夜寅畏，匪遑底宁，若涉泉水，罔知攸济。顷属殷忧启运，多难兴邦，礼章载复，品物咸茂。思欲致万姓于仁寿，归六合于升平，永言政途，庶几沿革。犹恐学校多阙，贤俊罕登，牧宰不存政理，农桑未加劝导，樽俎之仪不习，冠婚之礼莫修。朕所以当宁兴嗟，载怀兢惕者矣。

庠序者，风化之本，人伦之先，仰州县劝导，令知礼节。每年贡明经进士，不须限数，贵在得人。先圣庙及州县学，即令修理。春秋释菜，使敦讲诵之风。天下有奇才异行，沈伏不能自达，及官人百姓，有能谏言时政得失者，并令本州，责状封进。乡饮礼废，为日已久，尊德尚齿，弘益极深，宜令诸州，每年遵行乡饮之礼，令有劝慕，王公卿士，务存训奖。子弟成立，则有冠婚。婚礼糟粕或存，冠礼久为废阙。自今以后，并行冠义，责以成人之道，使知负荷之难。食为人天，农为邦本，绥抚萌庶，劝课农桑，牧宰之政，莫过乎此。刺史县令，有课最尤异，委廉察使名闻，当别加甄擢。县令字人之本，明经为政之先，不稍优异，无以劝奖。县令考满，考词使状有清字，无负犯。明经及第，每至选时，量加优赏，若属停选，并听赴集。真如设教，理归清净，黄老垂范，道在希微。僧尼道士女冠之流，并令修习真寂，严持诫行，不得假托功德，扰乱闾阎，令州县严加检察，私度之色，即宜禁断。诸州县官，有不因选序，别犯赃贿，非时除授官等，皆依倚形势，恣行侵剥，如有此色，仰州长官录事参军，速勘责奏闻讫，宜停务待进止，仍委吏部兵部速勘责处分。诸州百姓，多有逃亡，良由州县长官，抚字失所。或住居侧近，虚作逃在他州，横征邻保，逃人田宅，因被贼卖。宜令州县，招携复业。其逃人田宅，不得辄容卖买。其地任依乡原例租，纳州县仓，不得令租地人代出租课。寺观广占田地，及水碾硙侵损百姓，宜令本州长官检括，依令式以外，及官人百姓，将庄田宅舍布施者，在京并令司农即收，外州给贫下课户。凡此数事，或宜区分，系乎风俗，义存奖劝。刺史县令等，各申明旧章，勉思抚辑，罢雕弊之务，归淳厚之源，训导黎蒸，宣我朝化。《书》不云乎："德惟善政，政在养民。"布告天下，咸知朕意。

（又见于《册府元龟》卷五〇《帝王部·崇儒术第二》）

4.52 《旧唐书·礼仪志》

太极元年正月，诏："孔宣父祠庙，令本州修饰，取侧近三十户以供洒扫。"

（又见于《册府元龟》卷五〇《帝王部·崇儒术第二》）

4.53 《册府元龟》卷五〇《帝王部·崇儒术第二》

（太极元年）二月，追赠颜子为太子太师，曾子为太子太保，并配享于孔子。

4.54 《全唐文》卷一九《孔子赞》

（睿宗太极元年，亲制先圣，赞曰）猗欤夫子，实有圣德。其道可尊，其仪不忒。删《诗》定《礼》，百王取则。吾岂匏瓜，东西南北。

（又见于嘉靖《山东通志》卷三七《遗文上·御制类》、《孔氏祖庭广记·崇奉杂事》、《文庙丁祭谱》卷二之一）

4.55 《全唐文》卷二一《选耆儒侍读制》

朕听政之暇，常览史籍。事关理道，实所留心，中有阙疑，时须质问。宜选耆儒博学一人，每日入内侍读。

4.56 《全唐文》卷二六《令举实才诏》

（玄宗开元二年四月诏曰）古之学士，始入小学见小节，入大学见大节，知父子长幼之序，君臣上下之位，然后师逸功倍，化人成俗，莫不由之。子不云乎："远而有光者饰也。近而逾明者学也。"故道行于上，禄在其中，所谓贵于速成，不唯于迟达。自顷州里所荐，公卿之绪，门人众矣。孰嗣子音，国胄禺然，未臻吾道，至使钻仰之地，寂寥厥风。贵于责实，务于求仕，将去圣滋远，尚沿浇薄，为敦儒未宏，不行劝沮。朕承百王之末，居四海之尊，惟怀永图，思革前弊。何以发后生之智虑，垂先王之法则，朕甚惧之，敢忘於是。天下有业擅专门，学优重席，堪师授者，所在具以名闻。自今以后，贡举人等，宜加勖勉，须获实才。如有义疏未详，习读未遍，辄充举送，以希侥幸，所由官并置彝宪，有司更申明条例，称朕意焉。

（又见于《册府元龟》卷五〇《帝王部·崇儒术第二》）

4.57 《册府元龟》卷五〇《帝王部·崇儒术第二》

（玄宗开元）五年五月，以故朝散大夫、褒圣侯孔宗基嫡子瓒芝袭封褒圣侯。

4.58 《册府元龟》卷五〇《帝王部·崇儒术第二》

（开元五年）九月，诏曰："古有宾献之礼，登于天府，扬于王庭，重学尊师，兴贤进士；能美风俗，成教化，盖先王之由焉。朕以寡德，钦若前政，思与子大夫复臻于理，故他日访道，有时忘餐；乙夜观书，分宵不寐。悟专经之义，笃学史之文。永怀覃思，有足尚者，不示褒崇，孰云奖劝！其诸州乡贡、明经、进士，见讫宜令引就国子监谒先师，学官为之开讲，质问其义。宜令所司优厚设食。两馆及监内得举人亦准。其日，清资官五品已上及朝集使往观礼，即为常式。《易》曰：'学以聚之，问以辩之。'《诗》曰：'如切如磋，如琢如磨。'此朕所望于贤才也。"

（又见于《唐摭言》卷一）

4.59 《孔氏祖庭广记·历代崇重》

玄宗开元七年，皇太子齿胄于学，谒先圣，诏有散骑常侍褚无量，讲《孝经》《礼记·文王世子》篇。

（又见于《阙里志》卷六、《文庙丁祭谱》卷二之一）

4.60 《全唐文》卷二四《令诸儒质定孝经尚书古文诏》

（开元七年三月诏）《孝经》《尚书》有古文本孔、郑注，其中旨趣，颇多踳驳，精义妙理，若无所归，作业用心，复何所适？宜令诸儒并访后进达解者，质定奏闻。

（又见于《册府元龟》卷五〇《帝王部·崇儒术第二》）

4.61 《全唐文》卷二四《令孝经参用诸儒解易经兼帖子夏易传诏》

（开元七年三月诏：）《孝经》者，德教所先。自顷以来，独宗郑氏，孔氏遗旨，今则无闻。又子夏《易传》，近无习者，辅嗣注《老子》，亦甚甄明。诸家所传，互有得失，独据一说，能无短长。其令儒官，详定所长，令明经者习读。若将理等，亦可兼行。其作《易》者，兼帖子夏《易传》，共为一部，亦详其可否奏闻。

（又见于《册府元龟》卷五〇《帝王部·崇儒术第二》）

4.62 《旧唐书·礼仪志》

开元八年,国子司业李元瓘奏称:“先圣孔宣父庙,先师颜子配座,今其像立侍,配享合坐。十哲弟子,虽复列像庙堂,不预享祀。谨检祠令:何休、范宁等二十二贤,犹霑从祀,望请春秋释奠,列享在二十二贤之上。七十子,请准旧都监堂图形于壁,兼为立赞,庶敦劝儒风,光崇圣烈。曾参等道业可崇,独受经于夫子,望准二十二贤预飨。”敕改颜生等十哲为坐像,悉预从祀。曾参大孝,德冠同列,特为塑像,坐于十哲之次。图画七十子及二十二贤于庙壁上。以颜子亚圣,上亲为之赞,以书于石。闵损已下,令当朝文士分为之赞。

(又见于《册府元龟》卷五〇《帝王部·崇儒术第二》、《文庙丁祭谱》卷二之一)

4.63 《册府元龟》卷五〇《帝王部·崇儒术第二》

(开元八年)十一月,诏贡举人谒先师,开讲。仍令朝集使及京官观礼。

4.64 《全唐文》卷二四《令孝经并行孔郑帖易停子夏传诏》

朕以全经道丧,大义久乖,淳感之性浸微,流遁之原未息,是用旁求废简,远及缺文,欲使发挥异说,同归善道,永惟一致之用,以开百行之端。间者诸儒所传,颇乖通义。敦孔学者,冀郑门之息灭;尚今文者,指古传为诬伪。岂朝廷并列书府,以广儒术之心乎?况孔郑大宗,固多殊趣,诸生会议,曾无所申,而推求小疵,其细已甚,聚讼之讹,人无则焉。其何郑二家,可令仍旧行用。王孔所注,传习者希,宜存继绝之典,颇加奖饰。子夏传逸篇既广,前令帖《易》者停。

4.65 《全唐文》卷二九《幸孔子宅遣使以太牢祭墓诏》

(开元十三年十一月丙申,幸孔子宅,亲设奠祭。诏)孔宣父诞圣自天,垂范百代,作王者之师表,开生人之耳目。朕增封岱岳,回銮泗滨,思阙里之风,想雩坛之咏,逖矣遗烈,慨然永怀。式遵祀典,用申诚敬,宜令礼部尚书苏颋以太牢致祭。仍令州县以时祀享,复近墓五户,长供扫除。

(又见于《旧唐书·玄宗纪》《新唐书·玄宗纪》《孔氏祖庭广记·历代崇重》《册府元龟》卷五〇《帝王部·崇儒术第二》、《阙里志》卷六、《文庙丁祭谱》卷二之一)

4.66 《文庙丁祭谱》卷二之一

壬申,(开元)二十年秋九月,开元礼成,定州县释奠仪。

先是十一年,诏州县释奠用牲牢,属县用酒脯。十九年停牲牢。至是定先圣先师，边豆八、簠簋二、俎三，准祭社稷。

4.67 《文庙丁祭谱》卷二之一

甲戌，(开元)二十二年诏撰释奠乐章，乐用姑冼之均三成。

增三和为十五和，释奠用宣和改迎神。辞曰：通吴表圣，问老探真。三千弟子，五百贤人。亿龄规法，万载祠禋。洁诚以祭，奏乐迎神。

送神辞曰：醴溢牺象，羞陈俎豆。鲁壁类闻，泗川如觏。里校覃福，胄筵承佑。雅乐清音，送神具奏。

4.68 《旧唐书·礼仪志》

(开元)二十六年正月，敕："诸州乡贡见讫，令引就国子监谒先师，学官为之开讲，质问疑义，有司设食。弘文、崇文两馆学生及监内得举人，亦听预焉。"其日，祀先圣已下，如释奠之礼。青宫五品已下及朝集使，就监观礼。遂为常式，每年行之至今。

(又见于《孔氏祖庭广记·历代崇重》《文庙丁祭谱》卷二之一)

4.69 《旧唐书·礼仪志》

(开元)二十七年八月(二十三日)，又下制曰：

弘我王化，在乎儒术。孰能发挥此道，启迪含灵，则生人已来，未有如夫子者也。所谓自天攸纵，将圣多能，德配乾坤，身揭日月。故能立天下之大本，成天下之大经。美政教，移风俗，君君臣臣，父父子子，人到于今受其赐。不其猗欤！於戏！楚王莫封，鲁公不用，俾夫大圣，才列陪臣，栖迟旅人，固可知矣。年祀浸远，光灵益彰，虽代有褒称，而未为崇峻，不副于实，人其谓何？

朕以薄德，祗膺宝命，思阐文明，广被华夏。时则异于今古，情每重于师资。既行其教，合旌厥德。爰申盛礼，载表徽猷。夫子既称先圣，可追谥为文宣王。宜令三公持节册命，应缘册及祭，所司速择日，并撰仪注进。其文宣陵并旧宅立庙，量加人洒扫，用展诚敬。其后嗣可封文宣公。至如辨方正位，着自礼经，苟非得所，何以示则？昔缘周公南面，夫子西坐，今位既有殊，坐岂宜如旧，宜补其坠典，永作成式。自今以后，两京国子监夫子皆南面而坐，十哲等东西列侍。天下诸州亦准此。

且门人三千，见称十哲，包夫众美，实越等夷。畅玄圣之风规，发人伦之耳目，并宜褒赠，以宠贤明。颜子渊既云亚圣，须优其秩，可赠兖公。闵子骞可赠费侯，冉伯牛可赠郓侯，冉仲弓可赠薛侯，冉子有可赠徐侯，仲子路可赠卫侯，宰子我可赠齐侯，端木子贡可赠黎侯，言子游可赠吴侯，卜子夏可赠魏侯。又夫子格言，参也称鲁，虽居七十之数，不载四科之目。顷虽异于十哲，终或殊于等伦，允稽先旨，俾循旧位。庶乎礼得其序，人焉式瞻，宗洙泗之丕烈，重胶庠之雅范。

又赠曾参、颛孙师等六十七人皆为伯。于是正宣父坐于南面，内出王者衮冕之服以衣之。遣尚书左丞相裴耀卿就国子庙册赠文宣王。册毕，所司奠祭，亦如释奠之仪，公卿已下预观礼。又遣太子少保崔琳就东都庙以行册礼，自是始用宫悬之乐。春秋二仲上丁，令三公摄行事。

（又见于嘉靖《山东通志》卷三七《遗文上·御制类》、《全唐文》卷三一《追谥孔子十哲并升曾子四科诏》《孔氏祖庭广记·追崇圣号》《孔氏祖庭广记·历代崇奉诏文》《孔氏祖庭广记·历代崇重》、《册府元龟》卷五〇《帝王部·崇儒术第二》、《阙里志》卷六、《阙里志》卷一四、《文庙丁祭谱》卷二之一）

4.70 《全唐文》卷三一《追赠曾参等六十七人诏》

道可褒崇，岂限今古，追赠之典，旌德存焉。夫子弟子十哲之外，曾参等六十七，同升孔门，博习儒术。子之四教，尔实行之，亲奉微言，式扬大义，是称达者，不其盛欤？钦若古风，载崇元圣，至于十哲，亦被宠章，而曾子之伦，未有称谓。宜亚四科之士，以疏五等之封，俾与先师，咸膺盛礼。

（又见于《册府元龟》卷五〇《帝王部·崇儒术第二》）

4.71 《孔氏祖庭广记·崇奉杂事》

玄宗开元二十七年，诏追谥孔子为文宣王，仍内出王者衮冕之服以衣之，尝作诗云：夫子何为者？棲棲一代中。地邻邹氏宅，住近鲁王宫。叹凤嗟身否，伤麟怨道穷。今看两楹奠，当与梦相同。

（又见于《阙里志》卷六）

4.72 《阙里志》卷六

（玄宗开元）二十七年，诏祀先圣乐用宫县，舞用六佾。

4.73 《阙里志》卷一二

玄宗开元二十七年，诏文宣公位于文官二品之下。

4.74 《孔氏祖庭广记·学庙亲祠》

玄宗开元二十八年，二月五日，敕文宣王庙春秋释奠，宜令三公行礼，著之常式。二十日，国子祭酒刘瑗，奏准故事释奠之日，群官道俗，皆合赴监观礼，请依故事，著之常式，制可。

（又见于《全唐文》卷三一《释奠令摄三公行礼诏》、《孔氏祖庭广记·历代崇重》、《册府元龟》卷五〇《帝王部·崇儒术第二》、《阙里志》卷六、《文庙丁祭谱》卷二之一）

4.75　《全唐文》卷三一《颁重注孝经诏》

化人成俗，率由于德本；移忠教敬，实在于《孝经》。朕思畅微言，以理天下，先为注释，寻亦颁行。犹恐至赜难明，群疑未尽，近更探讨，因而笔削，兼为叙述，以究源流，将发明于大顺，庶开悟于来学。宜付所司，颁示中外。

4.76　《全唐文》卷四一《孝经注序》

朕闻上古，其风朴略。虽因心之孝已萌，而资敬之礼犹简。及乎仁义既有，亲誉益著。圣人知孝之可以教人也，故因严以教敬，因亲以教爱。于是以顺移忠之道昭矣，立身扬名之义彰矣。子曰："吾志在《春秋》，行在《孝经》。"是知孝者德之本欤。《经》曰："昔者明王之以孝理天下也，不敢遗小国之臣，而况于公侯伯子男乎。"朕尝三复斯言，景行先哲，虽无德教加于百姓，庶几广爱刑于四海。

嗟夫！夫子没而微言绝，异端起而大义乖。况泯绝于秦，得之者皆煨烬之末；滥觞于汉，传之者皆糟粕之余。故鲁史《春秋》，学开五传，国风雅颂，分为四诗。去圣逾远，源流益别。近观《孝经》旧注，踳驳尤甚。至于迹相祖述，殆且百家；业擅专门，犹将十室。希升堂者，必自开户牖；攀逸驾者，必骋殊轨辙。是以道隐小成，言隐浮伪。且传以通经为义，义以必当为主。至当归一，精义无二，安得不翦其繁芜而撮其枢要也？

韦昭、王肃，先儒之领袖；虞翻、刘邵，抑又次焉。刘炫明安国之本，陆澄讥康成之注，在理或当，何必求人？今故特举六家之异同，会五经之旨趣，约文敷畅，义则昭然。分注错综，理亦条贯，写之琬玉，庶有补于将来。且夫子谈经。志取垂训，虽五孝之用则别，而百行之源不殊。是以一章之中，凡有数名，一句之内，意有兼明，具载则文烦，略之又义阙，今存于疏，用广发挥。

4.77　《全唐文》卷四一《颜子赞》

杏坛槐市，儒述三千。回也亚圣，某也称贤。四科之首，百行之先。秀而不实，得无恸焉。

4.78 《册府元龟》卷五〇《帝王部·崇儒术第二》

（天宝元年）十一月，改骊山为会昌山，仍于秦坑儒之所立祠宇，以祀遭难诸儒。

4.79 《全唐文》卷二四《命孔璲之袭封文宣公制》[1]

（天宝二年十月制曰）朕永维圣道，思阐儒风。故尊崇先圣，所以宏至教；褒奖后嗣，所以美前烈。文宣王三十五代孙通直郎前守邠王府文学褒圣侯孔璲之，纂承睿哲，克履中庸。三命益恭，敦素凭于祖业；百代必祀，光宠被于朝恩。积庆之余，既开于土宇；盛德不朽，宜传于带砺。可袭封文宣公。兖州长史迁都水使者，食邑一千户。

4.80 《全唐文》卷二四《以今文缮写尚书诏》

（天宝三年七月诏）朕钦惟载籍，讨论坟典。以为先王令范，莫越于唐虞；上古遗书，实称于训诰。虽百篇奥义，前代或亡，而六体奇文，旧规犹在。但以古先所制，有异于当今，传写浸讹，转疑于后学。永言刊革，必在从宜。《尚书》应是古体文字，并依今字缮写施行。永念典谟，无乖于古训；庶遵简易，有益于将来。其旧本仍藏之书府。

（又见于《册府元龟》卷五〇《帝王部·崇儒术第二》）

4.81 《册府元龟》卷五〇《帝王部·崇儒术第二》

（天宝）五载正月诏曰：礼经垂训，篇目攸殊，或未尽于通体，是有乖于大义。借如尧命四子，所授惟时，周分六官，曾不系月。先王行令，盖取于斯。苟分至之可言，何弘望之是举？其《礼记·月令》宜改为《时令》。

4.82 《孔氏祖庭广记·历代崇重》

肃宗上元元年，以岁旱罢中祀、小祀，而文宣王然为中祀，至仲秋犹祀之于太学。

（又见于《阙里志》卷六）

4.83 《阙里志》卷一二

肃宗上元二年，诏凡大祀其褒圣公，朝位在文官二品之下。

---

[1] 《阙里志》卷一四记载："玄宗开元二十七年八月，封三十五代孙孔璲之为文宣公制。"

4.84　《册府元龟》卷五〇《帝王部·崇儒术第二》

(代宗广德二年七月)丙午敕曰:古者设大学,教胄子,所以延俊造,扬王庭。虽年谷不登,兵甲或动,而俎豆之事,未尝废焉。顷年已来,戎车屡驾,天下转轮,公私匮竭。带甲之士,所务赢粮,鼓箧之徒,未能仰给。由是诸生辍讲,经诵蔑闻。宣父有言:"是吾忧也。"投戈息马,论道尊儒,用弘庠序之风,俾有箪瓢之乐。宜令所司,量追集贤学士,精加选择,使在馆习业。仍委度支,准给厨米。敦兹儒术,庶有大成。甲科高悬,好学者中,敷求茂异,称朕意焉。

4.85　《旧唐书·代宗纪》

(永泰二年正月)乙酉,制:"治道同归,师氏为上,化人成俗,必务于学。俊造之士,皆从此途,国之贵游,罔不受业。修文行忠信之教,崇祗庸孝友之德,尽其师道,乃谓成人。然后扬于王庭,敷以政事,征之以理,任之以官,置于周行,莫匪邦彦,乐得贤也,其在兹乎!朕志承理体,尤重儒术,先王设教,敢不虔行。顷以戎狄多虞,急于经略,太学空设,诸生盖寡。弦诵之地,寂寥无声,函丈之间,殆将不扫,上庠及此,甚用悯焉。今宇县攸宁,文武并备,方投戈而讲艺,俾释菜以行礼。使四科咸进,六艺复兴,神人以和,风化浸美,日用此道,将无间然。其诸道节度、观察、都防御等使,朕之腹心,久镇方面,眷其子弟,为奉义方,修德立身,是资艺业。恐干戈之后,学校尚微,僻居远方,无所咨禀,负经来学,宜集京师。其宰相朝官、六军诸将子弟,欲得习学,可并补国子学生。其中身虽有官,欲附学读书者亦听。其学官委中书门下选行业堪为师范者,充其学生员数,所习经业,供承粮料,增修学馆,委本司条奏以闻。"

(又见于《孔氏祖庭广记·历代崇重》《册府元龟》卷五〇《帝王部·崇儒术第二》)

4.86　《册府元龟》卷五〇《帝王部·崇儒术第二》

(永泰二年)二月丁亥朔,国子监释奠,赐宰臣以下常参官飧钱五百贯,于国子监造食。许内侍鱼朝恩同听讲经。辛卯,命有司增修文宣王庙及国子监庙宇。

4.87　《册府元龟》卷五〇《帝王部·崇儒术第二》

(永泰二年)八月丁亥,国子监释奠始复用牲牢。

4.88 《文庙丁祭谱》卷二之一

丙午，代宗皇帝大历元年春二月，国学祠堂成，始释奠，设宫县。

4.89 《册府元龟》卷五〇《帝王部·崇儒术第二》

（大历）三年八月丁未，释奠于文宣王庙。礼毕，内侍鱼朝恩及宰臣文武百官咸诣国子监观讲论。有司陈馔诏遣中使赐酒及三劝奖。

4.90 《册府元龟》卷五〇《帝王部·崇儒术第二》

（大历）四月丁未，释奠于文宣王，许百寮诣国学观讲论。

4.91 《册府元龟》卷五〇《帝王部·崇儒术第二》

德宗建中三年闰正月，以文宣王三十七代孙齐贤为兖州司功参军，袭文宣公。

（又见于《历代尊孔纪》）

4.92 《册府元龟》卷五〇《帝王部·崇儒术第二》

贞元二年二月丁卯，有司释奠于文宣王庙。自宰臣以下毕集于国学，学官升讲座，陈五经大旨，先圣之道。

（又见于《阙里志》卷六）

4.93 《全唐文》卷五二《令应选人习三礼诏》

（贞元九年五月二日）敕王者设教，劝学攸先，生徒疑业，执礼为本。故孔子曰："不学礼，无以立。"又曰："安上治民，莫善于礼。"然则礼者，盖务学之本，立身之端，居安之大猷，致治之要道。属辞比事，而不裁之以礼则乱；疏通知远，而不节之以礼则诬。实百行之本源，为五经之户牖，虽圣人设教，罔不会通，而学者遵行，宜有先后。自顷有司定议，计功记习，不量教化浅深，义理难易，遂使修传学者，例从冬集，习《礼经》者，独授散官。敦本劝人，颇乖指要，姑务宏奖，以广儒风。自今以后，明经习《礼记》及第者，亦宜冬集。如中经兼习《周易》若《仪礼》者，量减一选。应诸色人中习三礼者，前资及出身人依科目例，白身人依贡举例，每经问大义三十条，试策三道。仍令主司于朝官学官中简选精通经术三五人闻奏。主司与同试问，质定通否。义策全通为上等，转加超奖；大义每经通十五条已上，策通两道已上为次等，依资与官。如先是员外试官者，听依正员例。其习《开元礼》人，问大义一百条试策三道，全通者为上等；大义通八十条已上，策两道已上为次等；余一切并准习三礼例处分。其诸馆学士，愿习三礼及《开元礼》者并听，仍永为常式。

4.94　《孔氏祖庭广记·历代崇重》

德宗正元二年二月，释奠，自宰臣以下，毕集于国学。

正元间，每年春秋释奠，祝版御署讫，北面而揖。

4.95　《册府元龟》卷五〇《帝王部·崇儒术第二》

（宪宗元和）四年二月，以文宣王三十八代孙惟晊为兖州都督府参军。

（又见于《历代尊孔纪》）

4.96　《册府元龟》卷五〇《帝王部·崇儒术第二》

（宪宗元和）十三年正月，诏文宣王三十八代孙惟晊可袭文宣公。

（又见于《历代尊孔纪》）

4.97　《册府元龟》卷五〇《帝王部·崇儒术第二》

穆宗长庆元年，兖州观察使曹华奏准，敕文赐文宣王三十八代孙惟晊绢五十疋。

4.98　《册府元龟》卷五〇《帝王部·崇儒术第二》

敬宗宝历元年，制曰：天下诸色人等，能精通一经，堪为师法者，委国子祭酒。访择具名闻天下，州县各委刺史县令招延儒学，明加训诲。

4.99　《册府元龟》卷五〇《帝王部·崇儒术第二》

文宗太和六年二月己丑，以寒食宴百寮于麟德殿。是日，杂戏中有孔子为戏者。帝曰："孔子为古今之师，焉得黩侮如此？"命驱去。

4.100　《册府元龟》卷五〇《帝王部·崇儒术第二》

（太和）七年八月，制曰：汉代用人，皆由儒术，故能风俗深厚，教化兴行。近日苟尚浮华，莫修经术。乡举里选，不可复行。然务实抑华，必有良术，既当甚弊，思其改张。今寰宇乂宁，干戈已戢，皇太子方从师傅，传授六经，一二年之后，当令齿胄国庠，以兴坠典。宜令国子监于诸道搜访名儒，置五经博士各一人。

（又见于《全唐文》卷七四《册立皇太子德音》）

4.101 《册府元龟》卷五〇《帝王部·崇儒术第二》

(太和)八年七月,堂帖中书门下、御史台、尚书省、诸道节度观察使,置令各举解《周易》一人。

4.102 《册府元龟》卷五〇《帝王部·崇儒术第二》

武宗会昌元年,以文宣王三十九代孙策为国子监丞,袭文宣公。

4.103 《孔氏祖庭广记·崇奉杂事》

宣宗大中五年,国子祭酒冯审奏,文宣王庙始太宗立之,睿宗书额,武后窃政之日,题"大周"二字,请削去。从之。

4.104 《孔氏祖庭广记·崇奉杂事》

宣宗置右宫城承庆门,其内曰:承庆殿。百福殿之西,有内孔子庙。

4.105 《全唐文》卷九一《修葺国学诏》

(昭宗大顺元年二月诏曰)有国之规,无先学校;理官之要,莫尚儒宗。故前王设塾庠,陈齿胄,所以敷扬至道,宏阐大猷者也。国学自朝廷丧乱已来,栋宇摧残之后,岁月斯久,榛芜可知。宜令诸道观察使刺史与宾幕州县文吏等,同于俸料内量力分抽,以助修葺。

4.106 《册府元龟》卷五〇《帝王部·崇儒术第二》

(后唐明宗)长兴元年正月,以文宣王四十三代孙、陵庙主仁玉为曲阜县主簿。

4.107 《阙里志》卷六

(后唐)明宗二年,复文宣王庙祀。

4.108 《册府元龟》卷五〇《帝王部·崇儒术第二》

(后唐明宗长兴)三年二月,中书奏请依石经文字刻九经印板。敕旨:教导之本,经籍为宗。兵革以来,庠序多废,纵能传授,罕克精研。由是豕亥有差,鲁鱼为弊。苟一言致误,则大义全乖,傥不讨详,渐当纰缪。宜令国学集博士儒徒,将西京石经本,各以所业本经句度,抄写注出,仔细勘读。然后召雇能雕字匠人,各随部帙刻印板,广颁天下。如诸色人要写经书,并须依所印敕本,不得更使杂本交错，所贵经书广布，儒教大行。

（又见于《全唐文》卷一一一《诏依石经文字刻九经印板敕》）

4.109 《文庙丁祭谱》卷二之一

壬辰，（后）唐明宗长兴三年初，定七十二贤祠乡，各陈酒脯。

以国子博士蔡同文奏。敕准郊祀录从祀位，各陈脯醢。

4.110 《册府元龟》卷五〇《帝王部·崇儒术第二》

（后唐明宗长兴三年）五月甲申，以文宣王四十三代孙、曲阜县主簿孔仁玉为兖州龚丘县令，袭封文宣公。

4.111 《册府元龟》卷五〇《帝王部·崇儒术第二》

（后）晋高祖天福五年四月辛酉，以文宣王四十三代孙袭文宣公，孔仁玉为兖州曲阜县令。

4.112 《文庙丁祭谱》卷二之一

戊申，（后）汉高祖乾祐元年改雅乐。改唐十二和为十二成，废后增三和，而易宣和为师雅，以祀孔子。

4.113 《册府元龟》卷五〇《帝王部·崇儒术第二》

周太祖广顺二年五月，亲往兖州。辛未，遣端明殿学士颜衎，往曲阜祀文宣王庙。

4.114 《旧五代史·周书·太祖纪》

（广顺二年）六月乙酉朔，帝幸曲阜县，谒孔子祠。既奠，将致拜，左右曰："仲尼，人臣也，无致拜。"帝曰："文宣王，百代帝王师也，得无敬乎！"即拜奠于祠前。其所奠酒器、银炉并留于祠所。遂幸孔林，拜孔子墓。帝谓近臣曰："仲尼、亚圣之后，今有何人？"对曰："前曲阜令、袭文宣公孔仁玉，是仲尼四十三代孙，有乡贡三礼颜涉，是颜渊之后。"即召见。仁玉赐绯，口授曲阜令，颜涉授主簿，便令视事。仍敕兖州修葺孔子祠宇，墓侧禁樵采。

（又见于《新五代史·周太祖纪》《孔氏祖庭广记·林庙亲祠》、《册府元龟》卷五〇《帝王部·崇儒术第二》、《阙里志》卷六）

4.115 《文庙丁祭谱》卷二之一

乙未,(后周)世宗显德二年,诏营国子监。

4.116 《文庙丁祭谱》卷二之一

己未,(后周世宗显德)六年春正月,作律,准定大乐。

改十二成为十二顺,去师雅而奏礼顺,以释奠孔子。其乐章与汉十二成今并佚。

第5章　宋金辽元帝王评儒

5.1　《辽史·太祖纪》

(神册三年)五月乙亥,诏建孔子庙、佛寺、道观。

(又见于《孔氏祖庭广记·历代崇重》、《阙里志》卷六、《文庙丁祭谱》卷二之一)

5.2　《辽史·太祖纪》

(神册四年)秋八月丁酉,谒孔子庙,命皇后、皇太子分谒寺观。

(又见于《孔氏祖庭广记·历代崇重》《阙里志》卷六)

5.3　《辽史·宗室列传》

时太祖问侍臣曰:"受命之君,当事天敬神。有大功德者,朕欲祀之,何先?"皆以佛对。太祖曰:"佛非中国教。"倍曰:"孔子大圣,万世所尊,宜先。"太祖大悦,即建孔子庙,诏皇太子春秋释奠。

5.4　《孔氏祖庭广记·历代崇重》

宋太祖建隆元年正月,幸国子监。二月又幸。诏加修饰祠宇。乃塑绘先圣先师先儒之像,亲撰《先圣赞》。有司请改乐章。窦俨上十二乐曲,祭文宣王用永安之曲。

(又见于《文庙丁祭谱》卷二之一)

5.5　《文庙丁祭谱》卷二之一

辛酉,(建隆)二年,诏贡举人就国子监谒先师。著为令。

5.6 《孔氏祖庭广记·崇奉杂事》

宋太祖建隆三年，诏文宣王庙，宜准仪制，令立戟一十六枝，撰宣圣赞曰：王泽下衰，文武将坠，尼父挺生，河海标异，祖述唐舜，有德无位，哲人其萎，凤鸟不至。

（又见于嘉靖《山东通志》卷三七《遗文上·御制类》、《文庙丁祭谱》卷二之一）

5.7 《文庙丁祭谱》卷二之一

壬戌，（建隆）二年，诏祭文宣王庙用一品礼，立十六戟于庙门。

（又见于《阙里志》卷六）

5.8 《孔氏祖庭广记·崇奉杂事》

（建隆）四年四月，驾幸文宣王庙，阅土木之功。

5.9 《宋史·礼志·吉礼》

至圣文宣王，唐开元末升为中祠，设从祀，礼令摄三公行事。朱梁丧乱，从祀遂废。后唐长兴二年，仍复从祀。周显德二年，别营国子监，置学舍。宋因增修之，塑先圣、亚圣、十哲像，画七十二贤及先儒二十一人像于东西庑之木壁，太祖亲撰先圣、亚圣赞，十哲以下命文臣分赞之。

5.10 《宋史·礼志·吉礼》

太宗亦三谒庙。诏绘三礼器物、制度于国学讲论堂木壁。又命河南府建国子监文宣王庙，置官讲说及赐九经书。

5.11 《历代尊孔纪》

乾德四年，以文宣王四十四代陵庙王进士孔宜，为充州曲阜县主簿。

5.12 《阙里志》卷一四

太宗太平兴国三年，四十四代孙孔宜迁赞善大夫，袭封文宣公。制曰：朕以夫子之圣，其道犹天，眷彼裔孙，宜其嗣袭。况闻尔服勤素业，砥砺官常，乃谕善于东宫，俾增荣于阙里，勉遵家法，以荷国恩。

又诏曰：素王之道，百代所宗，传祚袭封，抑存旧典。文宣王四十四代孙孔宜，服勤有素，砥砺廉隅，亟历官联，洽闻政绩。圣人之后，世德不衰，俾登朝伦，以光儒胄。可授太子右赞善大夫，袭封文宣公，复其家。

5.13 《阙里志》卷一四

太宗太平兴国八年，答孔宜谢修庙进方物。诏曰：素王之教，历代所宗，当予治定之初，特藏修崇之典。汝袭封阙里，就列周行，处备贡输，庆兹输奂，省闻嘉叹，不忘于怀。

5.14 《孔氏祖庭广记·崇奉杂事》

太宗太平兴国八年，御便殿。顾谓近侍曰："朕嗣位以来，咸秩无文，遍修群祀。惟鲁之夫子庙堂，未加营葺，阙孰甚焉。"乃诏大将，作恢敞儒宫。命内侍高品殿，直各一人内品二人，监督工役。告成以纪其事。

（又见于《文庙丁祭谱》卷二之一）

5.15 《孔氏祖庭广记·学庙亲祠皇太子附》

宋太宗端拱元年，八月庚辰。车驾幸国子学，谒文宣王。礼毕，升辇将出西门。顾坐讲左右博士李觉，方聚徒讲书。上即召觉，令对御讲。曰："陛下六飞在御，臣何敢辄升高坐。"上因降辇。命有司张帝幕，设别坐。诏觉讲《周易》之《泰》卦。从臣皆列坐。觉乃述天地感通君臣相应之旨。上甚悦，赐帛百匹。

（又见于《阙里志》卷六、《文庙丁祭谱》卷二之一）

5.16 《孔氏祖庭广记·学庙亲祠皇太子附》

淳化元年十一月，幸国子监，奠谒先圣。

（又见于《文庙丁祭谱》卷二之一）

5.17 《文庙丁祭谱》卷二之一

甲午，（淳化）五年冬十一月丙寅，帝诣太学谒孔子。

5.18 《宋史·真宗纪》

（至道三年九月）戊寅，以孔子四十五世孙延世为曲阜县令，袭封文宣公。

5.19 《阙里志》卷一四

仁宗至道三年，孔延世袭封文宣公制曰：叔敖阴德，尚继绝于楚邦；臧孙立言，犹有后于鲁国；岂圣人之后，可独于陵庙乎？许州长葛令孔延世钟裔孙之庆，仕文理之朝，能敦素风，甚有政术，宜任桑梓之地，以奉蒸尝之仪。可特授曲阜令，袭封文宣公。赐经书，仍赐银五十两，帛五十匹。

5.20 《孔氏祖庭广记·学庙亲祠皇太子附》

真宗咸平二年七月，幸国学，奠谒宣圣。

（又见于《文庙丁祭谱》卷二之一）

5.21 《历代尊孔纪》

真宗咸平三年，增孔林守护。

旧以七户守孔子坟，至是增二十户。

5.22 《文庙丁祭谱》卷二之一

丙午，（宋真宗）景德三年，令诸道修葺文宣王庙，禁不得残毁。

从资政殿大学士王钦若之请。

5.23 《孔氏祖庭广记·历代崇重》

景德四年，四月甲戌，户部员外郎、直集贤院判、太常礼院李维言："天下祭社稷释奠，长吏多不亲行事。及阙三献之礼，甚非为民祈福尊师说教之意也。望令礼官申明旧典，诏付有司。"且言按五礼精义，州县春秋二仲月上丁释奠，并刺史县令为初献，上佐县丞为亚献，州博士县簿尉为终献。若有故，以次官通摄。又云，祭社稷与释奠同，牲用少牢致斋三日。今请悉如故事。诏从之。

5.24 《文庙丁祭谱》卷二之一

未丁，（宋真宗景德）四年夏五月，诏兖州增孔子守茔二十户，颁释奠礼。

5.25 《孔氏祖庭广记·历代崇奉诏文》

（宋真宗大中祥符元年十月）二十七日[①]，诏曰：朕以纪号岱宗，观风广鲁，载怀先圣，实主斯文，矧仲尼毓粹之区，光灵可挹，而曲阜奉祠之地，庙貌攸存，将申款谒之仪，用表钦崇之至，宜取十一月朔，幸曲阜县，备礼躬谒。

（又见于《孔氏祖庭广记·林庙亲祠》、《阙里志》卷一四、《文庙丁祭谱》卷二之一）

① 《文庙丁祭谱》卷二载为："大中祥符元年冬十一月戊午。"

5.26　《宋史·真宗纪》

(大中祥符元年)十一月戊午,幸曲阜县,谒文宣王庙,靴袍再拜。幸叔梁纥堂。近臣分奠七十二弟子。遂幸孔林,加谥孔子曰玄圣文宣王,遣官祭以太牢,给近便十户奉茔庙,赐其家钱三十万,帛三百匹。以四十六世孙圣佑为奉礼郎,近属授官、赐出身者六人。追谥齐太公曰昭烈武成王,令青州立庙;周文公曰文宪王,曲阜县立庙。辛酉,赐诸蕃使袍笏。壬戌,次中都县,幸广相寺。癸亥,次郓州,幸开元寺。丁卯,赐曲阜孔子庙经史。

(又见于《宋史·礼志·吉礼》《孔氏祖庭广记·追崇圣号》《孔氏祖庭广记·林庙亲祠》《孔氏祖庭广记·历代崇重》、《阙里志》卷六、《阙里志》卷一二)

5.27　《阙里志》卷一六

(大中祥符元年,宋真宗致祭于玄圣文宣王文)朕以育事岱宗,毕告成之盛礼,缅怀阙里。钦设教之素风,躬谒尊于严祠,特褒崇于懿号。仍令旧相载达精诚,昭荐吉蠲,用遵典礼,以兖国公、颜子等配。尚飨。

(又见于《孔氏祖庭广记·历代崇重》)

5.28　嘉靖《山东通志》卷三七《遗文上·御制类》

(宋真宗加谥玄圣文宣王诏)王者顺考古道,懋建大猷。崇四术以化民,昭宣教木;总百王而致治,丕变人文。方启迪于素风,思丕扬于鸿烈。先圣文宣王,道膺上圣,体自生知,以天纵之多能,实人伦之先觉。玄功侔乎简易,景铄配乎贞明,惟列辟以尊崇,为亿载之师表。肆朕以寡昧,钦承命历,曷尝不遵守彝训,保乂中区属以祇若,元符告成。乔岳观风,广鲁之地,饬驾数仞之墙,躬谒远祠,缅怀遐躅。仰明灵之如在,肃奠献以惟寅,是用稽简册之文,昭聪睿之德,聿举追崇之礼,庶申严奉之心,备物典章,垂之不朽,诞告多士,昭示朕意,宜追谥曰玄圣文宣王。

(又见于《孔氏祖庭广记·历代崇奉诏文》、《阙里志》卷一四、《文庙丁祭谱》卷二)

5.29　《孔氏祖庭广记·历代崇奉诏文》

(大中祥符元年)十一月二日,封文宣王父叔梁为齐国公,母颜氏为鲁国太夫人。制曰:朕以祇陟岱宗,亲巡鲁甸永怀先圣之德,躬造阙里之庭,奠献周旋,钦崇备至。惟降灵之所自,亦赐羡之有初,像设具存,名称斯阙,宜加追命,以焕典章。叔梁宜追封齐国公,颜氏宜进封鲁国太夫人,遣都管员外郎王励,精虔祭告。

又伯鱼母亓官氏，追封郸国夫人，制曰：朕时行鲁郡，躬谒孔堂，顾风教之所尊，举典章而既渥，眷惟令淑，作合圣灵，载稽简册之文，尚阙封崇之数，属兹咸秩，特示追荣，垂厥方来，式昭遗范，并官氏宜追封郓国夫人。仍令兖州遣官诣曲阜庙祭告。

（又见于《阙里志》卷一四、《文庙丁祭谱》卷二）

5.30 《孔氏祖庭广记·崇奉杂事》

大中祥符元年十一月[①]，遣吏部尚书张齐贤，以太牢祭文宣王，及十哲，七十二贤，邹邑孔大夫，宣尼母颜氏，诸从祀先儒。又赐御制书赞。若夫捡玉尼山，回舆阙里，缅怀于先圣，躬谒于严祠，以为易俗化民。既仰师于彝训，宗儒重道；宜益峻于徽章，增荐崇名。聿陈明祀，思形容于圣德，爰刻镂于斯文。赞曰：立言不朽，垂教无疆。昭然令德，伟哉素王。人伦之表，帝道之纲。厥功实懋，其用允臧。升中既毕，茂典载扬。洪名有赫，懿范弥彰。命御书院摹勒刻石，及赐兖州曲阜县庙，九经书疏释文三史各一部。令本州选儒生讲说。又赐太宗御制书百五十卷，及银器八百两，仍以经传赐兖州。

（又见于《孔氏祖庭广记·林庙亲祠》）

5.31 《宋史·真宗纪》

（大中祥符二年二月）壬辰，诏立曲阜县孔子庙学舍。

5.32 《孔氏祖庭广记·历代崇奉诏文》

（大中祥符）二年敕曰：国家尊崇师道，启迪化源，眷惟邹鲁之邦，是曰诗书之国，尼山在望，灵宇增严。朕登岱告成，回銮款谒，期清风之益振，举缛礼以有加，式咨诲诱之方，更尽阐扬之旨，宜以所赐太宗皇帝御制书，与九经书，并正义释文，及器物等，并置于庙中书楼上收掌。委本州长吏职官，与本县令佐等，同共捡校。如有讲说释奠，并须以时出纳，勿令损污，此敕文仍仰刊之于石，昭示无穷。

（又见于《阙里志》卷一四）

① 《文庙丁祭谱》卷二载为："大中祥符二年春三月。"

5.33 《孔氏祖庭广记·历代崇奉诏文》

(大中祥符二年)五月一日诏，朕乃者封山禅社，昭列圣之鸿休，崇德报功，广百王之彝制，洎言还于阙里，遂躬谒于鲁堂。瞻河海之姿，粹容穆若；出洙泗之上，高风凛然。举茂典之有加，期斯文之益振。由是推恩世胄，并赐其宠荣，祗事祠庭，广增其奉邑，复念性与天道，德冠生民。议兹先圣之名，冀广严师之礼，兼朕亲为制赞，以奉崇儒。至于四科巨贤，并超五等，七十达者，俱赠列侯，仍命采寮，分纪遗烈，式尽褒扬之旨，庶资善诱之方。宜令中书门下，枢密院三司使，两制尚书，丞郎待制，直馆阁校理，分撰赞以闻。

(又见于《阙里志》卷一四、《文庙丁祭谱》卷二之一)

5.34 《宋史·礼志·吉礼》

(大中祥符)二年五月乙卯，诏追封十哲为公，七十二弟子为侯，先儒为伯或赠官。亲制《玄圣文宣王赞》，命宰相等撰颜子以下赞，留亲奠祭器于庙中，从官立石刻名。既以国讳，改谥至圣文宣王。赐孔氏钱帛，录亲属五人并赐出身，又赐太宗御制、御书一百五十卷，银器八百两。诏太常礼院定州县释奠器数：先圣、先师每坐酒尊一、笾豆八、簋二、簠二、俎三、罍一、洗一、篚一，尊皆加勺、幂，各置于坫，巾共二，烛二，爵共四，坫。有从祀之处，诸坐各笾二、豆二、簋一、簠一、俎一、烛一、爵一。仁宗再幸国子监，谒文宣王庙，皆再拜焉。

(又见于《宋史·真宗纪》《历代尊孔纪》)

5.35 《文庙丁祭谱》卷二之一

(宋真宗大中祥符二年)夏五月乙卯，追封孔子弟子。秋七月戊寅，又封左邱明等十九人爵。

封颜回，兖国公；闵损，琅琊公；冉耕，东平公；冉雍，下邳公；宰子，临淄公；端木赐，黎阳公；冉求，彭城公；仲由，河内公；言偃，丹阳公；卜商，河东公。

曾参，瑕邱侯；颛孙师，宛邱侯；澹台灭明，金乡侯；宓不齐，单父侯；原宪，任城侯；公冶长，高密侯；南宫绦，龚邱侯；公皙哀，北海侯；曾点，莱芜侯；颜无繇，曲阜侯；商瞿，须昌侯；高柴，共城侯；漆雕开，平舆侯；公伯寮，寿张侯；司马耕，楚邱侯；樊须，益都侯；公西赤，巨野侯；有若，平阴侯；巫马期，东阿侯；陈亢，南顿侯；梁鳣，千乘侯；颜辛，阳谷侯；冉孺，临沂侯；冉季，诸城侯；伯虔，汴阳侯；公孙龙，枝江侯；泰冉，新息侯；秦祖，鄄城侯；漆雕哆，濮阳侯；颜高，雷泽侯；漆雕徒父，高苑侯；壤驷赤，上邽侯；林放，长山侯；商泽，邹平侯；石作蜀，成纪侯；任不齐，当阳侯；申枨，文登侯；公良孺，牟平侯；曹恤，上蔡侯；奚容葴，济阳侯；句井疆，滏阳侯；申党，淄川侯；公祖句兹，即墨侯；荣旗，厌次侯；县成，武城侯；左人郢，南华侯；燕伋，汧源侯；郑国，朐山侯；秦非，华亭侯；施之常，临濮侯；颜哙，济阴侯；步叔乘，博昌侯；颜之仆，宛句侯；蘧援，内黄侯；叔仲会，博平侯；颜何，堂邑侯；狄黑，林卢候；邽巽，高堂侯；孔忠，郓城侯；公西舆如，临朐侯；公西蒧，徐城侯；琴张，顿邱侯。

秋又封左邱明，瑕邱伯；公羊高，临淄伯；穀梁赤，龚邱伯；伏胜，乘氏伯；高堂生，莱芜伯；戴圣，楚邱伯；毛长，乐寿伯；孔安国，曲阜伯；刘向，彭城伯；郑众，中牟伯；杜子春，缑氏伯；马融，扶风伯；卢植，良乡伯；郑康成，高密伯；服虔，荥阳伯；贾逵，岐阳伯；何休，任城伯；王弼，偃师伯；范宁，新野伯。

至王肃生前已封兰陵亭侯，加赠为司空；杜预生前已封当阳侯，加赠为司徒。

5.36 《孔氏祖庭广记·崇奉杂事》

（大中祥符）二年，遣入内侍省殿头张文质，赍敕太宗皇帝御制书百五十七轴，并内降金镀器物，九经三史，及疏释文，及昨赴文宣王庙祭祀器物，金镀银香炉香盒，并香药绯罗销金帕黄复等，其赐书仍令本州选儒生讲说。

5.37 《阙里志·章服》卷六

（宋）真宗大中祥符二年，加先圣冕服桓圭一，从上公之礼。冕九旒，服九章。

（又见于《文庙丁祭谱》卷二）

5.38 乾隆《山东通志》卷一一《阙里志》

（宋真宗加封七十二弟子诏）四科巨贤，并列五等。七十达者，俱赠列侯。位彼先儒，皆传圣道。咸加赠典，俾耀素风，仍命采寮，分纪遗烈。式尽褒扬之旨，庶资善诱之方。

5.39 《宋史·真宗纪》

（大中祥符二年七月）戊寅，诏孔子庙配享鲁史左丘明等十九人加封爵。

5.40 《宋史·真宗纪》

（大中祥符四年五月）癸巳，诏州城置孔子庙。

（又见于《文庙丁祭谱》卷二）

5.41 《宋史·真宗纪》

(大中祥符五年冬十月)辛酉,作崇儒术论,刻石国学。

5.42 《孔氏祖庭广记·追崇圣号》

(大中祥符)五年十二月壬申,诏改玄圣文宣王为至圣文宣王。以国讳故。七年从宰相王旦请。以先天节礼毕,诣文宣王庙行礼。

(又见于《阙里志》卷六、《文庙丁祭谱》卷二)

5.43 《孔氏祖庭广记·学庙亲祠》

大中祥符七年五月,王日言,请用先天节。礼毕,诣至圣文宣王庙行礼,望下礼官参酌仪制。

(又见于《阙里志》卷六)

5.44 《阙里志》卷六

(宋真宗)天禧元年,诏崇文馆雕印释奠仪,注及祭器图,颁行下诸路。

5.45 《历代尊孔纪》

天禧元年,以文宣王四十六代孙光禄寺丞相佑袭封文宣公。

5.46 《宋史·真宗纪》

(天禧五年二月)庚午,以孔子四十七世孙圣祐袭封文宣公。

5.47 《孔氏祖庭广记·崇奉杂事》

仁宗初即位,首崇儒术,车驾幸国子监,奠谒先圣,退阅七十二贤赞,观东序及礼器。

(又见于《阙里志》卷六)

5.48 《孔氏祖庭广记·学庙亲祠》

天圣二年,八月己卯,幸国子监,谒至圣文宣王,其后再幸。有司言旧仪肃揖,而特再拜。

(又见于《宋史·仁宗纪》《阙里志》卷六、《文庙丁祭谱》卷二之一)

5.49 《文庙丁祭谱》卷二之一

申壬，明道元年秋八月戊午，诏国子监重修七十二贤堂。左丘明以下二十一人悉以本品衣冠图之。

5.50 《阙里志》卷六

（宋仁宗）景祐元年，诏释奠用登歌。

（又见于《文庙丁祭谱》卷二之一）

5.51 《宋史·礼志·宾礼》

仁宗景祐二年，诏以孔子四十六世孙北海尉宗愿为国子监主簿，袭封文宣公。

5.52 《文庙丁祭谱》卷二之一

亥乙，（景祐）二年，诏释奠孔子庙用凝安九成之乐。

帝亲制郊庙乐章，财成颂体，告于神明。诏宰臣分造群祀乐章，文宣王庙：

迎神奏宁安。辞曰：大哉至圣，文教之宗！纪纲王化，丕变民风。常祀有秩，备物有容。神其格思，是仰是崇。

升殿降阶并奏同安。辞曰：右文兴化，宪古师今。明祀有典，吉日惟丁。丰牺在俎，雅奏来庭。周旋陟降，福祉是膺。

奠币奏明安。辞曰：一王垂法，千古作程。有仪可仰，无德而名。齐以涤志，币以达诚。礼容合度，黍稷非馨。

酌献奏成安。辞曰：自天生圣，垂范百王。恪恭明祀，陟降上庠。酌彼醇旨，荐此令芳。三献成礼，率由旧章。

饮福奏绥安。辞曰：牺象在前，豆笾在列。以享以荐，既芬既洁。礼成乐备，人和神悦。祭则受福，率遵无越。

送神奏凝安。辞曰：肃肃庠序，祀事惟明。大哉宣父，将圣多能！歆馨肸蚃，迴驭凌兢。祭容斯毕，百福是膺。

5.53 《宋史·仁宗纪》

（庆历四年五月）壬申，幸国子监谒孔子，有司言旧仪止肃揖，帝特再拜。赐直讲孙复五品服。

（又见于《孔氏祖庭广记·学庙亲祠》、《阙里志》卷六、《文庙丁祭谱》卷二之一）

5.54 《文庙丁祭谱》卷二之一

戊子，(庆历)八年，诏齐国公像易以九章之服，于圣殿后立庙以祀。

5.55 《阙里志》卷一四

(宋仁宗)皇祐二年封毓圣侯，敕曰：元圣肇兴，诞自东鲁。虽天之生德，盖云默定，岳之降神，实应精祷。兖州泗水县尼丘山崇冈秀阜，云雨所出，储丕祐于一滴，后孕全气于孔族。挺毓睿哲，为万代师，当崇五等之封，俾均四渎之秩。列于祀典，以来神像，攸司奉书，往申昭告。宜特封毓圣侯。

5.56 《宋史·礼志·宾礼》

皇祐三年七月，诏曰："国朝以来，世以孔氏子孙知仙源县，使奉承庙祀。近岁废而不行，非所以尊先圣也。宜以孔氏子孙知仙源县事。"

5.57 《宋史·礼志·宾礼》

(至和二年三月)太常博士祖无择言："按前史，孔子后袭封者，在汉、魏曰褒成、褒尊、宗圣，在晋、宋曰奉圣，后魏曰崇圣，北齐曰恭圣，后周、隋并封邹国，唐初曰褒圣，开元中，始追谥孔子为文宣王。又以其后为文宣公，不可以祖谥而加后嗣。"遂诏有司定封宗愿衍圣公，令世袭焉。

(又见于《宋史·仁宗纪》)

5.58 《阙里志》卷一四

至和二年，改封文宣公为衍圣公，制曰：孔子之后，以爵号褒显世世不绝，其来远矣！自汉元帝封褒成君以奉其祀，至平帝时改封褒成侯，始追谥孔子褒成宣尼公。褒成，其国也，宣尼，其谥也，公侯，其爵也。后之子孙虽更改不一，而不失其义。至唐开元中，又追谥孔子文宣，尊以王爵，封其嗣褒圣侯为文宣公。孔氏子孙去国名而袭谥号，礼之失也，盖由此始。朕稽考前训，博采群议，皆谓宜去汉之旧，革唐之失，稽古正名，于义为当。朕念先帝崇尚儒术，亲祠阙里，载加至圣之号，务极尊显之意肆。朕纂临继奉先志，尊儒重道不敢失坠，而正其后裔嗣爵之号不其重欤，宜改封至圣文宣王四十六代孙宗愿为衍圣公。

5.59 《文庙丁祭谱》卷二之一

庚子，(辽)道宗清宁六年夏六月，命以时祭先圣先师。

5.60 《孔氏祖庭广记·崇奉杂事》

嘉祐六年，赐御飞白书殿榜，并金字篆庙碑。至庙日，设祭奉安。仍赐御制祭文曰：维嘉祐六年，岁次辛丑。三月甲申朔，十九日壬寅。皇帝御名谨遣兖州通判田洵，敢昭荐于至圣文宣王：惟王渊圣难明，诚明易禀，敷厥雅道，大阐斯文。生民以来，至德莫二，教行万世，仪比一王。阙里之居，祠宇惟焕，遐瞻墙仞，逖仰门扉，奋于飞染之踪，新兹标榜之制。命工庀事，推策涓辰，敢议形容，盖申崇奉，仰惟降格，遥冀鉴观。尚飨。

（又见于《阙里志》卷一六、《文庙丁祭谱》卷二之一）

5.61 《历代尊孔纪》

英宗治平元年，诏勿以孔氏子弟知仙源县。

京东提刑王纲，乞慎重长民之官。故有是诏。

5.62 《文庙丁祭谱》卷二之一

壬子，神宗皇帝熙宁五年，罢贡举人释奠。

5.63 《宋史·礼志·吉礼》

熙宁七年，判国子监常秩等请立孟轲、扬雄像于庙廷，仍赐爵号；又请追尊孔子以帝号。下两制礼官详定，以为非是而止。

京兆府学教授蒋夔请以颜回为兖国公，毋称先师，而祭不读祝，仪物一切降杀，而进闵子骞九人亦在祀典。礼官以孔子、颜子称号，历代各有据依，难辄更改，仪物祝献，亦难降杀，所请九人，已在祀典。熙宁祀仪，十哲皆为从祀，惟州县释奠未载。请自今三京及诸州春秋释奠，并准熙宁祀仪。

诏封孟轲邹国公。晋州州学教授陆长愈请春秋释奠，孟子宜与颜子并配。议者以谓凡配享、从祀，皆孔子同时之人，今以孟轲并配，非是。礼官言："唐贞观以汉伏胜、高堂生，晋杜预、范宁之徒与颜子俱配享，至今从祀，岂必同时。孟子于孔门当在颜子之列，至于荀况、扬雄、韩愈皆发明先圣之道，有益学者，久未配食，诚阙典也。请自今春秋释奠，以孟子配食，荀况、扬雄、韩愈并加封爵，以世次先后，从祀于左丘明二十一贤之间。自国子监及天下学庙，皆塑邹国公像，冠服同兖国公。仍绘荀况等像于从祀：荀况，左丘明下；扬雄，刘向下；韩愈，范宁下。冠服各从封爵。"诏如礼部议，荀况封兰陵伯，扬雄封成都伯，韩愈封昌黎伯，令学士院撰赞文。又诏太常寺修四孟释菜仪。

5.64 《文庙丁祭谱》卷二之一

甲寅，(熙宁)七年，定学校释奠十哲，从祀制。

5.65 《历代尊孔纪》

神宗熙宁八年，定宣圣神像服制。

礼院言，古今服制不一，难以追用。周之冕服，宜如旧制，依官品，依服令。文宣王冕用九旒，颜子以下，各依郡国县公侯伯正一品至正四品。冠服制度庶合礼。从之。

5.66 《孔氏祖庭广记·崇奉杂事》

神宗元丰元年十月，诏兖州常以省钱，修葺宣圣祠庙。

5.67 《宋史·神宗纪》

(元丰二年)甲午，京兆府学教授蒋夔乞以十哲从祀孔子，从之。

5.68 《孔氏祖庭广记·崇奉杂事》

(元丰)五年十一月，赐度牒三十本，给兖州修先圣庙。及于本路差杂役兵士工匠，运司奏四十七代孙沂州新太县令若升监修。

5.69 乾隆《山东通志》卷一一《阙里志三》

(元丰六年，追封孟子为邹国公诏)自孔子殁，先王之道不明，发挥微言，以绍三圣，功归孟氏，万世所宗。厥惟旧邦，实有祠宇，追加爵号，以示褒崇，可封邹国公。

(又见于《文庙丁祭谱》卷二之一)

5.70 《孔氏祖庭广记·崇奉杂事》

(元丰)七年五月，诏自今春秋释奠以邹国公孟子配食文宣王。设位于兖国公之次，荀况、扬雄、韩愈，以世次从祀于二十一贤之间，并封伯爵。

(又见于《文庙丁祭谱》卷二之一)

5.71 《宋史·哲宗纪》

(元丰八年三月)辛酉，诏颜子、孟子配享孔子庙庭。

5.72 雍正《程朱阙里志》卷六

宋神宗元丰八年十一月二十六日，乡贡进士程颐授西京国子监教授。制敕：孔子曰："举逸民，天下之民归心焉"。吾思起岩穴之士，以粉泽太平。而大臣以尔好学笃行，荐于朝愿，得试用，故加以爵命，起尔为洛人矜式。此故事也。盛名之下，尚慎处哉。可特授汝州团练推官、充西京国子监教授，填见阙。

5.73 《孔氏祖庭广记·学庙亲祠》

哲宗元佑元年，幸国子监，谒至圣文宣王，行释奠礼，一献再拜。

5.74 《历代尊孔纪》

哲宗元祐元年，改封孔子后为奉圣公。

鸿胪卿孔宗翰言，孔子后世袭公爵，本为侍祠，今乃兼领他官，不在故郡，于名为不正。迄至今袭封之人，使终身在乡里。

诏改衍圣公为奉圣公，不预他职。添田百顷，供祭祀。外许瞻族人，赐国子监，书以侮其子弟。宗翰道辅子也。

5.75 《文庙丁祭谱》卷二之一

辛未，哲宗皇帝元祐六年冬十月庚午，帝释奠于太学。

一献再拜。增兖国公配位，酌献乐奏成安。辞曰：无疆之祀，配侑可宗。事举以类，与享其从。嘉栗旨酒，登荐惟恭。降此遐福，令仪肃雍。

（又见于《阙里志》卷六、《宋史·礼志·吉礼》）

5.76 《历代尊孔纪》

元符元年，诏孔子后，以众议，承袭之。

吏部言，请下诏兖州，于孔子家众议承袭之人，不必子继，所贵留意祖庙，敦睦族人。从之。

5.77 《文庙丁祭谱》卷二之一

壬午，徽宗皇帝崇宁元年春二月庚戌，诏封孔鲤为泗水侯，孔伋为沂水侯。诏曰：孔子之道，万世所尊。鲤实嗣之亲，闻《诗》《礼》鲁堂，从享厥有旧祠。疏以爵封，以示褒显。可特封泗水侯。

又诏曰：孔伋，圣人之道，孟氏之师。作为《中庸》，万世宗仰。眷惟鲁郡，实有旧祠。追加爵封，以示褒典。可特封沂水侯。

（又见于《阙里志》卷六）

5.78　《阙里志》卷一四

徽宗崇宁三年，复封四十八代孙孔端友为衍圣公，管勾祀事。诰曰：

自书契以还，爵于朝者多矣，未有传世四十有八而不绝者也。惟尔文宣王之后，次当承袭，宜赐文阶，并示宠渥。往加恪慎，务保厥荣。

5.79　《文庙丁祭谱》卷二之一

甲申，（崇宁）三年，诏名文宣王殿曰大成。

是年以王安石配享孔子。政和三年，又以其子芳从祀。后以杨时言罢安石配享，犹列从祀。淳熙四年，诏黜芳。淳祐元年，帝以安石谓"天命不足畏"三言为万世罪人，乃黜安石。

5.80　《文庙丁祭谱》卷二之一

（徽宗崇宁三年）冬十一月甲戌，帝诣太学谒孔子。再拜，行酌献礼。遣官分奠兖国公以下。

5.81　《宋史·礼志·吉礼》

崇宁（四年八月），诏："古者，学必祭先师，况都城近郊，大辟黉舍，聚四方之士，多且数千，宜建文宣王庙，以便荐献。"又诏："王安石可配享孔子庙，位于邹国公之次。"国子监丞赵子栎言："唐封孔子为文宣王，其庙像，内出王者衮冕衣之。今乃循五代故制，服上公之服。七十二子皆周人，而衣冠率用汉制，非是。"诏孔子仍旧，七十二子易以周之冕服。又诏辟雍文宣王殿以"大成"为名。帝幸国子监，谒文宣王殿，皆再拜行酌献礼，遣官分奠兖国公而下。国子司业蒋静言："先圣与门人通被冕服，无别。配享、从祀之人，当从所封之爵，服周之服，公之衮冕九章，侯、伯之衮冕七章。衮，公服也，达于上。郑氏谓公衮无升龙，误矣。考《周官》司服所掌，则公之冕与王同；弁师所掌，则公之冕与王异。今既考正配享、从祀之服，亦宜考正先圣之冕服。"于是增文宣王冕为十有二旒。

（又见于《宋史·徽宗纪》《孔氏祖庭广记·崇奉杂事》、
《阙里志》卷六、《文庙丁祭谱》卷二之一）

5.82　《文庙丁祭谱》卷二之一

（徽宗崇宁）四年秋八月，增文宣王冕十二旒，服十二章，执镇圭庙门立二十四载，并同王者之制。颁祝文：

文宣王位前祝文曰：维年月日，具官某敢昭告于至圣文宣王：惟王固天攸纵，诞隆生知。经纬礼乐，阐扬文教。余烈遗风，千载是仰。俾兹末学，依仁游艺。谨以制币牲齐，粢盛庶品，祗奉旧章，式陈明荐，以兖国公、邹国公配。尚飨！

兖国公位前曰：爰以仲春（夏秋冬），率遵故章，谨修释奠于至圣文宣王。惟公好学之乐，箪瓢不改，绝尘之踪，步趋可望。德行扶世，心同禹稷。具体而微，素王是配。谨以制币牲齐，粢盛庶品，式伸常典，从祀配神。尚飨！

邹国公位前曰：爰以仲春（夏秋冬），率遵故章，谨修释奠于至圣文宣王。惟公生后孔子百有余岁，其于圣人如亲见之。辞辟杨墨，三圣是承，扶世道民，以祭配祀。尚飨！

（又见于《阙里志》卷一六）

5.83 《阙里志》卷一六

（徽宗御名谨遣某官，敢昭告于先圣文宣王）惟王金声玉振，集厥大成，存道立教，垂宪万世。兹率旧章，谨以制币、牺牲、齐粢，盛式陈明，荐以先师兖国公、郕国公、沂国公、邹国公配。尚飨。

5.84 《文庙丁祭谱》卷二之一

丁亥，大观元年，定贡士人学释菜之仪。

5.85 《宋史・礼志・吉礼》

大观二年，从通仕郎侯孟请，绘子思像，从祀于左丘明二十四贤之间。议礼局言："建隆三年，诏国子监庙门立戟十六，用正一品礼。大中祥符二年，赐曲阜庙桓圭，从上公之制。又《史记・弟子传》曰，受业身通六艺者七十有七人，自颜回至公孙龙三十五人颇有年名及受业见于书传，四十二人姓名仅存。《家语》曰，七十二弟子皆升堂入室者。按《唐会要》七十七人，而《开元礼》止七十二人，又复去取不一。本朝议臣，断以七十二子之说，取琴张等五人，而去公夏首等十人。今以《家语》《史记》参定，公夏首、后处、公肩定、颜祖、鄡单、罕父黑、秦商、原抗、乐欬、廉洁，《唐会要》《开元礼》亦互见之，皆有伯爵，载于祀典。请追赠侯爵，使预祭享。"诏封公夏首巨平侯，后处胶东侯，公肩定梁父侯，颜祖富阳侯，鄡单聊城侯，罕父黑祈乡侯，秦商冯翊候，原抗乐平侯，乐欬建成侯，廉洁胙城侯。又诏改封曾参武城侯，颛孙师颍川侯，南宫绦汶阳侯，司马耕睢阳侯，琴张阳平侯，左丘明中都伯，穀梁赤睢陵伯，戴圣考城伯，以所封犯先圣讳也。

（又见于《文庙丁祭谱》卷二之一）

5.86 《宋史·礼志·吉礼》

大观三年，礼部、太常寺请以文宣王为先师，兖、邹、荆三国公配享，十哲从祀。自昔著名算数者画像两庑，请加赐五等爵，随所封以定其服。于是中书舍人张邦昌定算学：封风后上谷公，箕子辽东公，周大夫商高郁夷公，大挠涿鹿公，隶首阳周公，容成平都公，常仪原都公，鬼俞区宜都公，商巫咸河东公，晋史苏晋阳伯，秦卜徒父颍阳伯，晋卜偃平阳伯，鲁梓慎汝阳伯，晋史赵高都伯，鲁卜楚丘昌衍伯，郑裨灶荥阳伯，赵史墨易阳伯，周荣方美阳伯，齐甘德菑川伯，魏石申隆虑伯，汉鲜于妄人清泉伯，耿寿昌安定伯，夏侯胜任城伯，京房乐平伯，翼奉良成伯，李寻平陵伯，张衡西鄂伯，周兴慎阳伯，单飏湖陆伯，樊英鲁阳伯，晋郭璞闻喜伯，宋何承天昌卢伯，北齐宋景业广宗伯，隋萧吉临湘伯，临孝恭亲丰伯，张胄玄东光伯，周王朴东平伯，汉邓平新野子，刘洪蒙阴子，魏管辂平原子，吴赵逵穀城子，宋祖冲之范阳子，后魏商绍长乐子，北齐信都芳乐城子，北齐许遵高阳子，隋耿询湖熟子，刘焯昌亭子，刘炫景城子，唐傅仁均博平子，王孝通介休子，瞿昙罗居延子，李淳风昌乐子，王希明琅琊子，李鼎祚赞皇子，边冈成安子，汉郎觊观阳子，襄楷隰阴子，司马季主夏阳男，落下闳阆中男，严君平广都男，魏刘徽淄乡男，晋姜岌成纪男，张丘建信成男，夏侯阳平陆男，后周甄鸾无极男，隋卢大翼成平男。寻诏以黄帝为先师。

礼部员外郎吴时言："书画之学，教养生徒，使知以孔子为师，此道德之所以一也。若每学建立殿宇，则配食、从祀，难于其人。请春秋释奠，止令书画博士量率职事生员，陪预执事，庶使知所宗师。医学亦准此。"诏皆从之。

5.87 《文庙丁祭谱》卷二之一

（宋徽宗大观）三年，大晟府释奠乐成。

迎神奏《凝安》。辞曰：仰之弥高，钻之弥坚。于昭斯文，被于万年。峨峨胶庠，神其来止。思报无穷，敢忘于始。

升降奏同安。辞曰：生民以来，道莫与京。温良恭俭，惟神惟明。我洁尊罍，陈兹芹藻。言升言旋，式崇斯教。

奠币奏《明安》。辞曰：于论鼓钟，于兹西雍。粢盛肥硕，有显其容。其容洋洋，咸瞻像设。币以达诚，歆我明洁。

酌献奏《成安》正位。辞曰：道德渊源，斯文之宗。功名糠粃，素王之风。硕兮斯牲，芬兮斯酒。绥我无疆，与天为久。

兖国公辞曰：仁由三月，名高四科。容庄而坐，时飏以歌。旅陈惟嘉，只荐无颇。宣尼之侍，尔其谁过。

邹国公辞曰：踧踧周道，狂澜倒潨。躬承辞辟，高侔禹功。世兴隆文，盛典惟崇。清蠲嘉栗，式陈仪容。

亚、终献亦奏《成安》。辞曰：罍设于东，黄流其中。觞尽三挹，歌还一终。彼屯而穷，今泰而通。予兴斯文，同尧之风。

送神奏《凝安》。辞曰：肃庄绅绥，吉蠲牲牺。于皇明祀，荐登惟时。神之来兮，肸蚃之随。神之去兮，休嘉之贻。

5.88 《阙里志》卷六

（宋）徽宗大观四年，文宣王改执镇圭，庙门增立二十四戟，并如王者之制。

5.89 《孔氏祖庭广记·崇奉杂事》

政和元年，奉旨，至圣文宣王改执镇圭，其庙旧立十六戟，今立二十四戟，又会参等所封侯爵，与宣圣名同，甚失弟子尊师之礼，改封者八人。[1] 又旨孔子弟子河内公等赞文，并所封名，犯宣圣名处，并行改撰，及改封，又令运司于系省钱内，应副修完本庙，及于本路诸州军、差杂役、兵士、工匠和雇百姓修造，委四十八代孙，承奉郎袭封衍圣公（端友）监修。

（又见于《阙里志》卷六、《文庙丁祭谱》卷二之一）

5.90 《宋史·礼志·吉礼》

政和三年，诏封王安石舒王，配享；安石子雱临川伯，从祀。《新仪》成，以孟春元日释菜，仲春、仲秋上丁日释奠。以兖国公颜回、邹国公孟轲、舒王王安石配享殿上；琅邪公闵损、东平公冉耕、下邳公冉雍、临淄公宰予、黎阳公端木赐并西向，彭城公冉求、河内公仲由、丹阳公言偃、河东公卜商、武城侯曾参并东向；东庑，颍川侯颛孙师以下至成都伯扬雄四十九人并西向；西庑，长山侯林放以下至临川伯王雱四十八人并东向。颁辟雍大成殿名于诸路州学。

5.91 《孔氏祖庭广记·崇奉杂事》

（政和）四年命后苑作，制造御前生活所造牌，御书曰大成殿，颁降本庙，从四十七代孙，文林郎舒州司户曹事（若谷）之请也。又太学辟雍先圣殿皆御书，又

---

① 《文庙丁祭谱》卷二之一载："诏改封曾参，武城侯；颛孙师，颖川侯；南宫适，汝阳侯；司马耕，雎阳侯；琴张，阳平侯。左丘明，中都伯；穀梁赤，睢陵伯；戴圣，考城伯。"

袭封衍圣公奏，朝廷稽考三代，制礼作乐，乞颁降大乐，许内外族人，及县学生，咸使隶习，并乞降礼器以备释奠，及家祭使用，至六年五月，差四十七代孙，宣教郎（若谷）押赐堂上正声大乐一副，礼器一副。

（又见于《阙里志》卷六、《文庙丁祭谱》卷二之一）

5.92　《文庙丁祭谱》卷二之一

乙未，（政和）五年，诏邹县孟子庙以乐正子配享，公孙丑以下从祀。

封乐正子克，利国侯。公孙丑，寿光伯；万章，博兴伯；告子不害，东阿伯；孟仲子，新泰伯；陈臻，蓬莱伯；充虞，昌乐伯；屋庐连，奉符伯；徐辟，仙源伯；陈代，沂水伯；彭更，雷泽伯；公都子，平阴伯；咸丘蒙，须城伯；高子，泗水伯；桃应，胶水伯；盆成括，莱阳伯；季孙，丰城伯；子叔，承阳伯。

5.93　乾隆《山东通志》卷一一《阙里志三》

（政和五年诏）由孔子至于孟子，百有余岁。去圣人之世若此其近也，兴圣人之道若此其难也。孟子既殁，配享孔子之庙，血食于天下，亦可谓至矣。今于邹，独推尊孟子，求其门人高第，使得从祀配享，南面而处，如孔子之尊焉克也。学古之道，好善优于天下，追以侯爵，其配食焉。斯文之光，万古不泯，可特封利国侯，又封公孙丑以下十七人为伯，从祀孟子。

（又见于《宋史·礼志·吉礼》）

5.94　《文庙丁祭谱》卷二之一

己亥，宣和元年，立孔林石仪。

5.95　《阙里志》卷一六

宣和三年，敕宣议郎袭封衍圣公孔端友曰：先圣，古今之师也。由百世之后，等百世之王，迨未有能违之者。朕既法其言，尊其道，举以为治，犹以为未也。又录其后裔，以褒大之。尔先圣之系，效官东鲁，积有年矣。通籍金闺，升芸华阁，以示崇奖，汝尚勉哉！

5.96　《文庙丁祭谱》卷二之一

壬寅，（宣和）四年春三月辛酉，帝诣太学谒孔子，亲制像赞。

5.97 《孔氏祖庭广记·崇奉杂事》

宣和四年，诏修太学宣圣殿，赐御制书，赞云：太学教养多士，严奉先圣。殿室滋圮，作而新之。命驾奠谒，系之以赞曰：厥初生民，自天有造。百世之师，立人之道。有彝有伦，垂世立教。爰集大成，千古允蹈。乃严斯所，乃瞻斯宫。瞻彼德容，云孰不崇。命刻石于太学，昭示无穷。

（又见于《阙里志》卷三、《孔氏祖庭广记·学庙亲祠皇太子附》、《文庙丁祭谱》卷二之一）

5.98 《宋史·礼志·吉礼》

靖康元年（五月），右谏议大夫杨时言王安石学术之谬，请追夺王爵，明诏中外，毁去配享之像，使邪说淫辞不为学者之惑。诏降安石从祀庙廷。尚书傅墨卿言："释奠礼馔，宜依元丰祀仪陈设，其《五礼新仪》勿复遵用。"

（又见于《宋史·钦宗纪》）

5.99 雍正《程朱阙里志》卷六

宋高宗绍兴元年九月二日，崇政殿说书程颐赠直龙图阁。制敕：故左通直郎、崇政殿说书程颐：朕惟周衰，圣人之道不得传。世之学者，违道以趋利。舍己以为人，其欲闻仁义道德之说者，孰从而求之，亦孰从而听之。间有老师大儒，不事章句，不习训传，自得于正心诚意之妙，则曲学阿世者又从而排抑之。卒使流离颠仆，其祸贼于斯文甚矣！尔颐潜心大业，无待而兴者也。方退居洛，师则弟子从之。孝弟忠信及进侍讲，惟则拂心逆旨务引言以当道。由其外以察其内，以其所已为，而逆其所未为，则高明自得之。学可信不疑。而浮伪之徒，自知学问文采不足以表见于世，乃窃其名以自售。外示恬默，中实奔竞；外示朴鲁，中实奸猾；外示严正，中实回僻。遂使天下之士闻其风而疾之，是重不幸焉。尔朕赐以赞书，宠以延阁。所以震耀褒显之者，以明上之所与在此而不在彼也。尚其明灵，知享此哉。可特赠直龙图阁。

5.100 《宋史·礼志·宾礼》

高宗绍兴二年，以四十九代孙孔玠袭封衍圣公。其后，以搢、以文远、以万春、以洙，终宋世，皆袭封主祀事。

5.101 《阙里志》卷一四

高宗绍兴二年，四十九代孙孔玠袭封衍圣公，诰曰：夫子之道，逾于尧舜，泽及万世，靡有所穷。钦崇顾报，邦有彝典。肆予命尔，绍于世封，惟钦惟毖，则无坠命。

授四十九代孙孔莘夫迪功郎，诰曰：圣德必百世祀。历观自昔圣贤之世，惟夫子之后，千余岁不绝，所谓贤于尧舜者耶。六经之道，帝王世守之。君臣父子，所以不胥为夷者，皆夫子之赐也。读其书享其学，而不可不录其苗裔乎。今袭封言汝最长，有司其如故事官之，试以民事，以称朕尊崇先圣之意焉。

授孔行可迪功郎，诰曰：夫子之道，与天地并有。国家者，必绍厥封，所以昭盛德之有后，而示无穷之报。我朝与既推其嫡以袭封，又官其族属以广其继。今有司以尔来上，则尔名最长焉。赐汝一官，勉乃世业光令德，无负朕崇儒重道之意。

授四十九代孙孔璨迪功郎，诰曰：朕于当代儒先有补，斯文不废。其后矫先圣之裔，尤当录用者乎！尔以的传有司言，有补授禄食仕途，虽身之荣，亦国之华也。

5.102 《文庙丁祭谱》卷二之一

丁巳，金熙宗皇帝仍称天会十五年（宋绍兴七年），立孔子庙于上京。

5.103 《文庙丁祭谱》卷二之一

戊午，高宗皇帝绍兴八年夏六月，诏拨衢州官田奉先圣祀事。时衍圣公孔玠从帝渡江，隔绝林庙。

（又见于《历代尊孔纪》）

5.104 《阙里志》卷六

（宋）高宗绍兴十年，诏文宣祭与社稷并为大祀。

（又见于《文庙丁祭谱》卷二之一）

5.105 《金史·熙宗纪》

（天眷三年）十一月癸丑，以孔子四十九代孙璠袭封衍圣公。

5.106 《金史·熙宗纪》

（皇统元年二月）戊子，上亲祭孔子庙，北面再拜。退谓侍臣曰："朕幼年游佚，不知志学，岁月逾迈，深以为悔。孔子虽无位，其道可尊，使万世景仰。大凡为善，不可不勉。”自是颇读《尚书》《论语》及五代、辽史诸书，或以夜继焉。

（又见于《金史·孔璠子拯孙元措列传》《孔氏祖庭广记·学庙亲祠》、《阙里志》卷六、《文庙丁祭谱》卷二之一）

5.107 《文庙丁祭谱》卷二之一

癸亥，（绍兴）十三年（金皇统三年）秋七月，国学大成殿告成，奉安圣像。

5.108 《宋史·礼志·嘉礼》

（绍兴十四年）二月，国子司业高闶请幸学，上从之。诏略曰：“偃革息民，恢儒建学。声明丕阐，轮奂一新。请既方坚，理宜从欲。将款谒于先圣，仍备举于旧章。”

（又见于《阙里志》卷六）

5.109 《文庙丁祭谱》卷二之一

甲子，（绍兴）十四年（金皇统四年）春三月己巳，帝诣太学谒孔子，制先圣及七十二子赞，亲书揭于大成殿及两抚。

帝幸太学。止辇大成门外，升东阶，跪上香，执爵，三祭酒，再拜。遣官分奠如常仪。帝制孔子赞曰：大哉宣王，斯文在兹，帝王之式，古今之师。志则春秋，道由忠恕，贤于尧舜，日月共喻。惟时载雍，职此武功，肃昭圣仪，海宇聿崇。

（又见于乾隆《山东通志》卷一一《阙里志三》）

5.110 万历《兖州府志》卷四三《艺文志五》

御制七十二弟子赞：

颜回：德行首科，显冠学徒。不迁不贰，乐道以居。食饮甚恶，在陋自如。宜称贤哉，岂止不愚。

闵损：天经地义，孝哉子骞。父母昆弟，莫间其言。污君不仕，志气轩轩。复我汶上，出处休焉。

冉雍：懿德贤行，有一则尊。子也履之，成性存存。骍角有用，犁牛莫论。刑政之言，惠施元元。

冉耕：德以充性，行以澡身。二事在躬，日跻而新。并驱贤科，得颜与邻。不幸斯疾，命也莫伸。

冉求：循良之要，在于有政。可使为宰，千室百乘。师门育才，治心扶性。退则进之，琢磨之柄。

宰予:辨以饰诈,言以致文。苟弗执礼,宜莫释纷。朽木粪墙.置不足云。言语之科,烨然有闻。

林放:礼之有本,子能启问。大哉斯言,光昭明训。德辉泰山,诬祭莫奋。崇兹祀典,盍永令闻。

樊须:养才以道,圣人兼济。始谓非仁,问辩良喜。寓志农圃,似睽仁义。学稼之辞,岂姑舍是。

公冶长:子长宏度,高出伦辈。虽在缧绁,知非其罪。纯德备行,夫子所采。以子妻之,尤知英概。

公西蒧:猗尔子上,鲁邦之望。以德则贵,惟道是唱。师聪师明,友直友谅。伯于祝阿,儒风斯畅。

原宪:轼彼穷阎,达士所宾。邦无道榖,进退孰伦。敝衣非病,无财乃贫。赐虽不怿,清节照人。

有若:人禀秀德,气貌或同。而子俨然,温温其容。两端发问,未启机锋。以礼节和,其言可崇。

商泽:邈矣子季,睢阳是伯。屏息受业,延教登席。未践四科,周涉六籍。祀典载之,好是正直。

巫马施:天清日明,密云何有。师命持盖,子亦善扣。惟夫子博,三才允究。学者之乐,所得遂茂。

漆雕徒父:遐想子期,挟策圣帷。涉道是嗜,惟爵可縻。在德既贤,在名乃垂。洋洋之风,逮今四驰。

颜之仆:贤行颜叔,亲承尼父。志锐所期,道尊是辅。泥在钧陶,木就规矩。终縻好爵,扬名东武。

颜高:琅琊之伯,其惟子骄。微言既彰,德音孔昭。以观舞雩,同听齐韶。历千百祀,跂想高标。

颜无繇:人虽无子,尔嗣标奇。行为世范,学为人师。请车诚非,顾匪其私。千载之下,足以示慈。

荣旗:伯兹雩娄,务学实著。三千之徒,七十是预。匪善莫行,惟德乃据。纪于前书,式彰厥誉。

秦祖:秦有子南,口赞述作。守道之渊,成德之博。范若铸金,契犹发药。历世明祀,少粱宏爵。

梁鳣:室家壮年,无子则逐。见于信友,全齐之俗。原本厥初,师言可复。以学则知,揆之宜笃。

冉儒:纪伯子鲁,圣学是务。励已斯约,好问乃裕。周旋中礼.容止可度。允矣昔贤,后世所慕。

公西赤：学者行道，敝缊亦称。使齐光华，偶为肥轻。周急之言，君子所令。答问允严，理皆先经。

漆雕开：仕进之道，要在究习。具臣而居，咎欲谁执。斯未能信，谦以有立。阙里悦之，多士莫及。

宓不齐：君子若人，单父之政。引肘寤君，放鱼禀令。传郭勿获，遂能制命。百代理邑，用规观听。

秦商：孔父秦父，相尚以德。俱生贤嗣，相与维则。是父是子，致诘畴克。会弁儒林，令名无极。

叔仲会：瑕丘柞邑，子期是为。亲训有日，广业于时。四教允隆，五常以持。比肩俊杰，闻望斯垂。

商瞿：《易》之为书，弥纶天地。五十乃学，师则有是。子能授受，洗心传世。知几其神，宜被厥祀。

县成：至圣立教，子祺安雅。擅誉鲁邦，启柞巨野。炜矣风猷，时哉周舍。出伦离类，后学是假。

颜哙：褒赐朱虚，在器轮舆。儒室振领，圣门曳裾。贤业得蕴，美才以摅。百世不刊，载观成书。

孔忠：惟子挺生，道德之门。佩服至论，鲤则弟昆。三得三亡，所问殊温。君子归宓，义不掩恩。

颜辛：孰封于萧，实惟子柳。夙饫格言，克尊善诱。明德斯馨，贤业所就。以侑于儒，传芳逾茂。

冉季：东平子产，姓著盛时。奉师于塾，讲道之微。答问其敏，渊妙以思。升降陛廉，尚想英资。

漆雕哆：子敛受封，爰居武城。亹亹其闻，翩翩其英。抠衣时习，愿学日明。诞敷孔教，爵里疏荣。

申枨：刚毅近仁，志操莫渝。性匪祝鮀，面岂子都。有一于此，刚名可图。云欲则柔，盖生之徒。

施之常：开国乘氏，有德斯彰。参稽百行，赞理三纲。自拔行间，荣名甚光。在史蔼蔼，历久弥芳。

公祖句兹：惟彼子之，锡伯期思。与贤并进，得圣而师。彬彬雅道，冀翼令仪。一日至言，庙食不隳。

伯虔：有怀子楷，全鲁之彦。儒行既名，郰伯乃建。兢兢受道，奕奕峨弁。懿选嘉封，世享馨荐。

奚容蒧：雍容子晳，已望堂室。幼则有造，成则祖述。文彩日化，儒效力弼。永观厥成，德音秩秩。

秦冉:彭衙高士,经籍是亲。赞成德艺,协于彝伦。底绩圣道,期肖素臣。优哉游哉,学以致身。

5.111 《文庙丁祭谱》卷二之一

丙寅,(绍兴)十六年(金皇统六年、夏仁宗人庆三年),夏国尊孔子为文宣帝。

5.112 《阙里志》卷一四

绍兴二十四年授五十代孙孔元龙迪功郎,诏曰:尔著书立说,诸老所推,许以其贤,亦可为官矣,况世次之,所当得与。

封五十代孙孔搢为衍圣公,诰曰:仲尼之道,垂休万世,自生民以来,未有盛于此者。袭封奉祀,宜及后昆。以尔重厚深淳,世系可考,选共乃事,是遵奠常,命以享秩,畀以公圭。非特为尔身荣,实所以尊先圣也。往其懋哉,可授又承奉郎,袭封衍圣公。

5.113 《阙里志》卷六

(金)世宗大定十四年,释奠先圣。

5.114 《文庙丁祭谱》卷二之一

甲午,(金)世宗皇帝大定十四年(宋淳熙元年),定释奠仪礼,行三献,乐用登歌。增先圣冕十二旒,服十二章。颜子、孟子冕九旒,服九章。

定释奠乐章。金初取汴,就用北宋乐。至是,取大乐,与天地同和之义,名之曰太和,而定乐曲以宁名释奠。

迎神奏《来宁》。辞曰:上都隆化,庙堂作新。神之来格,威仪具陈。穆穆凝旒,巍然圣真。斯文伊始,群方所亲。

盥洗奏《静宁》。辞曰:伟矣素王,风猷至粹。垂二千年,斯文不坠。涓辰维良,爰修祀事。沃盥于庭,严禋礼备。

升殿奏《肃宁》。辞曰:巍乎圣师,道全德隆。修明五常,垂教无穷。增崇儒宫,逦追遗风。严祀申虔,登降有容。

奠币初献奏《和宁》。辞曰:天生圣人,贤于尧舜。仰之弥高,磨而不磷。新庙告成,宫墙数仞。遣使陈祠,斯文复振。

降阶奏《安宁》。辞曰:禀灵尼丘,垂芳阙里。生民以来,孰如夫子。新祠岿然,四方所视。酹觞告成,祇循典礼。

兖国公酌献奏《辑宁》。辞曰:圣师之门,颜惟居上。其殆庶几,是宜配飨。

桓圭衮衣，有严仪象。载之神祠，增光吾党。

邹国公酌献奏《泰宁》。辞曰：有周之衰，王纲既坠。是生真儒，宏才命世。言而为经，醇乎仁义。力扶圣功，同垂万祀。

亚、终献奏《咸宁》。辞曰：于昭圣能，与天立极。有承其流，皇仁帝德。岂伊立言，训经王国。焕我文明，典祀千亿。

送神奏《来宁》。辞曰：吉蠲为饎，孔惠孔时。正辞嘉言，神之格思。是飨是宜，神保聿归。惟时肇祀，太平极致。

（又见于《阙里志》卷六）

5.115 《阙里志》卷六

（宋）孝宗淳熙四年，幸太学，谒奠孔子。

（又见于《文庙丁祭谱》卷二之一）

5.116 雍正《程朱阙里志》卷六

淳熙十四年七月某日，除提点江西刑狱公事朱熹诰敕：宣教郎、直徽猷阁主管、南京鸿庆宫朱熹，尔好古道，据正不回，利物爱人，用志弥笃。擁州麾分使节，先德后刑，民从其化，而救荒之政，所全活者尤众，久从家食，念之不忘，江右持平。往哉，惟兄行尔尽心之学，广我好生之仁，可依前官差，提点江南西路刑狱公事。

5.117 雍正《程朱阙里志》卷六

淳熙十五年八月某日，除直宝文阁主管西京嵩山崇福宫朱熹诰：朕惟廉洁不立，风俗未淳，思得难进易退之士，表而用之，庶几旷然变其旧习。尔之学术远有渊源，其为操行养之久矣，志在忧世，曾未得一日立于朝。比以部刺史入奏便殿，朕嘉其说论，留置郎曹，盖将进诸清要之地。遽以疾谂祈反，初服既勉从于素志，复更请于真祠，夫招麾何意去来仕，止不形于喜愠，此古之清达之士也。朕察尔诚，是用陛职二等，听食优闲之禄，身虽在外，亦有补于风化云。

5.118 《金史·章宗纪》

（明昌元年三月）辛巳，诏修曲阜孔子庙学。

（又见于《文庙丁祭谱》卷二之一）

5.119 《阙里志》卷一四

(金)章宗明昌二年四月,以五十一代孙孔元措袭封衍圣公。诰曰:圣谟之大,仪范百王,德祚所传,垂光千祀。盖立道以经世,宜承家之有人。文宣王五十一代孙孔元措,秀阜衍祥,清洙流润,芝兰异禀,蔚为宗党之英。诗、礼旧闻,早服父兄之训。语年虽妙,论德已成。肆疏世爵之封,用焕身章之数,非独增华于尔族,固将振耀于斯文。勉嗣前修,用光新命。

又超授中议大夫,仍赐四品封,诰曰:夫子既没千八百年,后人相承五十一世,自近古已公其爵。顾阶散如彼其卑,必也正名难于仍旧,是以兴百王之旷典,峻五品之华资。兹以尔有成人风,继将圣之后当余定格,会尔疏封。噫庙貌存焉,克谨岁时之祀。家声久矣,无忘诗礼之传,学有余师,善将终誉。

5.120 《文庙丁祭谱》卷二之一

壬子,(金昌宗明昌)三年(宋绍熙三年)冬十一月丙子,诏臣回避周公、孔子之名。

5.121 《阙里志》卷一四

(宋)光宗绍熙四年,授五十一代孙孔文远袭封衍圣公。诰曰:孔子之后,自汉以来,世俾袭爵。国家崇儒重道,又过前代,于是有衍圣公之封。尔于世次,实当绍绩,其务恪恭,以承祭祀。

授五十二代孙孔万春袭封衍圣公。诰曰:朕闻盛德必百世祀,而况诗书仁义之泽,亟浸生民,炳然至今者乎?尔承休圣门,端有传序,属当次补,仍绪世封。恪共烝祭,当勉家业,使东鲁文献于此有考焉,不亦善乎!

5.122 《孔氏祖庭广记·学庙亲祠》

(金)章宗明昌四年八月丙午,谕旨宣徽院曰:明日亲释奠,有司拟肃揖,朕以宣圣万世帝王之师,恐汝等未谕,可备拜裍,朕躬拜焉。

丁未,上诣文宣王庙,行释奠之礼,北面再拜,亲王百僚及六学生员陪拜。诏从祀官,分奠七十二弟子,初议定,上亲奠谒,不宜用牲牢。既而礼官云笾豆脯醢之数,既系中祀,若止用二笾二豆,似太疏简,礼体未称,拟全月十笾十豆,于是备数。

(又见于《金史·章宗纪》、《阙里志》卷六、《文庙丁祭谱》卷二之一)

5.123　雍正《程朱阙里志》卷六

绍熙四年十二月某日，除知潭州、湖南安抚朱熹诰敕：具位十国为连，师帅是寄，矧长沙据湖湘上游，赐履甚广，视邦选候，尤难其人。以尔学古粹，深风节峻，特可以为世之师，仁心仁闻，威惠孚洽，可以为时之帅。兼是二者，往临藩方，声望所加，列城耸服，儒先相望，士气方振，尔其为朕教之。楚俗虽安，尚有凋瘵，尔其为朕抚之。典刑所存，奚事多训可。

5.124　雍正《程朱阙里志》卷六

绍熙五年八月某日，除焕章阁待制侍讲朱熹诰：

朕初承大统，未暇他图，首开经帷，详延学士，眷儒宗之在外，颁招节之趣归，径登从班，以重吾道。具位朱熹，发六经之蕴，穷百氏之源，其在两朝，未为不用，至今四海，犹谓多奇，擢之次对之班，处以近英之列，若程颐之在元祐，若尹焞之与绍兴，副吾尊德乐义之诚，究尔正心诚意之说。岂惟慰满于士论，且将增益于朕躬。非不知政化方行，帅垣有赖。试望之于冯翊，不如置之本朝，召贾傅于长沙，自当接以前席。慰兹渴想，望尔遄驱。可。

5.125　雍正《程朱阙里志》卷六

绍熙五年十月某日，覃恩授朝散郎朱熹诰敕：具位，学先王之道而明于当世之务，三仕三已，义不苟合，天下高之。盖累朝之所嘉叹而不忘也。长沙谋帅，强为时起，肆予初政，式遄期归，于以劝讲。朕将虚己听焉。爰因大赉，序进厥秩，虽曰旧章，亦冀乐告。可。

5.126　雍正《程朱阙里志》卷六

庆元元年三月某日，转朝奉大夫朱熹诰敕：登崇俊良，固欲符于众望，丕视功载，自难废于彝章。虽吾法从之英，亦用叙迁之典。具位受才宏远，造道精醇，举明主于三代之隆，夙怀次志，以六经为诸儒之唱务。淑斯人爵，每见于辞，荣节素高，于难进载，稽吏考爰，陟文阶积久以致官，恐未免如昔人之议。举贤不待次，当有以徇天下之公。其体朕心，勿忘猷告。可。

5.127　《文庙丁祭谱》卷二之一

乙卯，（金明昌）六年（宋庆元元年）夏四月，阙里孔子庙成，定阁名曰奎文，赐衍圣公以下三献法服及登歌乐一部。

阙里始特颁乐章，迎神奏《来宁》。辞曰：有功者祀，德厚流光。猗欤将圣，三纲五常。百代之师，久而愈芳。灵宫对越，神其鉴飨。

盥洗奏《静宁》。辞曰：楚楚祀仪，昕征奠醑。爰清其持，掬元拔帨。菲持之清，精诚是况。神之来思，是钦嘉降。

升降奏《肃宁》。辞曰：衣冠袭封，元王之宗。春秋陈祀，元王之宫。清洙或涸，东山或童。此封此祀，承承无穷。

奠币奏《溥宁》。辞曰：仰惟圣猷，宏赐尊显。宿燎设县，展诚致奠。旅币申申，于粲洗腆。崇报孔明，不坠敬典。

酌献奏《德宁》正位。辞曰：巍巍堂堂，道德孰俪。屈于一时，伸于万世。王号尊荣，公封相继。涓辰之良，严洁以祭。

配位兖国公。辞曰：好学潜心，箪瓢乐内。具体而微，我进人退。洙泗之乡，神之所在。其从圣师，庙食作配。

邹国公辞曰：醇乎其醇，优人圣域。祖述尧舜，力排杨墨。思济斯民，果行其德。祀为上公，宜兹配食。

亚献、终献辞曰：法施于人，修经式诲。如明开盲，如声破聩。栖迟衰周，光华昭代。俨然南面，门人列配。

送神奏《归宁》。辞曰：边豆有嘉，威仪孔惠。三献备举，四方所视。神保是飨，永光阙里。神之聿归，贻谷孙子。

5.128 《文庙丁祭谱》卷二之一

(金明昌)六年(宋庆元元年)秋八月，命兖州节度使孙康以修庙成祭告孔子，立庙碑。

敕党怀英撰碑文。其祭文曰：国家礼崇儒术，道尊圣师。阙里庙貌，于以新之。雅乐俱举，法服章之。庶几鉴格，永集繁禧。尚飨。

(又见于《阙里志》卷一六)

5.129 雍正《程朱阙里志》卷六

宋宁宗庆元元年十二月某日，诏依旧充秘阁修撰宫观朱熹诰敕：具位朱熹。从欲者，圣人之仁；尚谦者，君子之行。眷我执经之老，辞夫次对之荣。既谅忱诚，其颁茂命。以尔心耽坟典，性乐丘樊，被累朝之特招，称疾屡矣。于十连而趣召，肯起翻然，既陪东学之游，兼视西清之邃。见卿几晚，方善桓荣之说书，高论未明，遽若贡生之怀土。仍夫华职，秩以真祠。盖彰优老之风，且示隆儒之意。逮兹累岁，始复有陈，前受之是，今受之非，谁能无感。大逊如慢，小逊如伪，夫岂其然。顾而务徇于名高，在我讵轻于爵驭？俾解禁严之直，复居论著之。朕虽雅志之勉从，在至怀而良咈。噫，厌承明劳侍从，既违持弃之班；归乡里授生徒，往究专门之业。其祇予训，用蹈于中，可。

5.130 《阙里志》卷六

(宋)宁宗庆元年间，定祀令文宣王为中祀。诸祀事应排办者，所属前一月检举。诸祀献官以州县长吏，以次官克非实有疾故，不得辄委他官行礼。

(又见于《文庙丁祭谱》卷二之一)

5.131 《文庙丁祭谱》卷二之一

丁巳，(金章宗)承安二年(宋庆元三年)春，帝释奠孔子庙，亲制赞文。更加从祀，封爵。

以亲王摄亚、终献，皇族陪祀，文武群臣助奠。敕先贤、先儒旧封公者升为国公，侯者升国侯，郕伯以下皆封。

(又见于《阙里志》卷六)

5.132 《文庙丁祭谱》卷二之一

癸亥，嘉泰三年(金泰和三年)春三月戊戌，帝诣太学谒孔子。

5.133 《文庙丁祭谱》卷二之一

甲子，(金)泰和四年(宋嘉泰四年)春二月癸丑，诏州郡无宣圣庙学者并增修之。

5.134 《文庙丁祭谱》卷二之一

乙丑，(金泰和)五年(宋开禧元年)春三月，谕进士名有犯孔子讳者避之，著为令。

5.135 雍正《程朱阙里志》卷六

宋宁宗嘉定十三年正月十六日，军器监兼权考功郎官楼观上“纯”公复谥议。议曰：尝观明道先生有言曰“仲尼元气也，颜子春生也，孟子并秋杀尽见之”。又曰“仲尼天地也，颜子和风庆云也，孟子泰山岩岩气象也”。先生之品藻，圣贤区别于片言只字之间，俨然如在其左右也。然则，今日议先生之谥者，乌可泛然而赘为之说乎。博士谥曰“纯”公。岂有得于春生而为和气庆云者乎。及观伊川先生状其行曰：“先生资禀既异，而充养有道，纯粹如精金，温厚如良玉，宽而有制，和而不流。”信斯言也。谥之以“纯”曰宜。谨议。

六月二十二日奉圣旨依。

5.136　雍正《程朱阙里志》卷六

宋宁宗嘉定十三年正月十六日，军器监兼权考功郎官楼观上“正”公复谥议。议曰：伊川先生程公颐，奉其兄明道先生亲得濂溪而师之宜，其心同道，行同功。无间乎一气。今博士谥明道以“纯”，谥伊川以“正”。曰：正与纯亦有异乎？此复议者所当辨也。夫有天资、有学术，学术得于师承之素，天资得于禀赋之初。以学术而充天资，固可以造道之精微。然而天资之得于禀赋者，虽圣贤不能以强同，而终亦同归于道也。明道天资纯粹，其接物如阳春之温。其言之人，人也如时雨之润，故曰“纯”。若夫伊川，天资劲正，法度森严。岂明道所谓“秋杀尽见”、“泰山岩岩气象”之遗风余韵者乎？考之议论，拨之躬行，参之立朝大节，谥之以“正”曰宜。谨议。

六月二十二日奉圣旨依。

5.137　雍正《程朱阙里志》卷六

（宋宁宗嘉定十七年正月一日）录用伊川子孙诏旨。敕：三省同奉圣旨。伊川先生绍明道学，为宋儒宗。虽屡经褒崇，而世禄弗及，未称崇奖儒先之意。令尚书省访求其后。特与録用。宋宁宗嘉定十七年正月一日。

5.138　雍正《程朱阙里志》卷六

（宋宁宗嘉定十七年六月三日）伊川四世孙源授迪功郎制。敕故左通直郎崇政殿说书、赠朝请大夫、直龙图阁、谥正程颐四世孙源：朕惟道德性命之旨，具载鲁《论》孟氏之书，关洛诸儒，讲明益备，奈何顷岁各欲专门，遂致迩来横生邪说。朕所以悉赐先儒之谥，并及张吕之俦，曲阜来归，既尊崇于孔氏，元日发制，复访后于伊川，观之年高，廪而奉祀。源方强仕，遂命以官。庶几感发人心，推明道统。俾务躬行之实，无为邪说之归。尔其懋哉。朕意深矣。可特授迪功郎。宋宁宗嘉定十七年六月三日。

5.139　雍正《程朱阙里志》卷六

宝庆三年正月某日，赠官封爵指挥御批：朕每观朱熹所著《论语》《中庸》《大学》《孟子》，法解发挥，圣贤之蕴，羽翼斯文，有补治道。朕厉志讲学，缅怀典型，深用叹慕。可特赠太师，追封信国公。谥如故。

5.140 雍正《程朱阙里志》卷六

宝庆三年正月某日，赠太师追封信国公朱熹制：天之未丧斯文，以方册之具在，书者所以载道，历古今而罕明。惟我宋之化成，有二程之杰出，虽博极群经而穷理，比提挈要指以示人，故于《论语》《大学》之传，与夫子思、孟轲之作，常诲人而不倦，俾学者之易知，沿袭既讹，本真浸失，嗣与道统，允属儒先。具位某极高明而道中庸，多闻见而守卓约，览六籍悉为之论述，于四书尤致于精详，纷然众说之殊，折以圣人之正。朕自亲学问，灼见渊源，常三复于遗编，知有补于治道。载惟一节，历事四朝，早赐锋追，晚登橐从，始终之际，待遇弗渝。然而学士，隆名博闻，美谥备举，当时之茂典未允，列圣之盛心是用，析圭五等之尊，定位三公之冠，申加礼赠，式究前猷。噫！身没言存，所恨丘原之难起；源深泽远，食同义理之无穷。尚其不忘，歆此嘉命。可。

5.141 《宋史·理宗纪》

（宝庆二年六月）壬寅，诏以孔子五十二代孙万春袭封衍圣公。

5.142 乾隆《山东通志》卷一一《阙里志三》

绍定三年御制孟子赞：道术分裂，诸子为书，既极而合，笃生真儒。诋诃杨墨，皇极是扶，教功论德，三圣之徒。

5.143 雍正《程朱阙里志》卷六

宋理宗绍定三年九月，改追封徽国公朱熹诰：飨明堂而沛泽，具有彝章；谓故国以移封，式尊儒道。昔屡举褒扬之典，兹再疏迫䝉之恩，眷我宗工，若时明训。具位某传孔孟之学，抱伊傅之才，讲道以致知格物为先，历万世而无弊，著书以抑邪兴正为本，关百圣而不惭。皋陵知之，而有廉静之褒；宁庙用之，而赖论思之益。非汉唐诸子，所可拟议，于伊洛二老，尤能发挥。肆予访落止之初，深有不同时之恨，每阅四书之奥旨，允为庶政之良规，虽已加礼赠之崇然，未尽宪章之善。适逢禋岁载赐嘉名，爵之父母之邦，位以公师之品，岂专踵故，式表教忠。噫！指书社而封斯道，遂明于今；日即桐乡而祀厥光，夐异于前。闻有赫其灵，尚属尔后，可依前赠太师，改封徽国公，谥如故。

5.144 《金史·哀宗纪》

（天兴元年八月）丁巳，释奠孔子。

（又见于《文庙丁祭谱》卷二之一）

5.145　《元史·太宗纪》

（太宗五年六月）诏以孔子五十一世孙元措袭封衍圣公。

5.146　《元史·太宗纪》

（太宗五年）是冬，帝至阿鲁兀忽可吾行宫。大风霾七昼夜。敕修孔子庙及浑天仪。

（又见于《文庙丁祭谱》卷二之一）

5.147　《宋史·理宗纪》

（端平二年正月）甲寅，诏议胡瑗、孙明复、邵雍、欧阳修、周敦颐、司马光、苏轼、张载、程颢、程颐等十人从祀孔子庙庭，升孔伋十哲。

（又见于《文庙丁祭谱》卷二之一）

5.148　《元史·太宗纪》

（太宗八年）三月，复修孔子庙及司天台。

5.149　《文庙丁祭谱》卷二之一

丁酉，（元太宗）九年（宋嘉熙元年），诏衍圣公孔元措修阙里孔子庙，给复守庙一百户。

5.150　《宋史·理宗纪》

（淳祐元年正月）甲辰，诏："朕惟孔子之道，自孟轲后不得其传，至我朝周敦颐、张载、程颢、程颐，真见实践，深探圣域，千载绝学，始有指归。中兴以来，又得朱熹精思明辨，表里浑融，使《大学》《论（语）》《孟（子）》《中庸》之书，本末洞彻，孔子之道，益以大明于世。朕每观五臣论著，启沃良多，今视学有日，其令学官列诸从祀，以示崇奖之意。"寻以王安石谓"天命不足畏，祖宗不足法，人言不足恤"为万世罪人，岂宜从祀孔子庙庭，黜之。

（又见于《文庙丁祭谱》卷二之一、雍正《程朱阙里志》卷二）

5.151　《宋史·理宗纪》

（淳祐元年正月）丙午，封周敦颐为汝南伯、张载郿伯、程颢河南伯、程颐伊阳伯。

（又见于《文庙丁祭谱》卷二之一）

5.152 《宋史·理宗纪》

(淳祐元年正月)戊申,幸太学谒孔子,遂御崇化堂,命祭酒曹觱讲《礼记·大学》篇,监学官各进一秩,诸生推恩赐帛有差。制《道统十三赞》,就赐国子监宣示诸生。

(又见于《阙里志》卷六)

5.153 乾隆《山东通志》卷一一《阙里志三》

淳祐元年赞:圣哉尼父,秉德在躬。历聘列国,道大莫容。六艺既作,文教聿崇。古今日月,万代所宗。

(又见于《文庙丁祭谱》卷二之一)

5.154 雍正《程朱阙里志》卷六[①]

宋理宗淳祐六年二月,追封程颢河南伯。制敕:明道初元,天于河南笃生大贤,是似颜子,故任承议郎,宗正寺丞。谥"纯"。程颢德性粹甚,天理浑然。由明而诚,有过化存神之妙。自体达用,有绥来动和之功。使得相于熙宁,苍生之福未艾。朕每追惜之。然诵其遗书,"如有用我期月而可"。真足以开万世之太平也。爰跻从祀,仍赐追封,以示褒崇,以劝来者。可特封河南伯。余如故。

追封程颐伊阳伯。制敕:明道二年,天于河南,挺生儒宗。是似曾子,故任左通直郎崇政殿说书、赠朝请大夫、直龙图阁,谥正程颐,直内方外,智崇礼卑,物格知至,则由体验之功。任重道远,则自恃守之固。发明六艺,辞严义密。怡然理顺,涣然冰释。岂独天下之士,受先觉之赐。朕万机之暇,垂意经术,所籍以缉熙多矣!爰跻从祀。仍锡追封,以示褒崇,以劝来者。可特封伊阳伯,余如故。

5.155 《历代尊孔纪》

景定二年春正月,诏皇太子释奠孔子,加张栻、吕祖谦并从祀。

帝手诏曰:虎闱齿胄,太子事也。此礼废久矣!如释奠、释菜之事,我朝俱未尝废。然享师敬道又不可拘旧制,可令太子谒拜。

太子既还。上奏曰:先圣之道,至我朝而后有以继孟氏之传,然诸说并驾,

---

① 《程朱阙里志》卷六只有"追封伊阳伯"的内容,将"伊"写为"尹",本书作改正,且根据《道命录》卷六,加入"追封河南伯"内容。

未知统一，迨朱熹、张栻、吕祖谦志同道合，切思讲磨，择精语详，开户后学，人心一正，圣道大明。今熹已秩从祀，而栻、祖谦尚未奉明诏，臣窃望焉。

帝从之，遂封栻华阳伯，祖谦开封伯，并列从祀。

（又见于《宋史·度宗纪》《宋史·理宗纪》《文庙丁祭谱》卷二之一）

5.156　《文庙丁祭谱》卷二之一

辛酉，（金）世祖皇帝中统二年（宋开庆三年）夏六月乙卯，诏宣圣庙及管内书院有司岁时致祭，月朔释奠。禁诸官员、使臣军马，毋得侵扰亵渎。

秋八月丁酉，命开平守臣释奠于宣圣庙。

5.157　《阙里志》卷一四

（元）世祖中统三年，诏曰：据孔氏、颜、孟之家，皆圣贤之后也。自兵乱以来。往往失学，并为庸鄙，朕甚悯焉。可令杨庸教授务要严加训诲，精通经术，以继圣贤之业。

5.158　《宋史·度宗纪》

（景定五年十一月）戊戌，诏儒臣日侍经筵，辅臣观讲。

5.159　《文庙丁祭谱》卷二之一

丁卯，（元）至元四年（宋咸淳三年）春正月，敕修阙里孔子庙。

夏五月丁亥，敕上都重建孔子庙。

5.160　《阙里志》卷六

（宋）度宗咸淳三年，帝诣太学，谒孔子，行释菜礼。

5.161　《宋史·礼志·吉礼》

咸淳三年，诏封曾参郕国公、孔伋沂国公，配享先圣。封颛孙师陈国公升十哲位。复以邵雍、司马光列从祀。其序：兖国公、郕国公、沂国公、邹国公，居正位之东面，西向北上，为配位；费公闵损、薛公冉雍、黎公端木赐、卫公仲由、魏公卜商，居殿上东面，西向北上，郓公冉耕、齐公宰予、徐公冉求、吴公言偃、陈公颛孙师，居殿上西面，东向北上，为从祀；东庑，金乡侯澹台灭明、任城侯原宪、汝阳侯南宫适、莱芜侯曾点、须昌侯商瞿、平舆侯漆雕开、睢阳侯司马耕、平阴侯有若、东阿侯巫马施、阳谷侯颜辛、上蔡侯曹恤、枝江侯公孙龙、冯翊侯秦祖、雷泽侯颜高、上邽侯壤驷赤、成邑侯石作蜀、钜平侯公夏首、胶东侯后处、济阳侯奚容点、富阳侯颜祖、滏阳侯句井疆、鄄城侯秦商、即墨侯公祖句兹、武城侯县成、汧源侯燕伋、俯句侯颜之仆、建成侯乐欬、堂邑侯颜何、林虑侯狄黑、郓城侯孔忠、徐城侯公西点、临濮侯施之常、华亭侯秦非、文登侯申枨、济阴侯颜哙、泗水侯孔鲤、兰陵伯荀况、睢陵伯穀梁赤、莱芜伯高堂生、乐寿伯毛苌、彭城伯刘向、中牟伯郑众、缑氏伯杜子春、良乡伯卢植、荥阳伯服虔、司空王肃、司徒杜预、昌黎伯韩愈、河南伯程颢、新安伯邵雍、温国公司马光、华阳伯张栻，凡五十二人，并西向；西庑，单父侯宓不齐、高密侯公冶长、北海侯公皙哀、曲阜侯颜无繇、共城侯高柴、寿张侯公伯寮、益都侯樊须、钜野侯公西赤、千乘侯梁鳣、临沂侯冉孺、沭阳侯伯虔、诸城侯冉季、濮阳侯漆雕哆、高苑侯漆雕徒父、邹平侯商泽、当阳侯任不齐、牟平侯公良孺、新息侯秦冉、梁父侯公肩定、聊城侯鄡单、祁乡侯罕父黑、淄川侯申党、厌次侯荣旂、南华侯左人郢、朐山侯郑国、乐平侯原亢、胙城侯廉洁、博平侯叔仲会、高堂侯邽巽、临朐侯公西舆如、内黄侯蘧瑗、长山侯林放、南顿侯陈亢、阳平侯琴张、博昌侯步叔乘、中都伯左丘明、临淄伯公羊高、乘氏伯伏胜、考城伯戴圣、曲阜伯孔安国、成都伯扬雄、歧阳伯贾逵、扶风伯马融、高密伯郑玄、任城伯何休、偃师伯王弼、新野伯范宁、汝南伯周敦颐、伊阳伯程颐、郿伯张载、徽国公朱熹、开封伯吕祖谦，凡五十二人，并东向。

（又见于《宋史·度宗纪》、《文庙丁祭谱》卷二之一）

5.162 乾隆《山东通志》卷一一《阙里志三》

咸淳三年正月，封曾子为郕国公、子思为沂国公，配食大成殿位于颜、孟之间，是为四配诏：孔子称颜回好学，固非三千之徒所从也，而其学不传，得圣传者独曾子，曾子传子思，子思传孟轲，忠恕两语，深契一贯之旨；《中庸》一篇，丕阐前世之蕴。而孔子之道益著，向非颜、曾、思、孟，相继衍绎，著书垂训，中更管、商、杨、墨、佛、老，几何其不遂泯哉。今大成惟颜、孟侑食，曾思不与，尚为缺典。先皇帝述道统之传，自伏羲以来，著十三赞，孔子而下，颜、曾、思、孟昭然具在。非以遗我后人乎？令礼官学官议，可升曾子子思侑食。升颛孙子于十哲，近邵雍、司马光从祀。

（又见于《文庙丁祭谱》卷二之一）

5.163 乾隆《山东通志》卷一一《阙里志三》

咸淳三年祝文：惟王金声玉振，集厥大成，有道立教，垂宪万事。

5.164　《元史·世祖纪》

(至元四年五月丁亥朔)敕上都重建孔子庙。

5.165　《元史·祭祀志》

宣圣庙,太祖始置于燕京。至元十年三月,中书省命春秋释奠,执事官各公服如其品,陪位诸儒襕带唐巾行礼。成宗始命建宣圣庙于京师。

(又见于《阙里志》卷六、《文庙丁祭谱》卷二之一)

5.166　《历代尊孔纪》

世祖至元十九年,以宋衍圣公孔洙为国子祭酒,提举浙东学校。

孔子后自宋南渡初,其四十八代孙端友子玠寓衢州。帝既平宋,疑所立。或言孔氏子孙寓衢州者,乃其宗子。召洙赴阙,洙逊于居曲阜者。帝曰:"宁违荣而不违亲,真圣人后也。"遂命为国子祭酒兼提举浙东学校。

5.167　《文庙丁祭谱》卷二之一

丙戌,(元至元)二十三年,命云南诸路皆建学,祀先圣。

5.168　《元史·世祖纪》

(至元二十四年闰二月)辛未,以复置尚书省诏天下。除行省与中书议行,余并听尚书省从便以闻。设国子监,立国学监官:祭酒一员,司业二员,监丞一员,学官博士二员,助教四员,生员百二十人,蒙古、汉人各半,官给纸札、饮食,仍隶集贤院。设江南各道儒学提举司。

5.169　《元史·世祖纪》

(至元二十五年十月己卯)诏免儒户杂徭。

5.170　《元史·世祖纪》

(至元三十一年)世祖度量弘广,知人善任使,信用儒术,用能以夏变夷,立经陈纪,所以为一代之制者,规模宏远矣。

5.171　《阙里志》卷一四

(至元三十一年七月)壬戌,诏谕中外百官吏人等,孔子之道,垂宪万世,有国家者所当崇奉。曲阜林庙，上都、大都，诸路府、州、县邑应设庙学、书院，照依世祖皇帝圣旨，禁约诸官员、使臣、军马，毋得于内安下，或聚集理问词讼，亵渎饮宴，工役造作，收贮官物。其赡学地土产业，及贡士庄，诸人毋得侵夺，所出钱粮，以供春秋二丁、朔望祭祀，及师生廪膳，贫寒老病之士、为众所尊敬者，月支米粮，优恤养赡，庙宇损坏，随即修完。作养后进，严加训诲，讲习道艺，务要成材。若德行文学超出时辈者，有司举保，肃政廉访司体覆相同，以备选用。本路总管府提举儒学，肃政廉访司宣明教化，勉励学校。凡庙学公事，诸人毋得阻扰，据合行儒人事，理照依已降圣旨施行。彼或恃此非理妄行，国有常宪，宁不知惧？钦此。

（又见于《元史·成宗纪》、《文庙丁祭谱》卷二之一）

5.172 《文庙丁祭谱》卷二之一

乙未，（元）成宗皇帝元贞元年春，诏葺阙里林庙。命郡县祀三皇如孔子礼。

5.173 《元史·成宗纪》

（元贞元年五月）庚辰，诏各省止存儒学提举司一，余悉罢之。

5.174 《元史·祭祀志》

成宗始命建宣圣庙于京师。大德十年秋，庙成。

5.175 《文庙丁祭谱》卷二之一

丁酉，（元）大德元年，定各官涖任谒庙制。
先谒圣庙，以次谒诸神庙。著为令。

（又见于《阙里志》卷六）

5.176 《文庙丁祭谱》卷二之一

壬寅，（元大德）六年夏六月甲子，诏建文宣王庙于京师。

5.177 《历代尊孔纪》

成宗大德九年八月，给曲阜林庙洒扫户以尚珍署田五十顷供祭祀。

5.178 《文庙丁祭谱》卷二之一

丙午，（元大德）十年秋八月，丁巳，文宣王庙成，行释奠礼，牲用太牢，乐用登歌。

元取箫韶九成之义，乐名曰大成。其初时释奠犹袭用金乐，至是，令廷臣新撰释奠乐章。而当时翰林乃全取宋大晟乐府拟撰未用之词，录而奏之，惟增撰郕国公、沂国公酌献乐二章而已。余虽撰拟，而未经施用。

其迎神奏《凝安》。辞曰：大哉宣圣，道德尊崇！维持王化，斯民是宗。典祀有常，精钝并隆。神其来格，于昭盛容。

又曰：生而知之，有教无私。成均之祀，威仪孔时。维兹初丁，洁我盛粢。永适其道，万世之师。

又曰：巍巍堂堂，其道如天。清明之象，应物而然。时维上丁，备物荐诚。维新礼典，乐谐中声。

又曰：圣王生知，阐乃儒规。诗书文教，万世昭垂。良日惟丁，灵承不爽。揭此精虔，神其来飨。

盥洗及升降并奏《同安》。

盥洗辞曰：右文兴化，宪古师经。明祀有典，吉日惟丁。丰牺在俎，雅奏在庭。周旋陟降，福祉是膺。

升降辞曰：诞兴斯文，经天纬地。功加于民，实千万世。笙镛和鸣，粢盛丰备。肃肃降登，歆兹秩祀。

奠币奏《明安》。辞曰：自生民来，谁底其盛！惟王神明，度越前圣。粢币具成，礼容斯称。黍稷非馨，惟神之听。

奉俎奏《丰安》。辞曰：道同乎天，人伦之至。有飨无穷，其兴万世。既洁斯牲，粢明醑旨。不懈以忱，神之来暨。

酌献奏《成安》。正位辞曰：大哉圣王，实天生德！作乐以祟，时祀无斁。清酤惟馨，嘉牲孔硕。荐羞神明，庶几昭格。

兖国公辞曰：庶几屡空，渊源深矣。亚圣宣猷，百世宜祀。吉蠲斯辰，昭陈尊簋。旨酒欣欣，神其来止。

郕国公辞曰：心传忠恕，一以贯之。爰述《大学》，万世训彝。惠我光明，尊闻行知。继圣迪后，是享是宜。

沂国公辞曰：公传自曾，孟传自公。有嫡绪承，允得其宗。提纲开蕴，乃作《中庸》。侑于元圣，亿载是崇。

邹国公辞曰：道之由兴，于皇宣圣。惟公之传，人知趋正。与飨在堂，情文实称。万年承休，假哉天命。

亚献奏《文安》。辞曰：道德渊源，斯文之宗。功名糠粃，素王之风。芬兮斯牲，芳兮斯酒。绥我无疆，与天同久。

终献及分献并奏《成安》。终献辞曰：百王宗师，生民物轨。瞻之洋洋，神其宁止。酌彼金罍，惟清且旨。登献惟三，于嘻成礼。

分献十哲。辞曰：于昭哲人，贤德之淳。儒风光扬，辅世安仁。椒浆斯旨，兰殽既陈。于酌于献，福禧皆臻。

从祀辞曰：俨然冠缨，崇然庙庭。百王承祀，涓辰惟丁。于牲于醑，其从与享。申之乐歌，式昭师仰。饮福受胙，与盥洗同。

彻豆奏《娱安》。辞曰：牺象在前，豆笾在列。以飨以荐，既芬既洁。礼成乐备，人和神悦。祭则受福，率遵无越。

送神奏《凝安》。辞曰：有严学宫，四方来宗。恪恭祀事，威仪雍雍。歆兹惟馨，神驭旋复。明禋斯毕，咸膺百福。

望瘗与盥洗同其拟而未用之辞，迎神奏《文明》曰：天纵之圣，集厥大成。立言垂教，万世准程。庙庭孔硕，尊俎既盈。神之格思，景福来并。

盥洗奏《昭明》曰：神既宁止，有孚颙若。罍洗在庭，载盥载濯。匪惟洁修，亦新厥德。对越在兹，敬恭惟则。

升殿、降阶并奏《景明》曰：大哉圣功，薄海内外。礼隆秩宗，光垂昭代。陟降在庭，摄齐委佩。莫不肃雍，洋洋如在。

奠币奏《德明》曰：圭衮尊崇，佩绅列侑。笾豆有楚，乐具和奏。式陈量币，骏奔左右。天眷斯文，繄神之佑。

酌献奏《诚明》正位，辞曰：惟圣鉴格，享于克诚。有乐在县，有硕斯牲。奉醴以告，嘉荐维馨。绥以多福，永底隆平。

衮国公辞曰：潜心好学，不违如愚。用合行藏，乃与圣俱。千载景行，企厥步趋。庙食作配，祀典弗渝。

邹国公辞曰：洙泗之传，学穷性命。力距杨墨，以承三圣。遭时之季，孰识其正。高风仰止，莫不肃敬。

亚、终献并奏《灵明》曰：庙成奕奕，祭祀孔时。三爵具举，是飨是宜。于昭圣训，示我民彝。纪德报功，配于两仪。

送神奏《庆明》曰：礼成乐备，灵驭其旋。济济多士，不懈益虔。文教兹首，儒风是宣。祐我……

（又见于《元史·礼乐志三》）

5.179　嘉靖《山东通志》卷三七《遗文上·御制类》

（大德十一年七月）武宗加封大成至圣文宣王诏：

盖闻先孔子而圣者，非孔子无以明；后孔子而圣者，非孔子无以法。所谓祖述尧舜，宪章文武，仪范百王，师表万世者也。朕缵承丕绪，敬仰休风，循洽古之良规，举追封之盛典，加号“大成至圣文宣王”，遣使阙里，祀以太牢。於戏！父子之亲，君臣之义，永惟圣教之尊，天地之大，日月之明，奚罄名言之妙，尚资神化，祚我皇元主者施行。

（又见于《元史·祭祀志》《阙里志》卷六、《阙里志》卷一四、《文庙丁祭谱》卷二之一）

5.180　《阙里志》卷一六

至大元年，武宗御名谨遣集贤学士、嘉议大夫王德渊，谨以银币、牲牢、庶羞之奠，敢昭告于大成至圣文宣王。

惟王禀德生知，垂教不朽，圣之时者，天何言哉。由百世之后，莫能违，自生民以来未之有，特加封号，大展祭仪。仍命臣僚，往祀林庙，以兖国公、邹国公配，尚飨。

（又见于《文庙丁祭谱》卷二之一）

5.181　《文庙丁祭谱》卷二之一

己酉，（至大）二年，春秋二丁释奠用太牢。

5.182　《阙里志》卷一六

至大四年，皇帝仁宗御名，谨遣资政大夫、国子监祭酒刘庚，敢昭告于大成至圣文宣王。

天以神器，畀付朕躬，寿命维新，若稽旧典。肇修禋类，徧于群神。仰惟圣人，模范百世，功隆德盛，宜极钦崇。爰命儒臣，躬诣阙里，侑兹仪物，牲用太牢。昭荐厥诚，尚祗鉴格。以兖国公、邹国公配，尚飨。

（又见于《元史·仁宗纪》、《阙里志》卷六、《文庙丁祭谱》卷二之一）

5.183　《历代尊孔纪》

武宗至大四年，遣宦者李邦宁释奠于孔子。

5.184　《元史·仁宗纪》

（皇庆二年六月）甲申，建崇文阁于国子监。给马万匹与豳王南忽里等军士之贫乏者。以宋儒周敦颐、程颢、颢弟颐、张载、邵雍、司马光、朱熹、张栻、吕祖谦及故中书左丞许衡从祀孔子庙廷。

（又见于《元史·祭祀志》、《文庙丁祭谱》卷二之一）

5.185 《元史·祭祀志》

延祐三年秋七月，诏春秋释奠于先圣，以颜子、曾子、子思、孟子配享。封孟子父为邾国公，母为邾国宣献夫人。

（又见于《文庙丁祭谱》卷二之一）

5.186 《文庙丁祭谱》卷二之一

己未，（延祐）六年冬十二月，壬戌，诏封周敦颐道国公，以蘧瑗从祀，封内黄侯。

5.187 《元史·仁宗纪》

（延祐七年）仁宗天性慈孝，聪明恭俭，通达儒术，妙悟释典，尝曰："明心见性，佛教为深；修身治国，儒道为切。"又曰："儒者可尚，以能维持三纲五常之道也。"

5.188 《文庙丁祭谱》卷二之一

延祐七年，英宗御名谨遣说书王存义，诣鲁以太牢祀大成至圣文宣王。

文宣王位前曰：惟王天纵至圣，集厥大成。仪范百王，贤于尧舜。嗣服伊始，毖祀告虔。尚冀格思，永昌文治。以兖国公、邹国公配，尚飨。

兖国公位前曰：惟公德冠诸子，具体而微，克己为仁，万世作则。推尊侑坐，尚冀格思。尚飨。

邹国公位前曰：惟公统承先圣，以正人心。济世之功，不在禹下。推尊侑坐，尚冀格思。尚飨。

谨按：是时已增郕国、沂国二公配享。旧志不闻，更颁祝文。

（又见于《阙里志》卷一六）

5.189 《历代尊孔纪》

英宗至治二年春正月，敕有司恤孔氏子孙贫乏者。

5.190 《元史·泰定帝纪》

（至治三年十一月）癸丑，遣使诣曲阜，以太牢祀孔子。

（又见于《文庙丁祭谱》卷二之一）

5.191　《元史·泰定帝纪》

(泰定四年七月己亥)建横渠书院于郿县,祠宋儒张载。

5.192　《元史·文宗纪》

(天历二年二月)癸巳,遣翰林侍讲学士曹元用祀孔子于阙里。

(又见于《文庙丁祭谱》卷二之一)

5.193　《文庙丁祭谱》卷二之一

庚午,至顺元年秋闰七月[1],戊申,诏封圣父启圣王、圣母启圣王太夫人、颜子兖国复圣公、曾子郕国宗圣公、子思沂国述圣公、孟子邹国亚圣公、程颢豫国公、程颐洛国公。

加封圣父圣母制曰:阙里有家,系出神明之胄,尼山请祷,天启圣人之生。朕聿观人文敷求,往哲惟孔氏之有作,集群圣之大成,原道统则。尧授舜传至周文王,论世家则契至汤,下逮正考父,其明德也远矣。故生知者出焉,有开必先,克昌厥后,如太极之生天地,如钜海之有本源。云仍既袭于上公之封考妣,宜视夫素王之爵。於戏!君子之道,考而不谬,建而不悖。于以敦典而叙伦宗庙之礼。爱其所亲,敬其所尊,于以报功而崇德,尚笃其庆,以相斯文。齐国公叔梁父可加封为启圣王,鲁国太夫人颜氏可加封为启圣王太夫人。

封颜子制曰:朕惟孔氏之门入圣人之域,颜子一人而已,观其不迁怒、不贰过以成复礼之功,无伐善,无施劳,益著为仁之效,盖将不日而化矣,惜乎天不假之以年也。朕缅怀哲人,留心圣学,将大彰于风教,故特侈于褒嘉。於戏!用之则行,舍之则藏,虽潜德一时之不显,吾见其进,未见其止,顾圣言百世而弥彰,尚服宠光丕隆文治。可加封兖国复圣公。

封曾子制曰:朕惟孔氏之道,曾氏独得,其宗盖本于诚身而然也。观其始于三省之功,卒闻一贯之道,是以友于颜渊而无愧,授之思孟而不湮者与。朕恭仰沐风,景行先哲,爰因旧爵,崇以新称。於戏,圣神继天立极以来,道统之传远矣。国家化民成俗之效,《大学》之书具焉,其相子之修齐,兹式彰于褒显,可加封郕国宗圣公。

封子思制曰:昔曾子得圣人之传,而子思克成厥统,稽夫《中庸》一书,实开圣学于千载。朕自临御以来,每以嘉惠斯文,为念万几之暇,览观载籍,至于致

[1] 《阙里志》卷一四载为"至顺二年九月"。

中和而天地位，万物育，雅留意焉。夫爵职之荣既隆，于升佩景行之懿，可后于褒嘉。於戏！有仲尼作于前，孰俪世家之盛得；孟子振其后，益昌斯道之传。渥命其承，茂隆丕绪，可加封沂国述圣公。

封孟子制曰：孟子百世之师也，方战国之纵横，异端之克塞。不有君子，孰仁斯文。观夫七篇之书，惓惓乎致君泽民之心，凛凛乎拔本塞源之论。黜霸功而行王道，距诐行而放淫辞，可谓有功圣门，追配神禹者矣。朕若稽圣学，祇服格言，乃著新称，以彰渥典。於戏，诵诗书而商友，缅怀邹鲁之风，非仁义则不陈，期底唐虞之治，英风千载，蔚有耿光，可加封为邹国亚圣公。

封程颢制曰：上天眷命，皇帝圣旨，朕惟三千之徒，莫先颜氏。睠言往哲，式克似之。故河南伯程颢，体备至和，躬承绝学，元气之可命，钟于独得。圣人之道，赖以复明。系百世之真儒。岂追崇之可后爰。搜盛典爵以公于戏缅想德容。严扬休而山立聿新。礼命敷涣号以风行。服此宠章，益绵道统。可追封豫国公。

封程颐洛制曰：上天眷命，皇帝圣旨。联惟孟氏以来，千有余载。不有先觉，孰任其承。故伊阳伯程颐，本诸躬行，动有师法。谓初入德始乎致知格物；谓随时从道本乎观象玩辞。遗书虽见于表章，异数尚稽于封册。胙之大国，庸示褒崇。于戏规距准绳。庶有存于矜式，山龙、黻黼、匪徒侈于仪直。懋德人文，以对休命。可追封洛国公。

（又见于嘉靖《山东通志》卷三七《遗文上·御制类》、《元史·文宗纪》、乾隆《山东通志》卷一一《阙里志三》、《元史·祭祀志》、《阙里志》卷六）

5.194 《元史·文宗纪》

（至顺元年）冬十月戊申朔，降玺书申饬衍圣公崇奉孔子庙事。

（又见于《文庙丁祭谱》卷二之一）

5.195 《元史·文宗纪》

（至顺元年十二月）己酉，以董仲舒从祀孔子庙，位列七十子之下。

（又见于《文庙丁祭谱》卷二之一）

5.196 《元史·文宗纪》

（至顺二年正月甲辰）建孔子庙于后卫。

5.197 《元史·文宗纪》

（至顺二年八月甲辰朔）赐上都孔子庙碑。

（又见于《文庙丁祭谱》卷二之一）

5.198 《文庙丁祭谱》卷二之一

壬申，（至顺）三年春正月壬午[①]，诏封圣配郓国夫人为大成至圣文宣王夫人。制曰：

我国家惇典礼以弥文，本闺门以成教。乃眷素王之庙，尚虚元媲之封，有其举之，斯为盛矣。大成至圣文宣王妻亓官氏来嫔圣室，垂裕世家。笾豆出房，因流风于敬礼；琴瑟在御，存燕乐于鲁堂。功言邈若于遗闻；仪范俨乎其合德。作尔袆衣之象，称其命鼎之铭。噫！秩秩彝伦，吾欲广关雎鹊巢之化；皇皇文治，天其与河图凤鸟之祥。可特封大成至圣文宣王夫人。

（又见于《阙里志》卷一六、《元史·文宗纪》）

5.199 《文庙丁祭谱》卷二之一

（至顺三年）二月辛丑，诏修阙里孔子庙。

5.200 《文庙丁祭谱》卷二之一

（至顺三年）夏五月，加封颜子父无繇杞国公，谥文裕母姜氏杞国端献夫人，妻戴氏兖国贞素夫人。

阙里增四配。

5.201 《元史·顺帝纪》

（至顺四年九月庚申）诏免儒人役。

5.202 《文庙丁祭谱》卷二之一

癸酉，顺帝元统元年，命江浙省范铜造宣圣庙祭器。

5.203 《文庙丁祭谱》卷二之一

甲戌，（元统）二年，立阙里孔庙田宅碑。

---

① 《阙里志》卷一六载为“至顺二年九月”。

5.204 《文庙丁祭谱》卷二之一

乙亥，至元元年，遣翰林修撰王思诚诣阙里以太牢会祭告孔子。

5.205 《元史·顺帝纪》

（至元元年五月）戊子，车驾时巡上都。遣使者诣曲阜孔子庙致祭。

5.206 《元史·顺帝纪》

（至元二年七月）庚午，敕赐上都孔子庙碑，载累朝尊崇之意。

5.207 《元史·顺帝纪》

（至元四年正月）是月，诏修曲阜孔子庙。

5.208 《阙里志》卷一六

至元五年，岁次乙卯八月丁亥朔，越二十三日乙酉，皇帝顺帝御名，谨遣奉顺大夫、监察御史孔思立，致祭于大成至圣文宣王。

伏以例圣右文，宫庙既葺，立言成绩，贞石著辞，裔孙承休，作我司宪，俾致嘉告，以祚无疆，谨以香酒、太牢、粢盛、制币式。陈明荐，尚飨。

（又见于《文庙丁祭谱》卷二之一）

5.209 《文庙丁祭谱》卷二之一

庚辰，（至元）六年秋八月丁亥，遣翰林修撰周伯琦奉香酒诣阙里致祭孔子。

5.210 《文庙丁祭谱》卷二之一

壬午，至正二年冬十月，遣集贤直学士郭孝基诣阙里致祭孔子。

以十二月丁巳致祭，祭文曰：惟王宗主名教，表正彝伦，并日月明，同天地仁，昼万古之夜，仁四海之民，惟中国之为中国，实有赖于斯文。钦惟皇上念阙里为毓圣之地，故特祭遣一介之臣香承手赐，酒分上尊，惟中书钦，若体明用，敬祝相礼之钱缗。牲牢既设，簠簋斯陈，神之格思，歆此明禋。以兖国、复国圣公，郕国宗圣公，沂国述圣公，邹国亚圣公配。

（又见于《阙里志》卷一六）

5.211 《元史·顺帝纪》

（至正二年十月）壬戌，诏遣官致祭孔子于曲阜。

5.212 《文庙丁祭谱》卷二之一

戊子,(至正)八年夏四月乙亥,帝诣太学谒孔子,立加封启圣王碑。

5.213 《文庙丁祭谱》卷二之一

(至正)八年秋七月,遣授经郎董立奉香酒干羊诣阙里致祭孔子。

(又见于《元史·顺帝纪》)

5.214 《元史·顺帝纪》

(至正十六年二月)己卯,命集贤直学士杨俊民致祭曲阜孔子庙,仍葺其庙宇。

(又见于《文庙丁祭谱》卷二之一)

5.215 雍正《程朱阙里志》卷六

元顺宗至正二十二年二月某日,追封齐国公朱熹诰:圣贤之蕴载诸经,义理实明于先正,风节之厉垂诸世,褒崇岂间于异时。不有巨儒,孰膺宠数。故宋华文阁待制、累赠宝谟阁直学士、太师追封徽国公,谥文:朱熹,挺生异质,早擢科名,试用于郡县,而善政孔多,廻翔于馆阁,而直言无隐。权奸屡排,志虑不回。著书立言,嘉乃简编之富,爱君忧国,负其经济之长。正学久达于中原,涣号申行于仁庙。询诸佥议,宜易故封。国启荣丘,爰赐太公之境土,壤临洙泗,尚观尼父之宫墙。缅想英风,载钦新命。可追封齐国公,余并如故。

(又见于《文庙丁祭谱》卷二之一)

5.216 《文庙丁祭谱》卷二之一

壬寅,(至正)二十二年冬十二月,追谥朱熹父松曰靖献,改封熹齐国公。

第6章　明代帝王评儒

第1节　明太祖评儒

6.1.1　《阙里志》卷六

洪武元年，太祖高皇帝登极诏内一欵，孔子曲阜庙庭遣使致祭。其袭封衍圣公并世职知县孔氏衣巾，俱如历代旧制，仍免孔氏子孙差发。

又，驾幸太学，行释奠礼。

6.1.2　《明史·礼志·吉礼》

洪武元年二月，诏以太牢祀孔子于国学，仍遣使诣曲阜致祭。临行谕曰："仲尼之道，广大悠久，与天地并。有天下者莫不虔修祀事。朕为天下主，期大明教化，以行先圣之道。今既释奠成均，仍遣尔修祀事于阙里，尔其敬之。"又定制，每岁仲春、秋上丁，皇帝降香，遣官祀于国学。赐衍圣公田二千大顷，置林庙洒扫户。

（又见于《明史·太祖纪》、《大明太祖高皇帝实录》卷三〇、乾隆《山东通志》卷一一《阙里志三》、《明太祖宝训》卷二、《文庙丁祭谱》卷二之一）

6.1.3　《阙里志》卷一六

洪武元年，钦颁春秋二丁通祭文。

惟王德配天地，道冠古今，删述六经，垂宪万世。惟兹仲春秋，谨以牲帛醴齐，粢盛庶品，式陈明荐，以复圣颜子、宗圣曾子、述圣子思子、亚圣孟子配。

6.1.4 《大明太祖高皇帝实录》卷三一

（洪武元年三月戊申）元国子祭酒孔克坚来朝。

先是，大将军徐达至济宁。克坚称疾，遣其子希学见达于军门，达送希学赴京。

希学奏言："臣父久病不能行，令臣先入见。"

上乃以敕往谕之曰："朕闻尔祖孔子垂教于世，扶植纲常，子孙非常人等也，故历数十代，往往作宾王家，岂独今日哉？胡元入主中国，蔑弃礼教，彝伦攸斁，天实厌之，以丧其师。朕率中土之士，奉天逐胡，以安中夏，以复先王之旧。虽起自布衣，实承古先帝王之统，且古人起布衣而称帝者，汉之高祖也。天命所在，人孰违之？闻尔抱风疾，果然否？若无疾而称疾，则不可，谕至思之。"

会克坚亦自来朝，行至淮安，遇敕使，拜命惶恐，兼程而进。既至，召对谨身殿。

上从容慰问曰："尔年几何？"

克坚对曰："臣年五十有三。"

上曰："尔年虽未耄而疾婴之，今不烦尔官，但尔家先圣之后，为子孙者，不可以不务学。朕观尔子资质温厚，必能承家，尔更加诲谕，俾知进学，以振扬尔祖之道，则有光于儒教。"

克坚顿首谢。即日赐宅一区、马一匹，月给米二十石。

又明日，复召至谕之曰："尔祖明先王之道，立教经世，万世之下，君君、臣臣、父父、子子，实有赖焉，故尔孔氏高出常人，常人且知求圣贤之学，况孔氏子孙乎？尔宜勉尔族人各务进学。"

因顾谓群臣曰："朕不授孔克坚以官者，以其先圣之后，特优礼之，故养之以禄而不任之事也。"

（又见于《阙里志》卷一五、《明太祖宝训》卷二）

6.1.5 《阙里志》卷一五

明洪武元年三月初四日，太祖高皇帝亲笔谕五十五代孙祭酒孔克坚："闻尔有风疾在身，未知实否。然彼孔氏非常人也，彼祖宗垂教于世，历经数十代，每每宾职王家，非胡君运去，独为今日之异也。吾率中土之士，奉天逐胡，以安中夏。虽曰庶民，古人起布衣而称帝者，汉之高祖也。尔若无疾称疾，以慢吾国不可也，谕至思之。"

6.1.6 《大明太祖高皇帝实录》卷三四

(洪武元年八月)丁丑,遣官释奠于先师孔子。其祝文曰:“惟王德侔天地,道冠古今,刪述六经,垂宪万世,兹维仲春,谨以制币、牲、斋、粢盛庶品,式陈明荐,以兖国复圣公、郕国宗圣公、沂国述圣公、邹国亚圣公配。尚享!”

6.1.7 《明史·太祖纪》

(洪武元年)九月癸亥,诏曰:“天下之治,天下之贤共理之。今贤士多隐岩穴,岂有司失于敦劝欤,朝廷疏于礼待欤,抑朕寡昧不足致贤,将在位者壅蔽使不上达欤。不然,贤士大夫,幼学壮行,岂甘没世而已哉。天下甫定,朕愿与诸儒讲明治道。有能辅朕济民者,有司礼遣。”

6.1.8 《大明太祖高皇帝实录》卷三六

(洪武元年十一月)甲辰,以孔子五十六世孙希学袭封衍圣公,希大为曲阜世袭知县。置衍圣公官属曰掌书,曰典籍,曰司乐,曰知印,曰奏差,曰书写各一人。立孔、颜、孟三氏教授司教授、学录、学司各一人,立尼山、洙泗二书院,各设山长一人。复孔氏子孙及颜、孟大宗子孙徭役,官属并从衍圣公选举,呈省擢用。

授希学诰曰:“古之圣人,自羲、农至于文、武,法天治民,明并日月。德化之盛,莫有加焉。然皆随时制宜,世有因革。至于孔子,虽不得其位,会前圣之道而通之,以垂教万世,为帝者师。其孙子思,又能传述而名言之,以极其盛。有国家者,求其统绪,尊其爵号,盖所以崇德报功也。历代以来,膺袭封者,或不能绳其祖武,朕甚闵焉。当临驭之初,访世袭者,得五十六代孙孔希学,大宗是绍,爰行典礼,以致褒崇。尔其领袖世儒,益展圣道之用于当世,以副朕之至望,岂不伟欤?可资善大夫,袭封衍圣公。”

授希大敕曰:“朕惟德相天地,道合四时,若此者古今罕焉。虽然始伏羲而至有元,圣相继、贤接踵未尝缺也,然如仲尼者无。且秦焚之后亡于纪册,但存者未完,独仲尼诚通上下,泽敷宇内。所以自汉崇之,至唐追封文宣王,宋加至圣,元加大成,号封至极,血食无穷。其子孙世享荣禄,所以前代以阙里之邑,职其子孙。今是邑缺官导民,族以贤推,惟孔希大最,今特以希大授承世郎,知济宁府兖州曲阜县事,汝往钦哉。”

先是,元仁宗授孔思晦中议大夫,袭封衍圣公,赐四品印。泰定三年,山东廉访副使王鹏南言:“孔子之后袭爵上公,而阶止四品,于格弗称,且非所以尊崇先圣之意。”明年,升嘉议大夫。至顺二年,改赐三品印。至是,上谓礼部臣曰:

"孔子万世帝王之师,待其后嗣秩止三品,弗称褒崇,其授希学秩二品,赐以银印。"希学,思晦之孙也。

（又见于《阙里志》卷一五）

6.1.9　《大明太祖高皇帝实录》卷三八

（洪武二年正月）庚戌,遣前国子祭酒孔克坚,祀先师孔子于阙里,出内府香币并白金百两,俾具祭物,仍命通赞舍人张汉英副之。上谕克坚曰:"先师孔子,扶持世教,功德广大,万世帝王之师也。朕令命尔往祭,盖以尔先师子孙,祭必歆飨,尔宜致诚洁,以副朕怀。"

（又见于《文庙丁祭谱》卷二之一）

6.1.10　《大明太祖高皇帝实录》卷三九

（洪武二年二月）丁卯,遣官释奠于先师孔子。

6.1.11　《大明太祖高皇帝实录卷》四〇

洪武二年三月乙未朔,上与儒臣论《易》,至"天地养万物,圣人养贤以及万民"。上曰:"人主职在养民,但能养贤与之共治,则民皆得所养。然知人最难,若所养果贤而使之治民,则国无虚禄,民获实惠;苟所养非贤,反厉其民,何补于国哉?故人主养贤非难,知贤为难。"

6.1.12　《大明太祖高皇帝实录》卷四〇

（洪武二年三月）戊午,诏增筑国子学舍。初,即应天府学为国子学。至是,上以规制未广,谓中书省臣曰:"大学,育贤之地,所以兴礼乐,明教化,贤人君子之所自出。古之帝王建国,君民以此为重。朕承困弊之余,首建太学,招来师儒,以教育生徒,今学者日众,斋舍卑隘,不足以居。其令工部增益学舍,必高明轩敞,俾讲习有所,游息有地,庶达材成德者有可望焉。"

6.1.13　《大明太祖高皇帝实录》卷四一

（洪武二年四月）己巳,命博士孔克仁等授诸子经,功臣子弟亦令入学。上谕之曰:"人有精金,必求良冶而范之;有美玉,必求良工而琢之。至于子弟有美质,不求明师教之,岂爱子弟不如金玉邪?盖师所以模范学者,使之成器,因其材力,各俾造就。朕诸子将有天下国家之责,功臣子弟将有职任之寄,教之之道,当以正心为本,心正则万事皆理矣。苟导之不以其正,为众欲所攻,其害不可胜言。卿等宜辅以实学，毋徒效文士记诵词章而已。”

（又见于《明太祖宝训》卷二）

6.1.14 《大明太祖高皇帝实录》卷四四

（洪武二年九月）丁卯，遣官释奠于先师孔子。

6.1.15 《明史·礼志》

（洪武）二年诏诸儒臣修礼书。明年告成，赐名《大明集礼》。其书准五礼而益以冠服、车辂、仪仗、卤簿、字学、音乐，凡升降仪节，制度名数，纤悉毕具。又屡敕议礼臣李善长、傅瓛、宋濂、詹同、陶安、刘基、魏观、崔亮、牛谅、陶凯、朱升、乐韶凤、李原名等，编辑成集。且诏郡县举高洁博雅之士徐一夔、梁寅、周子谅、胡行简、刘宗弼、董彝、蔡深、滕公琰至京，同修礼书。在位三十余年，所著书可考见者，曰《孝慈录》，曰《洪武礼制》，曰《礼仪定式》，曰《诸司职掌》，曰《稽古定制》，曰《国朝制作》，曰《大礼要议》，曰《皇朝礼制》，曰《大明礼制》，曰《洪武礼法》，曰《礼制集要》，曰《礼制节文》，曰《太常集礼》，曰《礼书》。

6.1.16 《文庙丁祭谱》卷二之一

已酉，（洪武）二年冬十二月，出内府香币，遣衍圣公孔克坚归祀孔子于阙里。命通赞舍人张汉英为副帝，谕克坚曰：“先师孔子，扶持世教，功德广大，万世帝王之师也。朕令命尔往祭，盖以尔先师子孙，祭必歆飨，尔宜致诚洁，以副朕怀。”

祭文曰：“惟神昔生周，天王之国，实居鲁邦。圣德天成，述纪前王，治世之法。虽当时列国鼎峙，其道未行，垂教于后，以至于今。凡有国家，大有得焉。自汉之下，以神通祀海内。朕代前王统率庶民，目书检点，忽睹神之训言‘非其鬼而祭之，谄也’‘敬鬼神而远之’‘祭之以礼’，此非圣贤明言，他何能道？故不敢通祀，暴殄天物，以累神之圣德。兹以香币牲齐，粢盛庶品，式陈明荐，惟神鉴焉。”

6.1.17 《大明太祖高皇帝实录》卷四九

（洪武三年二月辛酉朔）上御东阁，翰林学士宋濂、待制王祎等进讲《大学》传之十章，至“有土有人”，濂等反覆言之。上曰：“人者国之本，德者身之本。德厚则人怀，人安则国固。故人主有仁厚之德，则人归之如就父母，人心既归，有土有财，自然之理也。若德不足以怀众，虽有财，亦何用哉？”

6.1.18 《阙里志》卷一五

洪武三年五月初四日，圣旨："孔祭酒在前曾说，多有同姓的指着先圣宗派，都来曲阜四散居住，中间多有不知礼义，相聚日久，恐相连累。今后除袭封这一宗派，休教他当差，其余不系圣派子孙，分拣出来与百姓一体当差。钦此。"

6.1.19 嘉靖《山东通志》卷三七《遗文上·御制类》

（洪武三年政六月）太祖高皇帝诏曰：其孔子善明先王之要道，为天下师，以济后世，非有功于一方一时者可比，所有封爵，宜仍其旧。

（又见于《文庙丁祭谱》卷二之一）

6.1.20 《大明太祖高皇帝实录》卷五五

洪武三年八月丁巳朔，遣官释奠于先师孔子，命来年曲阜庙庭官给牲币，俾衍圣公主祀事，岁以为常。

6.1.21 《明史·太祖纪》

（洪武三年）冬十月丙辰，诏儒士更直午门，为武臣讲经史。

6.1.22 《大明太祖高皇帝实录》卷六七

（洪武四年八月丁亥）遣官释奠于先师孔子。

6.1.23 《大明太祖高皇帝实录》卷六八

（洪武四年九月丙辰）上观《大学衍义》至"晁错谓：'人情莫不欲寿，三王生之而不伤'，真德秀释之曰：'人君不穷兵黩武，则能生之而不伤。'"顾谓侍臣曰："晁错之言，其所该者广；真氏之言，其所见者切。古人云：'兵者凶器，圣人不得已而用之。'朕每临行阵，观两军交战，出没于锋镝之下，呼吸之间，创残死亡，心甚不忍。尝思为君恤民，所重者，兵与刑耳，滥刑者陷人于无辜，黩兵者驱人于死地。有国者所当深戒也。"

6.1.24 《阙里志》卷六

（洪武）四年，更定释奠孔子祭器礼物。孔子之祀像设高座，而器物陈于座下弗称其仪，其来已久。至是定拟各为高案，其豆笾簠簋悉代以瓷器。

（又见于《文庙丁祭谱》卷二之一）

6.1.25 《大明太祖高皇帝实录》卷七二

(洪武五年二月丁亥)遣官释奠于先师孔子,乐舞、器物、陈设、几案一用新定之礼。

6.1.26 《文庙丁祭谱》卷二之一

壬子(洪武)五年[1],诏罢孟子配享,旋复之。

帝览孟子"草芥、寇仇"语,谓非人臣所宜言,诏罢配享。刑部尚书钱唐抗疏入谏,亦不之罪。逾年,帝旋悟,乃下诏曰:"孟子辨异端,避邪说,以发明孔子之道,宜配享如故。"

(又见于《明史·礼志·吉礼》)

6.1.27 《明太祖宝训》卷二

洪武五年十二月己卯,太祖谓礼部侍郎曾鲁曰:"朕求古帝王之治,莫盛于尧舜。然观其授受,其要在于'允执厥中'。后之儒者,讲之非不精,及见诸行事,往往背驰。"鲁曰:"尧舜以此道宰制万事,如执权衡,物之轻重长短,自不能违,而皆得其当,此所以致雍熙之治也。后世鲜能此道,于处事之际,欲求其一一至当,难矣。"太祖曰:"人君一心,治化之本。存于中者无尧舜之心,而欲施之于政者有尧舜之治,决不可得也。"鲁又曰:"尧舜之道,载之典谟者,无以加矣。至于修身理人,本末次第,具在《大学》一书。"太祖曰:"《大学》,平治天下之本,其可舍此而他求哉?"

6.1.28 《大明太祖高皇帝实录》卷七九

(洪武六年二月丁丑)遣官释奠于先师孔子。

6.1.29 《阙里志》卷一五

洪武六年九月二十九日。

皇帝御端门,文武百官早朝,宣圣五十六代袭封衍圣公臣孔希学预列班中。上召臣问曰:"尔年几何?"臣希学谨对曰:"三十有九。"上曰:"今去尔祖孔子历年几何?"臣又对曰:"近二千年矣。"上曰:"年代虽远,而人尊敬如一日者何也?为尔祖明纲常,兴礼乐,正彝伦,所以为帝者师,为常人教,传至万世,其道不可废也。且尔

---

[1] 《明史·礼志·吉礼》载为"洪武六年"。

祖无所不学，无所不通，故得为圣人。如问礼于老聃，学琴于师襄之类，此学无常师。非特如此，楚昭王渡江得一物，其大如斗，其赤如日，其甜如蜜，众皆不知，遣使问于尔祖。尔祖曰：'此萍实也。'问何以知之？答曰：'昔吾闻诸童谣云。'童子之言，尔祖尚记之不忘，况道德之奥者乎？今尔为袭封，爵至上公，不为不荣矣。此非尔祖之贵遗荫欤？朕以尔孔子之裔，不欲于流官内铨注，以政事烦尔，正为保全尔也。尔若不读书，孤朕意矣。且人年自八岁至弱冠，多昏蒙未闻，不肯向学。自冠至壮年有室，血气正盛，百为营营，亦无暇好学。尔年近四十，志虑渐凝定，见识渐老成，正好读圣人之书，亲近明师良友，蚤夜讲明道义，必期有成。四方之人，知尔之能，皆来执经问难，且曰'此无愧孔氏子孙者'，岂不美哉！然四体之动，乃德之符，步履进退，必用安详，不可攲斜飞舞，久久习熟，遂为端人正士。朕今宛曲教尔，尔其自择，还家亦以此教子孙可也。勉之哉，勉之哉！"

6.1.30 《文庙丁祭谱》卷二之一

癸丑，(洪武)六年冬十一月，颁孔子庙乐章。

明初制中和韶乐，而释奠犹用元大成登歌旧乐。至是，始命詹同乐、韶凤等。因元乐旧辞更制乐谱，迎神、送神、彻馔曰《咸和》，奠币曰《宁和》，初献曰《安和》，亚献、终献曰《景和》。迎神歌"大哉宣圣"，奠币歌"自生民来"，初献歌"大哉圣王"，亚献与终献同歌"百王宗师"，彻馔与饮福同歌"牲象在前"，送神与望瘗同歌"有严学宫"。盖六章而九奏焉。

6.1.31 《明史·太祖纪》

(洪武七年二月)戊午，修曲阜孔子庙，设孔、颜、孟三氏学。

6.1.32 《阙里志》卷一五

洪武七年七月，敕五十五代孙孔克伸曰："昔君天下者，官以五爵，自汉以下，职分九第。凡斯之职，非功德者弗登，可见昔君慎名爵而重志能者矣。朕值胡运天更，衣布衣而起草莱，天命归而群英附，不五七年间，偃兵息民，一华夏，主兆民，纪年洪武。当建国之初，已定人神之分，故天地位其位，黔黎务焉。其于先圣先师，朕不敢外，稽诸历代载在祀典者，则仲尼有血食，后嗣有袭封。于是法前代，仍旧章。孔希学受封，世为县令者希大，职如前。何期希大不依祖训，屡干国宪，自蹈罪戾，以失世官。今特选本族，以尔克伸，受从仕郎，知济宁府兖州曲阜县事。尔尚夙夜忠勤，承流宣化，宜鉴前车之失，求无忝于圣裔，则予汝嘉尔其勉之。"

(又见于《大明太祖高皇帝实录》卷九七)

6.1.33 《文庙丁祭谱》卷二之一

甲寅,(洪武)七年,颁乐器、祭服于阙里。

6.1.34 《大明太祖高皇帝实录》卷九七

(洪武八年二月)丁酉,遣官释奠于先师孔子。

6.1.35 《大明太祖高皇帝实录》卷一〇〇

(洪武八年五月)丁酉,遣官释奠于先师孔子。

6.1.36 《大明太祖高皇帝实录》卷一一七

(洪武十一年二月)丁未,遣官释奠于先师孔子。

6.1.37 《大明太祖高皇帝实录》卷一一九

(洪武十一年八月)丁未,丁未,遣官释奠于先师孔子。

6.1.38 《阙里志》卷一五

洪武十一年十二月十七日,中书省内史林英、承敕郎曹仪斋至。

敕符先师孔子孙袭封衍圣公,至京朝觐。尔中书下礼部用心礼待,所有随行者皆要关心,勿使有缺。故敕速行勿怠。

6.1.39 《大明太祖高皇帝实录》卷一二一

(洪武十一年十一月)乙卯,衍圣公孔希学来朝。敕劳之曰:“卿家名昭于历代,富贵不朽,永彰于天地之间,盖由尔祖明彝伦之精微,表万世之纲常,阴隲之重故也。卿岂不常思尔祖之德,以自致力于忠孝哉?闻卿来朝,已敕中书下礼部给送廪饩,卿其领之。”

(又见于《阙里志》卷一五)

6.1.40 《大明太祖高皇帝实录》卷一二二

(洪武十二年二月)丁未,命丞相胡惟庸释奠于先师孔子。

6.1.41 《大明太祖高皇帝实录》卷一二三

(洪武十二年三月乙未)上听朝之暇,延诸儒臣赐坐便殿,讲论治道。时国子学官李思迪、马懿缄默不语。上恶之，敕谕国子师生曰："贤者以学为本，推而行之，诚实无伪，有裨于国家，善名立于两间，则无愧于所学。若怀诈自私，上无助于君，下无益于世，朕何赖焉？如李思迪、马懿者，朕以其学者，日召同游，期在嘉言善行，启朕未明而辅朕不足，乃终日缄默，略无一言旁，有讲说经史者因而问，及不过就他人之辞以对，未尝独出一言，补所未知，岂朕昏昧不足与闻耶，抑朕之礼未至耶？何访之以道而不相告也？及遣侍东宫，欲其发明古先帝王之道，匡弼辅赞，以成其德器，而缄默无异事朕之时，其怀诈甚矣。昔者，孔、孟怀圣贤之道，恨不得用为生民福，故历聘列国，至老不倦。今思迪等发身草野，一旦与人君同游殿庭之上，人君躬就问之，此正行孔孟之志之日，而缄默如此。学孔、孟者，果如是乎？孔子入周庙，见金人三缄其口，曰：'此古慎言人也。'盖谓非法之言耳。若理道之辞，果宜禁乎？且思迪等事朕如此，其肯尽心训国子生乎？朕谕尔等自今为师者，必尽其师之职，学者必尽其学之道，一以孔、孟为法，以副朕责望之意，慎毋如李思迪、马懿之为也。"

6.1.42 《大明太祖高皇帝实录》卷一二六

洪武十二年八月甲子朔。丁卯，遣官释奠于先师孔子。

6.1.43 《大明太祖高皇帝实录》卷一二八

（洪武十二年十二月）庚辰，袭封衍圣公孔希学来朝。敕中书下礼部赐希学廪饩，洁馆舍以安之。敕希学曰："昔卿之祖能明纲常，以植世教，其功甚大，故其后世子孙相承，凡有天下者，莫不优礼。卿每岁来朝，不避祁寒，可谓笃君臣之大义而不咈于尔祖之训者矣。已敕中书赐卿日用之物，至可领也。"

（又见于《阙里志》卷一五）

6.1.44 《大明太祖高皇帝实录》卷一三三

（洪武十三年八月）丁卯，遣官释奠于先师孔子。

6.1.45 《大明太祖高皇帝实录》卷一三五

（洪武十四年）二月丁巳朔，遣礼部尚书李叔正释奠于先师孔子。

6.1.46 《大明太祖高皇帝实录》卷一三六

（洪武十四年三月）辛丑，颁五经四书于北方学校。上谓廷臣曰："道之不明，由教之不行也。夫五经载圣人之道者也，譬之菽粟布帛家不可无人，非菽粟布帛则无以为衣食，非五经四书则无由知道理。北方自丧乱以来，经籍残缺，学者虽有美质，无所讲明，何由知道？今以五经四书颁赐之，使其讲习。夫君子而知学则道兴，小人而知学则俗美，他日收效，亦必本于此也。”

6.1.47 《明史·礼志·吉礼》

（洪武）十五年，新建太学成。庙在学东，中大成殿，左右两庑，前大成门，门左右列戟二十四。门外东为牺牲厨，西为祭器库，又前为灵星门。自经始以来，驾数临视。至是落成，遣官致祭。帝既亲诣释奠，又诏天下通祀孔子，并颁释奠仪注。凡府州县学，笾豆以八，器物牲牢，皆杀于国学。三献礼同，十哲两庑一献。其祭，各以正官行之，有布政司则以布政司官，分献则以本学儒职及老成儒士充之。

（又见于《明史·太祖纪》）

6.1.48 《阙里志》卷六

（洪武）十五年，太学成。孔子以下去塑像，设木主，谴官以太牢祭。帝遂视学，释菜服皮弁诣位再拜，献爵，复再拜。

6.1.49 《阙里志》卷一五

洪武十五年三月，敕五十五代孙：朕闻古人有必报而不忘者，先师也。盖谓明德传道，终身不受祸患，固报之。朕与臣民同世于明时，方知大成至圣文宣王当世之先师也。时人去古既远，有失报礼。稽诸古典，报则有光，其光之显扬，师徒共之。若果诚能报之，则益而无损。洪武十四年，吏部奏为袭封衍圣公长逝，生前因曲阜知县孔克伸卒，其官系孔氏子孙世职。昔衍圣公已荐族人孔克畲为知县。朕思衍圣公逝后方奏，虑恐不实，以族中长者悉至京师，论贤排嫡。族人既至，宗派分明，以尔克畲为贤，特命为曲阜知县，以报先师。尔当敬事以在公，而信以来庶民，俭使人效，勤问民艰，用力以时，以扬先师圣德。於戏，阴隲流芳，万世不泯，英灵常存，子孙承之，尔宜懋哉。

6.1.50 《大明太祖高皇帝实录》卷一四四

（洪武十五年四月）丙戌，诏天下通祀孔子，赐学粮，增师生廪膳。上谕礼部尚书刘仲质曰：“孔子明帝王之道，以教后世，使君君臣臣父父子子，纲常以正，彝伦攸序，其功参于天地。今天下郡县庙学并建，而报祀之礼止行京师，岂非阙典？卿与儒臣其定释奠礼仪，颁之天下学校，令以每岁春、秋仲月通祀孔子，又命凡府州县学田租入官者悉归于学，俾供祭祀及师生俸廪。”

（又见于《文庙丁祭谱》卷二之一）

6.1.51 《大明太祖高皇帝实录》卷一四四

（洪武十五年四月）癸卯，以儒士吴颙为国子监祭酒。上谕之曰：“国学者，天下贤材所萃而四方之所取正，必师道严而后模范正，师道不立则教化不行，天下四方何所取？则卿宜崇重道义，正身率下，俾诸生有所模范，若徒以文辞为务，记诵为能，则非所以为教矣。夫钟鼓扬则闻于远，德义著则人乐从，尔其慎之，勉副朕意。”

6.1.52 《文庙丁祭谱》卷二之一

（洪武十五年）夏五月，南京新建太学成，遣官以太牢祭告。

去塑像，设木主。

6.1.53 《大明太祖高皇帝实录》卷一四五

（洪武十五年五月壬戌）上谓礼部尚书刘仲质曰：“国学新成，朕将释菜，令诸儒议礼。议者曰：‘孔子虽圣人，臣也，礼宜一奠而再拜。’朕以为孔子明道德，以教后世，岂可以职位论哉？昔周太祖如孔子祠，将拜，左右曰：‘孔子陪臣，不宜拜。’周太祖曰：‘百世帝王之师，敢不拜乎？’遂再拜。朕深嘉其明断，不惑于左右之言，今朕君天下，敬礼百神，于先师之礼，宜加尊崇。”

（又见于《文庙丁祭谱》卷二之一）

6.1.54 《大明太祖高皇帝实录》卷一四五

（洪武十五年五月）乙丑，上幸国子监，谒先师孔子，释菜。礼成，退御讲筵，祭酒吴颙等以次讲毕。上谓之曰：“中正之道，无逾于儒，上古圣人不以儒名而德行实儒，后世儒之名立，虽有儒名或无其实。孔子生于周末，身儒道，行儒行，立儒教，率天下，后世之人皆欲其中正。惜乎！鲁国君臣无能用之者，当时独一公父文伯之母知其贤，责其子之不能从，则一国之君臣可愧矣！卿等为师表，正当以孔子之道为教，使诸生咸趋于正，则朝廷得人矣。”复命取《尚书·大禹》《皋陶谟》《洪范》亲为讲说，反覆开谕，群臣闻者莫不悚悦，遂赐宴，竟日而还。

6.1.55 《大明太祖高皇帝实录》卷一四五

（洪武十五年五月丁丑）敕谕国子监生曰：“仲尼之道，上师天子，下教臣民，自汉及今，未有逾斯道而能久者。朕统一寰宇，君主斯民，切惟学校国之首务，乃今年春，命工曹构庙学，五月而成。于是博选师儒，教训生徒，期在育君子，以履仲尼之道，以助我后嗣，以安天下苍生。苟教之不以其道，学之不尽其心，则恐養非君子，用非贤人，徒劳民供，无益国家。尔诸学者当谦柔恭谨，存礼义之勇，去血气之刚，持守仲尼四勿之训，积日经旬，以逾岁月，不变其所学，则贤人君子矣。由是出为国用，致君尧舜，跻民于雍熙，显扬其亲，永世不磨，岂不伟哉？宜体朕意，立乃志，务乃学，正尔仪，慎尔言，勉务进修，无间昼夜。讲于友，必正道以相辅，问于师，必致恭而听受。有乖此礼者，监丞糾之，毋忽。"

6.1.56 《大明太祖高皇帝实录》卷一四七

洪武十五年八月丁丑朔，命国子监祭酒吴颙释奠于先师孔子。

6.1.57 《大明太祖高皇帝实录》卷一四八

（洪武十五年九月乙卯）上谕吏部臣曰："近征天下儒士至京，皆朕所与共论治道，以安生民者，宜优待之。其有病卒者，有司给棺槥，具舟车送其家，来朝而卒于道者，亦如之。"

6.1.58 《明太祖宝训》卷二

（洪武十五年）十一月壬戌，太祖命礼部臣修治国子监旧藏书板，谕之曰："古先圣贤，立言以教后世，所存者书而已。朕每观书，自觉有益。尝以谕徐达，达亦好学，亲儒生，囊书自随。盖读书穷理于日用事物之间，自然见得道理分明，所行不至差谬。书之所以有益于人也如此。今国子监旧藏书板多残缺，其令诸儒考补，仍命工部督匠修治之，庶有资于学者。"

6.1.59 《大明太祖高皇帝实录》卷一五二

（洪武十六年二月）丁丑，遣官释奠于先师孔子。

6.1.60 《大明太祖高皇帝实录卷》卷一五二

（洪武十六年二月）己丑，东阁大学士吴沉等进《精诚录》。先是，上将享太庙，致斋于武英殿，召沉等谓之曰："朕阅古圣贤书，其垂训立教，大要有三，曰敬天，曰忠君，曰孝亲，君能敬天，臣能忠君，子能孝亲，则人道立矣。然其言散在经传，未易会其要领，尔等其以圣贤所言三事，以类编辑，庶便观览。"至是书成，上览而善之，赐名《精诚录》，命沉为之序。书凡三卷：敬天一卷，取《易》十章、《书》七十二章、《诗》十七章、《礼记》二十七章、《孝经》《论语》各一章；忠君一卷，取《易》《大学》《中庸》各一章、《书》四十六章、《诗》十章、《礼记》十四章、《左传》六章、《国语》一章、《论语》十四章、《孟子》十二章；孝亲一卷，取《易》二章、《书》三章、《诗》九章、《礼记》四十八章、《论语》十一章、《孝经》十九章、《大学》二章、《中庸》三章、《孟子》十章。

6.1.61 《大明太祖高皇帝实录》卷一五六

（洪武十六年八月）丁丑，命国子祭酒宋讷释奠于先师孔子。

6.1.62 《大明太祖高皇帝实录》卷一五九

（洪武十七年正月）乙巳，以孔子五十七代孙讷袭封衍圣公。初，讷入朝，引见华盖殿。上问其宗族子姓多寡贤否，讷奏对详明，动合礼度，命馆于太学。至是，袭封爵，御制诰文曰："三皇五帝之道，坦然明白，人所共由，至周衰道微而诸家之说并兴，天下莫知所宗。独先师孔子删述六经，纲维斯道，使万世有所依据，其功尚矣。故天鉴有德，庙祀无穷，子孙弘衍，世有其爵。前衍圣公希学婴疾奄逝，尔讷为其长子，服阕来朝，特令袭其封爵，以奉先师之祀。敬哉！"①

（又见于《阙里志》卷一五）

6.1.63 《大明太祖高皇帝实录》卷一五九

（洪武十七年二月）丁丑，遣官释奠于先师孔子。

6.1.64 《阙里志》卷六

（洪武）十七年，敕每月朔望，太学祭酒以下行释菜礼，郡县学长吏以下诣学行香。

6.1.65 《明太祖宝训》卷二

洪武十七年四月庚午，太祖谓侍臣曰："朕观《大学衍义》一书，有益于治道者多矣。每披阅，便有儆省，故令儒臣日与太子诸王讲说，使鉴古验今，穷其得失。大抵其书先经后史，要领分明，使人观之，容易而悟，真有国之龟鉴也。"

---

① 《阙里志》卷一五："洪武十七年，敕五十七代孙孔讷为：'三皇五帝之道，明陈攸叙，大展彝伦，协天地阴阳，定民居者，为此也。至周文繁于三坟，道迷于五典，兼八索九丘之泛，而诸家之说并生，是致道纵塗横，虽欲驰之，莫知所向。独先师孔子，明哲心枢，睿知定真，折伪以成《诗》《书》，其修道之谓教，可谓至矣；率性之谓道，可谓坚矣。由是天鉴善德，血食之祀，万世子孙，弘衍于今，耿光而弗磨者，因幽明之诚无间，感通天下故若是也。前衍圣公孔希学婴疾长往，嫡长子讷服阕来朝，令袭其爵。奉先师尔吏曹如敕无待。钦哉！'"

6.1.66 《大明太祖高皇帝实录》卷一六二

(洪武十七年五月辛巳)命礼部制大成乐器,以颁天下儒学。敕曰:"天下学校通祀先师孔子,而乐器未备,无以昭其声容,感乎神明,实典礼之缺也。尔礼部其同工部,命晓音律之人集工制之,然礼、乐,国之盛典,必贵协和,毋图速成,有乖制作。"

6.1.67 《大明太祖高皇帝实录》卷一六四

(洪武十七年八月)丁卯,命国子祭酒宋讷释奠于先师孔子。

6.1.68 《大明太祖高皇帝实录》卷一六八

(洪武十七年十一月)己巳,以孔子五十六世孙希文为曲阜世职知县。敕曰:"朕惟孔子德侔天地,道合四时,删述之功,万世永赖。故帝王相继,历代优崇,封号至极,享祀无穷,嫡派子孙,世有爵禄。迩者,曲阜知县缺员,尔希文系出先圣宗族推贤,今特命尔为曲阜知县,阙里、乡邑、庙堂所在,民庶具瞻,尔其敬哉。"

6.1.69 《大明太祖高皇帝实录》卷一七一

(洪武十八年二月)丁酉,遣官释奠于先师孔子。

6.1.70 《大明太祖高皇帝实录》卷一七四

(洪武十八年八月)丁酉,遣官释奠于先师孔子。

6.1.71 《明太祖宝训》卷二

洪武十八年十月甲辰,太祖谓工部臣曰:"孟子传道,有功名教,历年既久,子孙甚微。近有以罪输作者,朕闻即命释之。假令朕不知之,或致死亡,则贤者之后寝以微灭,是岂礼先贤之意哉?尔等宜加询问,凡有圣贤之后在输作者,依例释之。"

6.1.72 《大明太祖高皇帝实录》卷一七七

(洪武十九年)二月丁亥朔,遣官释奠于先师孔子。

6.1.73 《明太祖宝训》卷二

洪武二十年正月己未,诏修阙里孔子庙宇。太祖曰:"春秋之世,人纪废坏。

孔子以至圣之资删述六经，使先王之道晦而复明，万世永赖，功莫大焉。夫食粟则思树艺之先，衣帛则思蚕缫之始，皆重其所出也。孔子之功，与天地并立，故朕命天下通祀，以致崇报之意，而阙里又启圣降神之地，庙宇废而不修，将何以妥神灵，诏来世？尔工部其即为修理，以副朕怀。”

（又见于《阙里志》卷一五、《大明太祖高皇帝实录》卷一八〇、《文庙丁祭谱》卷二之一）

6.1.74　《大明太祖高皇帝实录》卷一八〇

（洪武二十年二月）丁亥，遣官释奠于先师孔子。

6.1.75　《大明太祖高皇帝实录》卷一八四

（洪武二十年八月）丁巳，遣奠于先师孔子。

6.1.76　《大明太祖高皇帝实录》卷一九三

（洪武二十一年八月）丁未，遣官释奠于先师孔子。

6.1.77　《大明太祖高皇帝实录》卷二〇〇

（洪武二十三年二月）丁酉，遣官释奠于先师孔子。

6.1.78　《大明太祖高皇帝实录》卷二〇三

（洪武二十三年七月）壬辰，上御谨身殿，观《大学》之书，谓侍臣曰：“治道必本于教化，民俗之善恶即教化之得失也。《大学》一书，其要在于修身。身者，教化之本也，人君身修而人化之。好仁者耻于为不仁，好义者耻于为不义，如此则风俗岂有不美，国家岂有不兴？苟不明教化之本，致风俗交替，民不知趋善流而为恶国家，欲长治久安，不可得也。”

6.1.79　《大明太祖高皇帝实录》卷二〇三

（洪武二十三年八月）丁卯，遣官释奠于先师孔子。

6.1.80　《大明太祖高皇帝实录》卷二〇七

（洪武二十四年二月）丁卯，遣官释奠于先师孔子。

6.1.81　《大明太祖高皇帝实录》卷二一六

（洪武二十五年二月）丁巳，遣官释奠于先师孔子。

6.1.82 《大明太祖高皇帝实录》卷二二〇

(洪武二十五年八月)丁巳,遣官释奠于先师孔子。

6.1.83 《文庙丁祭谱》卷二之一

癸酉,(洪武)二十六年春正月,颁大成乐于天下。
郡县之学于是始,皆用乐。

6.1.84 《大明太祖高皇帝实录》卷二二五

(洪武二十六年二月)丁丑,遣官释奠于先师孔子。

6.1.85 《大明太祖高皇帝实录》卷二二九

(洪武二十六年八月)丁丑,遣官释奠于先师孔子。

6.1.86 《大明太祖高皇帝实录》卷二三一

(洪武二十七年二月)丁丑,遣官释奠于先师孔子。

6.1.87 《大明太祖高皇帝实录》卷二三四

(洪武二十七年八月)丁丑,遣官释奠于先师孔子。

6.1.88 《大明太祖高皇帝实录》卷二三六

(洪武二十八年)二月乙丑朔。丁卯,遣官释奠于先师孔子。

6.1.89 《阙里志》卷一五

洪武二十八年二月,敕五十六代孙孔希范:"古昔盛时,仕者不出其国,生于其乡而治其乡。国之民故能察其好恶,知其土俗,拯其疾苦。政教行而民从之也。易后世或私于其乡,于是此道不复也久矣,惟尔孔氏以先师裔孙之故,前代特遣治其乡邑,庶几,古昔之意焉。兹命孔希范为承仕郎知曲阜县事,尔尚杜,尔私室,尔欲无以势陵下,无以亲挠公。尔祖不云乎:'不能正其身,如正人何?'其务正身以宣政化,使乡邑之民蒙尔之惠,谓圣者之子孙果异于众人。不亦善乎!"

6.1.90 《大明太祖高皇帝实录》卷二三九

(洪武二十八年六月)壬申,户部知印张永清言:"云南、四川诸处边夷之地民皆罗罗，朝廷与以世袭土官，于三纲五常之道懵焉莫知，宜设学校，以教其子弟。”上然之，谕礼部曰：“边夷土官皆世袭其职，鲜知礼义，治之则激，纵之则玩，不预教之，何由能化？其云南、四川边夷土官，皆设儒学，选其子孙弟侄之俊秀者以教之，使之知君臣父子之义而无悖礼争斗之事，亦安边之道也。”

（又见于《明史·太祖纪》）

6.1.91　《大明太祖高皇帝实录》卷二三九

（洪武二十八年七月戊午）诏国子生曰：“孔子作《春秋》，明三纲，叙九法，为百王轨范，修身立政，备在其中，未有舍是而能处大事、决大疑者。近诸生专治他经者众，至于《春秋》，鲜有明之。继今宜习读，以求圣人大经、大法，他日为政临民，庶乎有本。”

6.1.92　《大明太祖高皇帝实录》卷二四〇

（洪武二十八年八月）丁卯，遣官释奠于先师孔子。

6.1.93　《文庙丁祭谱》卷二之一

丙子，（洪武）二十九年春，帝诣国子监释菜于先师。以董仲舒从祀，封江都伯。罢扬雄从祀。

6.1.94　《大明太祖高皇帝实录》卷二四四

（洪武二十九年二月）丁酉，遣官释奠于先师孔子。

6.1.95　《大明太祖高皇帝实录》卷二四六

（洪武二十九年）八月丙戌朔。丁亥，遣官释奠于先师孔子。

6.1.96　《大明太祖高皇帝实录》卷二五〇

（洪武三十年二月）丁亥，遣官释奠于先师孔子。

6.1.97　《大明太祖高皇帝实录》卷二五四

（洪武三十年八月）丁亥，遣官释奠于先师孔子。

6.1.98　《大明太祖高皇帝实录》卷二五六

（洪武三十一年二月）丁亥，遣官释奠于先师孔子。

第2节　明惠帝、成祖、仁宗评儒

6.2.1 《明史·恭闵帝纪》

(建文元年)三月,释奠于先师孔子。

(又见于《文庙丁祭谱》卷二之一)

6.2.2 《明史·恭闵帝纪》

(建文二年正月)丁卯,释奠于先师孔子。

6.2.3 《大明太宗文皇帝宝训》卷三

上义师至汶上,饬将士曰:"孔子,万世帝王之师,太平之道所自出。孟子传孔子之道以开谕后世,其功德在生民,盖与天地日月,相为无穷。今曲阜孔子之乡,邹县孟子之乡,将士毋入其境。敢有入境侵及其一草一木,皆诛不宥。"

6.2.4 《明太宗文皇帝实录》卷一一

(洪武三十五年[①]八月)丁巳,遣官释奠先师孔子。

6.2.5 《明太宗文皇帝实录》卷一七

(永乐元年二月)丁巳,遣官释奠先师孔子。

6.2.6 乾隆《山东通志》卷一一《阙里志三》[②]

永乐元年诏:朕惟孔子帝王之师,帝王为生民之主。孔子立生民之道,三纲五常之理,治天下之大经大法皆孔子明之以教万世。

6.2.7 《明太宗文皇帝实录》卷二二

(永乐元年八月)丁未,遣官释奠先师孔子。

---

① 洪武年一般到三十一年结束,但《明太宗文皇帝实录》卷一一仍然使用洪武三十五年,指1402年,其实属于建文四年,故放在惠帝、成祖评儒里,而不放在明太祖评儒。

② 《阙里志》卷一五为"永乐四年"。

6.2.8 《文庙丁祭谱》卷二之一

癸未，成祖文皇帝永乐元年秋八月，建北京国子监新庙。

6.2.9 《明太宗文皇帝实录》卷二八

（永乐二年二月）丁丑，遣官释奠先师孔子。

6.2.10 《三朝圣谕录》上

永乐二年六月一日，进呈文华殿大学士讲义，上览毕，称善。因曰："先儒谓尧典'克明峻德'，一章一部，《大学》皆具。"臣对曰："诚如圣谕，尧、舜、禹、汤、文、武数圣人，凡修躬施于家国天下者，皆大学之理。"上曰："孟子道性善，必举尧、舜。'尔等于讲说道理处，必举前古为证，庶几明白易入。"又曰："帝王之学，贵切己实用，着讲说之际，一切浮泛无益之语勿用。"

6.2.11 《三朝圣谕录》上

永乐二年，饶州府士人朱季友献所著书，专斥濂、洛、关、闽之说，肆其丑诋。上览之，怒甚，曰："此儒之贼也。"时礼部尚书李至刚、翰林学士解缙、侍读胡广、侍讲杨士奇侍侧，上以其书示之。观毕，缙对曰："惑世诬民莫甚于此。"至刚曰："不罪之，无以示儆。宜杖之，摈之遐裔。"士奇曰："当毁其所著书，庶几不误后人。"广曰："闻其人已七十，毁书示儆足矣。"上曰："谤先贤、毁正道，非常之罪，治之可拘常例耶？"即敕行人押季友还饶州，会布政司、府、县官及乡之士人，明谕其罪，笞以示罚。其搜检其家，所著书会众焚之。又谕诸臣曰："除恶不可不尽，悉毁所著书最是。"

6.2.12 《三朝圣谕录》中

永乐二年七月，翰林侍读学士王达讲《乾》之九四，举储二为说。讲毕，殿下召问臣士奇："经旨于此必无储二之说，达不含讥否？"臣士奇对曰："讲臣非正道不陈，岂敢含讥。此出宋儒胡瑗之说。"殿下云："对我言此，常人得此爻亦举此说乎？"对曰："殿下此问最好。"因举程子云："凡卦中六爻，人人有用，圣贤有圣贤用，众人有众人用，君有君用，臣有臣用，无所不通。"又举王昭素对宋太祖之言以对。殿下悦。又对曰："今翰林、春坊诸臣分撰诸经讲义，有上旨命内阁之臣阅过，有未当处，悉与改正，然后呈御览，允当然后以讲。内阁解缙专阅《书》，胡广阅《诗》，金幼孜阅《春秋》，臣士奇阅《易》。昨日进呈此条，上问：'储二说有据否？'臣士奇对以胡瑗之说，上甚喜。盖讲臣非有据不敢妄出意见。"殿下喜。

自是，讲义有疑处，必召解、胡等四人相与辨析，畅而后已。遂作数巨册，命春坊司经局臣分录讲章，以备常阅。

殿下监国视朝之暇，专意文事，因览文章正宗。一日，谕臣士奇曰："真德秀学识甚正，选辑此书，有益学者。"臣对曰："德秀是道学之儒，所以志识端正。其所著《大学衍义》一书，大有益学者及朝廷，为君不可不知，为臣不可不知。君臣不观《大学衍义》，则其为治皆苟而已。"殿下即召翰林典籍取阅。既大喜曰："此为治之条例，鉴戒不可无。"因留一部朝夕自阅，又取一部，命翻刻以赐诸子。且谕臣士奇曰："果然为臣亦所当知。"遂赐臣一部。盖殿下汲汲于善道如此。

6.2.13 《明太宗文皇帝实录》卷三三

（永乐二年八月）丁丑，遣官释奠先师孔子。

6.2.14 《明太宗文皇帝实录》卷三九

永乐三年春二月丁卯朔，遣官释奠先师孔子。

6.2.15 《明太宗文皇帝实录》卷四五

永乐三年八月甲子朔丁卯，遣官释奠先师孔子。

6.2.16 《明太宗文皇帝实录》卷五一

（永乐四年二月）丁卯，遣官释奠先师孔子。

6.2.17 《明太宗文皇帝实录》卷五二

永乐四年三月辛卯朔，上视太学。先是，敕礼部臣曰："朕惟孔子帝王之师。帝王为生民之主，孔子立生民之道。三纲五常之理，治天下之太经太法，皆孔子明之，以教万世。朕皇考太祖高皇帝膺君师，亿兆之任，正中夏文明之统，复衣冠礼乐之旧。渡江之初，首建学校，亲祀孔子。御筵讲书，守帝王之心法，继圣贤之道学，集其大成，以臻至治。朕承鸿业，惟成宪是遵。今当躬诣太学释奠先师，以称崇儒重道之意。其合行礼仪，礼部详议。"

以闻礼部尚书郑赐言，宋制谒孔子，服靴袍、再拜。上曰："见先师，礼不可简，必服皮弁，行四拜。"

礼部进视学仪注，前期一日，有司洒扫殿堂，设御幄于大成门东，上南向设御座于彝伦堂。至日，学官率诸生迎驾于成贤街，左驾至，学官及诸生俯伏叩头，兴驾入棂星门，止于大成门外。上入御幄，礼官入奏，请具皮弁服，次请行礼，导引官导上出御幄，就御位，百官各就位。导引官导上诣盥洗位，搢圭，盥帨出圭，诣酒尊所，酌酒，诣先师神位前，再拜，百官皆再拜，搢圭。执事官跪进爵，上献爵，授执事官奠于神位前，出圭，再拜，百官皆再拜。四配十哲两庑如常仪。导引官导上入御幄，易常服，升舆，诣学。学官率诸生先列于堂下东西。上至彝伦堂，升御座，赞唱学官诸生行礼，五拜叩头。东西序立于堂下，三品以上及侍从官以次入堂，东西序立。赞进讲。祭酒、司业、博士、助教四人以次升堂，由西门入至堂中，赞举经案于御前。礼部官奏请授经，于讲官、祭酒跪受，赐讲官坐，乃以经置讲案叩头，就西南隅设几榻坐讲。赐大臣及翰林词臣坐，皆叩头，序坐于东西。诸生圜立以听。讲毕，祭酒叩头，退就本位，司业、博士、助教各以次进，讲毕，出堂门复位。赞唱有制学官诸生列班，俱北面跪听宣谕，五拜叩头。礼毕，学官率诸生出成贤街，跪俟驾还。

是日，上亲行释奠礼，命吏部尚书蹇义、户部尚书夏原吉、翰林学士解缙、祭酒胡俨分献十哲两庑毕。上御彝伦堂，祭酒胡俨讲《尚书・尧典》，司业张智讲《易・泰》卦。上谕之曰："六经，圣人之道，昭揭日星，垂宪万世。朕与卿等皆勉之。"遂命光禄寺赐百官茶。

（又见于《阙里志》卷六[①]、《明史・成祖纪》、《阙里志》卷一五、《文庙丁祭谱》卷二之一、《历代尊孔纪》）

6.2.18 《明太宗文皇帝实录》卷五二

（永乐四年三月）壬辰，命工部修国子监太祖高皇帝诏书碑亭。

礼部奏请立视学之碑，上亲制其文曰："朕惟帝王之兴必首举学校之政，以崇道德，弘教化，正人心，成天下之才，致天下之治。唐虞三代之盛，率由于兹。后世之君，其学政或备或否，是以治不古若也。我皇考圣神，文武钦明，启运俊德，成功统天。大孝高皇帝龙飞淮甸渡江首建学校，亲祀孔子，日引儒臣讲论经义，求古圣人之道，身体力行。既统有万方，即诏府州县皆立学天下，士子云集京师，复新作庙学于鸡鸣山之阳，亲制教条颁布中外。又命天下增广生员复其家，府州县皆用春秋，有事孔子赐以乐舞，德教广被。海外诸国及蛮夷酋长并遣子入学，教化之隆，视古为盛。朕缵承大统，恪遵成宪。"

乃永乐四年三月朔躬亲庙庭，谒先师孔子。前期三日雨，将事之夕霽云澄霁，星纬昭明，暨旦天宇穆清，旭日鲜丽舍采于庙。退即彝伦堂，文武群臣咸侍左右，师儒在席，诸生序列堂下。命祭酒胡俨等以次讲经，成礼，乃还。（诏曰）："夫学以明道也，道之体广大光明，配乎天地日月，而其实不离乎彝伦日用之间，

① 《阙里志》卷六为："永乐四年，太宗皇帝谒孔子、视太学。"

孔子明之。上以承尧舜禹汤文武之传下，以为后世植纲常，开太平于无穷，而世之极其尊崇之礼者，非于孔子有所增益，特以著明其道之至大，天下不可一日而无也。惟我皇考继统帝王，尊师孔子，举天下皆约之使，由于斯道是以治化之，盛沦浃周遍薄海内外，罔不向风慕义。朕景仰宏谟夙夜，祗敬思惟继承之道，不敢怠凰爰因，亲学谨叙述。皇考所以致隆治化之本，勒碑于庙，俾我子孙，臣庶尚克，钦承于千万年。”

国子祭酒胡俨等率学官监生上表谢，车驾幸太学，赐宴于奉天门。仍赐俨及司业张智纻丝罗衣人二袭，学官王俊用等三十五员纻丝衣人一袭，监生朱瑨等三千七十四人钞各五锭。

6.2.19 《大明太宗文皇帝宝训》卷三

（永乐四年）闰七月乙亥，上御奉天门，翰林侍读学士致仕武周文起辞，命留之赐坐，与语良久。

上曰："卿笃学惇德，宜在朕左右。然春秋高矣，不欲烦劳，宜归家享子孙奉养，以终天年。"周文起顿首谢。又命赐酒馔，楮币给驿传送至家。

上顾谓翰林侍读胡广等曰："周文起履端。"

方广等对曰："陛下待儒臣，进退之际恩礼俱至，儒道光荣多矣！"

上笑曰："朕用儒道治天下，安得不礼儒者？致远必重良马，粒食必重良农，亦各资其用耳。"

6.2.20 《明太宗文皇帝实录》卷五八

永乐四年八月丁亥朔，遣官释奠先师孔子。

6.2.21 《明太宗文皇帝实录》卷六四

（永乐五年二月）丁亥，遣官释奠先师孔子。

6.2.22 《明太宗文皇帝实录》卷七六

（永乐六年二月）丁亥，遣官释奠先师孔子。

6.2.23 《明太宗文皇帝实录》卷一〇一

（永乐八年二月）丁未，遣官释奠先师孔子。

6.2.24 《文庙丁祭谱》卷二之一

庚寅（永乐）八年，正文庙绘塑衣冠，令合古制。

6.2.25　《明太宗文皇帝实录》卷一〇七

(永乐八年八月)丁酉,遣官释奠先师孔子。

6.2.26　《阙里志》卷一五

永乐八年十二月十九日,封五十九代孙孔彦缙为衍圣公。制曰:

孔子之道,配乎天地,师表万世。咸在尊崇,钦仰素王,传袭后裔。今五十九代孙彦缙,允为世嫡,雅有令资,俾绍显荣,用光儒胄,可袭封衍圣公。惟克懋勤服,兹宠命勉,修圣学,承藉家声。钦哉。

6.2.27　《明太宗文皇帝实录》卷一一三

(永乐九年二月)丁酉,遣官释奠先师孔子。

6.2.28　《明太宗文皇帝实录》卷一一八

(永乐九年八月)丁酉,遣官释奠先师孔子。

6.2.29　《明太宗文皇帝实录》卷一二五

(永乐十年二月)丁巳,遣官释奠先师孔子。

6.2.30　《明太宗文皇帝实录》卷一三一

(永乐十年八月)丁巳,遣官释奠先师孔子。

6.2.31　《明太宗文皇帝实录》卷一三七

(永乐十一年二月)丁巳,遣官释奠先师孔子。

6.2.32　《明太宗文皇帝实录》卷一四二

永乐十一年八月丁未朔,遣官释奠先师孔子。

6.2.33　《大明太宗文皇帝宝训》卷三

永乐十二年正月丁亥,修曲阜孔子庙。

上谕行在工部臣曰:"孔子代天立教,故万世帝王敬事之庙宇,须称不可但应故事。今老、释之居布满四方,皆宏丽坚固。孔子曲阜国家岂可不致重?朕举兵靖难时,严禁将士过曲阜,不可损坏亵渎,将士皆不敢违令,尔宜体朕此意。"

6.2.34 《明太宗文皇帝实录》卷一四八

（永乐十二年二月）丁未，遣官释奠先师孔子。

6.2.35 《明太宗文皇帝实录》卷一五四

（永乐十二年八月）丁未，遣官释奠先师孔子。

6.2.36 《历代尊孔纪》

（太宗永乐）十二年冬十二月，命儒臣纂修《五经》《四书》《性理大全》。

6.2.37 《明太宗文皇帝实录》卷一六一

（永乐十三年二月）丁丑，遣官释奠先师孔子。

6.2.38 《明太宗文皇帝实录》卷一六七

（永乐十三年八月）丁卯，遣官释奠先师孔子。

6.2.39 《明太宗文皇帝实录》卷一六八

（永乐十三年九月）己酉，《五经四书大全》及《性理大全》书成。

先是，上命翰林院学士兼左春坊大学士胡广等编类是书既成，广等以藁进。上览而嘉之，赐名《五经四书性理大全》，亲制序于卷首。至是，缮写成帙，计二百二十九卷。广等上表进，上御奉天殿受之，命礼部刊赐天下。御制序曰：

"朕惟昔者，圣王继天立极，以道治天下。自伏羲、神农、黄帝、尧、舜、禹、汤、文、武相传授，受上以是，命之下以是承之，率能致雍熙悠久之盛者，不越乎道以为治也。下及秦汉以来，或治或否，或久或近，率不能如古昔之盛者，或忽之而不行，或行之而不纯。所以天下卒无善治人，不得以蒙至，治之泽可胜。叹哉！夫道之在天下，无古今之殊。人之禀受于天者，亦无古今之异。何后世治乱得失与古昔相距之辽绝欤此？无他道之不明不行故也，道之不明不行夫，岂道之病哉？其为世道之责孰得而辞焉？夫知世道之责在己，则必能任斯道之重，而不敢忽。如此则道不明不行而世岂有不治也哉？朕缵承皇考太祖高皇帝鸿业，即位以来孳孳图治，怕虑任君师治教之重，惟恐弗逮。功思帝王之治，一本于道。所谓道者，人伦日用之理，初非有待于外也。厥初圣人未生，道在天地。圣人既生，道在圣人。圣人已往，道在六经。六经者，圣人为治之迹也。六经之道明，则天地圣人之心可见，而至治之功可成；六经之道不明，则人之心术不正，而邪说暴行侵寻蠹害。欲求善治，乌可得乎？朕为此惧，乃者命儒臣编修

《五经四书》，集诸家传注而为大全。凡有发明经义者、取之悖于经旨者，去之。又辑先儒成书及其论议格言，辅翼《五经四书》，有裨于斯道者，类编为帙名曰《性理大全》。书编成来进，朕间阅之，广大悉备，如江河之有源，委山川之有条理。于是圣贤之道粲然而复明。所谓考诸三王而不缪，建诸天地而不悖，质诸鬼神而无疑，百世以俟圣人而不惑。大哉圣人之道乎，岂得而私之？遂命工锓梓颁布天下，使天下之人获睹经书之全，探见圣贤之蕴。由是，穷理以明道，立诚以达本，修之于身，行之于家，用之于国而达之天下，使家不异政，国不殊俗，大回淳古之风，以绍先王之统，以成熙皞之治，将必有赖于斯焉。遂书以为序。”

6.2.40　《明太宗文皇帝实录》卷一七三

（永乐十四年）二月甲子朔丁卯，遣官释奠先师孔子。

6.2.41　《阙里志》卷六

（永乐）十四年，遣官祭阙里。

（又见于《文庙丁祭谱》卷二之一）

6.2.42　《明太宗文皇帝实录》卷一七九

（永乐十四年八月）丁卯，遣官释奠先师孔子。

6.2.43　《大明太宗文皇帝宝训》卷三

永乐十四年十二月辛酉，修曲阜兖国复圣公庙。时有司言复圣公庙坏。

上曰：“国家重道尊师，致严祀礼，而庙宇不称，是渎神矣。渎神有愆，奈何不谨。”命工部即遣官修治，又命凡从祀诸贤之庙有坏，皆修之。

6.2.44　《明太宗文皇帝实录》卷一八五

（永乐十五年二月）丁卯，遣官释奠先师孔子。

6.2.45　《明太宗文皇帝实录》卷一九二

（永乐十五年八月）丁亥，遣官释奠先师孔子。

6.2.46　《明太宗文皇帝实录》卷一九二

（永乐十五年八月）丁卯，修孔子庙讫工。上亲制碑文，刻石。其词曰：

“道原于天而具于圣人。圣人者，继天立极而统斯道者也，若伏羲、神农、黄帝、尧、舜、禹、汤、文、武、周公圣圣相传一道而已。周公殁，又五百余年而生孔子，所以继往圣，开来学，其功贤于尧、舜。故曰：'自生民以来未有盛于孔子者也'。夫四时流行，化生万物，而高下散殊咸遂其性者，天之道也。孔子参天地，赞化育，明王道，正彝伦，使君君、臣臣、父父、子子、夫夫、妇妇各得以尽其分，与天诚无间焉。故其徒曰：'夫子之不可及，犹天之不可阶而升也。'又曰：'仲尼，日月也，无得而逾焉。'在当时之论如此，旦万世无敢有异辞焉。于乎此，孔子之道所以为盛也，天下后世之蒙其泽者，实与天地同其义远矣。自孔子没，于今千八百余年，其间道之隆替与时陟，降遇大有为之君，克表章之则，其政治有足称者，若汉唐宋郅治之君可见已。朕皇考太祖高皇帝天命圣智，为天下君，武功告成，即兴文教，大明孔子之道。自京师以达天下并建庙学，遍赐经籍，作养士类仪文之备超乎往昔，封孔子氏孙世袭衍圣公秩视二品，世择一人为曲阜令，立学官，教孔颜孟三氏子孙。尝幸太学释奠孔子，竭其严敬尊崇孔子之道，未有如斯之盛者也。朕缵承大统，丕法成宪，尚惟孔子之道。皇考之所以表章之者若此，其可忽乎？乃曲阜阙里在焉道统之系，实由于兹。而庙宇历久渐见堕敝，弗称瞻仰，往命有司撤其旧而新之，今兹毕工，宏邃壮观，庶称朕敬仰之意。俾凡观于斯者，有所兴起，致力于圣贤之学，敦其本而去其末，将见天下之士皆有可用之材，以赞辅太平悠久之治，以震耀孔子之道。朕于是深有所望焉，遂书勒碑树之于庙。并系以诗，诗曰：巍巍玄圣，古今之师。垂世立言，生民是资。天将木铎，以教是畀。谓欲无言，示之者至。惟天为高，惟道与参。惟地为厚，惟德与含。生民以来，实曰未有。出类拔萃，难乎先后。示则不远，日用攸趋。敦叙有彝，遵于圣模。仰惟皇考，圣道日崇。礼乐治平，身底厥功。曰予祗述，讵敢或懈。圣绪丕承，仪宪永赖。岩岩泰山，鲁邦所瞻。新庙奕奕，饬祀有严。鼓钟锽锽，璆磬戛击。八音相宣，圣情怡怿。作我士类，世有才贤。佐我大明，于万斯年。”

（又见于嘉靖《山东通志》卷三七《遗文上·御制类》、《阙里志》卷一九、《文庙丁祭谱》卷二之一）

6.2.47 《明史·成祖纪》

（永乐十五年）九月丁卯，曲阜孔子庙成，帝亲制文勒石。

6.2.48 《三朝圣谕录》中

永乐十五年，上在东宫卜筮，专用揲蓍，而断以周易，凡后世俗占法皆不用。尝命臣士奇纂六十四卦三百八十四爻朱氏本义要旨为一编。既进，上悦，名曰

《周易直指》。臣进曰："《周易》固为卜筮作，然文王、周孔《彖》、《象》、《十翼》之辞，凡修齐治平为君为臣之道悉具，请编辑以进，用备览阅。"从之。

逾年，辑成以进，上览之，大喜。名曰《周易大义》。赐臣士奇绣衣银带。

先是，徐好古作《尚书直指》，金幼孜作《春秋直指》，皆已进。上谕臣曰："凡此皆书数本，于斋阁、书殿、寝室各置一本，得备观览。"盖上素好学如此。

6.2.49 《明太宗文皇帝实录》卷一九七

（永乐十六年二月）丁亥，遣官释奠先师孔子。

6.2.50 《明太宗文皇帝实录》卷二〇三

（永乐十六年八月）丁亥，遣官释奠先师孔子。

6.2.51 《明太宗文皇帝实录》卷二〇九

永乐十七年二月丙子朔丁丑，遣官释奠先师孔子。

6.2.52 《明太宗文皇帝实录》卷二一五

（永乐十七年八月）丁丑，遣官释奠先师孔子。

6.2.53 《明太宗文皇帝实录》卷二二二

（永乐十八年二月）丁未，遣官释奠先师孔子。

6.2.54 《明太宗文皇帝实录》卷二二八

（永乐十八年八月）丁酉，遣官释奠先师孔子。

6.2.55 《明太宗文皇帝实录》卷二三四

（永乐十九年二月）丁酉，遣官释奠先师孔子。

6.2.56 《明太宗文皇帝实录》卷二四〇

（永乐十九年八月）丁酉，遣官释奠先师孔子。

6.2.57 《明太宗文皇帝实录》卷二四六

（永乐二十年二月）丁酉，遣官释奠先师孔子。

6.2.58 《明太宗文皇帝实录》卷二五〇

（永乐二十年八月）丁亥，皇太子遣官释奠先师孔子。

6.2.59 《明太宗文皇帝实录》卷二五六

（永乐二十一年二月）丁巳，遣官释奠先师孔子。

6.2.60 《明太宗文皇帝实录》卷二六二

（永乐二十一年八月丁巳）皇太子遣官释奠先师孔子。

6.2.61 《明太宗文皇帝实录》卷二六八

永乐二十二年春二月丁未朔，遣官释奠先师孔子。

6.2.62 《大明仁宗昭皇帝宝训》卷二

永乐二十二年十月甲辰，赐衍圣公孔彦缙宅于京师。彦缙数来朝皆馆于民。上闻之，顾近臣曰："四夷朝贡之使至京皆有公馆，先圣子孙乃寓民家，何以称崇儒重道之意？"遂命工部赐宅。

6.2.63 《大明仁宗昭皇帝宝训》卷二

（永乐二十二年）十二月己巳，礼部尚书吕震奏，有旨赐衍圣公孔彦缙一品，金织衣衍圣公是二品，如旨赐之过矣。

上曰："朝廷用孔子之道治家国天下，今孔子之徒在官有一品服者，孔子之后袭封承先师之祀，服之何过？且先帝时，五品儒臣有赐二品服者，亦何过哉？其赐之用称朕崇儒之意。"

6.2.64 《明史·仁宗纪》

（洪熙元年正月）己卯，享太庙。建弘文阁，命儒臣入直，杨溥掌阁事。

6.2.65 《阙里志》卷一五

（明仁宗）洪熙元年正月十三日，封衍圣公孔彦缙妻夏氏为夫人。制曰：

朕至敬先师，施及厥后，至其家室亦有褒荣者，所以广崇儒重道之恩也。先圣五十九代孙孔彦缙受命先帝，袭封衍圣公，岁时来朝，雍容进退。朕用嘉之厚其礼遇。其妻夏氏内助克贤而未有封命，今从其夫之贵，封为夫人。凡天下后世有事于修、齐、治、平者，皆诵法孔子，矧配孔子之孙，可不慎哉！可不敬哉！益懋率履，毋忝于家。

第3节 明宣宗、英宗、代宗评儒

6.3.1 《大明宣宗章皇帝实录》卷一三

(宣德元年正月)庚子,孔颜孟子孙十人陛辞。上谓行在礼部尚书吕震曰:“朝廷待贤当厚,彼皆圣贤子孙,其给道里费。”又谓震曰:“孔颜孟三氏,旧设教官训其子孙,必选端重有学行者。尔以朕言谕吏部知之。”

6.3.2 《文庙丁祭谱》卷二之一

丙午,宣宗章皇帝宣德元年春二月,遣太常寺丞孔克准诣阙里祭告孔子。

文曰:仰惟先圣,丕隆道德,表正纲常,集群圣之大成,为百王之仪范。兹予嗣位之初,谨用祭告,永资圣化,翼我治平。

(又见于嘉靖《山东通志》卷三七《遗文上·御制类》)

6.3.3 《阙里志》卷一五

宣德元年二月十二日,追赐孔子五十八代孙衍圣公孔公鉴诰命。制曰:

孔子明尧、舜、禹、汤、文、武之道,三纲五常之理,示法万世,我国家遵用以安天下,故推恩及子孙者,所以隆崇报之礼焉。故袭封衍圣公孔公鉴乃宣圣五十八代孙,早绍封爵而弗永年,然克谨礼度,不忝先世。兹特推恩追赐诰命,以著嘉念不忘之意。九原有知,庶其歆服。

封衍圣公孔公鉴妻胡氏为太夫人。制曰:朕惟人子之贤,虽本于父,而资于母德亦深矣。故国家之于群臣,皆有推恩之典焉。尔胡氏乃故袭封衍圣公孔公鉴之妻,今彦缙之母。妇道母则,不忝于圣人之后,兹特封尔为太夫人,益茂训慈以裕尔嗣。钦哉。

赠衍圣公孔公鉴母王氏为夫人。制曰:国家与群臣皆推恩以及其亲,所以劝孝也,况吾圣人之胄之所自出乎?尔王氏故袭封衍圣公孔公鉴之母,德善夙著于闺门。今既追赐尔子诰命,揆厥原本,特赠尔为夫人,服此荣恩,永贵幽壤。

6.3.4 《阙里志》卷一六

宣德元年,皇帝遣太常寺寺丞孔克准,致祭于大成至圣文宣王。

仰惟先师,丕隆道德,表正纲常,集群圣之大成,为百王之仪范。兹余嗣位之初，谨用祭告永资圣化，翼我治平，尚飨。

（又见于《阙里志》卷六）

6.3.5 《大明宣宗章皇帝实录》卷一四

（宣德元年二月）丁卯，遣太子少傅工部尚书兼谨身殿大学士杨荣释奠先师孔子。

6.3.6 《大明宣宗章皇帝实录》卷二〇

（宣德元年八月）丁卯，遣翰林侍讲学士王英释奠先师孔子。

6.3.7 《大明宣宗章皇帝宝训》卷三

（宣德元年）十月，癸未，袭封衍圣公孔彦缙来朝。既退，上谕行在礼部尚书胡濙曰："先皇帝于其来朝亲定赏赐，盖重圣人之道，师其道则爱及其子孙。今当加倍。"于是赐彦缙金织纻丝、袭衣、钞、羊酒等物。

6.3.8 《大明宣宗章皇帝实录》卷二五

（宣德二年二月丁卯）遣太子少傅、工部尚书兼谨身殿大学士杨荣释奠先师孔子。

6.3.9 《大明宣宗章皇帝实录》卷二六

（宣德二年三月己酉）上御文华殿。翰林儒臣讲《孟子·离娄》章。

上曰："伯夷、太公皆处海滨而归文王。及武王伐纣，太公佐之，伯夷扣马而谏，所见何以不同？"

对曰："太公以救民为心，伯夷以君臣之义为重。"

上曰："然！太公之心在当时，伯夷之心在万世，无非为天下生民计也。"

6.3.10 《大明宣宗章皇帝宝训》卷三

宣德二年七月丁酉，改翰林院侍讲陈敬宗为国子司业。上曰："侍讲清华之职，司业师表之任，秩虽末，其任则重，亦可谓儒者之荣矣。"

6.3.11 《大明宣宗章皇帝实录》卷三〇

（宣德二年八月）丁巳，遣太子少傅、工部尚书兼谨身殿大学士杨荣释奠先师孔子。

6.3.12 《大明宣宗章皇帝实录》卷三二

(宣德二年十月)丙辰,上御奉天门,谕少师、吏部尚书蹇义等曰:"《书》云:万邦黎献,共惟帝臣,惟帝时举。盖天下未尝无贤,贤者亦皆愿仕,在乎人君举用之耳。朕下诏求贤,意亦诚切,天下之大岂无若伊尹、傅说、诸葛孔明者?而皆不见举比者一二。大臣所举荐,或既受职,即以贿闻,或以庸鄙,旷位大臣所举如此,朕何赖焉。卿以进贤退不肖为职,尤当为朕留意,举能其官惟尔之能,必使野无遗贤,官无废事,然后副朕意。"义等顿首受命。

6.3.13 《大明宣宗章皇帝实录》卷三二

(宣德二年十月)壬申,上御文华殿。翰林儒臣进讲《易》观大象毕。

上曰:"古者帝王有巡狩之礼,后世何以不行?"

讲臣对曰:"古之君臣上下往来以通礼意,至秦,尊君抑臣斯礼遂废。"

上曰:"亦世势不同也。舜时五载一巡狩,观《虞书》所载,二月至东岳,五月至南岳,八月至西岳,十一月至北岳,一年遍天下,五年又去。以后世观之,人君一出,千乘万骑,百姓供亿,不亦难乎?成周十二年一巡,已与虞时不同矣,况后世乎?予以为,治贵有实,效巡狩之礼,考制度,观民风,明黜陟,此其大节也。诚能体古帝王之心,选任贤良抚养百姓,崇德报功毕协至公,不患制度不一,民风不振,若以后世侍卫之众,征求之广,欲行时巡之礼难矣。"

6.3.14 《大明宣宗章皇帝实录》卷三六

(宣德三年二月丁巳)遣北京国子监祭酒贝泰释奠先师孔子。

6.3.15 《大明宣宗章皇帝实录》卷三七

(宣德三年二月癸酉)上退朝,御文华殿。翰林儒臣讲《舜典》竟。

上曰:"观二典三谟,则知万世君臣为治之道不出乎此。历象日月星辰,以闰月定四时。天道以明平治水土,奠高山大川,分别九州,任土作贡;地道以成克明峻德,以至协和万邦;人道以建九官十二牧,所掌礼乐刑政及养民之道。后世建官繁简虽不同,大要不出乎此。当时君臣都俞吁咈更相告戒,用图治功气象蔼然,何后世之不能及也?"

侍臣对曰:"明良相逢,故其治化之盛如此。"

上曰:"是盖天生圣人为后世法程。孔子删书,断自唐虞,使人知有尧舜。诚所谓万世帝王之师也。"

6.3.16 《大明宣宗章皇帝实录》卷四三

（宣德三年五月）辛未，福建建宁府儒学教授彭勖言尧、舜、禹、汤、文、武、周公之道，非孔子无以传，所谓集群圣之大成。濂、洛、关、蜀之学非朱子无以明，所谓集群贤之大成。孔子删述六经，垂宪万世，实后学之所法。朱子注释六经，折衷群言，乃后学之所宗。天生圣贤扶植纲常，传续斯道，莫有盛于孔子、朱子者。也洪惟我朝继天立极，圣圣相承，崇尚儒道。内自太学，外及府州县学咸立庙，祀先圣先贤，又于先圣孔子阙里立庙，皆以春秋致祭设教授，以训其子孙，建公爵，以贵其嫡嗣，尊崇之典无以复加。圣恩广大，万方共戴，且如唐张九龄、宋余靖辈有功德于当时者，至今尚蒙朝廷于其故址立祠，祭以特牲，著之祀典。切见先贤朱子虽列从祀，而建宁府故宅旧有祠堂未蒙春秋特祭，今已颓坏，子孙身服徭役，致令废学少齿士流乞。敕大臣定议葺其祠庙，以时致祭，教其子孙稍蠲徭役，俾天下后世咸称我朝崇报之盛典，而垂光于无穷，不胜幸甚。

上命行在礼部议之。

6.3.17 《文庙丁祭谱》卷二之一

戊申，（宣德）三年，命礼部考正从祀先贤名位，颁示天下。

6.3.18 《大明宣宗章皇帝实录》卷四六

（宣德三年八月）丁亥，遣太子少傅、工部尚书兼谨身殿大学士杨荣释奠先师孔子。

6.3.19 《大明宣宗章皇帝实录》卷四七

（宣德三年九月）庚寅，翰林院儒臣进讲《春秋》竟。

上曰："圣人匡世之功，忧世之心，备见此书。当时先王礼乐法度日隳废，乱臣贼子接迹而起，有此书而后天下皆知尊周。"

又曰："孔子作此书，以尊周为本。孟子乃以王天下劝齐梁之君，何也？"

侍臣对曰："孔子之时，周室虽微，天下犹知尊周。孟子之时，七国争雄，天下不复知有周矣。"

上曰："圣贤之心，无非为天下生民之计。孟子时，不有王者兴，何以解生民之涂炭？"遂赐讲臣坐命，左右赐果茗。

6.3.20 《大明宣宗章皇帝宝训》卷三

宣德四年正月戊辰，衍圣公孔彦缙欲遣人以钞往福建市书，虑远行，不敢自擅，咨于尚书胡濙。濙以闻。上曰："福建鬻书籍无禁，先圣子孙欲广构亦何必言，审度而后行，亦见其能慎。"其令有司依时直为买纸摹印，工力亦官给之。

6.3.21 《大明宣宗章皇帝实录》卷五一

宣德四年二月丁丑朔，遣北京国子监祭酒贝泰释奠先师孔子。

6.3.22 《大明宣宗章皇帝实录》卷五四

（宣德四年五月癸酉）上视朝退，御文华殿，读《典》《谟》之篇，率然成诗，以示廷臣。诗曰：大哉尧舜，君道高德，巍巍睦亲，敦九族施。惠渐群黎，命官察玑。衡勤民谨，天时文章，赫辉映贤，俊罔或遗。元凯及稷，契夷益与，皋夔雍容，庙堂上百。工用允厘，治教既修，举刑罚縻，所施祥征。卿云见乐，奏彩凤仪。盛治有如，此端拱已。无为犹闻，谨天戒兢，业恒自持，矧予素菲。薄夙夜念，在兹惟尔。卿大夫国，家所倚毗，进贤献忠，谠竭力殚。谋为庶几，懋功采将，追古雍熙，斯言出诚。悃勉挂尔，勿违当续，明良歌毋，取伐檀讥。

6.3.23 《大明宣宗章皇帝实录》卷五七

（宣德四年八月）丁丑，遣北京国子监祭酒贝泰释奠先师孔子。

6.3.24 《大明宣宗章皇帝宝训》卷三

（宣德四年）十月庚辰，上临视文渊阁。少傅杨士奇等侍。上命典籍取经史亲自披阅，与士奇等讨论，已询以时政，从容密勿者。久之，命中官出。尚膳酒馔赐士奇等，并赐纂修实录官。士奇等叩首谢。上曰："朕闻有道之治，愿治之主崇礼儒硕，讲求治道。卿等为朕传保，与诸学士皆处秘阁。朕躬至访问，冀有所闻耳。稍暇当复至。"

6.3.25 《大明宣宗章皇帝实录》卷六三

（宣德五年二月）丁丑，遣少傅、兵部尚书兼华盖殿大学士杨士奇释奠先师孔子。

6.3.26 《大明宣宗章皇帝实录》卷六九

（宣德五年八月）丁丑，遣少傅、工部尚书兼谨身殿大学士杨荣释奠先师孔子。

6.3.27 《大明宣宗章皇帝宝训》卷三

宣德五年九月甲寅，升北京国子监博士汪奉、许子谟为翰林院检讨。初监官考满者但复职至是，行在吏部言奉等应复职。上曰：“国子监官有例，复职因是优待儒者，但他官九载俱升职，监官独不可升乎？亦升其秩仍典教事，其升为翰林院检讨，仍理博士事。”

又曰：“若教官有学术，才识出众者，尤当不拘资格拔擢，勿谓儒者不可用。”

6.3.28 《大明宣宗章皇帝实录》卷七六

（宣德六年二月丙申）上屡诏求贤，虑尚有遗逸，作招隐之诗以示大臣，而自序之曰：“朕闻君子之学，将以施于用也，故其未仕则汲汲以明道。道既明矣，则汲汲以措之天下。伊尹耕于莘以尧舜之道自乐，然致君泽民未常忘也。其后圣莫如孔子，贤莫如孟轲，辙环天下亦欲行其道，岂以独善为高哉？秦汉以来始有好遁以自高，然于君臣之义未尽也。夫道出于天而赋于人，非使自善其身，盖用以兼善天下。故士君子当以伊尹、孔、孟为法。顾乃卷而怀之，遁于深山穷谷之中，与麋鹿为伍而废人之大伦，此岂得为贤哉？朕承祖宗鸿业，惟恐弗克，负荷旁求俊乂与之共理，诏书数下，命有司以理进之，其出为朕用者虽多，尚虑有未至者，故作诗以招之。天之生贤，道蕴厥身，幼学壮行，致君泽民。伊尹孔孟，皆古君子，孜孜行道，未常忘世。秦汉之里，以退为贤，绝类离伦，岂弗违天？嗟哉若人，于世奚补？区区百年，草木同腐。予嗣祖宗，统临万邦。求贤图治，宵肝皇皇。群才偕来，布列在位，道行身尊，百世之贵。缅彼山林，岂无遐遗，往而不来，悠悠我思。漱石枕流，远引高蹈。虽逸其身，而悖于道。卷阿之诗，梧桐凤凰，尔其幡然，予将尔扬。”

6.3.29 《大明宣宗章皇帝实录》卷七六

（宣德六年二月）丁酉，遣北京国子监祭酒贝泰释奠先师孔子。

6.3.30 《大明宣宗章皇帝实录》卷八二

（宣德六年八月）丁酉，遣少傅、兵部尚书兼华盖殿大学士杨士奇释奠先师孔子。

6.3.31 《大明宣宗章皇帝实录》卷八七

（宣德七年二月丁酉）遣少傅、兵部尚书兼华盖殿大学士杨士奇释奠先师孔子。

6.3.32 《大明宣宗章皇帝宝训》卷三

宣德七年五月辛未，上闻少詹事兼侍读学士王英母卒，问尚书胡濙曰："英母亦应得赐祭及营葬否？"

濙对曰："旧制官三品父母曾受封赠者，官为营葬。今英官四品。其母受五品封。"

上曰："儒臣，吾所优礼者，况非此母无此子。"其遣官赐祭，仍命有司治葬勿为例。

6.3.33 《大明宣宗章皇帝实录》卷九四

宣德七年八月，丁亥朔，遣北京国子监祭酒贝泰释奠先师孔子。

6.3.34 《大明宣宗章皇帝实录》卷九九

（宣德八年二月）丁亥，遣北京国子监祭酒贝泰释奠先师孔子。

6.3.35 《大明宣宗章皇帝实录》卷一〇〇

宣德八年三月甲寅朔，上御奉天门策礼部举人刘哲等九十九人。制曰："天启文治之祥，伏羲之王也，河出马图而八卦作。夏禹之兴也，洛出龟书而九畴叙。其理一，原于天而会于圣人之心。故以前民用，以建皇极万世，允赖焉夫一原于天也。而图与书何以不同具于圣人之心矣？何必卦因图而作，畴因书而叙说者，又谓洛书可以为《易》，河图亦可以为《（洪）范》？《易》《（洪）范》之兴果何所？则《易》至文王、周公、孔子，《（洪）范》至箕子而后益明。且备夫伏羲与禹之圣作之，何以犹未及备宋周子作《太极图》《通书》，所以发人《易》之蕴也，其要义安在？邵子推先天后天以明羲文之《易》也，其异旨何适？大抵言天者莫深于《易》，而必征于人；言治者莫详于《（洪）范》，而一本于天。朕潜心往圣，究惟至道，诚志乎文治之兴也。诸生讲明有素，其敷陈于篇，将亲择焉。"

6.3.36 《大明宣宗章皇帝实录》卷一〇四

（宣德八年八月）丁亥，遣北京国子监祭酒贝泰释奠先师孔子。

6.3.37 《大明宣宗章皇帝实录》卷一一二

（宣德九年八月）丁未，遣少傅、兵部尚书兼华盖殿大学士杨士奇释奠先师孔子。

6.3.38 《大明英宗睿皇帝宝训》卷一

宣德十年四月壬戌，以元学士吴澄从祀孔子庙庭。

先是，湖广慈利县儒学署教谕事举人蒋明奏，先儒有功于道学者，皆得从祀。近世之儒，若元翰林院学士临川吴澄，道尊孔子，学述六经，著书立言，师表当世，其功不下于许衡。既从祀，澄当如之。

上命行在礼部会官议，于是少傅、兵部尚书兼华盖殿大学士杨士奇等议曰："澄自十岁得朱熹所著《大学》，读之即知为学之要，既而潜心《（论）语》《孟（子）》《中庸》，遂大肆力于诸经。十五即有志圣贤之学，专务践履以道自任，其所自励有勤谨，敬和自新，自修消人欲，长天理，克己悔过理一。等铭其教学者，有《学基》《学统》等篇，深究濂、洛、关、闽之旨，考正《孝经》，校定《易》《书》《诗》《春秋》，正《仪礼》《小戴记》《大戴记》及邵雍、张载之书，有《易》《书》《春秋》《礼记》纂言，及《易》纂言外翼皆所以启大学之堂奥，开来学之聪明，传之百世而无毙也。时朝廷屡起之，乃就国子监丞稍进司业，一言不合即自解去。后屡征，虽起，未尝淹留进退之际，卓然君子。盖元之正学大儒惟许衡及澄二人。故卒后皆谥文，正我国家，表章四书五经及性理之学。凡澄所言皆见采录，其发明斯道之功，朱熹以来莫或过之。今若升澄从祀，允惬公议。"

上以崇儒重道正在旌异先贤，命礼部即行两京国子监及天下府州县儒学一体从祀，永为定制。

（又见于《文庙丁祭谱》卷二之一）

6.3.39 《明史·英宗前纪》

（宣德十年）夏四月壬戌，以元学士吴澄从祀孔子庙庭。

6.3.40 《大明英宗睿皇帝实录》卷八

（宣德十年八月）丁未，释奠先师孔子，遣太子少傅、工部尚书兼谨身殿大学士杨荣行礼。

6.3.41 《阙里志》卷一五

宣德十年十月二十一日，封五十七代孙孔谔为监察御史。敕曰：

朝廷设监察御史，欲其振纪纲，辨邪正，以弼成国家之治，厥任匪轻。文林郎行在云南道监察御史孔谔，先圣之后，以儒发身。擢宫春坊，再擢御史。历年既久，克效劳勤，是用赐之敕命，以示褒奖。夫官以察为名，以言为职，在明大体而略细故，在爱扶君子而戒小人。其益端尔志，坚尔守，毋私于法，毋挠于势，毋许以为质，毋苛以为能；明以烛之，公以行之。懋修而不懈，尚有显爵，以待尔成。钦哉！

6.3.42 《阙里志》卷六

（英宗）正统元年，英宗皇帝登极，谴国子监司业赵琬诣阙里祭告。

（又见于《文庙丁祭谱》卷二之一）

6.3.43 《大明英宗睿皇帝实录》卷一四

正统元年二月，丁酉，释奠先师孔子，遣礼部尚书兼翰林院学士杨溥行礼。

6.3.44 《大明英宗睿皇帝实录》卷二一

（正统元年八月）丁卯，释奠先师孔子，命少傅、工部尚书兼谨身殿大学士杨荣行礼。

6.3.45 《历代尊孔纪》

英宗正统元年秋七月，复圣贤后裔。令有司访求南宋衍圣公孔端友及宋儒周敦颐、程颢、程颐、司马光、朱熹后裔，蠲其徭役，祠墓倾圮者修之。

6.3.46 《大明英宗睿皇帝实录》卷二二

（正统元年九月乙未）命修曲阜县兖国复圣公庙。先是，儒士颜希仁奏，其祖庙颓圮，乞为修葺。行在工部请令曲阜、滋阳等县协力修理。从之。

6.3.47 《大明英宗睿皇帝实录》卷二七

（正统二年二月）丁卯，释奠先师孔子，遣礼部尚书兼翰林院学士杨溥行礼。

6.3.48 《明史·英宗纪》

（正统二年）六月乙亥，以宋胡安国、蔡沈、真德秀从祀孔子庙庭。

（又见于《明史·礼志·吉礼》、《文庙丁祭谱》卷二之一）

6.3.49 《大明英宗睿皇帝实录》卷三三

（正统二年八月）丁卯，释奠先师孔子，遣少傅、工部尚书兼谨身殿大学士杨荣行礼。

6.3.50 《大明英宗睿皇帝实录》卷三九

(正统三年二月丁巳)释奠先师孔子，遣礼部尚书兼翰林院学士杨溥行礼。

6.3.51 《阙里志》卷六

(英宗正统)三年，禁祀孔子于释、老宫。

(又见于《文庙丁祭谱》卷二之一)

6.3.52 《大明英宗睿皇帝实录》卷四〇

(正统三年三月癸丑)孔、颜、孟三氏子孙教授裴侃言："天下文庙惟论传道以列位次，阙里家庙宜正父子以叙彝伦。颜子、曾子、子思子也配享殿庭，无繇子晳、伯鱼父也从祀廊庑。匪惟名分不正，抑恐神不自安。况孔子父叔梁纥元已追封启圣王创殿，于大成殿西崇祀，而颜、孟父俱封公爵，惟伯鱼、子晳仍为侯爵。乞追封为公，偕颜、孟之父俱迁配启圣王殿。庶名位胥安人伦攸叙。"

又言："祭告孔子祝文称王，在天下则可，在子孙则不宜。乞易'惟王为仰；惟我祖增深仁厚，泽贻我子孙'二句于垂宪万世之下。"

上是其言，命行在礼部行之。仍命翰林院议伯鱼、子晳封号以闻。

(又见于《文庙丁祭谱》卷二之一)

6.3.53 《大明英宗睿皇帝实录》卷四五

(正统三年八月)丁巳，释奠先师孔子，遣少傅、工部尚书兼谨身殿大学士杨荣行礼。

6.3.54 《大明英宗睿皇帝实录》卷五一

(正统四年二月)丁巳，释奠先师孔子，遣少傅、工部尚书兼谨身殿大学士杨荣行礼。

6.3.55 《大明英宗睿皇帝实录》卷五八

(正统四年八月)丁丑，释奠先师孔子，遣少保、礼部尚书兼武英殿大学士杨溥行礼。

6.3.56 《大明英宗睿皇帝实录》卷六四

(正统五年二月)丁丑，释奠先师孔子，遣少师、工部尚书兼谨身殿大学士杨荣行礼。

6.3.57 《大明英宗睿皇帝实录》卷七〇

(正统五年八月)丁丑,释奠先师孔子,遣少保、礼部尚书兼武英殿大学士杨溥行礼。

6.3.58 《大明英宗睿皇帝实录》卷七六

(正统六年二月)丁丑,释奠先师孔子,命少保、礼部尚书兼武英殿大学士杨溥行礼。

6.3.59 《大明英宗睿皇帝实录》卷八二

(正统六年八月)丁卯,释奠先师孔子,遣行在翰林院学士苗衷行礼。

6.3.60 《大明英宗睿皇帝实录》卷八五

(正统六年十一月)丁酉,兖国复圣公庙成,御制碑文曰:朕惟圣贤之生,皆天以为世道、生民计,非偶然也。虽天处之有不同,而圣贤求所以仰副天之意者,则一心也。孔子之道,原于天而承于尧、舜、禹、汤、文、武、周公,孔子不得位,则惓惓于推明斯道,立教垂世以副天之意。盖周公而后必有孔子,而后帝王之道明,君臣父子之位正,尊卑、内外、贵贱之辩著。虽斯理在人心皆固有之,然非得孔子之教,则不能以皆明明之,有浅深则行之之效。亦因之有浅深,世道所以盛衰不齐也。向微孔子之教,斯世斯人几何其不沦于夷狄禽兽,此孔子之道所以为天下国家者不可一日以无也。

三千之徒,孔子独称颜子好学,独告以帝王之为治之大法,使孔子居尧舜之位,则颜子稷契之伦,圣贤之不得位与年皆天也。而使之得以为天地立心,为生民立命,为万世开太平,有以仰副天之意,亦天也。君子曰,圣人之蕴,微颜子殆不可见。发圣人之蕴,教万世无穷者,颜子也。嗟呼,孔子其太和元气,颜子其四时之春乎,非春其何以见太和之发育也。

曲阜故有孔、颜庙,祀我皇曾祖太宗文皇帝既新孔庙而亲制文书石,朕嗣统之七年,爰新颜庙,有司请文书石并系以诗曰:

巍巍宣圣,道配乾坤,化流天下,光阐人文。睿矣兖国,刚明纯粹。荡荡圣域,深造精诣。爰初四勿,以复天理,以居广居,进进无止。大经大本,一出于天,惟圣诚明,颜得其全。礼乐之授,王佐之期。鸣鸟不至,圣贤侧微。作范立教,永淑来世。报德暨功,代谨秩祀。东瞻鲁邦,生之所都,神灵在天,亦时来居。既作新庙，爰祗祀事。弼佐皇明，千万亿岁。

（又见于乾隆《山东通志》卷一一《阙里志三》、《阙里志》卷一九）

6.3.61 《大明英宗睿皇帝实录》卷八九

（正统七年二月）丁酉，释奠先师孔子，遣国子监祭酒李时勉行礼。

6.3.62 《大明英宗睿皇帝实录》卷九五

（正统七年八月）丁酉，释奠先师孔子，遣国子监祭酒杨溥行礼。

6.3.63 《大明英宗睿皇帝实录》卷一〇一

正统八年二月，丁亥朔，释奠先师孔子，遣国子监祭酒李时勉行礼。

6.3.64 《大明英宗睿皇帝实录》卷一〇七

（正统八年八月）丁亥，释奠先师孔子，遣翰林院侍讲曹鼐行礼。

6.3.65 《大明英宗睿皇帝宝训》卷一

正统八年八月壬辰，复宋儒周敦颐、程颢、程颐、司马光、朱熹子孙。先是，顺天府推官徐郁言："诸儒俱有功圣门，后世是赖，宜恤其子孙，俾修祠墓。"

上命所司访其后，至是以闻。上曰："我朝崇儒重道有隆无替。今去诸儒未远，苟弗恤其子孙，岂称崇重之意？然恩典亦不可滥，其嫡派子孙宜免差徭。"

6.3.66 《大明英宗睿皇帝实录》卷一一三

（正统九年二月）丁亥，释奠先师孔子，遣翰林院学士曹鼐行礼。

6.3.67 《大明英宗睿皇帝实录》卷一一四

正统九年三月辛亥朔，上幸国子监。

前期一日，国子监洒扫殿堂。锦衣卫设御幄于大成门东南向，设御座于彝伦堂。至日，太常寺陈设祭品于各神位前，酒樽爵如常仪设。上拜位于先师神位前，正中鸿胪寺设御案，于堂内置经于其上，设讲案于堂西南。锦衣卫设卤簿，教坊司设大乐，俱于午门外。

百官朝退，先诣国子监门外迎驾，陪祀官先诣国子监，具祭服伺候行礼。驾出，卤簿大乐。以次，导行乐设而不作，学官率诸生迎驾于成贤街左驾，至学官及诸生跪俯伏叩头。兴学官陪祭诸生，先由太学东西小门入列于堂下东西序立，驾入棂星门，卤簿大乐，俱止门外。

上至大成门外，入御幄。礼官奏请具皮弁服，次奏请行礼。导引官导上出御幄，由中道诣大成殿陛上，典仪唱，执事官各司其事。执事官先斟酒于爵候，导引上至拜位，赞奏就位。百官亦各就拜位。四配十哲分献官各诣殿陛东西阶下两庑，分献官各诣庑前俱北向立赞奏。上鞠躬拜兴，拜兴平身，通赞百官行礼，同赞奏搢圭。上搢圭，执事官跪进爵，上受爵献毕，复授执事官，奠于神位前。奏出圭，上出圭。四配十哲两庑分献官以次诣神位前奠爵，讫以次复位立赞奏。上鞠躬拜兴，拜兴平身，通赞百官行礼。同导引官导上由中道出。分献官以次退。上入御幄，易常服，讫礼官奏请幸彝伦堂。上升舆。礼官导由棂星门出，从太学门入。学官诸生各东西分列序立，官前生后。驾至学官，诸生跪俟驾。过，然后起，仍序立。百官分列堂外稍上，左右侍立。上至彝伦堂，升御座，赞学官诸生行五拜叩头礼，仍序立于堂下。三品官以上及翰林院学士升堂，执事官各以次序立赞，进讲、祭酒、司业以次升，由堂西小门入至中堂，执事官举案于御前，礼官奏请授经于讲官，讲官跪受。上赐讲官坐，讲官以经置讲案，就西南隅几榻坐。上赐武官都督以上、文官三品以上及翰林院学士坐，皆叩头，序坐于东西。诸生圜立以听。祭酒李时勉讲《尚书》"帝庸作歌"章毕，叩头退复位。司业赵琬讲《周易·乾》"九五文言"毕，叩头，下堂复位。赞唱、有制、学官、诸生列班俱北面跪听制谕。

制曰："宣圣之道，万世所宗。在尔师生，理当修进。臻于至极，尚其勉之。"

赞行五拜叩头礼毕，学官诸生以次退，先从东西小门出，仍于成贤街列班伺候。尚膳监进茶御前，上命光禄寺赐各官茶毕，各官退列堂门外叩头，序立驾兴。升舆，由太学门出。升辇，卤簿大乐。前导乐作，驾出太学门，学官诸生俟驾，至跪叩头退。百官常服先诣午门外俟候。驾还，卤簿大乐，止于午门外。上御奉天门鸣鞭，百官常服鸿胪寺致词，行庆贺礼鸣鞭毕，驾兴，还宫。百官退。

（又见于《阙里志》卷六、《明史·英宗纪》、《文庙丁祭谱》卷二之一）

6.3.68 《大明英宗睿皇帝实录》卷一二〇

正统九年八月，丁未朔，释奠先师孔子，遣翰林院学士陈循行礼。

6.3.69 《大明英宗睿皇帝实录》卷一二六

（正统十年二月丁未）释奠先师孔子，命翰林院侍讲马愉行礼。

6.3.70 《大明英宗睿皇帝实录》卷一三二

（正统十年八月）丁未，释奠先师孔子，遣翰林院学士钱习礼行礼。

6.3.71 《大明英宗睿皇帝实录》卷一三八

（正统十一年二月）丁未，释奠先师孔子，遣吏部左侍郎兼翰林院学士曹鼐行礼。

6.3.72 《大明英宗睿皇帝实录》卷一四四

正统十一年八月丙申朔丁酉，释奠先师孔子，遣户部右侍郎兼翰林院学士陈循行礼。

6.3.73 《大明英宗睿皇帝实录》卷一五〇

（正统十二年二月）丁酉，释奠先师孔子，遣户部右侍郎兼翰林院学士陈循行礼。

6.3.74 《大明英宗睿皇帝实录》卷一五七

（正统十二年八月）丁卯，释奠先师孔子，遣国子监祭酒萧镃行礼。

6.3.75 《大明英宗睿皇帝实录》卷一六三

正统十三年二月丁巳朔，释奠先师孔子，遣户部右侍郎兼翰林院学士陈循行礼。

6.3.76 《大明英宗睿皇帝实录》卷一六九

（正统十三年八月）丁巳，释奠先师孔子，遣户部右侍郎兼翰林院学士陈循行礼。

6.3.77 《大明英宗睿皇帝实录》卷一七五

（正统十四年二月）丁巳，释奠先师孔子，遣工部右侍郎兼翰林院学士高穀行礼。

6.3.78 《大明英宗睿皇帝实录》卷一八一

（正统十四年八月丁巳）释奠先师孔子，遣国子监祭酒萧镃行礼。

6.3.79 《阙里志》卷一六

景泰元年正月初五日，敕孔、颜、孟三氏子孙，袭封衍圣公孔彦缙等：

朕以今年二月初吉，躬临太学祀先圣先贤，尔三氏子孙各以贤而长者三、四人来。限正月二十五日至京师。有司一体应付口粮，毋或稽违，如敕奉行。

6.3.80　《阙里志》卷一六

景泰元年，岁次庚午某月日，皇帝遣翰林院侍讲吴节，致祭于大成至圣文宣王。

仰惟先师，丕明古昔，帝王之道，以正纲常，垂宪万世，功德高厚，与天地同。予嗣承大统，祗严祀事，用祈神化，佑我治平。尚飨。

（又见于《阙里志》卷六、《文庙丁祭谱》卷二之一）

6.3.81　《大明英宗睿皇帝实录》卷一八九

（景泰元年二月）丁丑，释奠先师孔子，命国子监祭酒萧镃行礼。

6.3.82　《大明英宗睿皇帝实录》卷一九五

（景泰元年八月）丁丑，释奠先师孔子，遣国子监祭酒萧镃行礼。

6.3.83　《大明英宗睿皇帝实录》卷二〇一

（景泰二年二月）辛未，驾幸太学，释奠先师孔子。命太保宁阳侯陈懋、少保兼兵部尚书于谦、太子太保兼吏部尚书王直、户部尚书兼翰林院学士陈循、工部尚书兼翰林院学士高谷、户部右侍郎兼翰林院学士江渊、翰林院学士商辂、翰林院侍讲学士刘铉分献四配十哲两庑。礼毕，幸彝伦堂。祭酒萧镃、司业赵琬讲书毕，驾还宫。

壬申，以幸太学礼成，国子监祭酒萧镃率诸生上表谢恩。帝御奉天门，赐袭衣钞绢，筵晏故事幸太学，赐讲官纻丝罗衣各一袭，学官纻丝衣一袭，监生钞五锭。是日，特命讲官增冠带，监生增绢一匹。

（又见于《明史·景帝纪》）

6.3.84　《大明英宗睿皇帝实录》卷二〇一

（景泰二年二月）丁丑，释奠先师孔子，命户部右侍郎兼翰林学士江渊行礼。

（又见于《文庙丁祭谱》卷二之一）

6.3.85　《大明英宗睿皇帝实录》卷二〇七

（景泰二年八月）丁卯，释奠先师孔子，命户部尚书兼翰林院学士陈循行礼。

6.3.86 《大明英宗睿皇帝实录》卷二一三

（景泰三年二月）丁卯，释奠先师孔子，命国子监祭酒刘铉行礼。

6.3.87 《文庙丁祭谱》卷二之一

壬申，（景泰）三年，官颜、孟子孙一人翰林院五经博士，世袭承祀。

颜子后希惠，孟子后希文。此先贤后裔置博士之始。

6.3.88 《大明英宗睿皇帝实录》卷二一九

（景泰三年八月）丁卯，释奠先师孔子，遣少保兼太子太傅、户部尚书、文渊阁大学士陈循行礼。

6.3.89 《大明英宗睿皇帝实录》卷二二六

（景泰四年二月）丁酉，释奠先师孔子，遣少保兼太子太傅、工部尚书、东阁大学士高穀行礼。

6.3.90 《大明英宗睿皇帝实录》卷二三二

（景泰四年八月丁亥）释奠先师孔子，遣太子少师、户部右侍郎、翰林院学士萧镃行礼。

6.3.91 《大明英宗睿皇帝实录》卷二三八

（景泰五年二月）丁亥，释奠先师孔子，遣少保兼太子太傅、户部尚书、文渊阁大学士陈循行礼。

6.3.92 《大明英宗睿皇帝实录》卷二四四

（景泰五年八月）丁亥，释奠先师孔子，遣兵部左侍郎、翰林院学士兼左春坊大学士商辂行礼。

6.3.93 《文庙丁祭谱》卷二之一

乙亥，（景泰）六年春二月，增两庑祭品。

秋九月，壬寅，诏以周敦颐后冕[①]、程颐后克仁、朱熹后梃[②]为世袭五经

---

① 《明史·景帝纪》记载时间为“景泰七年五月辛卯”。

② 《明史·景帝纪》记载时间为“景泰六年六月乙亥”。

博士。

（又见于《明史·景帝纪》）

6.3.94 《大明英宗睿皇帝实录》卷二五〇

（景泰六年二月丁丑）释奠先师孔子，遣少保、太子太傅、户部尚书、文渊阁大学士陈循行礼。

6.3.95 《大明英宗睿皇帝实录》卷二五七

（景泰六年八月）丁未，释奠先师孔子，遣太子少师兼户部右侍郎、翰林院学士萧镃行礼。

6.3.96 《阙里志》卷一五

景泰六年九月初四日，进詹事府主簿孔公礼征事郎。敕曰：

朕于官僚，皆简任文学之臣，而其大小众务则属之詹事。乃若典簿书亦必得人，斯为称焉。尔詹事府主簿厅主簿孔公礼，系自阙里领荐，乡间擢任教官，进阶国学，迨迁今职，克效其勤。是用进尔阶征事郎，赐之敕命。尔尚益尽乃心，懋修不懈，无忝厥职。钦哉。

6.3.97 《大明英宗睿皇帝实录》卷二六一

（景泰六年十二月甲寅）命故袭封衍圣公孔彦缙孙弘绪袭封，敕之曰："朕惟自古圣帝明王之道覆冒天下，然但行之于当时。若夫明之，使为法于天下后世，如布帛菽粟不可一日而无者，则惟先师孔子。肆历代帝王至于我祖宗尊崇之典，靡不至焉。尔祖彦缙以先师嫡嗣蚤承封爵，朕方优于礼待，讵意溘先朝露肆。特命尔袭爵，以奉先师祀事。尔尚钦承祖德，修身谨行以孝弟为先，力学亲贤以诗礼为本，和敬以睦族姻，仁厚以处乡党。毋骄毋傲，惟俭惟良，庶无忝以宗亲，且有光于朕命。"

（又见于《阙里志》卷一五）

6.3.98 《阙里志》卷一五

景泰六年十二月二十三日，封六十一代孙孔弘绪为衍圣公。制曰：帝王之道，待孔子而后明，尊崇之典显其世而后至，此有国者之常礼，而我祖宗之以来之盛心也。先师孔子六十一代孙孔弘绪既禀令资，而为世嫡，宜膺封爵，以绍儒宗。特命袭封衍圣公孔公。惟德可以绳先，惟学可以希圣。往惟懋毖，光宠是承。钦哉。

封衍圣公孔弘绪妻李氏为夫人。制曰：朕惟先圣之后，显荣于时，名位既荣于其身，而推恩以及其伉俪者，所以广异数而厚彝伦也。封衍圣公孔弘绪妻李氏赋性端庄，禀资淑静。习闲礼教，早钟秀于名门，式著壸仪，宜作配于华胄。承家相祀，妇道惟修。爰赐殊恩，以示褒显。兹特封为衍圣公夫人。尚其益勤内助，永绥嘉命。钦哉。

赠六十代孙孔承庆袭封衍圣公孔公。制曰：朕惟积善在躬，余庆必垂于后，显荣于国，宠命必及其先。况为先圣之后人，其体尤宜于加等。尔孔承庆乃袭封衍圣公孔弘绪之父，潜德弗耀，为时善人，胡不永年，幸生贤嗣。子既袭于封爵，尔亦宜有褒崇。是用追赠尔为衍圣公。呜呼！生有善誉，殁有荣名，尚克歆承，永光祚应。

赠衍圣公孔承庆妻王氏为太夫人。

6.3.99 《大明英宗睿皇帝实录》卷二六一

（景泰六年十二月）辛酉，都察院左佥都御史徐有贞奏："臣比以公务往山东兖州府邹县，盖颜、孟二氏子孙世居之地，闻前元时尝拨赡庙祭田六十顷，二氏分种以供粢盛，兼以养赡族人。国初以来，因之不革，其后子孙微弱不能守，被人侵占。虽尝讼于官而未能追理退还，以致无田供祭。即今蒙恩赐官者日用粗给，其举族之众未免饥寒。切惟颜氏之德、孟子之功宗传先圣，垂裕后来万世，人君所共尊礼故，虽胡元之君亦知崇尚，而拨田赡庙。矧圣朝惇典庸礼之盛，皇上崇儒重道之至而忍使其祭田不供，子孙失所乎？臣又伏见，皇上亲行视学，特召孔、颜、孟三氏子孙陪从，仍授颜、孟二氏孙以近侍。儒官其优待之恩有隆无替，诚超轶前代之君矣。兹其祭田之缺，子孙之苦，有司不为分理，使者不以上闻，非惟有负先圣之教，抑且有负皇上之恩意？岂不兴圣世缺典，儒道无人之叹哉！乞敕该部移文山东督令，有司将原给田履亩覆视，免其征租，退还二氏并从嗣，授官掌其岁入，赡庙供祭之外赈给族氏。此外或供赡不敷或乏力垦种，更乞以附近废弃之地量益数顷，仍如孔庙例拨佃户助种。尤见特恩。"

帝悉从其言，命追给赡庙田外各益田二十顷，佃户十家。

6.3.100 《大明英宗睿皇帝实录》卷二六一

（景泰六年十二月甲子）赐袭封衍圣公孔弘绪玉轴诰命，并赠其父承庆为衍圣公，封母王氏为夫人。

6.3.101 《大明英宗睿皇帝实录》卷二六三

（景泰七年二月）丁未，释奠先师孔子，遣兵部左侍郎兼翰林院学士左春坊大学士商辂行礼。

6.3.102　《大明英宗睿皇帝实录》卷二六九

（景泰七年八月）丁未，释奠先师孔子，遣太子少师、户部尚书翰林院学士萧镃行礼。

6.3.103　《阙里志》卷六

（英宗）天顺元年，英宗复位，遣工科左给事中孙昱诣阙里祭告。

（又见于《文庙丁祭谱》卷二之一）

6.3.104　《大明英宗睿皇帝实录》卷二七五

（天顺元年二月丁酉）丁未，释奠先师孔子，遣兵部尚书兼翰林院学士徐有贞行礼。

6.3.105　《大明英宗睿皇帝实录》卷二八一

（天顺元年八月）丁酉，释奠先师孔子，遣吏部尚书兼翰林院学士李贤行礼。

6.3.106　《文庙丁祭谱》卷二之一

（天顺元年）冬十二月，奉安先师及四配像于文渊阁。

6.3.107　《大明英宗睿皇帝实录》卷二八七

（天顺二年二月）丁酉，释奠先师孔子，遣吏部尚书兼翰林院学士李贤行礼。

6.3.108　《大明英宗睿皇帝实录》卷二九四

天顺二年八月丙辰朔丁巳，释奠先师孔子，遣吏部尚书王翱行礼。

6.3.109　《大明英宗睿皇帝实录》卷三百

（天顺三年二月）丁巳，释奠先师孔子，遣吏部尚书兼翰林院学士李贤行礼。

6.3.110　《大明英宗睿皇帝实录》卷三〇六

（天顺三年八月）丁巳，释奠先师孔子，遣吏部尚书兼翰林院学士李贤行礼。

6.3.111　《大明英宗睿皇帝实录》卷三一二

（天顺四年二月）丁巳，释奠先师孔子，遣吏部尚书兼翰林院学士李贤行礼。

6.3.112 《大明英宗睿皇帝实录》卷三一八

(天顺四年八月)丁未,释奠先师孔子,遣吏部尚书王翱行礼。

6.3.113 《大明英宗睿皇帝实录》卷三二五

(天顺五年二月)丁丑,释奠先师孔子,遣吏部尚书兼翰林院学士李贤行礼。

6.3.114 《大明英宗睿皇帝实录》卷三三一

(天顺五年八月)丁丑,释奠先师孔子,遣吏部尚书王翱行礼。

6.3.115 《大明英宗睿皇帝实录》卷三三七

(天顺六年二月)丁卯,释奠先师孔子,遣太子少保、吏部尚书兼翰林院学士李贤行礼。

6.3.116 《大明英宗睿皇帝实录》卷三四三

(天顺六年八月)丁卯,释奠先师孔子,遣太子少保、吏部尚书兼翰林院学士李贤行礼。

6.3.117 《大明英宗睿皇帝实录》卷三四九

(天顺七年二月)丁卯,释奠先师孔子,遣太子少保、吏部尚书兼翰林院学士李贤行礼。

6.3.118 《大明英宗睿皇帝实录》卷三五六

天顺七年八月丁亥朔,释奠先师孔子,遣太子少保、吏部尚书王翱行礼。

6.3.119 《大明宪宗纯皇帝实录》卷二

(天顺八年二月丁亥)释奠先师孔子,遣吏部尚书王翱行礼。

6.3.120 《文庙丁祭谱》卷二之一

甲申天顺八年七月,遣官诣曲阜祭孔林。诏重修阙里孔子庙。

6.3.121 《明史·宪宗纪》

(天顺八年八月)甲申,命儒臣日讲。

6.3.122 《大明宪宗纯皇帝实录》卷八

(天顺八年八月)丁亥,释奠先师孔子,遣太子少保、吏部尚书王翱行礼。

第4节　明宪宗、孝宗评儒

6.4.1 《阙里志》卷一六

成化元年月日,皇帝遣吏部右侍郎尹旻致祭于大成至圣文宣王:

仰惟先师,以天纵之圣,为文教之宗,为万世之下,纲常正而世道隆,实有赖焉。兹予嗣位之初,景仰维深,特申祭告,永贤圣化,翊我皇猷。尚飨。

(又见于《阙里志》卷六、《文庙丁祭谱》卷二之一)

6.4.2 《大明宪宗纯皇帝实录》卷一四

(成化元年二月)丁亥,释奠先师孔子,遣少保、吏部尚书兼华盖殿大学士李贤行礼。

(又见于《明史·宪宗纪》、《阙里志》卷六[①])

6.4.3 《大明宪宗纯皇帝实录》卷一五

(成化元年三月)己未,诏宴孔、颜、孟三氏子孙,衍圣公孔弘绪等于礼部,故事视学、祭酒以下皆宴于奉天门。至是,免宴以弘绪等远来,特宴之。

6.4.4 《大明宪宗纯皇帝实录》卷一五

(成化元年三月)庚申,祭酒、司业率学官诸生谢恩。上赐敕,谕之曰:“朕惟国家建学育才,用图治理仪文之备,视古加隆。而大学乃聚教天下之士,风化自是而出,所关尤重。肆我祖宗列圣兴崇,表励先后一心。兹朕嗣统纪元之初,式遵成宪,躬临太学祇谒先师孔子,劝励师生。顾惟经邦辅治,非学不能成德达才,非教不可而进为之方,舍六经孔子之道奚法焉?尔师生尚其勉,率慎由善乃教,端乃学,穷理修负,务臻其极。庶几,四方颙然向风,予一人收济济多士之

① 《明史·宪宗纪》《阙里志》卷六均为“(成化元年二月)丁巳,释奠于先师孔子”。

效，天下其永底雍熙。钦哉！”祭酒捧敕主监开读如常仪。

（又见于《大明宪宗纯皇帝宝训》卷二）

6.4.5 《大明宪宗纯皇帝实录》卷一六

（成化元年四月丁丑）减曲阜县孔氏子孙田租三分之二。孔子五十六代孙克晌以子孙繁衍、日用不给乞蠲应输之租。上曰：“孔子有功于万世，其子孙所在优恤。”命有司减其租。

6.4.6 《大明宪宗纯皇帝实录》卷二〇

成化元年八月丙子朔丁丑，释奠先师孔子，遣少保、吏部尚书兼华盖殿大学士李贤行礼。

6.4.7 《大明宪宗纯皇帝实录》卷二六

成化二年二月[①]癸酉朔，重修阙里孔子庙成。上制文以纪其成。曰：“朕惟孔子之道，天下一日不可无焉。何也？有孔子之道，则纲常正而伦理明，万物各得其所；不然，则异端横起，邪说纷作。纲常何自而正？伦理何自而明？天下万物又岂能各得其所哉？是以生民之休戚系焉，国家之治乱关焉，有天下者，诚不可一日无孔子之道也。

“盖孔子之道，即尧、舜、禹、汤、文、武之道，载于六经者是已。孔子则从而明之，以诏后世耳。故曰，天将以夫子为木铎。使天不生孔子，则尧、舜、禹、汤、文、武之道，后世何从而知之。将必昏昏冥冥，无异于梦中，所谓万古如长夜也。由此观之，则天生孔子，实所以为天地立心，为生民立命，为往圣继绝学，为万世开太平者也。其功用之大，不但同乎天地而已。

“噫，盛矣哉！诚生民以来之所未有者，宜乎弟子形容其圣不一而足。至于《中庸》一书，而发明之无余蕴矣。自孔子以后，有天下者无虑十余代，其君虽有贤否、智愚之不同，孰不赖孔子之道以为治？其尊崇之礼，愈久而愈彰，愈远而愈盛。观于汉魏以来，褒赠加封可见矣。

“迨我祖宗，益兴学校、益隆祀典，自京师以达于天下郡邑，无处无之，而在阙里者尤加之意焉。故太祖高皇帝登极之初，即遣官致祭，为文以著其盛，而立碑焉。太宗文皇帝重修庙宇而一新之，亦为文以纪其实而立碑焉。

“朕嗣位之日，躬诣太学，释奠孔子。复因阙里之庙岁久渐弊，而重修之。

---

① 《阙里志》卷一九载为“成化四年六月十一日”；《文庙丁祭谱》卷二之一载为“成化四年夏六月”。

至是毕工，有司以闻，深慰朕怀。

“呜呼！孔子之道之在天下，如布帛菽粟，民生日用不可暂缺。其深仁厚泽，所以流被于天下后世者，信无穷也。为生民之主者，将何以报之哉？故新其庙貌，而尊崇之。尊崇之者，岂徒然哉？冀其道之存焉。

“尔使孔子之道，常存而不泯，则纲常无不正，伦理无不明，而万物亦无有不得其所者。行将措斯世于雍熙、泰和之域，而无异于唐虞三代之盛也。久安长治之术端在于斯用，是为文勒石，树于庙庭，以昭我朝崇儒重道之意焉。系以诗曰：

“‘天生孔子，纵之为圣，生知安行，仁义中正。师道兴起，从游三千，往圣是继，道统流传。六经既明，以诏后世，三纲五常，昭然不替。道德高厚，教化无穷，人极斯立，天地同功。生民以来，卓乎独盛，允集大成，实天所命。有天下者，是尊是崇，曰惟圣道，曷敢弗宗。顾予眇躬，承此大业，惟圣之谟，于心乃惬。用之为治，以康兆民，圣泽流被，万世聿新。报典之隆，尤在阙里，庙宇巍巍，于兹重美。文诸贞石，以光于前，木铎遗响，余千万年。’”①

（又见于《阙里志》卷一九、《文庙丁祭谱》卷二之一）

6.4.8　《大明宪宗纯皇帝实录》卷二六

（成化二年二月）丁丑，释奠先师孔子，遣少保、吏部尚书兼华盖殿大学士李贤行礼。

6.4.9　《明史・礼志・吉礼》

成化二年，追封董仲舒广川伯，胡安国建宁伯，蔡沈崇安伯，真德秀浦城伯。

（又见于《文庙丁祭谱》卷二之一）

6.4.10　《大明宪宗纯皇帝实录》卷三三

（成化二年八月）丁未，释奠先师孔子，遣太子太保兼吏部尚书王翱行礼。

6.4.11　《大明宪宗纯皇帝实录》卷三九

成化三年二月丁酉朔，释奠先师孔子，遣太子少保、户部尚书马昂行礼。

---

①　《大明宪宗纯皇帝实录》卷二六记载与《成化孔子碑》记载稍有出入。《成化孔子碑》记载时间为“成化四年六月十一日”，或许是刻碑的时间。今时间以《大明宪宗纯皇帝实录》卷二六为准，内容以《成化孔子碑》为准。

6.4.12 《大明宪宗纯皇帝实录》卷三九

(成化三年二月丁巳)礼部奏,浙江按察司佥事辛访言,欲将宋儒何基等,赐以封爵俾之,从祀下。礼部尚书兼翰林院学士陈文等议,从祀孔庙者,必有得于圣道之传。公论攸在,焉敢轻为?进止当进而进之,固以重圣道;不当进而止之,亦以重圣道。昔宋朱文公熹与吕成公祖谦皆传圣道,而金华郡儒者何基、王柏、金履祥、许谦师徒,累叶出于文公之后,以居于成公之乡,其于斯道不为不造其涯涘,然达渊源则未也。今欲攀援胡安国、蔡沉、真德秀、吴澄例以之从祀,夫曷敢焉。何也?安国作《春秋》传,蔡沉作《尚书》传,学校以育士,科目以取才,其用专矣;德秀所述《大学衍义》,以之进读,以之劝讲;澄所述诸经,纂言羽翼圣经,折衷诸子,其功伟矣。何、王、金、许四子之所以为书,其用心恐未若是专,其功恐未若是伟,奚敢轻进之哉?访又曰:何、王、金、许朱子之世,适夫作于朱子之先,而贤贤相承,若朱子之曾祖祢者,杨中立、罗仲素、李愿中,既不得以是之故而列从祀矣。出于朱子之后而贤贤相承,若朱子之子孙曾玄者,何、王、金、许尚安得以是之故而列从祀焉?矧圣道犹天地,仰观于天,水星微也。然以其从日,以其纬天,故得与于五星之列。他星有大于水者,不得以与。俯察于地,济渎微也。然以其清入地,以其近宗海,故得与于四渎之列。他水有大于济者,不得以与。由是言之,何、王、金、许不得攀胡、蔡、真、吴四子从祀之列,亦难加赐封爵,止可若龟山杨中立之例立祠乡郡,春秋祭祀,于理为当宜行。本院定拟祠额,撰祭文类行浙江金华府,建立祠庙,每岁春秋备仪遣本府官致祭。从之。

6.4.13 《大明宪宗纯皇帝实录》卷四五

(成化三年八月)丁酉,释奠先师孔子,遣礼部尚书兼翰林院学士陈文行礼。

6.4.14 《大明宪宗纯皇帝实录》卷五一

(成化四年二月)丁酉,释奠先师孔子,遣太子少保、礼部尚书兼文渊阁大学士陈文行礼。

6.4.15 《大明宪宗纯皇帝宝训》卷二

成化四年二月辛亥,六科给事中、十三道监察御史皆言掌太常寺事、礼部尚书李希安发身道士,不宜令预经筵。上曰:“经筵之设,所以讲明道学,关系甚重,故侍从皆用文学之臣。希安既非儒流,可罢侍班。但令供礼官之职。”

6.4.16　《大明宪宗纯皇帝实录》卷五七

(成化四年八月丁酉)释奠先师孔子，遣吏部尚书李秉行礼。

6.4.17　《明宪宗纯皇帝实录》卷六三

(成化五年二月)丁亥，释奠先师孔子，遣兵部尚书兼翰林院学士商辂行礼。

6.4.18　《大明宪宗纯皇帝宝训》卷二

成化五年二月庚戌，大学士彭时等以衍圣公孔弘绪犯法，得旨械京问理，上奏弘绪贪淫暴虐，依法提问，固所当然，但望皇上念先师扶世立教之功，(免)其桎梏，待取至京，议奏处治。盖律其八议，弘绪正合应议之例。

6.4.19　《明宪宗纯皇帝实录》卷七〇

(成化五年八月)丁巳，释奠先师孔子，遣礼部尚书姚夔行礼。

6.4.20　《明宪宗纯皇帝实录》卷七六

(成化六年二月)丁巳，释奠先师孔子，遣太子少保、吏部尚书兼文渊阁大学士彭时行礼。

6.4.21　《明宪宗纯皇帝实录》卷八二

(成化六年八月)丁未，释奠先师孔子，遣太子少保、吏部尚书兼文渊阁大学士彭时行礼。

6.4.22　《明宪宗纯皇帝实录》卷八八

(成化七年二月)丁未，释奠先师孔子，遣太子少保、吏部尚书兼文渊阁大学士彭时行礼。

6.4.23　《明宪宗纯皇帝实录》卷九四

(成化七年八月)丁未，释奠先师孔子，遣兵部尚书兼翰林院学士商辂行礼。

6.4.24　《明宪宗纯皇帝实录》卷一〇一

(成化八年二月)丁丑，释奠先师孔子，遣太子少保、吏部尚书兼文渊阁大学士彭时行礼。

6.4.25 《明宪宗纯皇帝实录》卷一〇七

（成化八年八月）丁卯，释奠先师孔子，遣礼部左侍郎兼翰林院学士万安行礼。

6.4.26 《明宪宗纯皇帝宝训》卷一

成化九年二月丁丑，上命儒臣考订宋儒朱熹《资治通鉴》纲目，尽去其后儒所注、考异、考证诸书，而以王逢集览、尹起莘发明附其后。既成，上命刻梓以传，亲制序于卷首曰：朕惟朱子《通鉴》纲目实备《春秋》经传之体，明天理，正人伦，褒善贬恶，词严而义精，其有功于天下后世大矣。顾传刻岁久，间有缺讹，甚至书法与所著凡例、提要或有不同，是以后人疑焉，有考证之作两存其说，终莫能定。朕尝深求其故矣。盖凡例、提要乃朱子亲笔以授门人，使据之以成书。及书既成，再加笔削，则随事立文时有小异，而大体终不出乎。劝惩之外岂可一一致疑其间。昔者五经同异，赖汉宣帝命诸讲论于石渠阁，亲称制，临决然后归一。朕于纲目斯有意焉，特命儒臣重加考订，集诸善本证以凡例，缺者补之，羡者去之，事关大义，若未逾年改元者，依例正之。至若汉初纪年，首冬惟景帝中后二年，旧史误列冬十月于岁终，朱子虽以传疑，而吕氏其余书法与凡例小异，无大关涉者，悉仍其旧尽去考异、考证，不使并传，所以免学者之疑，成朱子笔削之志也。考订上呈具如朕意，纲目于是为完书矣。於戏！是书所载，自周秦汉晋历南北朝隋唐以及五季凡千三百六十二年之间，明君良辅有以昭其功，乱臣贼子无所逃其罪，而疑事悖礼咸得以折衷焉。俾后世为君臣者，因之为鉴戒劝惩，而存心施政胥由正道，图臻于善治，其于名教岂小补哉？然则是诚足以继先圣之《春秋》，为后人之轨范，不可不广其传也。因命缮录定本附以凡例，并刻诸梓以传爰序首简俾，读者知所自云。

6.4.27 《明宪宗纯皇帝实录》卷一一三

（成化九年二月）丁卯，释奠先师孔子，遣兵部尚书兼翰林院学士商辂行礼。

6.4.28 《明宪宗纯皇帝实录》卷一一九

（成化九年八月）丁卯，释奠先师孔子，遣礼部尚书兼翰林院学士万安行礼。

6.4.29 《明宪宗纯皇帝实录》卷一二五

（成化十年二月）丁巳，释奠先师孔子，遣太子少保、兵部尚书兼文渊阁大学士彭时行礼。

6.4.30 《明宪宗纯皇帝实录》卷一三二

(成化十年八月)丁亥,释奠先师孔子,遣户部尚书兼翰林院学士商辂行礼。

6.4.31 《明宪宗纯皇帝实录》卷一三八

(成化十一年二月)丁亥,释奠先师孔子,遣礼部尚书兼翰林院学士万安行礼。

6.4.32 《明宪宗纯皇帝实录》卷一四四

成化十一年八月丁丑朔,释奠先师孔子,遣太子少保、吏部尚书兼文渊阁大学士商辂行礼。

6.4.33 《明宪宗纯皇帝实录》卷一五〇

成化十二年二月乙亥朔丁丑,释奠先师孔子,遣户部尚书兼文渊阁大学士商辂行礼。

6.4.34 《明宪宗纯皇帝实录》卷一五五

(成化十二年七月癸亥)国子监祭酒周洪谟等奏,臣闻近日建言者或欲加孔子封号,或欲封孔子为帝,要见本朝尊崇先圣之意,以备一代之制。臣按宋元加“大成至圣”云者,不过言集群圣之大成耳,初不见圣人化泽流行于后世之意。若欲形容圣人道德之妙化泽之远,必须以“圣神广运”为词。盖此四字惟孔子足以当之。如尧之德非不广运也,而止于百年;舜之德非不广运也,而止于一世;惟孔子圣功神化,流被万代,此所以贤于尧、舜也。宋真宗欲封孔子为帝,下有司议或言,孔子周之陪臣,周止,称王不当加以帝号,殊不知夏、商、周之称王犹唐虞之称帝,因时制宜,非有降杀是前代之王,天子之称王者也。后世之王,藩国而称王者也。若谓孔子,周人当用周制,止宜称王,不必称帝,犹之可也。若谓孔子陪臣不当称帝,则非崇德报功之意矣。善乎,先儒罗从彦论之曰:唐既封先圣为王,袭其旧号可也,加之帝号而褒崇亦可也。夫礼惟其称而已,或者乃以周之陪臣为言,岂知礼者哉?臣又按唐玄宗既正孔子南面之位,服以兖冕;宋徽宗考正孔子冠服,加十二旒;金世宗加孔子冠十二旒、服十二章。今圣朝孔子冕十二旒、衣十二章,其冕服既用天子之礼,而笾豆则非天子之制,六佾亦非天子之乐。乞敕礼部会官计议,或加美谥或封帝号。如不加封,或以“大成至圣”四字易为“圣神广运”之类。如不封帝或表明孔子周人当依周制,其所封乃当时天王之王,非后世国王之王。况今既用天子冠冕章服,则亦当用天子笾豆佾舞,宜增十笾十豆为十二笾十二豆，增六佾之舞为八佾之舞，使天下后世知圣朝尊崇先圣而报其功者，既正以天王位号，复祀以天子礼乐，与唐宋元之所封位号不同，而礼乐亦无不称也。又乐舞之制，古者鸣球琴瑟，堂上之乐笙镛柷敔，堂下之乐而干羽舞于两阶。今舞羽反居乎？上乐器反居乎下，殊失古制。仍乞礼部令典乐者序诸乐于上舞佾，于下为当事下。

礼部尚书邹干等覆奏：太祖高皇帝诏，凡岳镇海渎并去其前代所封之号，惟孔子以善明先王之道为天下师，非有功于一方一时者，比其封爵特仍其旧。今洪谟奏欲以“大成至圣”易为“圣神广运”，此四字出于伯益赞尧之词。昔宰予谓孔子贤于尧舜，则非赞尧之词可尽孔子之美不若“大成至圣”，四字出于《孟子》《中庸》，犹仅可拟议至于所言令。圣朝孔子冕十二旒、衣十二章，既用天子之礼，则亦当用天子笾豆、佾舞之数。惟太祖高皇帝建都南京，始创国子监，止用神主不设塑像。故当时祭酒宋讷奉敕撰文，有像不土绘，祀以神主，数百年夷习乃革之语。今国子监所有孔子塑像皆因前元之旧，不忍撤毁之。故其冕十二旒、衣十二章盖因塑像之旧，亦非圣朝之制。而笾豆舞佾之数，则祖宗斟酌已有定式，若论孔子之功当极其褒崇，则虽罄海陆之珍奇、全天子之名器，亦未足以尽报本之诚。所以我朝列圣有见于此举，因其旧无所增改，况谥号之易否，器数之加否，举不足以为孔子重轻，所贵于孔子之道身体而力行之，扩充而推极之，以惠绥元，元保乂邦家，使举世蒙至治之泽。是乃尊崇孔子之实，圣君贤臣所宜留意者也。封号笾豆佾舞仍旧为宜。诏从之。

6.4.35 《明宪宗纯皇帝实录》卷一五六

（成化十二年八月）丁丑，释奠先师孔子，遣户部尚书兼翰林院学士万安行礼。

6.4.36 《明宪宗纯皇帝实录》卷一五七

（成化十二年九月）辛亥，命增孔子笾豆佾舞之数。国子监祭酒周洪谟言：“臣比言孔子封号、冕服、笾豆、佾舞等事，礼部尚书邹干以谥号器数之加否不足为孔子重轻，请凡封号笾豆佾舞仍旧为宜。臣窃以为，孔子自唐开元封为文宣王，被以衮冕，乐用宫悬，当时衮冕虽通乎上下，而宫悬者天子之乐也。乐既用天子之，宫悬服必用天子之衮冕，是唐之奉孔子，已用天子礼乐矣。宋承五代衰敝之制，至徽宗始加冕为十二旒。元时孔子庙貌遍于天下，而被以天子衮冕。圣朝因之，则孔子服冕已用天子之礼，佾舞止用诸侯之乐，以礼论乐则乐不备以乐，论礼则礼为僭。乞敕廷臣计议，增笾豆为十二，佾数为八，则佾舞与冕服相称，礼明乐备，可以格圣灵厚风化，补前代缺略之典，备圣朝尊崇之制。”

上曰:“尊崇孔子乃朝廷盛典,宜从所言,其笾豆、佾舞俱如数增用。仍通行天下,悉遵此制。”

(又见于《文庙丁祭谱》卷二之一、《明宪宗纯皇帝宝训》卷二)

6.4.37 《明宪宗纯皇帝实录》卷一五九

(成化十二年十一月)乙卯,《续资治通鉴纲目》成,上制序文以冠其首。曰:

“朕惟天地纲常之道载诸经,古今治乱之迹备诸史。自昔帝王以人文化成天下,未始不资于经史焉。我太宗文皇帝表章五经四书,辑成大全,纲常之道粲然复明。后有作者不可尚已,朕祗承丕绪,潜心经,训服膺,有年间阅历代史书,舛杂浩繁,不可殚纪,惟宋儒朱子因司马氏《资治通鉴》著为纲目,权度精切,笔削谨严。自周威烈王至于五季,治乱之迹了然如视诸掌。盖深有得于孔子《春秋》之心法者,也展玩之。余因命儒臣重加校订,锓梓颁行。顾宋元二代之史迄无定本,虽有长编、续编之作,然采择不精,是非颇谬。概以朱子书法未能尽合,乃申敕儒臣发秘阁之载籍,参国史之本文,一遵朱子凡例编纂二史,俾上接通鉴纲目,共为一书。始于宋建隆庚申,终于元至正丁未,凡四百有八年,总二十有七卷,名曰《续资治通鉴纲目》。而凡诛乱讨逆,内夏外夷扶天理而遏人欲,正名分以植纲常,亦庶几得朱子之意,而可羽翼乎圣经,仍命梓行嘉惠天下。於戏!人不考古无以证今。观是编者足以鉴前代之是非,知后来之得失,而因以劝于为善,惩于为恶,正道由是而明,风俗以之而厚。所谓以人文化成天下者,有不在兹乎?因述其概冠于篇端,以垂示无穷焉。”

6.4.38 《明宪宗纯皇帝实录》卷一六二

(成化十三年二月)丁丑,释奠先师孔子,遣左部左侍郎兼翰林院学士刘珝行礼。

6.4.39 《阙里志》卷一六

成化十三年,岁次丁酉闰二月己亥朔,越十九日丁巳,皇帝谨遣翰林院学士王献,敢昭告于大成至圣文宣王。

惟王生知之资,天纵之圣,道德佩于二仪,教法昭于万世,缅怀功烈,宜极褒扬。顾冕服之章数,虽隆而祀享之,仪物弗称,爰考彝章,参合舆论增乐舞为八佾,加笾豆为十二。盖用祭天享地之礼乐,庶副尊师重道之本意也,特遣儒臣远诣阙里,用伸祭告,王其鉴知。谨告。

(又见于《阙里志》卷六、《文庙丁祭谱》卷二之一)

6.4.40 《明宪宗纯皇帝实录》卷一六九

（成化十三年八月）丁酉，释奠先师孔子，遣礼部尚书兼翰林院学士刘吉行礼。

6.4.41 《明宪宗纯皇帝实录》卷一七五

（成化十四年二月）丁酉，释奠先师孔子，遣太子少保、户部尚书兼翰林院万安行礼。

6.4.42 《明宪宗纯皇帝实录》卷一八一

（成化十四年八月）丁酉，释奠先师孔子，遣太子少保、户部尚书兼文渊阁大学士刘珝行礼。

6.4.43 《明宪宗纯皇帝实录》卷一八七

（成化十五年二月）丁酉，释奠先师孔子，遣太子少保、礼部尚书兼翰林院学士刘吉行礼。

6.4.44 《明宪宗纯皇帝实录》卷一九三

（成化十五年八月）丁亥，释奠先师孔子，遣太子少保、吏部尚书尹旻行礼。

6.4.45 《明宪宗纯皇帝实录》卷二〇〇

成化十六年二月辛亥朔，诏天下学校、孔子庙庭所在，凡过门者，皆下马。从监生虎臣言也。

（又见于《文庙丁祭谱》卷二之一）

6.4.46 《明宪宗纯皇帝实录》卷二〇〇

（成化十六年二月）丁巳，释奠先师孔子，遣太子太保、吏部尚书兼谨身殿大学士万安行礼。

6.4.47 《明宪宗纯皇帝实录》卷二〇六

（成化十六年八月丁巳）释奠先师孔子，遣太子少保、户部尚书兼文渊阁大学士刘珝行礼。

6.4.48 《明宪宗纯皇帝实录》卷二一二

(成化十七年二月)丁未,释奠先师孔子,遣太子少保、礼部尚书兼文渊阁大学士刘吉行礼。

6.4.49 《明宪宗纯皇帝实录》卷二一八

(成化十七年八月)丁未,释奠先师孔子,遣太子太保、吏部尚书兼谨身殿大学士万安行礼。

6.4.50 《明宪宗纯皇帝实录》卷二二四

(成化十八年二月)丁未,释奠先师孔子,遣太子太保、吏部尚书兼华盖殿大学士万安行礼。

6.4.51 《明宪宗纯皇帝实录》卷二三〇

成化十八年秋八月丁酉朔,释奠先师孔子,遣太子太保、吏部尚书尹旻行礼。

6.4.52 《大明宪宗纯皇帝宝训》卷三

成化十八年十一月壬戌,颜氏六十一代孙袭翰林院五经博士颜公铉奏:"颜子庙缺人洒扫,请如孟氏例拨赐。"

上曰:"国朝祀典二庙并隆,孟氏既有庙户,而颜氏独无,诚为缺典。"其令有司如孟氏数给与之。

6.4.53 《明宪宗纯皇帝实录》卷二三五

(成化十八年十二月)庚午,御制《文华大训》成,序曰:

朕惟古昔帝王之有天下,必立言垂训以贻子孙,俾知修身出治之本,听言处事之要,以承基绪于无穷,其豫教属望之意,何所不用其极哉!稽其教法,若唐虞三代之具于书、咏于诗、见于礼,记最详,且密不可尚已。秦汉而下,寖以疏阔,如唐帝范之编,宋承华要略之集,或举一而遗十,或详末而忘本,视古豫教之意有间矣。

肆我太祖高皇帝《储君昭鉴录》,太宗文皇帝《文华宝鉴》及《圣学心法》,宣宗章皇帝《帝训四书》,垂示炳若日星,与唐虞三代之意实同一揆。

朕嗣统迄今十八九年,仰赖遗训余休,海宇宁谧、宗社奠安,是岂无所自哉?顾念皇太子继承甚重,而身、而家、而国、而天下,事几甚繁,未可悉以口讲而指示之。乃于万几之暇，博阅载籍，自孔、孟、濂、洛诸儒之论述，伏羲、神农、黄帝、尧、舜、禹、汤、文、武，以及汉唐宋诸贤君之蹈履，与我祖宗之谟烈，皇考之戒饬，凡有切于储副今日之所学，与夫异日之所行，采汇为编，名曰《文华大训》，以授皇太子。

其书纲凡四，曰进学，曰养德，曰厚伦，曰明治。目二十又四，总论以撮其要，分言以极其详。每编又各有言，以发其端而结其终。

本末兼该，先后交贯，展卷之间，修齐治平之道，了然在目。俾朝夕观览，知所造诣必问学，日以充德业，日以广帝王之度，日以恢弘，夫何患不能承祖宗基绪，传于无穷也哉？此朕是编惓惓属望之心也，祖宗列圣之心也，古帝王之心也！於戏！其熟玩而深体之哉！

进学篇

朕惟人不可以不学，学也者，所以学、修、齐、治平之道也。昔尧、舜、禹、汤、文、武皆汲汲焉以学。仲尼亦皇皇有所不暇，在圣人尚如此。故人生八岁入小学，十有五年入大学，公卿大夫元氏之子与凡民之俊秀皆然，况为储副，则将有天下国家之寄者，可不学乎？

古人论学多矣，有宏纲要旨焉，取以为总论。而学必稽古，然后有得。故进学之目，先之以明典训，典训之要在明义理。义理吾性分之所固有，而非自外来也。我能明而知之，则所以用力以求复其本然者，自有不容已，故穷义理次之。然必亲近师儒，切磋讲论，庶其有所启益，而易为功，故资启益次之。

三代以降，圣王不世出，处士横议，百家纷杂，出乎其间，以乘吾道者，非一不有以辨而择之，能不惑者，鲜矣，故又次之以择习尚焉。

夫博求古训，内及之于己，外资之于人，勉焉自励，而不惑于他。岐如是，而学不进者未之有也。学既进，则以之修身、齐家、酬酢天下之事，而极参赞之功也何有？呜呼！其念之哉！

养德篇

朕惟人得天之理于心，所谓德也。是德也，人熟无之，而能不失焉者盖鲜。是以自古圣贤大学教人之法，故拳拳以明德为言，而大易取象于蒙，作圣之功亦必自德始。矧太子天下之本，宗社生民所系，可不以养德为先务乎？

然德之养不一也，故总论其纲，而其目则首之以端心志焉。盖心为一身之主，宰而志，则心之所之，天下众善皆由此出。不正其心，则所存或牵于外，诱之偏，不端其志，则所守必狃于他。岐之惑，虽欲勉强以进于善，而德非德矣。

然此特以养于内者，言之彼外焉。一言一动，与夫衣服食饮之常，皆吾心德之寓也。苟有一之不谨，则为德之累大矣，故次之以谨言动慎服食焉。

夫德之造进有限，而人之逸欲无穷，或声色玩好之来，田猎游观之纵，盘乐自恣，侈靡弗约，皆所以汨吾心、丧吾德者，尤不可不戒也，故又次之以戒逸欲焉。

诚能自内以达外，由精以及粗，表里交修，无少间断，则人欲日消，天理日著，而吾心德之全体立矣。全体既立，则推而至于家国天下。大用之行，夫何适而不宜？尚敬之哉！

厚伦篇

朕惟人伦有五，曰：父子有亲，君臣有义，夫妇有别，长幼有序，朋友有信。即《虞书》所谓五典，《周书》所谓五教，《戴记》所谓五达道者。或详言之曰七教十义，或略言之曰三纲四行，或总名之曰人文人纪，皆不越此五伦而已。

此五伦者，出于天性，皆所当厚，而父子、长幼、夫妇三伦，尤所当厚也。目中所谓隆孝敬，则父子亲矣；敦友爱，则长幼序矣；重内仪，则夫妇别矣；睦宗戚，则亲与序别之推俱备矣。四者乃人伦之切于身，行于家，而治国平天下之本也。

此而薄焉，则施之君臣、朋友、宾客与夫民物，无有能厚者矣。故曰：其所厚者薄，而其所薄者厚，未之有也。

自古圣帝明王以及我一祖四宗，皆诚格于郊庙，敬行于师傅，礼周于百官，仁被于万姓，义感乎蛮夷戎狄，惠及乎乌兽草木，以致久安长治，后世莫有追配之者，皆由先厚三伦而推之耳。

尔为储副，当希古帝王、法外祖宗，以当天下重任也，可不厚于人伦而先其尤当厚者乎？凡载于篇者，其详味而力践之，无忽！无怠！

明治篇

朕惟古昔帝王之图治，罔不夙夜祇勤，诚以天下之大、万几之繁，系乎一人甚重也。苟非理明而素定于中，求其事至而应之无失者，亦难矣。惟天有成命，我祖宗受之，以启丕图。贻我后之人其日监在兹，赫然犹祖宗之时也，敢不敬乎？况庶政得失，庶征休咎应焉，尤天意之昭灼者也，故欲明治。

道其要，必自敬天命始。敬之所寓，莫严于祀天而尊祖，配天之义，宗庙享祀之制莫不有告焉、有报焉、有祈焉。下逮群祀亦犹是也，其可渎乎？故严祀典次之。

近而朝廷，天工之代在群臣也。故辨人才待臣工次之，远而四方。天之视听在民也，故恤民隐次之。臣民之贤，率本于教，教化之行，必先于养。制礼以端其俗，主乐以和其志，此教之大方也，故崇教、养正，礼乐又次之。

至于听纳审，则无壅蔽之患，而上下之情通。赏罚公，则无僭滥之忒，而小大之心服。制财用，则绝侈靡而经费有常。饬兵戎，则戒穷黩而捍御有备。驭夷狄，则广威德之施，而谨夷夏之辨。

此皆制治宏纲，临御要道，不可有一之不明也。于是总论其纲，条列其目，举而措之，如运之掌耳，尚其豫讲而深究之哉！

是书既成，上又题其后曰：

惟我祖宗定制，皇太子既立，凡中外诸司政务须奏陈者，率令启闻，正欲其广闻见，而达治体也。

朕侍皇考日，亦尝奉命出见群臣，预闻政理。迨临御以来，兢业图回，仰答上天笃佑与祖宗、皇考付托，肃然以承郊庙之严，凛乎而处臣民之上，十有九年于兹。

盖尝因旱灾出祷于郊，以星变肆赦海内。葺郊坛寅奉大祀，增笾豆乐舞尊礼先师。广进士之额，试以民事，而后任之台务，重老臣之归，优其月禄，而复假之力役。加养济穷民之廪，开武学儒生之贡。念民之荐饥也，内则减价而粜以周给，外则遣官四出以赈济；虑狱之不清也，每盛暑而于两京恤刑，或间岁而于天下审录。

修文史而究武略，饬内治以攘外侮，戡靖僭窃，应宁邦家，犹宵旰靡遑，惧功业未茂，德惠未周，而治平之效未臻也。

夫为治之道，举大纲者，必挈其要，张众目者，必该其凡。是编所述，庶几尽之，汝于务学之暇，尚究心焉，毋副朕所以豫教之意也！其念之哉！

6.4.54 《明宪宗纯皇帝实录》卷二三七

（成化十九年二月）丁卯，释奠先师孔子，遣太子太保、吏部尚书兼华盖殿大学士万安行礼。

6.4.55 《明宪宗纯皇帝实录》卷二四三

（成化十九年八月）丁卯，释奠先师孔子，遣太子太保、吏部尚书兼谨身殿大学士万安行礼。

6.4.56 《明宪宗纯皇帝实录》卷二四九

（成化二十年二月）丁卯，释奠先师孔子，遣太子太保、吏部尚书兼谨身殿大学士万安行礼。

6.4.57 《明宪宗纯皇帝实录》卷二五五

（成化二十年八月）丁巳，释奠先师孔子，遣太子太保、户部尚书兼谨身殿大学士刘珝行礼。

6.4.58 《明宪宗纯皇帝实录》卷二六二

（成化二十一年二月）丁巳，释奠先师孔子，遣太子太保、礼部尚书兼武英殿大学士刘吉行礼。

6.4.59 《明宪宗纯皇帝实录》卷二六九

（成化二十一年八月）丁亥，释奠先师孔子，遣太子太保、户部尚书兼谨身殿大学士刘珝行礼。

6.4.60 《明宪宗纯皇帝实录》卷二七五

成化二十二年二月丁丑朔，释奠先师孔子，遣少傅兼太子太傅、吏部尚书、谨身殿大学士万安行礼。

6.4.61 《明宪宗纯皇帝实录》卷二八一

（成化二十二年八月）丁丑，释奠先师孔子，遣太子太保、户部尚书兼武英殿大学士刘吉行礼。

6.4.62 《明宪宗纯皇帝宝训》卷三

成化二十二年十一月乙卯，礼部以博士颜公铉请修颜子庙覆奏。上曰："颜子，孔门高弟，道德可仰，身先配享，而家庙不修，可乎？"其令有司以修孔庙工役重为修葺。

6.4.63 《明宪宗纯皇帝实录》卷二八六

（成化二十三年二月）丁亥，释奠先师孔子，遣少保兼太子太傅户部尚书、谨身殿大学士刘吉行礼。

6.4.64 《明宪宗纯皇帝实录》卷二九三

（成化二十三年八月丁丑）释奠先师孔子，遣太子少保、礼部尚书兼翰林院学士尹直行礼。

6.4.65 《大明孝宗敬皇帝实录》卷一一

（弘治元年二月）丁酉，释奠先师孔子，遣少傅兼太子太师、吏部尚书、谨身殿大学士刘吉行礼。

6.4.66 《大明孝宗敬皇帝实录》卷一二

(弘治元年三月)戊辰，太子太保、吏部尚书王恕言:“近陈愚见，谓皇上视大学，释奠先师孔子，当奠币，用乐爵当三献，分献官当陪拜伏奉。圣旨分献官拜礼准行，其余仍旧。臣窃又以为，我朝列圣即位之后，所行之礼有一行而不再举者，惟耕耤田及幸太学二事。然耕耤田有奠币、三献、斋戒、省牲之礼，何独于幸学释奠而乃不然乎。昔太宗文皇帝将幸大学，命礼部详议，礼仪尚书郑赐言:‘宋制谒孔子，服靴袍，再拜。’太宗曰:‘见先师礼不可简，必服皮弁，行四拜礼。’其事载诸五伦书。人以为太宗尊师重道之意，超越前古。今陛下释奠先师而礼比先农，则载诸史册传之万世，岂不为盛事哉?”

命复下礼部会议。于是，礼部及詹事府、国子监、翰林院、春坊等官言:“《礼记》曰:‘凡学春官释奠于其先师。’注云:释奠者，但奠置所祭之物而已，无食酬酢等事，以其主于行礼，非报功也。又云:‘凡始立学者，必释奠于先圣先师，及行事，必以币。’注云:诸侯初受封，立学行释奠之事，必奠币，为礼也。又云:‘凡释奠者，必有合也，有国故则否。’注云:凡行释奠之礼，必有合乐之事，若国有凶丧则否。又云:‘太学始教皮弁，祭菜示敬道也。’注云:学者入学之初，有司衣皮弁之服，祭先师以苹藻之菜示，以尊敬道艺也。盖古者见师之礼以菜为贽，故始入学者必释菜，以礼其先师而。学官四时之祭乃皆释奠，释奠、释菜皆祭之略者也，故以行礼。而行释奠，则无币差厚于释菜之意。即今天子视学所行，是也以报功，而行释奠则有币，即今二丁所行是也。三代之礼无所于考。汉祭孔子未行释奠;唐制天子北面跪祭;周广顺二年车驾幸曲阜，始拜奠祠前;宋大中祥符元年，幸曲阜，谒文宣王庙，始靴袍再拜。至我朝太宗皇帝视学，躬行一奠四拜之礼，尊师重道蔑以加矣。列圣相承，率循无改。至成化元年始加牲用乐，虽极尊崇之礼，然既非释奠之正，又非释奠之全，卒致纷纷，实由于此。此则所谓有其举之，莫之敢废者矣。今恕言奠帛三献之礼，必须读祝饮福受胙，始为全备，原无旧典，固难以擅行。其欲比依先农之祀，又系大明《集礼》所载洪武旧制，亦难以擅改，宜但于视学之前致斋一日，至期加币一假，乐设而不作。余仍其旧庶几其可。”

上曰:“尊先师以当礼，既成化初年有所举。惟孔子前加币，用太牢，改分献为分奠。其余仪物俱从永乐年例行。”

6.4.67 《大明孝宗敬皇帝实录》卷一二

(弘治元年三月)癸酉，上视学，行释奠礼。御彝伦堂授经，于讲官、祭酒、司业赐之坐讲。祭酒费訚讲《尚书》“说命惟天聪明”一节，司业刘震讲《周易·乾卦》"大人者，与天地合德"一节。讲毕，上宣谕师生曰："六经载圣人之道，讲明体行，务臻实效。尔师生其勉之。"余悉如仪。

6.4.68 《阙里志》卷六

弘治元年(三月癸酉)，孝宗皇帝登极，遣太常寺少卿田景贤诣阙里祭告，又驾幸太学，释奠孔子。

(又见于《明史·孝宗纪》、《大明孝宗敬皇帝实录》卷一二、《文庙丁祭谱》卷二之一)

6.4.69 《大明孝宗敬皇帝实录》卷一二

(弘治元年三月)甲戌，国子监祭酒费訚率学官、监生上表谢恩。上御奉天殿受之。赐祭酒、司业各织金纻彩衣一袭，罗衣一袭；袭封衍圣公孔弘泰纻丝衣一袭，犀带一条；五经博士颜公铉纻丝衣一袭，带一条，纱帽一顶；孔、颜、孟三氏族人及国子监学官各纻丝衣一套；监生人等钞锭有差。

是日，赐衍圣公孔弘泰及三代子孙十一人并祭酒费訚、司业刘震宴于礼部，命尚书周洪谟待宴。

乙亥，国子监祭酒费訚率学官、监生谢恩。上赐之，敕曰："朕惟自古帝王本纲常以致治，必以学校为首务焉。学校所以明人伦也，孔子述经垂教莫先乎此。我祖宗奄有寰宇，建学育才，文教诞敷，治化旁洽。肆朕继统之初，聿遵成宪，择日视学，祗谒先师孔子，退即彝伦堂听讲经书，因以劝励师生。夫治本于道，道载于经，所当讲明而体行者，舍纲常何以哉？朕躬行图治，惟古帝王是期尔，师生其亦以古之贤才自励，于经必究其精微之奥，于纲常伦理必尽其允蹈之功，蕴之为德行，措之为事业，大足以尊主庇民，次足以修政立事。罔俾济济之咏专美，有周则我明治化，将与唐虞于变时雍匹休矣。钦哉！故谕。"

……

丙子，初开经筵。是日早朝毕，上御文华殿。太傅兼太子太师、英国公张懋暨六部都察院通政司、大理寺正官、国子监祭酒俱盛服侍班。少傅兼太子太师、吏部尚书、谨身殿大学士刘吉讲《大学》经首一节，礼部右侍郎兼翰林院学士刘健讲《尚书·尧典》首一节，悉如仪。讲毕，赐宴于左顺门，并赐知经筵同知、经筵侍班大臣及进讲展书、书讲章执事等官白金宝钞彩段表里有差。自是每月三旬遇二日辄开讲。

国子监祭酒费訚复率学官、监生谢恩。

丁丑，始命儒臣日讲。是日早朝毕，上御文华殿。大学士刘吉等率詹事府少詹事兼翰林院侍讲学士程敏政等讲读经书，敏政与太常寺少卿兼侍读陆钱、周经，左春坊左庶子兼侍读谢迁轮日进，讲吉与大学士徐溥、学士刘健侍班日为常。

（又见于《明史·孝宗纪》、《文庙丁祭谱》卷二之一）

6.4.70 《大明孝宗敬皇帝实录》卷一七

（弘治元年八月）丁酉，释奠先师孔子，遣礼部右侍郎兼翰林院学士刘健行礼。

6.4.71 《大明孝宗敬皇帝实录》卷一七

（弘治元年八月癸卯）礼科给事中张九功言："文庙从祀，世教所关，不可不慎。如兰陵伯荀况、扶风伯马融、偃师伯王弼、成都伯扬雄俱得罪名教，宜黜之。本朝文清公薛瑄笃志好学，于道有见，宜进之从祀之列。"

詹事府少詹事兼翰林院侍讲学士程敏政亦言："马融、刘向、贾逵、王弼、何休、戴圣、王肃、杜预八人虽有训诂，其行不足称，宜褫爵罢祀。郑众、卢植、郑玄、服虔、范宁五人虽若无过，而所著未能发明圣学，止宜各祀于其乡。申枨、申党其实一人，位号宜存其一。公伯寮、秦冉、颜何、蘧瑗、林放五人《家语》不载，亦宜罢祀。如以瑗、放为不可无祀，则祀瑗于卫，祀放于鲁，或各附祭于乡贤祠。又后苍有功于《礼记》，宜与王通、胡瑗二人俱加爵从祀。又颜子、曾子、子思配享在庙，而其父颜无繇、曾点、孔鲤列坐庑下，于义未安，请令各处庙学如乡贤祠之制，别立一祠中祀。启圣王叔梁纥而以无繇、点、鲤及孟子父邾国公孟孙氏配享，程子父永年伯程珦、朱子父献靖公朱松从祀。则重道之典，明伦之义两得之。"

俱下礼部会官议。于是，礼部等衙门尚书周洪谟等言："扬雄，洪武中因行人杨砥之请已罢从祀，薛瑄在成化初亦议，其于明道著书尚未若黄干辅广之，亲承微言金履祥、许谦之推衍绪说，若后苍虽能明高堂生之礼，然汉以二戴、庆普三家立于学官，而苍之礼不与焉。王通汾之师道虽存，而于圣人之经固不免吴楚僭王之罪。胡瑗苏湖之教虽立，而于圣人之道亦安望覃怀迓续之功，若遽欲跻之从祀，俱未敢以为然也。至若启圣王及泗水侯，各为庙以祀于阙里久矣。今欲通祀于天下而遂升孟子程朱之父以配之，则于礼为太过，置无繇、点、鲤于别庙而遂，不得预享孔子万世之祀，则于义为不及，况朱子在当时尝因释奠状申礼部，考正两庑诸贤位次亦未尝有一言。谓荀况、马融、王弼、戴圣、刘向、贾逵、何休、王肃、杜预、郑众、卢植、郑玄、服虔、范宁等非所当祀者，此非慎于阙疑，则必志于从厚者也。又况南京国子监庙庭之祀尝经我太祖神谋圣断之所，祥定今百有余年矣，臣等何敢复致议于其间哉？”

谨佥议曰：“仍旧。”上是之。

6.4.72 《大明孝宗敬皇帝实录》卷二三

（弘治二年二月）丁酉，释奠先师孔子，遣吏部尚书兼谨身殿大学士刘吉行礼。

6.4.73 《大明孝宗敬皇帝实录》卷二九

弘治二年八月丙戌朔丁亥，释奠先师孔子，遣礼部尚书兼文渊阁大学士徐溥行礼。

6.4.74 《大明孝宗敬皇帝实录》卷三五

（弘治三年二月）丁亥，释奠先师孔子，遣少傅兼太子太师、吏部尚书谨身殿大学士刘吉行礼。

6.4.75 《大明孝宗敬皇帝宝训》卷一

弘治三年五月己卯，命河南孟县建唐昌黎伯韩愈祠，春秋致祭，并修理坟墓。从知县巫俨奏也。

6.4.76 《大明孝宗敬皇帝实录》卷四一

（弘治三年八月）丁亥，释奠先师孔子，遣礼部尚书兼文渊阁大学士徐溥行礼。

6.4.77 《大明孝宗敬皇帝实录》卷四八

弘治四年二月丁未朔，释奠先师孔子，遣少傅兼太子太师、吏部尚书、谨身殿大学士刘吉行礼。

6.4.78 《大明孝宗敬皇帝实录》卷五四

（弘治四年八月）丁未，释奠先师孔子，遣礼部右侍郎兼翰林院学士刘健行礼。

6.4.79 《大明孝宗敬皇帝实录》卷六〇

（弘治五年二月）丁未，释奠先师孔子，遣礼部右侍郎兼翰林院学士刘健行礼。

6.4.80 《大明孝宗敬皇帝实录》卷六二

(弘治五年四月)丁未,南京通政使司左通政郑纪言三事:一,古者天子九鼎,献数因之,我朝太庙所行似近简略。今拟初献,乞皇上自行遍诣皇祖,考前连进三爵毕,则读祝复位,亚献皇太子长成或王亲未之国者代之,否则贵戚大臣亦可。终献则贵戚大臣或内阁儒臣亦可。每献数皆如初礼,庶可以仿佛古人之九献矣。一,孔子之祀尤宜崇重。在宪宗朝以祭酒周洪谟言,笾豆加十为十二,佾数加六为八,与十二冕服相称,崇重之意至矣。但不加帝号者,谓孔子周人当用周制,其所谓王乃天王之王,非国王之王,恐未为通论。夫孔子虽生于周,而封王实始于唐。周无帝号,故有天王之称,唐既有帝号则当时所谓王不过国王而已。使孔子封于周,目为天王可也。既封于唐,乌可以周制诬之邪?乞推宪宗崇重之心,易其王名加以帝号,不然则章服礼乐又以僭用,何以安先师在天之灵乎?一,圣贤之教所以明人伦,而人伦莫先于父子。颜渊、曾参、子思实颜路、曾皙、孔鲤之子,子坐殿上,父列两庑,恐事死如生之道不如是也。纵三父压于圣门之品第,限于列代之封命无所顾,望其三子之心安乎?今国子监文庙戟门旁北向之屋,宋元以来从祀诸儒多坐其中。乞移置于两庑之末,东西相向而以路、皙、鲤牌位补其处,通行天下皆仿此制,既与孔子偏正不相妨,又于配皙尊卑不相压,庶公私恩礼两尽而无嫌矣。(上命)下所司知之。

6.4.81 《大明孝宗敬皇帝实录》卷六六

(弘治五年八月)丁未,释奠先师孔子,遣礼部右侍郎兼翰林院学士刘健行礼。

6.4.82 《大明孝宗敬皇帝实录》卷七二

弘治六年二月丙申朔丁酉,释奠先师孔子,遣礼部右侍郎兼翰林院学士刘健行礼。

6.4.83 《大明孝宗敬皇帝实录》卷七九

(弘治六年八月)丁卯,释奠先师孔子,遣礼部尚书兼文渊阁大学士徐溥行礼。

6.4.84 《大明孝宗敬皇帝宝训》卷一

弘治六年十一月乙卯,巡抚河南都御史徐恪奏:"宋范文正公仲淹并其子忠宣公纯仁,墓皆在河南府城东南万安山下,属傍近寺僧领祀事。元末,裔孙国俊及廷方自苏再至展扫时，守臣郭文鼐等闻之，乃为春秋致祭，迨入国朝守土之臣，袭而行之，然未经奏请秩在祀典臣。按仲淹为人，刚大清纯，学问得于圣贤论说，本于仁义，勋业德望之盛一时罕见，异时大儒朱熹亦谓杰出之才，为第一流人物，后之君子有志世用者，莫不以为冠冕，比之纯仁，世济忠直，秉道不回。今其丘垄依然，而岁时香火之奉顾于山僧野寺。是赖此，岂圣明崇贤励士之意哉？皇上即位以来，嘉奖直言，内外皆向风而趋。固将比休隆古，不屑乎庆历之朝。然宋史所称，感激论事，奋不顾身为一时士大夫风节之倡，如仲淹者亦宜表章，显白以助清化。且仲淹肄业从政之地，如苏州、庆阳等处既皆有祀。其体魄所藏之处，不可独缺。乞命河南府于墓所建祠，春秋致祭，以子纯仁配享，永载祀典，以风晓士类。"

上以崇祀先贤事关风化，命所司议行之。

6.4.85　《大明孝宗敬皇帝实录》卷八五

（弘治七年二月）丁卯，释奠先师孔子，遣太子太傅、户部尚书兼武英殿大学士徐溥行礼。

6.4.86　《大明孝宗敬皇帝实录》卷九一

弘治七年八月丁巳朔，释奠先师孔子，遣太子太保、礼部尚书兼武英殿大学士刘健行礼。

6.4.87　《大明孝宗敬皇帝实录》卷九七

弘治八年二月乙卯朔丁巳，释奠先师孔子，遣太子太保、礼部尚书兼武英殿大学士刘健行礼。

6.4.88　《大明孝宗敬皇帝实录》卷一〇二

（弘治八年七月丁亥）追封宋儒杨时为将乐伯，从祀孔子庙廷，位列温国公司马光之次。

先是，累有奏请龟山杨氏从祀者。至是南京国子监祭酒谢铎亦以为言，下礼部行翰林院议，于是内阁大学士徐溥等，会学士程敏政等议曰："诸儒从祀，非有功于斯道者，不可切考。《程氏遗书》及《伊洛渊源录》所载龟山行状等文，俱称其造养深远，践履纯固，与明道、程子相似。方其学成而归，程子目送之曰：'吾道南矣。'自二程嗣孔孟，不传之说。及门之士得道，见许者龟山一人而已。龟山一传是为豫章罗氏，再传为延平李氏，以授朱子号为正宗，则其传道之功不可诬。崇宣之世，京黼柄用跻王安石于配享，而颁其新经以取士。士尊安石为圣人，不复知有古训僭圣，叛经凡数十年。龟山入朝，首请黜其配享，废其新经，不令蠹学者之心术，则其卫道之功不可掩。或者顾疑其出处之际，而不考胡文定公谓蔡氏焉，能浼之。之说又谓当时能听用决须，救得一半，朱子以文定之言为最公。又或有少其著述之功者，亦未考夫何镐之书，谓值洛学党禁之余，指示学者以大本所在，体验之功转相授受，而朱子得闻其指。又朱子《西铭》之跋谓其理一分殊之说，年高德盛所见益精，此其出处、著述皆无足置疑。况元至正间，龟山及李延平、胡文定诸贤皆已列从祀加封爵，以世变不及遍行天下，此殆近于礼，有其举之莫敢废者。夫亲讲于龟山，若文定私淑于龟山，若朱张咸在侑食，而独其师不预焉？揆人之心诚为阙典，考大儒之定论，参前代之故，实伸弟子从师之义，慰后学向道之心，以龟山跻于从祀。诚宜议上。”

上特从之。著为令。

（又见于《明史·孝宗纪》、《文庙丁祭谱》卷二之一）

6.4.89 《大明孝宗敬皇帝实录》卷一〇三

（弘治八年八月）丁巳，释奠先师孔子，遣礼部右侍郎兼翰林院侍读学士李东阳行礼。

6.4.90 《大明孝宗敬皇帝宝训》卷一

弘治九年二月丁卯，巡抚四川右副都御史冯俊奏：“故翰林学士宋濂，当太祖高皇帝创业之初，抱道隐处，应征而出，日侍左右。启沃之功居多，命辅储贰导迪之迹尤著。当时大述作多经其手笔，大议论咸赖以赞画。太祖独以真儒目之，后致仕，以孙慎坐法谪四川茂州，比至夔州卒，距今百有余年沉沦幽壤，闻者追悼。乞敕礼部集议，复其旧官显，加赠谥。仍命有司春秋祭于葬所。”

礼部议，谓濂一代儒宗今不敢别议赠谥，请仍依原学士承旨职事。令有司就于葬新祠堂内春秋祭祀。从之。

6.4.91 《大明孝宗敬皇帝实录》卷一〇九

（弘治九年二月）丁巳，释奠先师孔子，遣太子太保、户部尚书兼武英殿大学士刘健行礼。

6.4.92 《文庙丁祭谱》卷二之一

丙辰，（弘治）九年春二月，增祭文庙乐器、人数。

6.4.93 《大明孝宗敬皇帝实录》卷一一六

(弘治九年八月)丁丑,释奠先师孔子,遣詹事府詹事兼翰林院侍读学士谢迁行礼。

6.4.94 《大明孝宗敬皇帝实录》卷一二〇

(弘治九年十二月)己卯,刑科给事中杨廉上疏言:"本朝故礼部左侍郎兼翰林院学士谥文清薛瑄,学识纯明,操守固完。蚤岁闻讲性理诸书,即焚其所为诗文,一意于宋诸儒之学。凡其微词奥义,靡不精究,修己教人,惟以复性为务。晚年造诣益高,进退之际大节尤伟,平生所著有读书录,皆积年致思之所得,有益学者。乞行山西平阳府建祠赐额,有司每岁春秋祀之。仍乞下山东章丘县取其所刻读书录板本于国子监俾六馆,诸生皆得摹印玩味。倘圣明万几之暇,幸赐览观,则于海岳高深不无涓埃之补。"

礼部覆奏:"宜从廉请,并请取瑄所著读书录,一进呈御览,一启进东宫,一发福建书坊翻刻施行。"

上曰:"薛瑄以性理之学继宋诸儒后,实我朝名儒。卿等奏欲建祠、秩祀,并刊行文集,悉准行其祠额。特名正学。"

6.4.95 《大明孝宗敬皇帝实录》卷一二二

(弘治十年二月)丁丑,释奠先师孔子,遣礼部右侍郎兼翰林院侍读学士李东阳行礼。

6.4.96 《大明孝宗敬皇帝实录》卷一二八

(弘治十年八月)丁丑,释奠先师孔子,遣詹事府詹事兼翰林院侍读学士谢迁行礼。

6.4.97 《大明孝宗敬皇帝实录》卷一三四

弘治十一年二月丁卯朔,释奠先师孔子,遣礼部右侍郎兼翰林院侍读学士李东阳行礼。

6.4.98 《大明孝宗敬皇帝实录》卷一四〇

(弘治十一年八月)丁卯,释奠先师孔子,遣少傅兼太子太傅、户部尚书、谨身殿大学士刘健行礼。

6.4.99 《大明孝宗敬皇帝实录》卷一四七

（弘治十二年二月）丁酉，释奠先师孔子，遣少傅兼太子太傅、户部尚书、谨身殿大学士刘健行礼。

6.4.100 《大明孝宗敬皇帝实录》卷一四八

（弘治十二年三月）甲戌，上御奉天殿，策试礼部会试中式举人伦文叙等三百人，制曰："朕惟自古圣帝明王之致治其法，非止一端。而孔子答颜渊问'为邦但以行夏之时，乘殷之辂，服周之冕，乐则韶舞'为言说者，谓之四代礼乐。然则帝王致治之法，礼乐二者足以尽之乎？宋儒欧阳氏有言，'三代而上治出于一，而礼乐达于天下；三代而下治出于二，而礼乐为虚名。'当时道学大儒称为古今不易之至论。今以其言考之，上下数千余年，致治之迹具在，可举而论之乎？夫三代而上无容议矣！汉高帝尝命叔孙通定礼乐，负鲁两生不至，谓礼乐积德百年而后兴。厥后三国分裂，其臣有诸葛亮者，而世儒乃或以礼乐有兴，或以庶几礼乐许之，盖通与亮之为人固不能无优劣，要之于礼乐能兴与否，亦尚有可议者乎？我国家自太祖高皇帝以神武创业，圣圣相承百有余年，礼乐之制作，以时、以人宜无不备矣。然而治效之隆未尽复古，岂世道之升降不能无异耶？抑合一之实犹有所未至耶。朕祗承丕绪夙夜惓惓，欲弘礼乐之化益隆，先烈而未悉其道，子诸生其援，据经史参酌古今具陈之，朕将亲览焉。"

6.4.101 《历代尊孔纪》

孝宗弘治十二年夏六月，阙里至圣庙灾。敕山东巡抚按旧重建。及成，遣大学士李东阳祭告。

6.4.102 《大明孝宗敬皇帝实录》卷一五三

（弘治十二年八月丁酉）释奠先师孔子，遣太子少保、兵部尚书兼东阁大学士谢迁行礼。

6.4.103 《阙里志》卷一六

弘治十二年岁次乙未九月戊午朔[①]，越十三日庚午，皇帝谨遣太常寺少卿兼翰林院侍读学士李杰，敢昭告于大成至圣文宣王：

惟王道德高厚，教化无穷，庙貌尊严，古今崇奉，比遭回禄，煨烬靡遗，斯文

---

① 《文庙丁祭谱》卷二之一载时间为"秋七月"。

在兹，胡天弗吊。肆维统续，承传在予，修复旧规，所不敢后。特申祭告，奉慰圣怀，洋洋在天，尚其歆鉴。谨告。

（又见于《阙里志》卷六、《文庙丁祭谱》卷二之一）

6.4.104　《大明孝宗敬皇帝实录》卷一五九

（弘治十三年二月）丁亥，释奠先师孔子，遣太子少保、礼部尚书兼文渊阁大学士李东阳行礼。

6.4.105　《大明孝宗敬皇帝实录》卷一五九

（弘治十三年二月主庚子）宋儒程颐十八代孙翰林院五经博士继祖，以二程祠堂日久倾坏，兼迫近繁河，恐致冲损，乞赐地改建。又守坟人役有司不肯全给，并宋时原给赡坟地土多被人据占，内亦有为繁河所淹没产去而税存者，乞赐处分。礼部覆奏请行令河南有司如继祖所奏。

上曰："河南程氏有功于道学甚大，继祖所奏宜令所司量处，以称朕追崇先贤之意。"

6.4.106　《大明孝宗敬皇帝实录》卷一六五

（弘治十三年八月）丁亥，释奠先师孔子，遣太子少保、兵部尚书兼东阁大学士谢迁行礼。

6.4.107　《大明孝宗敬皇帝实录》卷一七一

（弘治十四年二月）丁亥，释奠先师孔子，遣少傅兼太子太傅、户部尚书、谨身殿大学士刘健行礼。

6.4.108　《大明孝宗敬皇帝实录》卷一七八

（弘治十四年八月）丁未，释奠先师孔子，遣吏部左侍郎兼翰林院学士吴宽行礼。

6.4.109　《大明孝宗敬皇帝实录》卷一八四

（弘治十五年二月）丁未，释奠先师孔子，遣吏部左侍郎兼翰林院学士吴宽行礼。

6.4.110 《大明孝宗敬皇帝实录》卷一九〇

(弘治十五年八月)丁未,释奠先师孔子,遣太子少保、礼部尚书兼文渊阁大学士李东阳行礼。

6.4.111 《大明孝宗敬皇帝实录》卷一九三

(弘治十五年十一月)癸酉,工科给事中陶谐言:"经史繁多难于遍览,惟宋儒真德秀《大学衍义》一书简而明约,而尽乃治道之指南。请以是书一置经筵以备进读,一置宫禁以备退览,庶益弘盛德大业于无穷。"

有旨,令礼部看详以闻。礼部言:"《衍义》一书,已命儒臣于经筵进讲,今谐复以是,为言诚以治天下之大本、大端莫要于此。复乞圣明俯纳其言,益勤圣学,不独外而经筵,虽内而宫禁亦置一编用备观览,则圣德愈宏,治道益隆矣。

上纳之。

6.4.112 《大明孝宗敬皇帝实录》卷一九六

(弘治十六年二月)丁巳,释奠先师孔子,遣太子少保、兵部尚书兼东阁大学士谢迁行礼。

6.4.113 《大明孝宗敬皇帝实录》卷二〇二

(弘治十六年八月)丁酉,释奠先师孔子,遣詹事、府詹事礼部尚书兼翰林院学士吴宽行礼。

6.4.114 《阙里志》卷一五

弘治十六年九月初六,封六十二代孙孔闻韶为衍圣公。制:"国家稽古右文,建中弘化,寔惟先师孔子之道是凭是式。故赐爵启封,俾奉世祀崇德象贤之典,自祖宗列圣至于朕躬,有隆无替。尔闻韶儒宗世嫡,嗣应封命,而茂年美质,足绍前休。尔尚克勤进修,永终令誉,以副四方之观礼,以光百代之宗祀。夫忠信乃行乎州里,孝悌可通于神明。尔惟钦哉,学在温故而知新,德贵择善而固执,此先师之明训,而家学所世守者也。尔其懋哉,毋忝朕命。"故谕。

6.4.115 《大明孝宗敬皇帝实录》卷二〇八

(弘治十七年二月)丁酉,释奠先师孔子,遣太子太保、礼部尚书兼武英殿大学士谢迁行礼。

6.4.116 《大明孝宗敬皇帝实录》卷二一一

弘治十七年闰四月辛酉朔，先是，重修阙里孔庙成，有旨以三月十七日传制，遣太子太保、户部尚书兼谨身殿大学士李东阳往祭告，并立御制碑文。会孝肃太皇太后丧中止。至是，礼部言："丧礼既毕，况遗诰有百神之祀皆不可废之，言请如初。"

旨遣官行礼，命免传制，仍遣东阳往告。赐之敕曰："比因阙里文庙毁于回禄，爰命有司重建，厥功既成，兹遣卿往彼祭告。夫先师道德万世之所，宗鼎新庙庭一代之盛典以故，禋告之礼，特委辅弼之臣卿，其精白一心，寅恭将事务，期圣灵昭格，以副朕隆师重道之怀。"事毕，即星驰还京。

6.4.117 《阙里志》卷一六

弘治十七年，岁次甲子闰四月辛酉朔，越二十七日丁亥，皇帝谨遣太子太保、户部尚书兼谨身殿大学士李东阳，致祭于先师大成至圣文宣王："惟我先师，代天立教，礼严报祀，四海攸同，岳降在兹。庙貌自古顷罹灾变，实警予衷爰，敕有司命工重建，越既五载，厥功告成，栋宇毕新，器物咸备，光昭儒道，用妥圣灵。特遣辅臣远将祭告，尚祈歆鉴，永享明禋。谨告。"

（又见于《阙里志》卷六、《文庙丁祭谱》卷二之一）

6.4.118 《大明孝宗敬皇帝实录》卷二一一

（弘治十七年闰四月）壬戌，翰林院检讨刘瑞言："阙里孔庙告完，上遣大学士李东阳祭告，立碑文物一新，惟夫子加封之典尚因袭胡元之旧，未能改正。所谓大成者，孟氏取譬之词；而所谓文宣者；又齐乱主高洋之谥，是不可以拟夫子盛德之形容，请节去大成文宣四字，别定为尊崇美谥，因此祭告而并新之，以彰皇上崇儒重道之盛心。"命下其奏于所司。

6.4.119 《大明孝宗敬皇帝实录》卷二一一

（弘治十七年闰四月己丑）上御制碑文曰："朕惟古之圣贤，功德及人，天下后世立庙以祀者多矣。然内而京师，外而郡邑，及其故乡靡不有庙。自天子至于郡者，曰尧，曰舜，曰禹、汤、文武已行之迹，并其至言要论，定为六经，以垂法后世。自是凡有天下之君遵之，则治违之则否，盖有不能易者，真万世帝王之师也。故自汉祖过鲁之祀之后，多为之立庙。沿及唐宋英明愿治之君，屡作益尊而信之。孔子庙遂遍天下，爵号、王公礼视诸侯而加隆焉。虽金元入主中国，纲常扫地之时，亦未尝或废。盖天理民彝之在人，有不能自泯也。我圣祖高皇帝以至神大圣汛扫胡元，植纲常于沦斁之余，武功方戢，即遣人诣阙里祀孔子，风示天下规度，可谓宏远矣。列圣相承益严，祀事先后一轨。暨我皇考宪宗纯皇帝诏增庙之舞佾，为八笾豆，为十二礼乐，尽同于天子，褒崇之典至是，盖无以加。我朝百有余年之太平，端有自哉。阙里有庙，建自前代，规制尤盛，弘治己未六月毁于火。朕闻之惕然，特敕山东巡抚巡按暨布政按察司官聚财庀工，为之重建。越五年甲子正月工毕，巡抚右副都御史徐源、巡按监察御史陈璘以其状来上，宏深壮丽，视旧规有加。朕怀乃慰，既遣内阁辅臣太子太保、户部尚书兼谨身殿大学士李东阳往告，复具颠末为文，俾勒之庙碑。勒之庙碑，用昭我祖宗以来尊师重道之意，并系之诗曰：圣人之生，天岂偶然，命之大君，俾赞化权。二帝三王，君焉克圣，继天立极，道形于政。大化既洽，至治斯成，巍巍荡荡，浑乎难名。周政不纲，道随时坠，孔子圣人，而不得位。乃稽群圣，乃(作)六经，万世之师，于焉足征。自汉而下，数千余岁，褒典代加，有隆无替。于皇我祖，居正体元，六经是师，卓尔化原。列圣相承，先后一揆，逮及朕躬，思弘前轨。庙貌载崇，祀事孔禋，经言典训，弥谨弥敦。俗化成治，日升川至，斯道之光，允垂万世。”

(又见于嘉靖《山东通志》卷三七《遗文上·御制类》、《阙里志》卷一九、《文庙丁祭谱》卷二之一)

6.4.120 《大明孝宗敬皇帝实录》卷二一二

(弘治十七年五月壬辰)尚宝司历事监生魏浚奏：“宋儒刘子翚生于建宁，讲道屏山。我太宗文皇帝御制为善阴骘，书称其道德文章为大儒，朱熹师其，所著述具载《性理大全》等书。建宁故有屏山书院，国初改建安县学，祀子翚于学宫之旁，天顺间改书院于府治南，祀子翚于中，左以朱熹，右以从子，枢密珙配缘未有秩祀。乞下有司春秋致祭，以示崇儒重道之意。”礼部覆奏，从之。

6.4.121 《大明孝宗敬皇帝实录》卷二一五

(弘治十七年八月丁卯)释奠先师孔子，遣少师兼太子太师、吏部尚书、华盖殿大学士刘健行礼。

6.4.122 《大明孝宗敬皇帝实录》卷二二一

弘治十八年二月丁巳朔，释奠先师孔子，遣太子太保、礼部尚书兼武英殿大学士谢迁行礼。

6.4.123 《大明武宗毅皇帝实录》卷四

(弘治十八年八月)丁巳,释奠先师孔子,遣少傅兼太子太傅、户部尚书、谨身殿大学士李东阳行礼。

6.4.124 《大明武宗毅皇帝实录》卷六

(弘治十八年十月己卯)大学士刘健等言:"人君之治天下,必先讲学明理,正心修德,然后可以裁决政务,统御臣民。故累朝列圣嗣位之初,必大开经筵,每月三次令翰林、春坊讲说经史,公卿大臣分班环听。又于每日传令儒臣讲读,使工夫接续闻见,开广百有余年,太平功业皆由此致。仰惟皇上昔在春宫日勤讲学,尧、舜、孔子之道固已得其大纲。先帝顾命臣等惓惓,以进讲为念,向来梓宫在殡,圣孝方殷,万几之外不遑他务,臣等窃恐圣心未有所系,深以为忧。今山陵事毕,祔庙礼成,即欲请开经筵,但殿宇高广,天气向寒,且事体重大,礼仪繁盛,仓猝之间似难举事。欲姑俟明年,又恐旷日持久,有误圣学。伏睹先帝初年日讲,常至岁暮不辍。臣等拟于十一日初三日为始,伏乞圣明遵照先朝事例,每日御文华殿暖阁,令臣等两次进讲,则圣学可成太平,可致实宗社万年无疆之庆。除经筵事宜,俟明春别请今将日讲仪注条上一伏睹,皇上在春宫讲读《论语》、《尚书》各未终卷,今合于每日接续讲读,先读《论语》五遍,次读《尚书》五遍,讲官各随即讲明。讲毕,各官皆退。一讲读后,皇上裁决政务,有暇,即看字体,随圣意写字一幅,不拘多寡,俟午讲时臣等恭看进呈。一近午初时,讲《大学衍义》,历代通鉴纂要。讲毕,各退一,每日各官讲读毕,或圣心于书义,有疑即问。臣等再用直解,务求明白。"

上曰:"朕以哀疚,故久辍讲。今闻卿等述先帝顾命,知讲学诚不可缓。其如期举行。"

第 5 节　明武宗、世宗评儒

6.5.1 《大明武宗毅皇帝实录》卷九

(正德元年正月)丙午,礼部具视学仪,择三月初四日,前期致斋一日。太常寺备祭仪、祭帛,设大成乐器于殿上,列乐舞生于阶下之东西国子监洒扫殿堂,内外司设监同锦衣卫设御幄于大成门之东上。南向设御座于彝伦堂,正中鸿胪寺设经案,于堂内之左设讲案,于堂内西南至日置经于案,锦衣卫设卤簿,驾教坊司设大乐,俱于午门外。

是日早，百官免朝，先诣国子监门外迎驾。武官都督以上，文官三品以上及翰林院七品以上，同国子监官具祭服伺候，陪祀驾从东长安门出。卤簿大乐，以次前导乐，设而不作。太常寺先陈设祭仪于各神位前，设帛、设酒樽爵如常仪司设、监设，上拜位于先师神位前正中，学官率诸生于成贤街左迎。上至大成门外降辇。礼官导上入御幄，奏请具服。上具皮弁服讫，太常寺官导上出御幄，由中道诣大成殿。陛上，典仪唱执事官各司其事。执事官各先酙酒于爵，候导上至拜位，赞就位，百官亦各就拜位，四配十哲分奠官各列于陪祀官之前，俱北向立。赞迎神乐，作乐止。赞上鞠躬，拜兴。拜兴平身，通赞、分奠官、陪祀官行礼，同赞释奠搢圭，上搢圭，太常卿跪进帛，乐作，上立受帛，献毕，授太常卿奠于神位前，乐止，进爵。乐作，上立受爵，献毕，复授太常卿奠于神位前，乐止，赞出圭，上出圭，四配、十哲两庑分奠官以次诣神位前奠爵讫，各以次退就原位，赞送神乐，作乐止。赞上鞠躬，拜兴，拜兴平身，通赞、分奠、陪祀官礼同。赞礼毕，太常寺官导上由中道出。

上入御幄更翼善冠黄袍，讫礼部官奏请幸彝伦堂。上升舆，礼部官、鸿胪寺官前导由棂星门出，从太学门入。诸生先分列于堂下东西相向，祭酒、司业、学官列于诸生前。驾至，祭酒、司业以下及诸生跪伺。驾过然后起，序立北向，各官分列堂外稍上，左右侍立。上至彝伦堂，升御座，赞、祭酒、司业、学官诸生五拜叩头礼，武官、都督以上、文官三品以上及翰林院学士升堂。光禄寺预设连几于左右。执事官各以次序立。赞进讲，祭酒从东阶升，由东小门入至堂中。鸿胪寺官举经案进于御座稍前，礼部尚书奏请授经于讲官，祭酒跪，礼部尚书以经授祭酒，祭酒受经，置经于讲案，讫复至堂中叩头。上赐讲官坐，祭酒复叩头，就西南隅几榻坐讲。上赐武官、都督以上、文官三品以上及翰林院学士坐，皆叩头，序坐，诸生环立于外以听。祭酒讲毕，以经置于原案，叩头退出堂外，就本位。司业从西阶升，进讲如仪退，就位。鸿胪寺官奏，传制堂内侍坐官起立，赞有制祭酒以下学官及诸生俱北面跪听。宣谕毕，赞五拜叩头，礼毕，学官诸生以次退，先从东西小门出，列于成贤街右伺候。尚膳监进茶御前，上命光禄寺赐各官茶。各官复坐，饮茶毕，退列于堂外叩头，分班序立。鸿胪寺奏礼毕，驾兴升舆，出太学门升辇，卤簿大乐，振作前导祭酒以下及诸生伺驾，至跪叩头，退百官常服，先诣午门外伺候。驾还，卤簿大乐，止于午门外。上御奉天门鸣鞭，百官常服，鸿胪寺致词，行庆贺礼毕，鸣鞭。驾兴还宫，百官退。

初五日，袭封衍圣公率三氏子孙，国子监祭酒率学官监生上表谢恩。上具反弁服，御奉天殿，锦衣卫设卤簿，驾百官朝服侍班行礼毕。上易服，御奉天门，礼部引奏，赐祭酒、司业、学官及三氏子孙衣服，诸生钞锭毕，驾还。

是日，上御奉天门赐宴武官、都督以上，文官三品以上，翰林院学士并检讨以上，祭酒、司业、学官、三氏子孙及礼部太常、光禄鸿胪寺执事官员与宴。初六日，祭酒、司业率学官监生谢恩。上赐敕，勉励师生。祭酒捧置彩舆、师生迎导至太学，开读如仪。

初七日，祭酒、司业率学官、监生复谢恩。各衙门办事监生俱取回迎驾观礼；赐袭封衍圣公孔闻韶纻丝衣一套、犀带一条、纱帽一顶；五经博士颜公铉、孟元各纻丝衣一套、带一条、纱帽一顶，其余族人各纻丝衣一套；讲官各纻丝衣一套、罗衣一套，其余学官纻丝衣一套，监生人钞五锭，吏典二锭。上是之，惟乐如弘治初，设而不作。

6.5.2 《大明武宗毅皇帝实录》卷一〇

正德元年二月辛亥朔，大学士刘健等言："经筵日讲所以缉熙圣学，收存心养性之功，日新圣德为制，治保邦之本，诚今日之急务也。近奉旨以二月初二日肇开经筵，其细密功夫必资日讲。去年十一月内已从臣等所请，至十二月十四日以天寒暂免，臣等欲乞经筵之后即初三日为始如旧，日讲少效涓埃，上以副先帝之顾托，下以慰臣民之瞻仰。"从之。

6.5.3 《大明武宗毅皇帝实录》卷一〇

（正德元年二月）丁巳，释奠先师孔子，遣少傅兼太子太傅、礼部尚书、武英殿大学士谢迁行礼。

6.5.4 《文庙丁祭谱》卷二之一

丙寅，武宗毅皇帝正德元年春二月，遣光禄寺卿杨潭诣阙里祭告孔子。

6.5.5 《大明武宗毅皇帝实录》卷一一

（正德元年三月）甲申，上视国子监。是日，上具皮弁服，躬谒先师孔子，行四拜礼，命少傅兼太子太傅、户部尚书、谨身殿大学士李东阳，少傅兼太子太傅、礼部尚书、武英殿大学士谢迁，户部尚书韩文，掌詹事府事、吏部左侍郎兼翰林院学士张元祯，吏部左侍郎焦芳，吏部右侍郎梁储，户部右侍郎陈清，兵部右侍郎阎仲宇分献四配十哲两庑。礼毕，幸彝伦堂。祭酒张潒、司业周玉讲书毕，上还宫[①]……

（乙酉）赐衍圣公孔闻韶并三氏子孙、祭酒、司业、学官袭衣及诸生宝钞，仍宴闻韶等于礼部，祭酒以下免宴。

（又见于《明史·武宗纪》、《阙里志》卷六、《文庙丁祭谱》卷二之一）

---

① 《明史·武宗纪》《阙里志》卷六均载："（正德元年）三月甲申，释奠于先师孔子。"

6.5.6 《大明武宗毅皇帝实录》卷一一

(正德元年三月)丙戌,祭酒、司业率学官、诸生谢恩。上赐敕,谕之曰:

"朕肇缵鸿图,率遵旧典,特视太学,释奠于先师,嘉与诸师儒讲论治道,厥礼告成。惟古帝王在位徽典绥猷,以成至化,政与教非二也。顾建学置官职,专而法备,所以成德达材,俾为世用,于政亦有资焉。自有经传以来,道在方册,非心领神会,身体而力践之,其何以措诸事业?朕方躬迪彝,教为天下先,尔师生尚懋乃教学,惟忠孝节义是训、是守,以广业弘化,囿四方民物归于太和,庶几复唐虞三代之盛。钦哉。"

6.5.7 《大明武宗毅皇帝实录》卷一四

(正德元年六月辛酉)授孔子五十九代孙彦绳为翰林院五经博士,主衢州庙祀。宋之南渡也,衍圣公端支扈跸,自曲阜徙衢州,传五世至其孙洙。而宋亡,元世祖召洙至,欲令袭爵。洙以坟墓在衢,力辞,乃让其爵于曲阜宗弟治。自是曲阜之后世袭为公,而嫡派之在衢者遂无禄。衢州知府沈杰求端支,后得彦绳请授以官俾,世主衢之庙祀。且言其先世所赐祭田在西安者五顷。洪武初,以民田轻,则起科未几,有王氏子随母改适,冒孔姓以罪抵法田没官,改征重税,亦宜减轻,以供祭奠修葺费。礼部议覆。

上曰:"先圣苗裔在衢者,齿于齐民,朕甚悯之。其授之五经博士,令世世承袭,并减祭田税,以称朕崇儒重道之意。"于是,以博士授彦绳。

(又见于《文庙丁祭谱》卷二之一)

6.5.8 《大明武宗毅皇帝实录》卷一五

(正德元年七月)壬午,以孔承泗为曲阜县知县。承泗,宣圣六十代孙也。时知县缺,衍圣公孔闻韶举其可代。其族人孔公傅乃奏,承泗素无学术,难是官。曲阜乡民数十人赴京,愬公傅之奏,欲私其兄公仲也。承泗实能,可以服人。吏部言,民言必公。乃用承泗。

6.5.9 《大明武宗毅皇帝实录》卷一六

(正德元年八月)丁巳,释奠先师孔子,遣吏部左侍郎兼翰林院学士张元祯行礼。

6.5.10 《大明武宗毅皇帝实录》卷一七

(正德元年九月)戊寅,上御经筵。大学士刘健等言:"今日早,该司礼监传示圣意，欲免午讲。臣等窃惟经筵之设有益，圣心而日讲尤切。恭闻英宗皇帝初年，日御文华殿诵书讲学，至午后回宫；孝宗皇帝初年，日讲二次，又臣等所亲侍此。所以圣性坚定，治化大行。兹山陵事毕，婚礼告成，万几之余，别无他事，正宜讲诵经史，使义理渐明，聪明渐广。若先有厌倦之心，则必无积累之效矣。且四书、《尚书》乃圣贤大道，固当先务。若《大学衍义》，乃为治法度通鉴，乃古人事迹，亦皆不可不讲。伏望圣明少留数刻，令臣等每日照旧二次进讲。庶几，可尽保傅之责，以免旷职之愆。"

上曰："知之矣。"

6.5.11 《大明武宗毅皇帝实录》卷二〇

（正德元年十二月癸酉）诏孔氏曲阜地土粮草其悉除之，以示崇重先圣之意。

6.5.12 《大明武宗毅皇帝实录》卷二三

（正德二年二月）丁丑，释奠先师孔子，遣太子太保、吏部尚书兼武英殿大学士焦方行礼。

6.5.13 《大明武宗毅皇帝宝训》卷一

正德二年七月乙卯，浙江台州府知府徐鹏举奏："宋儒朱熹仕于浙东，讲明道学，修举荒政，浚河筑堤，民享灌溉，台人德之，立祠以祀。但祀典出于朝廷，岁远则废。乞今有司拨人役护视祠宇，岁供祭品，每春秋祭主以本府正官庶报功之典，可久而，台人之愿亦伸矣。"

礼部议覆。上曰："朱熹有功斯道，遗爱在台，固宜有祠，其如鹏举所奏行之。"

6.5.14 《大明武宗毅皇帝实录》卷二九

（正德二年八月）丁丑，释奠先师孔子，遣户部尚书兼文渊阁大学士王鏊行礼。

6.5.15 《大明武宗毅皇帝宝训》卷一

（正德二年）十一月丙辰，授三氏学生员孔闻礼为翰林院五经博士，文子思庙祀事。时袭封衍圣公孔闻韶奏："以子思庙在邹县南去鲁五十余里，主祀缺人，请择族中之贤者授以博士，世职俾主其祀，且以母弟闻礼名上。"

上曰："颜、孟二子皆有世官奉祀，而子思庙在邹者，独无此阙典也。闻礼可授翰林院五经博士，俾世主其祀。”

（又见于《文庙丁祭谱》卷二之一）

6.5.16 《大明武宗毅皇帝实录》卷三五

（正德三年二月）丁丑，释奠先师孔子，遣户部尚书兼文渊阁大学士杨廷和行礼。

6.5.17 《大明武宗毅皇帝实录》卷四一

（正德三年八月）丁卯，释奠先师孔子，遣大学士李东阳行礼。

6.5.18 《大明武宗毅皇帝实录》卷四七

（正德四年二月）丁卯，释奠先师孔子，遣少保兼太子太保、户部尚书、文渊阁大学士杨廷和行礼。

6.5.19 《大明武宗毅皇帝宝训》卷一

正德四年七月甲辰，三氏学生员颜重礼奏："三氏子孙自成化初年开贡，迄今颜氏未贡一人。乞定为资格以均之。"礼部覆议，以孔氏子孙在学者十九，颜、孟子孙在学者十一，若孔氏仍旧三年一贡，每及三贡，颜、孟轮贡一人，则均矣。

上是之。且曰："轮贡既均，其毋令废学。当贡者所司仍慎选以充。"

6.5.20 《大明武宗毅皇帝实录》卷五三

（正德四年八月）丁卯，释奠先师孔子，遣少师兼太子太师、吏部尚书、华盖殿大学士李东阳行礼。

6.5.21 《大明武宗毅皇帝宝训》卷一

（正德四年）九月乙巳，以孔承夏为曲阜知县。初曲阜知县孔承泗卒，族人举孔公统代之，有孔承章、承周者，赴京奏其过恶，吏部乃举承夏可用而。罢公统。因劾承章等二人意欲徇私，荐其族承懿也，乃执付巡按御史究治。既而承章等复与承懿潜至京，为侦事者所发，俱谪戍海南。

仍赐衍圣公闻韶。敕曰："先圣之道，朝廷用之以为治天下之法。在尔辈守之，则为治家之法。承章等首开讼端，毁诬宗子，以朝廷名爵为私家争夺之具，是先圣不肖子孙也，谪之边戍，小惩大戒正，用先圣遗法为之教不肖子孙尔。且先圣尝言，'其身正，不令而行'，尔闻韶尚佩服先训进学修德，与族长管束族人，令读书循法循理，以称朝廷崇重至意。今后再有持强、挟长、朋谋、胁制、不守家法，为圣门玷者，尔即指名具奏，必不轻恕。故敕。”

（又见于《阙里志》卷一五）

6.5.22　乾隆《山东通志》卷一一《阙里志三》

正德四年，颜子庙御制碑文：“朕闻孔子之道与天地并，当时惟颜子、曾子得其传，其后则有子思、孟子，颜氏所传深且粹矣。彼三子者，得之皆有著述，以垂世教。今《大学》《中庸》暨七篇之作，与六经《论语》并传万世，所以续往圣之绝，开来世之迷，厥功大矣。颜子在圣门，独称好学，而终日默然如愚，又不幸早死，不及立书以垂世，盖其德则信粹矣。而立教之功靡得而称焉，虽然孔子言曰：‘天何言哉，四时行焉，百物生焉。’使圣人之道，果不在于言乎，则几于晦，在于言乎，则几于浅，然则以言为解，又不若无言之教之深且粹矣。故曰，发圣人之教，诏万世无穷者，颜子也。又不迁怒、不贰过，克复以致卓尔之地，示万世为学之妙旨，而四代礼乐立，万世为治之大法，则其功孰加焉。”

6.5.23　《大明武宗毅皇帝实录》卷六〇

正德五年二月丁亥朔，释奠先师孔子，遣大学士李东阳行礼。

6.5.24　《大明武宗毅皇帝实录》卷六六

（正德五年八月）丁亥，释奠先师孔子，曹元以大学士行礼。

6.5.25　《阙里志》卷一五

正德五年十二月二十日，封衍圣公孔闻韶继嫡母袁氏为太夫人。制曰：

妇从夫贵，乃天地之长经；母以子荣，亦古今之通义。爰循旧典，涣布新恩，尔袁氏乃袭封衍圣公孔闻韶之继嫡母，出自名门，于归圣裔，恪修妇道，茂著母仪，致有嗣人，克光前烈，顾兹壸行可吝褒章，兹特封为太夫人，赐之诰命。於戏！自天涣号式，彰兹教之贤宜，尔子孙益衍家庭之庆。

6.5.26　《大明武宗毅皇帝实录》卷七二

（正德六年二月）丁亥，释奠先师孔子，遣大学士梁储行礼。

6.5.27　《大明武宗毅皇帝实录》卷七八

（正德六年八月）丁亥，释奠先师孔子，遣大学士梁储行礼。

6.5.28 《大明武宗毅皇帝实录》卷八四

正德七年二月丙子朔丁丑，释奠先师孔子，遣礼部尚书兼文渊阁大学士费宏行礼。

6.5.29 《大明武宗毅皇帝实录》卷九一

（正德七年八月）丁未，释奠先师孔子，遣礼部尚书兼文渊阁大学士费宏行礼。

6.5.30 《大明武宗毅皇帝宝训》卷一

正德七年十月丁卯，先是贼犯阙里，敕所司分兵防御。至是，衍圣公孔闻韶以庆贺至京师，具疏谢。

上复批答曰："群盗为暴，至犯阙里，朕闻之惕焉。靡宁其令巡抚官祭告，仍量为修葺，以慰圣灵。"

6.5.31 《阙里志》卷一六

正德八年，岁次癸酉，正月辛未，朔越十二日壬午，皇帝谨遣巡抚山东都察院右佥都御使赵璜，敢昭告于先师孔子大成至圣文宣王曰：

比岁盗起，北方肆行。东郡屡经阙里，侵犯庙廷。盖尝申明将官分兵守护，圣灵昭布，竟保安全，逆乱既平，仪文斯举，聿严祀事，兼饬有司，洒扫汙莱，修葺损坏，式还旧观，仰慰明神。尚祈鉴歆，永佑邦国。谨告。

（又见于《阙里志》卷六、《文庙丁祭谱》卷二之一）

6.5.32 《大明武宗毅皇帝实录》卷九七

（正德八年二月）丁未，释奠先师孔子，遣大学士梁储行礼。

6.5.33 《大明武宗毅皇帝实录》卷一〇三

（正德八年八月）丁酉，释奠先师孔子，遣太子太保、礼部尚书兼武英殿大学士费宏行礼。

6.5.34 《大明武宗毅皇帝实录》卷一〇九

（正德九年二月）丁酉，释奠先师孔子，遣大学士杨廷和行礼。

6.5.35　《大明武宗毅皇帝宝训》卷一

正德九年三月甲戌，山东嘉祥县修曾子庙成，巡按御史李玑请以门人子思配享，而以阳肤子襄、公明仪、沈犹行、公明高、乐正子春、公明宣、单居离列于子思后从祀。且请御制碑文以垂示无极。

礼部议覆诏曰："颜子庙先朝已有御制碑矣，曾庙亦不可无也。其令翰林院制文赐之。"

6.5.36　《大明武宗毅皇帝实录》卷一一五

（正德九年八月）丁酉，释奠先师孔子，遣大学士靳贵行礼。

6.5.37　《大明武宗毅皇帝实录》卷一二一

（正德十年二月）丁酉，释奠先师孔子，遣大学士梁储行礼。

6.5.38　《大明武宗毅皇帝实录》卷一二八

正德十年八月乙卯朔丁巳，释奠先师孔子，命大学士杨一清行礼。

6.5.39　《大明武宗毅皇帝实录》卷一三四

（正德十一年二月）丁巳，释奠先师孔子，遣大学士梁储行礼。

6.5.40　《大明武宗毅皇帝实录》卷一四〇

（正德十一年八月丁巳）释奠先师孔子，遣大学士靳贵行礼。

6.5.41　《大明武宗毅皇帝实录》卷一四六

正德十二年二月丁未朔，释奠先师孔子，遣大学士蒋冕行礼。

6.5.42　《大明武宗毅皇帝实录》卷一五二

（正德十二年八月）丁未，释奠先师孔子，大学士毛纪奉命行礼。

6.5.43　《大明武宗毅皇帝实录》卷一五九

（正德十三年二月）丁丑，大学士释奠孔子如常仪。

6.5.44　《大明武宗毅皇帝实录》卷一七一

（正德十四年二月）丁亥，释奠先师孔子，遣大学士梁储行礼。

6.5.45 《大明武宗毅皇帝实录》卷一七七

（正德十四年八月）丁卯，释奠先师孔子，遣大学士蒋冕行礼。

6.5.46 《大明武宗毅皇帝实录》卷一八九

（正德十五年八月丙辰）大学士毛纪释奠先师孔子如常仪。

6.5.47 《大明武宗毅皇帝实录》卷一九六

（正德十六年二月）丁亥，释奠先师孔子，遣大学士杨廷和行礼。

6.5.48 《文庙丁祭谱》卷二之一

辛巳（正德）十六年，诏改建孔子家庙之在衢者。

6.5.49 《大明世宗肃皇帝实录》卷五

（正德十六年八月）丁亥，释奠先师孔子，遣大学士蒋冕行礼。

6.5.50 《大明世宗肃皇帝实录》卷一一

（嘉靖元年二月）丁巳，祭先师孔子，遣大学士费宏行礼。

6.5.51 《阙里志》卷六

嘉靖元年（三月甲寅），世宗皇帝登极，谴吏部尚书石瑶诣阙里祭告。本年，驾幸太学，谒庙至棂星门外即降辇步入，礼毕，仍步出棂星外升辇。

（又见于《明史·世宗纪》、《文庙丁祭谱》卷二之一）

6.5.52 《大明世宗肃皇帝实录》卷一七

（嘉靖元年八月）丁丑，释奠先师孔子，遣大学士毛纪行礼。

6.5.53 《大明世宗肃皇帝实录》卷二三

（嘉靖二年二月）丁丑，祭先师孔子，遣大学士毛纪行礼。

6.5.54 《大明世宗肃皇帝实录》卷三〇

（嘉靖二年八月丁未）祭先师孔子，遣大学士蒋冕行礼。

6.5.55　《文庙丁祭谱》卷二之一

癸未(嘉靖)二年,诏以朱熹后墅为世袭五经博士。

6.5.56　《大明世宗肃皇帝实录》卷四二

(嘉靖三年八月)丁酉,致祭先师孔子,遣吏部尚书兼文渊阁大学士石瑶行礼。

6.5.57　《大明世宗肃皇帝实录》卷四八

(嘉靖四年二月)丁酉,释奠先师孔子,遣大学士贾咏行礼。

6.5.58　《大明世宗肃皇帝实录》卷五四

(嘉靖四年八月丁酉)遣大学士石瑶祭先师孔子。

6.5.59　《大明世宗肃皇帝实录》卷六一

(嘉靖五年二月)丁巳,遣大学士石瑶祭先师孔子。

6.5.60　《大明世宗肃皇帝实录》卷六七

(嘉靖五年八月)丁巳,致祭先师孔子,遣大学士杨一清行礼。

6.5.61　《大明世宗肃皇帝实录》卷七三

(嘉靖六年二月)丁巳,释奠先师孔子,遣大学士贾咏行礼。

6.5.62　《大明世宗肃皇帝实录》卷七三

(嘉靖六年二月甲戌)上观宋儒朱熹著《南剑州尤溪县学明伦堂铭》自得,有述一篇,内云:“今世降理,微人欲炽盛,无怪彼之附和者。但可惜者,师生、兄弟、朋友或一气而分,或交以为友亦有不同焉。少师杨一清为乔宇之师,宇受学于一清有年矣,一旦被势利之逼,则师之言不从矣。桂华为少保桂萼之兄,则弟不亲矣。湛若水为尚书方献夫之友,则友而疏矣。吁信势利夺人之速,可垂世戒。辅臣杨一清因言乔宇之不听臣言,湛若水背献夫之论是诚然矣,若桂华能持正论,且闻萼之学多自其兄启之,未可尽非也。”

上报曰:“朕阅大典,有得而述。因叹兄弟邪正殊途,桂华桂萼之如此,方鹏方凤之如彼吁嗟之,余扬抑不平。近日多事,未暇检读,依卿言,朕将原稿更之。”

6.5.63 《大明世宗肃皇帝宝训》卷三

嘉靖六年六月丙午朔，先是上谕内阁，令翰林讲官日轮一员将经书通鉴撮其有关君德政事与修省之道者，直录其义以赞，所未晓庶心得其旨而理自通。大学士杨一清等言："自古经史大义，尽具宋儒真德秀所撰《大学衍义》一书中。请修先朝故事，日令儒臣进讲。"

上曰："《大学衍义》可令直解，参以时事，以开朕学。若日逐进览，恐不得精。宜五日一进，不以寒暑废庶，得探索精研，不徒劳精神，虚延日月。"

一清等复请于经筵讲官内，与日讲官各分为两班，每逢三八日以次轮讲。臣等仍日轮一员侍班，至于春秋月日和煦凉爽之时，经筵日讲，俱照旧规，惟三八日专讲《大学衍义》。

上曰："讲学为治之首，君道当先。朕虚怀以受卿等，及讲官尽心讲说，开诚启沃，以资朕学。卿一清免侍班，贾咏等日轮一员，如有召论，不在此例。至于春秋之时，不必以三八日，可于该朝两宫之日既免日讲，只于午后进讲《衍义》，庶并行而无废。"

乃命侍郎温仁和桂萼、张璁，詹事董玘，侍读学士徐缙，祭酒严嵩，庶子穆孔晖，谕德顾鼎臣、张璧、许成名、洗马、张瀚，赞善谢丕，更直进讲。是日讲罢，上出，御制五言诗一章，自序其端，以赐一清。序曰："《大学》本孔氏之遗书，《大学衍义》乃宋儒真氏德秀所著，推衍经义以羽翼，是书其惓惓，致力于此，不过申明格致诚正修齐治平之道，而献于时君。欲君为尧舜，治化淳厚，以奉天安民耳。惜时君悦之，而不绎听之，而不能行也。朕近日欲令讲官翻阅五经四书及通鉴，以其关于君德治道直解其义，以资朕所未闻。内阁辅臣奏谓经书微粤，通鉴浩繁，一日万几，恐难于领会，请以《大学衍义》进讲。朕允其奏，特于五月十三日始命经筵日讲官轮次进讲，以开朕学。盖其书纲举目张，治乱兴亡罔不该括。朕勉循是言为修己治人之则，岂不大有裨哉？呜呼！真西山作此书于宋，若今之以此书致君者，非卿等其谁能乎？朕不敏，匪徒知之，实欲行之，尚赖卿等竭诚协恭辅导，朕躬则《衍义》之功不在真氏，而在卿等矣。听讲之余，感而赋此诗曰：帝王所图治，务学当为先。下作民之主，上乃承乎天。致治贵有本，本端化自平。人君所学者，其序有后前，正心诚其意，志定必不迁。吾志既能定，理道岂复颠。身修本心正，家国治同然，国治乃昭明，万邦斯协焉。于变帝尧典，思齐文王篇，万化修身始，朕念方拳拳。"

于是，一清等各次韵赓和命集，为一册，题曰："翊学诗"。

6.5.64 《大明世宗肃皇帝实录》卷七九

(嘉靖六年八月庚申)初,上命学士张璁、桂萼等纂修《大礼全书》。至是,以初稿六册呈览。

上曰:"朕览稿,具见编摩至意,尚书、席书前所著论,犹似阙略纪载,欠详,宜通查详定其先儒所论,并汉魏宋事。果于礼合,褒进之,使后人有所守;缪而否者,贬斥之,亦使后人无所惑。且斯礼也,不但创行于今日,实欲垂法于万世,以明人伦,正纪纲。《大礼全书》四字未尽其义,宜更名曰《明伦大典》。"

璁等乃入席,书注论四条。上复命增录古人欧阳修诸儒之论于父子君臣大伦有所发明者。于是,璁等先撰稿进呈。

上曰:"览所撰,具见尔等尽心典礼,纲常所系。但诸臣所奏,或自疏,或连名,或会官,或奉旨议,或渎乱破礼,宜皆一一直书,以明是非邪正之辨,尔等仍会总裁官详议,用心纂修。"

璁等疏请该科奏缴内本,凡阙系大礼者,逐一查出,发付采录,庶便考据。上命查送史馆。

(又见于《大明世宗肃皇帝宝训》卷二)

6.5.65 《大明世宗肃皇帝宝训》卷三

(嘉靖六年)十月乙丑,日讲毕,上谕辅臣曰:"今日讲《论语》又越了一篇。朕知以为曾子将死之事故不讲,但前日已有谕,及今日又未讲。夫生死,人之常,何可忌之?如不可讲,也照前写来,若只忌其不佳,还当补讲。卿等议行。又朕惟相让之风,自古大臣之道。朕日观侍郎董玘讲筵之内行立之序,行礼先后俱无逊让之体。即此观之,其心可知。又每日讲书时,卿等行礼皆六叩头,自今后只是一拜三叩头,退又叩头礼免了。玘之事可谕他知,俾令务礼让,以尽大臣之义。"

6.5.66 《大明世宗肃皇帝宝训》卷二

(嘉靖六年十一月丁丑)皇考视之,周文王同一揆焉。朕尝观于孔子之言曰:"文王既没,文不在兹乎?"夫孔子,周人也,师法文王而以斯文自任,其发明彝伦之道,载在六经,为其徒者所当世,率循者也顾后世。教学未明人心弗淑。彝伦或几乎?斁矣!彝伦斁则治化何由而成?今诸士居业于斯,诵法孔子之言,学孔子之道,其可不思尽夫彝伦之实?为子尽孝,为臣尽忠,以辅我国无疆之治,以无负作亲斯学之意。"

6.5.67 《大明世宗肃皇帝实录》卷八五

（嘉靖七年二月）丁未，致祭先师孔子，遣大学士张璁行礼。

6.5.68 《大明世宗肃皇帝实录》卷九一

（嘉靖七年八月）丁未，致祭先师孔子，遣大学士翟銮行礼。

6.5.69 《大明世宗肃皇帝实录》卷一〇四

（嘉靖八年八月）丁卯，遣大学士桂萼祭先师孔子。

6.5.70 《大明世宗肃皇帝实录》卷一〇

（嘉靖九年二月）丁卯，祭先师孔子，命吏部尚书方献夫行礼。

6.5.71 《大明世宗肃皇帝实录》卷一一四

（嘉靖九年六月）癸亥，巡抚山东都御史刘节请于曲阜县治立四塾，十六社各立一塾，简孔氏生员。儒士二十人为塾师。凡孔、颜、孟三氏子弟，八岁以上俱送塾教习。年十五以上提学官试其学业，有成者送入三氏学，而黜其累试无成者，仍立为廪膳增广附学。名目其廪膳，虽无廪饩，俱以提学官考定高下收补。至于应贡，以收补名第为定。如年至五十累考无进者，发回衣巾终身。

礼部覆议允行，其廪增人数许依州学例各三十名。

6.5.72 《阙里志》卷六

嘉靖九年，诏天下文庙去塑像，易以木主。

6.5.73 《大明世宗肃皇帝实录》卷一一六

（嘉靖九年八月丁卯）祭先师孔子，命吏部尚书方献夫行礼。

6.5.74 《明史·世宗纪》

（嘉靖九年）冬十一月辛丑，更正孔庙祀典，定孔子谥号曰至圣先师孔子。①

（又见于《阙里志》卷六、《文庙丁祭谱》卷二之一）

① 《阙里志》卷六载："（嘉靖）九年，厘正祀典。"

6.5.75 《大明世宗肃皇帝实录》卷一一九

（嘉靖九年十一月）癸巳，初，上因纂祀仪成典，谕大学士张璁，凡云雨风雷之祀，以及先圣先师祀典，俱当以叙纂入。璁因奏言："云雷等祀及社稷配位俱蒙圣明更正，但先圣先师祀典尚有当更正者。叔梁纥乃孔子之父，颜路、曾哲、孔鲤乃颜、曾、子思之父，三子配享孔子于庙庭，而叔梁纥及诸父从祀两庑，原圣贤之心岂安于是所？当亟正臣请，于大成殿后另立一堂祀叔梁纥，而以颜路、曾哲、孔鲤配之。请行礼部改正纂入祀典。"

上以为然。因曰："圣人尊天与尊亲同。今笾豆十二，牲用犊，全用祀天仪，亦非正礼。其谥号章服悉宜改正。卿宜加体孔子之心，为朕详之。"

璁遂奏言："孔子祀典自唐宋以来溷乱至今，未有能正之者。今宜称先圣先师，而不称王。祀宇宜称庙，而不称殿。祀宜用木主，其塑像宜毁。撤笾豆用十，乐用六佾。叔梁纥宜别庙以祀，以三氏配公侯伯之号宜削，只称先贤先儒。其从祀申党、公伯寮、秦冉、颜何、荀况、戴圣、刘向、贾逵、马融、何休、王肃、杜预、吴澄宜罢祀，林放、蘧援、卢植、郑玄、服虔、范宁宜各祀于其乡，后苍、王通、欧阳修、胡瑗、蔡元定宜增入。"

上命礼部会翰林诸臣议。编修徐阶疏陈不可。上怒，谪阶（官）。乃御制《正孔子祀典说》，示礼部云："朕惟孔子之道王者之道也，德王者之德也，功王者之功也，事王者之事也。特其位非王者之位焉？昨辅臣张璁再疏请正其称号章服等事，已命礼官集翰林诸臣议正外，惟称号与章服二事所关者重，亦关于朕者，不得不为言之。孔子当周家衰时，知其不能行王者之道，乃切切以王道望于鲁、卫二国，二国之君竟不能行孔子之道。孔子既逝，后世至唐玄宗乃荐谥曰文宣，加以王号。至元又益谥为大成。夫孔子之于当时诸侯有僭者，削而诛之。故曰孔子作《春秋》，而乱臣贼子惧。生既如是，其死乃不体圣人之心，漫加其号，是何心哉？自我圣祖当首定天下之时，命天下崇祀孔子于学，不许祀于释老宫。又除去塑像，止令设主。乐舞用六佾，笾豆以十，可谓尊崇孔子极其至矣，无以加矣。时存塑像盖不忍毁之也。又至我皇祖考用礼官之议增乐，舞用八佾，笾豆用十二，牲用犊，而上拟乎事天之礼，略无忌焉。夫孔子设或在今，肯安享之乎？昔不观鲁僭王之礼，宁肯自僭祀天之礼乎？果能体圣人之心，决当正之也。至于称王，贼害圣人之甚。夫王者，以有是德，宜居是位，尧舜是也。无是德而居是位，皆乱世之君，如桀、纣、幽、厉是也。若至于后世之为君而居王者之位者，其德于孔子，或二三肖之，十百肖之，未有能与之齐也。由是观之，王者之名，非所以重称孔子也。至于章服之加，因其位耳。孔子昔曰：'名不正则言不顺，言不顺则事不成。'何其不幸？身遭之哉！夫既以王者之名而横加于孔子，故使颜回、曾参、孔伋以子而并配于堂上，颜路、曾皙、孔鲤以父而从列于下，安有子坐堂上而父从食于下乎？此所谓名不正者焉。今也不可滋来世之非道除，待该部集议施行外兹，朕不得不辩，亦不得不为辅臣辩。璁也，为名分也，为义理也。若朕所正者亦如是，所以防闲于万世之下也。设或有谓朕以位而凌先师，实非原心之者是为说，已复为正孔子祀典。”

申记，俱令礼部送史馆。璁复为《正孔庙祀典》，或问奏之，上嘉其论议详正，并下礼部，令速集议以闻。

（又见于《明史·吉礼志》、《文庙丁祭谱》卷二之一）

6.5.76 《大明世宗肃皇帝实录》卷一一九

（嘉靖九年十一月）乙未，翰林院侍读学士兼吏科都给中夏言奏：“昨两奉圣制，宣付史馆所论，更正孔子祀典，臣仰见陛下以圣人之心推圣人之心，辨析详明，考究精当，宸章奎画，日星灿然，使人皆圣贤，其心则何复可议？正缘人心不古，天理难明，数日以来群议沸腾。以臣愚忠，乞陛下斋心静虑，一意恬颐，以致精礼之实，勿以此事烦杂清明，勿以人言乖阻和豫。尚愿祀天之后，眚灾赐赦，覃布恩泽，使大化旁流，湮郁宣畅，庶慰天下之望。其孔子祀典暂假时日，少缓订议。俟南郊大事已行，人心自定，施为欠第，自当有渐。”

上览奏，曰：“朕遵行大报重典，敢不涤虑凝诚？孔子祀典之议亦所以尊天也。朕为大君，岂喋喋为事特怒？今人用情纵欲，逞逆肆意，徇私背理，甚非人为尔！既知人心不古，天理难明堂，坚持定志尽去，人欲勿谓暂止，待之庶始终，小大不失。”

十三道御史黎贯等言：“臣等伏睹《御制正孔子祀典说》，谓‘孔子道王者之道也，德王者之德也，事功王者之事功也，特以其位非王也。’而疑其僭臣等。伏思之，莫尊于天地，亦莫尊于父师。陛下举行敬天尊亲之礼，可谓极盛，无以加矣。至于孔子，则疑其王号为僭而欲去之。昔太王王季未尝王也，周公成文武之德，追而王之天下，未尝以为僭。我圣祖登极之初，即进尊德祖、懿祖、熙祖、仁祖为皇帝，是亦周公推本之意，而不以位论也。至于臣子有大勋劳，如魏国公徐达等，身殁之后进爵为王，亦或追封。及其祖考，是皆生未有王号，没而追封之也。圣祖初正祀典，天下岳渎诸神皆去其号，惟先师孔子如故，良有深意存焉。陛下又疑孔子之祀，上拟事天之礼。夫孔子之不可及也，犹天之不可阶而升，虽拟诸天，似不为过，况实未尝拟诸天也。今必欲去王号以极尊崇之，实减笾豆、乐舞以别郊祀之礼。窃恐礼仪之未便，情意之未安也。何也有王号而后享王祀，而王祀而后居王，居三者备矣，而后守祀之人得以膺衍圣公之封而传之世世。今曰'先师孔子'而已,则如汉毛公、伏生之流,如此,非惟八佾、十二笾豆为僭而六佾、十笾豆亦僭矣。不惟像设当毁,而复屋重檐亦当毁矣。天下止称曰'先师',而不曰王,阙里之祭则当何?称曰显祖鲁司寇可乎?显祖不王而世嫡可封公乎?臣等又考,唐开元中封孔子为文宣王,被衣衮冕,乐用宫县,是唐已用天子礼乐矣;宋真宗尝欲封孔子为帝,或言周止称王,不当加以帝号。罗从彦论曰:'唐既封先圣为王,袭其旧号可也,加之帝号而褒崇之亦可也。'是言宜隆不宜杀也。梁适乞以厢兵代庙户,范仲淹曰:'此朝廷崇奉先师,美事仁义,可息,则此人数可减。'当时朝论遂已。周敦颐谓万世无穷王祀夫子,邵雍谓仲尼以万世为土,我朝祭酒周洪谟亦谓夏、商、周之称王,犹唐虞之称帝,谓孔子周人当用周制止称王可也,谓夫子陪臣不当称帝,非崇德报功之意。此皆前人成论。其辨孔子不当称王者止吴沉一人而已。伏望博采群言,务求至当,上不失圣祖之初意,下不致天下之惊疑,中不致礼意之轩轾。斯传之万世无弊,书之史册有光矣。"

上曰:"贯等意谓朕何等君也?'追尊皇考而为皇帝号,孔子岂反不可,本意如此',乃以太祖追尊四代,为言奸巧,恶逆甚矣!君父有兼师之道,师决不可拟君父之名。孔子本臣于周,与太公望无异。所传之道,本羲农之传,但赖大明之耳,否则不必言祖述尧舜。朕此举与辅臣之建议非上下雷同,实正纪纲之大。贯等毁议君上,法司其会官逮问,以闻于是。"

都御史汪鋐言,言官论事每挟诈以率众,挟众以陵人,曰'此天下公议也',不知其始倡之者一人也。贯等连名具疏,妄议祀典,彼但知称王为尊孔子,不知诸侯王不足以为尊,适足以为渎耳。今称曰先圣先师,则视王之号固加尊数等,夫曰先圣先师,皇上幸太学拜之可也。若曰王,则岂有天子而可以拜王者哉!春秋之法罪首恶宜,究问倡议之人,明正其罪,仍敕南北科道官自今建言毋得惑众欺罔。"

上以鋐言为然。已而刑部尚书许赞等会讯言:"贯等轻率,倡言引喻,夫当各赎杖还职。"

上曰:"祀典改正,实出朕尊师重道之意,黎贯乃妄引追崇之典,犹存诋毁大礼之情,纠众署名,肆意奏扰,褫职为民。"

已礼科都给事中王汝梅等亦上疏极言:"孔子祀典不宜去王号,以吴沉夏寅丘浚之言为非,又言国学塑像,太宗尝令正其衣冠不如古制者,我朝列祖瞻祀而拜之,百有三十余年。孔子精爽,在天之灵依,附血食厥惟旧矣。普天率土像设巍巍,殆有千处,一旦毁撤而易以木主,宁不骇人之听闻哉!臣等伏见陛下励精图治,亲蚕郊祀,女训数事,皆希阔盛典一岁,举行敕书传帖不知凡几,而诸臣奏疏该部,题请殆数百余道,悉自圣裁至于郊祀一事尤加经画,仪文度数皆极精微，一念敬天之笃无以加焉。万几之外复留神殷礼，已不胜劳瘁。今大工未成而又及此，窃恐生事之臣望风纷起，今日献一议以为某制当改，明日献一议以为某礼当复，国家自兹多事，圣心焦思亦无宁日。陛下一身天下臣民之主，今前星未耀，凡在臣子计日望之，苟有忠荩不宜，日事纷更致劳圣虑，况我祖宗成法，列圣世守百六十余年于兹矣。总使少不如古，循而行之，亦不为过。臣等愿陛下颐养天和，求绥安静之福，毋为多事之。臣所惑扰也疏入。"

上斥其逆论，令录前说记示之。

6.5.77 《大明世宗肃皇帝实录》卷一一九

（嘉靖九年十一月）辛丑，礼部会同内阁、詹事府、翰林院议上更正孔子祀典。一谥号。人以圣人为至，圣人以孔子为至。宋真宗称孔子为至圣，其义已备，今宜令两京国子监及天下学校，于孔子神位宜称至圣先师孔子。神位其王号及大成文宣之称一切不用，庙宇亦止称庙，不宜称殿。其四配称复圣颜子、宗圣曾子、述圣子思、亚圣孟子；十哲以下凡及门弟子皆称先贤某子；左丘明以下皆称先儒某子。凡一切公侯伯不宜复称以混成周一代封爵之制。一章服。孔子章服之加起于塑像之渎乱也，今宜钦遵我圣祖首定南京国子监规制，制木以为神主，仍拟定大小尺寸着为定式其塑像。国子监责令祭酒等官，学校责令提学等官即令屏撤，勿得存留，使先师先贤之神不复依土木之妖以别释氏之教。一乐舞、笾豆。每遇春秋祭祀，遵照国初旧制用十笾十豆，天下府、州、县八笾八豆。其乐舞止用六佾，以别郊庙之祭。一配享。父子大伦不容紊乱，宜命两京国子监及天下学校别立一祠，中祀叔梁纥，题称启圣公孔氏神位，以无繇、曾点、孔鲤、孟孙氏配，俱称先贤某氏。一从祀。孔庙从祀之贤，万世瞻仰所系，诚重不可不考其得失，以清祀典。申党即申枨位号宜一；公伯寮、秦冉、颜何、荀况、戴圣、刘向、贾逵、马融、何休、王肃、杜预、吴澄宜罢祀；林放、蘧瑗、卢植、郑玄、服虔、范宁宜各祀于其乡；后苍、王通、欧阳修、胡瑗宜增入从祀。

入得旨，俱准议行。其塑像之渎有同释氏夷教所，宜亟行屏除，不许奸邪之徒假称不忍以加正八之罪，依拟国子监责令祭酒等官、学校责令提学等官通行改正，以称朕尊师重道之意。上躬诣南郊，率分献执事官习仪，以大报伊始，虔其事也。

6.5.78 《阙里志》卷一六

嘉靖九年十二月二十九日，世宗皇帝自作安先师孔子。告文曰："自昔混沌之初，天命羲、农、轩圣创世开物，以至尧、舜、禹、汤、文、武、周公以及先师，列圣相继，奉天行道，立教诲人。肆我列祖崇礼于先师者，御制有文，典册俱在，予惟寡昧之人，仰尊祖宪，去胡元衰慢之偶像，如祖制崇礼之圣谟，称号核实，俎豆究本，以尊礼典，兼体先师至意。予实不聪，赖先师默鉴及良辅洪儒所赞之也。爰择令辰，特命大臣奉安先师神位，以及配从之位。此惟先师鉴知，永依陟降，大运神化，教我君民。俾予性理早开，而无负皇天付托之眷命，暨士庶学业咸正，而无违先师传道之至情，予实有赖焉，惟先师觉之。以复圣颜子、宗圣曾子、述圣子思子、亚圣孟子配。尚飨。”

（又见于《文庙丁祭谱》卷二之一）

6.5.79 《大明世宗肃皇帝实录》卷一二〇

（嘉靖九年十二月）丁丑，始祀先圣、先师。伏羲、神农、黄帝、尧、舜、禹、汤、文武、周公、孔子于文华殿东室。东室初有释像，上以其不经，撤去之，乃祀先圣先师伏羲等九龛南向，周、孔二龛东西向。

是日，上自为祭文，行奉安神位礼，并令辅臣张璁等及讲官徐缙等入拜。上御殿西室，宣璁等谕曰：

“朕奉先圣、先师神位于此，庶有所起敬起慕以为进修之地。朕不聪，赖先圣、先师启佑于冥冥之中，然启沃交修之力实望于卿等，卿等罔朕弃。”

璁等对曰：“皇上景仰哲王以图治化，臣等敢不敬?”承下风，各赐茶，叩头而退。

上乃告于奉先、崇先二殿，敕谕璁曰：“朕以奉安圣、师告于祖考，礼成。朕惟祖考、圣、师岂无以加教于朕者？须卿等言，兹可遍示。萼銮时缙鼎臣诰孔晖言，潮人各以经书大旨一章既讲解之，尤要启沃之实，交修之诚，切于身心，政事、风俗、民情为目前紧要者，来陈勿相通，谋人各自献其诚，庶不负朕所望焉。”

随以祭品颁赐诸臣。越数日，诸臣乃各撰次讲章以进。

6.5.80 《大明世宗肃皇帝实录》卷一二〇

（嘉靖九年十二月）乙酉，易先师孔子神位，用木奉安于文庙，遣国子监祭酒许诰行祭告礼。

6.5.81 《明史·世宗纪》

（嘉靖十年）三月丙辰，释奠于先师孔子。

6.5.82 《明史·世宗纪》

（嘉靖十年九月）壬申，幸西苑，御无逸殿，命李时、翟銮进讲，宴儒臣于豳风亭。

6.5.83 民国《山东通志·至圣世纪》

世宗御制正孔子祀典说:“孔子之谥王号自唐元宗、李林甫之君臣始。夫孔子已逝在秦汉之前,此间岂无贤明之君,如汉高祖、唐太宗皆创业垂统者,何不加王号于孔子?则不敢拥虚名以示尊崇之意可知矣。自秦而后,王天下者称皇帝,汉方以王号封臣下,元宗之封谥孔子何不以皇帝加之?是不欲与之齐也,特一王号犹封拜臣下耳,尊崇之意何在哉。由是元君、武宗假托之而加谥,宋徽宗荐十二章服,徽宗之加,欲掩其好道,敬而设此以尊崇耳,况以诸侯而僭天子之服章,诬之甚也,决所当正。”

6.5.84 《大明世宗肃皇帝实录》卷一三五

(嘉靖十一年二月)丁亥,释奠先师孔子,命大学士李时行礼。

6.5.85 《大明世宗肃皇帝实录》卷一四一

(嘉靖十一年八月丁丑)命大学士张孚敬祭先师孔子。

6.5.86 《大明世宗肃皇帝实录》卷一四七

(嘉靖十二年二月)丁丑,祭先师孔子,遣大学士方献夫行礼。

6.5.87 《阙里志》卷六

(嘉靖)十二年,驾复幸太学。

(又见于《文庙丁祭谱》卷二之一)

6.5.88 《大明世宗肃皇帝实录》卷一四八

(嘉靖十二年三月)己未,祭酒司业率学官诸生谢恩。上赐之敕曰:“朕惟人君御世抚民教化为先。朕即位之初,尝亲临太学祗谒先师,讲论治道,以劝厉诸生,兹以祀典厘正载,诣孔庙恭行释奠之礼,具进尔诸生讲解经义。尔等尚懋乃教学,率厉作兴,务在惇本尚实,用赞我国家文明之化,顾不为欤。於戏!孔氏之教,正名是先;大学之道,修己为要。尔师生其敬勉之。”明日,文俊等复谢恩。

6.5.89 《大明世宗肃皇帝实录》卷一五三

(嘉靖十二年八月)丁丑,祭至圣先师孔子,遣大学士李时行礼。

6.5.90　《大明世宗肃皇帝实录》卷一五九

(嘉靖十三年二月)丁丑,致祭先师孔子,遣大学士张孚敬行礼。

6.5.91　《大明世宗肃皇帝实录》卷一六六

(嘉靖十三年八月)丁酉,致祭先师孔子,遣大学士李时行礼。

6.5.92　《大明世宗肃皇帝实录》卷一七二

(嘉靖十四年二月丁酉)祭先师孔子,命大学士张孚敬行礼。

6.5.93　《大明世宗肃皇帝实录》卷一七八

(嘉靖十四年八月)丁酉,遣礼部右侍郎谢丕致祭先师孔子。

6.5.94　《大明世宗肃皇帝实录》卷一八一

(嘉靖十四年十一月)庚辰,诏令河南仪封县孔子六十代孙孔承寅为国子生,世袭。学正初,孔子之裔有名德伦者,唐时为褒圣侯,家于河南宁陵。德伦二子,长崇基,次子叹崇基嗣侯,其裔名端友者,宋时为衍圣公。从高宗南渡世居衢州,子叹之后留宁陵。元末徙居仪封。正统宗诏访圣贤子孙,两地皆复。其家在衢曰,彦绳者,正德中授世袭翰林博士;在仪封曰,承寅者,以彦绳例请下。河南守臣勘报至是,礼部覆议诏授学正奉祀。

(又见于《文庙丁祭谱》卷二之一)

6.5.95　《大明世宗肃皇帝实录》卷一八四

(嘉靖十五年二月)丁亥,祭至圣先师孔子,命尚书夏言行礼。

6.5.96　《大明世宗肃皇帝实录》卷一九〇

(嘉靖十五年八月)丁亥,遣礼部尚书顾鼎臣祭先师孔子,遣大学士张璧祭启圣公。

6.5.97　《大明世宗肃皇帝实录》卷一九七

(嘉靖十六年二月)丁巳,祭先师孔子,命大学士夏言行礼。

6.5.98　《大明世宗肃皇帝实录》卷二〇三

(嘉靖十六年八月丁未)祭先师孔子,命大学士夏言行礼。

6.5.99 《大明世宗肃皇帝实录》卷二〇九

(嘉靖十七年二月)丁未,祭先师孔子,命大学士李时行礼。

6.5.100 《大明世宗肃皇帝实录》卷二一五

(嘉靖十七年八月)丁未,祭先师孔子,命大学士夏言行礼。

6.5.101 《大明世宗肃皇帝实录》卷二二一

(嘉靖十八年二月丁未)致祭先师孔子,命大学士顾鼎臣行礼。

授先贤曾子之后一人世袭翰林院五经博士。先是,掌詹事府事学士顾鼎臣上言:“孝宗时曾录颜、孟子孙各一人为五经博士,以奉祀事,可谓盛举。至于曾子之后独不沾一命之荣,亦今古阙典也。”入下礼部议,访其世系,得曾子六十代孙曰质粹者,居江西之永丰县,其远祖据者曾子十四代孙也,当新莽时不受伪命,自武城徙庐陵吉阳乡。而质粹其裔孙也,礼部以是复,遂有是命。

6.5.102 《文庙丁祭谱》卷二之一

己亥,(嘉靖)十八年春二月,以曾子后质粹世袭五经博士。

6.5.103 《大明世宗肃皇帝实录》卷二二八

(嘉靖十八年八月)丁卯,祭先师孔子,命大学士夏言行礼。

6.5.104 《大明世宗肃皇帝实录》卷二三四

(嘉靖十九年二月)丁卯,祭先师孔子,遣大学士翟銮行礼。

6.5.105 《大明世宗肃皇帝宝训》卷五

嘉靖十九年三月庚子,先是御史杨瞻、樊得仁奏:“故礼部侍郎薛瑄,国朝大儒,宜从祀文庙。”诏下儒臣议。时尚书霍韬,侍郎张邦奇,詹事陆深,少詹事孙承恩,祭酒王教,学士张治,詹事府丞胡守中、杨惟杰,谕德龚用卿、屠应埈,洗马徐阶、邹守益,中允李学诗、秦鸣夏、闵如霖,赞善阎朴,司直谢少南、吕怀,编修兼校书王同祖、赵时春,编修兼司谏唐顺之、黄佐,侍讲胡经二十三人议宜祀。庶子童承叙、赞善浦应麒议宜缓。赞善兼检讨郭希贤以瑄无著述功,议不必祀。给事中丁湛等请从众议之多者。霍韬又欲黜司马光、陆九渊、吕怀,欲将道统正传皆进之庙堂,系于四配下。至是,礼部集议以请。

上曰:“圣贤道学不明,士趋流俗,朕深有感。薛瑄能自振起,诚可嘉尚。但公论久而后定宜，候将来童承叙、浦应麒议是。司马光、陆九渊从享与四配等位次，俱历代秩祀。”

6.5.106 《阙里志》卷一五

嘉靖十九年六月十二日，赐六十二代衍圣公孔闻韶诰命妻李氏、继室卫氏为夫人。制曰：朕惟朝廷崇德报功乃帝王之先务。矧孔子功高德厚，代天地以成能，切人伦日用之常，修大中至正之道，天下古今之所共由，犹布帛菽粟不可须而离者也，历代宪章百王仪范。我朝尊师重道之典有隆无替，爵其后胤，俾世承祭祀以事崇报之实。六十二代孙袭封衍圣公孔闻韶善继祖德，克振文风，忠孝谦恭，增华也胄勤，历年之时觐，维百僚之具瞻。兹以恩诏之颁，特举褒嘉之泥，赐之诰命，以为尔荣。於戏！圣神功化愈远愈彰，尔宜服膺时礼之训，恪其宗庙之仪，体朕至怀，坚尔素志，允为吾道之光。尔亦有无穷之誉其懋之哉！

制曰：朝廷赐命文臣而必及其伉俪者，盖重有家之义，而嘉内助之贤也，伦理所关存亡奚间尔。袭封衍圣公孔闻韶妻李氏毓秀儒门，于归圣胄柔嘉维，则早闲书史之箴敬戒不违，式协闺门之范，沦没既久，秩号未颁，可无崇章以示褒恤乎？兹特赠为衍圣公夫人。服此荣恩，永光泉壤。

制曰：妻必有继恩贵乎均，所以隆馈祀之仪，而重风化之本也。顾兹圣裔可吝褒恩尔。袭封衍圣公孔闻韶继室卫氏秀钟勋阀，继美儒门，早习母仪，允修妇道，柔顺孝敬，多有禅于内助焉。兹特封为衍圣公夫人，家传簪翟，益增闺阃之光，礼重频繁，恪谨蒸尝之助，只承休命，永保繁禧！

6.5.107 《阙里志》卷一五

嘉靖十九年六月十二日，封衍圣公孔闻韶生母江氏为大人。制曰：子以母贤积庆当原其所自，母因子贵推恩必逮其所生，此伦理之攸关，为国家之令典也。尔江氏乃袭封衍圣公孔闻韶之生母，出自宦族，嫔于儒门，淑慎恭勤之懿既，尝善相厥夫矣。生有令子克绍，圣门可无褒章以旌慈行？兹特赠为衍圣公夫人，幽灵有知，钦承无斁。

6.5.108 《大明世宗肃皇帝实录》卷二四〇

（嘉靖十九年八月）丁卯，祭先师孔子，遣大学士翟銮行礼。

6.5.109 《大明世宗肃皇帝实录》卷二四六

（嘉靖二十年二月丁卯）祭至圣先师孔子，命吏部左侍郎兼翰林院学士掌院事张邦奇行礼。

6.5.110 《大明世宗肃皇帝实录》卷二五二

（嘉靖二十年八月）丁巳，祭先师孔子，命掌詹事府事、礼部尚书温仁和行礼。

6.5.111 《大明世宗肃皇帝实录》卷二五八

（嘉靖二十一年二月）丁巳，祭先师孔子，命大学士翟銮行礼。

6.5.112 《大明世宗肃皇帝实录》卷二六五

（嘉靖二十一年八月丁亥）祭先师孔子，命尚书张邦奇行礼。

6.5.113 《大明世宗肃皇帝实录》卷二七一

（嘉靖二十二年二月）丁丑，祭至圣先师孔子，命大学士严嵩行礼。

6.5.114 《大明世宗肃皇帝实录》卷二七七

（嘉靖二十二年八月）丁丑，致祭先师孔子，命大学士翟銮行礼。

6.5.115 《大明世宗肃皇帝实录》卷二八三

（嘉靖二十三年二月）丁丑，祭至圣先师孔子，命大学士翟銮行礼。

6.5.116 《大明世宗肃皇帝实录》卷二八九

嘉靖二十三年八月，丁卯朔，祭至圣先师孔子，命礼部尚书兼翰林院学士张壁行礼。

6.5.117 《大明世宗肃皇帝实录》卷二九六

（嘉靖二十四年二月）丁酉，祭至圣先师孔子，遣大学士许赞行礼。

6.5.118 《大明世宗肃皇帝实录》卷三〇二

（嘉靖二十四年八月丁酉）祭至圣先师孔子，命礼部尚书费采行礼。

6.5.119 《大明世宗肃皇帝实录》卷三〇八

（嘉靖二十五年二月丁酉）祭至圣先师孔子，命大学士夏言行礼。

6.5.120　《大明世宗肃皇帝实录》卷三一四

嘉靖二十五年八月，乙酉朔，丁亥，祭至圣先师孔子，遣礼部尚书费采行礼。

6.5.121　《大明世宗肃皇帝实录》卷三二〇

（嘉靖二十六年二月）丁亥，祭至圣先师孔子，命大学士严嵩行礼。

6.5.122　《大明世宗肃皇帝实录》卷三二六

（嘉靖二十六年八月）丁亥，祭至圣先师孔子，命礼部尚书费采行礼。

6.5.123　《大明世宗肃皇帝实录》卷三三三

嘉靖二十七年二月，丁未朔，祭先师孔子，命礼部尚书费采行礼。

6.5.124　《大明世宗肃皇帝实录》卷三三九

（嘉靖二十七年八月）丁未，祭先师孔子，遣礼部尚书孙承恩行礼。

6.5.125　《大明世宗肃皇帝实录》卷三四五

（嘉靖二十八年二月）丁未，祭至圣先师孔子，遣吏部尚书闻渊行礼。

6.5.126　《大明世宗肃皇帝实录》卷三五一

（嘉靖二十八年八月丁未）祭先师孔子，命大学士张治行礼。

6.5.127　《大明世宗肃皇帝实录》卷三五七

（嘉靖二十九年二月）丁酉，祭先师孔子，命礼部尚书兼翰林院学士徐阶行礼。

6.5.128　《大明世宗肃皇帝实录》卷三六四

（嘉靖二十九年八月）丁卯，祭先师孔子，命大学士李本行礼。

6.5.129　《大明世宗肃皇帝实录》卷三七〇

（嘉靖三十年二月）丁卯，祭先师孔子，命大学士李本行礼。

6.5.130　《大明世宗肃皇帝实录》卷三七六

嘉靖三十年八月，丙辰朔，丁巳，祭先师孔子，命吏部尚书李默行礼。

6.5.131 《阙里志》卷一五

嘉靖三十年八月十二日，赐六十三代孙孔贞干为衍圣公诰命。制曰：朕闻孔子以万世为王，盖其道德高厚，教化无穷。故所以报于其后者，建以上公，子孙承继永作宾，于王家不独享，祀之隆而已也。尔袭封衍圣公孔贞干乃孔子六十三代孙，性姿温粹，器宇端凝，考古好文，无忝圣人之胄，象贤崇德，宜足爵之封。爰示褒章，用昭宠数。於戏！阙里之裔，以尔为嫡，则尔乃礼义之所宗也。惟秉心寅慎，乃可以对光灵；惟制行光明，乃可以表姻族；惟礼物恪修，乃可以系四方之望；惟文献不坠，乃可以为百世之征。尔惟懋哉斯，承朕之无斁。

封衍圣公妻张氏为夫人。制曰：国家赐命于臣，必及其配者，所以重风化之源也。岂以德配吾先师之后者，顾可以不褒哉？袭封衍圣公孔贞干妻张氏毓自德门，归于圣胄，珩璜德懋，筐筥礼恭，宜推从贵之恩以示齐体之义。兹封为衍圣公夫人，尔其恪遵一则，无惰无骄，以永承其馈，则惟尔休。

6.5.132 《大明世宗肃皇帝实录》卷三八二

（嘉靖三十一年二月）丁巳，祭先师孔子，命大学士李本行礼。

6.5.133 《大明世宗肃皇帝实录》卷三八八

（嘉靖三十一年八月）丁巳，祭先师孔子，命大学士徐阶行礼。

6.5.134 《大明世宗肃皇帝实录》卷三九四

（嘉靖三十二年二月丁巳）祭先师孔子，命礼部尚书兼东阁大学士李本行礼。

6.5.135 《阙里志》卷一五

嘉靖三十二年[①]，敕袭封衍圣公孔贞乾：惟我祖宗列圣，稽古右文，崇儒重道，于先师孔子特隆。像贤之典，其大宗之裔，赐爵嗣封，承奉祀事。而支庶之众，亦加优遇。又虑其族属繁衍，哲愚不一，恐干国宪，有玷圣门。降敕，令其统摄宗人，督率训励。朕今嗣统尔复具奏，族属愈繁，善恶宜别，特允所请。再降敕一道，令尔回府申饬训规，严明约束，凡尔族人，如有为善出群无忝先德者，许

① 《阙里志》卷一五记述，“嘉靖四十一年九月三十日，皇帝敕谕袭封衍圣公孔尚贤”与此段文字相同；“隆庆三年三月初八日，皇帝敕谕袭封衍圣公孔尚贤”与此段文字相同；“天启二年六月，皇帝敕谕袭封衍圣公孔胤植”与此段文字相同。

尔疏闻，特示旌励。如有轻犯国典，不守家法及恃强挟长背违教令者，轻则听尔查照家范发落，重则指名参奏，依法治罪。尔尤宜正己，率人砥德砺行，以身先之庶不负朝廷优嘉盛典。尔其钦承之。故谕。

6.5.136　《大明世宗肃皇帝实录》卷三九四

（嘉靖三十二年二月）癸亥，奉安先圣、先师神位于文华殿东室，遣成国公朱希忠行礼。驸马邬景和、谢诏，安平伯方承裕，辅臣六卿，经筵日讲官陪拜。先是。九年，上亲行礼圣师十一位，每位铏一、笾豆二、制帛一。太常陈设毕，上行安神礼。辅臣、礼卿偕讲官吉服立殿门外。俟行礼讫，诸臣入上香，行八拜礼。至十六年移祀于永明后殿，行礼如初。及是复自永明移祀文华，遣官奉安诏，命官如前例，候以祭服陪拜。

6.5.137　《大明世宗肃皇帝实录》卷四〇一

（嘉靖三十二年八月）丁丑，祭先师孔子，命礼部尚书兼翰林院学士欧阳德行礼。

6.5.138　《大明世宗肃皇帝实录》卷四〇七

（嘉靖三十三年二月）丁丑，祭先师孔子，命大学士徐阶行礼。

6.5.139　《大明世宗肃皇帝实录》卷四一三

（嘉靖三十三年八月）丁丑，祭先师孔子，命大学士李本行礼。

6.5.140　《大明世宗肃皇帝实录》卷四一九

嘉靖三十四年二月，丙寅朔，丁卯，祭先师孔子，命太子少保、吏部尚书李默行礼。

6.5.141　《大明世宗肃皇帝实录》卷四二五

（嘉靖三十四年八月）丁卯，祭先师孔子，命太子少保、礼部尚书兼翰林院学士王用宾行礼。

6.5.142　《大明世宗肃皇帝实录》卷四三二

（嘉靖三十五年二月）丁酉，祭先师孔子，命大学士徐阶行礼。

6.5.143 《大明世宗肃皇帝实录》卷四三八

嘉靖三十五年八月，丁亥朔，祭先师孔子，命大学士李本行礼。

6.5.144 《阙里志》卷一五

嘉靖三十五年八月二十二日，敕吏部孔尚贤，着袭封衍圣公族人等，敢有欺害他的，许孔尚贤奏来治罪。你部重还行文与抚按官知道。

6.5.145 《大明世宗肃皇帝实录》卷四四四

（嘉靖三十六年二月）丁亥，祭先师孔子，命礼部尚书吴山行礼。

6.5.146 《大明世宗肃皇帝实录》卷四五〇

（嘉靖三十六年八月）丁亥，祭先师孔子，命大学士徐阶行礼。

6.5.147 《大明世宗肃皇帝实录》卷四五六

（嘉靖三十七年二月丁亥）祭先师孔子，命礼部尚书吴山行礼。

6.5.148 《大明世宗肃皇帝实录》卷四六三

（嘉靖三十七年八月）丁未，祭先师孔子，命大学士徐阶行礼。

6.5.149 《大明世宗肃皇帝实录》卷四六九

（嘉靖三十八年二月丁未）祭先师孔子，命大学士徐阶行礼。

6.5.150 《大明世宗肃皇帝实录》卷四七五

（嘉靖三十八年八月丁未）祭先师孔子，命大学士李本行礼。

6.5.151 《阙里志》卷一五

嘉靖三十八年九月三十日，赐六十四代袭封衍圣公孔尚贤诰命。制曰：我国家稽古政治，一惟孔子之道是循是式。粤自祖宗列圣以逮于朕，尊崇之典逾隆弗替，尤必宠其后人，绍奉奉祀，所以致无穷之报也。尔孔子六十四代孙袭封衍圣公孔尚贤，赋资明敏，早承诗礼之传；秉志恪恭，不忝神明之胄。眷惟国典，宜有褒嘉，是用赐之诰命，以为尔荣。夫崇德貤恩，朕乃率循乎彝典；象贤济美，尔宜光绍乎前休。尚其益懋厥修，庶以振祖风而延令誉。钦哉！

封衍圣公孔尚贤妻严氏为夫人。制曰：朕惟化始人伦，礼重宗妇，肆朝廷赐命世臣而必及其伉俪者，盖以示从贵之恩申齐体之义也。尔袭封衍圣公孔尚贤妻严氏出自名族，归于圣门，婉娩静闲。雍雍乎循于女史，孝敬勤俭；翼翼乎着于阃仪，睠淑德之聿修，渥典之荐被。兹特封为衍圣公夫人，光增命服，夙敦警戒之风，宠贲宸章益迓骈繁之祉。

6.5.152 《大明世宗肃皇帝实录》卷四八一

（嘉靖三十九年二月丁酉）祭先师孔子，命大学士徐阶行礼。

6.5.153 《大明世宗肃皇帝实录》卷四八七

（嘉靖三十九年八月）丁酉，祭先师孔子，命大学士徐阶行礼。

6.5.154 《大明世宗肃皇帝实录》卷四九三

（嘉靖四十年二月）丁酉，祭先师孔子，命大学士徐阶行礼。

6.5.155 《大明世宗肃皇帝实录》卷五〇〇

（嘉靖四十年八月丁卯）祭先师孔子，命太子少保、礼部尚书、翰林院学士袁炜行礼。

6.5.156 《大明世宗肃皇帝实录》卷五〇六

（嘉靖四十一年二月）丁巳，祭先师孔子，命礼部尚书兼翰林院学士郭朴行礼。

6.5.157 《大明世宗肃皇帝实录》卷五一二

（嘉靖四十一年八月丁巳）祭先师孔子，命大学士袁炜行礼。

6.5.158 《大明世宗肃皇帝实录》卷五一八

（嘉靖四十二年二月）丁巳，祭先师孔子，命礼部尚书严讷行礼。

6.5.159 《大明世宗肃皇帝实录》卷五二四

嘉靖四十二年八月，丁未朔，祭先师孔子，命礼部尚书李春芳行礼。

6.5.160 《大明世宗肃皇帝实录》卷五三〇

（嘉靖四十三年二月）丁未，祭先师孔子，命大学士袁炜行礼。

6.5.161 《大明世宗肃皇帝实录》卷五三七

(嘉靖四十三年八月)丁丑,祭先师孔子,遣大学士袁炜行礼。

6.5.162 《大明世宗肃皇帝实录》卷五四三

(嘉靖四十四年二月丁丑)祭先师孔子,命工部尚书董份行礼。

6.5.163 《大明世宗肃皇帝实录》卷五四九

(嘉靖四十四年八月)丁卯,祭先师孔子,命尚书郭朴行礼。

6.5.164 《大明世宗肃皇帝实录》卷五五五

(嘉靖四十五年二月)丁卯,祭先师孔子,命礼部尚书高拱行礼。

6.5.165 《大明世宗肃皇帝实录》卷五六一

(嘉靖四十五年八月丁卯)祭先师孔子,命礼部尚书高仪行礼。

第6节 明穆宗、神宗评儒

6.6.1 《大明穆宗庄皇帝实录》卷四

(隆庆元年二月丁亥)祭先师孔子,遣大学士李春芳行礼。遣国子监祭酒祭启圣公孔氏。

6.6.2 《大明穆宗庄皇帝实录》卷七

(隆庆元年四月)丁亥,礼部进经筵日讲,四月二十二日开讲。先一日,直殿内官于文华殿内设御座,又设御案于殿之东稍北,设讲案于殿之东稍南。至期,司礼监官先陈所讲经书各一本置御案,各一本置讲案。讲官撰经书讲章各一篇置于册内。是日早,上御皇极门早朝后,还宫,进膳毕,常服出文华殿,升御座,将军侍卫如常仪。鸿胪寺官引知、经筵同知、经筵侍班、讲读展书、执事侍仪等官于丹陛上行五拜三叩头毕,以次上殿东西序立。侍仪、御史、给事中各二员于殿门内左右北向立,序班二员举御案置御座前,二员举讲案置御座南,正中鸿胪寺官赞、进讲讲官二员出诣讲案前稍南,北向并立,展书官二员亦出班东西相向,立鸿胪寺官赞、讲官鞠躬拜叩头。兴。平身。东展书官诣御案前跪展四书。

起。退立。讲官一员进至讲案前，展讲四书毕，仍掩书退就原所。东展书官诣御案前跪掩所展书毕，仍起退立。西展书官并讲经官展讲进退如之。既毕，鸿胪寺官赞、讲官鞠躬、拜、叩头。兴。平身，各退就班，展书官亦退就班，序班举御案及讲案俱置殿东原所。鸿胪寺官赞礼毕，各官以次出丹陛上行叩头礼。退，上还宫。每月初二、十二会讲。先期司礼监官陈设书籍御案讲案如前，侍班、侍卫、侍仪、执事进讲礼同，但各官止行叩头礼。每日进讲，上御文华后殿，止用讲读官及内阁大学士，侍班不用，侍卫、侍仪、执事等官，侍班、讲读等官入见行叩头礼，东西分立。讲官先讲四书，次讲经或讲史。讲毕，各官叩头退。

……

丁未，上初御经筵，赐宴于会极门，并赐知经筵同知、经筵侍班、大臣及进讲展书执事等官白金、宝钞、彩段表里有差。

6.6.3 《大明穆宗庄皇帝实录》卷九

隆庆元年六月甲申朔，始开史馆纂修。命礼部遣官行取衍圣公孔尚贤及翰林院五经博士颜肇先、孟彦璞。仍别取孔氏老成族人五人，颜、孟族各二人，驰驿来京。以圣驾将幸大学也。

6.6.4 《大明穆宗庄皇帝实录》卷九

（隆庆元年六月）丁未，先是给事中赵轨、御史周弘祖请以故礼部侍郎薛瑄从祀孔庭。御史耿定向亦请以故新建伯、兵部尚书王守仁从祀。下礼部议。至是覆言：孔庙从祀，国家所以崇德报功，垂世立教，其典甚重。我朝祖宗列圣增入名贤类皆宋元以上，而明兴二百年间未有一人，诚慎其事也。臣等谨考侍郎薛瑄潜心理道，励志修为。言虽不专于著述，而片言只简动示楷模；心虽不系于事功，而伟绩恢猷皆可师法。尚书王守仁质本超凡，理由妙悟。学以致良知为本，独观性命之原；教以勤讲习为功，善发圣贤之旨。此二臣者皆百年之豪杰，一代之儒宗，确乎能翊赞圣学之传矣。然瑄则相去百年，舆论共服。先朝科道诸臣建言上请累十余，而儒臣献议与瑄者十居八九。世宗皇帝亦嘉瑄能自振起，然犹谓公论久而后明宜俟将来。若守仁则世代稍近，恐众论不一。请敕翰林院、詹事府、左右春坊、国子监儒臣，令其广咨博讨，撰议进览，仍下本部会官集议，以俟圣断。上是之。

6.6.5 《大明穆宗庄皇帝实录》卷九

（隆庆元年六月）己酉，礼部进，圣驾临幸太学行释奠礼。议八月初一日。行礼前期致斋一日，太常寺预备祭仪，设大成乐器于庙堂上，列乐舞生于阶下之东西，国子监洒扫庙堂内外，设监同锦衣卫设御幄于庙门之东上南向，设御座彝伦堂正中。鸿胪寺设经案于堂内之左，设讲案于堂之西南隅，锦衣卫设卤簿，教坊司设大乐俱于午门外。是日，早晚朝百官吉服先诣国子监门外迎驾，分奠、陪祀等官，武官都督以上，文官三品以上及翰林院七品以乐设而不作，太常寺先陈设祭仪，于各神位前设酒樽爵，如常仪司设监设。上拜位于先师神位前正中。是日，祭酒、司业率学官诸生于成贤街左迎，上至庙门外降辇。礼部官导上入御幄，具皮弁服，奏请行礼。太常寺官遵上出御幄，由中道诣先师庙。陛下唱，执事官各司其事，执事官各先斟酒于爵，候导上至拜位，分奠并陪祭官亦各就拜位，分奠官列于陪祀官之前，俱北向。立赞迎神乐作，乐止奏。上再拜，分奠陪祀官行礼，同奏搢圭。太常寺官跪进爵，乐作，上立受爵，献毕，复授太常卿奠于位前，乐止奏，出圭。上出圭，分奠官以次诣神位前奠爵，讫各以次退就原位。赞送神乐作乐，止奏，上再拜，分奠陪祀官同赞礼毕，太常寺官导上由中道出，分奠陪祀官各退易服。上入御幄更翼善冠黄袍，礼部官入奏请幸彝伦堂。上升舆，礼部官、鸿胪寺官前导由棂星门出，从大学门入。诸生先分列于堂下东西相向，祭酒、司业、学官列于诸生前。驾至皆跪，候驾过然后序立北向。原分奠陪祀官及百官分列堂外，稍上左右侍立。

上至彝伦堂，升御座，赞、祭酒、司业、学官、诸生行五拜三叩头礼，武官都督以上文官三品以上及翰林院学士升堂。光禄寺预设连几于左右，执事官各以次立。赞、进讲、祭酒从东小门入至堂中，鸿胪寺官奉案进于御前，礼部尚书奏请授经。于讲官祭酒跪受经毕，上谕讲官坐，祭酒乃以经置讲案，叩头，就西南隅几塌坐讲。上赐武官都督以上文官三品以上及翰林院学士坐，皆叩头序坐于东西。诸生圜立于外以听。祭酒讲毕，叩头退出堂外就本位，司业从西小门入。进讲亦如之。赞、有制、祭酒、司业、学官诸生以次退，先从东西小门出列于成贤街，候尚膳监进茶，上谕光禄寺赐各官茶毕，退于堂门外叩头序立。鸿胪寺奏礼毕，驾兴升舆，出太学门升辇。卤簿大学前导，乐奏、祭酒、司业、学官及诸生俟驾至跪叩头退。百官吉服先诣午门俟驾还，卤簿大学止于午门外。上御皇极门，鸣鞭，百官吉服。鸿胪寺致词行庆贺礼毕，鸣鞭。驾兴还宫。百官退。

初二日，袭封衍圣公率三氏子孙，祭酒、司业率学官诸生各上表谢恩。上具皮弁服御皇极殿，锦衣卫设卤簿，驾百官朝服侍班行礼。上易常服御皇极门，礼部官引奏，赐祭酒、司业、学官及三氏子孙衣服，诸生钞锭毕，驾还。是日，上御皇极门赐宴武官都督以上、文官三品以上、翰林院学士并检讨以上、祭酒、司业、学官并三氏子孙及礼部太常、光禄、鸿胪寺执事官员与宴。初三日，祭酒、司业率各官诸生谢恩。上赐敕勉励师生。祭酒、司业率学官诸生复谢恩。

国子监习礼，公、侯、伯俱令迎驾，听讲观礼，跪受宣谕，班列于学官之次诸生之前。得旨，如拟既而以世宗皇帝服制免文武官宴，其三氏子孙及祭酒、司业俱赐宴于礼部。

6.6.6　《大明穆宗皇帝实录》卷一一

隆庆元年八月，癸未朔，上幸大学，行释奠礼于先师。命大学士徐阶、李春芳、陈以勤、张居正，衍圣公孔尚贤，吏部尚书杨博，兵部尚书郭乾，吏部侍郎赵贞吉分奠四配、十哲、两庑。礼部侍郎潘晟致奠启圣祠。上宣谕师生曰："圣人之道，如日中天，讲究服膺，用资治理。尔师生其免之！"[①]

（又见于《阙里志》卷六、《明史·穆宗纪》、《文庙丁祭谱》卷二之一）

6.6.7　《阙里志》卷一六

隆庆元年，岁次丁卯，九月壬子朔，越二十八日乙卯，皇帝遣尚宝司卿刘奋庸，致祭于先师孔子曰：

先师道兼群圣，教备六经，历代帝王，是宗是式。兹予践祚之始，良深景慕之怀，特遣廷臣用申祭告，伏翼昭垂训，迪永祚皇猷。尚飨。

（又见于《阙里志》卷六、《文庙丁祭谱》卷二之一）

6.6.8　《大明穆宗庄皇帝实录》卷一七

（隆庆二年二月丁亥）祭先师孔子，命大学士张居正行礼。

6.6.9　《大明穆宗庄皇帝实录》卷二三

（隆庆二年八月丁亥）命礼部尚书高仪祭先师孔子。

6.6.10　《大明穆宗庄皇帝实录》卷二九

（隆庆三年二月）丁丑，祭先师孔子，遣礼部尚书殷士儋行礼。

6.6.11　《大明穆宗庄皇帝实录》卷三六

（隆庆三年八月）丁未，祭先师孔子，命礼部尚书兼翰林学士赵贞吉行礼。

6.6.12　《大明穆宗庄皇帝实录》卷四二

（隆庆四年二月丁未）祭先师孔子，命大学士赵贞吉行礼。

---

① 《阙里志》卷六、《明史·穆宗纪》为："（隆庆元年）八月癸未朔，释奠于先师孔子。"

6.6.13 《大明穆宗庄皇帝实录》卷四八

(隆庆四年八月)丁酉,祭先师孔子,命大学士高拱行礼。

6.6.14 《大明穆宗庄皇帝实录》卷五四

(隆庆五年二月)丁酉,祭先师孔子,命大学士殷士儋行礼。

6.6.15 《大明穆宗庄皇帝实录》卷六〇

(隆庆五年八月丁酉)祭先师孔子,命礼部尚书潘晟行礼。

6.6.16 《文庙丁祭谱》卷二之一

辛未,(隆庆)五年冬十一月。以礼部侍郎薛瑄从祀孔子庙庭。

6.6.17 《大明穆宗庄皇帝实录》卷六六

(隆庆六年二月丁酉)祭先师孔子,命太子少保、礼部尚书兼翰林院学士高仪行礼。

6.6.18 《明神宗显皇帝实录》卷四

(隆庆六年八月丁巳)遣大学士吕调阳祭先师孔子。

6.6.19 《阙里志》卷一五

隆庆六年十月初一日,加封衍圣公孔尚贤祖母卫氏为太夫人。制曰:朝廷褒答巨臣,而休恩上逮重闱者,所以嘉其启佑之勤,以劝孝而作忠也。矧宣圣之裔,尤为恩数所当先者乎?尔封衍圣公夫人卫氏,乃袭封衍圣公孔尚贤之祖母,毓贞世胄,俪美儒宗。淑慎褆身,德中珩璜之节,俭勤佐内,动尊图史之规。懿范光昭,芳犹允著,遐龄愈茂,家庆弥昌。兹以尔孙足请,特加封为衍圣公太夫人。宠纶载赐,益增加副之辉;福履方新,永介罔陵之寿。

6.6.20 《文庙丁祭谱》卷二之一

壬申,(隆庆)六年冬十二月。以宋儒罗从彦、李侗从祀孔子庙庭。

6.6.21 《明神宗显皇帝实录》卷一〇

(万历元年二月)丙辰,上御皇极殿传制,遣大学士吕调阳祭先师孔子。

6.6.22 《阙里志》卷一六

万历元年岁次癸酉三月朔越，皇帝遣尚宝司司丞张孟男，致祭于先师孔子曰：攸分在慎，举错不果，不达胡容，尸素以今，政学回视。春秋末流愈下，大道是仇，维师振铎，为绝学谋，维师泣麟，为穷民忧。俾见今日，殆有甚者，席不暇暖，每在子夏，师灵在天，鉴观于下，何时易之，还诸大雅。小子踽凉，摄教东方，志欲起衰，愧不成章，古有问天，亦有望洋，小子似兹，诚在涧芳。

（又见于《阙里志》卷六、《文庙丁祭谱》卷二之一）

6.6.23 《明神宗显皇帝实录》卷一二

（万历元年四月丙子）复曲阜孔氏世职知县。隆庆间御史赵可怀，因孔承厚不职，建议令兖州府同知管理县务，知县祗辖林庙。既而衍圣公孔尚贤因其妨已行事，复以冗员奏，乞革抚按傅希挚、吴从宪以为夫，祖宗崇圣之德，意采布政使施笃等议奏，请复之。其选授之法，提学道合三学，孔氏廪膳生员，挨取六名考试，取四名送两院覆考，取二名送吏部考，选一人授以知县，仍住旧城管理民事。与流官一体，黜陟知县不得干预林庙，衍圣公亦不得妄行阻挠，擅自参论。

6.6.24 《明神宗显皇帝实录 》卷一六

（万历元年八月）丙辰，上御皇极殿传制，遣大学士吕调阳祭先师孔子。

6.6.25 《明神宗显皇帝实录》卷二二

（万历二年二月戊申）祭先师孔子，遣大学士吕调阳行礼。

6.6.26 《明神宗显皇帝实录》卷二八

（万历二年八月癸卯）先是，世庙诏访曾子后。江西抚按官以曾质粹闻言，曾氏世为山东嘉祥人，汉末兵乱，曾据遂携其家徙豫章庐陵郡，而山东之嗣遂绝，质粹的系正派，随授翰林院五经博士，世袭。而是时有嫡派支派之说，质粹系支派，曾嵩、曾衮系嫡派，自言生长南方不乐徙北独，质粹破产北迁。迨质粹与子昃相继死，止遗孙继祖，双目贻盲，屡经吏部驳回。继祖有子承业，年十三，愚騃，真伪不可知。会江西抚按为衮请，业有旨准袭矣。继祖鸣冤不已，言官亦劾衮，先时不乐北徙祖君，命祖茔漠若秦越，恩义已绝，岂容托嫡支之说朦胧冒袭？江西抚按复以嵩之子枢请。礼部覆议，先贤血食未可轻授，合行山东抚按严查行业有无诈伪，具奏其曾衮原袭博士。罢革曾枢，送永丰县学习书礼，俟其有成，给与衣巾以主武城书院之祀。报可。

6.6.27 《明神宗显皇帝实录》卷二八

（万历二年八月）丙午，遣礼部尚书万士和致祭先师孔子。

6.6.28 《明神宗显皇帝实录》卷三二

（万历二年十二月甲寅）以新建伯王守仁从祀孔子庙庭。守仁之学，以良知为宗，经文纬武动有成绩，其犯中珰，绥化夷方，倡义勤王，芟群凶夷，大难不动声色，功业昭昭，在人耳目，至其身膺，患难磨励，沉思之久，忽若有悟究极天人微妙心性渊源，与先圣相传宗旨无有差别。历来从祀诸贤无有出其右者。

6.6.29 《明神宗显皇帝实录》卷三五

（万历三年二月）丙子，上御皇极殿传制，遣礼部尚书万士和祭先师孔子。……丁丑，祭先师孔子。

6.6.30 《明神宗显皇帝实录》卷四一

万历三年八月，丙寅朔，上御皇极殿传制，遣官祭先师孔子。

6.6.31 《明神宗显皇帝实录》卷四七

（万历四年二月）丙寅，遣大学士张四维祭先师孔子。

6.6.32 《明神宗显皇帝实录》卷五三

（万历四年八月）壬戌，上幸太学，诣先师孔子庙行释奠礼。御彝伦堂，两甚免进讲。鸿胪寺官传制宣谕师生曰："治平之道，具载六经，体验推行，实资化理。尔师生其勉之。"

礼毕，仍免师生送驾，特赐辅臣张居正扇六柄，银叶二十两；吕调阳、张四维各扇二柄，银叶十两；讲官申时行等六员各扇一柄，银叶五两；正字官马继文等二员各银叶五两；赐分献官大学士张居正等各新钞羊酒。

（又见于《阙里志》卷六、《明史·神宗纪》、《文庙丁祭谱》卷二之一）

6.6.33 《明神宗显皇帝实录》卷五三

（万历四年八月）癸亥，上御皇极殿。文武百官以幸学礼成致词称贺，衍圣公孔尚贤率三氏子孙，祭酒孙应鳌等率诸生各上表谢。赐衍圣公及颜、孟博士三氏族人冠带袭衣，祭酒、司业等官袭衣，诸生钞锭各有差。敕谕："朕惟人君，化民成俗，学校为先。我祖宗列圣致治之隆，率循斯轨。朕以冲昧，缵承洪业四载于兹，南北郊禋，殷礼咸秩，兹率旧典，祗谒先师孔子肆举释奠之仪，进尔师生讲论治理，厥理告成。夫为治之道贵在力行，立教之方务求诸己。朕方责实考成，率作兴事。惟尔师生均有修己治人之责者，尚孟加毖，勉懋乃教学，助宣风化之原，翊赞文明之治，钦哉！故谕。"

6.6.34　《明神宗显皇帝实录》卷五三

（万历四年八月）丁卯，遣礼部尚书兼学士马自强祭先师孔子。

6.6.35　《明神宗显皇帝实录》卷五九

（万历五年二月）丙寅，祭先师孔子，遣礼部尚书马自强行礼。

6.6.36　《明神宗显皇帝实录》卷六五

万历五年八月丙辰朔，祭先师孔子，命大学士张四维行礼。

6.6.37　《明神宗显皇帝实录》卷七二

（万历六年二月）丙戌，遣礼部尚书马自强祭先师孔子。

6.6.38　《明神宗显皇帝实录》卷七八

（万历六年八月）丁亥，命吏部左侍郎兼东阁大学士申时行祭先师孔子。

6.6.39　《明神宗显皇帝实录》卷九〇

（万历七年八月）丁丑，祭至圣先师孔子，遣大学士申时行行礼。

6.6.40　《明神宗显皇帝实录》卷九六

（万历八年二月）丁丑，命大学士张四维祭先师孔子。

6.6.41　《明神宗显皇帝实录》卷一〇三

（万历八年八月）丁未，遣礼部尚书潘晟祭先师孔子。

6.6.42　《明神宗显皇帝实录》卷一〇九

（万历九年二月）丁酉，祭先师孔子，遣大学士申时行行礼。

6.6.43 《明神宗显皇帝实录》卷一一五

（万历九年八月）丁酉，祭先师孔子，遣吏部尚书王国光行礼。

6.6.44 《明神宗显皇帝实录》卷一二一

（万历十年二月）丁酉，遣礼部尚书徐学谟祭先师孔子。

6.6.45 《明史·神宗纪》

（万历十年）五月庚申，免先师孔子及宋儒朱熹、李侗、罗从彦、蔡沈、胡安国、游酢、真德秀、刘子翚、故大学士杨荣后裔赋役有差。

（又见于《明神宗显皇帝实录》卷一二四）

6.6.46 《明神宗显皇帝实录》卷一二七

（万历十年八月）丁亥，祭先师孔子，遣吏部尚书王国光代。

6.6.47 《明神宗显皇帝实录》卷一三三

万历十一年二月甲申朔，大学士张四维等题二月十二日经筵开讲。去年秋讲四书，《（尚）书》经讲完，今见讲《诗经》，仍该用一经。进讲《周易》一书，先王明天道以修人纪，其理虽奥衍宏深，至于拟议言行，会通典礼，关于君德治道最为详切。故自祖宗列圣以来，凡幸太学，必令儒臣以是书敷讲，厥有深意，合无今次以《周易》同《诗经》进讲，用为圣学缉熙之助。上然之。

6.6.48 《明神宗显皇帝实录》卷一三三

（万历十一年二月丁亥）遣礼部侍郎许国祭先师孔子。

6.6.49 《明神宗显皇帝实录》卷一三五

（万历十一年三月）丁酉，上御皇极殿策试举人李廷机等，制曰："朕闻治本于道，道本于德，古今论治者必折衷于孔子。孔子教鲁君为政在九经，而归本于三达德。至宋臣司马光言人君大德有三，曰仁，曰明，曰武，果与孔子合欤？光历事三朝，三以其言献，自谓至精至要矣。然朕观古记可异焉。曰其人如天其智如神，曰明物察伦由仁义行，曰其仁可亲其言可信，皆未及武也。独自商以下有天赐勇智，执竞维烈之称，岂至后王始尚武欤？近世伟略隆基之主，或宽仁爱人，知人善任；或明明庙谟，赳赳雄断；或迹比汤武治几成康；或仁孝友爱聪明豁达。则洵美矣，而三德未纯然，亦足以肇造洪绪，何也？其守成缵业者似又弗如，或以仁称，如汉文帝、宋仁宗；以明称，如汉明帝、唐明皇；以武称，如汉武帝、唐武帝。独具一德而亦增光宗祏，何也？彼所谓兼三者则治阙一则，衰二则危，毋亦责人太备欤。又有陈六戒者：曰戒太察，戒无断；陈九弊者：曰眩聪明励威强；上六事者：曰不喜兵刑，不用智数。其于三德果有当否欤？朕秉乾御极，十有一年于兹，夕惕晨兴，永怀至理，然纪纲饬而吏滋玩，田野垦而民滋困，学较肃而士滋偷，边鄙宁而兵滋哗，督捕严而盗滋起，厥咎安在？岂朕仁未溥欤？明或蔽欤？当机而少断欤？夫一切绳天下以三尺则害仁，然专务尚德缓刑恐非仁；而流于姑息一切纳污藏疾则害明，然专务发奸摘伏恐非明；而伤于烦苛一切宽柔因任则害武，然专务用威克爱恐非武。而病于亢暴，是用诏所司进多士详，延于廷诹，以此道诸士得，不勉思而茂明之，其为朕阐典谟之旨，推帝王之宪，稽当世之务悉陈，勿讳朕，眷兹洽闻将裁览而采行焉。”

6.6.50　《明神宗显皇帝实录》卷一四〇

（万历十一年八月丁巳）遣大学士许国祭先师孔子。

6.6.51　《明神宗显皇帝实录》卷一四六

（万历十二年二月丁巳）遣大学士余有丁祭先师孔子。

6.6.52　《明神宗显皇帝实录》卷一五二

（万历十二年八月）丁未，祭先师孔子，遣礼部尚书陈经邦行礼。

6.6.53　《明神宗显皇帝实录》卷一五五

（万历十二年十一月）庚寅，准王守仁、陈献章、胡居仁从祀学宫。

先是，隆庆元年，给事中赵思诚，御史石槚题王守仁、陈献章不宜从祀；而副都御史徐栻，给事中魏时亮、赵参鲁、宗洪选，御史谢廷杰、梁许、萧廪、徐乾贞，进士邹德泳俱言二臣应从祀。其后御史詹事讲：“上言孔子有功万世，宜飨万世之祀。诸儒有功孔子，宜从孔子之祀。我太祖高皇帝表扬先师，加意斯学二百年间，诸儒聿兴直肩斯道。若薛文清瑄、王文成守仁、陈简讨献章，其最著者也。曩言官以三人从祀，上请，皇上从礼臣议，以薛瑄入祀矣，乃守仁、献章格于议而不得，与夫守仁之功烈文章，献章之出处大节，谁不知之。臣考其学问，虽专言良知，专言主静，若近于偏枯，顾言知而未始废行，言静而未尝离动，合一之功与宋诸大儒之论同归一致，独奈何议论之纷纷也？臣欲陛下大奋乾断，为斯文主，将王守仁、陈献章从祀。”

下礼部议，部请敕多官详议，以闻而议者杂举多端，于守仁犹訾诋，部议独祀胡居仁。上因询内阁:“文臣从祀奈何不及武臣?”阁臣言:“武臣从祀于太庙，所以彰武功;儒臣从祀于孔庭，所以表文治。武功莫盛于二祖，文治莫隆于皇上。此典礼之不可缺者。”上悦。于是申时行等乃言:“彼訾诋守仁、献章者，谓其各立门户，必离经叛圣，如佛、老、庄、列之徒。而后可若守仁言致知，出于《大学》言良知，本于孟子;献章主静，沿于宋儒周敦颐、程颢，皆祖述经训，羽翼圣真岂其自创一门户耶?谓其禅家宗旨，必外伦理，遗世务而后可。今孝友如献章，出处如献章，而谓之禅，可乎?气节如守仁，文章如守仁，功业如守仁，而谓之禅，可乎?谓其无功圣门，岂必著述而后为功?圣贤于道，有以身发明者，比于以言发明功尤大也。谓其崇王则废，未不知道固互相发明并行而不悖。在宋时朱陆两家如仇隙，今并祀学宫，朱氏之学昔既不以陆废，今独以王废乎?诚祀守仁、献章，一以明真儒之有用而不安于拘曲，一以明实学之自得而不专于见闻。斯于圣化大有裨。若居仁之纯心，笃行众议所归，亦宜并祀。伏惟圣明裁断主持，益此三贤列于薛瑄之次，以昭熙代文运之隆。”

上曰:“皇祖世宗尝称王守仁有用道学，并陈献章、胡居仁既众论推许，咸准从祀孔庙朝廷。重道崇儒，原尚本实操修经济都是学问，亦不必别立门户，聚讲空谈反累。”盛典礼部其遵旨行。

（又见于《文庙丁祭谱》卷二之一）

6.6.54 《明神宗显皇帝实录》卷一五八

（万历十三年二月）遣大学士王家屏祭先师孔子。

6.6.55 《明神宗显皇帝实录》卷一六四

（万历十三年八月）丁未，遣大学士王锡爵祭先师孔子。

6.6.56 《明神宗显皇帝实录》卷一七一

（万历十四年二月）丁卯，遣大学士王家屏祭先师孔子。

6.6.57 《明神宗显皇帝实录》卷一八三

（万历十五年二月）丁卯，遣礼部尚书沈鲤祭先师孔子。

6.6.58 《明神宗显皇帝实录》卷一八九

（万历十五年八月）丁卯，祭先师孔子，遣吏部尚书杨巍行礼。

6.6.59 《明神宗显皇帝实录》卷一九三

(万历十五年十二月)丁丑,大学士申时行等言:“今岁自开讲一次之后,未蒙再御。虽燕闲温习或不废于深宫,而开导敷陈则久疏于广厦。宋儒有言,‘明君以务学为急’。盖学者,所以学为治天下之道也。帝王修齐治平之理,具在经传;废兴存亡之迹,具在史书。人主日览经传,讨论义理,则治平之效可致;日览史书,鉴观成败,则危亡之辙可更。我太祖经营草昧,勤劳可知,然日与儒臣宋濂、陶安、王祎、朱升等讲《易》、讲《书》、讲《大学》《论语》《孟子》。至洪武二十九年,圣寿几七十矣,犹命博士许存仁进讲史书。皇祖世宗经筵日讲之外,复讲《大学衍义》,盖临御二十余年,圣龄几四十,未尝间也。皇上以二祖为法,自明岁春和以后留神经史,勤御旃帷,则圣学日益渊邃,圣志日益清明,其于圣德、圣政裨益不浅矣。臣等又惟日讲必以清晨,则圣躬不无勤劳。臣等接见必以日讲,则情意不无间隔。伏望皇上临御讲筵不拘时刻,即辰巳以后亦无不可。或有政事,下问臣等不拘日讲及御门之日,随便宣召亦无不可,臣等随事纳忠尽心图报,万不敢以空言塞责也。”

次日,上赐手敕曰:“朕昨览卿等所奏,悉见忠君之心。奈朕前入年以来屡屡动火,眩晕不时。非朕偷逸自荒,又常思启沃开导,日闻谠言乃治国之要,今已岁暮,待新春稍豫,与卿等讲习。”时行等奏谢。

6.6.60 《明神宗显皇帝实录》卷一九五

(万历十六年二月)丙辰,上御皇极殿传制,遣大学士许国祭先师孔子。

6.6.61 《明神宗显皇帝实录》卷一九五

(万历十六年二月癸亥)礼部请以曾子子孙视孔、颜、孟三氏为四氏学。盖曾氏裔流寓江西之永丰,支族单弱,至嘉靖中始奉钦依世袭博士,复还山东。故御史毛在以为言。部覆许之。

6.6.62 《明神宗显皇帝实录》卷一九五

(万历十六年二月)乙丑 上御经筵毕,阁臣出至文华门,内臣止之。有顷司礼监太监张诚持《贞观政要》出,谓阁臣曰:“上问先生魏徵何如人?”

阁臣对:“魏徵,事唐太宗能犯颜谏诤,补过拾遗,亦贤臣也。”

诚述,上言:“谓魏徵先事李密,后事建成,又事太宗,忘君事仇之人,固非贤者。”

阁臣曰:“以大义责徵,诚如明谕第,其事太宗却能尽忠,即如伊尹就桀,后佐汤成伐夏大功;即称元圣管仲事纠,后佐桓公一匡天下,孔子遂称其仁;即如我太祖开创之时,刘基、陶安詹同辈皆元旧臣,顾其人可用否耳。魏徵强谏,如十恶十渐,至令称为谠论,不可以人废言也。"

诚以阁臣对入奏,上复命诚传谕云:"唐太宗胁父弑兄,家法不正,岂为令主?"

阁臣曰:"太宗于伦理果有亏欠闺门,亦多惭德第。纳谏一事为帝王盛美,故后世贤之,若如我太祖家法贻之,圣子神孙真足度越于古,皇上所当遵守。其前代帝王唯尧、舜、禹、汤、文、武为可师,唐太宗何足言哉!"

诚再述,上意罢《贞观政要》,讲《礼记》。

阁臣曰:"《(礼)记》中多格言正论,开讲极为有益第。宋儒云:'读经则师其意,读史则师其迹。'在孝宗朝常命阁臣纂辑《通鉴》,以备经筵。若将《通鉴》与《礼(记)》经间讲,则知今古成败得失,足为省戒之助。又宋儒真德秀《大学衍义》一书,世宗尝讲之洵,经史格言之林也。"

诚入奏,上复命诚传谕:"魏征忘君事仇大节已亏,纵有善言亦是虚饰,何足采择?"竟罢《贞观政要》。

是日,上命往复再三,讲读官侯宴良久,知上留意经史,评论古今,莫不叹服称庆。阁臣退,以所对上言:"仰惟皇上天纵聪明,日新学问,其于剖析义理,权衡人物,是非贤否,卓有定评,非臣等愚昧所及。臣等窃闻之,论人于三代之上不可不严,论人于三代之下不得不恕。如唐太宗开基创业身致太平,史称其平隋之乱比迹汤武致治之美,庶几,成康尤可称者纳谏如流,改过不吝,亦三代以下之贤君也。至于胁父杀兄,闺门惭德,如圣谕所评,则深中太宗之失,视古帝王诚有愧矣。魏徵事有为之主当不讳之朝,知无不言,言无不尽,王圭称其耻,君不及尧舜,以谏诤为己任,十思十渐,后世以为谠言,亦三代以下之直臣也。至于失身隐太子忘君事仇,如圣谕所訾则切当。魏徵之罪,其于人臣大节信有亏矣。故君必如尧、舜、禹、汤、文、武而后为圣君,臣必如皋、夔、稷、契、伊、傅、周、召而后为纯臣。臣等至愚极陋,不敢希望古人之万一。至于惓惓效忠之心,惟愿皇上以二帝三王为必可师,唐虞三代之治为必可复,日慎一日,新之又新,宗社臣民不胜幸甚。今所讲诸书,如《孟子》称述唐虞三代之德,《尚书》备载唐虞三代之事,至于《礼记》,虽多汉儒之附会,实本圣经之微言,谨奉圣谕,分日进讲。臣又闻,先儒有言:'读经则师其意,读史则师其迹'。盖史书所载乃古今治乱兴亡之迹,善可为法,恶可为戒。弘治间,孝宗命阁臣纂集《通鉴》以备进讲,名曰《通鉴纂要》。世宗于日讲之外仍讲《大学衍义》。臣愚尤望以此二书相兼进讲,伏候圣裁。"

明日,谕大学士申时行等曰:"朕昨览卿等奏朕论太宗魏徵之失,有中彼过。

朕又思人之得失善恶无如五伦之重，五伦失一复可得为人乎？又何取小节而掩大义？饰恶而图善正所谓失大取小，终不可掩人耳目。又思九经皆圣贤所作，岂可不知？若《大学衍义》一书明修齐治平之道，至于《通鉴》书善恶得失之事，有如悬镜而照。妍媸又书经乃为君之至要，何可一日不温习哉。朕于三书朝夕常看，今且以《礼记》代《政要》《通鉴》，候《尚书》完日续讲。"

时行因复言："纲常伦理，乃自古帝王所以立国，臣子所以立身，不可一日而不明者。纲常废坠，则国事日非，伦理亏缺，则他美莫赎。伏承圣训，照然若揭日月而垂星辰，将来书之史册播之寰区，可与成周之《洪范》，宣庙之全书后先并，曜臣等不胜仰服。至于《大学衍义》备修齐治平之方，《通鉴》一书载善恶得失之事，皇上特与《尚书》时常省览，尤见圣智之高明，圣功之勤敏，臣等不胜欣慰。谨将《礼记》撰写讲章次第进讲，其鉴书遵旨候《尚书》完日接讲施行。圣论一道敬藏之阁中，以彰皇上典学惇伦之美。"上报闻。

6.6.63　《明神宗显皇帝实录》卷二〇二

（万历十六年八月丁亥）遣大学士王锡爵祭先师孔子。

6.6.64　《明神宗显皇帝实录》卷二〇八

（万历十七年二月丁亥）祭先师孔子，遣尚书宋纁行礼。

6.6.65　《明神宗显皇帝实录》卷二一三

（万历十七年七月）戊辰，大学士申时行等言："先是，圣谕以唐太宗魏徵五伦失一，何取小节而掩大义？思九经，圣贤所作，其可不知？若《大学衍义》明修齐治平之道，至于《通鉴》，善恶得失有若明镜而照，妍媸书经乃为君至要，可先将《礼记》代《贞观政要》，《通鉴》候书经完日读讲。今《泰誓》已完，应遵圣谕将《鉴书》进讲臣等查得《通鉴纂要》一书，乃孝宗命阁臣纂辑以备进讲者，臣等拟令讲官分撰讲章接续《（尚）书》经之后日每进览，庶几，可以知善恶得失之归，鉴治乱兴亡之迹。其于圣学不无小补。"旨俞其言。

国子监祭酒黄凤翔等言："先是，较刻《十三经注疏》已经陆续恭进，顷皇上罢去《贞观政要》。进讲《礼（记）》经。臣等将《礼记注疏》再加翻阅，则见有切于今要务者，如曾子论孝，则曰'敬父母遗体'，见圣躬之当珍护焉。《学记》篇有云'学然后知不足'，见圣学之当缉熙为。《月令》篇当以四时敷政法天行健，见圣政之当勤饬焉。《教世子》篇有保傅之设齿学之仪，见皇储之当蚤建预教焉。"因将所刻装满以进报闻。

6.6.66 《明神宗显皇帝实录》卷二一四

（万历十七年八月）丁丑，祭先师孔子，遣大学士王家屏行礼。

6.6.67 《明神宗显皇帝实录》卷二二〇

（万历十八年二月）丁丑，祭先师孔子，遣礼部尚书于慎行行礼。

6.6.68 《明神宗显皇帝实录》卷二二〇

（万历十八年二月丁亥）陕西道御史李颐言："臣按余干故儒胡居仁，质本深潜，学由积累，其进修以力行为实地，要领以主敬为持循，慕道安贫，日寻孔颜之乐，穷经讲学，深得濂雒之传。宴处而存，省益严饬，躬而细微必谨，其他如孝友之实行，履历之大致，即今愚夫小子皆能述之，诚所谓躬行君子，斯道先觉也。当时本省副使夏寅往咨时政得失，其水利十条命有司行之，百姓致今称便。提学佥事李龄聘主鹿洞立讲学约，而后学守之，与朱子教条并传。其平居著述有《易传》、《春秋传》，今颇散逸失，次存于世者，有《居业录》，有《粹言》，有《文集》。其间议论广大精微，高明平实，莫非羽翼六经发挥斯道，其有功于圣明非浅鲜也。宋儒自周、程、张、朱而下，我朝理学若薛瑄、胡居仁皆传得其宗者。夫薛瑄济时行道，其学术事功譬如景星庆云，人共快睹，居仁隐处草泽不求闻知，而名动海内，称之者辄等之瑄，臣愚所以必信。今之从祀者，自瑄而下无有右于居仁也。"下礼部覆议，允其从祀。

6.6.69 《明神宗显皇帝实录》卷二二六

（万历十八年八月丁丑）遣吏部尚书宋纁祭至圣先师孔子。

6.6.70 《明神宗显皇帝实录》卷二三二

（万历十九年二月）丁丑，祭先师孔子，遣大学士王家屏行礼。

6.6.71 《明神宗显皇帝实录》卷二三九

（万历十九年八月）丁亥，命礼部尚书于慎行致祭于至圣先师孔子。

6.6.72 《明神宗显皇帝实录》卷二四五

（万历二十年二月）丁酉，祭先师孔子，命尚书李长春行礼。

6.6.73　《明神宗显皇帝实录》卷二五一

(万历二十年八月)丁酉,遣尚书李长春祭先师孔子。

6.6.74　《明神宗显皇帝实录》卷二五七

(万历二十一年二月)丁亥,祭先师孔子,遣大学士赵志皋行礼。

6.6.75　《明神宗显皇帝实录》卷二六三

(万历二十一年八月)丁亥,遣大学士张位祭至圣先师孔子。

6.6.76　《明神宗显皇帝实录》卷二七〇

(万历二十二年二月)丁巳,祭先师孔子,遣礼部尚书罗万化行礼。

6.6.77　《明神宗显皇帝实录》卷二七六

(万历二十二年八月)丁未,遣大学士陈于陛祭先师孔子。

6.6.78　《文庙丁祭谱》卷二之一

乙未,(万历)二十三年,诏以宋儒周敦颐之父辅成从祀启圣祠。

定春秋上丁御殿传制,遣大臣祭先师及配位,以翰林、国子监官分献十哲两庑。

6.6.79　《明神宗显皇帝实录》卷二九四

(万历二十四年二月丁未)祭先师孔子,遣大学士陈于陛行礼。

6.6.80　《明神宗显皇帝实录》卷三〇七

(万历二十五年二月)丁卯,祭先师孔子,遣大学士张位行礼。

6.6.81　《明神宗显皇帝实录》卷三一三

(万历二十五年八月)丁卯,祭先师孔子,遣尚书范谦行礼。

6.6.82　《明神宗显皇帝实录》卷三二五

(万历二十六年八月)丁巳,祭先师孔子,遣侍郎刘元震行礼。

6.6.83 《明神宗显皇帝实录》卷三三一

(万历二十七年二月丁巳)祭先师孔子,遣侍郎刘元震行礼。

6.6.84 《文庙丁祭谱》卷二之一

庚子,(万历)二十八年,诏两京国学先师庙用绿琉璃瓦。

6.6.85 《明神宗显皇帝实录》卷三六八

(万历三十年二月)丁卯,遣官祭先师孔子。

6.6.86 《明神宗显皇帝实录》卷三七五

(万历三十年八月丁酉)遣官祭先师孔子。

6.6.87 《明神宗显皇帝实录》卷三八一

(万历三十一年二月丁酉)祭先师孔子,命大学士朱赓行礼。

6.6.88 《明神宗显皇帝实录》卷三八七

(万历三十一年八月)戊子,祭先师孔子。

6.6.89 《明神宗显皇帝实录》卷三九三

(万历三十二年二月)丁亥,祭先师孔子,遣官恭代。

6.6.90 《明神宗显皇帝实录》卷三九九

(万历三十二年八月)丁亥,祭先师孔子,遣官恭代。

6.6.91 《明神宗显皇帝实录》卷四〇六

(万历三十三年二月)丁未,祭先师孔子,命侍郎周应宾行礼。

6.6.92 《明神宗显皇帝实录》卷四一二

(万历三十三年八月)丁未,祭先师孔子,命侍郎杨道宾行礼。

6.6.93 《明神宗显皇帝实录》卷四一六

(万历三十三年十二月)壬戌,内阁撰上《御制重刊大学衍义补序》,上为嘉悦,赐元辅银四十两,彩假三表里,次辅每银三十两,彩假二表里,仍各赐酒饭有差。序曰:“朕惟帝王之学有体有用,自仲尼作《大学》一经,曾子分释其义以为十传,其纲明德、新民、止至善,其目格、致、诚、正、修、齐、治、平,阐尧、舜、禹、汤、文、武之正传,立万世帝王天德王道之绳准。宋儒真德秀因为《大学衍义》,掇取经传诸史之言以实之,顾所衍者止于格致、诚正、修齐,而治平犹缺。逮我孝宗敬皇帝时,大学士丘浚乃继续引伸,广取未备,为《大学衍义补》。揭治国平天下新民之要,以收明德之功;采古今嘉言善行之遗,以发经传之指。而后体用具备,成真氏之完书,为孔曾之羽翼,有功于《大学》不浅。是以考庙嘉其考据精详,论述该博,有补政治,特命刊而播之。朕践祚以来,稽古正学,经史诸书博涉殆遍,因念真氏《衍义》我圣祖大书于宫壁,累朝列圣置之经筵,肃宗听讲之余,赋《翊学诗》以记之。朕爰命儒臣日以进讲,更数寒暑,至于终篇。然欲因体究用,而此书尤补《衍义》之阙,朕将紬绎玩味,见之施行,上溯祖宗圣学之渊源,且欲俾天下家喻户晓,用臻治平,昭示朕明德、新民、治国至意。爰命重梓以广其传,而为之叙云。”

6.6.94　《明神宗显皇帝实录》卷四一八

(万历三十四年二月)丁未,祭先师孔子,遣礼部侍郎李廷机行礼。

6.6.95　《明神宗显皇帝实录》卷四二四

万历三十四年八月丁酉朔,遣礼部左侍郎李廷机祭先师孔子。

6.6.96　《明神宗显皇帝实录》卷四三〇

(万历三十五年二月)丁酉,祀先师孔子,遣礼臣恭代行礼。

6.6.97　《明神宗显皇帝实录》卷四三七

(万历三十五年八月)丁卯,祀先师孔子,遣大学士李廷机行礼。

6.6.98　《明神宗显皇帝实录》卷四四三

(万历三十六年二月丁卯)祭先师孔子,遣大学士叶向高行礼。

6.6.99　《明神宗显皇帝实录》卷四四九

(万历三十六年八月)丁巳,祭先师孔子,遣官行礼。

6.6.100　《明神宗显皇帝实录》卷四五五

(万历三十七年二月)丁巳,祭先师孔子,遣礼部侍郎萧云举行礼。

6.6.101 《明神宗显皇帝实录》卷四六一

(万历三十七年八月)丁巳,祭先师孔子,遣礼部侍郎王图行礼。

6.6.102 《明神宗显皇帝实录》卷四六七

(万历三十八年二月)丙辰,祭先师孔子,遣吏部右侍郎萧云举行礼。

6.6.103 《明神宗显皇帝实录》卷四七四

(万历三十八年八月)丁丑,祭先师孔子,遣礼部侍郎王图行礼。

6.6.104 《明神宗显皇帝实录》卷四八六

(万历三十九年二月戊寅)祭先师孔子,遣侍郎翁正春行礼。

6.6.105 《明神宗显皇帝实录》卷四九二

万历四十年,二月,丙寅朔,丁卯,祭先师孔子,遣礼部左侍郎翁正春行礼。

6.6.106 《明神宗显皇帝实录》卷四九八

(万历四十年八月)丁卯,祭先师孔子,遣礼部侍郎翁正春行礼。

6.6.107 《明神宗显皇帝实录》卷五〇五

(万历四十一年二月丁酉)遣吏部尚书赵焕祭先师孔子。

6.6.108 《明神宗显皇帝实录》卷五一一

万历四十一年八月丙戌朔丁亥,祭先师孔子,遣吏部侍郎方从哲行礼。

6.6.109 《明神宗显皇帝实录》卷五一七

(万历四十二年二月)丁亥,祭先师孔子,遣大学士方从哲行礼。

6.6.110 《明神宗显皇帝实录》卷五二三

(万历四十二年八月)丁亥,祭先师孔子,改遣檐事府何宗彦行礼。

6.6.111 《明神宗显皇帝实录》卷五二九

(万历四十三年二月丁亥)祭先师孔子,遣侍郎孙如游行礼。

6.6.112　《明神宗显皇帝实录》卷五三五

（万历四十三年八月）丁丑，祭先师孔子，遣侍郎何宗彦行礼。

6.6.113　《明神宗显皇帝实录》卷五四二

（万历四十四年二月）丁未，祭先师孔子，遣礼部侍郎何宗彦行礼。

6.6.114　《明神宗显皇帝实录》卷五四八

（万历四十四年八月）丁未，祭先师孔子，遣礼部侍郎何宗彦行礼。

6.6.115　《明神宗显皇帝实录》卷五五四

（万历四十五年二月）丁酉，祭先师孔子，遣詹事刘一燝行礼。

6.6.116　《明神宗显皇帝实录》卷五六〇

（万历四十五年八月）丁酉，祭先师孔子，遣官行礼。

6.6.117　《明神宗显皇帝实录》卷五六六

（万历四十六年二月）丁酉，祭先师孔子，遣礼年右侍郎何宗彦行礼。

6.6.118　《明神宗显皇帝实录》卷五七三

万历四十六年八月丁巳朔，祭先师孔子，遣礼部侍郎史继偕行礼。

6.6.119　《明神宗显皇帝实录》卷五七九

（万历四十七年二月）丁巳，遣礼部左侍郎何宗彦致祭先师孔子。

6.6.120　《明神宗显皇帝实录》卷五八五

（万历四十七年八月）丁巳，遣礼部侍郎何宗彦致祭先师孔子。

6.6.121　《明神宗显皇帝实录》卷五九一

（万历四十八年二月丁巳）致祭先师孔子，遣礼部右侍郎韩爌行礼。

第7节　明光宗、熹宗、思宗评儒

6.7.1 《大明光宗贞皇帝实录》卷三

泰昌元年八月丁未，祭先师孔子，遣礼部侍郎刘一燝行礼。

6.7.2 《大明熹宗哲皇帝实录》卷六

（天启元年二月）丁未，遣大学士刘一燝祭先师孔子。

6.7.3 《阙里志》卷一六

天启元年，岁次辛酉，七月庚子朔，越八日丁未，皇帝遣顺天府丞姚士慎，致祭于大成至圣先师孔子曰：

惟我先师，生民未有。百代莫前，凡在斯文，实均仰戴。兹予肇位，景慕良深，特遣廷臣虔申祭告，尚资神化，永祚皇明。尚飨。

（《文庙丁祭谱》卷二之一）

6.7.4 《大明熹宗哲皇帝实录》卷一三

（天启元年八月丁丑）祭先师孔子，遣大学士韩爌行礼。

6.7.5 《大明熹宗哲皇帝实录》卷一九

天启二年二月丁卯朔，祭先师孔子，遣大学士沈纮行礼。

6.7.6 《文庙丁祭谱》卷二之一

壬戌（天启）二年，诏以张载后文运为世袭五经博士。

6.7.7 《大明熹宗哲皇帝实录》卷二五

（天启二年八月）丙寅，遣大学士何宗彦祭先师孔子。

6.7.8 《大明熹宗哲皇帝实录》卷三一

（天启三年二月）丁卯，祭先师孔子，遣大学士何宗彦行礼。

6.7.9　乾隆《山东通志》卷一一《阙里志三》

天启三年孟庙御制祭文：

朕惟我朝追崇贤圣，恤及后昆，所以维世道觉人心也。惟尔孟夫子七篇，卫道心长，万世报功典重，岂意，鲁林遗树，鸟不敢巢，邹谷丛兰，兽何忍剪。

6.7.10　《大明熹宗悊皇帝实录》卷三七

(天启三年八月)丁卯，祭先师孔子，遣大学士朱国祯行礼。

6.7.11　《文庙丁祭谱》卷二之一

甲子，(天启)四年春三月，甲寅，帝诣太学释奠于先师。

6.7.12　《大明熹宗悊皇帝实录》卷五六

(天启五年二月丁亥)祭先师孔子，命礼部尚书翁正春行礼。

6.7.13　《阙里志》卷六

(天启)五年二月初六日，熹宗皇帝驾幸太学，释奠先师。

6.7.14　《阙里志》卷一五

天启五年二月初六日，诰封六十五代孙袭封衍圣公孔胤植并妻侯氏、继妻全氏诰命一道。皇帝制曰：

景皇兴之教化，圣绪千秋；册盟府之典章，公尊一位。览熙明畅运，犹日昭月朗而莫逾，矧历数在躬，维内圣外王之务急，不显扬其世禄，将曷振夫人文？適涣丝纶，载辉樽俎。尔衍圣公孔胤植承体圣泽，列爵朝簪，诗礼旧闻，早服父兄之训，芝兰异禀，挺为带砺之英。出云雨于秀阜崇岗，宁羡鹍轮击水；滋泉源于清河瑞岳，宛瞻麟角在庭。翼翼公圭，缵江汉秋阳之烈；洋洋列鼎，生舞雩洙泗之风。实朝伦之可嘉，洵至德之不朽。焕兹章数，肆奖爵封，颙表儒观，蔚征文献。滋用封尔为衍圣公。於戏！金声玉振，仪范百王，鼎食钟鸣，辉煌千祀。盖立道以经世，维承家之有人。非树德滋，亦犹虚贵。朕方执牲原庙，祝饩儒宫，桥门生泗水之澜，胶序见尼山之峻，文章仪世，簠簋属卿。仰生民以来之一人，绾承体而后之万叶。爵之轻重，道之体明，尔只是资，圣绩斯在。惟念朝恩之既渥，益德业之崇修，学有余师，善将终誉。惟钦惟毖，务保厥荣，如綍如纶，牲加恪慎。

制曰：彝伦敦化，雅篇首诵乎关睢；仁义浸涵，大道造端乎夫妇。睠兹合德，忽邈遗闻，风维俎豆之筵，纶恤频繁之侣。断袿含恻，媲爵从荣。尔衍圣公孔胤植妻侯氏，秀毓侯门，吉归圣裔，诗书礼乐赞教国于宜家，钟鼓瑟琴愿相夫而作圣，祛华脂于公阃，不妍耀首之妆，若乐素于儒风，必敬齐眉之案。缟綦宝俭，永偕白首之欢；环珮啬年，竟杳青闺之梦。兹赠尔为夫人，昭融奠誉，蕉不加籍芝检长春，懿德考终，雨露浥松扃不夜。

制曰：茂典有加，圣祀振人文之盛，綦章涣赉，闺门为风化之原。颂思媚于载芰，宜齐荣而媲赐。尔衍圣公孔胤植妻仝氏，祥蛇将阀，奠雁圣门。柔嘉克踵前徽，警戒力箴内则。抚鹍弦而嗣御，静好其音；捧鹤斝以登堂，毳耳其旨。贤敷妯娌，声弥铿夫。珩璜贵克筥筐，业务广乎钟鼎，茂闺帷之鸡儆，光殿陛之蝉联。习诗敦礼之庭，称华女士；和瑟调琴之化，鼓藻圣宗。兹封尔为衍圣公夫人，窈窕承荣，克允鸠河之咏，螽斯叶吉，聿兴凤鸟之祥。

6.7.15 《阙里志》卷一五

天启五年二月十四日，诰封衍圣公孔胤植继庶母张氏诰命一道。奉天承运，皇帝制曰：

缘庆有源，劬育怅慈晖而夭嗣，推恩无间，显扬逮冢子之所生，故伦理之攸关，稽诸典法，然朝廷之加赐，岂远人情？尔张氏乃衍圣公孔胤植之继庶母，巽顺为仪，坤章合德，柔嘉维则，持筐筥于诗礼之庭，敬戒不违，约佩环于琴瑟之侧。厥维正脉，克绍圣门，德尊图史之箴，爵媲鼎钟之贵。绥祥愈茂，衍庆弥昌。兹封尔为衍圣公夫人，福履方新，永河山之令，度宠纶兹贲，扬珈茀之恩辉。

天启五年二月十四日，诰封衍圣公孔胤植本生父母诰命一道。奉天承运，皇帝制曰：

涣纶綍以恤明恩，在阶嘉贤，在庭严训，敦诗书而弘至教，于朝未爵，于庙疏荣，实作圣之有基，何不年之可恻。匪弓裘之食享，由边豆以来歆。尔孔尚坦乃衍圣公孔胤植之父，孝友天成，聪明圣降，饫六经而笥腹，学有本原，律一谨以禔躬，行无枝叶。奢葩嗜癖，发挥三百之精华，欢妙凝玄，蕴蓄五千之道德。资祕书于金匮，红药承唫，怀献赋于王楼，青春解脱，德音罔寂，开后渐之羽仪，道统得传，继中兴之胍派。乃证圣人之后，世德不衰，益知君子之贻，臣忠必显。兹赠尔为衍圣公，洪濡雨露，佳城爵楷滋华，显蔚云霞，彤阙香芝沁壤。

制曰：册府疏荣，列爵涣上公之典，重闱畬恻，余徽慈母之恩。矧圣教之攸崇，必先子孝，劝忠臣而加显，宁后母劬。遹焕慭纶，用彰赐羡。尔吴氏乃衍圣公孔胤植之母。瑶华逊质，琼蕤标贞。居围金拖紫之恒，秀出大家风范，归说礼教敦诗之吉，淑增尼室辉光。宝俭德于葛单，去华妆而曳缟，将勤操于荼苦，凝幽则于静翣。痛绝所天，弥励矢舟之节，训绳阙嗣，惟严尽获之功。致有后人，克光前烈。顾兹懿行，宁恡褒章。兹赠尔为衍圣公夫人。爰惟风木之思，已逮家传之簪，翟霈此蓼萧之泽，来歆国典之蒸尝。

天启五年二月十四日，诰封衍圣公孔胤植兄嫂诰命一道。奉天承运，皇帝制曰：

公爵嗣封，家子必登乎祀典，仙风远逝，圣宗益耀。夫谦光虽埙韵之流凄，挹金声而玉振，贻恩无间，涣绋同荣。尔孔胤椿乃衍圣公胤植之兄，宁静摽姿，端温萃雅，躬禔寅慎，蜚礼义之声华，孝克子诚，表彝伦于姻族。模型支庶，劳必身先，揖让家庭，荣惟己后，应蹠封于册府，遽逸乡于泉台，绍金友而象贤，维宗有祀，伤土崑之雁断，报德无穷。兹赠尔为衍圣公。贲芝捡于松楸，优嘉盛典，廻云旗于河汉，笃祐后程。

制曰：圣教之化，始乎人伦。礼义之隆，重乎宗妇。矧夫妇于其家，而不辱其教，丧其所天，而转似可矜。推从贵之恩，申齐躰之义，亟施弘庆，以慰未亡。尔殷氏乃衍圣公孔胤植之嫂，咏雪于鼎鼐之扉，委属于礼乐之户。劝贤约佩，式彰鸡儆之厘。律己去脂，不饰凤翘之耀。夫爵登朝未逮，绝镜悲鸾，圣功从祀不渝，联珠缀玉。孤灯月牖，双嫠并泣机丝，一捡霞封，万石齐荣纶绋。兹封尔为衍圣公夫人。侈龙章于四德，千叶旌贞，承鹤发于百年，五辛饴养。

6.7.16 《明史·熹宗纪》

（天启五年）三月甲寅，释奠于先师孔子。

6.7.17 《大明熹宗悊皇帝实录》卷六二

天启五年八月，丁丑朔，祭先师孔子，遣礼部尚书周如磐行礼。

6.7.18 《阙里志》卷一五

天启六年正月十六日，封衍圣公孔胤植本生祖父母诰命。制曰：

昔正考父佐戴、武、宣，三命滋恭，明德启圣，而安国、颖达皆由经学，显庸汉唐。盖世有达人，绵其瓜瓞矣。尔原任翰林院五经博士孔贞宁乃袭封衍圣公孔胤植之本生祖父，洙源演庆，岳秀分奇。韵远神清，追高标于季诩；经深学博，骤雅步于舒元。缵绪金闺，联芳壁府。尔孙由支而本，俾祖拾级而堂，爵以上公，昭其肯构。兹特赠尔为衍圣公赐之诰命。於戏！兖衣横玉，没申九命之荣；宝鼎著铭，远邵万年之禄。贲于马鬣，服此龙章。

制曰：朕涣恩启震，追于仪坤。矧作配圣裔，钟祥振世者乎？尔李氏乃衍圣公孔胤植之本生祖母，淑慎有闻，端嶷为则。而夫圣宗后乂，文苑菁英，克敦琴瑟之和，致有螽麟之瑞。兹用赠尔为衍圣公夫人。象贤崇德，既晋赐于端师，承洙分荣，遄加纶于懿闻，鸾书天粲，玄坏云鲜。

制曰：诗不云乎？瑟彼玉瓒，黄流在中。福禄之畀，譬诸爵鬯，不置瓦缶？妇能承夫，以佑厥孙，福所降也。尔王氏乃袭封衍圣公孔胤植之本生继祖母，兰续斯芬，玉珵其美。频藻洁于嗣馈，佩璜孚于同声。兹以孙恩扬而祖翼，赠为衍圣公夫人。女师之训，方克振于徽音，象服之宜，尚于眙于宸赉。

制曰：珠孕必资于明月，黍繁爰藉于冷风。昌后承家，荣宜分迨。尔张氏袭封衍圣公孔胤植之本生祖母，江汜并流，嘱心承序，笃生喆胤，绍尔儒原，当斯鸿霈之庥，式茂同升之秩。母由子贵，泽以世绵。特赠尔为衍圣公夫人。於戏！彤管有炜，夙侍蓬山之倦籍，淑求蕃实，克永尼丘之元宗。泽尔幽灵，章斯孝德。

6.7.19 《大明熹宗悊皇帝实录》卷六八

（天启六年二月）丁丑，祭先师孔子，遣大学士丁绍轼行礼。

6.7.20 《大明熹宗悊皇帝实录》卷七五

（天启六年八月）丁未，祭先师孔子，遣大学士黄立极行礼。

6.7.21 《大明熹宗悊皇帝实录》卷八一

（天启七年二月丁未）祭先师孔子，遣大学士施凤来行礼。

6.7.22 《明史·熹宗纪》

（天启七年）五月己巳，监生陆万龄请建魏忠贤生祠于太学旁，岁祀如孔子，许之。

6.7.23 《大明熹宗悊皇帝实录》卷八六

（天启七年八月）丁酉，祭先师孔子，遣大学士李国行礼。

6.7.24 《阙里志》卷一五

崇祯元年三月，三殿告成。覃恩封衍圣公孔胤植为太子太保，妻侯氏、继氏全氏为太子太保衍圣公夫人诰命。

制曰：圣德配天，道脉范乾坤以有永；儒教炳日，诒谟并日月以同光。鲁邹之道庆无疆，嗣孙之世休济美。学既襄乎国运，典宜晋夫崇阶。兹尔先圣六十五代袭封衍圣公孔胤植，赋性英奇，操行弘毅，派演圣系，继麟振以钟祥，道延祖传，光凤德而表烈。溯尼山之世泽，非徒残简之传闻，承洙泗之余波，俨若庭趋之佩服。爰媲芳于往哲，遂袭封于熙朝。而尔兢兢怀临渊之思，皇皇隆木铎之望，仪孚物誉于祖有光，际此堂构之告成，何靳丝纶之晋赐。是用覃恩授尔为太子太保，赐之诰命。於戏！道通天地，渊源殊切于宪章。德贯古今，云仍追休于祖述。尚阐产经之统，以垂万世之瞻。

制曰：礼重元配，以协德而相成，国有灵章，宜覃恩而并赐。矧淑闻丕显于圣门，而中道兰摧，慭纶可独后乎？尔太子太保衍圣公孔胤植前妻侯氏，名门毓德，圣胄作述。黾勉机丝，效珥簪之儆，敬共筐筥，叶筒芷之芬，玉镜中分，德胡不寿。梁笱留秀，懿范堪悲。兹以覃恩赠尔为太子太保衍圣公夫人。徽彰彤管，既式表于丝纶，荣被玄庐，永增辉于松檟。

制曰：王化起房中，人纲先内德。况主馈圣阀，克襄道德之传，比德前徽，懋佐《诗》《礼》之业，不有旌典曷驯淑贤。尔太子太保衍圣公孔胤植继室仝氏性表兰芳，质涵玉颖，秉闺肃穆，颙若之范凛如，宜室雍和，在御之音静好。言归图史，动协珩璜。兹以覃恩赠尔为太子太保衍圣公夫人。於戏！列九棘而历曾阶，懋昭敬助申初，赐以杨内则式迓庬休，只承龙綍之，恩盖励鸡鸣之儆。

加封衍圣公孔胤植本生祖父母为太子太保。

制曰：先圣世爵之臣，巩灵长于社稷，闻孙缵述之绪，昭祖德于箕裘。矧祥钟泗水，脉衍尼山而堂构相承，有不追思祖德者乎？尔衍圣公孔贞宁乃太子太保胤植之祖。封膺先爵，裔出圣宗。道德芜攸，可作儒流之范，才猷夙茂，世增革甫之光。衍江汉而扬波，媲秋阳以并洁。名高三五，品重四科，爰钟迈种之孙，作朕辅佐之寄，远追世德，宜渥尊崇。兹以覃恩赠尔为太子太保衍圣公赐之诰命。孤卿峻秩，丝纶重耀于松楸，世爵廷休，亦叶永光于堂构，克膺新命，只贲玄灵。

制曰：巽命宣猷，焕明章于奕世；重闱敷庆，昭阴教于璇源。追崇大母之称，用笃孝孙之祉。尔李氏乃太子太保衍圣公孔胤植之嫡祖母。厚德能载，基命克承。令誉夙章缟綦，内则夙昭频藻，爰嘉圣裔之伟范，式昭王母之新纶。是用覃恩，赠尔为太子太保衍圣公夫人。显命再承，华衮贲日边之色；幽魂如在，环佩留月下之声。

制曰：圣爵光于先世，璺鼎攸隆；报典溯于祖妣，蒸尝并茂。追贤淑之远泽，慰闻孙之永思。尔王氏乃太子太保衍圣公孔胤植之继祖母。世德钟华，圣门济美。缉筐举案，共推《诗》《礼》之宗，儆旦规星，允协肃雍之则。肇基式弘，裕后亢宗，克启闻孙。兹以覃恩，赠尔为太子太保衍圣公夫人。萧云掩穸，越累叶以增芳；花露腾甕，垂千秋而永贲。

制曰：褒善庆于圣宗，祖妣偕衮台之命；溯芳徽于鞠育，重闱敷从贵之荣。尔张氏乃太子太保衍圣公孔胤植之生祖母，禀程圣族，俪德鸿俦，慧彼之小心，启绵长之令绪。猷劬诗礼，穆追江庆之风，庆毓章缝，动俨河山之度。是用覃恩，赠尔为太子太保衍圣公夫人。兰孙方远，叠徽五色之龙纶；枫绰恩新，再映千秋之凤德。

崇祯元年三月，三殿告成。覃恩封衍圣公孔胤植继父孔尚贤为太子太保衍圣公，继嫡母严氏、继庶母张氏为太子太保衍圣公夫人诰命。

制曰：跻荣世爵，圣公为社稷之光；溯德椿庭，燕翼衍箕裘之庆。爰褒式谷，曷靳旌纶。尔衍圣公孔尚贤乃太子太保衍圣公孔胤植之父，茂承圣爵，挺杰熙朝，潜心洙泗之渊源，克缵尼山之志事。训诗训礼，弘祖述之高风；宾帝宾王，畅宪章之大烈。启尔继芳之嗣，作朕师世之臣，遗泽弥长，先谋益懋。兹以覃恩，赠尔为太子太保，赐之诰命。於戏！宫秩载增，用表圣系之茂，纶音孔焕，式彰永世之光。只服紫纶，翔辉玄室。

制曰：内秩从夫，早被鸾章之命；崇阶从子，洊申凤佩之荣。矧仪则表于圣宗，慈训垂于裕后，而疏恩赐之，可容缓乎？尔严氏乃太子太保衍圣公孔胤植之嫡母，毓秀名闺，作傧圣胄，承尊声气俱下，孝敬可师，待物慈惠，偏孚室家胥庆。尼山化雨，敬传赠佩之功；洙泗春风，实赖和凡之力。懿范已远，徽音如存。兹以覃恩，赠尔为太子太保衍圣公夫人。绛旌云表，难招鹤驭之灵；紫皓天边，益衍麟振之庆。

制曰：天生名世，必由贤母，故人子之躬膺世爵，皆思邀朝廷恩宠，以酬罔极。然扳兴之奉与执卷之悲情则异矣。国有懋纶，所以追鞠育也。尔张氏乃太子太保衍圣公孔胤植之生母，性秉贞淑，天赋静庄。义以正家，严范凛秋霜之肃；仁以惠下，慈颜蔼春日之和。逸不忘劳，丰而能俭，祥征熊梦教裕燕贻，追麟嗣流光，翟服方新圣泽，而婺星掩曜，音容久杳慈闱。兹以覃恩，赠尔为太子太保衍圣公夫人。兰陔永慕，谁报寸草于三春；芝简重新，聊慰护花于九地。

6.7.25 《阙里志》卷一六

崇祯元年岁次戊辰五月辛酉朔，越二十三日癸未，皇帝遣太仆寺卿、太常寺少卿事郭兴言致祭于先师孔子曰：

追惟先师，道兼群圣，教备六经，历代帝王，是宗是式。兹予践祚之始，良深景慕之怀，特遣廷臣用申祭告，伏翼昭垂训，廸永祚皇图。尚飨。

（又见于《文庙丁祭谱》卷二之一）

6.7.26 《明史·庄烈帝纪》

（崇祯）二年春正月丙子，释奠于先师孔子。

（又见于《阙里志》卷六、《文庙丁祭谱》卷二之一）

6.7.27 《文庙丁祭谱》卷二之一

庚午，（崇祯）三年，诏以程颢后接道为世袭五经博士，以邵雍后继祖为世袭五经博士。

6.7.28 《崇祯实录》卷三

（崇祯三年七月）是月，国子祭酒顾锡畴言："文庙先贤自四配十哲外两庑共六十二人，会典所载东自澹台灭明至颜浍三十六人，西宓不齐至步叔乘二十九人，位次多紊，且有汉儒次宋儒之下，非所以妥先儒也。宋罗从彦、李侗虽万历时从祀，实朱熹父执所从，受学既皆从祀，不可不论其世。乞行详定章下所司。"

6.7.29 《文庙丁祭谱》卷二之一

壬申，（崇祯）五年春三月癸卯，帝诣太学释奠于先师。

6.7.30 《文庙丁祭谱》卷二之一

辛巳，（崇祯）十四年秋八月辛酉，帝诣太学，释奠于先师孔子。

时重建太学成，命衍圣公孔衍植分奠宗圣曾子。祭毕，御彝伦堂，命讲官进讲。有旨，诣学典礼定为三年一举行。

谕礼部曰：朕览我圣祖命儒臣纂辑五经四书大全，其中传、注引证惟宋儒周子、二程子、朱子、张子、邵子为多，可见理学大明于宋，而周、程、张、朱子大有功于圣门也。今与周、秦、汉、唐诸儒并称先儒，窃为不安。兹欲特加崇隆，是否可行，着礼部、翰林院、国子监礼科等衙门会同详议。

（又见于《崇祯实录》卷一四、《明史·庄烈帝纪》）

6.7.31 《文庙丁祭谱》卷二之一

壬午，(崇祯)十五年，诏以左丘明及周子、二程子、张子、邵子、朱子改称先贤，位列七十子下、汉唐诸儒上。

(又见于《崇祯实录》卷一五[①])

6.7.32 《文庙丁祭谱》卷二之一

癸未，(崇祯)十六年，诏以仲子后于陛世袭五经博士。

---

① 《崇祯实录》卷一五载："(崇祯十五年)夏四月戊子朔，改称宋儒六子曰：'先贤位列汉唐诸儒上，左丘明亦称先贤。命纂六子格言。'"

第7章　清代帝王评儒

第1节　清太宗、世祖评儒

7.1.1　《清史稿·礼志·吉礼》

崇德元年，建庙盛京，遣大学士范文程致祭。奉颜子、曾子、子思、孟子配。定春秋二仲上丁行释奠礼。世祖定大原，以京师国子监为大学，立文庙。

（又见于《文庙丁祭谱》卷二之二）

7.1.2　《清实录·顺治朝实录》卷三

（顺治元年二月）丁卯，遣官祭先师孔子。

7.1.3　《清实录·顺治朝实录》卷五

（顺治元年六月壬申）遣官祭先师孔子。

7.1.4　《清实录·顺治朝实录》卷七

（顺治元年八月）丁巳，遣官祭先师孔子。

7.1.5　《清实录·顺治朝实录》卷九

（顺治元年十月）丙辰，吏部议覆山东巡抚方大猷疏，请以孔子六十五代孙孔允植仍袭封衍圣公，照原阶兼太子太傅。其子兴燮照例加二品冠服。孔允钰、颜绍绪、曾闻达、孟闻玺仍袭五经博士。衍圣公保举曲阜知县孔贞堪仍为原官，其在汶上县管圣泽书院事，世袭太常寺博士，应以衍圣公第三子承袭。至尼山书院、洙泗书院及四氏学录等官，俱照旧留用。管勾、司乐、掌书等缺，听衍圣公咨部补授。从之。

（又见于《清史稿·世祖纪》、《文庙丁祭谱》卷二之二）

7.1.6 《清史稿·礼志·吉礼》

顺治二年（正月丁未），定称大成至圣文宣先师孔子，春秋上丁，遣大学士一人行祭，翰林官二人分献，祭酒祭启圣祠，以先贤、先儒配飨从祀。①

（又见于《文庙丁祭谱》卷二之二）

7.1.7 《清实录·顺治朝实录》卷一四

（顺治二年二月丁巳）遣官祭先师孔子。

7.1.8 《清实录·顺治朝实录》卷二四

（顺治三年二月）丁亥，遣大学士范文程祭先师孔子。

7.1.9 《清史稿·世祖纪》

（顺治三年四月）甲辰，修盛京孔子庙。

7.1.10 《清实录·顺治朝实录》卷二六

（顺治三年六月）甲申，改孔允钰、颜绍绪、曾闻达、仲于陛为内翰林国史院世袭五经博士。授孟贞仁为内翰林国史院世袭五经博士。

7.1.11 《清实录·顺治朝实录》卷二七

（顺治三年七月）丁丑，遣大学士刚林祭先师孔子。

7.1.12 《清实录·顺治朝实录》卷三〇

（顺治四年二月）丁丑，遣大学士祁充格祭先师孔子。

7.1.13 《清实录·顺治朝实录》卷三六

（顺治五年二月）丁卯，遣大学士范文程祭先师孔子。

---

① 《清史稿·世祖纪》载："（顺治二年正月丁未）更国子监孔子神位为大成至圣文宣先师孔子。"《清实录·顺治朝实录》卷一三载："（顺治二年正月丁未）丁未，国子监祭酒李若琳奏请更孔子神牌，为大成至圣文宣先师孔子。报可。"

7.1.14 《清实录·顺治朝实录》卷三七

(顺治五年三月)丙午,命孔兴燮袭封衍圣公。

7.1.15 《清实录·顺治朝实录》卷四〇

(顺治五年八月)丁酉,遣大学士刚林祭先师孔子。

7.1.16 《清实录·顺治朝实录》卷四二

(顺治六年二月)丁酉,遣大学士范文程祭先师孔子。

7.1.17 《清实录·顺治朝实录》卷四五

(顺治六年八月)丁酉,遣大学士刚林祭先师孔子。

7.1.18 《清实录·顺治朝实录》卷四七

(顺治七年二月)丁酉,遣大学士刚林祭先师孔子。

7.1.19 《清实录·顺治朝实录》卷五〇

(顺治七年八月)丁亥,遣大学士祁充格祭先师孔子。

7.1.20 《清实录·顺治朝实录》卷五三

(顺治八年二月)丁酉,遣大学士刚林祭先师孔子。

7.1.21 《清史稿·世祖纪》

(顺治八年四月)夏四月庚戌,诏行幸所过,有司不得进献。遣官祭岳镇海渎、帝王陵寝、先师孔子阙里。

(又见于《清史稿·世祖纪》、《清实录·顺治朝实录》卷五六)

7.1.22 《文庙丁祭谱》卷二之二

辛卯(顺治)八年夏四月,遣右副都御史刘昌诣阙里祭告孔子。

文曰:朕维治统缘道统而益隆,作君与作师而并重。先师孔子无其位而有其德,开来继往。历代帝王,未有不率有之而能治安天下者也。朕奉天明命,绍缵丕基,高山景行,每思彰明师道以光敷至教,而祀典未修,曷以表敬事之诚,登嘉平之理?兹遣专官虔祀阙里,仪惟备物,诚乃居歆,伏惟格思,尚冀鉴享！

（又见于乾隆《山东通志·艺文·御制》）

7.1.23 《清实录·顺治朝实录》卷五九

（顺治八年八月）丁未，遣大学士雅泰祭先师孔子。

7.1.24 《清实录·顺治朝实录》卷六三

（顺治九年二月）丁未，遣大学士范文程祭先师孔子。

7.1.25 《清史稿·礼志·吉礼》

（顺治）九年，世祖视学，释奠先师，王公百官，斋戒陪祀。前期，衍圣公率孔、颜、曾、孟、仲五氏世袭五经博士，孔氏族五人，颜、曾、孟、仲族各二人，赴都。暨五氏子孙居京秩者咸与祭。是岁授孔氏南宗博士一人，奉西安祀。

7.1.26 《清实录·顺治朝实录》卷六六

（顺治九年八月）丁未，遣大学士范文程祭先师孔子。

7.1.27 《清实录·顺治朝实录》卷六八

（顺治九年九月）辛卯，上幸太学，释奠先师孔子。先期，致斋一日。

司设监设御幄于大成门，东上南向，设御座于彝伦堂正中。鸿胪寺设经案于堂内之左，设讲案二于堂内左右。

至日，置经于经案。不陪祀固山贝子以下、辅国公以上及各官俱于金水桥南候跪送驾。其陪祀和硕亲王以下、多罗贝勒以上俱赴午门内候随驾。在部院各衙门满洲、蒙古汉军、侍郎以上、八旗固山额真、精奇尼哈番以上、文官三品以上、武官二品以上及翰林院七品以上官俱先诣庙丹墀东西相向序立。司设监设拜位于神前。应在启圣祠者在启圣祠伺候行礼。是日卯刻，驾从长安左门出，诸王贝勒随行，卤簿大乐以次前导，乐设而不作。至成贤街，国子监满汉祭酒、司业、服朝服，率学官、诸生于成贤街左跪迎。

驾至棂星门外降辇，至大成门入幄。更衣毕，由大成门中门入，诣先师庙内，正中立典仪，赞乐舞生就位。执事官各司其事，赞引官赞就位。上至拜位，诸王贝勒在台上，分献陪祀官在台下，亦各就拜位，赞迎神乐作。乐止，赞引官赞上，行两跪六叩头礼。通赞诸王贝勒及分献陪祀官行礼，同叩头。毕，赞行释奠礼，乐作，献帛官跪进帛于上右。上立受帛。献毕，复授献帛官献于神位前。

献爵官跪进爵于上右，上立受爵。献毕，复授献爵官，奠于神位前。分献官以次诣神位前奠爵讫，仍以次退就原拜位，乐止。赞送神，乐作。赞引官赞上行两跪六叩头礼，通赞诸王贝勒及分献陪祀官行礼，同叩头。毕，献帛官诣先师神位前，捧帛由中门出。赞引官赞礼毕，导上出庙门，乐止。上至御幄，少坐。诸王贝勒出大成门，候随驾幸彝伦堂。陪祀各官、衍圣公、五经博士等先诣彝伦堂台上分班侍立。祭酒、司业、学官等率领诸生于太学门内两丹墀分班侍立。毕，礼部官入，奏请上幸彝伦堂。上出御幄，至棂星门外，升舆，从太学门入，众官诸生以次俱跪，候驾过，然后起，诸王贝勒随驾入彝伦堂。上至彝伦堂升御座，诸王贝勒在堂内，各官仍于堂外台上分班侍立。鸿胪寺官赞、衍圣公、祭酒、司业、学官、五经博士在台上，四氏子孙及诸生在台下丹墀序立。赞行三跪九叩头礼。毕，上谕坐。诸王贝勒叩头坐，在部院衙门、满洲、蒙古、汉军、侍郎以上、八旗固山额真、精奇尼哈番以上、衍圣公及陪祀汉文官三品以上武官二品以上俱入堂叩头坐。祭酒等仍照旧在外侍立。鸿胪寺官赞进讲，满汉祭酒从东小门入，满汉司业待西小门入，俱北向立。鸿胪寺官赞起案，执事官举经案设于上前。上赐讲官坐，祭酒、司业、就讲案叩头坐。满汉祭酒以次讲《易》经，满汉司业以次讲《书》经。其余翰林官四品以下及五经博士并各执事官、学官、诸生圜立于外以听讲。毕，鸿胪寺官赞起案，执事官、举经案置原处。毕，祭酒、司业退就本位序立，鸿胪寺官于堂正中跪奏传制。鸣赞官赞跪，祭酒、司业、学官、诸生皆跪。传制官赞有制。制曰：圣人之道，如日中天，讲究服膺，用资治理，尔师生其勉之。

宣谕毕，赞行三跪九叩头。礼毕，祭酒、司业、学官、诸生以次退，先于成贤街之右序立。上赐诸王贝勒各官茶。毕，鸿胪寺官跪奏礼。毕，上起升舆出国子监，卤簿大驾，大乐振作前导，祭酒、司业、学官、诸生候驾至，跪送诸王贝勒随驾至午门内，候驾还宫，方退。不陪祀贝子以下、辅国公以上及各官仍在天安门外金水桥南伺候跪迎驾还，方退。

（又见于民国《山东通志·列训圣典一》、《文庙丁祭谱》卷二之二）

7.1.28 《清实录·顺治朝实录》卷六八

（顺治九年九月）癸巳，午门前赐衍圣公、五经博士、四氏子孙、祭酒、司业、学官等袍帽。监生每名银一两，吏典每名银四钱。又赐敕勉励师生。祭酒捧至彩舆，同迎导至太学开读行礼。敕曰：圣人之道，如日中天。上赖之以致治，下习之以事君。尔等务尽心教训诸生，诸生亦当祗承师训，力体诸身。教成为师训之功，学成乃弟子之职。偿训诲不严，服习有怠，尔师生俱不能辞其责勉之。

7.1.29 《清实录·顺治朝实录》卷七二

(顺治十年二月)丁未,遣大学士范文程祭先师孔子。

7.1.30 《清实录·顺治朝实录》卷七七

(顺治十年八月)丁卯,遣大学士额色黑祭先师孔子。

7.1.31 《清实录·顺治朝实录》卷八一

(顺治十一年二月)丁卯,遣大学士额色黑祭先师孔子。

7.1.32 《清实录·顺治朝实录》卷八五

(顺治十一年八月)丁卯,遣大学士宁完我祭先师孔子。

7.1.33 《清实录·顺治朝实录》卷八九

(顺治十二年二月)丁巳,遣大学士额色黑祭先师孔子。

7.1.34 《清实录·顺治朝实录》卷九〇

(顺治十二年三月)壬子,谕礼部:朕惟帝王敷治,文教是先;臣子致君,经术为本。自明季扰乱,日寻干戈,学问之道,阙焉未讲。今天下渐定,朕将兴文教,崇经术,以开太平。尔部即传谕直省学臣训督士子,凡经学、道德、经济、典故诸书,务须研求淹贯,博古通今。明体则为真儒,达用则为良吏。果有此等实学,朕当不次简拔,重加任用。又念先贤之训仕优则学,仍传谕内外大小各官,政事之暇亦须留心学问。俾德业日修,识见益广,佐朕右文之治。[①]

(又见于《清史稿·世祖纪》)

7.1.35 《清实录·顺治朝实录》卷九三

(顺治十二年八月)丁巳,遣大学士觉罗巴哈纳祭先师孔子。

7.1.36 《清实录·顺治朝实录》卷九八

(顺治十三年二月丁巳)遣大学士觉罗巴哈纳祭先师孔子。

---

① 《清史稿·世祖纪》为:"壬子,谕曰:'自明末扰乱,日寻干戈,学问之道,阙焉弗讲。今天下渐定,朕将兴文教,崇儒术,以开太平。直省学臣,其训督士子,博通古今,明体达用。诸臣政事之暇,亦宜留心学问,佐朕右文之治。'"

7.1.37 《清实录·顺治朝实录》卷九八

（顺治十三年二月）己巳，赐衍圣公孔兴燮及五经博士颜绍绪等，宴于礼部。

7.1.38 《清实录·顺治朝实录》卷一〇三

（顺治十三年八月）丁丑，遣大学士觉罗巴哈纳祭先师孔子。

7.1.39 《清实录·顺治朝实录》卷一〇七

（顺治十四年二月）丁丑，遣大学士觉罗巴哈纳祭先师孔子。

7.1.40 《清实录·顺治朝实录》卷一〇七

（顺治十四年二月戊寅）谕大学士傅以渐、日讲官曹本荣曰："朕览《易经》一书，义精而用博，范围天地万物之理。自魏王弼、唐孔颖达有注释正义，宋程颐有传，迨朱熹本义出，而后之学者宗之。明永乐间，命儒臣集元代以前诸儒之说，汇为大全，皆于易理多所发明。但其中同异互存，尚有繁而可删、华而寡要之处，迄今几三百年。儒生学士发挥经义者，亦不乏人，当并加采择，折衷诸论，简切洞达，辑成一编，昭示来兹。尔等殚心研究，融会贯通。其必析理精深，敷词显易，约而能该，详而不复，使义经奥者，炳若日星，以称朕阐明四圣人作述之至意。"

7.1.41 《清实录·顺治朝实录》卷一〇七

（顺治十四年二月）丁亥，赐衍圣公孔兴燮及五经博士颜绍绪等，宴于礼部。

7.1.42 《清史稿·礼志·吉礼》

（顺治）十四年，给事中张文光言："追王固诬圣，而'大成文宣'四字，亦不足以尽圣，宜改题'至圣先师'。"从之。

7.1.43 《清史稿·世祖纪》

（顺治十四年三月①）丙辰，复孔子位号曰至圣先师。

（又见于《清实录·顺治朝实录》卷一〇八）

---

① 《历代尊孔纪》记载时间为"顺治十四年二月"。

7.1.44 《清史稿·礼志·吉礼》

顺治十四年(十月壬申),沿明制举经筵,祭先师孔子弘德殿。[①]

(又见于《文庙丁祭谱》卷二之二)

7.1.45 《清实录·顺治朝实录》卷一一五

(顺治十五年二月)丁丑,遣内院大学士额色黑祭先师孔子。

7.1.46 《清实录·顺治朝实录》卷一二〇

(顺治十五年八月)丁卯,遣大学士额色黑祭先师孔子。

7.1.47 《清实录·顺治朝实录》卷一二三

(顺治十六年二月)丁卯,遣大学士觉罗巴哈纳祭先师孔子。

7.1.48 《清实录·顺治朝实录》卷一二七

(顺治十六年八月)丁酉,遣大学士额色黑祭先师孔子。

7.1.49 《清实录·顺治朝实录》卷一三二

(顺治十七年二月)丁亥,遣大学士胡世安祭先师孔子。

7.1.50 《文庙丁祭谱》卷二之二

庚子,(顺治)十七年,重修太学告成,亲释奠于先师。

7.1.51 《清实录·顺治朝实录》卷一三九

(顺治十七年八月)丁亥,遣大学士觉罗巴哈纳祭先师孔子。

7.1.52 《清实录·康熙朝实录》卷一

(顺治十八年二月丁亥)遣大学士额色黑祭先师孔子。

7.1.53 《清实录·康熙朝实录》卷四

(顺治十八年八月丁未)遣大学士觉罗伊图祭先师孔子。

---

① 《清史稿·世祖纪》、《清实录·顺治朝实录》卷一〇八均载:"(顺治十四年)冬十月壬申,以开日讲祭告先师孔子于弘德殿。"

第2节 清圣祖评儒

7.2.1 《清实录·康熙朝实录》卷六

(康熙元年二月)丁未,遣大学士卫周祚祭先师孔子。

7.2.2 《清实录·康熙朝实录》卷七

(康熙元年八月)丁未,遣大学士觉罗伊图祭先师孔子。

7.2.3 《清实录·康熙朝实录》卷八

(康熙二年二月丁未)遣大学士成克巩祭先师孔子。

7.2.4 《清实录·康熙朝实录》卷九

(康熙二年八月)丁酉,遣大学士蒋赫德祭先师孔子。

7.2.5 《清实录·康熙朝实录》卷一一

(康熙三年二月)丁酉,遣大学士孙廷铨祭先师孔子。

7.2.6 《清实录·康熙朝实录》卷一三

(康熙三年八月)丁卯,遣大学士卫周祚祭先师孔子。

7.2.7 《清实录·康熙朝实录》卷一四

(康熙四年二月)丁卯,遣大学士魏裔介祭先师孔子。

7.2.8 《清实录·康熙朝实录》卷一六

(康熙四年八月)丁巳,遣大学士李霨祭先师孔子。

7.2.9 《康熙政要·崇儒学》

康熙四年,礼部右侍郎黄机奏:“制科取士,稽诸往例,皆系三场。先用经书,使士子阐发圣贤之微旨,以观其心术。次用策论,使士子通达古今之事变,以察其才猷。今甲辰科止用策论,减去一场,似太简易,恐将来士子,剿袭浮辞,反开捷径。且不用经书为文,则人将置圣贤之学于不讲,恐非朝廷设科取士之深意。臣请嗣后复行三场旧制，则士子知务实学，主考鉴别，亦得真儒，以应国家之选。”从之。

（又见于《东华录》）

7.2.10 《清实录·康熙朝实录》卷一八

（康熙五年二月）丁巳，遣大学士成克巩祭先师孔子。

7.2.11 《清实录·康熙朝实录》卷一九

（康熙五年八月）丁卯，遣大学士魏裔介祭先师孔子。

7.2.12 《清实录·康熙朝实录》卷二一

（康熙六年）二月丙午朔，丁未，遣大学士魏裔介祭先师孔子。

7.2.13 《清实录·康熙朝实录》卷二三

（康熙六年八月）丁丑，遣大学士李霨祭先师孔子。

7.2.14 《清实录·康熙朝实录》卷二五

（康熙七年二月丁丑）遣大学士图海祭先师孔子。

7.2.15 《文庙丁祭谱》卷二之二

戊申，圣祖仁皇帝康熙七年夏四月，遣光禄寺卿杨永宁诣阙里祭告孔子。

7.2.16 《清实录·康熙朝实录》卷二六

（康熙七年八月丁卯）遣大学士卫周祚祭先师孔子。

7.2.17 《清实录·康熙朝实录》卷二八

（康熙八年二月丁卯）丁卯，遣大学士魏裔介祭先师孔子。

7.2.18 《清实录·康熙朝实录》卷二八

（康熙八年四月）丁丑，上幸太学。前期一日，于宫中致斋。是日，上具礼服，乘辇，王、贝勒、贝子、公随行。陪祀文武各官先诣文庙，丹墀下序立。上至太学，棂星门外降辇。由大成中门，步进先师位前，行二跪六叩头礼，亲释奠。毕，驾幸彝伦堂，赐讲官坐，满汉祭酒以次讲《易经》，司业讲《书经》。四品以下翰林官及五经博士、各执事官、学官、监生序立听讲毕。宣制曰:“圣人之道,如日中天。讲究服膺,用资治理。尔师生其勉之。”宣毕,上还宫。

戊寅,衍圣公孔毓圻率祭酒、司业、学官、五经博士、五氏子孙、各监生恭进谢表。赐衍圣公、祭酒以下等官宴于礼部,并赐袍服,助教监生等赐银两有差。广本监乡试中额八名,陪祀圣贤后裔、内国史院中书颜光敏等照例优叙,生员孔兴询等十五人令入监读书。

颁敕谕刊挂彝伦堂。敕曰:皇帝敕谕国子监、祭酒、司业等官:“朕惟圣人之道,高明广大,昭垂万世。所以兴道致治,敦伦善俗,莫能外也。朕缵承丕业,文治诞敷,景仰先圣至德。今行辟雍释奠之典,将以鼓舞人才,宣布教化。尔等当严督诸生,潜心肄业。诸生亦宜身体力行,朝夕勤励。若学业成立,可裨任用,则教育有功。其或董率不严,荒乃职业,尔等系师生,难辞厥咎。尚其勉之,毋忽。”

(又见于《清史稿·圣祖纪》《康熙政要·崇儒学》、《文庙丁祭谱》卷二之二)

7.2.19　《清实录·康熙朝实录》卷三一

(康熙八年八月)丁卯,遣大学士李霨祭先师孔子。

7.2.20　《清史稿·圣祖纪》

(康熙)九年庚戌春正月丙申,予宋儒程颢、程颐后裔五经博士。

7.2.21　《清实录·康熙朝实录》卷三二

(康熙九年二月丁卯)遣大学士杜立德祭先师孔子。

7.2.22　《清实录·康熙朝实录》卷三三

(康熙九年八月)丁亥,遣大学士图海祭先师孔子。

7.2.23　《清实录·康熙朝实录》卷三四

(康熙九年十一月)丙辰,礼部遵旨议覆,经筵应照顺治十四年例,每年春秋二次举行。择于明年二月十七日午时开讲。前期皇上亲祭奉先殿及先师孔子。讲官听内阁酌定员数题用。经书讲章应令讲官撰送,内阁酌量改定,预期恭进御览。礼仪筵宴俱照旧例。其日讲日期,择于本年十一月二十一日巳时开讲。日讲官亦俟内阁酌定题用。

7.2.24 《清实录·康熙朝实录》卷三五

(康熙十年二月)丁亥,遣大学士杜立德祭先师孔子。

7.2.25 《清实录·康熙朝实录》卷三五

(康熙十年二月)戊戌,以举行经筵礼,遣大学士杜立德告祭先师孔子。

7.2.26 《清实录·康熙朝实录》卷三六

(康熙十年八月)丁酉,遣大学士图海祭先师孔子。

7.2.27 《清实录·康熙朝实录》卷三八

(康熙十一年二月丁丑)遣大学士冯溥祭先师孔子。

7.2.28 《清实录·康熙朝实录》卷三九

(康熙十一年八月)丁未,遣大学士李霨祭先师孔子。

7.2.29 《清实录·康熙朝实录》卷四一

(康熙十二年二月)丁未,遣大学士图海祭先师孔子。

7.2.30 《清实录·康熙朝实录》卷四三

(康熙十二年八月)丁未,遣大学士杜立德祭先师孔子。

7.2.31 《清实录·康熙朝实录》卷四六

(康熙十三年二月)丁酉,遣大学士索额图祭先师孔子。

7.2.32 《清实录·康熙朝实录》卷四九

(康熙十三年八月)丁酉,遣大学士图海祭先师孔子。

7.2.33 《清实录·康熙朝实录》卷五三

(康熙十四年二月)丁酉,遣大学士李霨祭先师孔子。

7.2.34 《清实录·康熙朝实录》卷五七

(康熙十四年八月)丁巳,遣大学士熊赐履祭先师孔子。

7.2.35　《文庙丁祭谱》卷二之二

乙卯(康熙)十四年冬十二月,册立皇太子,遣宗人府府丞马汝骥诣阙里祭告孔子。

文曰:朕惟治统缘道统而益隆,作君与作师而并重。先师孔子,德侔天地,教范古今。历代帝王,咸宗道法,用臻治安。朕奉天眷命,绍横丕基,懋建元储,以崇国本。景行至圣,肃举明禋。兹遣专官虔申殷荐,伏惟鉴格,尚冀居歆!

7.2.36　《清实录·康熙朝实录》卷五九

(康熙十五年二月)丁卯,遣大学士杜立德祭先师孔子。

7.2.37　《清实录·康熙朝实录》卷六二

(康熙十五年八月丁巳)遣大学士李霨祭先师孔子。

7.2.38　《清实录·康熙朝实录》卷六五

(康熙十六年二月)丁巳,遣大学士杜立德祭先师孔子。

7.2.39　《清实录·康熙朝实录》卷六七

(康熙十六年五月)己卯,谕大学士等曰:"帝王之学以明理为先,格物致知,必资讲论。向来日讲,惟讲官敷陈讲章,于经史精义,未能研究印证。朕心终有未慊。前曾谕内阁诸臣,或朕自讲朱注,或解说讲章,内阁诸臣奏称朕宜随便发明书旨,不必预定规程。今思讲学,必互相阐发,方能融会义理,有裨身心。以后日讲,或应朕躬自讲朱注,或解说讲章,仍令讲官照常进讲。尔等会同翰林院掌院学士议奏。"大学士等议覆:"讲官进讲时,皇上随意或先将《四书》朱注讲解,或先将《通鉴》等书讲解,俾得仰瞻圣学。讲毕,讲官仍照常进讲,则理义愈加阐发,而裨益弘多矣。"从之。

7.2.40　《康熙政要·论经史文学》

(康熙十六年)刊刻《四书解义》成,御制序曰:"朕唯天生圣贤,作君作师,万世道统之传,即万世治统之所系也。自尧、舜、禹、汤、义、武之后,而有孔子、曾子、子思、孟子。自《易》《书》《诗》《礼》《春秋》而外,而有《论语》《大学》《中庸》《孟子》之书。如日月之光昭于天,岳渎之流峙于地,猗欤盛哉!盖有四子,而后二帝三王之道传。有四子之书,而后五经之道备。四子之书,得五经之精意而为言者也。孔子以生民未有之圣,与列国君、大夫及门弟子论政与学,天德王道之全，修己治人之要，具在《论语》一书。《学》《庸》皆孔子之传，而曾子、子思独得其宗。明新止至善，家国天下之所以齐治平也；性教中和，天地万物之所以位育，九经达道之所以行也。至于孟子，继往圣而开来学，辟邪说以正人心，性善仁义之旨，著明于天下。此圣贤训词诏后，皆为万世生民而作也。道统在是，治统亦在是矣。历代贤哲之君，创业守成，莫不尊崇表章，讲明斯道。朕绍祖宗丕基，孳孳求治，留心问学。命儒臣撰为讲义，务使阐发义理，裨益政治。同诸经史进讲，经历寒暑，罔敢间辍，兹已告竣，思与海内臣民，共臻至治，特命校刊，永垂永久，爰制序言，弁之简首。每念厚风俗，必先正人心，正人心，必先明学术。诚因此篇之大义，究先圣之微言，则以此为化民成俗之方，用期夫一道同风之治，庶几进于唐虞之代，文明之盛也夫。"

（又见于《御制文集》）

7.2.41 《清实录·康熙朝实录》卷六八

（康熙十六年八月）丁未，遣大学士李霨祭先师孔子。

7.2.42 《清史稿·圣祖纪》

（康熙十七年正月）乙未，诏曰："一代之兴，必有博学鸿儒振起文运，阐发经史，以备顾问。朕万几余暇，思得博通之士，用资典学。其有学行兼优、文词卓越之士，勿论已仕未仕，中外臣工各举所知，朕将亲试焉。"于是大学士李霨等荐曹溶等七十一人，命赴京齐集请旨。[①]

（又见于《清实录·康熙朝实录》卷七一、《康熙政要·崇儒学》）

7.2.43 《清实录·康熙朝实录》卷七一

（康熙十七年二月丁未）遣大学士冯溥祭先师孔子。

7.2.44 《清实录·康熙朝实录》卷七六

（康熙十七年八月）丁亥，遣大学士索额图祭先师孔子。

---

① 《清实录·康熙朝实录》卷七一、《康熙政要·崇儒学》均载："（康熙十七年正月）乙未，谕吏部：自古一代之兴，必有博学鸿儒，振起文运，阐发经史，润色词章，以备顾问著作之选。朕万几余暇，游心文翰，思得博学之士，用资典学。我朝定鼎以来，崇儒重道，培养人材。四海之广，岂无奇才硕彦，学问渊通，文藻瑰丽，可以追踪前喆者。凡有学行兼优、文词卓越之人，不论已仕未仕，令在京三品以上及科道官员，在外督抚布按，各举所知，朕将亲试录用。其余内外各官，果有真知灼见，在内开送吏部，在外开报督抚，代为题荐。务令虚公延访，期得真才，以副朕求贤右文之意。尔部即通行传谕。于是大学士李霨等荐原任副使道曹溶等七十七人。上命俟各员赴部齐集之日请旨。其在外见任者，不必开缺。"

7.2.45　《清实录・康熙朝实录》卷七九

（康熙十八年二月）丁卯，遣大学士明珠祭先师孔子。

7.2.46　《清实录・康熙朝实录》卷八三

（康熙十八年八月）丁卯，遣大学士李霨祭先师孔子。

7.2.47　《康熙政要・崇儒学》

（康熙）十八年，圣祖谕吏部曰："朕以万机之暇，留心经史，思得博学鸿儒，备顾问著作之选。故特颁谕旨，令内外诸臣，各举所知。膺荐人员已经陆续到部，欲行考试。因天寒晷短，恐其难于属文，弗获展厥蕴抱。今天气已渐融和，应定期考试。所以应行事宜，尔部会同翰林院详议具奏。"寻奏准以三月朔，试荐举博学鸿儒一百四十三人，于体仁阁赐宴。取中一等彭孙遹等二十名，二等李来泰等三十名，赐出身有差。著纂修《明史》。

（又见于《圣训》《东华录》）

7.2.48　《清实录・康熙朝实录》卷八八

（康熙十九年二月）丁卯，遣大学士杜立德祭先师孔子。

7.2.49　《康熙政要・论经史文学》

康熙十九年，圣祖谕翰林院掌院学士叶方蔼曰："《尚书》纪载帝王道法，关切治理，朕留心研究，期于贯通。讲幄诸臣，讲解明晰，深有裨于典学。著将《尚书讲义》刊刻颁行。"刊刻成，御制序曰："天生民而立之君，非特予以崇高富贵之具而已。固将副教养之责，使四海九州，无一夫不获其所也。是故古之帝王，奉若天道，建都树屏以立其纲，设官置吏以张其纪，经天纬地以尽其材，亲亲尊贤以宏其业。黎民阻饥，而为之教稼；五品不逊，而为之明伦。为礼乐以导其中和，为兵刑以息其争讼。事未然而预为之备，患已至而亟为之驱。概治天下之法，见于虞夏商周之书，其详且密如此，宜其克享天心，而致时雍太和之效也。所以然者，盖有心法以为治法之本焉，所谓敬也诚也中也！敬则神明有主，而物欲不能摇；诚则孚信在中，而伪巧不能间；中则公正无偏，而邪说不能移。凡《书》中曰'钦明'，曰'寅恭'，曰'祗惧'，曰'迪畏'，皆敬之属也。曰'允塞'，曰'至诚'，曰'一德'，曰'悖信'，皆诚之属也。曰'义制事，礼制心'，曰'沉潜刚克''高明柔克'，曰'宽而有制，从容以和'，皆中之属也。性之者为尧、舜、禹、文，身之者为汤、武、高宗,困而学之者为太甲、成王,悖而去之者为太康、桀、纣。呜呼!心法之存亡,治道之升降分焉,天命之去留系焉,曷其奈何弗鉴?朕万机余暇,读四代之书,惕者恐惧。爰命儒臣,取宋、汉以来诸家之说,荟萃折衷,著为《讲义》一十三卷,逐日进讲。兹特加锓梓,颁示臣民。俾知朕仰法前代圣王,志勤道远。然夙夜兢兢,思体诸身心,措诸政事,以毋负上天立君之意,夫岂敢一日忘哉?是为序。"

(又见于《御制文集》)

7.2.50 《清实录·康熙朝实录》卷九四

(康熙二十年二月)丁亥,遣大学士杜立德祭先师孔子。

7.2.51 《清实录·康熙朝实录》卷九七

(康熙二十年八月)丁亥,遣大学士冯溥祭先师孔子。

7.2.52 《文庙丁祭谱》卷二之二

辛酉(康熙)二十年,吴逆削平,冬十二月,遣右副都御史宋文运诣阙里祭告孔子。

文曰:朕惟治统缘道统而益隆,作君与作师而并重。先师孔子,德侔天地,教范古今。历代帝王,咸宗道法,用臻治安。朕奉天眷命,绍横丕基,翦除凶残,乂安海宇。告功至圣,肃举明禋。兹遣专官虔申殷荐,伏惟鉴格,尚冀居歆!

7.2.53 《康熙政要·论礼乐》

(康熙二十年)圣祖御制《日讲礼记解义序》曰:"朕闻六经之道同归,而礼乐之用为急。孔子曰:'安上治民,莫善于礼。'又曰:'上好礼则民莫敢不敬。'诚以礼者,范身之具,而兴行起化之原也。天之生人,品类纷纶,莫可纪极,圣人起而整齐之。法于天,则于地,顺于人,达于时,协于鬼神,斟酌损益,以定其品节限制。俾天下化其好逸恶劳之心,而予以从善弃恶之道。蒸蒸焉,日蹈履于中正而不敢越,盖非有以强之也,率乎其理之所安而已。其纲有三百,其目有三千。大者在冠昏、丧祭、朝聘、射宴之规,小者在揖让、进退、饮食、起居之节。循之则君臣上下赖以序,夫妇内外赖以辨,父子兄弟婚媾姻娅赖以顺而成。反是则尊卑易位,等杀无章,家未有能齐,而国未有能治者。故曰:'动容中礼,而天德备矣。治定制礼,而王道成矣。'尝遐观三改,禹汤文武,悖叙彝典,以倡导天下。而其时之诸侯,秉礼以守其国,大夫士遵礼以保其家,下至工贾庶人,畏法循纪以世其业。呜呼！何风之隆哉？朕企慕至治，深维天下归仁，原于复礼。故法宫之中，日陈《礼经》，讲习䌷绎，盖不敢斯须去也。慨自嬴秦焚烧典籍，礼乃灭亡。汉兴，崇尚儒学，《礼经》始显，传之者十三家，而戴德、戴圣为尤著。圣所传四十九篇，即所谓《礼记》者是已。迨程子、朱子出，表章《学》《庸》，遂开千古道学之统。其余四十七篇，虽杂出于汉儒，亦皆传述圣门格言，有切身心要旨。朕熟之复之，靡间寒暑，积有讲义，裒成全部，弁以叙言，用以无忘斯勤。然岂徒效儒生占毕云尔哉？务佩服其训词，而实体诸躬修，传之邦国，使百尔怀恭敬逊让之诚，兆庶凛撙节防闲之则。德化翔洽，上媲隆古，庶乃惬朕敦崇礼教之义也夫。"

(又见于《御制文二集》)

7.2.54 《清实录·康熙朝实录》卷一〇一

(康熙二十一年二月)丁亥，遣大学士李霨祭先师孔子。

7.2.55 《清实录·康熙朝实录》卷一〇四

(康熙二十一年八月)丁丑，遣大学士王熙祭先师孔子。

7.2.56 《清实录·康熙朝实录》卷一〇七

(康熙二十二年二月)丁丑，遣大学士吴正治祭先师孔子。

7.2.57 《清实录·康熙朝实录》卷一一一

(康熙二十二年八月)丁未，遣大学士黄机祭先师孔子。

7.2.58 《清史稿·礼志·吉礼》

(康熙)二十二年，御书"万世师表"额悬大成殿，并颁直省学宫。

7.2.59 《康熙政要·论理学》

康熙二十二年，圣祖御乾清宫，讲官进讲毕，特问理学之名始于宋否。张玉书奏曰："天下道理具在人心，无事不有。宋儒讲辩，更加详密耳。"圣祖曰："日用常行，无非此理，自有理学名目，而彼此辩论。朕见言行不相符者甚多。终日讲理学，而所行之事，全与其言背谬，岂可谓之理学？若口虽不讲，而行事皆与道理吻合，此即真理学也。"

(又见于《东华录》卷三三)

7.2.60 《清实录·康熙朝实录》卷一一三

(康熙二十二年十二月)乙卯,御制日讲《〈易经〉解义序》曰:"朕维帝王道法,载在六经。而极天人,穷性命,开物前民,通变尽利,则其理莫详于《易》。《易》之为书,合四圣人立象、设卦、系辞焉,而广大悉备。自昔包羲、神农、黄帝、尧、舜,王天下之道,咸取诸此。盖《诗》《书》之文,《礼》《乐》之具,《春秋》之行事,罔不于《易》会通焉。汉班固有言,六艺具五常之道,而《易》为之原,讵不信欤?朕夙兴夜寐,惟日孜孜,勤求治理。思古帝王立政之要,必本经学。尝博综简编,玩索精蕴。至于大《易》,尤极研求。特命儒臣,参考诸儒注疏、传义,撰为解义一十八卷,日以进讲,反复卦爻之辞。深探作《易》之旨,大抵造化功用不外阴阳,而配诸人事,则有贞邪淑慝之别。运数所由盛衰,风俗所由治乱,君子小人所由进退消长,鲜不于奇偶二画,屈伸变化之间见之。若乃体诸躬行,措诸事业,有观民设教之方,有通德类情之用,恐惧修省以治身。思患预防以维世,引而伸之,触类而长之,而治理备矣。于是刊刻成书,颁示天下。朕惟体乾四德,以容保兆民。且期庶司百执事,矢于野涣群之公,成拔茅允升之美,则泰交媲于明良,而太和溢于宇宙。庶称朕以经学为治法之意也夫。"

7.2.61 《清实录·康熙朝实录》卷一一四

(康熙二十三年)二月丁酉朔,遣大学士李霨祭先师孔子。

7.2.62 光绪《泗水县志》卷一五

康熙二十三年甲子,圣祖仁皇帝东巡,御制诗文泉林记:

朕被服至道,颂法孔子,于诗书简册之中,羹墙载见,如闻其言论而接其声容者,匪伊朝夕矣。尝以不得一登阙里之堂,观其车服礼器,山川风物,慨然至圣之音徽。每低徊于中而不能自已。乃者在庭之臣,咸谓古者天子巡省方岳,观察民俗。朕俞其请,因念岱宗在望,于迈鲁郊,夙昔所怀。今兹可慰,岁之冬月,舆卫北还抵于泗水。东境距其县治五十里,陪尾山之阳,众泉出焉,石窦含岈,清流荡潏,下合沂泗,远波悠然,相传为子在川上处。云旁有古寺,厥名泉林,坡陁幽旷,树木茂密,虽古今异时,陵谷不改,去圣人之居如此其近。意者当日杖履所经,周览原泉,默契道体,喟然发水哉之叹者,其即斯地耶!于是停骖弭节,瞻眺久之,恍惚如有所得,殆移晷而后去也。夫天地无终穷。流水之出于天地者,亦无终穷。圣人之道,川流敦化,万古不息,与天地流水同其无终穷焉,其何能已于予怀耶!孔子之系《易》,其言天也曰"行健",言地也曰"无疆",孟子之言水也曰"盈科而后进"。君子之于圣人之道也,溯源穷流,学水至海,亦若是焉而已矣。朕既幸宫墙，亲觐至止，非遥而又喜。泉源胜地，圣迹所存，而得游历其处也。遂为之记。

7.2.63 《清实录·康熙朝实录》卷一一六

(康熙二十三年八月)丁酉，遣大学士宋德宜祭先师孔子。

7.2.64 《清实录·康熙朝实录》卷一一七

(康熙二十三年十一月)戊寅，驾幸曲阜。衍圣公孔毓圻率博士孔毓埏等诸职官及其族人暨四氏子孙年十六以上者，于东郊跪迎。

上驻跸城南行宫。

己卯，上御辇，设卤簿，诣先师庙。至奎文阁前降辇，步入大成门，至大成殿。乐作，上行三跪九叩礼。四配、十哲、两庑、从官分献。

御制祝文曰：仰惟先师，德侔元化。圣集大成，开万世之文明，树百王之仪范。永言光烈，莫不钦崇。朕丕御鸿图，缅怀至道，宪章往哲，矩矱前模。夕惕朝乾，覃精思于六籍；居今稽古，期雅化于万方。繄惟典训之功，实睹乂安之效。兹者巡省方国，至于岱宗，瞻望鲁郊，爰来阙里。空堂至止，恍闻丝竹之声；旧寝徘徊，喜动宫墙之色；车服礼器，宛然三代遗风；几杖册书，敻矣千秋盛迹。忾明灵之俨在，文治遐昌；肃禋祀以惟虔，精忱庶格。

遣国子监祭酒阿瑚祭启圣公。御制祝文曰：维公系本神灵，生称瑰伟，勇力闻于鲁国，皆道德所发皇，政事纪于邹邦，悉文章所宣著。笃生圣子，代为帝师。寰宇崇岁祀之仪，不先父食；古今奉斯文之统，共指家传。兹值东巡，特临曲邑。溯二千年之教泽，孰非厚德燕贻；垂七十世之孙谋，如见神明陟降。用修彝祭之典，代以扈从之臣。泗水环流，知发源之有自；防山耸峙，占积庆之无疆。牲醴式陈，尚其歆格。

上幸诗礼堂。衍圣公孔毓圻率五氏子孙行礼毕。监生孔尚任进讲《大学》圣经首节，举人孔尚鉝进讲《易经·系辞》首节。上命大学士王熙宣谕衍圣公孔毓圻等曰："至圣之道，与日月并行，与天地同运。万世帝王，咸所师法。下逮公卿士庶，罔不率由。尔等远承圣泽，世守家传，务期型仁讲义，履中蹈和。存忠恕以立心，敦孝弟以修行。斯须勿去，以奉先训，以称朕怀。尔等其祗遵毋替。"

上又谕，初至阙里，祀典既成，意欲遍览先圣遗迹。

其令衍圣公孔毓圻、山东巡抚张鹏、口北道孔兴洪、讲书官孔尚任、孔尚鉝等前引。

上步至大成殿，肃瞻圣像。顾问衍圣公孔毓圻曰："像始于何年？"孔毓圻奏曰："相传东魏兴和三年，兖州刺史李珽始塑像。"上以次观颜子、曾子、子思、孟子像。又观礼器，有牺象云雷三尊。上问何代法物。孔毓圻奏曰："汉章帝元和二年亲祀阙里，所留祭器。"又观石刻吴道子画鲁司寇像。诣圣迹殿，周览图画及凭几像、行教小影、立像、行像、诸石刻。顾问孔毓圻曰："何像最真？"孔毓圻奏曰："惟行教小影，颜子从行者为最真，乃当年端木赐传写，晋顾凯之重摹者。"上问西偏是何处。孔毓圻奏曰："前为金丝堂，后为启圣公祠。"上敛容，驻望久之。

上复至大成殿前，命大学士等宣谕曰：至圣之德，与天地日月同其高明广大，无可指称。朕向来研求经义，体思至道，欲加赞颂，莫能名言。特书"万世师表"四字，悬额殿中。非云阐扬圣教，亦以垂示将来。

又谕曰：历代帝王致祭阙里，或留金银器皿。朕今亲诣行礼，务极尊崇至圣，异于前代。所有曲柄黄盖留供庙庭，四时飨祀陈之，以示朕尊圣之意。

上出殿，问大成殿榜，孔毓圻奏曰："宋徽宗飞白书。"至杏坛，孔毓圻奏曰："此先圣讲道之所。"上览金臣党怀英篆"杏坛"二字碑、宋臣米芾书桧树赞碑及宋真宗君臣所制孔子与七十二弟子赞。观先师手植桧。孔毓圻奏曰："明弘治十二年，庙毁于火。桧在门殿之间经火，枝叶尽脱，孤干独存。今又二百年矣，不枯不荣，其坚如铁，色亦如之，俗呼为铁树。"前至奎文阁，孔毓圻奏曰："此历代藏书之所，皇上颁赐之书皆藏其上。"上问曰："何处是先师所居之宅？今尚有遗址否？"孔毓圻奏曰："皇上所御讲筵之后，有鲁壁遗址，乃先圣燕居之所。"上复入承圣门，观堂前太初石、唐槐及银杏树。升诗礼堂，孔毓圻奏曰："此当日鲤趋过庭，得闻诗礼之处。"上于堂后观孔宅遗井，命汲水尝之。顾问鲁壁遗址，孔毓圻奏曰："昔秦始皇焚诗书，臣九世祖孔鲋预藏《尚书》《论语》《孝经》诸书于壁中。至汉鲁恭王，欲毁臣祖故宅以广其宫，闻壁中有金石丝竹之声，发之得竹简古书，故后世名其堂曰金丝堂。"上诣孔林，于洙泗桥下马步行，至墓前酹酒，行三叩礼。上阅墓碑，问墓上是何草木。孔毓圻奏曰："孔林草木，皆当年群弟子各自其国徙植，种类繁多，不能悉辨。"上问孔林周围几许。孔毓圻奏曰："共地一十八顷。今二千余年，族人日繁，祔葬无所。"上曰："何不开扩？"孔毓圻奏曰："林外皆版籍民田，欲扩不能。尚望特恩赐给。"上曰："即具疏来。"孔毓圻等叩头谢恩。

赐衍圣公孔毓圻、五经博士孔毓埏、颜懋衡等，及曲阜县知县孔兴认日讲《四书》《易经》《书经解义》各一部；又赐孔毓圻狐腋蟒服一领、黑貂褂一领、表里各五疋，赐孔毓埏、孔兴认等及四氏子孙在仕籍者蟒服有差。其孔氏子孙、进士、举人、贡生各赐袍服，监生、生员各赐白金五两。仍命曲阜县康熙二十四年地丁银尽行蠲免。赐衍圣公孔毓圻御制过阙里诗，御书"节并松筠"四字赐孔毓圻祖母陶氏。是日，上驻跸兖州府西关。

谕大学士明珠曰：周公大圣人制礼作乐，垂示万世。今庙在曲阜，应行致祭，此系重大典礼。其遣恭亲王长宁及礼部尚书介山偕往，以示朕尊崇元圣之意。御制祝文曰：惟公丕承圣绪，懋叙人伦。光烈覲扬，成一家之继述。官礼制作，垂万世之经常；道阐图书，探六爻而易贡；心传精一，兼三代以讦谟。启东鲁之典型，犹存故泽；入尼山之梦寐，未坠斯文。朕稽古省方，瞻言至止。郊原纵目，遥深松桷之思；庙貌崇观，爰切羹墙之慕。特申祇荐，代以亲藩。惟冀神灵、尚克歆飨。

（又见于乾隆《山东通志》、《康熙政要·崇儒学》、《文庙丁祭谱》卷二之二）

7.2.65 《康熙政要·崇儒学》

是年（康熙二十三年），圣祖谕礼部、翰林院曰："自古帝王，致治崇文，典籍具备，犹必博采遗书，用充秘府，盖以广见闻而资掌故，甚盛事也。朕留心艺文，晨夕披览，虽内府书籍，篇目粗陈，而裒集未备。因思通都大邑，应有藏编；野乘名山，岂无善本？今宜广为访辑。凡经史子集，除寻常刻本外，其有藏书秘录，作何给值，采集抄写，尔部院会同详议。务令搜罗罔轶，以副朕稽古右文之至意。"

又谕礼部、翰林院曰："自古经史书籍，所重发明心性，裨益政治。必精览详求，始成内圣外王之学。朕披阅载籍，研究义理，凡厥指归，务期于正。诸子百家，泛滥诡奇，有乖经术。今搜访藏书善本，唯以经学史乘，实有关系修齐治平助成德化者，乃为有用。其他异端诐说，概不收录。"

（又见于《御制文二集》《圣训》）

7.2.66 《康熙政要·论孝治》

康熙二十三年，侍臣请往观舍身崖。圣祖曰："愚民无知，惑于妄诞之说，以舍身为孝，不知身体发肤，受之父母，不敢毁伤，故曾子有临深履薄之惧。且父母之爱子，唯疾之忧，子既舍身，不能奉养父母，是不孝也。此等事处处有之，正宜晓谕严禁，使百姓不为习俗所误，观之何为？"

（又见于《东华录》卷三四）

7.2.67 《康熙政要·论理学》

康熙二十三年，圣祖谕大学士等曰："凡所贵道学者，必在身体力行，见诸实事，非徒托之空言。今汉官内有道学之名者甚多，考其究竟，言行皆背。如崔蔚林之好事，居乡不善，此可云道学乎？精通道学，自古为难，朕闻学士汤斌曾与中州孙钟元相与讲明道学，颇有实行。前典试浙江，操守甚善，可补授江宁巡抚。”

（又见于卷《东华录》三三）

7.2.68 《康熙政要·论经史文学》

康熙二十三年，圣祖谕大学士等曰：“朕前奉太皇太后诣五台山，览观山川形势，一一亲历其境。每台所制碑文，出自一时结构，尔等可详加斟酌。近见汉人中有自负才高，所作文不容人点窜，此习俗之可鄙，文之所以不工也。”大学士明珠奏曰：“圣上圣学天纵，睿藻复绝，出入经史，臣等岂能仰窥万一？而谦抑之怀，尤为古帝王所不及。”圣祖曰：“文贵于简，可施诸日用。如章奏之类，亦须详明简要。明朝典故，朕所悉知，其奏疏多用排偶芜词，甚或一二千言，每积满几案，人主讵能尽览？势必委之中官，中官复委于门客。此辈何知文义？讹舛必多，奸弊丛生，事权旁落。此皆文字冗秽，以至此极也。”

又谕：“尔等所修之书，往日告成呈览。朕万机之余，讲求经史，无多暇晷。而书成盈帙，堆积几案，一时亟于披阅，未得从容研索，体验于身心政事。今闻《明史》将此告成，若将已成者，以次呈览，亦可徐徐翻阅，考镜得失，不致遗漏。”

（又见于《东华录》卷三三）

7.2.69 《清史稿·圣祖纪》

（康熙二十四年）夏四月辛卯，予宋儒周敦颐裔孙五经博士。

7.2.70 《历代尊孔纪》

（康熙）二十四年，御书“万世师表”四字勒石，并颁天下学宫。

7.2.71 《清实录·康熙朝实录》卷一二一

（康熙二十四年八月丁未）遣大学士宋德宜祭先师孔子。

7.2.72 《康熙政要·论经史文学》

康熙二十四年，圣祖谕大学士明珠曰：“朕观今古文章，风气与时递迁。六经而外，秦汉最为古茂，唐宋诸大家已不能及。凡明体达用之资，莫切于经史。朕每披览载籍，非徒寻章摘句，采取枝叶而已。正以探索源流，考镜得失，期于措诸行事，有裨实用。其为治道之助，良非小补也。”

（又见于《东华录》卷三五）

7.2.73　《康熙政要·论经史文学》

是年（康熙二十四年），掌院学士李光地疏乞终养。圣祖予假一年，且悬掌院缺不他授，以速光地还。临行进所著《易学》二卷、《洪范说》一卷、《历理新书》一卷。召见，论易学，光地荐德格勒、徐元梦。论实学，荐卫既齐、汤斌。至李颙为余姚之学，李因笃为淹博之学，耿介之笃行，仇兆鳌之厉志，杨文言之历算，亦皆以其名闻。因奏曰："秦汉以后，礼坏乐崩，六经虽经宋儒阐明，然永乐间所修《大全》，未免芜杂疏漏。宜大征天下之士，搜罗群言，讨论编纂，以至礼乐制度，亦稽古论定。有典有则，贻厥子孙，诚千载一时也。"圣祖然之，但曰："士人纂书，多挟私聚讼，求其虚心公道，实为难耳。"

（又见于《李光地年谱》）

7.2.74　《清实录·康熙朝实录》卷一二四

（康熙二十五年二月）丁亥，遣大学士吴正治祭先师孔子。

7.2.75　《历代尊孔纪》

（康熙）二十五年二月，上祭传心殿，告祭先圣先师。

7.2.76　《清实录·康熙朝实录》卷一二七

（康熙二十五年八月）丁巳，遣大学士宋德宜祭先师孔子。

7.2.77　《文庙丁祭谱》卷二之二

丙寅，（康熙）二十五年，文华殿告成，设孔子神位于传心殿。

7.2.78　《清史稿·圣祖纪》

（康熙二十五年八月）戊辰，诏天下学宫崇祀先儒。

7.2.79　《清史稿·圣祖纪》

（康熙二十五年八月）庚辰，诏增孔林地十一顷有奇，从衍圣公孔毓埏请也，除其赋。

7.2.80　《清实录·康熙朝实录》卷一二九

（康熙二十六年二月）丁巳，遣大学士明珠祭先师孔子。

7.2.81 《清史稿·圣祖纪》

（康熙二十六年五月）壬辰，上制周公、孔子、孟子庙碑文，御书勒石。

（又见于《清实录·康熙朝实录》卷一三〇）

7.2.82 《清实录·康熙朝实录》卷一三〇

（康熙二十六年五月）壬辰，建周公庙碑。上亲制碑文，御书勒石。文曰："世运代嬗，隔越千载，则必有神哲挺生其间，以承大统，以作名世。惟公体上圣之质，绍祖考之德，孝友笃仁，左右宁王，厥勋烂矣。及乎负扆，能以勤劳寅恭，惇大忠信之道，翼赞其君，太和洽而颂声作焉。夫功莫大于致治绥邦，业莫隆于制礼作乐，公身兼数器，开物成务，其庞鸿炳烁之烈，既已载于诗书，志诸史册。至于系爻辞，定官礼，撰《尔雅》，出言为经，又何博奥难穷也。昔孟子论列古帝王，至于公，曰兼三王施四事。而韩愈亦历数尧、舜、禹、汤、文武以至公，盖道统之传如此，岂仅以治理之彰彰者与。遥想风徽，官公遗嗣，俾昭世泽于无穷。既命有司，新公庙貌希慕之余，勒石颂德而系之以诗。诗曰：'邃古民朴，混混茫茫。列圣经纶，肇轩迄商。叙厥伦纪，贲以采章。公监二代，揆时立制。有因有除，礼明乐备。体国经野，成理万汇。集武之勋，绍文以孝。代成诚民，并孔立教。为子为臣，是则是效。宗邦绵历，忠厚所贻。贞珉载镌，作颂致思。凫绎同峙，亿祀为期。'"

建孔子庙碑。上亲制碑文，御书勒石。文曰："朕惟道原于天，弘之者圣。自庖牺氏观图画象，阐乾坤之秘，尧舜理析危微，厥中允执，禹亲受其传，汤与文、武、周公，递承其统，靡不奉若天道，建极绥猷，夐乎尚矣。孔子生周之季，韦布以老，非若伏羲、尧、舜之圣焉而帝，禹、汤、文、武之圣焉而王，周公之圣焉而相也。岿然以师道作则，以及门贤哲，绍明绝业，教思所及，陶成万世。伏羲、尧、舜、禹、汤、文武、周公之统，惟孔子继续而光大之矣。间尝诵习诗书之所删述，大《易》之所演系，《春秋》之所笔削，礼乐之所修明，本末一贯，根柢万有，殆与覆载合其德，日月并其明，四时寒暑协其序焉。故曰：'仲尼之道，一天道也。'朕敬法至圣，景仰宫墙，向往之诚，弗释寤寐。岁甲子十有一月，时迈东鲁，躬诣曲阜，展修祀事，复谒圣墓，循抚松栝，仪型在望，僾乎至德之亲人也。朕忝作君，启牖下民，深惟夫子师道所建，百王治理备焉，舍是而图郅隆，曷所依据哉。因勒文于石，彰朕尊崇圣教，以承天治民之意。系以辞曰：'遐哉三五，维辟之式，于皇尼山，师道允植。天畀木铎，觉彼群生，百行以正，六籍以明。贤迈唐虞，圣则河洛。绥和动来，文博礼约。凤衰虽叹，麟德感祥。学昌洙泗，统归素王。炎汉崇儒，少牢用飨。厥后贤君，高山是仰。予怀至圣，莅彼东方。音徽云邈，道德弥光。郁郁茔林，峨峨祠殿。企慕安穷，羹墙如见。泰岱匪高，东海匪深，敬扬懿轨，终古式钦。'"

建孟子庙碑。上亲制碑文，御书勒石。文曰："自王迹熄于春秋，圣人之道，或几于泯灭，卒之晦而复明。历千百世而不敝者，恃有孔子也。孔子没百有余年，浸假及于战国，杨墨塞路，祸尤烈于曩时。子舆氏起而辟之，于是天下之人始知诵法孔子，率由仁义，斯道之有传，至于今赖之。是以后世学者，如韩愈、苏轼之徒，咸推其功以配大禹，而闽洛之儒，咸遵为正学之宗传。於戏，盛已！夫洪水之祸，止于人身已尔，杨墨之祸，隐然直中于人心。不有孟子，使杨墨滥觞于前，释老推波于后，后之人虽欲从千载之下，探尼山之遗绪，其孰从而求之。因推述厥义，刻文于石，俾揭于邹之庙。其诗曰：'尼圣既往，敻矣音徽。后百余岁，圣绪浸微。尚异实繁，杨墨竞煽，陷溺之祸，酷于昏垫。惟子舆氏，距诐放淫。以承先圣，以正人心。述舜称尧，私淑孔子。正学修明，百世以俟。不有是者，斯道孰传。宇宙晦霿，万物狂偾。我读其书，曰仁曰义，遗泽未湮，闻风可企。岳岳亚圣，岩岩泰山，功迈禹稷，德参孔颜。刻石兹文，于祠之下，诵烈扬休，用告来者。'"

（又见于乾隆《山东通志》卷五一《艺文・御制》、《康熙政要・崇儒学》《文庙丁祭谱》卷二之二）

7.2.83　《清实录・康熙朝实录》卷一三〇

（康熙二十六年五月辛丑）命宋儒张载子孙世袭五经博士。

7.2.84　《清实录・康熙朝实录》卷一三一

康熙二十六年丁卯八月丁未朔，遣大学士余国柱祭先师孔子。

7.2.85　《清实录・康熙朝实录》卷一三三

（康熙二十七年二月）丁未，遣大学士王熙祭先师孔子。

7.2.86　《清实录・康熙朝实录》卷一三六

（康熙二十七年八月）丁未，遣大学士梁清标祭先师孔子。

7.2.87　《文庙丁祭谱》卷二之二

戊辰，（康熙）二十七年冬十二月，遣内阁学士彭孙遹诣阙里祭告孔子。

7.2.88 《清实录·康熙朝实录》卷一三九

(康熙二十八年二月)丁未,遣大学士王熙祭先师孔子。

7.2.89 《清实录·康熙朝实录》卷一四〇

(康熙二十八年四月)乙亥,颁御制孔子赞序,及颜、曾、思、孟四赞,命翰林官缮写,国子监摹勒,分发直隶各省。[①]

序曰:"盖自三才建而天地不居其功,一中传而圣人代宣其蕴。有行道之圣,得位以绥猷。有明道之圣,立言以垂宪。此正学所以常明,人心所以不泯也。粤稽往绪,仰溯前徽。尧、舜、禹、汤、文、武达而在上,兼君师之寄,行道之圣人也。孔子不得位,穷而在下,秉删述之权,明道之圣人也。行道者,勋业炳于一朝;明道者,教思周于万世。尧、舜、文、武之后,不有孔子,则学术纷淆,仁义湮塞,斯道之失传也久矣。后之人而欲探二帝三王之心法,以为治国平天下之准,其奚所取衷焉。然则孔子之为万古一人也审矣。"

朕巡省东国,谒祀阙里,景企滋深,敬摛笔而为之赞曰:"清浊有气,刚柔有质。圣人参之,人极以立。行著习察,舍道莫由,惟皇建极,惟后绥猷。作君作师,垂统万古。曰惟尧舜,禹汤文武。五百余岁,至圣挺生。声金振玉,集厥大成。序书删诗,定礼正乐。既穷象系,亦严笔削。上绍往绪,下示来型。道不终晦,秩然大经。百家纷纭,殊途异趣。日月无逾,羹墙可晤。孔子之道,惟中与庸。此心此理,千圣所同。孔子之德,仁义中正。秉彝之好,根本天性。庶几夙夜,勖哉令图。溯源洙泗,景躅唐虞。载历庭除,式观礼器。摛毫仰赞,心焉遐企。百世而上,以圣为归。百世而下,以圣为师。非师夫子,惟师于道。统天御世,惟道为宝。泰山岩岩,东海泱泱。墙高万仞,夫子之堂。孰窥其藩,孰窥其径。道不远人,克念作圣。"

颜子赞曰:"圣道早闻,天资独粹。约礼博文,不迁不贰。一善服膺,万德来萃。能化而齐,其乐一致。礼乐四代,治法兼备。用行舍藏,王佐之器。"

曾子赞曰:"洙泗之传,鲁以得之。一贯曰唯,圣学在兹。明德新民,止善为期。格致诚正,均平以推。至德要道,百行所基。纂承统绪,修明训辞。"

子思子赞曰:"于穆天命,道之大原。静养动察,庸德庸言。以育万物,以赞乾坤。九经三重,大法是存。笃恭慎独,成德之门。卷之藏密,扩之无垠。"

孟子赞曰:"哲人既萎,杨墨昌炽。子舆辟之,曰仁曰义。性善独阐,知言养

---

① 《清史稿·礼志·吉礼》载:"(康熙)二十六年,御制孔子赞序、颜曾思孟四赞镵之石。揭其文颁直省。"

气。道称尧舜，学屏功利。煌煌七篇，并垂六艺。孔学攸传，禹功作配。”

（又见于《文庙丁祭谱》卷二之二）

7.2.90　《清实录·康熙朝实录》卷一四一

（康熙二十八年八月）丁丑，遣大学士徐元文祭先师孔子。

7.2.91　《康熙政要·论孝治》

康熙二十八年，礼部右侍郎张英等以编纂《孝经衍义》告成，进呈御览。圣祖曰：“《孝经》一书，皇考世祖章皇帝以孝为万事之纲，五常百行，皆本诸此，命儒臣博采群书，加以论断，名曰《孝经衍义》。朕继述先志，特命纂修。今书已告成，著刊刻颁发，以副皇考孝治天下至意。”御制《孝经衍义序》曰：“朕缅唯自昔圣王以孝治天下之义，而知其推之有本，操之有要也。夫孝者，百行之原，万善之极。《书》言：‘奉先思孝。’《诗》言：‘孝思则。’明乎为天之经、地之义，人情所同然，振古而不易，故以之为己，则顺而详；以之教人，则乐而易从；以之化民成俗，则德施溥而不匮。帝王奉此以宰世御物，躬行为天下先。其事始于寝门视膳之节，而推之于配帝飨亲，觐光扬烈，诚万民而光四海，皆斯义也。孔子教孝之言，散见于册籍，而统会于《孝经》。曾子以纯孝亲承斯训，其辞约，其指远，条贯始终，综括群论，言孝之义，于斯为备。自颜芝藏本于汉初，考注笺释，代有其人。如孔安国、郑康成、皇侃、邢昺辈，无虑百余家，大约皆训诂章句，辨论古今文同异，而求其推广义蕴，达之于万事万物，而皆莫出其范围者，则尚未之备也。世祖章皇帝宏敷孝治，懋昭人纪，特命纂修《孝经衍义》，未及成书。朕缵承先志，诏儒臣搜讨编辑，仿宋儒真德秀《大学衍义》体例，征引经史诸书，以旁通其说。窃以仲尼称‘至德要道以顺天下’，又曰‘教之所由生’，而后详列天子、诸侯、卿大夫、士、庶人之五孝，此则一经之大旨，亦犹《大学》之言明德亲民、格物诚正、修齐治平也。是故衍至德之义，则仁义礼智信之说备矣。衍教所由生之义，则礼乐刑政之属备矣。衍五孝而皆以爱敬为本，明贵贱之所同也。由天子之敬亲推之，则郊邱、宗庙典礼之义备矣。由天子之爱亲推之，则仁民育物、抚绥爱养之义备矣。无非敬也，无非爱也，即无非孝也。递而至于诸侯之不骄不溢，卿大夫之法服、法言、法行，士庶人之忠顺事上，谨身节用，何一非敬爱之义？推而极之，通于神明，贯乎天地，夫宁有涯际乎哉？书成，凡一百卷，镂版颁行，并制序言，冠于简端，庶几嘉与海内，共遵斯路。家修子弟之职，人奉亲长之训，协气旁流，休风四达，以成一代敦厚鸿庞之治，斯则朕继述先业，尊经崇本之志也夫。”

（又见于《圣训》《御制文二集》）

7.2.92 《清实录·康熙朝实录》卷一四三

（康熙二十九年二月）丁丑，遣大学士阿兰泰祭先师孔子。

7.2.93 《清实录·康熙朝实录》卷一四八

（康熙二十九年八月）丁丑，遣大学士张玉书祭先师孔子。

7.2.94 《文庙丁祭谱》卷二之二

庚午，（康熙）二十九年，立文庙下马碑，诏修阙里孔子庙、博士孔毓埏请建子思子专祠，许之。

7.2.95 《清实录·康熙朝实录》卷一五〇

（康熙三十年）二月丁巳朔，日食，遣大学士王熙祭先师孔子。

7.2.96 《清实录·康熙朝实录》卷一五二

（康熙三十年八月）丁亥，遣大学士阿兰泰祭先师孔子。

7.2.97 《清实录·康熙朝实录》卷一五四

（康熙三十一年二月）丁亥，遣大学士张玉书祭先师孔子。

7.2.98 《清实录·康熙朝实录》卷一五六

（康熙三十一年八月）丁亥，遣大学士伊桑阿祭先师孔子。

7.2.99 《清实录·康熙朝实录》卷一五八

（康熙三十二年二月）丁丑，遣大学士李天馥祭先师孔子。

7.2.100 《清实录·康熙朝实录》卷一六〇

（康熙三十二年八月）丁丑，遣大学士阿兰泰祭先师孔子。

7.2.101 《清实录·康熙朝实录》卷一六〇

（康熙三十二年十月）丙子，上以阙里圣庙落成，命皇三子允祉、皇四子胤禛前往致祭。御制重修阙里孔子庙碑曰："朕惟大道昭垂，尧舜启中天之圣，禹汤文武，绍危微精一之传，治功以成，道法斯著。至孔子虽不得位，而赞修删定，阐精义于六经，祖述宪章，会众理于一贯，为往圣继绝学，为万世正人心。使尧舜禹汤文武之道，灿然丕著于宇宙，与天地无终极焉。诚哉先贤所称。自生民以来，未有盛于孔子者也。往岁甲子，朕巡省东方，躬诣阙里，登圣人之堂，祇将祀事。睹其车服礼器，金石弦歌，盖徘徊久之，不能去焉。顾圣庙多历年所，丹雘改色，榱桷渐圮，用是恕然于心。特发内帑，专官往董其役，鸠工庀材，重加葺治。经始于辛未之夏，事竣于壬申之秋，庙貌一新，观瞻以肃。盖深惟孔子之道，垂范古今。朕愿学之志，时切于怀。每考天人性道之原，修齐治平之要，思以远绍前绪，牖迪生民。凡所以尊崇褒显者，靡不隆礼竭诚，以将景行仰止至意。而况庙庭之地，尤为圣人神明所凭依者哉。今者登堂而陈俎豆，入室而习礼仪，营构既坚，采章弥焕，庶几于朕心，深有慰焉。用是特遣皇子允祉，敬展礼祀，以告落成。凡我臣民瞻仰宫墙，倍增严翼。尚益思敦崇德义，砥砺伦常，以不负朕尊师重道之意，岂不休欤。”

因勒贞石，系以辞曰：“麟书启瑞，素王挺生。上律下袭，玉振金声。范围百代，陶甄万类。道备中和，德参天地。立型垂训，师道昭宣。象悬七曜，海纳百川。爰巡东鲁，临河登岱。峨峨尼山，羹墙斯在。虔恭展谒，至德是钦。宗风溥博，教泽闳深。洙泗之阳，殿寝翼翼。上栋下宇，神灵安宅。冬官特饬，缔造维新。宏规大启，肃奉明禋。圣人之居，永以观德。千载传心，四方式则。”

（又见于乾隆《山东通志》卷五一《艺文·御制》、《文庙丁祭谱·卷二之二》）

7.2.102 《文庙丁祭谱》卷二之二

癸酉，（康熙）三十二年秋八月，阙里孔子庙成。冬十月，遣皇三子诣阙里祭告孔子。

文曰：朕惟道统与治统相维，作君与作师并重。先师孔子，德由天纵，学集大成。综千圣之心传，为万世之师表。故庙久远垂于无穷。朕御宇以来，立纲陈纪，彰教敷治，咸奉至圣为法程，凡典礼追崇竭诚致敬。自京师下逮郡邑辟雍、泮水，建庙释奠，罔不修举。况兹阙里乃圣人钟毓之乡，车服礼器于斯藏守曩者，东巡展拜之余，仰观庙貌，因多历年，所渐有颓，敝深廑于衷用是。命官董理重加修葺栋宇，维新以妥圣灵。兹当告成，特遣皇子允祉致祭佾豆，肃陈恍乎，接至圣之音容，以将朕俨恪钦崇之至意。陟降在兹，尚祈歆享！

7.2.103 《清实录·康熙朝实录》卷一六二

（康熙三十三年二月）丁丑，遣大学士李天馥祭先师孔子。

7.2.104 《清实录·康熙朝实录》卷一六四

（康熙三十三年八月）丁酉，遣大学士阿兰泰祭先师孔子。

7.2.105 《清实录·康熙朝实录》卷一六六

(康熙三十四年二月)丁酉,遣大学士伊桑阿祭先师孔子。

7.2.106 《清实录·康熙朝实录》卷一六八

(康熙三十四年八月)丁酉,遣大学士张玉书祭先师孔子。

7.2.107 《文庙丁祭谱》卷二之二

乙亥,(康熙)三十四年冬十二月,遣通政史吴涵诣阙里祭告孔子。

文曰:仰惟先师,道隆参赞,德冠古今,集圣哲之大成,树人伦之极则。朕钦崇至教,勤恤民依,永期殷阜。迩年以来,郡县水旱间告谷歉,登早夜孜孜,深切轸念。用是专官秩祀为民祈福,冀灵爽之默赞,溥药利于群生。尚鉴精忱,俯垂歆格!

(又见于《山东通志》(清乾隆刻本)卷五一《艺文·御制》)

7.2.108 《清实录·康熙朝实录》卷一七〇

康熙三十五年丙子二月丁亥,朔遣大学士李天馥祭先师孔子。

7.2.109 《清实录·康熙朝实录》卷一七五

(康熙三十五年八月)丁亥,遣大学士李天馥祭先师孔子。

7.2.110 《清实录·康熙朝实录》卷一八〇

(康熙三十六年二月)丁亥,遣大学士李天馥祭先师孔子。

7.2.111 《文庙丁祭谱》卷二之二

丁丑(康熙三十六年)秋七月(丙申),(以朔漠平定)遣翰林侍讲学士史夔诣阙里祭告孔子。

文曰:朕服膺圣训,殚究遗文,凡兹六籍所垂,惟以安民为要。临御以来,孜孜图治,绥又烝生,远近中外视同一体,乃有厄鲁特噶尔丹荒陬狡寇肆虐,跳梁扰毒边方,稔恶已极。朕亲统六师,三临绝塞,宏张达伐,克奏肤功。逆孽就俘,凶渠殄灭。遐荒番部,罔不归诚,自兹永靖边尘咸安生业,惟是至圣先师默相启佑。特遣专官敬申禋祀,祇告成功。伏惟昭鉴。

(又见于《清实录·康熙朝实录》卷一八四)

7.2.112 《清实录·康熙朝实录》卷一八五

(康熙三十六年八月)丁巳,遣大学士李天馥祭先师孔子。

7.2.113 《清实录·康熙朝实录》卷一八六

(康熙三十七年二月)丁未,遣大学士阿兰泰祭先师孔子。

7.2.114 《清实录·康熙朝实录》卷一八九

(康熙三十七年八月)丁未,遣大学士吴琠祭先师孔子。

7.2.115 《清实录·康熙朝实录》卷一九〇

(康熙三十七年十月乙巳,上亲征朔漠、荡平厄鲁特噶尔丹后,御制碑文)先是,上亲征朔漠,荡平厄鲁特噶尔丹。诸王大臣等请立碑太学,以垂万世。至是,御制碑文曰:惟天尽所覆,海内外日月所出入之区,悉以畀予一人,自践阼迄今早夜殚思,休养生息,冀臻熙皞,以克副维皇大德好生之意。庶几疆域无事,得以偃兵息民。迺厄鲁特噶尔丹,阻险北陲,困此一方人。既荼毒塞外辄狡焉,肆其凶逆,犯我边鄙,虐我臣服,人用弗宁。夫荡寇所以息民,攘外所以安内,边寇不除则吾民不安。此神人所共愤。天讨所必加,岂惮一人之劳,弗贻天下之逸。于是断自朕心,躬临朔漠。欲使悔而革心,故每许以不杀。彼怙终不悛。我师三出绝塞,朕皆亲御以行。深入不毛,屡涉寒暑,劳苦艰难,与偏裨士卒共之。迨彼狂授首,胁从归诚,荒裔之长,来享阙下。西北万里,灌燧销锋,中外乂谧。惟朕不得已用兵以安民,既告厥成事。乃蠲释眚灾,洁事禋望,为亿兆期升平之福,而廷臣请纪功太学,垂示来兹。朕劳心于邦本,尝欲以文德化成天下。顾兹武略,廷臣佥谓所以建威消萌,宜昭斯绩于有永也。朕不获辞,考之《礼王制》有曰:“天子将出征,受成于学,出征执有罪,反释奠于学,以讯馘告。”而泮宫之诗亦曰:“矫矫虎臣,在泮献馘。”又礼,王师大献,则奏凯乐,大司乐掌其事,则是古者文事武事为一。折冲之用,具在樽俎之间。故受成献馘,一归于学,此文武之盛制也。朕向意于三代,故斯举也,出则告于神祇,归而遣祀阙里。兹允廷臣之请,犹礼先师以告克之遗意,而于六经之指为相符合也。爰取思乐,泮水之义,为诗以铭之,以见取乱侮亡之师,在朕有不得已而用之之实,或者不戾于古帝王伐罪安民之意云尔。

铭曰:巍巍先圣,万世之师。敬信爱人,治平所基。煌煌圣言,文武道一。礼乐征伐,自天子出。朕临域中,逾兹三纪。尝见羹墙,寤寐永矢。下念民瘼,上承帝谓。四海无外,尽隶侯尉。维彼凶丑,渎乱典常。既梗声教,遂窥我疆。

譬之于农，患在螟螣。秉畀不施，将害稼穑。度彼游魂，险远是怙。震以德威，可往而取。朕志先定，龟筮其依。属车万乘，建以龙旂。祝融骖鸾，风伯戒途。宜旸而旸，利我樵苏。大野水涸，川渎效灵。泉忽自涌，其甘如醽，设为犄角，一出其西，一出其东，中自将之。绝域无人，兽群受掩。五日穷迫，彼狂走险。大歼于路，波血其拏，剪其党孽，俘彼卒徒。众乌昼号，单马宵遁。恐久驻师，重为民困。慎固戍守，还辕于京。自夏徂冬，雨雪其零。载驰载驱，我行再至。蠢兹穷寇，昏惑不悔。我边我氓，以休以助。爰宁其居，爰复其赋。藩落老稚，斯恬斯嬉。岁晏来归，春与之期。春风飘翩，扬我旌旓。我今于迈，如涉我郊。言秣我马，狼居胥山。登高以眺，闵彼弹丸。天降凶罚，孤雏就羁。三驾三捷，封狼舆尸，既腊枭獍，既狝豺貙。大漠西北，解甲弃殳。振旅凯入，泽沛郊卜，明禋肆赦，用迓景福。昔我往矣，在泮饮酒。陈师鞠旅，詟屈群丑。今我来思，在泮献功。有赫颂声，文轨来同。采芹采藻，颂兴东鲁。车攻马同，亦镌石鼓。师在安民，非出得已。古人有作，昭示此旨。缅惟虞廷，诞敷文德。圣如先师，战慎必克。惟兵宜戢，惟德乃绥。亿万斯年，视此铭词。

（又见于《文庙丁祭谱》卷二之二）

7.2.116 《清实录·康熙朝实录》卷一九二

（康熙三十八年二月）丁未，遣大学士李天馥祭先师孔子。

7.2.117 《清实录·康熙朝实录》卷一九四

（康熙三十八年八月）丁卯，遣大学士吴琠祭先师孔子。

7.2.118 《清实录·康熙朝实录》卷一九七

（康熙三十九年二月）丁卯，遣大学士熊赐履祭先师孔子。

7.2.119 《清实录·康熙朝实录》卷二〇〇

（康熙三十九年八月）丁卯，遣大学士张英祭先师孔子。

7.2.120 《文庙丁祭谱》卷二之二

庚辰（康熙）三十九年，以闵子后衍籀、端木子后谦为世袭五经博士。

7.2.121 《清实录·康熙朝实录》卷二〇三

（康熙四十年二月）丁卯，遣大学士熊赐履祭先师孔子。

7.2.122 《清史稿·圣祖纪》

(康熙四十年)六月庚辰,授宋儒邵雍后裔五经博士。

7.2.123 《文庙丁祭谱》卷二之二

辛巳(康熙)四十年,赐衍圣公幸鲁盛典序。

御制序文曰:朕惟自古帝王声教翔洽,风俗茂美,莫不由于崇儒重道,典学右文,用能发诗书之润泽,宣道德之阃奥,推厥渊源,皆本洙泗。以故追崇之典历代相仍,或躬诣阙里修谒奠之仪,洁志肃容,备物其间,礼数随世损益。至于希风服教百代,式型异同,揆莫之或二,猗欤盛矣!朕临御以来,垂三十载。溯危微之统绪,念生安之圣哲,恒虑凉薄,未克只承用是,夙夜禀心,孜孜不倦,惟我至圣先师孔子配天地,参阴阳,模范百王,师表万禩。朕每研搜至道,涵泳六经,觉宪章、祖述、删定、赞修之功,日星揭而江河流。私心向往,窃有愿学之志焉。乃者东巡,逾泰岳,涉泗沂,遂过阙里,亲行释奠,得瞻庙貌,仰圣容,以为德盛功隆,钦崇宜极,凡厥典礼有加。前代又亲制文辞,手写以树之贞石,务用导扬。至教风方来,兹夫缅怀曩哲,继躅前贤,犹思睹其物,采接其居处。况先师遗风余烈,久而弥新。重以朕之寤寐羹墙,俨乎如见。及过杏坛相圃之间,山川俨然桧楷如故,仿佛金石弦诵之声闻于千载,而上流连往复不能自已也。衍圣公孔毓圻上疏陈谢。且以礼仪隆重,非直一家荣遇,请修幸鲁圣典一书。朕既可其奏。久之书成,复请叙言,以冠其端。朕万岁余暑,敦勉弗遑,欲默契先师尊闻,行知于阜物,诚民风同道一庶几,跻世运于唐虞,登治术于三古。是书也,岂徒使天下后世知朕于先师钦慕无已?如此,且愈以见圣人之道覆帱群伦,苞毓万象。即凡车服礼器之遗,皆是令人感发而兴起也。故赐之序。

7.2.124 《清实录·康熙朝实录》卷二〇七

(康熙四十一年二月)丁巳,遣大学士张玉书祭先师孔子。

7.2.125 《清实录·康熙朝实录》卷二〇九

(康熙四十一年八月丁亥)遣大学士吴琠。祭先师孔子。

7.2.126 《康熙政要·崇儒学》

康熙四十一年,礼部议覆五经博士程衍祀请给程子祭田。应不允。圣祖谕曰:“程子,宋之大儒,祀典不可有缺。但给与祭田,或为其子孙之不肖者变鬻,则祀典仍缺。其令该巡抚藩司善为酌处,务令程氏子孙世世奉祀,永远无缺。”

7.2.127 《清实录·康熙朝实录》卷二一一

(康熙四十二年二月丁丑)遣大学士熊赐履祭先师孔子。

7.2.128 《文庙丁祭谱》卷二之二

癸未(康熙)四十二年春三月,遣詹事徐秉义诣阙里祭告孔子。恭遇圣祖仁皇帝五旬万寿。

7.2.129 《清实录·康熙朝实录》卷二一三

(康熙四十二年八月)丁丑,遣大学士陈廷敬祭先师孔子。

7.2.130 《清实录·康熙朝实录》卷二一五

(康熙四十三年二月)丁丑,遣大学士张玉书祭先师孔子。

7.2.131 《清实录·康熙朝实录》卷二一七

(康熙四十三年八月)丁丑,遣大学士陈廷敬祭先师孔子。

7.2.132 《清实录·康熙朝实录》卷二一九

(康熙四十四年二月)丁卯,遣大学士张玉书祭先师孔子。

7.2.133 《历代尊孔纪》

(康熙)四十四年二月,御书匾额,悬挂于青浦孔宅。

论提督江南学政张廷枢。朕比临幸松江,道经青浦。据该邑贡监生员孙铉等奏称,青浦之北,地临孔宅。自汉时至圣苗裔避地至此,奉至圣衣冠,环壁葬焉。恳请颁赐匾额。朕念孔子乃万世之师,既有遗迹,亟宜表彰。因于万几之暇,亲书圣迹,遣徽匾额,以示尊崇先师之意。可选良工,摹刻悬挂。

7.2.134 《清实录·康熙朝实录》卷二二二

(康熙四十四年八月丁酉)遣大学士席哈纳祭先师孔子。

7.2.135 《清实录·康熙朝实录》卷二二四

(康熙四十五年二月)丁酉,遣大学士席哈纳祭先师孔子。

7.2.136　《清实录·康熙朝实录》卷二二六

（康熙四十五年八月）丁亥，遣大学士陈廷敬祭先师孔子。

7.2.137　《清实录·康熙朝实录》卷二二八

（康熙四十六年二月）丁亥，遣大学士席哈纳祭先师孔子。

7.2.138　《清实录·康熙朝实录》卷二三〇

（康熙四十六年八月）丁未，遣大学士李光地祭先师孔子。

7.2.139　《清实录·康熙朝实录》卷二三二

（康熙四十七年二月）丁亥，遣大学士温达祭先师孔子。

7.2.140　《清实录·康熙朝实录》卷二三三

（康熙四十七年八月）丁未，遣大学士陈廷敬祭先师孔子。

7.2.141　《清实录·康熙朝实录》卷二三六

（康熙四十八年二月）丁未，遣大学士张玉书祭先师孔子。

7.2.142　《文庙丁祭谱》卷二之二

己丑（康熙）四十八年夏五月，遣翰林侍讲学士梅之珩诣阙里祭告孔子。

文曰：惟先师孔子，圣由天纵，德集大成，阐明六经，师表万世，永立人伦之极，式端道统之原。朕仰荷天庥，俯临海宇，建立元良，历三十余载。不意忽见暴戾狂易之疾深，惟祖宗洪业及万邦民生所系至重，不得已而有退废之举。嗣后渐次体验，当有此大事。时性生奸恶之徒各庇邪党，借端构衅。朕觉其日后必成乱阶，随不时究察，穷其始末。因而，确知病原皆由镇压，亟为除治。幸赖上天鉴佑，平复如初。朕皆因此事耗损心神，致成剧疾。皇太子晨夕左右忧形于色，药饵必亲，寝膳必视，惟诚惟谨，历久不渝，令德益昭丕基。克荷用是，复正储位，永固国本。特遣专官敬申殷荐，尚祈歆格。

7.2.143　《清实录·康熙朝实录》卷二三八

（康熙四十八年八月）丁卯，遣大学士陈廷敬祭先师孔子。

7.2.144 《清实录·康熙朝实录》卷二四一

（康熙四十九年二月）丁酉，遣大学士温达祭先师孔子。

7.2.145 《清实录·康熙朝实录》卷二四三

（康熙四十九年八月）丁卯，遣大学士陈廷敬祭先师孔子。

7.2.146 《历代尊孔纪》

（康熙）四十九年九月，令祭先师孔子。时武臣与文武一体同礼。

先是祭先师孔子。文臣自驿丞以上，皆得陪祭；武臣陪祭须至副将以上。太原总兵马见伯奏请一体，与祭故有是命。

（又见于《文庙丁祭谱》卷二之二）

7.2.147 《清实录·康熙朝实录》卷二四五

（康熙五十年二月）丁卯，遣大学士萧永藻祭先师孔子。

7.2.148 《清实录·康熙朝实录》卷二四七

（康熙五十年八月）丁卯，遣大学士萧永藻祭先师孔子。

7.2.149 《文庙丁祭谱》卷二之二

辛卯（康熙）五十年，定文庙乐章。

先是，六年，诏名乐曲。曰："平国学释奠，迎神奏《咸平》。"辞曰："大哉至圣，峻德弘功。敷文衍化，百王是崇。典则有常，昭兹辟雍。有虔簠簋，有严鼓钟。"

初献、奠帛奏《宁平》，辞曰："觉我生民，陶铸前圣。巍巍泰山，实予景行。礼备乐和，豆笾惟静。既述六经，爰斟三正。"

亚献奏《安平》，辞曰："至哉圣师，天授明德。木铎万世，式是群辟。清酒惟醑，言观秉翟。太和常流，英材斯植。"

终献奏《景平》，辞曰："猗欤素王，示予物轨。瞻之在前，神其宁止。酌彼金罍，惟清且旨。登献既终，弗遐有喜。"

彻馔奏《咸平》，辞曰："璧水渊渊，崇牙业业。既歆宣圣，亦仪十哲。声金振玉，告兹将彻。馘假有成，羹墙靡愒。"

送神、望瘗并奏《咸平》，辞曰："煌煌学宫，四方来宗。甄陶胄子，暨予微躬。思皇多士，肤奏厥功。佐予永清，三王是隆。"

7.2.150　《清实录·康熙朝实录》卷二四九

（康熙五十一年二月）丁巳，遣大学士萧永藻祭先师孔子。

谕大学士等：朕自冲龄笃好读书，诸书无不览诵。每见历代文士著述，即一句一字于理义稍有未安者，辄为后人指摘。惟宋儒朱子，注释群经，阐发道理。凡所著作，及编纂之书，皆明白精确，归于大中至正。经今五百余年，学者无敢疵议。朕以为孔孟之后，有裨斯文者朱子之功，最为弘巨。应作何崇礼表彰，尔等会同九卿詹事科道详议具奏。寻大学士，会同礼部等衙门，议覆宋儒朱子，配享孔庙。本在东庑先贤之列，今应遵旨升于大成殿十哲之次，以昭表彰至意。从之。

（又见于《清史稿·圣祖纪》《康熙政要·崇儒学》《清史稿·礼志·吉礼》《文庙丁祭谱》卷二之二）

7.2.151　《清实录·康熙朝实录》卷二五〇

（康熙五十一年八月）丁巳，遣大学士王掞祭先师孔子。

7.2.152　《清实录·康熙朝实录》卷二五三

（康熙五十二年二月丁巳）遣大学士王掞祭先师孔子。

7.2.153　《文庙丁祭谱》卷二之二

癸巳（康熙）五十二年春三月，遣户部侍郎廖腾煃诣阙里祭告孔子。恭遇圣祖仁皇帝六旬万寿。

7.2.154　《清实录·康熙朝实录》卷二五六

（康熙五十二年八月）丁丑，遣大学士萧永藻祭先师孔子。

7.2.155　《清实录·康熙朝实录》卷二五八

（康熙五十三年二月）丁丑，遣大学士王掞祭先师孔子。

7.2.156　《康熙政要·崇儒学》

（康熙五十三年）圣祖命诸臣纂辑《朱子全书》成。御制《序》曰："唐虞夏商周，圣贤迭作，未尝不以文字为重。文字之重，莫过五经四书。每览古今凡传于世者，代不乏人。秦汉以下，文章议论，无非因时制宜，讽谏陈事，绳愆纠谬，补偏救弊之计耳。若夫文辞之雄，摛藻之丽，古人已有定论，予何敢言？但不偏于刑名，则偏于好尚；不偏于杨墨，则偏于释道；不偏于词章，则偏于怪诞，皆不近于王道之纯。予少时颇好读书，只以广博华赡为事，刚勇武备为用。自康熙三十五年，天山告警，朕亲擐甲胄，统数万子弟，深入不毛。沙碛乏水，瀚海指挥如意，破敌无存，未十旬而凯旋，可谓胜矣。后有所悟，而自问兵可穷乎？武可黩乎？秦皇汉武，英君也，因必欲胜而无令闻，或至不保者，岂非好大喜功，与乱同道之故耶？所以效旰孜孜，思远者何以柔，近者何以怀。非先王之法不可用，非先王之道不可为。反之身心，求之经史，手不释卷，数十年来，方得宋儒之实据。虽汉之董子、唐之韩子，亦得天人之理，未及孔孟之渊源。至邵子而玩索河洛之理，性命之微，衍先天、后天之数，定先甲、后甲之考，虽书不尽传，理亦显然矣。周子阐无极而太极，复著《通书》，其所授受，有自来矣。如星辰系乎天，而各有其位，不能掩也。光风霁月之量，又不知其何似。二程之充养有道，经天纬地之德，聚百顺以事君亲，前儒已诵之矣。至于朱夫子，集大成而继千百年绝传之学，开愚蒙而立亿万世一定之规。穷理以致其知，反躬以践其实。释《大学》则有次第，由致知而平天下，自明德而止于至善，无不开发后人而教来者也。五章补之于断简残篇之中，而一旦豁然贯通之为要，虽圣人复起，必不能逾此。问《中庸》名篇之义，则不偏不倚，无过不及之名，无发已发之中，本之于时中不中，皆先贤所不能及也。若《(论)语》《孟(子)》则逐篇讨论，皆内圣外王之心传，于世道人心之所关。匪细如五经，则因经取义，理正言顺，和平宽宏，非后世浅见而轻义者同日而语也。至于忠君爱国之诚，动静语默之敬，文章言谈之中，全是天地之正气，宇宙之大道。朕读其书，察其理，非此不能知天人相与之奥，非此不能治万邦于衽席，非此不能仁心仁政施于天下，非此不能内外为一家。读书五十载，只认得朱子一生居心行事。故不揣粗鄙无文，而集各书中凡属朱子之一句一字，命大学士熊赐履、李光地素日留心于理学者，汇而成书，名之曰《朱子全书》，以备乙夜勤学。虽未能几于寡过，亦自勉君亲之责矣。朕又思朱子之道，五百年未有辩论是非，凡有血气，皆受其益。朕一生所学者为治天下，非书生坐视立论之易。朕集朱子之书，恐后世谓借朱子之书自为名者，所以朕敬述而不作，未敢自有议论。往往见元明至于我朝，著作讲解，万不及朱子。而各出己见，每有驳杂，反为有玷宋儒之本意。况天下至大，兆民至众，舆图甚远，开地太广，诸国外蕃，风俗不同，好尚各异，防此失彼之患，不可不思。若以智谋要结人心，如挟泰山而超北海也。以中正仁义，老成宽信，似乎近之。凡读是书者，谅吾志不在虚辞，而在至理；不在责人，而在责己。求之天道而尽人事，存，吾之顺；殁，吾之宁。未知何如也。”

（又见于《御制文四集》）

7.2.157　《清实录·康熙朝实录》卷二六〇

（康熙五十三年八月）丁丑，遣大学士萧永藻祭先师孔子。

7.2.158　《清实录·康熙朝实录》卷二六二

（康熙五十四年二月）丁丑，遣大学士嵩祝祭先师孔子。

7.2.159　《清实录·康熙朝实录》卷二六五

（康熙五十四年八月）丁卯，遣大学士王掞祭先师孔子。

7.2.160　《文庙丁祭谱》卷二之二

乙未（康熙）五十四年，诏以宋儒范仲淹从祀文庙。

7.2.161　《康熙政要·论理学》

康熙五十四年，圣祖谕曰："今科道官员虽有条陈，多出私意。简任言职，不可任结纳声气之人。若使互相标榜，援引附和，其势渐成朋党矣。又如理学之书，为立身根本，不可不学，不可不行。朕尝潜心玩味，若以理学自任，必致执滞己见，所累者多。宋明季世人好讲理学，有流入于刑名者，有流入于佛老者。昔熊赐履自谓得道统之传，其殁未久，即有人从而议其后矣。今又有自谓得道统之传者，彼此纷争，与市井之人何异？凡人读书，宜身体力行，空言无益也。"

（又见于《东华录》卷九六）

7.2.162　《清实录·康熙朝实录》卷二六七

（康熙五十五年二月）丁卯，遣大学士萧永藻祭先师孔子。

7.2.163　《清实录·康熙朝实录》卷二六九

（康熙五十五年八月）丁酉，遣大学士萧永藻祭先师孔子。

7.2.164　《清实录·康熙朝实录》卷二七一

（康熙五十六年二月）丁亥，遣大学士王掞祭先师孔子。

7.2.165　《康熙政要·论理学》

（康熙五十六年二月）圣祖《性理大全序》曰："朕唯古昔帝王，所以继天立极，而君师万民者，不徒在乎治法之明备，而在乎心法道法之精微也。执中之训，肇自唐虞，帝王之学，莫不由之。言心则曰：'人心唯危，道心唯微。'言性则曰：'若有恒性，克绥厥猷唯后。'盖天性同然之理，人心固有之良，万善所从出焉。本之以建皇极，则为天德王道之纯，以牖下民，则为一道同风之治。欲修身而登上理，舍斯道何由哉？朕荷太祖、太宗积累之休，缵承世祖章皇帝鸿业，夙夜祗惧，嘉与海内，期登隆平。每思二帝三王之治本于道，二帝三王之道本于心。辨析心性之理，而羽翼六经，发挥圣道者，莫详于有宋诸儒。迨明永乐间，命儒臣纂集《性理大全》一书。朕尝加翻阅，见其穷天地阴阳之蕴，明性命仁义之旨，揭主敬存诚之要。微而律数之精意，显而道统之源流，以致君德圣学，政教纪纲，靡不大小兼核，而表里咸贯，洵道学之渊薮，致治之准绳也。岁月既久，版籍残缺，特命礼臣重加补订，以备观览，爰制序于卷端。朕方精思格言，探讨绪论，以遐稽乎古帝王心法道法之微，亦欲天下臣民究心兹编，思降衷之理，安物则之恒，庶几咸尽其性，以复臻乎唐虞三代熙皞之治云尔。"

（又见于《御制文集》）

7.2.166 《康熙政要·论理学》[①]

圣祖《理学论》曰："夫理，语大乾坤莫能载，语小乾坤莫能破。散之万物，归于一中，无过不及。日用平常见于事物者，谓之理。天命而有性，率性而有道，此性命之自然也。圣人修之明之，推之教之，不齐者齐之，太过者抑之，皆循乎天道而尽己之性。非格物致知穷其理之至当者，即理在前而不识也。自宋儒起而有理学之名，至于朱子能扩而充之，方为理明道备。后人虽杂出议论，总不能破万古之正理。所以学者当于致知格物中循序渐进，不可躐等。有一事必有一事之理，有一物必有一物之理。从此推去，自有所得。求之而失于过，不得其理也；求之而失于不及，亦不得其理也。唯一中即是无私，无私而后得其理之正也乎。"

（又见于《御制文四集》）

7.2.167 《清实录·康熙朝实录》卷二七三

（康熙五十六年八月）丁亥，遣大学士嵩祝祭先师孔子。

① 《康熙政要》此段并未标明年代，据上一段为康熙五十六年，此段编排亦按康熙五十六年。

7.2.168　《清实录·康熙朝实录》卷二七七

（康熙五十七年二月）丁亥，遣大学士王掞祭先师孔子。

7.2.169　《文庙丁祭谱》卷二之二

戊戌，（康熙）五十七年，遣内阁学士张廷玉诣阙里祭告孔子。

文曰："仰惟先师，德冠古今，道隆参赞。作人伦之仪表，集群圣之大成。永仰高山，钦崇至教。朕仰绍祖宗，缵承大统，殚精思于六籍，期雅化于万方，矩矱前型，朝乾夕惕。兹者皇妣孝惠，仁宪端懿，纯德顺天翼。圣章皇后神主升祔太庙礼成，遥深松桷之思，爰切羹墙之慕，特将牲币用遣专官降鉴在兹，尚其歆格！"

7.2.170　《清实录·康熙朝实录》卷二八三

（康熙五十八年二月）丁未，遣大学士王顼龄祭先师孔子。

7.2.171　《清实录·康熙朝实录》卷二八五

（康熙五十八年八月）丁未，遣大学士萧永藻祭先师孔子。

7.2.172　《文庙丁祭谱》卷二之二

己亥（康熙）五十八年，颁中和韶乐器一副于阙里。

7.2.173　《清实录·康熙朝实录》卷二八七

（康熙五十九年二月）丁未，遣大学士嵩祝祭先师孔子。

7.2.174　《清实录·康熙朝实录》卷二八八

（康熙五十九年）八月乙未朔丁酉，遣大学士王顼龄祭先师孔子。

7.2.175　《文庙丁祭谱》卷二之二

庚子（康熙）五十九年，以卜子后尊贤为世袭五经博士。

7.2.176　《清实录·康熙朝实录》卷二九一

（康熙六十年二月丁酉）遣大学士萧永藻祭先师孔子。

7.2.177 《清实录·康熙朝实录》卷二九四

(康熙六十年八月)丁亥,遣大学士嵩祝祭先师孔子。

7.2.178 《历代尊孔纪》

(康熙)六十年十二月,遣官祭孔子阙里。

7.2.179 《清实录·康熙朝实录》卷二九六

(康熙六十一年二月)丁巳,遣大学士王顼龄祭先师孔子。

7.2.180 《清实录·康熙朝实录》卷二九八

(康熙六十一年八月)丁巳,遣大学士嵩祝祭先师孔子。

7.2.181 《康熙政要·崇儒学》[①]

圣祖《庭训》曰:"子曰:'吾十有五而志于学。'圣人一生只在志学一言,又实能学而不厌,此圣人之所以为圣也。千古圣贤,与我同类,人何为甘于自弃而不学?苟志于学,希圣希贤,孰能御之?是故志学乃作圣人之第一义也。"

《训》曰:"朱子云:'圣贤立言,本自平易。而平易之中,其旨无穷。今必推之使高,凿之使深,是未必真能高深而已。离其本指,丧其平易无穷之味矣。'此最要处也。自汉以来,儒者世出,将圣人经书多般讲解,愈解而愈难解矣。至宋时,朱子辈注四书五经,发出一定不易之理,故便于后人。朱子辈有功于圣人经书者,可谓大矣。是以朕训尔等,但以经书为要者,亦此故也。"

7.2.182 《康熙政要·崇儒学》

《训》曰:"人心一念之微,不在天理,便在人欲。是故心存私,便是放,不必逐物驰骛,然后为放也。心一放,便是私,不待纵情肆欲,然后为私也。唯心不为耳目口鼻所役,始得泰然。故孟子曰:'耳目之官不思,而弊于物。'物交物,则引之而已矣。心之官则思,思则得之,不思则不得也。此天之所以与我者。先立乎其大者,则其小者不能夺也。此为大人而已矣。"

---

① 7.2.181-183 没有标注年代,不知是具体哪一年的评论,故放在康熙朝靠后位置。

7.2.183 《康熙政要·论经史文学》

刊刻《日讲通鉴解义》成,御制序曰:"史之有传,其体有二:纪事编辞发凡起例,而褒贬之意寓于言外,俟观者深思而自得,此左氏之传也,涑水之《资治通鉴》宗之;据事以断是非,原心以定功罪,予夺之不可假,如折狱然,此公、穀之传也,崇安之《春秋传》宗之。二者缺其一,则史学不备。朱子作《通鉴纲目》,纲仿《春秋》,目仿丘明。罗十七代纪载之文,治以二百四十年褒贬之法,论者谓接统《春秋》,不虚也。朕勤求治道,涵泳六经之余,乐观前代兴衰得失之迹,故《通鉴》一书,披览未尝去手。顾其间论断者,人各置喙,间亦有当于作者之意,而未能折衷于中而断于一。乃命儒臣仿胡安国之体,法《春秋》之义,撰次为文,依日进讲,寒暑无间,积岁月而成编。朕唯东周以前,无史而有史。盖古史之精义,已大备于《尚书》。故《春秋》纪十二公之事,犹然二帝三王之心法也。威烈以下,无《春秋》而有《春秋》。盖《纲目》之作,上接夫《麟经》。故虽班、范诸史之文,实鲁史笔削之遗意也。而世道之升降,政治之隆污,于是乎在。夫危微治忽之介,判于毫芒,而相悬遂至于辽绝。当时或未及见,而后之观者了然,此不可不审其机,而深究其所以然也。是以论古人之行事,既贵其所见之至明,尤贵其居心之至公。盖善论古者如水然,人毋鉴于流水,而鉴于止水。水无成形于中,故妍媸毕见于外。无成形者何?公而已矣。水无成形,犹人无成心也。无成心者何?公而已矣。夫公者,三代大道之行,而万世法戒之权衡也。朕读史尝著《绪论》一编,实本至公之意,期于至当之归。而于《日讲》一书,又以此谆谆申命儒臣。既卒业,将以刊于秘府,颁之群工。大经大法,或劝或惩,灿然毕具。其有裨于经书,岂浅鲜也欤?"

(又见于《东华录》卷四七)

7.2.184 《文庙丁祭谱》卷二之二

壬寅(康熙)六十一年冬十一月,世宗宪皇帝登极,遣通政使杨汝谷诣阙里祭告孔子。

文曰:"仰惟先师,道冠古今,教垂万世。自生民而未有,集群圣之大成。朕自冲龄即勤向往,念皇考亲承道统,既先圣后圣之同符,暨眇躬仰契心传,知作君作师之一致。兹当嗣位之始,宜隆祀享之仪。特遣专官虔申昭告,惟冀时和岁稔,物阜民安,淳风遍洽乎寰区,文治永光夫前绪。尚祈歆格,鉴此精诚。"

第3节　清世宗评儒

7.3.1 《清实录·雍正朝实录》卷四

(雍正元年二月)丁巳,遣大学士白潢祭先师孔子。

7.3.2 《清实录·雍正朝实录》卷五

(雍正元年三月)甲午,谕内阁礼部:至圣先师孔子,道冠古今,德参天地。树百王之模范,立万世之宗师,其为功于天下者至矣。而水源木本,积厚流光,有开必先,克昌厥后,则圣人之祖考,宜膺崇厚之褒封,所以追溯前徽,不忘所自也。粤稽旧制,孔子之父叔梁公,于宋真宗时追封启圣公。自宋以后,历代遵循,而叔梁公以上,则向来未加封号,亦未奉祀祠庭。朕仰体皇考崇儒重道之盛心,敬修崇德报功之典礼,意欲追封五代并享烝尝用伸景仰之诚,庶慰羹墙之慕。内阁礼部可会同确议具奏。

7.3.3 《清实录·雍正朝实录》卷六

(雍正元年四月丁卯)礼部遵旨议覆:孔子先世五代,俱应封公爵,以昭隆典。得旨:五伦为百行之本,天地君亲师,人所宜重。而天地君亲之义,又赖师教以明。自古师道,无过于孔子,诚首出之圣也。我皇考崇儒重道,超轶千古。凡尊崇孔子典礼,无不备至。朕蒙皇考教育,自幼读书,心切景仰,欲再加尊崇,更无可增之处,故敕部追封孔子先世五代。今部议封公,上考历代帝王,皆有尊崇之典。唐明皇封孔子为文宣王,宋真宗加封至圣文宣王,封孔子父叔梁纥为齐国公,元加封孔子为大成至圣文宣王,加封齐国公为启圣王,至明嘉靖时,犹以王系臣爵,改称为至圣先师孔子,改启圣王为启圣公。王公虽同属尊称,朕意以为王爵较尊。孔子五世,应否封王之处,著询问诸大臣具奏。

7.3.4 《清实录·雍正朝实录》卷七

(雍正元年五月)己亥,谕大学士等:《孝经》一书,与五经并重,盖孝为百行之首。我圣祖仁皇帝钦定《孝经》衍义,以阐发至德要道,诚化民成,俗之本也。乡会试二场,向以《孝经》为论题,后改用《太极图说》《通书》《西铭》《正蒙》。夫宋儒之书,虽足羽翼经传,岂若圣言之广大悉备。今自雍正元年会试为始,二场论题,宜仍用《孝经》。庶士子咸知诵习,而民间亦敦本励行,即移孝作忠之道,胥由乎此!

又闻各省乡试房考，凡州县官由科甲出身者，止许入闱一次。夫考官以秉公精鉴识拔人才为主，何论曾否入闱？嗣后凡遇乡科各省督抚临场调齐科甲出身之员，不论已未分房，监临试以时艺一篇，其文理优长者为内帘房考，荒疏者供外场执事，则分校得人，而佳文尽拔矣。朕于雍正元年开科广额，总欲鼓励人才，兴起教化。著该部通行直省督抚，俾副朕崇教育才之意。

7.3.5 《清史稿·礼志·吉礼》

雍正元年（六月己未），诏追封孔子五代王爵，于是赐木金父公曰肇圣，祈父公曰裕圣，防叔公曰诒圣，伯夏公曰昌圣，叔梁公曰启圣。更启圣祠曰崇圣。肇圣位中，裕圣左，诒圣右，昌圣次左，启圣次右，俱南乡。配飨从祀如故。[①]

（又见于《清实录·雍正朝实录》卷八）

7.3.6 《清实录·雍正朝实录》卷十

（雍正元年八月）丁巳，遣大学士嵩祝祭先师孔子。

7.3.7 《文庙丁祭谱》卷二之二

癸卯，世宗宪皇帝雍正元年冬十一月，遣礼部侍郎胡煦诣阙里祭告孔子。

文曰："仰惟先师，德参两大，教洽群伦。绍千圣之心传，备百王之道法。朕遥瞻阙里，念切景行。兹于雍正元年十一月二十五日，恭奉圣祖合天弘运，文武睿哲恭俭宽裕，孝敬诚信，功德大成，仁皇帝配享圜丘礼成，特遣专官虔申昭告。惟冀永著皇风之沕穆，益昭文治之光华。庶鉴精诚，尚其歆格。"

7.3.8 《清实录·雍正朝实录》卷一五

（雍正二年正月）庚子，建孔子庙于归化城。左右两翼各设满学教官一员。从都统丹晋请也。

（又见于《清史稿·世宗纪》）

7.3.9 《清实录·雍正朝实录》卷一六

（雍正二年二月）丁未，遣大学士嵩祝祭先师孔子。

---

① 《清史稿·世宗纪》载："（雍正元年六月）己未，加封孔子五世王爵。"《清实录·雍正朝实录》卷八为："（雍正元年六月）己未，加封孔子先世五代俱为王爵。木金父公为肇圣王，祈父公为裕圣王，防叔公为诒圣王，伯夏公为昌圣王，叔梁公为启圣王。"

7.3.10 《文庙丁祭谱》卷二之二

甲辰，(雍正)二年春二月，诏改幸学为诣学。

上谕：帝王临雍大典，所以尊师重道，为教化之本。朕览史册，所载多称幸学，而近日奏章仪注未改，此臣下尊君之词。朕心有所未安。今释菜伊迩，朕将亲诣行礼，以后一应奏章记注，称幸非宜，应改为诣字。

7.3.11 《文庙丁祭谱》卷二之二

(雍正二年)三月乙亥朔，圣驾临雍释尊于先师。

先是，上谕礼部：孔子之道，道冠古今，万世师表，薄海内外无不俎豆尊崇。国学乃四方表率，其制尤重，圣祖仁皇帝临雍释尊典礼攸隆。朕缵承大统，景仰先型，羹墙如见，念国学为造士之地，圣教所被莫先于此，恐历岁既久，有应加修葺之处。尔部会同工部详加阅视，凡文庙殿宇、廊庑及讲学堂舍，务须整理周备，俾庙貌聿新，以申景慕，朕将亲诣焉。

至是行礼毕，御彝伦堂进讲，衍圣公以下宴赉，优叙如例。

7.3.12 《清实录·雍正朝实录》卷一七

雍正二年，甲辰，三月，乙亥朔。上诣太学，谒先师孔子。上由大成中门，步进先师位前，行释奠礼毕。上御彝伦堂，王以下及衍圣公孔传铎子孔继溥、祭酒、司业、文武各官行礼毕，赐坐，随命讲官坐。满汉祭酒以次讲《大学》，满汉司业讲《书经》。翰林官及五经博士、五氏子孙、国子监官员、进士、举人、荫贡监生序立拱听于堂下。讲毕，宣制曰："圣人之道，如日中天。讲究服膺，用资治理。尔师生其勉之。"宣毕，赐王以下各官茶。上回宫，随颁赐诸生食品。

谕礼部等衙门：治天下之要，以崇师重道，广励泽宫为先务。朕亲诣太学，释奠先师孔子。礼毕，进诸生于彝伦堂讲经论学，凡以明道术，崇化源，非徒饰圜桥之观听也。维孔子道高德厚，万世奉为师表。其祔享庙廷诸贤，皆有羽翼圣经，扶持名教之功。然历朝进退不一，而贤儒代不乏人，或有先罢而今宜复，有旧缺而今宜增。其从祀崇圣祠诸贤，周程朱蔡外，孰应升堂祔享者，并先贤先儒之后，孰当增置五经博士，以昭崇报，均关大典。九卿、翰林、国子监、詹事、科道会同详考定议以闻。再，迩年文教广被，由我圣祖仁皇帝寿考作人，六十年，山陬海澨，莫不读书稽古，直省应试童子人多额少，有垂老不获一衿者，其令督抚会同学臣，查明实。在人文最盛之州县，题请小学改为中学，中学改为大学，大学照府学额数取录，督抚等务宜秉公详查，不得徇私冒滥。至乡试解额，圣祖仁皇帝屡次增广。乙酉戊子等科、复于额外加中五经三名，至五十六年而罢，以其久而滋弊也。嗣后各学臣及祭酒司业于录科时，先加面试，主考阅文果佳，本监加中四名。直隶各省大小不一，某省应加中几名，著分别详议定数具奏。如无佳文，宁缺勿滥。会试临时请旨。本监贡生监生，本科乡试中式，著加增十八名。朕临雍讲学，虽率由旧章，然必期于世道文教有益，不蹈一切虚文，诸生其各钦遵。

7.3.13 《清实录·雍正朝实录》卷一七

（雍正二年三月）戊寅，诣学礼成，上御太和殿。王以下文武各官行庆贺礼，衍圣公孔传铎子孔继溥率五经博士、五氏后裔，祭酒司业率国子监官员、进士、举人、荫贡、监生等进表谢恩。

是日，上召孔继溥等十人入见，谕曰："尔等是圣贤后裔，与众不同，必心为圣贤后裔之心，恪守先圣先贤之训，方为不愧。朕诣学大典，尔等远来，特行召见，面谕尔等，慎修厥德，以继家声。"随赐茶，各赐墨及貂皮有差，并赐祭酒司业等官，宴于礼部。

己卯，赐国子监敕谕一道，谕国子监祭酒、司业等官："朕惟圣人之道，昭揭日月，弥纶天地。万世帝王，下逮公卿士庶，罔不仰遵成宪，率由教言。我国家尊崇至圣，远迈前代。朕缵承大统，古训是学，惟日孜孜。兹雍正二年三月朔日，亲诣辟雍，祗谒先师孔子，行释奠礼。思以鼓励群英，丕隆文治。尔监臣宜严督诸生，善为诱导；诸生亦宜殚心肄业，实践躬行，秉端方以立身，敦忠孝以兴义，勿营奔竞，勿事浮华。文必贵于明经，学务期乎济世。俾品成诣进，以副朕教育至意，此尔多士之庥，亦惟尔监臣董率之功也，慎勿怠荒职业，以贻尔羞。诸师生其共勉之。"随赐衍圣公、祭酒、司业、国子监官员冠服。进士、举人、荫贡监生银两有差。

7.3.14 《文庙丁祭谱》卷二之二

（雍正二年三月）平定青海，遣官祭告太学，颁御制碑于各学。

册封先师五代为王①，更启圣祠曰崇圣。

册曰：右文稽古，思统绪之相承；重道遵师，溯渊源于自远。举千秋之旷典，苹藻维馨；超五等之崇封，丝纶式焕。缅怀先师孔子之五世祖木金父公，系本殷朝，居从鲁国。治惟尚质，传朴素之旧风，是而弥恭，守谦和之家法，积功累行，聿弘毓圣之基，贻庆钟祥，逐至生民之盛。朕初登大宝，钦想前规，欲伸景仰之诚，用议显扬之制。特追封为肇圣王，赐之册命。於戏！克昌厥后，永立人伦之

---

① 曲阜孔庙立有《雍政元年册封至圣先师五代王碑》，标为雍正元年六月十二日。位于山东曲阜孔庙十三碑亭院南面东起第二亭内中部右侧。

宗。有开必先，开膺素王之号。服兹嘉命，垂示无穷。

册曰：道高圣城，宜推师表之原；恩浃儒宗，用广尊崇之典。拟王封而晋秩，礼秩古今；定鸿号而加称，荣增洙泗。缅怀先师孔子高祖祈父公，系出商宗，望隆宋国，姓分公族，为孔氏之再传。瑞启圣人，建尼宣而旬出，溯渊源于累叶，知德而世昌，钟秀灵于人，实教尊而功溥。朕羹墙至圣，寤寐前徽，思敬礼之加隆，必恩纶之及远。特追封为裕圣王，赐之命册。於戏！衮衣端冕，视躬垣蒲，谷而弥尊，春禴秋尝。与凫峰龟蒙而并久。膺兹宠命，永荷鸿休。

册曰：圣人觉世道，有开而必先者，尊师礼必隆于所自，备显扬之典，用焕千秋，申向往之诚，特超五瑞。缅惟孔子之曾祖防叔公，殷朝贤裔，鲁国儒宗，潜德弥彰，宋高曾之矩，诒谋自远，蕴诗礼之渊源。聿开天纵之能，四科立教，爰启时中之圣，一贯传心。朕宝历初膺，前徽是式，溯仪型而景仰，加名号以褒崇。特追封为诒圣王，赐之册命。於戏！俎豆常新，峻秩与尼山并峙；丝纶诞贲，恩光共洙泗长流。永荷崇嘉，昭幸无斁。

册曰：化民善俗，道守赖乎师资；积行累功，义推崇夫祖德。阅再传而诞圣，垂裕诒谋，超五等以加封，创业盛典。缅怀先师孔子之祖伯夏公，东汕毓秀，泗水钟灵，生秉礼守义之邦，渐摩既久。奉崇信尊贤之训，牖迪尤深。集庆在躬，早兆四科之教。克昌厥后，遂开万世之蒙。朕宝历初膺，景行弥切，推降祥之有自，念贤号之宜和。特追封为昌圣王，赐之册命。於戏！溯尼山之世泽，茂绩丕昭；崇厥里之家声，斯文益振。兹荷嘉命，永式光荣。

册曰：达天尽性，溯道统之攸传；崇德报功，体孝思之不匮。惟诞生夫睿哲，遂永树乎师模。用贲徽章，特升峻秩。缅怀先师孔子之父叔梁公，望道鲁邦，业传鄹邑。秉姿勇毅，垂史传之盛名；积庆攸长，衍家庭之令绪。感殊祥于阙里，兆启素王；征灵应于尼山，运钟至圣。粤从前代，显赠上公。当兹缵绪之初，更议推恩之典。特追封为启圣王，赐之册命。於戏！泽惟裕后聿弘作述之，规善则归亲，宜尊崇之礼，仪型如在，嘉命是承。

7.3.15 《清实录·雍正朝实录》卷一八

（雍正二年四月壬申）增孔颜曾孟四氏学举人，中额一名。从山东巡抚黄炳请也。

7.3.16 《文庙丁祭谱》卷二之二

（雍正二年）夏四月戊寅，遣礼部尚书张伯行诣阙里祭告孔子。

文曰：道尊往圣，宜赐类以推恩。牒溯前徽，乃缘情而制礼。丝纶聿贲，俎豆维新。仰维先师孔子，撰合乾坤，名高日月。纂修删定，焕六籍之文明；祖述宪章，树百王之仪范。朕夙承庭训，向往实深，诞绍丕基，钦崇弥切。惟德全而业盛，知积厚而流光。爰命廷臣，式稽谱系，诒谋式谷，洵庆于一门。毓秀钟灵，宜上追于五世。并跻祀典，特晋王封，体皇考敬师之心，弘先圣显亲之孝。金声玉振，集古今之大成；木本水源，享蒸尝之美报。灵其不昧，尚克来歆。

7.3.17 《文庙丁祭谱》卷二之二

（雍正二年夏四月）己卯，行册封礼，祭告崇圣祠。

文曰："钦崇至道，爰思毓圣之基，特创隆规，用沛推恩之典。馨香攸荐，谱牒生辉。惟王系本商宗，支分鲁邑，公族传为著姓，溯盛德之渊源，圣人功在群伦，绵斯文之统绪。朕情殷仰止，礼极褒崇，晋五世之王，封丝纶诞之泽，恩覃阙里，报式谷于前徽，庆溢胶宫，蔚光华于奕祀。尚其歆格，鉴此殊荣。"

7.3.18 《清实录·雍正朝实录》卷二〇

（雍正二年五月辛酉）礼部等衙门遵旨议奏："古昔圣王制祀，凡有道有德，施教于学者，祀于瞽宗。汉文翁立学宫于成都，首祀孔子，又画七十二子之像于壁，此诸贤从祀之始也。厥后有功经传，皆得从祀，谓之经师。自唐至明，历代进退不一。而当代贤儒，得预于祀典，盖自宋始。伏读圣谕云，附飨庙庭诸贤，或有先罢而今宜复者。臣等议得明嘉靖时，厘定祀典，改祀于乡者七人：林放、蘧瑗、郑康成、郑众、卢植、服虔、范宁；罢祀者四人：秦冉、颜何、戴圣、何休。今俱宜复其从祀也。圣谕云：有旧缺而今宜增者，臣等公同详考先儒事实，请增入两庑从祀者，共十八人：孟子门人乐正子、公都子、万章、公孙丑，汉诸葛亮，唐陆贽，宋韩琦、尹焞、黄干、陈淳、何基、王柏，元金履祥、许谦、陈浩，明罗钦顺、蔡清，本朝陆陇其，允宜增入祀典者也。圣谕云崇圣祠或有可升而附者，臣等议得宋张子横渠之父张迪一人，可以附入崇圣祠。圣谕云先贤先儒之后，孰当增置五经博士。臣等议得孔门弟子冉伯牛、仲弓、冉求、宰予、子张、有若六子，均宜确访嫡裔，赐以世袭五经博士，以昭崇报者也。以上四条，恭候睿鉴裁定。"

得旨："先儒从祀文庙，关系学术人心。典至重也，宜复宜增，必详加考证，折衷尽善，庶使万世遵守，永无异议。尔等所议复祀诸儒，虽皆有功经学，然戴圣、何休未为纯儒；郑众、卢植、服虔、范宁、谨守一家言，转相传述；视郑康成之淳质深通，似乎有间；至若唐之陆贽，宋之韩琦，勋业昭垂史册，自是千古名臣，然于孔孟心传，果有授受，而能表彰羽翼乎？其他诸儒，是否允协？以及宰予、冉有增置博士之处，著再公同确议，务期至当，不易具奏。"

（又见于《清史稿·礼志·吉礼》、《文庙丁祭谱》卷二之二）

7.3.19 《清实录·雍正朝实录》卷二一

（雍正二年六月甲午）衍圣公孔传铎奏报，阙里圣庙灾。六月初九日申时，大雷电，火自鸱吻中出。先师大成殿及两庑俱毁，圣像神位移，奉新建崇圣祠内，幸得无恙。

得旨："朕惟孔子道高德厚，为万世师表，所以维世教，立人极者，与天地同其悠久。朕临御以来，思极尊崇之典，以申仰止之忱。今阙里圣庙被灾，岂朕尊师重道之诚，有未至欤？朕在谅暗之中，素服斋居，无庸更事，减膳撤乐。谨拟亲诣国学文庙，虔申祭奠，宣读告文，以展朕局蹐不安之诚。"先期斋戒二日，于二十七日不设卤簿，朕素服前往，诸王大臣官员陪祀者，亦皆常服从事。仍遣官驰赴阙里告祭，以慰神灵。幸新建崇圣祠无恙，圣像神牌，不至露处。朕心稍宁。遣工部堂官一员，会同该抚，作速计材料工，择日兴修。务期规制复旧。庙貌重新，告成之日，朕将亲诣行礼。该部遵上。

（又见于民国《山东通志·列训圣典一》、《文庙丁祭谱》卷二之二）

7.3.20 《文庙丁祭谱》卷二之二

（雍正二年）秋七月癸丑，遣礼部右侍郎王景曾诣阙里慰祭孔子。

文曰：仰惟先师道高千古，业者六经，集对学之大成，树人伦之标准。朕绍承丕绪，仰止师范，溯谱系以追封，入成均而释奠。不谓杏坛之地忽生回禄之灾，像位幸存，而榱楹俱烬。具闻奏报，实切兢惶，岂成毁有时竟莫争于定数，恐尊崇未至，只难释于中怀。即遣所司协同大吏，饬工材而备，豫占时日以经营，将式焕夫宫墙，期重新于丹雘。辟雍伊近，已亲诣以昭虔；阙里云遥，用专官而展祭。慰安灵爽，瞻望格歆。

遣署工部侍郎马腊会同山东巡抚陈世倌相度修庙。

7.3.21 《清实录·雍正朝实录》卷二三

（雍正二年八月丁丑）遣署理大学士、户部尚书徐元梦祭先师孔子。

7.3.22 《历代尊孔纪》

（雍正）二年十月，山东绅士请捐修文庙。上不许，命给帑。

7.3.23 《清实录·雍正朝实录》卷二九

（雍正三年二月）丁丑，遣果郡王允礼祭先师孔子。

7.3.24 《清实录·雍正朝实录》卷三五

（雍正三年八月）丁卯，遣大学士马齐祭先师孔子。

7.3.25 《清实录·雍正朝实录》卷三五

（雍正三年八月庚午）[①]颁发孔子及颜、曾、思、孟、闵子、仲子庙御书匾额。孔子庙曰：生民未有；颜子庙曰：德冠四科；曾子庙曰：道传一贯；子思子庙曰：性天述祖；孟子庙曰：守先待后；闵子庙曰：躬行至孝；仲子庙曰：圣道干城。又赐衍圣公孔传铎及六贤后裔御书匾额。圣裔曰：钦承圣绪；颜子裔曰：四箴常凛；曾子裔曰：省身念祖；子思子裔曰：六艺世家；孟子裔曰：七篇贻矩；闵子裔曰：门宗孝行；仲子裔曰：勇行贻范。

大学士等奏请御书"生民未有"四字，敕下礼部钩摹，颁发直省，悬榜孔子庙，昭垂永久。从之。

（又见于《文庙丁祭谱》卷二之二）

7.3.26 《文庙丁祭谱》卷二之二

乙巳，（雍正）三年，诏避孔子圣讳。

秋八月癸酉，上谕内阁九卿等曰："古有讳名之礼，所以昭诚敬、致尊崇也。朕临御以来，恐臣民过于拘谨，屡降谕旨，凡与御名声音相同字样，不必回避。近见各省地名，以音同而改易者颇多。朕为天下主，而四海臣民竭诚尽敬如此，况孔子德高千古，道冠百王，正彝伦，端风化，为往圣继绝学，为万世开太平，自天子以至于庶人，皆受师资之益。而直省郡邑之名，有圣讳字在内者，古今相沿未改，朕心深为不安。尔等会议，凡直省地名，有同圣讳者，或改读某音，或另易他字。至于常用之际，于此字作何回避，一并详议具奏。"

大学士、九卿会议："圜丘字应如故；府、州、县名，交内阁拟字进呈；山、川、镇、市交督抚更易，报部；至姓氏，按通考太公之后，以食采谢丘得姓，今拟作邱；至常用，宜从古体作业，为允奏上。"报可。

冬十二月庚辰，又谕内阁曰："朕细思今文出于古文，若仅改用业字，是仍未尝回避也。此字本有其音，查《毛诗》及古文作期音者甚多，嗣后除四书五经外，凡遇此字，并加阝为邱，地名亦不必改易，但加阝旁，读作期音。庶乎允协，足付朕尊崇先师至圣之意也。"

---

① 《文庙丁祭谱》卷二之二载时间为雍正五年。

诏郡县丁祭用太牢。

（又见于《清实录·雍正朝实录》卷三五）

7.3.27 《清实录·雍正朝实录》卷四一

（雍正四年二月）丁卯，遣大学士田从典祭先师孔子。

7.3.28 《清实录·雍正朝实录》卷四七

（雍正四年八月）丁卯，祭先师孔子，上亲诣行礼。祭毕，谕礼部侍郎三泰、太常寺卿孙卓曰："仪注内开献帛进酒，皆不跪。朕今跪献，非误也。若立献于先师之前，朕心有所不安。可记档案，以后照此遵行。"[①]

（又见于《清史稿·礼志·吉礼》、《文庙丁祭谱》卷二之二）

7.3.29 《文庙丁祭谱》卷二之二

丁未（雍正）五年，定至圣诞辰一日斋。

春二月甲子，谕内阁曰："三月十八日为皇考圣祖仁皇帝万寿圣节，旧例于是日虔诚斋肃，禁屠宰，今应永远遵行。至圣先师孔子，师表万世，查八月二十七日为圣诞之期，亦应虔肃致敬。朕惟君师功德，恩被亿载，普天率土尊亲之戴永永不忘，而于诞日尤当加。谨以展恪恭思慕之忱，非以佛诞为比拟也。著内阁、九卿会同确议具奏，佥曰应遵。"

圣谕："恭值至圣诞辰，内外文武各官及军民人等致斋一日，不理刑名，禁止屠宰，永著为令。"

又定制省会之区，凡遇丁祭，督抚、学政皆亲诣行礼。勿得先行祭丙，苟简从事。

（又见于《清史稿·礼志·吉礼》）

7.3.30 《清实录·雍正朝实录》卷五九

（雍正五年七月）癸酉，谕礼部：朕惟孔子以天纵之至德，集群圣之大成，尧、舜、禹、汤、文、武相传之道，具于经籍者，赖孔子纂述修明之。而鲁《论》一书，尤切于人生日用之实，使万世之伦纪以明，万世之名分以辨，万世之人心以正，风俗以端。若无孔子之教，则人将忽于天秩天叙之经，昧于民彝物则之理，势必以

---

① 《清史稿·礼志·吉礼》为："（雍正）四年八月仲丁，世宗亲诣释奠。初，春秋二祀无亲祭制，至是始定。"

小加大，以少陵长，以贱妨贵，尊卑倒置，上下无等，干名犯分，越礼悖义。所谓："君不君、臣不臣、父不父、子不子。""虽有粟，吾得而食诸。"其为世道人心之害，尚可胜言哉。惟有孔子之教，而人道之大经，彝伦之至理，昭然如日月之丽天，江河之行地，历世愈久，其道弥彰。统智愚贤不肖之俦，无有能越其范围者。纲维既立，而人无逾闲荡检之事，在君上尤受其益。《易》曰："君子以辨上下，定民志。"《礼运》曰："礼达而分定。"使非孔子立教垂训，则上下何以辨？理制何以达？此孔子所以治万世之天下，而为生民以来所未有也。使为君者，不知尊崇孔子，亦何以建极于上，而表正万邦乎？人第知孔子之教在明伦纪、辨名分、正人心、端风俗，亦知伦纪既明，名分既辨，人心既正，风俗既端，而受其益者之尤在君上也哉。朕故表而出之，以见孔子之道之大，而孔子之功之隆也。

（又见于《文庙丁祭谱》卷二之二）

7.3.31 《清实录·雍正朝实录》卷六〇

（雍正五年八月）丁亥，遣怡亲王允祥祭先师孔子。

7.3.32 《清实录·雍正朝实录》卷六四

（雍正五年十二月甲申）刊刻《孝经》、《小学》清汉文告成。御制《孝经》序文曰：《孝经》者，圣人所以彰明彝训，觉悟生民。溯天地之性，则知人为万物之灵；叙家国之伦，则知孝为百行之始。人能孝于其亲，处称惇实之士，出成忠顺之臣，下以此为立身之要，上以此为立教之原，故谓之至德要道。自昔圣帝哲王宰世经物，未有不以孝治为先务者也。恭惟圣祖仁皇帝，缵述世祖章皇帝遗绪，诏命儒臣编辑《孝经衍义》一百卷，刊行海内，垂示永久。顾以篇帙繁多，虑读者未能周遍，朕乃命专译经文，以便诵习。夫《孝经》一书，词简义畅，可不烦注解而自明。诚使内外臣庶，父以教其子，师以教其徒，口诵其文，心知其理，身践其事。为士大夫者，能资孝作忠，扬名显亲；为庶人者，能谨身节用，竭力致养。家庭务敦于本行，闾里胥向于淳风。如此则亲逊成化，和气薰蒸，跻比户可封之俗，是朕之所厚望也。

夫御制《小学》序文曰：古者八岁而入小学，教之以洒扫应对进退之节。爱亲敬长之义，俾童而习之，以养其德性。其说散见经传，朱子采集为《小学》一书，所以示人教学之方，而有以为正心修身之本。其言约，其理该，盖六经四子性理诸书之阶梯也。皇考圣祖仁皇帝，尝特颁谕旨，令有司兼以命题课士，海内士子，固已咸知诵法矣。又命尚书顾八代一人，翻译清文，日进呈览钦定，三年而后成，嘉惠后学之心，至深且厚。当日未经刊刻颁行。朕敬承皇考遗志，特命校对授梓，以资肄习。读者宜知纲常伦纪之当崇，视听言动之当谨。与夫嘉言懿行之当遵循慕效。修其职，自在家庭日用之常经，而充其量。可以成圣贤忠孝之大节。子弟之习，于是而淳。教化之原，于是而备。诗曰："成人有德，小子有造"。朕盖深有望焉。

7.3.33 《清实录·雍正朝实录》卷六六

（雍正六年二月）丁酉，祭先师孔子。上亲诣行礼，御制仲丁诣祭文庙诗一章，勒石立碑国学，并颁发各省府州县学宫。

7.3.34 《清实录·雍正朝实录》卷七二

（雍正六年八月）丁酉，遣大学士张廷玉祭先师孔子。

7.3.35 《清史稿·礼志·吉礼》

（雍正六年）御书"生民未有"额，颁悬如故事。

7.3.36 《文庙丁祭谱》卷二之二

己酉，（雍正）七年正月，遣通政使留保督修阙里庙工①。

上谕：文庙工程务期巍焕崇闳，坚致壮丽，纤悉完备，灿然一新。着岳浚、留保会同衍圣公详加相度，倘旧制外有应行添设者，有应加修整者，俱着估计奏闻，添发币银葺理。丹艧总期经理周密，豪发无憾。工成之日，朕当亲往瞻谒，以展尊礼先师至诚至敬之意。又谕：阙里文庙正殿、正门用黄琉璃瓦，两庑则用绿琉璃瓦，而以黄瓦镶砌屋脊，供奉圣像。选内务府匠人到东用脱胎之法，敬谨装塑。颁御书"大成殿""大成门"额。颁御书联。

大成殿联曰："德冠生民溯地辟天开咸尊首出，道隆群圣统金声玉振共仰大成。"

大成门联曰："先觉先知为万古伦常立极，至诚至圣与两间功化同流。"

颁内府新制大成殿祭器一分，颁镇圭及新曲柄宝盖各一，戟二十有四。

---

① 《历代尊孔纪》载："（雍正）七年二月，命通政使留保修阙里文庙。谕内阁：'朕于兴阙里文庙一事，尽诚尽敬。颁发国帑，策令规模宏壮，坚固辉煌，计日告峻。'雍正三年六月，即饬令原任巡抚陈世倌颁帑兴工，遴员修造。拳拳委托，至再至三。嗣于塞楞额接任之时，又复谆谆。训谕：'陈世倌委任不得其人，既已耽误于前，而塞楞额又复循怠玩于后，以致工程迟滞，久未告成。昨已遣通政使留保前往，协同署抚岳浚督催。在事人员，殚竭精力，迅速竣事。陈世倌着速赴山东省尽力办理，以赎前错。此次修理文庙工程，务期巍焕崇闳，坚致壮丽，纤悉完备，灿然一新。倘旧制外有应行添设者，有应加修整者，俱着估计奏闻，添发币银葺理。丹艧工成之日，朕当亲往瞻谒，以展尊礼先师至诚至敬之意。'"

7.3.37　《清实录·雍正朝实录》卷七八

(雍正七年二月)丁丑,遣大学士张廷玉祭先师孔子。

7.3.38　《清实录·雍正朝实录》卷八五

(雍正七年八月)丁未,遣怡亲王允祥祭先师孔子。

7.3.39　《清实录·雍正朝实录》卷八九

(雍正七年十二月)癸丑,大学士、九卿等奏:"据督修孔庙工程通政使留保,山东巡抚岳浚等奏报,十一月二十六日午刻,正当孔庙上梁之前二日,庆云见于曲阜县,环捧日轮,历午未申三时之久。仰惟皇上尊礼先师孔子,典文周备,又特颁发帑金,兴建阙里文庙。凡殿门廊庑,悉仿帝王宫殿之制,易盖琉璃黄瓦。是以天心昭格,显示嘉祥。于孔庙告成之日,庆云呈见,实从古未有之上瑞。伏请宣付史馆,垂示万世。"

得旨:"朕平素尊奉先师,至诚至敬。雍正二年,阙里文庙不戒于火,彼时廷臣,援明代弘治前事为言,而朕心悚惧不宁,引过自责,亲诣太学文庙,虔申祭告,特发帑金,命大臣等督工修建。凡殿庑制度规模,以至祭器仪物,皆令绘图呈览,朕亲为指授。遴选良工,庀材兴造。虔恪之心,数年以来,无时稍间。今大成殿上梁前二日,庆云见于曲阜,卿等归美朕躬之词,朕不克当。或者上帝先师,鉴朕悚惕诚敬之心,见兹云物,昭示瑞应。朕不敢矜言祥瑞,但能功过相抵,朕之幸也。应择日躬诣太学文庙祭告,以申感庆之衷。朕躬被先师之福佑,普天士子,诵法服膺同受圣人之泽。著将明年会试取中额数,广至四百名。壬子科各省乡试,每正额十名,加中一名。其十名之外,有零数者,亦加中一名。此朕体奉先师乐育之盛心,特行造就人材之旷典。诸士子其各兴文敦行,益加勉旃。宣付史馆。著照所请行。"

(又见于民国《山东通志·列训圣典一》、《文庙丁祭谱》卷二之二)

7.3.40　《文庙丁祭谱》卷二之二

(雍正七年十二月)高宗纯皇帝御制阙里庆云颂。

巍巍宣圣,上律下袭。祖述宪章,斯文舄奕。我皇膺命,心契圣时,以养以教,作君作师。爰新阙里,庆云式焕,纠兮缦缦,郁兮烂烂。乃映杏坛,乃覆桧干,金枝蓊郁,玉叶璀璨。惟帝之诚,致云之卿,以彰我文明,以贲我太平。

7.3.41 《清实录·雍正朝实录》卷八九

(雍正七年十二月)辛酉,上以阙里文庙告成,亲诣国子监,致祭先师孔子。

(又见于《文庙丁祭谱》卷二之二)

7.3.42 《清实录·雍正朝实录》卷九一

(雍正八年二月)丁未,遣大学士陈元龙祭先师孔子。

7.3.43 《文庙丁祭谱》卷二之二

庚戌,(雍正)八年,钦定阙里文庙大门曰"圣时",二门曰"弘道"。

改棂星门石坊,宣圣庙为至圣庙,奎文阁前之参同门曰同文,诗礼堂前之燕申门曰承圣。

7.3.44 《清实录·雍正朝实录》卷九七

雍正八年,庚戌,八月,丁酉朔,遣大学士蒋廷锡祭先师孔子。

7.3.45 《文庙丁祭谱》卷二之二

(雍正八年)秋八月,圣像成。

从通政使留保请,推原先圣从周之义,用元衣纁裳。圣像冕十二旒,服十二章;启圣及先贤冕九旒,服九章。悉如旧制。

遣翰林编修开泰斋香帛诣阙里,命留保祭告孔子。

文曰:金声玉振开宇宙之文明,日角珠庭垂圣神之仪范。肃敷筵几,聿荐藻苹。仰维先师孔子学综图畴,统承尧舜,道超万类,喻河海泰岳之崇深;德服群贤,比江汉秋阳之皎洁。温良恭俭之度邦国共钦,齐庄中正之容简编备载。新营庙貌,虔制豆笾,竭诚敬之,心思极尊,严之规制。乃者岁逢庚戌,序属仲秋,上溯周朝,近当今日,推之长历,即尼山降诞之时。卜以良辰是阙里增辉之会,用稽徽典,适协贞符。於戏!栋宇恢弘已庆云霞之纠缦,堂楹端俨重瞻日月之光华。神鉴孔昭,苾芬歆享!

7.3.46 《文庙丁祭谱》卷二之二

(雍正八年)冬十月,阙里孔子庙成。

庙在曲阜县正南门内。正南门曰"仰圣门",额高宗纯皇帝御书"万仞宫墙"四字。有御制赞曰:

苞予自幼，被服圣言。
明德新民，知易行难。
颙有素诚，瞻谒尼山。
亦既莅止，敢云得门。

门内为“金声玉振”坊，坊北为石桥，桥北为棂星门，门左右列下马碑。又北为“太和元气”坊，其左侧为“德侔天地”坊，右侧为“道冠古今”坊。又北直为“至圣廊”坊。又北为“圣时”门，五间三洞门内为“璧水桥”，三座桥左侧为“快睹”门，右侧为“仰高”门各三间。桥直北曰“弘道”门五间。又北曰“大中”门五间。二门左右皆有角门。又北曰“同文”门。制如大中汉魏隋唐诸碑。在其下门左右，不设垣甬，道旁列前明四御碑。又北为“奎文阁”七间，敬藏赐书墨宝于其上。有御制赞曰：

奎娄垂象，爰在鲁东。
夫子之文，天地并隆。
煌煌御书，充牣其中。
先圣后圣，其揆则同。

进奎文阁而北，东出有门曰“毓粹”，西出门曰“观德”，各三间。阁后为圣祖世宗、高宗御制碑四，遣皇太子祭告碑一，遣官祭告碑四。又其四则，唐、宋、金、元诸碑也。直北为大成门五间，列戟二十四，两掖门左曰“金声”，右曰“玉振”。进大成门左侧为先师手植桧。有御制赞曰：

文栏肥壤，厥有桧株。
先圣攸植，紧手泽余。
几经枯荣，右纽右纤。
造物凭护，孙枝扶疏。

又北为“杏坛”石刻，金党怀英篆“杏坛”二大字。有御制赞曰：

忆昔緇帷，诗书授受。
与有荣焉，轶桃轹柳。
博厚高明，亦曰悠久。
万世受治，杏林何有。

又北为大成殿九间，高七丈八尺六寸，阔十四丈二尺七寸，深八丈四尺。前为露台，四绕石栏，凡两层，中阶及左右各十二级。两庑中间各辟翼门，左通崇圣祠，右通启圣祠。大成殿后为圣迹殿五间，藏圣像及诸石刻。有御制赞曰：

明王不兴，夫孰能宗。
岂无宗者，邈矣莫从。
镌勒苕华，景仰遗踪。
七十三年，云中见龙。

殿东南为后土祠。又东北为神庖殿，西南为瘗所。又西北为神厨。出大成门外，循金声门而东，为承圣门三间，进为诗礼堂五间。有御制赞曰：

昔者趋庭，诗礼垂训。
维言与立，伊谁不奋。
九仞一篑，愿勉乎进。
御堂听讲，景仰圣舜。

堂东庑为礼器库。有御制赞曰：

祇谒先师，载观礼器。
牺尊象尊，伊古之制。
有道存焉，仪型攸系。
申命太常，记予初祭。

堂后为孔子故井。有御制赞曰：

疏食饮水，曲肱乐之。
既清且渫，汲绳到兹。
我取一勺，以饮以思。
呜呼宣圣，实我之师。

其北为崇圣祠五间。又北为家庙五间。东出毓粹门外有故宅门下旧迹。有御制赞曰：

居庙之左，厥门斯故。
藻缋不施，意存后素。
徘徊仰瞻，心焉学步。
告尔后人，由兹义路。

大成门外，循玉振门而西，为启圣门三间。进为金丝堂五间。有御制赞曰：

礼乐诗书，金丝万古。
岂系鲁恭，广宅斯举。
在左移西，亦惟其所。
悬瓮乃神，夫子不语。

堂西庑为乐器库，堂北为启圣殿五间。又北为寝殿三间。庙基周二里，殿庭廊庑共三百一十六间，以崇垣四隅，各起角楼。是役也，凡用帑金十五万七千六百两。有奇。

谨案:大成殿大成门榜皆世宗宪皇帝御书,又定圣时、弘道二门,名其圣时、弘道。大、中、同、文四门,诗礼堂,金丝堂,奎文阁,杏坛诸榜则皆乾隆十三年,高宗纯皇帝御书。

又御制十赞。

遣皇五子诣阙里祭告孔子。

文曰:达天尽性,树万世之师模;重道尊经,焕千秋之庙貌。肃将嘉祀用告成功。仰维先师孔子,得圣之时,由天所纵。纂修删定,启宇宙之文明;祖述宪章,综帝王之统绪。升堂入室,弘施乐育恩;学礼诵诗,永作义方之矩。比高悬之日月,亘古莫逾。喻出类之凤麟,生民未有;奉遗编而钦企,仪典务极。其推崇循旧址而鼎新,经营必尽其诚敬。颁夫国帑董以大臣,每绘式以先呈,乃按图而指授。楩枬栝柏,求大夫于名山;簠簋樽罍,选良工于内府;晶荧黄瓦,准制度于宸居;璀璨玉圭,俨威容于圣座。悬标题之巨榜,洒翰亲书;建屹峙之丰碑,摛文恭纪。工程累岁,时深严恪之心;栋宇宏规,益备观瞻之美;华榱雕柱,增辉讲道之坛;璆磬金镛,重振大成之殿。数仞之宫墙逾峻,两楹之俎豆虔陈。特遣皇五子亲诣几筵敬行告祭。於戏!卿云纠缦,已开丹雘之祥;古桧贞坚,伫望青苍之色。惟祈鉴格,式享苾馨。

遣多罗淳郡王弘暻祭告崇圣祠。不读文,行三献礼。诏设阙里圣庙执事官四十员,三品者二员,四品者四员,五品者六员,七品者八员,八品、九品各十员。俱以孔氏子孙充补,各按品级给与章服,以供祭祀。

立御制重修阙里孔子庙碑。

朕惟上帝垂佑烝民笃生至圣先师孔子,以仁义道德,启迪万世之人心,而三纲以正,五伦以明。后之继天御宇兼君师之任者,有所则效,以敷政立教,企及乎唐虞二代之隆,大矣哉。圣人之道,其为福于群黎也甚溥,而为益于帝王也更宏。宜乎,尊崇之典与天地同其悠久也。曲阜庙庭为孔子里宅,毓圣钟灵之地,神爽式凭,明禋只肃,庙貌崇闳,由周而来久且加盛。我皇考圣祖仁皇帝德符元化,悟彻性天。自羲、农、尧、舜、禹、汤、文、武、周公之道集成于孔子者,一一体于身心,宣为政治。圣统在上,应运而承。康熙甲子东巡狩,临幸阙里,谒奠庙林,殷礼隆仪,汉唐莫及。朕恭膺丕绪,志切羹墙。即位之初,加封先师五代王爵,诣阙里雍释菜,题额、歌、诗,佩德报功之愿,夙夜罔释于怀。雍正二年,阙里圣庙不戒于火,有司奏告,朕悚惕靡宁,诣庙致祭,旋发帑兴修,命大臣专董厥役。殿庑规模悉准,宫阙制器备物亦令绘图呈式,裁酌协宜。数年来谆谕执事臣寮经营周至,纤毫无憾始惬。朕衷七年冬,有司具奏大成殿上,上梁前二日,庆云见于曲阜,合词称瑞。朕以天人感应理固不爽,而诚敬微忱讵,能邀上帝先师之垂鉴用是,只将祀事倍增,试额俾普大率土,被圣人之德化者,同心感庆,庶足以教，泽而答嘉，庥而抚躬，警勉，恒朝夕凛凛焉。朕尝谓帝王之尊圣，尊其道也。尊其道，贵行其道。居行道之位而能扩充光大，达之政令，修齐治平得其要，纪纲法度合其宜，礼乐文章备其盛。举凡圣道之未行于当时者，悉行于后世。虽去圣久远而心源相接，不啻亲授于一堂之上，默证于千载之前。如是而钦崇褒显，悉由于中心之诚服而治化日盛，圣道斯尊。且夫圣人之道，一天道也。天以牖民之责，属之圣人删定、赞修，代天宣教，彝伦淳叙，礼法章明，后之帝王奉其道以治世，师承罔斁，资益良多。然则尊天、尊圣，理原全一。兹之崇礼至圣，正所以钦若昊天，而于修建庙庭之重，典有不至诚至敬者哉！朕勤求上理宵旰，孜孜冀以仰述皇考之鸿谟，丕扬先师之厚泽，爰敬推上天笃生圣人，与圣人承天立教，垂宪奕世之意，勒文碑石以昭示臣民于无极，而系以辞曰：天心觉世，圣治承天。治法道法，圣圣相传。三五之隆，以道致治。峻德宏昭，丰功远被。闻知续统，至圣挺生。中天复旦，文教昌明。经纬三才，陶镕万象。体具中和，功侔参两。表扬六籍，程式五常。如会沧海，若揭秋阳。惟我皇考，聪明睿智。包蕴图书，汇宗洙泗。德与圣合，礼为道崇。升堂容肃，过里恩隆。绪缵朕躬，勤图绍述，至训煌煌，箴铭宥密。维皇建极，维圣时中，古今虽邈，心理攸同。作帝王师，与天地配，开辟一人，神灵如在。奕奕新庙，辉映尼阳。金丝在御，车服盈堂。焕乎天文，五云示庆，赐祐者天，承庥者圣。敢云瑞应，鉴厥微诚。普祈洪祝，永福编氓。文治光华，日星晶丽。木铎扬声，垂亿万世。

7.3.47 《清实录·雍正朝实录》卷一〇〇

（雍正八年十一月）戊辰，谕内阁："阙里文庙告成，特命皇五子同淳郡王前往告祭。于十一月十九日从京师起程，十二月十一日行致祭礼。于岁前回京。此次皇子等往来经过地方，凡一切应用车马口粮食物刍牧等项，俱系遣官动用钱粮备办，丝毫不取给于地方。如地方官吏有借名科派，累及民间，及随从人员借端需索，骚扰地方者，从重治罪。其经过住宿之处，准居民人等前赴营盘，携物售卖，悉照市价给与。沿途文武官弁，其衙门在二十里以内者，准其迎送，若在二十里以外者，不得擅离职守。河东总督相隔路远，不必前来请安，邻省之督抚提镇等亦不必来。至于皇子等经过之地方，凡大小官员等，不许馈送礼物，即食物亦严行禁止。倘有不遵朕旨者，著随从之大臣即行参奏，严加议处"。

又谕："皇五子告祭阙里文庙，著派出满汉御史各一员，随往稽察。倘有不遵谕旨，或随从人员生事滋扰，或地方官员苛派累民者，著该御史即行稽参。"

己巳，谕内阁："惟至圣先师孔子，道冠百王，功高万世。朕景仰企慕，寤寐弗谖，备举崇奉之仪，用申报享之愿。查世袭官爵，历代俱有成规。而圣庙执事之员，向来未加爵秩，所当广置官僚，以光祀典。今欲特设圣庙执事官三品者二员，四品者四员，五品者六员，七品者八员，八品、九品者各十员，各按品级给与章服，每逢圣庙祭祀之时，虔肃冠裳，骏奔趋事。凡此人员，著衍圣公于孔氏子孙内，选择人品端方，威仪娴雅者，报部充补，每年各给俸禄银二十两。其孔氏子孙内，有情愿充补之人，或曾经出仕而退休在籍者，或身有职衔而未曾出仕者，以及贡监生童等皆可入选。若届乡试之期，有情愿入场者，准以监生入场应试。朕意如此，著大学士等，会同该部定议具奏。”

寻议：“阙里圣庙，虽有管勾典籍司乐等官，分司执事，而设官不过数员，职衔又止七品，制度威仪，未为周备，嗣后应遵照谕旨，按品增设执事官员，给与章服。祭祀时，令其陪列执事，每年各给俸银二十两。其增设人员，令衍圣公将本族之致仕在籍及有职未仕，并贡、监生、童内，分别宗支远近，拣选人品端方，威仪娴雅者，详慎酌定应与品级，报部具奏充补。此等人员内，有遇原职轮班应选者，听其就选赴任。其由贡、监生员充补人员，有情愿乡试者，令其一体乡试。若系童生，准作监生，编入四氏号内，照额取中。再：嗣后遇有此项人员缺出，俱令衍圣公拣选拟补。”报部汇奏，从之。

（又见于民国《山东通志·列训圣典一》）

7.3.48 《文庙丁祭谱》卷二之二

（雍正八年）十二月，诏修孔林。上谕内阁曰：皇五子致祭阙里文庙，典礼告成，回京奏称，恭谒孔林，周视规则，见享堂墙垣间有年久倾圮之处。朕尊崇先师夙夜罔斁，今庙貌已经鼎新，林园允宜修葺。着钦天监选员前往会同衍圣公孔传铎相度方位，宜于何时营治详慎定议。届期朕命大臣前赴曲阜，令衍圣公协同敬谨修理。务令崇闳坚固，光垂永久，以昭朕尊礼先师之至意。

7.3.49 《清实录·雍正朝实录》卷一〇三

（雍正九年二月）丁酉，遣大学士尹泰祭先师孔子。

7.3.50 《文庙丁祭谱》卷二之二

辛亥，（雍正）九年夏五月，诏以监修阙里庙工陈世倌、张体仁仍同衍圣公监修林工。

7.3.51 《清实录·雍正朝实录》卷一〇九

（雍正九年八月）丁酉，遣大学士尹泰祭先师孔子。

7.3.52 《清实录·雍正朝实录》卷一一五

(雍正十年二月)丁酉,遣大学士尹泰祭先师孔子。

7.3.53 《历代尊孔纪》

(雍正)十年五月,颁御制重修阙里圣庙碑文,墨笔收藏阙里。

7.3.54 《历代尊孔纪》

(雍正十年)六月,孔林工竣庆云见。

先是皇五子致祭阙里文庙回京,奏称孔林享堂墙垣年久倾圮,谕钦天监选会员同衍圣公孔传铎营治。至是工峻。六月二十五日午时,胶日正中,庆云环捧日轮,五色绚烂。又于日之西南,有霞三道。经山东巡抚岳浚奏报,得旨:"朕素不言祥瑞,惟有朝乾夕惕,感上天垂象示敬之恩,何敢冀嘉祥之叠赐,已履降谕旨,训天下臣民。但自信生平尊师重道,出于至诚。阙里为圣人之乡,尤切羹墙之慕。前岁文庙重新,庆云涌见。今园林式峻,复观嘉祥。感庆之下,倍增虔悚。爰谕天下臣民共知之。"

7.3.55 《清实录·雍正朝实录》卷一二二

(雍正十年八月)丁巳,遣大学士尹泰祭先师孔子。

7.3.56 《清实录·雍正朝实录》卷一二八

(雍正十一年二月)丁巳,祭先师孔子。上亲诣行礼。

7.3.57 《文庙丁祭谱》卷二之二

癸丑,(雍正)十一年夏六月,诏补足文庙祭费额。辛未,谕内阁曰:国家祀典最宜慎重。至于文庙春秋祭仪尤宜备物尽诚,以申敬礼。闻外省、州、县中有因除荒而裁减祭祀公费者,朕思银数少,难于措办,或致祭品简略,或恐派累民间,二者均未可定。着各省督抚查明所属,若有除荒减费之州、县,即于存公银内拨补,以足原额。务令。粢盛丰洁,以展朕肃将禋祀之诚。

7.3.58 《清实录·雍正朝实录》卷一三四

(雍正十一年八月)丁卯,上命皇四子宝亲王弘历祭先师孔子。

7.3.59 《清实录·雍正朝实录》卷一四〇

雍正十二年甲寅二月丁未朔，遣大学士尹泰祭先师孔子。

7.3.60 《清实录·雍正朝实录》卷一四六

（雍正十二年八月）丁未，遣諴亲王允秘祭先师孔子。

7.3.61 《清实录·雍正朝实录》卷一五二

（雍正十三年二月）丁未，遣大学士张廷玉祭先师孔子。

7.3.62 《清实录·雍正朝实录》卷一五九

雍正十三年，乙卯，八月，丁卯朔，遣和亲王弘昼祭先师孔子。

7.3.63 《文庙丁祭谱》卷二之二

乙卯（雍正）十三年秋八月，高宗纯皇帝登极，遣太常寺少卿纳尔泰诣阙里祭告孔子。

文曰：仰惟先师，道媲勋华，功参天地，金声玉振，集千圣之大成；韶舞夏时，开百王之至治。我皇考隆师重道，礼仪备极。夫尊崇予小子典学、研经、诵法，恒深夫向往。兹属膺图之始，宜修展祀之仪。敬遣专官虔申昭告，惟道德文章之要，作君兼懋夫，作师念修齐治平之规则，后圣实承先圣。仰祈昭鉴，启牖文明。只荐明禋，尚惟歆格。

第4节　清高宗评儒

7.4.1 《清实录·乾隆朝实录》卷一二

（乾隆元年二月）丁卯，祭先师孔子，遣大学士鄂尔泰行礼。

7.4.2 《清实录·乾隆朝实录》卷一二

（乾隆元年二月戊辰）又议覆，佥都御史李徽奏请订《孝经》入四子书，进程子颢入大成殿二条。

据称："圣言称经，自《孝经》始，诸经以此称经等语，谨按经解名篇，著于《礼记》，离经辨志，载于《曲礼》，则经名早见。《孝经》称天之经，地之义，乃举经常之道而言，安得以拟议之辞，指为定名之义？”

又称：“古文《孝经》，刘炫伪作，朱子亦未深考，至吴澄据许慎《说文》始为考证等语。谨按孔安国古文《孝经》，献之秘府者，未及施行，许慎亦未得见。刘炫伪作，详于《隋书》，辨于《唐会要》，见于陆德明释文，先儒早知其非，不待吴澄之辨，安得谓朱子亦未深考？”

又称：“《孝经》以前六章为根底，中三章为体要，后九章为会通。三者人数，六者地数，九者天数，合为十八章等语。谨按《孝经》第一章，乃全部纲领。自天子以至于庶人，皆以孝为本，次孝治，次圣治，归于纪孝行，反是则有五刑，推此则为至德要道。道有经权常变，皆可通于神明，而复申言事君，结以丧亲，则孝道纯备，而宗义开明，俱从第一章脉络贯注。天地人本一理，固于数无涉，且数于《孝经》何涉，李徽强分之数，又于天地人何涉？至请以《孝经》同《学》《庸》订为一册，自乾隆元年为始，遇乡会试，与《学》《庸》一体命题等语。谨按四子之书，乃朱子所自订，刊于临漳，宋理宗颁行学宫，至元明以及我朝，遵行已久。《大学》《中庸》，程子从《礼记》摘出，朱子订入四书。《孝经》单行，篇章无多，何可与四书并列？朱子为《孝经》刊误，疑其非尽圣人之言，说得都不亲切。吴澄亦曰：‘今文亦不无可疑。’疑其所可疑，信其所可信，去其所可去，存其所可存，朱子意也。制科取士，第一场首试四书文三篇，二场用《孝经》论一篇，与性理互出，所以尊崇圣经，总期发明经义，文与论何择？李徽欲请订入四书，将使天下后世，谓四书订于朱子，五书订于李徽，殊不自量之甚。朱子熹羽翼经传，阐发义蕴，荟萃群言，衷于至当。《四书集注》章句，亲切详明，使学者涵泳细绎，具见圣贤立言精意。我圣祖仁皇帝，特进朱子熹入配大成殿，所以为天下万世学者树之标准，俾知所趋向，非以朱子熹为贤于周程诸儒也。如李徽所言，程子颢亦宜入大成殿，周子敦颐以下，均可以次详酌，则周子敦颐、二程子颐、张子载、邵子雍皆宜附于十哲之列。孔子及门，如南容、有若、子贱诸贤，不亚于程周诸子，并不亚于十哲，亦未尽入大成殿中。踵事日增，将贻后议，揆诸尊崇至圣，以师表万世之至意，亦岂有当？至于性善之说，详于孟子，皆渊源之论。李徽以人性之善为支派，谓程子颢解继之者善，亦人性之支派，指此为有功性旨，是不独有悖孟子？亦大非程子之意。敷陈舛谬，学术攸关，诚恐无知效尤，或诋毁先贤，或穿凿经义，或托名理学，自便其私。大为世道人心之害。请严申饬。”

得旨：“这所奏是，著交该部颁发天下学政，咸使遵行。”

7.4.3 《清实录·乾隆朝实录》卷二四

（乾隆元年八月）丁卯，祭先师孔子，遣和亲王弘昼行礼。

7.4.4 《清实录·乾隆朝实录》卷三六

(乾隆二年二月)丁卯,祭先师孔子,遣諴亲王允秘行礼。

7.4.5 《文庙丁祭谱》卷二之二

丁巳,高宗纯皇帝乾隆二年夏四月,遣左副都御史陈世倌诣阙里祭告孔子。

文曰:仰惟先圣,德合乾坤,光昭日月。树百王之宏范,集千圣之大成。朕钦崇至道,向往维殷。兹于乾隆二年四月十六日恭奉世宗敬天昌运,建中表正,文武英明,宽仁信毅,大孝至诚。宪皇帝配享圜丘礼成,特遣专官虔申昭告,惟冀丕焕文明之盛,永臻熙皞之风。鉴此精诚,庶其歆格。

7.4.6 《清实录·乾隆朝实录》卷四八

乾隆二年,丁巳,八月,丁巳朔,祭先师孔子,遣和亲王弘昼行礼。

7.4.7 《文庙丁祭谱》卷二之二

(乾隆二年)秋九月,诏辟雍规则,易用色瓦。

上谕工部曰:至圣先师孔子,天纵圣神,师表万世。尊崇之典至我朝而极盛,世宗显皇帝尊师重道,礼敬尤隆。阙里文庙,特命易盖黄瓦,鸿仪炳焕,超越前模。朕只绍先猷,羹墙念切,思国子监为首善观瞻之地,辟雍规制宜加崇饰。大成门、大成殿着用黄瓦,崇圣祠着用绿瓦,以昭展敬至意。

(又见于《清史稿·礼志·吉礼》)

7.4.8 《文庙丁祭谱》卷二之二

(乾隆二年)冬十一月,复以元儒吴澄从祀文庙,以先儒韩愈后法祖为世袭五经博士。

(又见于《清史稿·礼志·吉礼》、《清实录·乾隆朝实录》卷七一)

7.4.9 《清实录·乾隆朝实录》卷六二

(乾隆三年二月)丁亥,祭先师孔子,上亲诣行礼。御书扁曰:"与天地参。"御书联曰:"气备四时,与天地鬼神日月合其德。教垂万世,继尧舜禹汤文武作之师。"悬文庙大成殿楹。

(又见于《清史稿·高宗纪》)

7.4.10 《清实录·乾隆朝实录》卷六四

（乾隆三年三月）甲寅，上诣太学。

前期一日，于宫中致斋。是日，上具礼服，乘舆至太学棂星门外，降舆。由大成中门，步进先师位前，行释奠礼。礼成，御彝伦堂。王以下衍圣公孔广棨、祭酒、司业、文武大臣行礼毕，赐坐。翰林官、五经博士各氏子孙及国子监官、进士、举人、荫生、贡、监等俱拱立堂外。随命讲官坐。满汉祭酒国琏、李凤翥讲《中庸》"天命之谓性"一章。

讲毕，上宣御论曰："'天命之谓性，率性之谓道'，是本一贯之理也，亦犹无极而太极，太极而阴阳。阴阳本太极，太极本无极也。盖道本乎性，性本乎天。至云'修道之谓教'，则有人力之施为，而已非道之本原矣。故论其本原，无所为离与合也。至有道之可名，于是乎须臾不可离，且戒之曰，可离非道。而戒惧慎独之功，亦莫不因修道而起。不知喜怒哀乐之未发，即天命也；谓之中，即性也；发而皆中节，即率性也；谓之和，即道也。岂非天下之大本达道乎？故曰'致中和，天地位焉，万物育焉'，若曰天地自位、万物自育而已。倘视喜怒哀乐未发以下为慎独工夫，殊失子思子之本旨矣。"

满汉司业塞尔登、李文锐讲《尚书》"曰若稽古帝尧"一节。

讲毕，上宣御论曰："《尧典》纪尧之德，以钦始，以钦终。钦明本尧之德，至二女之嫔虞，亦教之曰钦哉。则圣人之心，无时无事之不主敬可知矣。夫人心惟危，敬则不至于危；道心惟微，敬则不患其微。以至精一执中，舍敬其何以为功也。是故主敬为至要，亦惟主敬为至难。帝尧之圣，犹兢业之弗遑，况在常人，岂可斯须去敬，以自外于圣人之教哉。"

王大臣、国子监官、生跪聆毕，大学士鄂尔泰等奏曰："皇上阐扬经书义蕴，广大精微，皆先儒所未及，真帝王传心之要也。"

祭酒、司业率学官、诸生跪，鸿胪寺官宣制曰："圣人之道，如日中天。讲究服膺，用资治理。尔诸师生其勉之。"

祭酒、司业率学官、诸生谢恩。王以下文武大臣复坐，赐茶。上还宫。

随赐诸生食品于彝伦堂。谕四配、十二哲后裔暨元圣周公裔东野氏等三十一人，均送监读书，广国子监乡试中额十八名，寻召见衍圣公孔广棨、暨五经博士各氏后裔等十八人。谕："尔等皆圣贤后裔，因朕临雍来京，特行召见。尔等既为圣贤之后，当心圣贤之心，凡学圣贤者，非徒读其书而已，必当躬行实践，事事求其无愧，方为不负所学。况身为圣贤子孙，尤与凡人不同，若不能实加体验，徒负读书之名，实于祖德家风不能无忝。尔等务须勤思勉励，克绍先传，以副朕谆切期望之意。"

赐衍圣公、国子监祭酒以下，如雍正二年例，加赐衍圣公、至圣后裔、五经博士等御制《乐善堂文集》及貂墨有差。

（又见于民国《山东通志·卷首·列训圣典二》）

7.4.11 《清实录·乾隆朝实录》卷六五

（乾隆三年三月辛未）赐衍圣公孔广棨之母王氏，御书扁曰："冰霜劲节。"

7.4.12 《清实录·乾隆朝实录》卷六五

（乾隆三年三月丁丑）礼部议覆，尚书衔徐元梦奏言："鲁论所记四科，止就陈蔡诸贤记载，后人据此，定为十哲，从祀文庙正殿。嗣以颜子升配先师，因升颛孙子师于殿以补其数。圣祖仁皇帝又以朱子熹昌明圣教，升位其次，是十哲可不必拘矣。考鲁《论（语）》次章，即载有子之说，其言行气象，皆与圣人相似，则有子若宜得升堂配享，确然无疑。再如宰子予、冉子求一因短丧有不仁之斥，一因聚敛有非徒之责。论者谓宜移祀两庑，其两庑中，如南宫子适、宓子齐不俱以君子见称孔子，自宜并与升配等语。谨按十哲之祀，昉于唐开成，至宋咸淳，升子张以补缺数，以孟子称得圣人一体故也。有子若最为游、夏所服，孟子亦称智足知圣。从前未跻十哲，实为缺典，应如所请，升有子若于殿内东旁卜子夏之下，移朱子熹于西旁颛孙子师之下。通行国子监、直省、府、州、县学一体遵奉。至宰子、冉子皆圣门高弟，未容轻议。其余诸贤，经称许者甚多，亦岂能概跻十哲。所请两庑升配，均无庸议。"得旨："允行。"①

（又见于《清史稿·礼志·吉礼》、《文庙丁祭谱》卷二之二）

7.4.13 《文庙丁祭谱》卷二之二

（乾隆三年）三月，颁御书"与天地参"额。

甲寅，圣驾临雍释尊于先师。赐衍圣公《阙里圣典》序。

御制序文曰：自京师以至郡邑，薄海内外，莫不庙祀孔子。而曲阜阙里为圣人之居，灵爽之所式凭，崇德报功，于斯为巨。历代以来，罔不只肃，惟我圣祖仁皇帝亲谒庙堂，有《幸鲁盛典》一书。至我皇考世宗宪皇帝重道尊师，弗懈益虔。雍正二年，阙里庙殿不戒于火，命官营治悉复其旧，宏敞有加焉。屋用黄瓦，圭瓒俎豆尊罍颁自上方，亲洒宸翰，悬诸大成殿门堂哉。皇哉，不可殚述精诚，乎

---

① 《清史稿·礼志·吉礼》为："（乾隆）三年，升有子若为十二哲，位次卜子商。移朱子次颛孙子师。"

格爰有庆云见曲阜之祥。凡阅七载，庙工落成，诸臣请勒成《阙里盛典》一书，垂之久远。乾隆三年，是书告竣。盖自汉唐而后记载所传未有若斯之隆也。朕恭承丕绪，景行先师，寤寐羹墙，绍休前烈，深惟圣帝明王莫不讲明先王之法，行圣贤之道，为万世计深且远。董子曰："天不变，道亦不变"。夫圣人之道，如日星行而江河流，则圣人居与乾坤同其永久者，皆教泽之垂于无穷也。然非有王者作先后同揆，则尊崇之典或缺焉而不备，备矣而未极其盛。惟我皇考接洙泗之心源，观人文以化成天下，明王道，重儒术，以圣契圣。是以尽志尽物焕乎其文，巍巍煌煌，至于此极。披览是编，如登圣人之堂。车服礼器之辉煌，见宗庙百官之美富，聆金声玉振之始终条理，有不穆然而遐思、肃然起敬者哉？昭示来兹，既以见孔子师表万世，明德馨香，宜隆于毓秀钟灵之地，又见我国家圣圣相承，右文向道，逾迈前古，且俾孔氏子孙继继承承，知庙貌维新，修其礼物，其来有自焉。爰因衍圣公孔广棨请，而序之。

7.4.14 《清实录·乾隆朝实录》卷七三

(乾隆三年八月)丁亥，祭先师孔子，遣和亲王弘昼行礼。

7.4.15 《清实录·乾隆朝实录》卷八六

(乾隆四年二月)丁亥，祭先师孔子，遣和亲王弘昼行礼。

7.4.16 《清实录·乾隆朝实录》卷九八

(乾隆四年八月)丁丑，祭先师孔子，遣诚亲王允秘行礼。

7.4.17 《历代尊孔纪》

(乾隆)四年十月，制孔庙祭器。

爵一铏十六，簠一簋一，笾四，豆四。送阙里陈设。

7.4.18 《清实录·乾隆朝实录》卷一一〇

(乾隆五年二月)丁丑，祭先师孔子，遣大学士查郎阿行礼。

7.4.19 《清实录·乾隆朝实录》卷一二五

(乾隆五年八月)丁巳，祭先师孔子，上亲诣行礼。

(又见于《文庙丁祭谱》卷二之二)

7.4.20 《文庙丁祭谱》卷二之二

癸亥,(乾隆五年)八月,颁丁祭旋宫之乐。

迎神奏《昭平》,辞曰:大哉孔子,先觉先知。与天地参,万世之师。祥征麟绂,韵荅金丝。日月既揭,乾坤清夷。

初献、尊帛奏《宣平》,辞曰:予怀明德,玉振金声。生民未有,展也大成。俎豆千古,春秋上丁。清酒既载,其香始升。

亚献奏《秩平》,辞曰:式礼莫愆,升堂再献。响协鼖镛,诚孚罍甗。肃肃雍雍,誉髦斯彦。礼陶乐淑,相观而善。

终献奏《叙平》,辞曰:自古在昔,先民有作。皮弁祭菜,于论思乐。惟天牖民,惟圣时若。彝伦攸叙,至今木铎。

彻馔奏《懿平》,辞曰:先师有言,祭则受福。四海黉宫,畴敢不肃。礼成告彻,毋疏毋渎。乐所自生,中原有菽。

送神奏《德平》,辞曰:凫绎峨峨,洙泗洋洋。景行行止,流泽无疆。聿昭祀事,祀事孔明。以化蒸民,以育膠庠。

7.4.21 《清实录·乾隆朝实录》卷一二八

(乾隆五年十月)己酉,训诸臣研精理学。谕:"朕命翰詹科道诸臣,每日进呈经史讲义,原欲探圣贤之精蕴,为致治宁人之本。道统学术,无所不该,亦无往不贯。而两年来,诸臣条举经史,各就所见为说,而未有将宋儒性理诸书切实敷陈,与儒先相表里者。盖近来留意词章之学者,尚不乏人,而究心理学者盖鲜。印诸臣亦有于讲章中系以箴铭者,古人鉴槃几杖,有箴有铭,其文也,即其道也。今则以词藻相尚,不过为应制之具,是岐道与文而二之矣。总因居恒肄业,未曾于宋儒之书沉潜往复,体之身心,以求圣贤之道。故其见于议论,止于如此。夫治统原于道统,学不正,则道不明。有宋周、程、张、朱子于天人性命大本大原之所在,与夫用功节目之详,得孔孟之心传,而于理欲、公私、义利之界,辨之至明。循之则为君子,悖之则为小人。为国家者,由之则治,失之则乱,实有裨于化民成俗、修己治人之要,所谓入圣之阶梯,求道之涂辙也。学者精察而力行之,则蕴之为德行,学皆实学,行之为事业,治皆实功,此宋儒之书,所以有功后学,不可不讲明而切究之也。今之议经者,间或援引汉唐笺疏之说。夫典章制度,汉唐诸儒,有所传述考据,固不可废,而经术之精微,必得宋儒参考而阐发之,然后圣人之微言大义,如揭日月而行也。惟是讲学之人,有诚有伪,诚者不可多得,而伪者托于道德性命之说,欺世盗名,渐启标榜门户之害,此朕所深知,亦朕所深恶。然不可以伪托者获罪于名教,遂置理学于不事,此何异于因噎而废食乎？盖为己、为人之分，自孔子时，早已明辨而戒之。学者正当持择审处，存诚去伪，毋蹈徇外骛名之陋习，崇正学则可以得醇儒，正人心，厚风俗，培养国家之元气，所系綦重，非徒口耳之勤近功小补之术也。朕愿诸臣研精宋儒之书，以上溯六经之阃奥，涵泳从容，优游渐渍，知为灼知，得为实得，明体达用以为启沃之资，治心修身以端教化之本。将国家收端人正士之用，而儒先性命道德之旨，有功于世道人心者，显著于家国天下。朕于诸臣有厚望焉。”

7.4.22 《清实录·乾隆朝实录》卷一三六

（乾隆六年二月）丁酉，祭先师孔子，遣和亲王弘昼行礼。

7.4.23 《清实录·乾隆朝实录》卷一四八

（乾隆六年八月丁酉），祭先师孔子，遣和亲王弘昼行礼。

7.4.24 《清实录·乾隆朝实录》卷一五一

（乾隆六年九月）丁亥，谕军机大臣等：“朕闻谢济世将伊所注经书刊刻传播，多系自逞臆见，肆底程、朱，甚属狂妄。从来读书学道之人，贵乎躬行实践，不在语言文字之间，辨别异同。况古人著述既多，岂无一二可指摘之处？以后人而议论前人，无论所见未必即当，即去当矣，试问于己之身心有何益哉？况我圣祖将朱子升配十哲之列，最为尊崇，天下士子，莫不奉为准绳。而谢济世辈倡为异说，互相标榜，恐无知之人，为其所惑，殊非一道同风之义，且足为人心学术之害。朕从不以语言文字罪人，但此事甚有关系，亦不可置之不问也。尔等可寄信与湖广总督孙嘉淦，伊到任后，将谢济世所注经书中有显与程、朱违悖抵牾，或标榜他人之处，令其查明具奏，即行销毁，毋得存留。”

又谕：“朕闻得德沛托理学之名，而待人行事，多用权术，且重赏寄耳目之人，以为所访事件自然的确，而不知仍为所欺。似此，则于地方诸务恐不能有实际。策楞既在同城，知之必悉，如行事果不足服人，而于政事致有妨碍之处，著据实密奏，亦不必因朕此旨，过于吹求。”

7.4.25 《清实录·乾隆朝实录》卷一五四

（乾隆六年十一月戊辰）大学士等议覆，御史卫廷璞奏称：“衍圣公孔广棨，曲阜县知县孔毓琚互相参揭。查定例曲阜知县，由衍圣公咨送题补。衍圣公恃有咨送之权，族属易于营私，所补多由谋竞，曲阜知县、宰制一邑，所隶皆其亲族，审断岂尽秉公？臣愚以为衍圣公祗宜隆之以爵，不应授之以权。曲阜知县宜从各省知县之例，隔省补用。”

又御史孙灏奏称："曲阜世职，诚以崇报礼隆。爰及苗裔，以一人之不才而概遗同姓，以一时之不便而顿革成规，非所以劝儒风，昭令典也。况曲阜世职，系衍圣公会同山东巡抚保题，引见补授。大计仍与巡抚会核，为官而择人，可也，何遽为人而废官哉！窃以谓曲阜世职知县，宜仍旧贯，不必遽裁。"

又鸿胪寺卿林令旭奏："请推择衢州孔氏子孙为曲阜知县。臣等伏查曲阜改县以来，自唐至明，俱用孔氏子弟除授。我朝定制，令衍圣公保题，复令抚臣会同考核，益重其选，以隆其典。盖圣人之子孙，不使异姓之吏治之，以致尊师重道之大义，未便因孔毓琚不职而遽易成模。况保题时既系抚臣会核，又经引见补授，而三载黜陟，亦与各省知县无异。应如该御史孙灏所奏，曲阜世职，不必遽裁，但典阜知县，向来多由衍圣公拟定正陪人员。该抚虽会同拣选，有名无实，应请嗣后曲阜县知县缺出，令衍圣公于孔氏族中进士、举人、贡生、择读书立品，素为族党推重者，不拘人数，咨送山东巡抚，覆加考试，拣选正陪，保题咨送。引见补授。并领该抚与所属州县一体稽察，如不称职，即行参处。如此，则衍圣公不得恃其补题之权，该县亦不敢有依附营私之事。而孔氏世职，益受国家保全之恩于无替矣。"

至鸿胪寺卿林令旭所奏："择衢州孔氏子孙为曲阜令之处，应无庸议。"从之。

7.4.26 《清实录·乾隆朝实录》卷一六〇

(乾隆七年二月)丁酉，祭先师孔子，遣怡亲王弘晓行礼。

7.4.27 《清实录·乾隆朝实录》卷一七二

乾隆七年，壬戌，八月，丁亥朔，祭先师孔子，遣和亲王弘昼行礼。

7.4.28 《清实录·乾隆朝实录》卷一七二

(乾隆七年八月)甲午，以举行仲秋经筵，遣官告祭奉先殿、传心殿。谕：

"今日举行经筵典礼。礼部据向例，以天雨奏请改期。朕思魏文侯将出猎，而雨，左右不欲行。文侯曰：'吾已与虞人期矣，岂可无一期会哉？'乃往。身自罢之。夫田猎之娱，尚不以遇雨失期，况经筵大典？业经祭告，自应举行。但执事诸臣，例应在丹墀内排班行礼，未免沾湿。著穿雨衣排列，驾到，即入殿进讲，讲毕，即奏礼成。其阶下行礼、殿内赐茶诸仪，俱著停止。嗣后凡遇雨，俱照此例行。"

上御文华殿，讲官三泰、陈德华进讲《论语》"一日克己复礼，天下归仁焉"。讲毕，上宣御论曰："天地至广也，民物至众也，而一人一日之间，苟能克己复礼，天下归仁焉。斯语也，圣人岂欺我哉？盖天地民物，总不外我之一心。仁，人心也，惟不能存仁，其心已亡矣。是以视天地民物自天地民物，而我自我，于归仁乎何有？然其本性之善固在也。一日克己复礼，其仁即在是，而天下之归仁亦在是。故颜子三月不违，斯三月之间，即是天下归仁。而其余之日月至，其至之时，天下之归仁，亦犹颜子之三月不违而已矣。至于圣人位天地，育万物，何一非此心之流行于宇宙间，而天地自位，万物自育乎！是非以仁为感通之具也，亦非举为仁之效，而蕲人之求仁也。人苟未能克己复礼，则必卜度仁之能感通天下。而以天下归仁焉为仁之效，是心也，即己也。持此己而冀天下之归仁，是犹北辕而适越，吾知其无至之日必矣。"

讲官雅尔呼达、梁诗正进讲《易经》"天地之道，恒久而不已也"。讲毕，上宣御论曰："《易经》讲义曰：'元亨利贞，天道之常'。是惟无恒，所以恒久而不已也。夫四时代谢，二气递嬗，何尝久春而久夏乎！然惟其不恒，是以春恒去而夏恒来。运而不穷，岂非天地之以正而能久耶？所谓正者何？其不已之谓乎？故曰'惟天之命，于穆不已'，是即久于其道也。而大生广生，万物芸芸，孰非易知简能所悠久以无疆者乎？是故天地以正而恒，而天地初不自见其可恒于正，使天地自见其可恒于正，是有恒矣。有恒斯无恒，必恒生而恒灭，恒屈而恒伸，无是理也。是故观天地之恒久，不若观天地之不已。惟其不已，是以恒久。'穆穆文王，纯亦不已'，是诚希天之圣乎？"

大学士张廷玉等奏曰："皇上备天德之全，自周旋而中礼，体乾行之健，益悠久以无疆。阐妙蕴于孔颜，得真诠于爻象。臣等敬聆圣论，实深钦服。"

礼成，赐讲官及侍班官宴于协和门。

7.4.29 《清实录·乾隆朝实录》卷一八四

（乾隆八年二月）丁亥，祭先师孔子，遣和亲王弘昼行礼。

7.4.30 《清实录·乾隆朝实录》卷一八四

（乾隆八年二月）庚寅，以举行仲春经筵，遣官告祭奉先殿、传心殿。

上御文华殿，讲官暨侍班之大学士九卿詹事等，行二跪六叩礼，分班入殿内序立。直讲官四人出就讲案前，行一跪三叩礼。复位。

直讲官三泰、任兰枝进讲《论语》子曰："性相近也，习相远也"一节。讲毕，上宣御论曰："子贡之赞孔子曰：'夫子之文章，可得而闻也；夫子之言性与天道，不可得而闻也。'若是乎夫子之言性，诚不可得而闻乎哉？乃夫子之言性，则曰：'性相近也，习相远也。'以性对习，而近之与远，亦不过百步五十步之分耳。何其视性之卑耶？盖尝读《中庸》而知其说矣。'天命之谓性'，性相近也；'率性之谓道，修道之谓教'，习相远也。此犹未指夫知诱物化之私而言，而其视性之近乎天命，为已远矣。故易曰：'成性存存，道义之门'，此即率性修道之谓也。诗曰：'穆穆文王，纯亦不已'，此即性即天命之谓也。而程子动箴，亦曰：'习与性成，圣贤同归'。诚能遏人心，即所以存道心。不远复，毋祇悔，又何远近之殊耶？"

讲官暨侍班官跪聆毕。兴。直讲官索柱、蒋溥进讲《易经》"天地养万物，圣人养贤以及万民"二句。讲毕，上宣御论曰："天地养万物，而不能不藉后之裁成辅相；圣人养万民，而不能不赖贤之时亮天工。是以周公躬吐握之劳，故有圄空之隆；齐桓设庭燎之礼，故有匡合之功。寰区至广也，生民至众也。以一人之心志耳目御之，其敝精劳神而乞无成功，亦不待烛照数计而龟卜矣。自古圣王，劳于求贤，逸于得人。然得人始逸，而求贤则劳。毋论求之不以道，得之不以实，所得非其人，所求非其贤，而天下之万民，不可以一日而不养。为君难，盖诚乎其难矣。"

讲官暨侍班官跪聆毕，大学士张廷玉等奏曰："皇上尽性达天，任人图治，抉精微之蕴，而允执厥中，极教养之方，而兆民允赖。圣训所示，天德王道，一以贯之。臣等不胜钦服。"

奏毕，诸臣出就拜位，行二跪六叩礼。礼成，上还宫。赐讲官及侍班官等宴于协和门。

7.4.31 《清实录·乾隆朝实录》卷一八九

（乾隆八年八月丁巳）祭先师孔子，遣大学士陈世倌行礼。

7.4.32 《清史稿·高宗纪》

（乾隆八年九月）乙巳，上诣文庙释奠。

7.4.33 《清实录·乾隆朝实录》卷二一〇

（乾隆九年二月丁巳）祭先师孔子，上亲诣行礼。

（又见于《文庙丁祭谱》卷二之二）

7.4.34 《清实录·乾隆朝实录》卷二一一

（乾隆九年二月）乙丑，以举行仲春经筵，遣官告祭奉先殿、传心殿。

上御文华殿。讲官暨侍班之大学士、九卿、詹事等行二跪六叩礼。分班、入殿内序立。直讲官四人出就讲案前，行一跪三叩礼。复位。直讲官阿克敦、任兰枝进讲《论语》"古之学者为己，今之学者为人"章。讲毕，上宣御论曰："此圣人叹世道之衰微，而慨想古之人也。夫学者何？明明德，以新民，而止于至善，惟行其心之所安，而尽其分之当为耳，岂有人己之分哉？自精一之学不传，而人己乃判分，于是不知而愠者有之，盖不能克己也。故孔子矫之曰：‘汝以此为为己乎？’古之学者，不祈人知，而人无不知，此乃所以为己也。今之学者，惟祈人不知，心逐于外而日丧。是为人耳，岂为己耶？究之古之学者，何曾有为己之心哉？夫有己必有人。人己之见介于中，天理之公于是泯矣。故古之学者，无人己之分，又岂有为己为人之别？圣人慨今之学者之不古若，于是有古之学者为己之叹耳。程子曰：‘古之学者为己，其终至于成物；今之学者为人，其终至于丧己。’盖亦微见圣人本意焉耳。”

讲官暨侍班官跪聆毕。兴。直讲官索柱、钱陈群进讲《易经》“天地之大德曰生”。讲毕，上宣御论曰：“天地之大德曰生，德与生不可析而二之。若谓职覆职载，德莫大；大始成物，生莫盛，是德与生为两事，而非易简矣。德即生，而无声无臭之理，于是乎昭；生即德，而成形成象之用，于是乎溥。故曰‘元者，善之长也’，此天地之心也。天地之心不可见，以天地之大德见。天地之大德不可见，以天地之生物见。然而生即德，德即心。大生广生，孰非易简之至德哉？”

讲官暨侍班官跪聆毕，大学士鄂尔泰等奏曰：“皇上精一执中，继唐虞之道统，尊崇正学，一天下之人心，造士各因其材，儒风日进。于古天地以生物为德，帝王以成物为功。皇上一以贯之，天德王道，备于是矣。臣等幸侍经筵，亲聆睿训，不胜荣幸之至。”

奏毕，诸臣出就拜位，行二跪六叩礼。礼成，上还宫。赐讲官侍班官等宴于协和门。

7.4.35 《清实录·乾隆朝实录》卷二二二

（乾隆九年八月）丁未，祭先师孔子，遣和亲王弘昼行礼。

7.4.36 《清实录·乾隆朝实录》卷二二三

（乾隆九年八月）乙丑，以举行仲秋经筵。遣官告祭奉先殿、传心殿。

上御文华殿。讲官暨侍班之大学士、九卿、詹事等行二跪六叩礼。分班入殿内序立。直讲官四人出就讲案前，行一跪三叩礼。复位，直讲官班第、梁诗正进讲《论语》“居之无倦，行之以忠”二句。讲毕，上宣御论曰：“居之无倦者，存诚之体；行之以忠者，致诚之事。此夫子因子张之问政，而告之以内圣外王之学也。盖内圣外王之学，原无居与行之分，而遑有心与事之歧？一诚而已，夫何间焉！自夫知诱物蔽而亡其正，诚斯泯矣。故居之心者不能不怠，而行之事者不能不伪。非特为政者作此而失恒。即为学者，因此而丧良者多矣。故夫子因子张之问政而发明之。苟其居之心者，一朝乾夕惕之诚；行之事者，一不欲勿施之乎。诚斯立矣，政斯行矣，何尝分诚与政为二事？又安用其以政而存诸心？以政而达诸事乎？”

讲官暨侍班官跪聆毕兴。直讲官阿克敦、钱陈群进讲《易经》“天地感而万物化生，圣人感人心而天下和平”二句。讲毕。上宣御论曰：“天地无心，以万物为心；圣人无情，以万民为情。试观春生夏长，秋收冬藏，而飞潜动植之伦，各形其形而色其色，孰非天地之心哉！放勋之时，平章百姓，而黎民于变时雍，孰非圣人之情哉！万物之化生，不待天地之感，而即见天地之感；天下之和平，亦不待圣人之感，而亦即见圣人之感。使天地有心而感万物，则自混茫以来，至于今日，不知其漏者有几，而断者凡几矣。惟其以万物为心，是以万物如是化生，终古不穷。人不能名，强名之曰‘天地感而万物化生’。至于熙皞之世，首推唐虞。自此以降，虽有小康之时，均非华胥之世也，毋亦以有情之感。感人之有情，此一情也，彼亦一情也，圣人方且惴惴焉。而云天下和平，是自欺耳。然则如之何而后可？曰圣时宪。”

讲官暨侍班官跪聆毕，大学士张廷玉奏曰：“皇上统内圣外王之学，综盛德大业之全，究极天人，研精性命。臣等敬聆圣论，实深钦服。”

奏毕，诸臣出就拜位，行二跪六叩礼。礼成，上还宫。赐讲官暨侍班官等宴于协和门。

7.4.37　《清实录·乾隆朝实录》卷二三四

（乾隆十年二月）丁未，祭先师孔子，遣诚亲王允秘行礼。

7.4.38　《历代尊孔纪》

（乾隆）十年五月，命新设安西卫建文庙。

7.4.39　《清实录·乾隆朝实录》卷二四六

（乾隆十年八月丁未）祭先师孔子，遣履亲王允祹行礼。

7.4.40　《清实录·乾隆朝实录》卷二五九

（乾隆十一年二月）丁巳，祭先师孔子，遣慎亲王允禧行礼。

7.4.41　《清实录·乾隆朝实录卷二七二

（乾隆十一年八月）丁卯，祭先师孔子，遣慎亲王允禧行礼。

7.4.42 《清实录·乾隆朝实录》卷二七三

（乾隆十一年八月）癸未，以举行仲秋经筵，遣官告祭奉先殿、传心殿。

上御文华殿。讲官暨侍班之大学士、九卿、詹事等行二跪六叩礼。分班入殿内序立。直讲官四人出就讲案前，行一跪三叩礼。复位，直讲官阿克敦、梁诗正进讲《大学》"自天子以至于庶人，壹是皆以修身为本"。讲毕，上宣御论曰："天子庶人，其分虽殊，而修身则无二致。修身者天子之所以为天子，庶人之所以为庶人也。故《中庸》曰：'修身以道，修道以仁。仁者，人也。'此以见身为心之所托，而家国天下之本也。正心以上，皆所以修身，而齐家以下，则举此而措之。亦云有其本，则末不求而自至，如影之随形，响之应声焉，非云我之修身。所以为齐家治国平天下也。如以谓为齐家治国平天下，则修身非为己矣。庶人无治平之责者，亦可不修身矣。不知人也，身也，心也，三而一者也。心不可见，以身而见，人亦形名，以身而名，修身要矣。明德，新民，其皆以是为宗乎！"

讲官暨侍班官跪聆毕。兴。直讲官伍龄安、钱陈群进讲《周易》"天施地生，其益无方"。讲毕，上宣御论曰："盖尝观于造化自然之流行，而知天地之大矣。天地之大，未尝自言其益，而其益乃无方焉。'一阴一阳之谓道'，'四时行焉，百物生焉'，'往者屈而来者伸'，息复消而消复息，天地何容心哉！而惟是日进无疆之体，健行不息，化育万物，各正性命，何其益之大也。彼惠心而勿问者，固不足称。即心乎爱矣，遐不谓矣。而苟其内无健顺藏用之功，则不足以建知始作成之本；外无丕冒显仁之量，则不足以赞覆帱化育之权。然而天地无心于万物，而万物亦无心于天地，故其益无方焉。圣人有心于万物，而万物亦有心于圣人，故其益有量焉。此裁成辅相者，所以倍难于资始资生之无为也。"

讲官暨侍班官跪聆毕，大学士讷亲等奏曰："皇上精一执中，绍心传于二帝，阴阳合撰，溥美利于八垠，既本身以征民，遂参天而两地。臣等幸侍经函，亲聆睿训，不胜钦服。"

奏毕，诸臣出就拜位，行二跪六叩礼。礼成，上还宫。赐讲官及侍班官宴于协和门。

7.4.43 《清实录·乾隆朝实录》卷二八四

（乾隆十二年二月）丁卯，祭先师孔子，遣慎亲王允禧行礼。

7.4.44 《清实录·乾隆朝实录》卷二八六

（乾隆十二年三月）丙申，《十三经注疏》《二十一史》刻成。议叙提调、编校、校录、监造各官加级纪录有差。

御制重刻《十三经》序曰："班固氏曰：六学者，王教之典籍。先圣所以明天道，正人伦，致至治之成法也。汉代以来，儒者传授或言五经，或言七经；暨唐分三礼三传，则称九经；已又益《孝经》《论语》《尔雅》，刻石国子学；宋儒复进《孟子》，前明因之，而《十三经》之名始立。自宋易汉唐石刻之旧，五经始有板本。及明南北监板行，而笺疏传义，胪列具备，学士家有其书，传习弥广。顾训诂繁则踳驳互见，卷帙重则豕亥易讹，或意晦于一言之舛，或理乖于一字之谬。校雠疏略，疑误滋多承学之士，无所取正。我朝列祖相承，右文稽古。皇祖圣祖仁皇帝研精至道，尊崇圣学，五经具有成书颁布海内。朕披览《十三经注疏》，念其岁月经久，梨枣日就漫漶，爰敕词臣，重加校正。其于经文误字以及传注笺疏之未协者，参互以求其是，各为考证，附于卷后不紊。旧观刊成善本，匪徒备金匮石室之藏而已。书曰学于古训乃有获，传曰经籍者圣哲之能事，其教有适其用无穷。朕咨采敕几，实无审定之暇，亦无鉴古之识，而惟是缉熙逊志，日就月将，则有志焉而不敢不勉继自今。津逮既正，于以穷道德之阃奥，嘉与海内学者，笃志研经，敦崇实学。庶几经义明而儒术正，儒术正而人才昌，恢先王之道，以赞治化而宏远猷，有厚望焉。"

御制重刻《二十一史》序曰："七录之目，首列经史，四库因之。史者辅经以垂训者也。《尚书》《春秋》内外传，尚矣。司马迁创为纪表书传之体，以成《史记》，班固以下因之。累朝载笔之人，类皆娴掌故，贯旧闻，旁罗博采，以成信史。后之述事考文者，咸取征焉。朕既命校刊《十三经注疏》定本，复念史为经翼，监本亦日渐残阙，并敕校雠，以广刊布。其办讹别异，是正为多，卷末考证，一视诸经之例。《明史》先经告竣，合之为二十二史，焕乎册府之大观矣。夫史以示劝惩，昭法戒，上下数千年治乱安危之故，忠贤奸佞之实。是非得失，俱可考见。居今而知古，鉴往以察来。扬子云曰：'多闻则守之以约，多见则守之以卓'。岂不在善读者之能自得师也哉！"

7.4.45 《文庙丁祭谱》卷二之二

丁卯（乾隆）十二年夏六月庚申朔，诏来岁东巡致祭阙里。

庚申，奉上谕，朕幼诵简编，心仪先圣，一言一动，无不奉圣训为法程。御极以来，觉世牖民，式型至道，愿学之初，如见羹墙，辟雍钟鼓，躬亲殷荐，而未登阙里之堂，观车服礼器，心甚歉焉。仰惟皇祖圣祖仁皇帝巡幸东鲁，亲奠孔林，盛典传于奕禩。皇考世宗显皇帝崇圣，加封，重新庙貌，尝遣朕弟和亲王恭代。展祀未以命朕意者，其或有待欤。朕寅绍丕基，抚兹熙洽。思以来年春孟月，东巡狩，因溯洙泗，涉杏坛，瞻仰宫墙，申景行之夙志。

7.4.46 《清实录·乾隆朝实录》卷二九七

(乾隆十二年八月丁丑)祭先师孔子,遣大学士史贻直行礼。

7.4.47 《清实录·乾隆朝实录》卷三〇二

(乾隆十二年十一月辛丑)谕:"翰林院检讨阮学浩,所奏贡生阎若璩孔庙从祀末议十一条,朕粗加披阅,大概多前人所已经议及,非有卓然至当不易之论。'有裨典制,必当见之施行者,即如议乐舞宜用八佾,笾豆宜用十二'一条,其意谓尊崇祀典,宜用天子礼乐。夫孔子道德高厚,与天地参,即备天子礼乐以奉之,亦未足以昭崇报。我朝列圣隆礼致敬于先师,至矣尽矣。而乐舞仍用六佾,非略而未讲也。朕谓季氏八佾舞于庭,孔子斥其是'可忍也,孰不可忍'。今顾以孔子所非者祀孔子,是得为敬孔子乎?在他人则议之,在己则受之,于圣人之心安乎?谓孔子生未尝为诸侯,六佾亦岂所固有。此乃本之宋臣王安石谓《史记》不当列孔子于世家,不过文人翻新立说,岂足据为定论?且天子尊师,所贵宣明德化,敦叙彝伦,实能行圣道以端治理,明圣教以淑人心。坐而言,起而行,使天下无一人不与被圣人之泽。至于乐舞之仪文,笾豆之度数,其末节耳。而以此为尊师首务,岂所谓能知轻重者乎。又所称'两庑先贤先儒,位次凌躐,宜请厘正'一条。两庑从祀诸人,累朝互有出入。盖书生习气,喜逞臆断而訾典章。就其一偏一曲之见,言人人殊。考之前史,甚至有迎合时事,党护乡曲者。汉臣议礼如聚讼之讥,良有以也。阮学浩所信者,阎若璩之说,而阎若璩此条如何厘正?若者宜先,若者宜后,在阎若璩即无定论。况孔庙祀典,于雍正二年奉皇考世宗宪皇帝谕旨,令廷臣集议,所有应增祀复祀之先贤先儒,已经一一厘正。阎若璩所谓西多于东者,盖未厘正以前之旧。今定从祀东庑六十二人,西庑六十一人,位次秩然,初无凌躐,现载大清会典。阎若璩固未及见,阮学浩、何备官而亦未之闻耶。祀典关系重大,若祇凭其私心浅见,率议更张,忽进忽退,忽东忽西,成何政体?以朕观之,此二条即不可施行,是以明切晓谕,令众知之。其余各条,或有应议之处,大学士会同该部详议具奏。"

寻议该检讨所奏阎若璩末议,第三条:"复祀秦冉、颜何,补祀县亶";第四条:"增祀乐正克";第七、八两条:"增祀诸葛亮、范仲淹";第十条:"增祀黄干",均蒙圣祖仁皇帝、世宗宪皇帝采择廷议,先后举行;第二条:"升祀有若于庙庭"又于乾隆三年议准尚书徐元梦条奏举行,俱毋庸再议外,其第二条内:"议升祀公西华于庙庭",据阎若璩以《论语》"孟武伯问仁"、"子路、曾皙等侍坐"两章为断,查《论语》所记四科诸贤,盖专指从于陈蔡者而言。唐开元中,据此遂定为十哲,升祀庙庭。其实《史记》载孔子之言,谓受业身通者七十有七人,皆异能之士，则知圣门高贤，原不止此数。故宋咸淳中，升祀子张；本朝乾隆三年，升祀有若，皆以补唐礼所未备。至公西华之贤，固不下于季路、冉有。然七十子之中，如子贱、子羔、原思、南容、漆雕开皆为圣人所深许，较之公西华亦难为轩轾。即以阎若璩据"问仁"一章，谓与由、求并称，当升公西华；而所据"侍坐"一章，则曾子升配，已不能复进曾皙。是议礼纷纷如聚讼，转不如姑仍其旧之为安也。再第四条"议增祀公明仪"；第五条："增祀曾申、申详"；第六条："增祀汉河间献王刘德"，查公明仪、曾申、申详，见于《孟子》及《檀弓》等书，皆能守家传，谨师法，以不背于圣贤之徒。但授受渊源，既罕明证，其阐明圣道，亦别无考据。汉河间献王刘德修学好古，所得皆古文先秦旧书。如《周官》、《尚书》、《礼记》之属，事迹具载《汉书》。但当暴秦之时，转徙流离，藏遗经于焚书坑儒之会，诸儒实为其难。及挟书之禁已弛，以藩王有土之尊，出其力以搜求图籍，献王实为其易。若因子张之弟子，增祀公明仪，则曾子高弟尚有乐正子春、子襄、公明高；若因曾子之孙、子张之子增祀曾申、申详，则孔氏子孙之贤者，尚有孔斌、孔穿以下多人。若因有功经籍增祀刘德，则藏书壁中，避祸嵩山之孔鲋，亦未列俎豆。事阅数千年，博议者未之及。非有阙遗，实重之也。又第九条："议改祀蔡元定于两庑"，其意以为蔡元定自有功圣门，非以子重。果如所言，不但无以处曾皙，即程珦、朱松于圣道亦各有体认，岂皆以子重者？此其为臆说无凭，又不辨而自明。

以上各条，俱毋庸议。从之。

7.4.48 《清实录·乾隆朝实录》卷三〇三

（乾隆十二年十一月）辛亥，谕："朕尊崇先师，仰止宫墙，已降旨于来岁孟春，躬谒孔林。嗣因东省秋潦成灾，虽经赈恤，恐一时民气未复。若改俟秋间前往，未知于民情实在若何。该地方业经动帑预备，迟至秋间，不免又多一番劳费，踊跃望幸，自属舆情。但巡幸大典，所期于闾阎实有裨益"。是以特召巡抚阿里衮来京，面加咨询，或春或秋，何者为便。

（又见于民国《山东通志·列训圣典二》）

7.4.49 《清实录·乾隆朝实录》卷三〇八

（乾隆十三年二月）丁巳，祭先师孔子，遣平郡王福彭行礼。

7.4.50 《清实录·乾隆朝实录》卷三〇八

（乾隆十三年二月己巳）又谕："朕东巡，躬诣阙里，致祭先师。颜、曾、思、孟四贤作配殿庭，虽从与享，但闻其故里各有专庙，应分遣大臣，恭奉香帛，前往祭献,以展诚敬。朕向在书斋,曾制四贤赞,景仰之忱,积有日矣。其勒石庙中,致朕崇重先贤之意。"

复圣颜子赞曰:"贫也者吾不知其所恶,寿也者吾不知其所慕。德以润身,孰谓其贫。心以传道,孰谓难老。箪瓢陋巷,至乐不移。仰高钻坚,三月无违。夫子有言,克己成性。用致其功,允成复圣。"

宗圣曾子赞曰:"宣圣辙环,在陈兴叹。孰是中行,授兹一贯。曾子孜孜,惟圣依归。唯而不疑,以鲁得之。会友辅仁,任重道远。十传释经,超商轶偃。念彼先子,沂水春风。渊源益粹,笃实春容。临深履薄,得正以终。三千虽多,独得其宗。"

述圣子思赞曰:"天地储精,川岳萃灵。是生仲尼,玉振金声。世德作求,孝思维则。师曾传孟,诚身是力。眷兹后学,示我中庸。位天育物,致和致中。夫子道法,尧舜文武。绍乃家声,述乃文祖。"

亚圣孟子赞曰:"战国春秋,又异其世。陷溺人心,岂惟功利。时君争雄,处士横议。为我兼爱,簧鼓树帜。鲁连高风,陈仲廉士。所谓英贤,不过若是。于此有人,入孝出弟。一发千钧,道脉永系。能不动心,知言养气。治世之略,尧舜仁义。爱君泽民,惓惓余意。欲入孔门,非孟何自。孟丁其难,颜丁其易。语默故殊,道无二致。卓哉亚圣,功在天地。"

又谕:"上古圣皇,神灵天亶,道法渊源所自。曲阜为少昊金天氏旧都,有陵在焉。朕东巡所历,瞻眺松楸,情殷仰止。宜躬亲祀事,祗荐馨香,以展诚敬。"

(又见于民国《山东通志·列训圣典二》、《文庙丁祭谱》卷二之二)

7.4.51 民国《山东通志·列训圣典二》

乾隆十三年二月丁丑,上谕:"朕莅止阙里,奠先师祀少皞,夙诚申矣。惟是周公元圣葆祠咫尺,不一瞻拜,于心歉焉。其致祭已照例遣亲藩行事。今朕欲至祠瓣香瞻拜,所司具仪以闻,且朕所重者道也,岂所论于位乎。"

御书元圣周公庙扁曰"明德勤施"。

(又见于《清实录·乾隆朝实录》卷三〇九)

7.4.52 《文庙丁祭谱》卷二之二

(乾隆十三年二月)戊寅,颁御书"时中立极"额。颁御书联:

大成殿联曰:"气备四时,与天地鬼神日月合其德。教垂万世,继尧舜禹汤文武作之师。"又曰:"觉世牖民,诗书易象春秋,永垂道法;出类拔萃,河海泰山麟凤,莫喻圣人。"又诗礼堂额曰:"则古称先"。联曰:"绍绪仰斯文,识大识小;

趋庭承至教，学礼学诗。”并书杏坛、金丝堂、奎文阁、同文门、大中门、宏道门、圣时门、棂星门、万仞宫墙等扁。

（又见于《清实录·乾隆朝实录》卷三〇九）

7.4.53　《清实录·乾隆朝实录》卷三〇九

（乾隆十三年二月）己卯，上诣先师庙释奠。至大成门，降舆，步入。行三跪九拜礼。遣显亲王衍潢致祭启圣祠、崇圣祠，遣官分献四配十哲两庑。

上诣诗礼堂，命举人孔继汾进讲《中庸》“凡为天下国家有九经”节，贡生孔继涑进讲《周易》《临》卦象辞。毕，宣谕衍圣公孔昭焕等曰：“至圣之道，参天地，赞化育，立人极，为万世师表。凡兹后裔，派衍支繁，尤当永念先型，以期无忝。昔我皇祖，东巡时迈，特颁圣谕，炳若日星。朕仰绍前徽，虔修展谒之礼，念尔等令绪相承，渊源勿替，再申告谕，用是训行，其务学道敦伦，修身慎行，克禀先师之彝训，祇遵皇祖之诲言，勿愧为圣者子孙，朕心实嘉予之。其钦承毋怠。”衍圣公祇听毕，率执事官五氏子孙等谢恩。

驾谒孔林。至墓门，降舆步入。墓前北面跪，三酹酒毕，行三拜礼。诣少皞陵致祭。诣元圣周公庙行礼。

谕孔照焕曰：“先师修道立教，天下万世之人，服习圣训，咸有以自善其身，况为其子孙者乎？卿以宗裔，奉祠绍封，列爵既优崇矣，当思渊源何自，夙夜敬勉，亲师向学，以植始基。慎行谨言，以培德器，循循诗礼之教，异日卓然有所成就，允孚令望，表率族党。俾当世知圣人之后，能守家传于勿替，匪徒章服之荣已也，岂不休哉。其祇遵罔斁。”

赐衍圣公博士等宴，并赐衍圣公孔昭焕御制日知荟说，及经、史、唐宋文醇各一部，蟒衣、貂裘、狐裘各一袭，表里各五端；曲阜县世职知县孔传松加一级，书二部，蟒衣一袭，缎五端。

谕曰：“康熙二十三年，恭遇皇祖幸鲁，尊崇至圣，曾将曲柄黄盖留供大成殿。今朕亲诣阙里，释奠先师，敬绍前徽，具遵成例。其以曲柄黄伞留于庙中，永光秩祀。”

又谕：“朕东巡至曲阜，敬礼先师，躬诣讲堂，睹宗庙百官之盛。衍圣公既优加赏赉，其余圣贤后裔，应一体加恩。凡孔氏子孙官员及十二氏子孙各官，俱著加一级。其进士举人，各赏银十两。贡监生员，各赏银五两。俾共沐恩荣，用光钜典。”

御制阙里孔庙碑文，勒石大成门外。文曰：“朕惟至圣先师孔子，天纵圣人，躬备至德，修明六籍，垂训万世。自古圣帝明王，继天立极，觉世牖民，道法之精蕴，至孔子而集其大成。后之为治者，有以知三纲之所由以立，五典之所由以叙，八政之所由以措，九经之所由以举，五礼六乐之所由以昭宣布列于天地之间。遵而循之，以仰溯乎古昔，虽尧、舜、禹、汤、文、武、之盛，弗可及已，而治法赖以常存，人道赖以不泯，讵不由圣人之教哉！往代表章，尊礼隆重，亦越我朝，备极其盛。当皇祖圣祖仁皇帝甲子之岁，东巡阙里，躬谒殿庭，盛典裔皇，垂于册府。皇考世宗宪皇帝追晋王封，鼎新庙貌，崇敬诚切，瑞应彰显，实由心源孚契，先后同揆。惟圣人能知圣人，所以跻海宇于荡平仁寿之域也。朕自养德书斋，服膺圣教，高山景行之慕，寤寐弗释于怀。嗣统以来，仰荷天庥，海宇乂安，用举时巡之典，道畿甸，历齐鲁，登夫子庙堂，躬亲盥献，瞻仰睟仪，展敬林墓，徘徊杏坛，循抚古桧，穆然想见盛德之形容，忾乎若接。夫闻圣人之风，诵其诗，读其书，皆足以观感兴起。况亲陟降其庭，观车服礼器，得见宗庙百官之美富，有不益增其向慕俛焉而弗能自已者欤？朕抚临方夏，惟日兢兢，期与斯世臣民，率由至道，敷教泽于无疆。顾德弗类，于衷歉焉。恭绎两朝碑刻之文，益以知道德政治，体用一源，显微无间。慕圣人之德而不克见之躬行者，非切慕也。习圣人之教而不克施之实政者，非善学也。法祖尊师，固无二道，用勒石中唐，志钻仰服习之有素，思以继述前徽，酬愿学之初志云，敬系以辞曰：

皇矣至圣，代天觉民。天何言哉，圣人是申。立人之极，曰义与仁。建治之统，曰明与新。圣谟洋洋，祖述宪章。配天广运，应地无疆。四时递嬗，日月贞明。濯以江汉，暴以秋阳。泱泱东海，岩岩岱宗。于穆圣德，畴与絜崇。巍乎圣功，畴与比隆。循之则治，弥畅皇风。仰稽令辟，展敬尊师。过鲁祠牢，炎祚开基。宫墙翼翼，鲁壁金丝。苍桧郁郁，殷楹鼎彝。皇祖皇考，圣智达天。探脉道要，孚契心源。丰碑虬护，巨榜鸾骞。上继三五，一中允传。顾惟寡昧，仰绍先型。时迈自东，祗谒庙庭。洋洋盈耳，玉振金声。若弗克见，时殚予诚。见圣匪艰，由圣则难。弗克由圣，孰图治安。亦既莅止，观止是叹。摛辞表志，乾隆戊辰。

（又见于《文庙丁祭谱》卷二之二）

7.4.54 《文庙丁祭谱》卷二之二

戊辰，（乾隆）十三年春二月戊午，圣驾东巡。戊寅，至曲阜，诣孔子庙上香。己卯，亲释奠于先师。祭文曰：仰惟先师，道备中和，德兼圣智。赞修删定，敷教化于六经；祖述宪章，绍心传于群圣。树百王之轨范，开万世之太平。为今古所尊崇，与天地无终极。昔圣祖驾临曲阜，既肃将于庙貌，复祗谒于茔林，穹碑圣制之文，御盖天章之赐，辉煌阙里，照耀杏坛。展慕道之隆情，迥逾往代备崇儒之极，则展前规。朕丕赞鸿图，敬承祖烈，诵遗言于典籍，夙怀向往之心，验至道于敷施，式冀治平之效。兹者巡行东国，涖止圣居，欣瞻万仞之宫墙，喜睹千秋之礼器，陟堂阶而景仰，恍亲道范于琴书，依殿壁以徘徊，似听元音于金石，谨齐心而上格，期灵爽之来歆，鉴此微忱，翊予雅化。

遣诚亲王允秘祭告崇圣祠。

文曰：惟王系本商家，代为公姓，生圣人之后，华胄迢遥，衍明德之传，令名昭著。自孔父别族为得姓受氏之宗，逮防叔来归，称适鲁始迁之祖，禔躬迪德数传而绪业弥昌，保世亢宗奕世而诒谋愈远。惟善人之积累，乃神圣之笃生，早开文教之先，宜食燕诒之报。我皇考特加恩命并赐荣封，合五代以同尊，旷千秋而独盛。备极崇儒之礼，允隆报德之文。兹以时巡，缅怀前迹，仰褒纶之赫，奕式昭佑启之功，瞻爵号之辉煌，倍切景行之慕。虔申祀事，特遣专官，惟冀神灵，尚其歆格。

遣官分祭四配专庙。礼部左侍郎邓钟岳祭颜子曰：惟复圣颜子，质秉深潜，学精纯粹。处屡空之境，乐著不移；受终日之传，诣称足发。三月之操存无间，入圣域以非遥；行能首冠诸科，绍心传于不坠。追崇允合，昭报攸宜。朕稽古东巡，至于鲁东，慕前型而不远，用企清修，瞻遗庙以犹存，式怀令范，虔修祀事，敬遣专官，惟冀神灵，尚其歆格。

詹事府詹事裘曰修祭曾子曰：惟宗圣曾子，秀毓武城，业宗泗水。三省勤于夙夜，允称笃实之功；一贯悟于须臾，弥征真积之久。独受《孝经》之训，用迪临渊履薄之修，永绵《大学》之规，式启明德新民之要。衍薪传于勿替，以鲁得之；开绝学于无穷，其功大矣。追崇允合，昭报攸宜。朕稽古东巡至于东鲁，念先型之未远，心切溯泗；瞻故里之非遥，情深仰止。虔修祀事，敬遣专官，惟冀神灵，尚其歆格。

光禄寺卿沈启元祭子思子曰：惟述圣子思子，早迪身修，懋承家训。肩圣人之遗绪，无惭绳武之文孙。绍贤父之芳踪，不忝克家之肖子。婴城固守，式昭贞靖之操；却馈森严，想见刚方之概。阐尼山之绝学，衍道统于无穷，启邹邑之先声，荷薪传于弗替。追崇允合，昭报攸宜。朕稽古东巡，至于鲁东，仰瞻故里，缅道范之犹存，式念前修，幸仪型未远，乃修秩祀，用遣专官，惟冀神灵，尚其歆格。

鸿胪寺卿吴应枚祭孟子曰：惟亚圣孟子，灵钟邹峄，道赞尼山。母教三迁，德业夙存于早岁，师传一线渊源。私淑诸其人，阐性善，养气之精，扩圣人之所未发，述唐虞三代之治，为奕世之所共由。卫正学而辟异端，功岂在禹下；尊王纲而贱霸术，教实秉于孔门。洵宜昭报于千秋，允合追崇于亿载。朕省方时迈至于鲁，邦钦庙貌，以非遥恍瞻气象，遣专官而将事式荐馨香。惟冀神灵，尚其歆格。

立御制四配赞碑。序曰：圣门弟子三千，其贤者七十有二人。《史记》《家语》各为纪其姓氏，考其事迹，以垂之后世。而能契夫子之心传，得道统之正脉者，则惟颜、曾、思、孟四人。颜子得克己复礼之说，曾子与闻一贯之传，亲炙一堂，若尧、舜、禹之相授，夐乎尚矣。子思师事曾子，发明中庸之道，而归其功于为己谨独。孟子当战国横流之时，私淑子思，距杨、墨，闲圣道，而养气之论为前圣所未发。昌黎韩子以为其功不在禹下，有以也。庚戌秋，偶阅有宋诸儒传，因思宋儒所宗者，孔子之道也。孔子之道赖颜、曾、思、孟而传。今圣庙祀典，四子升配堂上，为百代之楷模，因各系以赞，用志景行之私云尔。

7.4.55 《清实录·乾隆朝实录》卷三〇九

（乾隆十三年二月庚辰）谕："国家崇儒重道，尊礼先师。朕躬诣阙里，释奠庙堂，式观车服礼器，用慰仰止之思。念鲁国诸生，素传礼教，应加恩黉序，广励人材。山东通省入学额数，著格外加恩，增广一次，府学大学增取三名，中学二名，小学一名，以广圣泽，以光文治。"

又谕："朕此次东巡，加恩士类，已令增广入学名数，复念十三氏子孙，远承世绪，济济胶庠，其中当有文学可观，读书立品之彦，宜加甄拔，以广恩施。其令该学政考验其文行兼优者数人，咨送礼部，贡入成均，示鼓励焉。其引驾官孔继汾，朕看其人尚可造就，著加恩以内阁中书用。"

7.4.56 《清实录·乾隆朝实录》卷三三二

（乾隆十四年正月壬子）命造周公及四氏先贤庙祭器。谕："国家崇礼先圣先贤，秩祀惟谨，阙里文庙祭器，自皇考世宗宪皇帝时制造颁发。宫墙美富穆然，见隆古典型。乃者各坛庙升馨荐享，亦既悉用古制矣。惟兹元圣周公庙及四氏先贤祠，朕于东巡之次，特命修葺，今轮奂翼如而器具未备，非所以重明禋将诚恪也。该抚准泰其饬有司遵定式敬谨成造，俾奠献几楹，执事有恪，肃钜典焉。"

（又见于民国《山东通志·列训圣典二》）

7.4.57 《清实录·乾隆朝实录》卷三三四

（乾隆十四年二月）丁亥，祭先师孔子，遣和亲王弘昼行礼。

7.4.58 《清实录·乾隆朝实录》卷三三七

乾隆十四年，己巳，三月，甲子，以金川平定，遣官祭告先师孔子。

（又见于《文庙丁祭谱》卷二之二）

7.4.59 《文庙丁祭谱》卷二之二

（乾隆十四年）夏六月，遣太仆寺卿阿兰泰诣阙里祭告诉孔子。

文曰:惟先师垂经教孝,备武修文,立道绥和,合南北东西,而思无不服。圣神美大,比高明博厚,而德更难名。瞻万仞之宫墙,特崇典礼;肃千年之俎豆,敬展明禋。今以边徼敉宁中宫摄位,慈宁晋号庆洽神人,爰遣专官,用申殷荐,仰维歆格,永赐鸿禧。

7.4.60　《清实录·乾隆朝实录》卷三四六

(乾隆十四年八月丁丑)祭先师孔子,遣协办大学士阿克敦行礼。

7.4.61　《清实录·乾隆朝实录》卷三五八

(乾隆十五年二月丁丑)祭先师孔子,遣和亲王弘昼行礼。

7.4.62　《清实录·乾隆朝实录》卷三七〇

(乾隆十五年八月)丁丑,祭先师孔子,遣诚亲王允秘行礼。

7.4.63　《文庙丁祭谱》卷二之二

庚午,(乾隆)十五年冬十月,遣鸿胪寺卿吴应枚诣阙里祭告诉孔子。

文曰:惟先师垂经立教,劝学明伦。立道绥和,比尧舜而功为益远;圣神美大,配天地而德更难名。瞻万仞之宫墙,特崇典礼;肃千年之俎豆,敬展明禋。兹以正位中宫鸿仪懋举,慈宁晋号庆洽神人,特遣专官,用申殷荐,仰维歆格,永赐鸿禧。

7.4.64　《文庙丁祭谱》卷二之二

辛未,(乾隆)十六年春正月,圣驾南巡,遣通政使富森诣阙里祭告诉孔子。

文曰:仰惟先师,时中运世,先觉牖民,集群圣之大成,等百王而未有。朕钦崇至道,仰止遗风,希圣之情载劳寤寐,兹以观风吴会,道出鲁邦。仰数仞之宫墙,杏坛在望;瞻两楹之俎豆,阙里非遥。特遣具官,虔修祀事,庶几灵鉴,尚克来歆。

7.4.65　《清实录·乾隆朝实录》卷三八三

(乾隆十六年二月丁亥)祭先师孔子,遣大学士史贻直行礼。

7.4.66　《清实录·乾隆朝实录》卷三九六

(乾隆十六年八月丁酉)祭先师孔子,遣大学士史贻直行礼。

7.4.67 《文庙丁祭谱》卷二之二

(乾隆十六年)冬十一月,遣鸿胪寺卿储麟趾诣阙里祭告诉孔子。

文曰:惟先师垂经立教,劝学明伦,立道绥和,比尧舜而功为益远,圣神美大,配天地而德更难名。峻万仞之宫墙,肃千年之俎豆。兹以慈宁万寿懋举,鸿仪敬晋徽称神人庆洽,爰申殷荐,特遣专官冀鉴慈忱,永绥多福。

7.4.68 《清实录·乾隆朝实录》卷四〇八

(乾隆十七年二月丁酉)祭先师孔子,遣諴亲王允秘行礼。

7.4.69 《清实录·乾隆朝实录》卷四二一

(乾隆十七年八月丁未)祭先师孔子,遣大学士史贻直行礼。

7.4.70 《清实录·乾隆朝实录》卷四三二

乾隆十八年,癸酉,二月,丁亥朔,祭先师孔子,遣諴亲王允秘行礼。

7.4.71 《清实录·乾隆朝实录》卷四四四

(乾隆十八年八月)丁亥,祭先师孔子,上亲诣行礼。

7.4.72 《清实录·乾隆朝实录》卷四五六

(乾隆十九年二月)丁亥,祭先师孔子,遣履亲王允祹行礼。

(又见于《文庙丁祭谱》卷二之二)

7.4.73 《清实录·乾隆朝实录》卷四七〇

(乾隆十九年八月)丁巳,祭先师孔子,遣大学士史贻直行礼。

7.4.74《清实录·乾隆朝实录》卷四八二

(乾隆二十年二月)丁未,祭先师孔子,遣諴亲王允秘行礼。

7.4.75 《清史稿·高宗纪》

(乾隆二十年)六月癸卯朔,以平定准部告祭太庙,遣官告祭天、地、社、稷、先师孔子。

(又见于《清实录·乾隆朝实录》卷四八二)

7.4.76　民国《山东通志·列训圣典二》

乾隆二十年六月乙酉上谕："平定准格尔，捷闻以数十年，通寇迅就廓清，荒服敉宁，中外蒙福，乃我国家无疆之庥。缅维皇祖圣祖仁皇帝削平三藩，于康熙三十三年，诹吉东巡亲查阙里，武功文德，彪炳简册。先烈集此大勋，保泰持盈，弥深兢业，亲告成功于太庙，郊社岳渎诸祀。次第遣官敬谨举行以昭茂典，先师孔子阙里，理应恪循成宪躬诣行礼，用申诚敬且自际谒泉林已逾六载，仰止之念时切于怀，拟于明岁春月敬奉皇太后安舆，自京启銮恭诣曲阜，翠华所经亦以体察吏治、清问闾阎，行庆施惠，以称朕法。"

（又见于《文庙丁祭谱》卷二之二）

7.4.77　《清实录·乾隆朝实录》卷四九四

（乾隆二十年八月）丁未，祭先师孔子，遣大学士陈世倌行礼。

7.4.78　《清实录·乾隆朝实录》卷五〇六

（乾隆二十一年二月）丁未，祭先师孔子，上亲诣行礼。

（又见于《文庙丁祭谱》卷二之二）

7.4.79　《清实录·乾隆朝实录》卷五〇六

（乾隆二十一年二月庚戌）礼部议覆衍圣公孔昭焕奏："孟庙请罢季孙、子叔、高子、告子、盆成括从祀。查季孙、子叔为孟子门人，盆成括学于孟子，见赵歧注。歧去孟子近，必有据。孟子去齐章，有高子以告之文，确为弟子无疑。告子不害从祀，虽见《宋史》，然考钦定图书集成，及孟氏三迁志，皆作好生不害，改于何代，不可稽。现在所祀，系浩子不害，非告子。自宋至今，从祀七百余载，未便以臆说罢。"从之。

7.4.80　《清史稿·高宗纪》

（乾隆二十一年）三月己巳朔，上至曲阜，谒先师孔子庙。授清保为盛京将军。庚午，释奠礼成。谒孔林、少昊陵、元圣周公庙。免曲阜丁丑年额赋。

7.4.81　《文庙丁祭谱》卷二之二

辛亥（乾隆二十一年），圣驾东巡。三月己巳朔，至曲阜，诣孔子庙上香。庚午，亲释奠于先师。

祭文曰：治统道统理本同源，作君作师义归一致。先师功高尧舜，德炳乾坤，集群圣之大成。金声玉振，开六经之正学，观海登山，百代奉为楷模，万年光于俎豆。缅皇祖亲临岱岳，特隆北面之文。洎朕躬只谒尼山，即在东巡之岁，式观车服，时已阅乎七年，景仰宫墙，心弥殷于再至，惟尊师之典与法祖俱长，亦望道之诚，共省方益切。幸文治兴崇之会正远人。率服之年，稽典礼于王。猷聿修时，迈本治平于圣训。上印心传，载荐明禋敬；申昭报聆，金丝而向往；謦欬非遥，溯诗礼以趋跄。仪型若接，鉴兹诚意，尚克来歆，翊我鸿图，庶几受福。

遣大学士陈世倌祭告崇圣祠。

文曰：惟王迪德，承家累仁。毓圣自子姓别族之始式训传，恭迄邹乡，从政以还。在师致果六百载，神明后裔，美克著乎象贤万亿年。文教常开，功自归于燕翼。褒封载赐，仰纶綍之垂光；岁事维虔，荐苾芬而致敬。事隆恒典，礼绍前规。兹以诹吉东巡告成，阙里榱楹在望，弥向往以追崇俎豆，斯陈哉。缅怀于启佑，用申彝祭。特遣专官，惟冀神灵，尚其歆享。

驾至孔林酹酒。御制“谒孔林酹酒”（赋诗一首）：

一老名慭鲁，两楹梦奠殷。
圣惟知有命，天岂丧斯文。
六尺存瓴甓，千秋郁柞枌。
垅前钦下拜，景仰寸心勤。

辛未，回銮道经泉林，命大学士陈世倌诣启圣林奠酒。遣官分祭四配专庙。

吏部左侍郎归宣光祭颜子曰：惟复圣颜子，泗水钟英，杏坛希圣，四科首选。德行冠夫诸贤，三月无违。克复征于一日，证行藏之合。常屡空而晏如，集礼乐之大成，堪王佐而不愧，好学之懿修弗替，庙庭之配典常崇。兹以时巡，载临旧里，侑尊罍于广殿，已致虔恭；申尊醴于专官，更陈秩祭。灵其来格，享此清芬。

刑部左侍郎勒尔森祭曾子曰：惟宗圣曾子，秀毓武城，学宗泗水。懋姱修于笃实，三省勤夙夜之功；崇真积于躬行，一贯悟精微之旨。端治国齐家之本，大人之学昭垂；示至德要道之原，教孝之经永著。衍孔门之圣脉，以鲁得之；启孟氏之师传，其功大矣。尊崇允协，报享攸宜。朕以礼时巡遄临鲁甸，情深仰止。瞻故里之非遥，心慕典型；念德辉之如在，虔申禋祀。敬遣专官，惟冀神灵，庶其歆格。

内阁学士富德祭子思子曰：惟述圣子思子，派衍尼山，教源泗水，绳其祖武，性天木自家传。慎厥身修，诗礼绍夫庭，训道尊不友，抗颜鲁费之庭。义重为臣，仗节卫齐之境绍。曾传于忠恕三十三章，启孟淑于见闻百有余岁。追崇自昔，昭报于今。朕载谒孔林，重临鲁国千秋俎豆，钦述作于一家数仞宫墙，念后先之同揆，爰修明祀。特遣专官，灵爽式凭，尚其歆格。

内阁学士钱维城祭孟子曰：惟亚圣孟子，灵钟邹峄，学本尼山。溯私淑之渊源，道实承夫三圣，绍见知之统绪，辞大备于七篇。幼学庄行，既躬履夫仁义；知言养气，亦明析其精微。卫正学而辟异端，惟道性善，尊王道而贱霸术。聿正人心教，悉禀于孔门，功一在于禹下。朕时巡东土莅止鲁邦，钦庙宇之非遥，如亲道范。敕遣专官而将事肃荐馨香。惟冀神灵，尚其来格。

诏改正孟子庙配享从祀封号。

衍圣公孔昭焕奏请罢黜孟庙告子等从祀，及改正配享神主封号，经九卿议准，孟庙所祀系浩生不害，并非告子。又孟子已易上公之号，其徒尚存侯、伯之名，于礼制未协。应将乐正子、公孙丑、万章、公都子四人改书先贤某子。陈臻以下至韩愈十五人，改书先儒某氏。至孔道辅有倡立孟庙之功，且考之宋史素行属表，表亦书先儒某氏，以昭画一。

7.4.82　民国《山东通志·列训圣典二》

乾隆二十一年三月庚午上谕："朕躬诣山东祭告先师孔子，车架所经既已宏敷恺泽，而曲阜为驻跸之地，是宜广布恩膏用诏盛典，著将该县乾隆丁丑年应征地丁全行蠲复。"

上谕行在内阁："朕亲诣曲阜恭谒孔林，虔申祭告，巡省所至行庆施惠以昭盛典。所有经过州县内男、妇年七十以上者，著该督抚查明，照从前恩诏之例分别赏赉，用副朕引年恤老至意。"

7.4.83　民国《山东通志·列训圣典二》

乾隆二十一年四月戊申上谕："吏部议覆白钟山所奏曲阜县改为题缺一本。阙里为毓圣之乡，自唐宋以来率以圣裔颁县事，夫大宗主鬯既已爵列上公，而知县一官专以民事为职，奉法令则以裁制伤恩，厚族党则以偏私废事，甚至夤缘为奸，簠簋不饬者有之，且亦非古人易地而官之道。我国家尊崇先圣远迈前朝，延恩后叶有加无已，岂于此而有靳焉，但与其循旧制而致瘝官，有乖政体，何如通变宜民，俾吏举其职，民安其治，于邑中黎庶孔氏族人均有裨益。著照该部所议，行其现任世职，知县既已谢事，若归部改铨，不过恩及其身而止，于朕心犹有未惬，著加恩授为世袭六品官，仍令拣选充补，用副朕重道崇儒至意。"

7.4.84　《清实录·乾隆朝实录》卷五一八

乾隆二十一年，丙子，八月，丁酉朔，祭先师孔子，遣和亲王弘昼行礼。

7.4.85 《文庙丁祭谱》卷二之二

丁丑，(乾隆)二十二年春正月，圣驾南巡，遣协办大学士、户部尚书蒋溥诣阙里祭告孔子。

文曰：惟先师德备时中，功参化育，绍心源于往代，祖述宪章，传道统于后人。赞修删定，金声玉振，集群圣之大成。观海登山，为生民所未有。仪型万古，若日月之莫可逾；秩祀千秋，与乾坤而俱不朽。朕言循东鲁，再莅南邦释奠而谒杏坛，屈指甫周乎一载，扬旌而瞻阙里抒诚。用遣乎专官敬荐明禋，式遵旧典，宫墙遥望，弥深仰止之情。俎豆常新，永启右文之治。神其鉴格，庶克来歆。

7.4.86 《清实录·乾隆朝实录》卷五三一

(乾隆二十二年正月辛亥)遣官至曲阜祭元圣周公、先师孔子。

7.4.87 《清实录·乾隆朝实录》卷五三二

(乾隆二十二年二月丁卯)祭先师孔子，遣大学士陈世倌行礼。

7.4.88 《清实录·乾隆朝实录》卷五三六

(乾隆二十二年四月)庚午，遣官祭孟庙。御书扁曰："道阐尼山。"

(又见于《文庙丁祭谱》卷二之二)

7.4.89 《清史稿·高宗纪》

(乾隆二十二年四月)辛未，上至阙里释奠先师孔子。

(又见于《清实录·乾隆朝实录》卷五三六)

7.4.90 《清实录·乾隆朝实录》卷五四四

(乾隆二十二年八月)丁卯，祭先师孔子，遣慎郡王允禧行礼。

7.4.91 《清实录·乾隆朝实录》卷五五六

乾隆二十三年，戊寅，二月，丁巳朔，遣协办大学士鄂弥达行礼。

7.4.92 《清实录·乾隆朝实录》卷五五六

(乾隆二十三年二月己未)以举行仲春经筵，遣官告祭奉先殿、传心殿。上御文华殿。讲官暨侍班之大学士、九卿、詹事等，行二跪六叩礼，分班入殿内序立。直讲官四人出就讲案前，行一跪三叩礼。复位。直讲官伍龄安、蒋溥进讲《论语》“博学而笃志，切问而近思，仁在其中矣。”三句。讲毕，上宣御论曰：“此非四事，盖两事耳。博学而不笃志，则或涉为荒唐；切问而不近思，则或入于无稽。然志也，思也，一心之事耳。仁，人心也，安见笃志近思而心常驰骛于外者哉？故曰‘仁在其中’。朱注以为未及乎力行而为仁，此或为下学者言。夫笃志近思而不力行，则又安得谓之笃志近思乎？子夏虽文学之科，此言实见道之论。故博学切问，仍文学之事欤；而笃志近思，则心存矣。心存而仁存，是知学问思辨智之事而智亦仁之事。不然，元何以贯四端而长万善哉！”

讲官暨侍班官跪聆毕。兴。直讲官介福、秦蕙田进讲《书经》“思其艰以图其易，民乃宁”二句。讲毕，上宣御论曰：“夏不能不雨，冬不能不寒，于其常也。而民犹有怨咨者，非怨雨寒也。力耕桑而不得饱食暖衣，斯其艰也，斯民之宜其无时而不怨咨也。治人者岂可不思其艰乎？思其艰则当图其易，而易正不易图也，必也生众食寡，为疾用舒。三物五典，以教以安。庶其菽粟如水火，而民免罹于艰，得少宁乎？然民有可免艰获宁之理，而上终不可得有觉易不艰之日。盖以为易，则其艰立至矣。治民乃一节，若夫守先王之业，综万几之理，其难其慎，惟日孜孜，又何尝一息一刻有不艰觉易之时也耶？”

讲官暨侍班官跪聆毕，大学士傅恒等奏曰：“皇上学贯天人，德隆覆载，义精仁熟。犹勤孙志时敏之思，物阜民安。尚切暑雨祁寒之虑，敬胜而缉熙尤敉，求宁而宵旰不遑。征言契古圣之渊源，至道该前王之谟烈。臣等幸侍讲筵，亲承圣训，不胜荣幸。”

奏毕，诸臣出就拜位，行二跪六叩礼。礼成，上还宫，赐讲官及侍班官等宴于协和门。

7.4.93　《清实录·乾隆朝实录》卷五六八

（乾隆二十三年八月）丁巳，祭先师孔子，遣协办大学士鄂弥达行礼。

7.4.94　《清实录·乾隆朝实录》卷五八〇

（乾隆二十四年二月）丁巳，祭先师孔子，遣大学士蒋溥行礼。

7.4.95　《清实录·乾隆朝实录》卷五八〇

（乾隆二十四年二月）己未，以举行仲春经筵，遣官告祭奉先殿、传心殿。

上御文华殿。讲官暨侍班之大学士、九卿、詹事等行二跪六叩礼，分班入殿内序立。直讲官四人出就讲案前，行一跪三叩礼。复位，直讲官伍龄安、蒋溥进讲《中庸》“成己仁也，成物知也”二句。讲毕，上宣御谕曰：“至诚如神，斯己物一贯，无所用其成而无不成。譬之天地，化四时，育万物，而四时万物，无非天地。故天地不自见为天地，而诚者不自见为诚也。诚之者则不然，见有所谓诚，则有所谓己。既有所谓己，则有所谓物。虽然，己与物又岂有二致哉？反身而诚斯尽己之性。诚精故明，斯尽物之性然。而修身修道，当尽克己复礼之功。欲立欲达，当推胞与为怀之量。所谓人欲尽而天理存，外内合而时措宜。仁也知也，皆一诚之实理而已，但人道无不当勉，而有位与无位者，其成己成物，措施参赞之功，所殊自觉霄壤，是又予所抱歉，而刻不能已于怀者夫。”

讲官暨侍班官跪聆毕。兴。直讲官介福、秦蕙田进讲《易经》“易简而天下之理得矣”一句。讲毕，上宣御谕曰：“乾坤之撰，至健至顺，确然隤然。示人易简而人或不知，即有知之者，亦云乾坤始能如是而人岂能？惟圣人体天地之心以为心，斯参天地之化以为化。然而乾坤运终古而无穷者，则以得易简之理也。圣人虽百世而罕遇者，则以失易简之理也。失易简之理何？以其有人己之分也。一有人己之分，则物来而不能顺应。‘憧憧往来，朋从尔思’，又何能崇德广业，成参赞之功哉？故人欲效乾坤之易简，当法圣人之无私。无私则理存，理存则守者约而应不穷。久大之规，胥于是乎在矣。”

讲官暨侍班官跪聆毕，大学士傅恒、史贻直奏曰：“皇上懋建中和，同符健顺，惟一以贯，尽人性、物性之全，奉三无私。协可大、可久之极，信至诚而不息，自先天而弗违。道该乎内圣外王，功隆于兼覆并载。臣等幸侍讲筵，亲承圣训，不胜欣服。”

奏毕，诸臣出就拜位，行二跪六叩礼。礼成，上还宫。赐讲官及侍班官等宴于协和门。

7.4.96 《清实录·乾隆朝实录》卷五九四

（乾隆二十四年八月）丁亥，祭先师孔子，遣和亲王弘昼行礼。

7.4.97 《文庙丁祭谱》卷二之二

己卯，（乾隆）二十四年平定回部，遣官祭告太学，颁布御制碑于各学。

遣通政使图尔泰诣阙里祭告孔子。

文曰：惟先师德备中和，功参位育，覆帱持载，合东西南北以归仁，立道绥和。迈文武圣神之广运，望防尼而仰止景行，时切高山。溯洙泗之渊源，诵法有同观海。兹以西师克捷，回部荡平，扩一统之，车书绝徼，远传夫凯奏，肃千秋之俎豆，明禋敬展乎杏坛。特遣专官用将殷礼，伏惟昭鉴，来格馨香。

7.4.98 《清实录·乾隆朝实录》卷六〇六

（乾隆二十五年二月）丁丑，祭先师孔子，遣大学士蒋溥行礼。

7.4.99 《清实录·乾隆朝实录》卷六一八

（乾隆二十五年八月）乙亥，祭先师孔子，遣和亲王弘昼行礼。

7.4.100 《清实录·乾隆朝实录》卷六三〇

（乾隆二十六年二月）丁丑，祭先师孔子，遣和亲王弘昼行礼。

7.4.101 《清实录·乾隆朝实录》卷六四二

（乾隆二十六年八月辛巳）祭先师孔子，遣和亲王弘昼行礼。

7.4.102 《文庙丁祭谱》卷二之二

辛巳，（乾隆）二十六年，遣吏部右侍郎恩丕诣阙里祭告孔子。

文曰：惟先师德由天纵，行在孝经，集圣道之大成，树人伦之极轨。微言奥义，千秋之木铎犹新；仰止景行，数仞之宫墙未远。兹以慈闱万寿懋举，鸿仪敬晋，徽称神人庆洽，广显亲扬名之义，用则经天，原至德要之归。式遵圣教，专官致告，殷荐惟虔，昭格有灵，繁禧用赐。

7.4.103 《清实录·乾隆朝实录》卷六五三

（乾隆二十七年正月戊午）遣官至曲阜，祭元圣周公、先师孔子。

7.4.104 《清实录·乾隆朝实录》卷六五四

（乾隆二十七年二月）乙亥，祭先师孔子，遣平郡王庆恒行礼。

7.4.105 《文庙丁祭谱》卷二之二

壬午，（乾隆）二十七年，圣驾南巡，遣礼部右侍郎介福诣阙里祭告孔子。

文曰：观民设教，道有渊源。崇德报功，礼隆秩祀。载举四巡之典，允怀百世之师。惟先师德建设儒宗，道垂帝范。五百岁闻知相接，继往开来；二千年教泽如新，经天纬地。朕亲承治法，夙秉鸿规，仰溯心传，缅思遗训，聆八音于孔壁前。曾再谒东山、辑五瑞于虞书。今值三临南国疆，分邹鲁采风而儒俗犹存，介青徐接壤而圣居特近。载展精禋之荐，用申向往之诚。敬遣专官，惟神昭鉴。

7.4.106 《清实录·乾隆朝实录》卷六五九

（乾隆二十七年四月庚辰）上至邹城北，诣孟子庙拈香。至曲阜，展谒先师庙。赐衍圣公孔昭焕表里各四端。

……

辛巳，上谒孔林。至墓门降舆，步入墓前，北面跪，三酹酒毕，行三拜礼。

（又见于《文庙丁祭谱》卷二之二）

7.4.107 《清实录·乾隆朝实录》卷六六八

（乾隆二十七年八月）丁酉，祭先师孔子，遣和亲王弘昼行礼。

7.4.108 《清实录·乾隆朝实录》卷六八〇

（乾隆二十八年二月）甲午，以举行仲春经筵，遣官告祭奉先殿、传心殿。

上御文华殿。讲官暨侍班之大学士、九卿、詹事等行二跪六叩礼，分班入殿内序立。直讲官四人出就讲案前，行一跪三叩礼。复位，直讲官伍龄安、梁诗正进讲《大学》"如保赤子，心诚求之，虽不中不远矣"三句。讲毕，上宣御论曰："赤子之在母旁，形日近而情日接，然犹待心诚求之，而后不中不远。若夫居九重之上，临兆民之众，势分相隔，委曲莫达，其能洞悉民艰，呼吸相关，使无向隅之叹，而皆得养育之资，盖亦难矣。故禹、稷已饥已溺，文王视民如伤，用是道也。接屋连阁，非不丽，然民有掘穴狭庐者弗乐也。肥酞甘脆，非不美，然民有菽粟不接者弗甘也。盖不乐为修饰丰亨之说，则牧民者或可祛其匿灾之心。不肯存惜帑省费之见，则持筹者或可杜其节用之口。如是而犹惧有或遗焉，庶乎民隐得通，不中不远。曾子举武王训康叔之言，明立教之不假强为，在识其端而推广之，然吾因推广益识其艰。盖齐一家治一国者，其分小，其事易；而平天下者，其分大，其事难。虽日孜孜，朝乾夕惕，犹虑弗克胜任，欲不勉强勤求，其可得乎！"

讲官暨侍班官跪聆毕。兴。直讲官观保、秦蕙田进讲《易经》"咸速也，恒久也"二句。讲毕，上宣御论曰："《易》分上、下二经。上经首《乾坤》，此天地之大经大法，固不待言。下经首《咸》《恒》，解之者泥于夫妇之一语，于是有少男少女感之深、长男长女伦之正之说，是皆以世俗夫妇之情窥圣人《序》卦之义。并且曲为损益不首下经之论，其去圣人之意盖已远矣。夫何不观于《杂》卦咸速恒久之说哉？且《易》虽有六十四卦，何一非乾坤乎？乾坤者，天地之象，咸恒者，盖天地之象之所以示人最深切而著明者也。夫周天三百六十五度，天一日而一周，日月五行所不能及。是最速者莫如天，而《咸》象之华岳有时，而损益河海无日而不流，而载之振之者终古无迁。是最之者莫如地，而恒象之。且《象》传于《咸》，则曰天地感而万物化生，于《恒》则曰天地之道，恒久而不已。一再举之，语焉而详，实于《杂》卦之义，互相发明。所谓圣人之情见乎辞矣，盖《咸》《恒》非不备夫妇之道，而徒举夫妇之道以阐《咸》《恒》之义，则不足以尽之。若夫自强不息，厚德载物，乃君子所以法乾坤，即君子所以法《咸》《恒》。不息感之速也，厚德常之久也，虚受无我，立不易方，内圣外王之道于是乎在。如是则《咸》《恒》一乾坤之具体，其首下经，不亦宜哉！”

讲官暨侍班官跪聆毕，大学士傅恒等奏曰：“皇上念切黎元，命基宥密，思其艰以，图其易容，保无疆卑，法地而崇效天，至诚无息，用范围而不过与，上下以同。流臣等幸侍讲筵，亲承圣训，不胜荣幸。”

奏毕，诸臣出就拜位，行二跪六叩礼。礼成，上还宫。赐讲官及侍班官等宴于协和门。

7.4.109　《清实录·乾隆朝实录》卷六八〇

（乾隆二十八年二月）丁酉，祭先师孔子，遣和亲王弘昼行礼。

7.4.110　《清实录·乾隆朝实录》卷六九二

（乾隆二十八年八月）丁亥，祭先师孔子，遣和亲王弘昼行礼。

7.4.111　《清实录·乾隆朝实录》卷七〇四

（乾隆二十九年二月）甲申，以举行仲春经筵，遣官告祭奉先殿、传心殿。

上御文华殿。讲官暨侍班之大学士、九卿、詹事等行二跪六叩礼，分班入殿内序立。直讲官四人，出就讲案前，行一跪三叩礼。复位。直讲官阿桂、刘纶进讲《论语》“因民之所利而利之”一句。讲毕，上宣御谕曰：“天子以四海为家，则四海之民，皆吾一家之赤子也。保赤之心既切，因利之政当求。制田里，教树畜，使之知节俭。务耕桑，因五方之财，阜万民之产，斯所谓不费之惠耳。博施济众，尧舜犹病。盖孔子训子贡以为仁之方，非谓不捐己财以与人也。且天子何得有己财乎？不达因利之旨，将谓府库为天子之财。且捐此财以与人，则谓之费，见何小哉。夫四民之所以自谋其生理，亦已勤矣。农耕于野，工商勤于市，士虽不逐然，其所以为仰事俯育之资者，亦必有谋焉。使为政者，人人而为之图，给之求，则弊精劳神，且有所不能遍及，此所谓费也，此所谓不能成其惠也。不啻此也，即因利之言，亦当有所权宜于其间，而不可以冒昧行之。今夫垦辟，岂非劝农之举，而一有不实，将致勒民承种，以纳粮重为民累者矣，积储岂非有备之图？而行之过甚，将致踊贵于市，而艰籴饔飧莫给者矣，其他可以类推者，不可胜举。故孔子因民之利之言，所包括者甚广。而不可徒于不费求之，则思过半矣。”

大学士刘统勋奏曰：“皇上以躬行者立论，所谓实心实政也。”

上曰：“难处正在此。惟其贵实行之，自觉不易，若作费财讲，人君岂有私财乎！”

讲官暨侍班官跪聆毕。兴。直讲官观保、彭启丰进讲《书经》“屡省乃成”一句。讲毕，上宣御论曰：“乐于兴事者，固易至于纷更；习于姑息者，亦易至乎玩愒。‘屡省乃成’，盖两致意于敕毖，而非一惟戒夫率作也。盖纷更之失，如无疾而投医；玩愒之失，如有病而不药。其致祸虽有迟速之分，而其终至不起则一也。故兴一事焉，必谨于其初。不可为近名邀利之举，不可用一己偏执之见。慎厥终，惟其始，使日久而可行，行之而无弊，即当无事之时，亦必朝乾夕惕，谨几慎微，省之于不见不闻之际，而待之于无形无声之表，夫然后气体清明，措施咸当，以之存养，斯廓然而大公。以之临莅，斯物来而顺应。解书者率致意于兴事之省察，而未虑夫宴安之酖毒，此不可以不辨。”

讲官暨侍班官跪聆毕，尚书阿桂奏曰：“皇上纯亦不已，不特省于用人行政之时，而省于基命宥密之地，与赓歌扬拜之旨，千古一辙也。臣等幸侍讲筵，亲承圣训，不胜荣幸之至。”

奏毕，诸臣出就拜位，行二跪六叩礼。礼成，上还宫。赐讲官暨侍班官等宴于协和门。

7.4.112 《清实录·乾隆朝实录》卷七〇四

（乾隆二十九年二月）乙亥，祭先师孔子，遣諴亲王允秘行礼。

7.4.113 《清实录·乾隆朝实录》卷七一四

（乾隆二十九年六月）辛酉，谕：“前辑《周易述义》、《诗义折中》、《春秋直解》，告成。于从来传注离合异同之处，参稽是正。允宜津逮士林，而校刊讫工，未经颁发。著将此三书，每省各颁一部，依式锓版流传，俾直省士子，咸资诵习。其原本即庋藏学宫，以示嘉惠广厉至意。”该衙门即遵谕行。

7.4.114 《清实录·乾隆朝实录》卷七一六

（乾隆二十九年八月）乙亥，祭先师孔子，遣大学士刘统勋行礼。

7.4.115 《清实录·乾隆朝实录》卷七二七

（乾隆三十年正月甲戌）遣官至曲阜，祭元圣周公、先师孔子。

7.4.116 《清实录·乾隆朝实录》卷七四二

（乾隆三十年八月）丁未，祭先师孔子，遣大学士刘统勋行礼。

7.4.117 《文庙丁祭谱》卷二之二

乙酉，（乾隆）三十年，颁夹钟南吕两律镈钟特磬各一，虡于阙里孔子庙。

圣驾南巡，遣礼部右侍郎双庆诣阙里祭告孔子。

文曰：学开万古，俎豆如新，道殚百王，宫墙在望。屡举时巡之典，爰修禋祀之仪。惟先师日月中天，江河行地。五百年闻知之统，独衍心传；七十子悦服之诚，长垂师表。朕只承遗训，向往前徽，曾展谒以加虔，每经行而致敬。今值省方辑瑞，四莅南邦，入境观风，载尊东道，青徐接壤圣人之宅里，非遥洙泗交流，道脉之渊源可溯，敬循祀典。敬遣专官，用荐馨香，惟神昭格。

7.4.118 《清实录·乾隆朝实录》卷七五四

（乾隆三十一年二月）甲辰，以举行仲春经筵，遣官告祭奉先殿、传心殿。

上御文华殿。讲官暨侍班之大学士、九卿、詹事等行二跪六叩礼，分班入殿内序立。直讲官四人出就讲案前，行一跪三叩礼。复位。直讲官蕴著、彭启丰进讲《论语》"无适也，无莫也，义之与比"三句。讲毕，上宣御论曰："此孔子训君子以应一下之事，而有天下之责者，尤当拳拳服膺，不执一己之见，惟以义为权衡，而弗失也。孔子尝云'无可无不可'，而此云无适无莫者何？盖孔子圣之时，从心不逾发皆中节，以言乎仕止久速，犹其小焉者。若夫君子之于天下，其晰理或未纯，精义或未当，而亦欲信心应变，则谢氏所谓猖狂自恣矣。故主于必为，则是适宋神宗之于王安石是也；主于必不为，则是莫汉惠帝之于曹参是也。虽清静之略胜滋扰，然其不比于义而有所偏，则一也。吾故曰：'有天下之责者，尤当拳拳服膺，不执一己之见，惟以义为权衡，而弗失也。"

讲官暨侍班官跪聆毕。兴。直隶官观保、王际华进讲《尚书》"皇建其有极，敛时五福，用敷锡厥庶民"三句。讲毕，上宣御论曰："建极敛福不必定指寿富康宁之类，且九畴已对，言之何独于五，而又引而未发也？盖五即为皇极。有君道焉，君者为人伦之极，五伦无不系于君，则五伦之叙即为君者之能建极，而敛时五福以赐庶民也，其或风俗浇漓。君臣、父子、夫妇、昆弟、朋友之间不能尽其道而协其伦，则是皇极之建有未臻，夫极以期天下之治其难矣。天下大矣，兆民众矣，以此之大、以此之众而有一不能叙其伦者，皆人君之责也。叙是五伦，敛是五福，以建皇极，岂易言哉！岂易行哉！"

讲官暨侍班官跪聆毕，大学士尹继善、刘统勋奏曰："皇上垂训，以宋王安石为适，汉曹参为莫，皆不比于义而有所偏。仰见圣心精义入神，直契尧舜允执厥中之旨矣。至论皇极之五福，不必定指寿富康宁五者，而直提五伦之叙，即为皇极之建。此在汉宋诸儒，未曾有窥见及此者。臣等幸侍讲筵，亲承圣训，不胜荣幸之至。”

奏毕，诸臣出就拜位，行二跪六叩礼。礼成，上还宫。

7.4.119 《清实录·乾隆朝实录》卷七五四

（乾隆三十一年二月）丁未，祭先师孔子，遣和亲王弘昼行礼。

7.4.120 《清实录·乾隆朝实录》卷七六六

（乾隆三十一年八月）丁未，祭先师孔子，遣大学士刘统勋行礼。

7.4.121 《清实录·乾隆朝实录》卷七七八

（乾隆三十二年二月）丁酉，祭先师孔子，遣和亲王弘昼行礼。

7.4.122 《清实录·乾隆朝实录》卷七七八

（乾隆三十二年二月）己亥，以举行仲春经筵，遣官告祭奉先殿、传心殿。

上御文华殿。讲官暨侍班之大学士、九卿、詹事等行二跪六叩礼，分班入殿内序立。直讲官四人出就讲案前，行一跪三叩礼。复位。直讲官蕴著、裘曰修进讲《论语》“不逆诈，不亿不信，抑亦先觉者，是贤乎”一节。讲毕，上宣御谕曰：“此语宜与诚明相参看。盖‘不逆诈，不亿不信’，是诚也。‘抑亦先觉’，是明也。人情变幻莫齐，而可以齐之者莫如诚。使事事皆逆其诈而亿其不信，是己先以不诚待人，人亦将以逆者亿者应之，此亦一不诚也，彼亦一不诚也，蓼扰虚伪，莫可究诘。虽云淈其泥而扬其波，而己已处污浊之内，欲其先觉，抑亦难矣。若夫诚以待人，譬之镜清衡平，初不以妍媸轻重示物，而物之照者悬者，妍媸轻重，自呈于当前而无纤毫之可隐焉。明何如之，贤何如之。虽然，诚明性也，岂易言哉。易曰‘闲邪存其诚’。斯则人人所宜自勉乎！”

讲官暨侍班官跪聆毕。兴。直讲官观保、王际华进讲《易经》“日新之谓盛德”一句。讲毕，上宣御论曰：“张子曰‘日新者久而无穷’，此语最亲切。故日新非必日日务求有所新益。盖君子自强不息，即所以进德也。且四时运行，春生夏长，万物散殊，其新若非故矣。然今岁之春，即去岁之春，推而至于四时之运，万物之殊。又岂非一气之不息？所以为新，而别有所为新哉。天地圣人，无不以是为极。而学者进德，亦必以是为法。若夫化民成俗，蕴之中而发诸外，非励悠久无逸之心，又何以成光大有永之治？设其无忠信之本，而徒务新奇之为，几见其不失故而败事哉！”

讲官暨侍班官跪聆毕，大学士尹继善、刘统勋奏曰：“皇上聪明睿知，一本至诚。万方情伪，无不先几洞照。鸿猷骏烈，日异月新。而法宫密勿之中，犹且时以保泰持盈。自强不息，是诚古圣帝明王之用心也。臣等幸侍讲筵，亲承圣训，不胜荣幸。”

奏毕，诸臣出就拜位，行二跪六叩礼。礼成，上还宫。

7.4.123　《清实录·乾隆朝实录》卷七九二

（乾隆三十二年四月）丁卯，祭先师孔子，遣大学士刘统勋行礼。

7.4.124　《文庙丁祭谱》卷二之二

丁亥，（乾隆）三十二年，诏修太学孔子庙。

7.4.125　《清实录·乾隆朝实录》卷八〇四

（乾隆三十三年二月）丁卯，祭先师孔子，遣大学士尹继善行礼。

7.4.126　《清实录·乾隆朝实录》卷八〇四

（乾隆三十三年二月）癸亥，以举行仲春经筵，遣官告祭奉先殿、传心殿。

上御文华殿。讲官暨侍班之大学士、九卿、詹事等行二跪六叩礼，分班入殿内序立。直讲官四人出就讲案前，行一跪三叩礼。复位。直讲官观保、裘曰修进讲《大学》“是以君子有絜矩之道也”一句。讲毕。上宣御论曰：“曾子得闻夫子一贯之旨，及至门人问之，则答曰‘夫子之道，忠恕而已矣’。盖尽己之谓忠，推己之谓恕，斯二语也。学者以之修身，而有国天下之责者，以之治国平天下。夫治国平天下，岂有别术哉？亦曰尽己、推己而已。尽己、推己，非絜矩之谓乎？是故老老、长长恤孤，无非尽己、推己之为。而初无意于民之兴孝、兴弟不倍也，惟其无意而行之以忠恕。是以民之观感，亦有不知其然而然。相与兴孝、兴弟不倍者焉。然则曾子之释经所云絜矩者，岂事事物物而絜之哉？亦曰一贯而已矣。”

讲官暨侍班官跪聆毕。兴。直讲官奉宽、王际华进讲《尚书》“一日二日万几”一句。讲毕，上宣御论曰：“《书》曰‘一日二日万几’，蔡氏解之曰：‘一日二日之闲，事几之来，且至万焉’。然予以为此几，应训心而不应训事。夫事之来于外者，非以心应之于内乎？且事虽至多，一日二日之闲，未必至万。设果至万，则一日二日之闲，亦必不能尽酬。丛脞之失，斯不免矣。若夫心蕴于中，则无一息之停。无一息之停，则其思虑有不啻以万数者。故曰几者，动之微，吉之先见者也。使非兢兢以守之，业业以持之，则所谓朋从尔思，逸欲于是乎生矣。是皋陶亦有闻精一执中之传，特具体而微耳。无旷庶官，盖见之施行者。然则帝廷吁咈咨儆，岂有外于一心哉！”

讲官暨侍班官跪聆毕，大学士尹继善、刘统勋奏曰：“皇上垂训以忠、恕二字，明絜矩之道，仰见圣心精义入神，直揭孔氏传心之要。至《尚书》‘一日二日万几’，不训事而训心，诚上接尧舜精一执中之旨。自汉宋诸儒，未有能窥见此者。臣等幸侍讲筵，亲承圣训，不胜荣幸。”

奏毕，诸臣出就拜位，行二跪六叩礼。礼成，上还宫。

7.4.127 《清实录·乾隆朝实录》卷八一六

（乾隆三十三年八月）丁巳，祭先师孔子，遣大学士刘统勋行礼。

7.4.128 《文庙丁祭谱》卷二之二

戊子，（乾隆）三十三年，颁御书太学殿门榜额。定文庙正殿。向称先师庙，改为“大成殿”，其门曰“大成门”[①]。

颁周笵铜器十于太学。曰康侯鼎；曰牲尊；曰内言卣；曰牲首罍；曰雷文壶；曰召仲簠；曰盟簋；曰雷纹觚；曰子爵；曰素洗。藏于太学，用备礼器。

（又见于《清史稿·礼志·吉礼》）

7.4.129 《清实录·乾隆朝实录》卷八二八

（乾隆三十四年二月甲寅）重修太学文庙成。御制碑文曰：“举江淮河济以赞海，吾知其不知海；举嵩岱恒华以赞地，吾知其不知地；然则举道德仁义以赞孔子者，其亦类于是乎。夫江淮河济，岂不为海所纳？而不足以形海之大，然海固不拒江淮河济以为水也。嵩岱恒华，岂不为地所载？而不足以究地之厚，然地固不让嵩岱恒华以为土也。道德仁义，岂不为孔子所垂？而不足以尽孔子之量，然孔子固不外道德仁义以为教也。教之义始见于虞书，而未有定所。夏校、殷序、周庠，学则三代共之，是国学所昉乎。夫三代既有学，亦必有教。而吾以为孔子立道德仁义之教者何？盖三代以前之教，非孔子不明；三代以后之教，非孔子不立。亦犹江淮河济，非海不纳；嵩岱恒华，非地不载；道德仁义，非孔子不垂也。国学始于元太祖，置宣圣庙于燕京。由元及明，代有损益修葺，至本朝而崇奉规模为大备，列圣右文临雍，必事轮奂。乾隆戊午，朕诣学展仪，先诏易盖

---

① 《清史稿·礼志·吉礼》载：“三十三年，葺文庙成，增大门‘先师庙’额，正殿及门曰‘大成’，帝亲书榜，制碑记。

黄瓦，聿昭茂典。然丹艧虽致饰壮观，而上栋下宇，风雨燥湿，历年既久，浸欹是虞。爰以岁丁亥，发帑二十余万，特简重臣司其事，越己丑仲春告蒇工，朕亲释奠以落成焉。先是言臣有以宜乘此时，修复辟雍圜水之制为请者。礼官以为三代之制，弗相沿袭，实政不必泥古。朕以其言良是，逆从之。门殿诸额，一准会典，皆亲书各悬于其所。举大工者必泐碑以志，故叙其事书之。若夫述孔子之言，仍以颂孔子，是犹绘日月星辰以象天，朕有所不能。"

（又见于《文庙丁祭谱》卷二之二）

7.4.130 《清实录·乾隆朝实录》卷八二八

（乾隆三十四年二月）丁巳，祭先师孔子，上亲诣行礼。

7.4.131 《清实录·乾隆朝实录》卷八二八

（乾隆三十四年二月己未）以举行仲春经筵，遣官告祭奉先殿、传心殿。

上御文华殿。讲官暨侍班之大学士、九卿、詹事等行三跪六叩礼，分班入殿内序立。直讲官四人出就讲案前，行一跪三叩礼。复位。直讲官观保、蔡新进讲《大学》"所谓诚其意者，毋自欺也"二句。讲毕。上宣御论曰："'欲正其心者，先诚其意'，说者以为意者心之所发，恐有未实，故慎其独，便是毋自欺。毋自欺，便是必自慊。必自慊，便是诚其意。斯语也，引而未发，此其所以为蒙引乎？余以为毋自欺，仍即正心之学也。盖心之发为意，则心者意之所自也。自此而好善恶恶，无不尽其诚，则心常快然自足，而好善必为，恶恶必去。设谓诚其意在毋自欺，是视意与心为二。而所谓自者，又将属之谁乎？故朱子复申其说曰：'毋自欺者，以自己禁止不为而言。如毋不敬，非礼勿视之类'。可谓深切著明矣。"

讲官暨侍班官跪聆毕。兴。直讲官奉宽、王际华进讲《尚书》"钦哉，惟时亮天功"二句。讲毕。上宣御论曰："帝舜于四岳九官十二牧，各有所命。而总告群臣，则无多言，惟曰'钦哉'而已。钦者敬也。自古及今，未有不以敬而兴，亦未有不以不敬而亡者。讵惟董百官、康庶事而已哉！故惟钦足以檃括治理。即舜之所以受于尧，而亦将以授于禹者也。夫庶官之事，皆君之事。君之事，即天之事。亮天功者，君任其总，而臣分其绩。设谓舜责其群臣以寅亮，而已若不与焉者，此岂知舜者哉？"

讲官暨侍班官跪聆毕，大学士尹继善、刘统勋奏曰："皇上聪明天亶，研究理奥，洞彻精微。以心为意之所自，以毋自欺仍即正心之学，诚千古未发之蕴。又以心法为治法，括尧舜传心之要于一钦，仰见圣德日新，兢业自矢。亮功熙载，无不本宥密单心以发为大业也。臣等幸侍讲筵，亲承圣训，不胜荣幸。”

奏毕，诸臣出就拜位，行二跪六叩礼。礼成，上还宫。

7.4.132 《清实录·乾隆朝实录》卷八四〇

（乾隆三十四年八月）丁巳，祭先师孔子，遣大学士陈宏谋行礼。

7.4.133 《清实录·乾隆朝实录》卷八五二

（乾隆三十五年二月）庚戌，以举行仲春经筵，遣官祭奉先殿、传心殿。

上御文华殿。讲官既侍班之大学士、九卿、詹事等行二跪六叩礼，分班入殿内序立。直讲官四人出就讲案前，行一跪三叩礼。复位。直讲官观保、王际华进讲《孟子》“由仁义行，非行仁义也”二句。讲毕。上宣御论曰：“人者仁也，行而宜之之谓义。人之所以异于禽兽者，以有仁义而已矣。而人之所以存仁义，安而行之，无所勉强，惟圣人然后能之。圣而至于舜，继帝尧而传心法，可谓为天地立心，为生民立命矣。孟子称其明庶物而察人伦，为由仁义行，非行仁义，其视勉强行仁义者，固不同矣。然舜之明察，岂外仁义而为之哉？谐孝即肫然之仁也烝乂，即秩然之义也。所谓安而行之，无所勉强。余以为由仁义行，犹孟子求其说而不得，从而为之辞者。”

讲官暨侍班官跪聆毕。兴。直讲官全魁、程景伊进讲《易经》“圣人养贤以及万民”一句。讲毕。上宣御论曰：“天地养万物，人亦万物中之一也。而人之中有圣人焉，有万民焉。圣人不恒生，生矣不恒得位，然则得位而有养民之责者，岂可自诿于非圣，而不体天地之所以生我，乃为养民而设之义乎？四海之广，万民之众，一人之心力必不能遍及。故曰‘养贤以及万民’。然则有及民之责者，岂可自诿于非贤，而不体天地之所以生我乃为及民而设之义乎。夫民而得养，则天地位而万物育。如是，则天地之生人，即所以养万物也。而以气候失宜，物有不遂其生，为天地之憾者，岂不失之甚哉。”

讲官暨侍班官跪聆毕，大学士尹继善、刘统勋奏曰：“皇上垂训，以谐孝烝乂，即舜仁义之安行。仰见圣心洞彻渊微，直绍精一之心传。至《易经》‘圣人养贤以及万民’，凡在位者，皆不得自诿及民之责。视笺疏注解，更加精切。臣等幸侍讲筵，亲承圣训，不胜荣幸。”

奏毕，诸臣出就拜位行二跪六叩礼。礼成，上还宫。

7.4.134 《清实录·乾隆朝实录》卷八五二

（乾隆三十五年二月）丁巳，祭先师孔子，遣和亲王弘昼行礼。

7.4.135 《文庙丁祭谱》卷二之二

庚寅，(乾隆)三十五年夏四月，诏来岁东巡岱宗，致祭阙里。

7.4.136 《清实录·乾隆朝实录》卷八六六

(乾隆三十五年八月)丁丑，祭先师孔子，遣大学士刘统勋行礼。

7.4.137 《清实录·乾隆朝实录》卷八七八

(乾隆三十六年二月丁丑)祭先师孔子，遣协办大学士、尚书官保行礼。

7.4.138 《清史稿·高宗纪》

(乾隆三十六年二月)乙巳，上至曲阜谒先师孔子庙。丙午，上释奠先师孔子。丁未，上谒孔林。祭少昊陵、元圣周公庙。赐衍圣公孔昭焕族人银币有差。

7.4.139 《清实录·乾隆朝实录》卷八八〇

(乾隆三十六年三月)乙巳，上至曲阜，展谒先师庙。

……

是日，驻跸曲阜县行宫。至丁未皆如之。

丙午，上诣先师庙释奠。至大成门降舆，步入，行三跪九拜礼。遣官祭崇圣祠。分献四配十哲两庑。

丁未，上诣孔林。至墓门，降舆，步入墓前。北面跪，三酹酒毕，行三拜礼。

临阅复圣庙。

诣少昊陵、元圣周公庙行礼。

赐衍圣公孔昭焕合族等食，赏银币银牌有差。

谕："前岁修葺太学告成，因念阙里庙堂设有牺象诸尊，爰择旧藏周笵铜鼎尊等十事，陈之大成殿，用备礼器。兹临幸曲阜，祗谒先师，阅视所列各器，不过汉时所造，且色泽亦不能甚古。惟兹昌平圣里宜陈法物，以为观美。著仿太学之例，颁内府所藏姬朝铜器十事，备列庙庭，用惬从周素愿。俟朕回銮后，慎选邮发，交与衍圣公孔昭焕，世守勿替，以副朕则古称先至意。"

(又见于民国《山东通志·列训圣典三》、《文庙丁祭谱》卷二之二)

7.4.140 《文庙丁祭谱》卷二之二

(乾隆三十六年三月)丙午，亲释奠于先师。

祭文曰：惟先师立极三才，作师万世，综删定赞修之业。德媲勳华，宣立道绥动之谟，功参覆载，百王将其币奠千古，式其里居。朕只奉金兴，言临青壤，挹泉林之混混，久契心源，瞻岱岳之严严。弥钦道岸，溯南巡遣祭而几阅星霜，当东幸抒诚而重陈俎豆。宫墙虽峻，遥通望道之忱；车服常新，丕焕右文之治。维神来格，尚予是歆。

命工部尚书和硕、额驸福隆安署、兵部尚书丰升额、吏部右侍郎曹秀先、礼部左侍郎金甡、刑部左侍郎钱维城、内阁学士富察善福德、光禄寺卿申甫、太仆寺卿皂保、鸿胪寺卿和柱分献四配十二哲及两庑，从祀先贤先儒。

遣协办大学士、户部尚书于敏中祭告崇圣祠。

文曰：惟王绪衍殷商，支延宋鲁，本圣裔而开至圣。适居作述之间，踵王迹以垂素王，实接君师之脉。铭鼎直，传世德，累叶称恭，抉门始著威名。贻谋遂远，崇封五世，庙貌永以不祧秩祀。千春岁荐，昭其美报，典逾常格，尊迈等伦。兹以诹日时巡，登堂展谒，念道兼治统礼，宜追祖德，宗功而化洽。川流祭亦拟先河后海。用申特祀，肃遣专官，惟冀神灵，尚其歆格。

遣官分祭四配专庙。

吏部右侍郎曹秀先祭颜子曰：惟复圣颜子，泗水钟灵，尼山绍统。身虽屡空，矢乐志于箪瓢；义切归仁，殚勤修于克复。守博文约礼之教，既竭吾才；秉闻一知十之资，无言不说。为邦作王，佐治功商三代之全；好学契圣，心德行冠四科之首。尊崇允协，报享攸宜。兹以时巡，重临鲁甸，敬申秩祭，缅陋巷以非遥，殷慕典型冀清。尊之是侑，神其降止，享此苾芬。

礼部左侍郎金甡祭曾子曰：惟宗圣曾子，挺秀武城，传心阙里。则天因地，聿垂孝子之经；明德新民，首述大人之学。悟真源于一贯，悉本躬行；衍道脉于千秋，独由鲁得。耕田食力，歌闻金石之声；却聘辞卿，心轻晋楚之富。笃实之修如在，庙庭之祀典优崇。朕问俗东巡，临风仰止。肃伸禋祀，想至行于几筵；敬遣专官，挹德辉于陟降。灵其来格，于此居歆。

刑部左侍郎钱维城祭子思子曰：惟述圣子思子，德符元圣，系禀素王。绳祖阐微，书析天人之奥；绍庭绵绪，训承诗礼之型；性道昭垂，溯刁传于一贯；见闻遞授，启私淑于百年。守土独励，臣心义严，卫境养贤，并尊师范。礼重鲁廷，久著褒崇，示修禋祀。朕时巡东郡，只谒孔林，钦作圣而述明诒，谋正远念，开来而继往，昭报非虚。特遣祠官，用申馨荐。冀神灵之式格，严道范以常新。

光禄寺卿申甫祭孟子曰：惟亚圣孟子，统接见知，学承私淑。继传薪于三圣，大道是闲；扶坠绪于七篇，斯文再盛。守先待后，息浮议以正人心；幼学壮行，黜近功而崇王政。性原尧舜，独标仁义之宗；道重齐梁，力矫从衡之习。信侔称乎禹，绩实禀训于孔。传朕载莅鲁邦，近瞻高躅，缅风徽于邹峄，庙貌如新，钦气象于泰岩。祠官是饬，肃精禋而昭报，伫神爽以式凭。芳醑敬陈，尚其歆格。

颁周范铜器十于太学。

7.4.141　《清实录·乾隆朝实录》卷八九一

（乾隆三十六年八月）丁亥，祭先师孔子，遣大学士刘统勋行礼。

7.4.142　《文庙丁祭谱》卷二之二

（乾隆三十六）秋九月辛巳，颁御书“化成悠久”额于阙里。颜子庙额曰：“粹然体圣。”

7.4.143　《文庙丁祭谱》卷二之二

（乾隆）三十七年春正月，遣吏部右侍郎曹秀先诣阙里祭告孔子。

文曰：惟先师德由天纵，学范人伦。备性道之统宗，阐治平之极轨。微言奥义，千秋之彝训犹新；因地则天，百代之纲常永植。兹以慈闱万寿，懋举鸿仪敬晋，徽称神人庆洽，仰宫墙于泗水群，瞻美富之休，隆俎豆于尼山。益赐诗书之福，专官致告，将事维虔，歆格有灵，繁禧用荷。

7.4.144　《清实录·乾隆朝实录》卷九〇二

（乾隆三十七年二月）丁卯，祭先师孔子，遣大学士刘统勋行礼。

7.4.145　《清实录·乾隆朝实录》卷九〇二

（乾隆三十七年二月）己巳，以举行仲春经筵，遣官告祭奉先殿、传心殿。

上御文华殿，讲官暨侍班之大学士、九卿、詹事等行二跪六叩礼，分班入殿内序立。直讲官四人出就讲案前，行一跪三叩礼。复位。直讲官观保、王际华进讲《中庸》“修道之谓教”一句。讲毕。上宣御论曰：“天命之性，率性之道，皆理之自然，人物之所同得。然则修道之教，亦岂外乎人物之所同得，与理之自然乎？盖教也者，非如羿之射、旷之音、鹊之医、秋之奕，必待专心致志，求其师承然后能得也。不过于率性之道，修之而已矣。故曰‘非由外铄，我固有之也。’使先知觉后知，使先觉觉后觉，亦惟觉斯民所固有。使夫过不及者，有以取中焉。是则圣人设教，原不外五常五伦之正，使人各修其道，以复其性。故曰‘性相近’也。若夫羿之射、旷之音、鹊之医、秋之奕，则必待习而后能得，则所谓‘习相远’也，非吾所谓教也。虽然，使自率性之未能，是己且不能修，又何以教人？则柳宗元所谓若甚怜焉，而卒以祸者，又将甚焉！呜呼！教岂易言哉？”

讲官暨侍班官跪聆毕。兴。直讲官德福、倪承宽进讲《易经》"辅相天地之宜"一句。讲毕。上宣御论曰:"宋儒注此象者,率以四时之节、四方之限为裁成,春耕秋敛、高黍下稻为辅相。审如是,则古圣神道设教之后,民皆知之矣,何赖后之裁成辅相乎?盖裁成所以制有余,辅相所以补不足。制有余为差易,补不足为实难。今夫水旱不齐,苟非为君者,勤恤民隐,赈灾济困,则赤子之转于沟壑者,将谁赖乎?故泰之中,即有平陂往复之象,是在有辅相之责者,有孚惠心,补其不足。庶乎常保其泰,而得天地之宜,可不慎哉!"

讲官暨侍班官跪聆毕。大学士刘统勋等奏曰:"皇上垂训,以觉斯民所固有为修道之教,以勤恤民隐、赈灾济困为辅相天地。仰见圣心本中和以位育,符覆载之生成。凡有教养斯民之责者,皆宜恪体此旨。臣等幸侍讲筵,亲承圣训,不胜荣幸。"

奏毕,诸臣出就拜位,行二跪六叩礼。礼成,上还宫。

7.4.146 《清实录·乾隆朝实录》卷九一四

(乾隆三十七年八月)丁卯,祭先师孔子,遣大学士刘统勋行礼。

7.4.147 《清实录·乾隆朝实录》卷九二六

(乾隆三十八年二月)甲子,以举行仲春经筵,遣官告祭奉先殿、传心殿。

上御文华殿,讲官、暨侍班之大学士、九卿、詹事等行二跪六叩礼,分班入殿内序立。直讲官四人出就讲案前,行一跪三叩礼。复位。直讲官永贵、王际华进讲《大学》"民之所好好之,民之所恶恶之"二句。讲毕。上宣御论曰:"人生而静天之性,感物而动性之欲。性相近也,习相远也。性相近,故好恶亦近;习相远,故好恶亦远。所好好之,所恶恶之,盖以性近而言,非以习远而言也。即以父母与子观之,其孩提怀抱之时,性无不近。至于成童宜室,必以渐而远。且数之多者无过于万,而民之数则不啻万万也。以一人而同不啻万万人之好恶,虽至愚亦知其难。然此乃以其习远而言,非以其性近而言也。以性近而言,湛然天理。仁义礼智根于心,虽物至,而好恶形亦莫不以正,又安得有不同乎?如是,则饱暖安逸之好,饥寒困苦之恶,所以与民同者,皆其施为经营之末而已。尧之于变,舜之允谐。夫岂劳于万万民之各同其好恶哉?"

讲官暨侍班官跪聆毕。兴。直讲官德福、裘曰修进讲《尚书》"虑善以动,动惟厥时"二句。讲毕。上宣御论曰:"《乾》之《文言》曰:'时乘六龙以御天';《大有》之《象》曰:'应乎天而时行'。此传说虑善以动,动惟厥时,所由昉乎?一日二日万几。几,即虑也,惟天聪明,惟圣时宪,惟其宪天。故虑无不善,而动皆合宜。若必待事物之来而后虑之,虑焉而又择其善而动以时?则其失时亦已远矣。王安石夏葛冬裘之譬，非不切近，然彼惟审于寒暑之宜，而昧于几虑之先。故动至弗善，而违天拂民，有所不顾，然则有司化处事之责者，可不惧哉！"

讲官暨侍班官跪聆毕。大学士刘统勋，协办大学士、尚书官保奏曰："皇上睿智性成，熙和化洽，综万事万物之要，而先握其枢机。协同好同恶之情，而普绥以康阜。是以一心运中和之极，而八方跻仁寿之庥。臣等幸侍讲筵，亲承圣训，不胜荣幸。"

奏毕，诸臣出就拜位，行二跪六叩礼。礼成，上还宫。

7.4.148 《清实录·乾隆朝实录》卷九二六

（乾隆三十八年二月）丁卯，祭先师孔子，遣大学士刘统勋行礼。

7.4.149 《清实录·乾隆朝实录》卷九四〇

乾隆三十八年，癸巳八月丁亥朔，祭先师孔子，遣大学士刘统勋行礼。

7.4.150 《清实录·乾隆朝实录》卷九五二

（乾隆三十九年二月）丁亥，祭先师孔子，遣大学士于敏中行礼。

7.4.151 《清实录·乾隆朝实录》卷九五二

（乾隆三十九年二月）己丑，以举行仲春经筵，遣官告祭奉先殿、传心殿。

上御文华殿。讲官暨侍班之大学士、九卿、詹事等行二跪六叩礼，分班入殿内序立。直讲官四人出就讲案前，行一跪三叩礼。复位。直讲官永贵、王际华进讲《论语》"仁者先难而后获"一句。讲毕。上宣御论曰："问仁于孔子者多矣，而所对各有不同。然圣门以颜渊为高弟，孔子所对者则曰'克己复礼'，以此知'克己复礼'实为仁之最切最要。即所对樊迟者，亦岂外于是哉。盖先难者何？克己也；后获者何？复礼也。夫难莫难于克己。仁者天理也，私欲介于中，其能存天理者鲜矣。故《易》曰'大师克相遇'，必用大师之力，而后能克其私欲以全天理。故《易》又曰：'颜氏之子，其殆庶几乎？有不善未尝不知，知之未尝复行也。不远复，无祇悔，元吉。'皆克己复礼之谓也。董仲舒正义明道之论，略为近之。而朱子举以为不求后效，又以为警樊迟有先获之病，未尝申明告颜子之意。余故叙而论之。"

讲官暨侍班官跪聆毕。兴。直讲官嵇璜、觉罗奉宽进讲《书经》"功崇惟志，业广惟勤"二句。讲毕。上宣御论曰："斯言也，岂特卿士所宜勉而已哉？卿士皆亮天工之人，而用卿士以亮天工，实为君者之责。故必敬天爱民以永此志，朝乾夕惕以励此勤，然后有以倡卿士而胥崇其功，以广其业。故皋陶曰：'率作兴事，慎乃宪’。慎宪，志之崇；兴事，业之广。如是，则所谓功业者，仍不异敬天爱民之为，而非好大喜功。事纷更而无实惠者，所可同年而语也。”

讲官暨侍班官跪聆毕。大学士舒赫德等奏曰：“皇上法天行健，安土能敦，固已功兼乎三五，业奠乎清宁，乃犹思艰图易，宵旰勤求，将见率土普被夫仁风，而郅治益臻于上理矣。臣等幸侍讲筵，亲承圣训，不胜钦服。”

奏毕，诸臣出就拜位，行二跪六叩礼。礼成，上还宫。

7.4.152 《清实录·乾隆朝实录》卷九六四

（乾隆三十九年八月）丁亥，祭先师孔子，遣协办大学士官保行礼。

7.4.153 《清实录·乾隆朝实录》卷九七六

（乾隆四十年二月）甲申，以举行仲春经筵，遣官告祭奉先殿、传心殿。

上御文华殿。讲官暨侍班之大学士、九卿、詹事等行二跪六叩礼，分班入殿内序立。直讲官四人，出就讲案前，行一跪三叩礼。复位。直讲官永贵、王际华进讲《大学》“日日新，又日新”二句。讲毕。上宣御论曰：“曾子释‘新民’之义，而引《汤》之《盘铭》，此意最亲切。盖《汤》之《盘铭》，以修身而及正心也。曾子之解经文，则以治人而及修己也。终必由始，末当反本。故欲洗濯其身者，要当先复其心之善。而欲教化其民者，要当先勉其身之修。夫正心以修身者，岂有他术哉？亦惟克己复礼，去其习染之污，而复其本然之善而已。盖习染之最易害人心，如尘埃之最易生屋宇，日日扫之，尘埃未必能尽去。日日新之，习染未必能尽除。日日新，又日新，如是而已矣。若谓‘新民’之道，必更有以新之，则是外本内末，虽日施训诫之令，有不出于柳宗元之所讥矣！”

讲官暨侍班官跪聆毕。兴。直讲官觉罗永德、嵇璜进讲《易经》“有孚惠我德”一句。讲毕。上宣御论曰：“易理广大，无所不包。仁者见之谓之仁，知者见之谓之知。予昔常以勿问其施惠释元吉矣。至于惠我德，予亦以为应于为君者言之。盖惠者何，即我之德也。我施德惠，而稍有不孚于心，则仍是违道干誉之为。欲天下人之爱戴，此非问乎？此非不孚乎？且九五为君位，亦不应计及人之爱戴也。或曰：‘如此不有违历来释经者乎？’曰：‘观象玩辞，予惟知尽予为君之道。’”

讲官暨侍班官跪聆毕。大学士舒赫德、于敏中奏曰：“皇上圣敬日跻，大德天覆，本自新以作民新，不烦训诫而化，推实心以敷实惠，不计爱戴而施。帝学皇猷，同源共贯。臣等幸侍讲筵，亲承训示，曷胜钦仰。”

奏毕，诸臣出就拜位，行二跪六叩礼。礼成，上还宫。赐讲官暨侍班官等宴于文华殿东庑之本仁殿。

7.4.154　《清实录·乾隆朝实录》卷九七六

(乾隆四十年二月)丁亥,祭先师孔子,遣大学士于敏中行礼。

7.4.155　《清实录·乾隆朝实录》卷九八八

(乾隆四十年八月)丁丑,祭先师孔子,遣协办大学士官保行礼。

7.4.156　《清实录·乾隆朝实录》卷一〇〇二

(乾隆四十一年二月)甲辰,以举行仲春经筵遣官告祭奉先殿、传心殿。

上御文华殿。讲官暨侍班之大学士、九卿、詹事等行二跪六叩礼,分班入殿内序立。直讲官四人出就讲案前,行一跪三叩礼。复位。直讲官永贵、曹秀先进讲《论语》"百姓足,君孰与不足"二句。讲毕。上宣御论曰:"后儒解此章者,率以深言君民一体。什一天下之中为言,而戒夫横征暴敛以虐民耳。夫横征暴敛,自非大无道之君,与夫极孱弱之国,孰肯为之?彼其剜肉补疮,胥沦于亡,有如哀公所云'二,犹不足之'叹耳。余则以为,为人君者,当常存百姓不足而欲其足之心,而此心常不足也。盖贵为天子,富有四海,岂有不足之理?但四海之内,百姓众矣,其皆足乎?若但知己之足,而不知百姓之不足,视己之足,即以为百姓亦足,则是孤为君之职,背天理而失民心,必在此矣。然百姓之足,岂易言哉?水旱之不齐,贫富之不等,非轻徭薄赋之所能及也。一人向隅,仁者有所不忍,而况向隅者众乎?此予所以宵旰祈年,令各省无匿灾伤,而亟为赈恤缓贷,补偏救弊之为,夜以继日,犹不足也。"

讲官暨侍班官跪聆毕。兴。直讲官景福、蔡新进讲《书经》"君子所其无逸"一句。讲毕。上宣御论曰:"无逸一篇,凡七发端,而皆以呜呼始之。所以长言咏叹,戒宴安,励祗惧,三致意焉。而开章即曰'君子所其无逸',实挈通篇纲领。夫所者,处所也,即地也。盖人昼而作,夜而息,皆必有所处之地,不能离也。为人君者,果能以无逸为所处之地,作焉息焉,语焉默焉,动焉静焉,无不以无逸为所焉,则何私欲之侵而怠惰之萌哉!召诰王敬作所,益相发明,而著诫深矣!"

讲官暨侍班官跪聆毕。大学士舒赫德、于敏中奏曰:"钦惟皇上大德天覆,圣敬日跻,恩施每洽于闾阎,咨警弥殷于夙夜,洵说俾巽益健协乾行。臣等幸聆御论,敬体圣衷,曷胜钦服。"

奏毕,诸臣出就拜位,行二跪六叩礼。礼成,上御文渊阁赐茶,还宫。复赐讲官暨侍班官等宴于文华殿东庑之本仁殿。

7.4.157 《清实录·乾隆朝实录》卷一〇〇二

(乾隆四十一年二月)丁未,祭先师孔子,遣协办大学士程景伊行礼。

7.4.158 《清实录·乾隆朝实录》卷一〇〇五

(乾隆四十一年三月乙未)至曲阜,谒先师庙。……丙申,上诣先师庙释奠告功。至大成门,降舆,步入,行三跪九拜礼。遣官祭崇圣祠,分献四配、十哲两庑。上谒孔林,至墓门,降舆,步入墓前,北面跪,三酹酒毕,行三拜礼。

诣少昊陵、元圣周公庙行礼。赐衍圣公孔昭焕及孔氏族人等食。

7.4.159 《文庙丁祭谱》卷二之二

申丙(乾隆)四十一年(四月丙辰),平定两金川,遣官祭告太学。[①] 颁御制碑于各学。圣驾东巡,诣阙里亲释尊于先师。定热河文庙陈设位次及祭、乐器并人数,俱如太学。

(又见于《清史稿·高宗纪》、《清实录·乾隆朝实录》卷一〇〇六)

7.4.160 《清实录·乾隆朝实录》卷一〇一四

(乾隆四十一年八月)丁未,祭先师孔子,遣大学士舒赫德行礼。

7.4.161 《清实录·乾隆朝实录》卷一〇二六

(乾隆四十二年二月丁酉)祭先师孔子,遣协办大学士程景伊行礼。

7.4.162 《清实录·乾隆朝实录》卷一〇三八

(乾隆四十二年八月)丁酉,祭先师孔子,遣协办大学士英廉行礼。

7.4.163 《清实录·乾隆朝实录》卷一〇五〇

(乾隆四十三年二月)丁酉,祭先师孔子,遣协办大学士英廉行礼。

7.4.164 《清实录·乾隆朝实录》卷一〇六四

(乾隆四十三年八月)丁卯,祭先师孔子,遣协办大学士英廉行礼。

---

① 《清史稿·高宗纪》载为:"(乾隆四十一年三月)乙未,上至曲阜,谒孔子庙。……丙申,释奠先师孔子,告平两金川功。丁酉,上谒孔林。"

7.4.165 《清史稿·高宗纪》

(乾隆四十三年八月)乙酉,上诣文庙行礼。

7.4.166 《清实录·乾隆朝实录》卷一〇七六

(乾隆四十四年二月)丁巳,祭先师孔子,遣协办大学士英廉行礼。

7.4.167 《清实录·乾隆朝实录》卷一〇七六

(乾隆四十四年二月己未)以举行仲春经筵,遣官告祭奉先殿、传心殿。

上御文华殿。讲官暨侍班之大学士、九卿、詹事等行二跪六叩礼,分班入殿内序立。直讲官四人出就讲案前,行一跪三叩礼。复位。直讲官德保、嵇璜进讲《论语》"'先之劳之。'请益,曰:'无倦'"三句。讲毕,上宣御论曰:"此夫子为子路言'先之劳之'者,似为有司亲民者而发,而人君为政之道,亦实不外乎此。盖君与臣,其职不同,而为民为政则同。先之以孝弟,固君臣所应同者。至于循阡陌,劝农桑,乃臣之事,而非君所宜亲者。然则君可以不劳乎?朝乾夕惕,宵衣旰食,又何以云乎?是则君有君之劳,臣有臣之劳。臣之劳即所谓循行劝课,劳其身之事也;至于君之劳,则所谓敬天勤民,敕几求贤,先天下之忧而忧。其劳盖有不可胜言者,而皆劳其心之事也。设厌其劳而图逸,虽不乏一日之乐,而将贻百世之害。是则夫子一言,而具万世君臣为政之大要。若夫无倦,则益申乾象天行不息之义,与公旦无逸之训相发明,非徒为子路好勇,而戒其不能持久而已也。"

讲官暨侍班官跪聆毕。兴。直讲官阿肃、董诰进讲《易经》"自上下下,其道大光"二句。讲毕,上宣御论曰:"'自上下下'二语,非申明《损》上《益》下而言也。夫既《损》上以《益》下,民之说之。自无穷极,其为益也,更有何言?盖自者,由也。自上下下,重言为上者,应不自恃居崇高之位,每虚已㧑谦,尊贤纳谏,纵能而视若不能,已治而恒如未治。延访必以精,明达必以遍,虽刍荛弗遗焉。斯乃由上以下其下,而其道有弗大光者乎?或曰:'如此则益《彖》衹为为君者言之乎?'曰:'《易》无不该,且一邑有一邑之上下,一家有一家之上下。推是道也,孰无自上下下之理?而吾在君言君,惟引以为己鉴耳!"

讲官暨侍班官跪聆毕。大学士于敏中、协办大学士英廉奏曰:"皇上乾行不息,谦尊而光。首庶物而宵旰惟勤,集众善而壤流并蓄,洵作所于无逸,受益于有容矣。臣等幸侍讲筵,亲承圣训,不胜钦服。"

奏毕,诸臣出就拜位,行二跪六叩礼。礼成,上还宫。

7.4.168 《清实录·乾隆朝实录》卷一〇八八

(乾隆四十四年八月)丁巳,祭先师孔子,遣协办大学士英廉行礼。

7.4.169 《清实录·乾隆朝实录》卷一〇九九

(乾隆四十五年正月己亥)遣官至曲阜,祭元圣周公、先师孔子。

7.4.170 《清实录·乾隆朝实录》卷一一〇〇

(乾隆四十五年二月)丁巳,祭先师孔子,遣协办大学士英廉行礼。

7.4.171 《文庙丁祭谱》卷二之二

庚子(乾隆)四十五年,圣驾南巡,遣官诣阙里祭告孔子。
秋八月,遣官诣阙里祭告孔子。

7.4.172 民国《续修曲阜县志》卷一

乾隆四十五年,岁次庚子月朔越日,皇帝遣致祭于先师孔子之神:"维先师德应水精,圣征玉振,赞修删订遗经,折六艺之衷,祖述宪章,至教垂千秋之范。朕敬承道统,仰契心传,常入境以观风,屡登堂而展谒。"

7.4.173 《清实录·乾隆朝实录》卷一一一二

乾隆四十五年庚子八月丁未朔,祭先师孔子,遣协办大学士英廉行礼。

7.4.174 《清实录·乾隆朝实录》卷一一二四

(乾隆四十六年二月)丁未,祭先师孔子,遣大学士嵇璜行礼。

7.4.175 《清实录·乾隆朝实录》卷一一二四

(乾隆四十六年二月)己酉,以举行仲春经筵,遣官告祭奉先殿、传心殿。

上御文华殿。讲官暨侍班之大学士、九卿、詹事等行二跪六叩礼,分班入殿内序立。直讲官四人出就讲案前,行一跪三叩礼。复位。直讲官德保、谢墉进讲《大学》"此之谓絜矩之道"一句。讲毕。上宣御论曰:"曾子闻夫子一贯之心传,其告门人曰'夫子之道,忠恕而已矣',故其释治国平天下,以为有絜矩之道。又申之以上下、前后、左右,有所以接之之境,处之之理,而曰此之谓絜矩之道。盖矩者,境也;絜者,理也。理也,境也,不外乎一心。境者,心之接理者,心之处中心之谓忠,处理之谓也,如心之谓恕,接境之谓也。一以贯之岂更外于此乎?

然非克己复礼，理境相融，其能与于此者鲜矣！仲弓问仁，而夫子示之以敬恕，此物此志也。”

讲官暨侍班官跪聆毕。兴。直讲官阿肃、董诰进讲《易经》“乾始能以美利利天下，不言所利”二句。讲毕。上宣御论曰：“项氏谓乾始而四德在其中，俞氏谓乾始即乾元，是二说也。一则分始与元为二，一则合始与元为一，以为俞说近之，而犹未识夫始也元也，总一乾也。盖乾具四德，大哉乾乎！乾之大不可见，于四德见之。所为始能以美利利天下，不言所利。‘天何言哉？四时行焉，百物生焉’。无所不利，非可指名，即贞也。四德以是乎流行，万汇以是乎蒙美，美岂不大乎？夫人君者，体天者也。有孚惠心，勿问元吉。余尝申其义而论之，亦曰不言所利而已矣。”

讲官暨侍班官跪聆毕。大学士英廉等奏曰：“皇上德涵胞与，道贯天人，本忠行恕而保惠无疆，执简御繁而博施已遍，洵所谓垂裳自化，击壤难名者矣！臣等幸侍讲筵，亲承圣训，不胜钦服。”

奏毕，诸臣出就拜位，行二跪六叩礼。礼成，上御文渊阁赐茶，还宫。复赐讲官暨侍班官等宴于文华殿东庑之本仁殿。

7.4.176　《清实录·乾隆朝实录》卷一一三八

（乾隆四十六年八月）丁丑，祭先师孔子，遣协办大学士永贵行礼。

7.4.177　《文庙丁祭谱》卷二之二

辛丑，（乾隆）四十六年，定热河文庙仲秋丁祭，派扈从大学士行礼。

7.4.178　《清实录·乾隆朝实录》卷一一五〇

（乾隆四十七年二月）己巳，以举行仲春经筵，遣官告祭奉先殿、传心殿。

上御文华殿。讲官暨侍班之大学士、九卿、詹事等行二跪六叩礼，分班入殿内序立。直讲官四人出就讲案前，行一跪三叩礼。复位。直讲官德保、曹秀先进讲《论语》“知者乐，仁者寿”二句。讲毕。上宣御论曰：“仁者知之体，知者仁之用。亦如山者水之体，水者山之用。故无水之山必枯，无山之水必泻。知而离仁失之巧，仁而离知失之讷。朱子解此章，虽云不是兼仁知而言，而夫子之言，实并仁知之形容，及与其效相提并论，以显其相资殷而相得彰也。明乎仁知之相资，则体用各得其宜。盖知有知之体用，仁有仁之体用，而仁知又互相为体用，浑然天理，动静周流，其乐与寿不求而必得矣。虽然，其乐与寿岂一己之私哉！知者无不通，乐何如之？仁者无不善，寿何如之？夫然则其乐其寿，实泯彼此。该物我，乐以天下，寿以万世。学者宜无不加勉，而为人君者，更当以是为亟也。”

讲官暨侍班官跪聆毕。兴。直讲官阿肃、谢墉进讲《书经》“在知人，在安民”二句。讲毕。上宣御论曰：“皋陶言人君为治之道，在知人，在安民。斯言也，实示千古帝王治世之要道，舍是无他求矣！夫知人安民，非二事也。君以一身临万民之上，万民众矣，岂能一一教之养之？是在知人善任。内而百官，外而民牧，必各称其职而能其事，以相辅弼承宣，然后庶政惟和，万国咸宁。夫使若而人者，皆各称其职而能其事，岂易致哉？故大禹吁之曰：‘唯帝其难之’，而何忧何畏，皆重于知人，而知人尤难于安民，能知人则无不安之民矣。夫以神尧所难之事，而为帝王者无不有是责。呜呼！可不畏乎？可不慎乎？”

讲官暨侍班官跪聆毕。大学士三宝等奏曰：“钦惟皇上德该仁智，化洽臣民，统乐与寿，而量无不周，能哲而惠，而操之有要。洵所谓范围莫过，曲成不遗者矣！臣等幸聆御论，敬体宸衷，曷胜诚服之至！”

奏毕，诸臣出就拜位，行二跪六叩礼。礼成，赐讲官暨侍班官等宴于文华殿东庑之本仁殿。

7.4.179 《清实录·乾隆朝实录》卷一一二四

（乾隆四十七年二月）丁丑，祭先师孔子，遣大学士嵇璜行礼。

7.4.180 《清实录·乾隆朝实录》卷一一六二

（乾隆四十七年八月）丁卯，祭先师孔子，遣协办大学士永贵行礼。

7.4.181 《清实录·乾隆朝实录》卷一一七四

（乾隆四十八年二月）甲子，以举行仲春经筵，遣官告祭奉先殿、传心殿。

上御文华殿。讲官暨侍班之大学士、九卿、詹事等行二跪六叩礼，分班入殿内序立。直讲官四人出就讲案前，行一跪三叩礼。复位。直讲官阿肃、谢墉进讲《中庸》“悠久所以成物也”一句。讲毕。上宣御论曰：“解是章者，率以久为内而悠为外，分而言之。予以为悠久自是至诚无息之一贯，虽有存内验外之殊，其实一而二、二而一者也。且天之高明，地之博厚，可分为二乎？博厚高明，既不可分，则悠久之不可分，不待辨而明矣！是故天地之德不可见，而见于博厚高明；圣人之德不可见，而见于悠久。惟其悠久，故积累之至而为博厚，发越之极而为高明。斯则天地之大，亦因圣人之至诚无息见之。所谓致中和而天地位，万物育。悠久所以成物，非子思之述曾子所闻于夫子一贯之道乎？”

讲官暨侍班官跪聆毕。兴。直讲官景福、曹文埴进讲《书经》“惟臣钦若，惟民从乂”二句。讲毕。上宣御论曰：“说命四言，余向为乾清宫屏铭，亦曾发明其义矣。兹因绎臣民之义，而益凛为君者之上宜法天，下宜表率臣民也。夫人君而不能法天，则何以使其臣民胥钦若而从乂乎？且法天非虚言也，必至公无私。弗用聪明，而于理于事，自无不聪不明，于是乎取舍当而赏罚明，臣民其谁不钦若而从乂乎？设不能克己复礼，而欲其臣民之钦而敬之，从而顺之，是则逞私欲而背天理。予无乐乎为君，一言丧邦，胥在是矣，可不慎乎？"

讲官暨侍班官跪聆毕。大学士三宝等奏曰："皇上道符悠久，治本敬勤，范围曲成而诚至斯，孚布化从风而时若用乂。洵所谓自强不息，共健天行，民保无疆，永绥邦本者矣！臣等幸侍讲筵，恭聆御论，敬体宸衷，曷胜诚服？"

奏毕，诸臣出就拜位，行二跪六叩礼。礼成，上御文渊阁赐茶。还宫，复赐讲官暨侍班官等宴于文华殿东庑之本仁殿。

7.4.182　《文庙丁祭谱》卷二之二

（乾隆）四十八年春二月，亲诣太学释奠先师。诏修辟雍。奉上谕：古国学之制，天子曰辟雍，所以行礼乐、宣德化、昭文明而流教泽，典至钜也。朕此次释奠礼成，念国学为人文荟萃之地，规制宜隆。而辟雍之立，自元、明以来，典尚阙如，应增建以臻美备。着派礼部尚书德保，工部尚书兼国子监事刘墉，侍郎德成敬谨前往，度地鸠工，诹吉兴建。落成之日，朕将举行临雍典礼，以昭久道化成之盛。

（又见于《清实录·乾隆朝实录》卷一一七四、《皇朝通典》卷五六）

7.4.183　《清实录·乾隆朝实录》卷一一八六

（乾隆四十八年八月）丁卯，祭先师孔子，遣大学士蔡新行礼。

7.4.184　《清实录·乾隆朝实录》卷一一九八

乾隆四十九年甲辰二月丁巳朔，祭先师孔子，遣大学士三宝行礼。

7.4.185　《清实录·乾隆朝实录》卷一一九八

（乾隆四十九年二月）丙寅，上谒少昊陵。至曲阜，谒先师庙。遣官祭启圣林及颜子、曾子、子思、孟子祠。

……

上诣先师庙，行释奠礼。诣孔林酹酒。诣元圣周公庙行礼。

7.4.186　《文庙丁祭谱》卷二之二

甲辰，（乾隆）四十九年，圣驾南巡，至曲阜，诣孔子庙上香。诏来岁释奠国学，临雍讲学。

上谕：稽古明伦设教，典重学宫，国学为首善之区。桥门观听规制，尤宜隆备。前命尚书刘墉、德保、金简，侍郎德成鸠工庀材，兴建辟雍。现在已届落成。朕于明年仲春释奠礼成，即临雍讲学。所有应行典礼，着该衙门详议具奏。

7.4.187 《清实录·乾隆朝实录》卷一二一二

（乾隆四十九年八月）丁亥，祭先师孔子，遣大学士嵇璜行礼。

7.4.188 《清实录·乾隆朝实录》卷一二二四

（乾隆五十年二月）丁亥，上诣文庙，行释奠礼。

礼成。御彝伦堂，更衮服，临新建辟雍，行讲学礼。御辟雍殿，中和韶乐作。王以下各官行二跪六叩礼。乐止。召王、公、衍圣公、大学士、九卿、詹事、记注官入。至圣后裔、翰林院五经博士、各氏后裔及学官、进士、举人、荫生、贡生、监生并朝鲜国使臣圜桥肃立。赐讲官坐。讲官就位一叩。坐。大学士伍弥泰、蔡新进讲《大学》“为人君止于仁，为人臣止于敬，为人子止于孝，为人父止于慈，与国人交止于信”五句。讲毕。上宣御论曰：“此虽言文王之止于至善，而实训万古五伦之要道也。夫文王固身历为君臣父子与人交而各尽其善矣，试思人孰不在五伦之中，而各有当止于其善之道乎！是故为君者，匪惟博施济众以为仁，即瘅恶弼教之义，亦必当本于仁而出之。所谓止也，人臣之敬，讵其夙夜匪懈，恪恭承旨之谓，即绳愆纠谬，陈善闭邪，亦必当本于敬而出之。所谓止也，生事死葬，祭之以礼，人子之止于孝。盖终身之事，非谓无父母，即无子之止于善也。若夫父之曰严，似殊乎母之慈，而不知父之严，正所以行其慈也。至于兄友弟恭，夫唱妇随，皆与人交之义。而朋友之信，固该其中矣！予故云：‘此虽言文王之止于至善，而实训万古五伦之要道也。’”

祭酒觉罗吉善、邹奕孝进讲《周易》“天行健，君子以自强不息”二句。讲毕。上宣御论曰：“天一日一周，是行健也。然天之运行，终古不息，不惟不息，盖并不息亦无意于其间。所谓健也，此应与《中庸》‘至诚无息’并观之。所谓‘诚者，天之道也’，若夫法天之君子，乃‘诚之者，人之道’，然亦不外自强不息而已。盖天之不息，无为而为；人之不息，则在自强。自强者，必本于克己复礼。人十己千，成己成物，胥在乎是。圣人之言，非特为为君者言，盖人人皆有法天之道。而为人君者，益当夕惕朝乾，孜孜亹亹，不遑暇逸，以是为亟耳。”

是王、公、百官圜桥观听之进士、举人、荫生、贡生、监生并朝鲜国使臣跪聆圣训，心悦诚服。大学士公阿桂、大学士嵇璜跪奏曰：“皇上阐扬经书义蕴，广大精微。本至善尽伦，以法天行健。心法治法，训示万年，不独发先儒所未发，臣等曷胜钦忭之至。”

进讲官暨祭酒、司业以下各出就拜位。丹陛大乐作。王以下各官俱行三跪九叩礼。乐止。祭酒、司业率学官诸生谢恩。丹陛清乐作。赐王、公、衍圣公、大学士、九卿、詹事、记注官茶,俱行一叩礼。中和韶乐作。礼成,上启座,乘舆出太学门。祭酒、司业率学官诸生跪送。衍圣公、至圣后裔、翰林院五经博士、各氏后裔、祭酒、司业及观礼进士、举人、荫生、贡生、监生并朝鲜国使臣各赏赉有差。

上回圆明园。

御制国学新建辟雍圜水工成碑记。曰:名者实之宾,实者名之主。为学之方,应务其实,以蕲循其名,不可炫其名,以致亡其实。兴学之源,綦要于国学。国学者,天子之学也。天子之学曰辟雍,诸侯之学曰泮水。北京之国学,自元历明,以至本朝盖五百余年矣。有国学而无辟雍,名实或不相称焉。虽有建议请复,以之水而格部议,至今未复。癸卯春,始有复建之谕。甲辰冬,乃观新工之竣,将于乙巳仲春,行释奠礼,遂临雍以落成焉。夫北京为天下都会,教化所先也。大典缺如,非所以崇儒重道。古与稽而今与居也,虽乏水,然有不改之井,汲以绠而用之无穷,亦在人为之而已。于是石之鳞次,见圜斯池。水之镜澄,见明斯漪殿之据中,见隆其榱桥之通行,见接其基。上庠下庠,虽难考二典之制,而东序西序,总不出三代之规,则是工之举也。又予知过论所谓于不可已者,仍酌行之之意。而物给价,工给值,原非劳民动众之为。若夫三老五更之说,予以为括于养老休俗之仪,而非天子临雍所必应并行而不遗者,盖弗见于诗书,乃特出杜氏通典之私耳。且予向有三老五更之说,已明辟其谬,兹不复缀乎辞。虽然,予更有所惧于是举者,夫是举岂非复古兴学之懿?有何惧?而予惧之者,恐后之人执予复古之说,于一切衣冠典礼,皆欲效汉人之制,则予为得罪祖宗之人,匪教伊虐,甚虑不宜也。予之子孙臣庶体予此心,于可复古者复之,其不可复者,断不可泥古而复之。夫徒慕复古之虚名,而致有忘祖宗之实失,非下愚而何?予不为也。予敬以是告子孙,以保我皇清万年之基也。

御制辟雍讲学诗。曰:

国学由来教化先,北京建五百余年。
空传中统庙修矣,独惜辟雍典阙然。
酌古准今图以创,穿地引井甓成圜。
崇儒重道心虽亹,惧亦在兹记语宣。
放勋巍荡未言学,教胄命夔始有虞。
夏序殷宗因递述,文丰武镐岂相殊。
桥圜莫作徒观者,廷献应为有用儒。

却忆永平称亿万，虽云善善略邻诬。
三五昔经著说详，谓他杜撰失荒唐。
祇宜养老示恩渥，难并临雍赞礼煌。
韩愈不甘弟子列，蔡新或备伯兄行。
虑其惊惧谢无当，王导称曾喻太阳。
祭母欲数上丁逢，释奠礼成临辟雍。
举事率因待时节，化民宁渠在仪容。
五伦知止须勤勖，一己自强切戒慵。
文质彬彬众和乐，重熙茂对志滋恭。

御制三老记。曰：予既为三老五更之说，以辟诸家之谬。然以三老之称，数典于左氏。其何以称三老，则求其解而终不得其辞。兹以三余之暇，书辟雍诗册，有三老之语，临池下恍然悟曰三老之言实出《孟子》。所谓老而无妻，老而无夫，老而无子，此非三老而何？《孟子》虽出左氏后，而此语自由古以传，故即继之曰：文王发政施仁，必先斯四者，可知文王时即有三老之称。左氏提其纲，《孟子》晰其目耳，且晏子对叔向叹齐之将为陈氏所云公弃其民，三老冻馁，乃指一国鳏寡独穷之民之无恤者，设以上寿、中寿、下寿论之，岂八十以下之老即可以弗恤乎？其余傅会之论愈说愈远。然总于辟雍养老兴贤，有何涉乎？自是而三老之称，遍于乡闾。所谓三老董公、壶关三老之类不一而足。盖耆艾而长于乡者，即可称三老，而非定三人也。夫予三老五更之说，成于戊戌，逮今又六年，求其说而不得，而笔下偶得之，是不可以不记。且此六年中，何尝不读《孟子》而未有会？兹偶会之，益见理不可不日穷，书不可不日读，宁渠呈己之是，显人之非以为博闻广识而已哉！

御制题张廷玉三老五更议。曰：戊戌年为三老五更说，亦既辟其踳驳，而勒之新建辟雍之碑矣！今秋驻避暑山庄，检续书之四库全书内文颖集中，有三老五更议之篇，而挂漏其名。因命检文津阁之书，乃知为张廷玉所撰。憬然忆之，事在乾隆戊午，为廿七月既阅诸礼毕举之时，于视学之前，曾向军机大臣等谈及三老五更，而咨其可行与否。彼时鄂尔泰依违其间，张廷玉则断以为不可。于是奏此议而遂寝其说，盖鄂尔泰固好虚誉而近于骄者，张廷玉则善自谨而近于懦者，且二人彼时皆可望登此席者也。以今观之，则廷玉之议为当。设尔时勉强行之，必有如廷玉所谓资后人之议者矣。若朕戊戌年之所为三老五更说，戊戌去戊午，历四十年，其事早已忘之。盖戊午朕方廿八岁，而戊戌则六十有八，此亦足验四十年间学问识见之效，而年少时犹未免有好名泥古之意，至今则洒然矣。兹观廷玉之议，与朕之说不约而同，树之前旌焉。因命并勒辟雍碑，以识已学之浅深，及弗掩人之善也。夫廷玉既有此卓识，何未见及朕之必不动于浮言。遵皇考遗旨，令彼配享太庙。而临休致归里时，乃有求入庙之请。此所谓老衰而戒之在得乎！朕又以廷玉之戒为戒，且为廷玉惜之。

谕："朕此次释奠礼成，临雍讲学，诸生观礼，环集桥门，允宜广赐恩施，以昭盛典。著于乾隆五十一年，丙午科顺天乡试，皿字号卷内广额十五名，用示嘉惠胶庠，鼓励人才之至意。"

又谕："朕此次释奠礼成，临雍讲学，圜桥观听，文教覃敷，实为斋皇盛典。且自冬春以来，雨雪尚未沾足，朕心焦切。兹当俎豆馨闻，恰值春膏沾霈，深为欣庆。念随从执事诸臣及观礼多士，衣履沾湿，允宜广赐恩施。所有执事扈从之王、公、大臣、衍圣公并文武官员俱著纪录一次，其观礼诸生及至圣各氏后裔并著查明，分别加恩赏赉。至临雍讲学，礼毕赐茶时，听讲众臣乐赐茶，而进讲之人，反立殿外，不得赐茶。糊涂疏略不至此，所有礼部堂官德保等不必纪录，仍著交部察议。"

又谕："此次辟雍告成，办理尚属妥协。除德保现交部察议，毋庸议叙外，所有承办之刘墉、金简、德成及在工监督等，俱著交部议叙。"

（又见于《文庙丁祭谱》卷二之二）

7.4.189　民国《续修曲阜县志》卷一

乾隆五十年，岁次乙巳三月庚戌朔越二十四日癸酉，皇帝遣内阁侍读学士富崑致祭于先师孔子曰："维先师功齐帱载，德庸中和，综赞修删定之全，为生民所未有，兼祖述宪章之盛，集群圣，以大成，夙仰教思祗承心法。"

7.4.190　《清实录·乾隆朝实录》卷一二三六

（乾隆五十年八月）丁亥，祭先师孔子，遣大学士嵇璜行礼。

7.4.191　《清实录·乾隆朝实录》卷一二四八

（乾隆五十一年二月）丁丑，祭先师孔子，遣协办大学士刘墉行礼。

7.4.192　《清实录·乾隆朝实录》卷一二四八

（乾隆五十一年二月）庚辰，以举行仲春经筵，遣官告祭奉先殿、传心殿。

上御文华殿。讲官暨侍班之大学士、九卿、詹事等行二跪六叩礼，分班入殿内序立。直讲官四人出就讲案前，行一跪三叩礼。复位。直讲官德保、彭元瑞进讲《论语》"仁者安仁，知者利仁"二句。讲毕，上宣御论曰："安仁利仁，朱子解之谓安其仁，利于仁，盖引而未发也。双峰饶氏，谓与仁一，故曰其仁。其者谓己也，与仁犹二，故曰于仁，于者有间也，亦即发之矣。然曷不于颜渊、子贡观之乎？予以为颜渊安仁，子贡利仁。箪食瓢饮，回不改其乐，是安仁也；赐不受命而货殖焉，是利仁也。回之安仁，易知而难行，兹不赘论。若夫赐之不受命，非富贵贫贱之命也。盖'天命之谓性，率性之谓道'，率性，即安仁也，不受命，即未能安仁也。货殖者见有利于仁，如货殖之生财耳。若谓子贡为货殖生财之伦，则孟子尚不言利。而谓孔子以是论赐，且与回相提并较乎？《史记》直以子贡'为好废举，转货赀，是诚牟利之为'，甚矣！其不知孔门之道矣。程子以为子贡之货殖非丰财，然亦少时事，至闻性与天道，则不为矣，然未明言子贡之货殖为利于仁。叶氏则云或者不喻，乃谓子贡真好利，而亦未明言子贡之利于仁。是二子之论，胥为近之。而于子贡之利仁，尚有未达一间者，兹故申而明之。"

讲官暨侍班官跪聆毕。兴。直讲官宗室玉鼎柱、王杰进讲《书经》"正德利用厚生惟和"一句。讲毕，上宣御论曰："六府三事，皆养民之政，而惟修惟和，则各有其序。有由己、有不能由己者焉，何言之？五行之相克相生，皆一定之理，洩其过补其不足，皆可以由有养民之责者之修之也。若夫三事之正民之德，利民之用，厚民之生，虽由于养民者之和之，而和岂易言哉？正德在于利用，利用在于厚生，厚生何在乎？在乎使有菽粟如水火。耕九余三，或可由善政以致之，而时若雨旸，绥丰赐屡，不可由人力以致之也。故惟修可以由己，而惟和不能由己，必在阴阳之和。雨旸以时，则此和岂易致哉？亦惟祈年慎德，饥溺在怀，而尤重于察民隐，不讳灾，或庶几其致和。此劝歌勿坏之意乎！"

讲官暨侍班官跪聆毕。大学士公阿桂、大学士嵇璜奏曰："皇上德全仁智，治洽中和，本生知安行而益征乐寿，因民恬物阜而弥敉几康，洵所谓道协升恒，化成悠久者矣。臣等幸侍讲筵，亲承圣训，不胜钦服。"

奏毕，诸臣出就拜位，行二跪六叩礼。礼成，上御文渊阁赐茶，还宫。复赐讲官暨侍班官等宴于文华殿东庑之本仁殿。工歌钦定新谱抑戒诗乐章。岁以为例。

7.4.193 《清实录·乾隆朝实录》卷一二六二

（乾隆五十一年八月）丁未，祭先师孔子，遣协办大学士刘墉行礼。

7.4.194 《清实录·乾隆朝实录》卷一二七四

（乾隆五十二年二月辛丑）以举行仲春经筵，遣官告祭奉先殿、传心殿。

上御文华殿。讲官暨侍班之大学士、九卿、詹事等行二跪六叩礼，分班入殿内序立。直讲官四人出就讲案前，行一跪三叩礼。复位。直讲官德保、刘墉进讲《孟子》"天与贤则与贤，天与子则与子"二句。讲毕，上宣御论曰："'天与贤则与贤，天与子则与子’，斯二语也，以为答万章之前问，从而为之辞，则可；以为示后之继业，为万世法，则不可。盖自启贤继业之后，但有与子无与贤之事矣。其有托于贤而攘窃者，皆乱臣贼子之流，非唐虞之所谓禅也。且天何言哉！与贤与子，将命者谁？以予论之，‘天视自我民视，天听自我民听’，民之所与，即天之所与。然与子虽为万世不易之规，而其败德隳行，恃天之与己，而不知凛难谌靡常之义存，如保赤子之怀，则民必不与之，而天亦厌之而不与。斯不大可畏乎？纣之言曰：‘我生不有命在天’，此岂非恃天之与己乎？吾是以祇申难谌靡常之义，而戒负扆者栗栗畏惧，以敬天爱民，慎守其器。而前此之与子与贤，胥不必论；后此之与子与贤，皆不可恃。故曰斯二言不足以示后之继业，为万世法则也。至于较年之多少，及地之远近，所谓愈去愈远。而更甚之乃曰故仲尼不有天下。余又以谓斯言也，仲尼必不为之。仲尼而为斯言，亦非仲尼而已矣。盖孟子叹王道之不行，万民之受害，未尝无已欲得天下，以施号令行王道之意。然而仲尼无此心也，人非孟子，更不可有此心也。呜呼！此孔子所以为至圣，而孟子祇可称其亚乎！”

讲官、侍班官跪聆毕。兴。直讲官德明、谢墉进讲《易》经“刚健笃实辉光，日新其德”二句。讲毕，上宣御论曰：“《乾》刚健而《艮》笃实，此言各具其用，而相资以成其德也。盖刚健而无笃实，或失之躁；笃实而无刚健，或失之固。躁与固，则不能日新其德矣。然乾元之体，无所不贯，八卦之德，何一非《乾》德哉？故在《大畜》言《大畜》，则曰刚健而济之以笃实，以日新其德耳。夫日新其德，非所谓自强不息乎？解《大畜》者，或谓畜之者大，或谓能畜其大。至于不家食，则率谓人君大烹养贤，而其臣不食于家。予以为家者，私也，不食于家，去私也。君与臣胥无私，以敕几协民，有不日新而辉光者乎？若夫九二为刚中之臣，六五为柔中之主，此正刚柔相济，不失其养，亦日新其德之道也。若必训二以说其尤，戒五以防其恶，是君臣之间先自猜贰矣，独占其一爻者，或可曲解，然非《大畜》全体养贤之义。兹故申而论之。”

讲官、侍班官跪聆毕。大学士公阿桂、大学士嵇璜奏曰：“皇上时几敕命，中正绥猷，以体天者敬天，而笃祜无疆，本心法为治法，而健行不息。洵所谓斟元建极，赐福宜民者矣。臣等幸侍讲筵，亲承圣训，曷胜诚服。”

奏毕，诸臣出就拜位，行二跪六叩礼。礼成，上御文渊阁赐茶。还宫，复赐宴于文华殿东庑之本仁殿。

7.4.195　《清实录·乾隆朝实录》卷一二七四

（乾隆五十二年二月）丁未，祭先师孔子，遣协办大学士刘墉行礼。

7.4.196 《清实录·乾隆朝实录》卷一二八六

（乾隆五十二年八月）丁酉，祭先师孔子，遣协办大学士刘墉行礼。

7.4.197 《清实录·乾隆朝实录》卷一二九八

（乾隆五十三年二月）丁酉，祭先师孔子，遣协办大学士刘墉行礼。

7.4.198 《清实录·乾隆朝实录》卷一二九八

（乾隆五十三年二月）己亥，以举行仲春经筵，遣官告祭奉先殿、传心殿。

上御文华殿。讲官暨侍班之大学士、九卿、詹事等行二跪六叩礼，分班入殿内序立。直讲官四人出就讲案前，行一跪三叩礼。复位。直讲官惠龄、谢墉进讲《大学》“安而后能虑，虑而后能得”二句。讲毕，上宣御论曰：“朱子解此以为静就心说，安就身说。夫静就心说，是矣。安就身说，予以为就意说，非就身说也。夫不云欲正其心者先诚其意乎？盖静在心而动在意。由静而动，则心正而意诚，意诚则安也。由是而虑，则知致而物格。内外交养，本末兼施，胥止至善之道也。是故正心诚意，为圣经之关键。心静不可见，意动有所施。施出于诚，则修身齐家治国，皆由是而推，而明明德于天下矣。其所得不已多乎？”

讲官暨侍班官跪聆毕。兴。直讲官德明、刘跃云进讲《书经》“明作有功，惇大成裕”二句。讲毕，上宣御论曰：“周公训成王此二语，不惟为政之方，抑亦修身之要也。盖明作乃施为之末，惇大则涵养之本。施为而不出于明作，则涉暗而终怠矣；涵养而不出于惇大，则近逸而寡为矣。为学为政，内圣外王，胥不外乎此。至于有功成裕，固其自致之效，而非豫期于其间也。是则周公之意，岂徒训王以用其旧臣乎？”

讲官暨侍班官跪聆毕。大学士公阿桂、大学士嵇璜奏曰：“皇上聪明时乂，容保无疆，秉生知之质而有感即通，裕率作之原而省成弥慎。洵所谓从容中道，广大宜民者矣。臣等幸侍讲筵，亲承圣训，曷胜悦服之至。”

奏毕，诸臣出就拜位，行二跪六叩礼。礼成，上御文渊阁赐茶。还宫，复赐宴于文华殿东庑之本仁殿。

7.4.199 《清实录·乾隆朝实录》卷一三〇〇

（乾隆五十三年八月）丁酉，祭先师孔子，遣协办大学士刘墉行礼。

7.4.200 《清实录·乾隆朝实录》卷一三二二

（乾隆五十四年二月）丁酉，祭先师孔子，遣协办大学士刘墉行礼。

7.4.201　《清实录·乾隆朝实录》卷一三三六

(乾隆五十四年八月丁巳)祭先师孔子,遣仪郡王永璇行礼。

7.4.202　民国《续修曲阜县志》卷一

乾隆五十五年,岁次庚戌月朔越日,皇帝致祭告于至圣先师孔子之神位前曰:

维先师垂训作师,继天立极,蕴玉振金声德,道集大成,征麐游龙降之祥,圣由天纵,溯褒成以后,秩祀攸隆,过阙里之乡,帝王必式。

7.4.203　《清实录·乾隆朝实录》卷一三四八

(乾隆五十五年二月)癸丑,以举行仲春经筵,遣官告祭奉先殿、传心殿。

命皇子、皇孙、从至经筵听讲。

上御文华殿。讲官暨侍班之大学士、九卿、詹事等行二跪六叩礼,分班入殿内序立。直讲官四人出就讲案前,行一跪三叩礼。复位。直讲官铁保、朱圭进讲《中庸》"栽者,培之;倾者,覆之"二句。讲毕,上宣御论曰:"解是二语者,率以栽倾属之人物。培覆属之天,是犹视天与人物为二也。予以为天与人物,呼吸相通,本为一体。夫春生夏长,非栽者培之乎?秋收冬藏,非倾者覆之乎?四时代运,贞下起元,天何容心于其间乎哉!人与物胥在乾元一气之中,人得其全,物得其偏,则所谓因材而笃之者也。天之栽培倾覆,一岁所必有;人之栽培倾覆,一生所不能无。是则栽倾由自取,培覆亦由自取,惟当顺天之常,克己之私。或庶几乎,若必求其栽而避其倾,是犹有吉凶祸福之见于其心者,吾见其不能如四时之运矣。"

讲官暨侍班官跪聆毕。兴。直讲官德明、金士松进讲《易经》"天行健,君子以自强不息"二句。讲毕,上宣御论曰:"此教人以'圣希天'之法也。夫士之去圣贤且远矣,而况天乎?然而不可无希之之志。若不希之,是自画也。昔为三希堂记,略见斯义。且天之行健,日日在人目前。予以为较圣贤之去人为尤近耳,君子以是为法,自强不息焉,不庶几可希天乎?盖所谓自亦有二义:一曰自己,二曰自然。自己尚觉有私,自然则无为也。无为而不息,此天之所行健,而人之所当以为法也。设曰何以不息?则注之曰克己复礼。"

讲官暨侍班官跪聆毕。大学士公阿桂、大学士嵇璜奏曰:"皇上乾行不息,本宥密之诚,以在宥天下,天德王道,一以贯之。苟区天与人而二之,即非所以言天矣。臣等幸侍讲筵,恭承圣训,曷胜诚服。"

奏毕,诸臣出就拜位,行二跪六叩礼。礼成,上御文渊阁赐茶。还宫,复赐宴于文华殿东庑之本仁殿。

7.4.204 《清实录·乾隆朝实录》卷一三四八

（乾隆五十五年二月）丁巳，祭先师孔子，上亲诣行礼。

7.4.205 《清实录·乾隆朝实录》卷一三五〇

（乾隆五十五年三月）甲午，上谒少昊陵。至曲阜，谒先师庙、元圣周公庙，谕："朕此次巡幸山东，祗谒孔林，恩施叠沛业已庆洽群黎，更念齐鲁诸生，比户弦歌，近依圣里，当此銮舆临莅，允宜嘉惠胶庠，式敷化泽。所有山东省本年入学名数，大学著增额五名，中学增额四名，小学增额三名。该学政其悉心搜录，遴拔真才，以副朕乐育人材至意。"

……

乙未，上诣先师庙释奠。至大成门，降舆步入，行三跪九拜礼。遣官祭崇圣祠，分献四配、十哲、两庑。赐衍圣公及孔氏族人等食，并赉章服银币有差。

（又见于《文庙丁祭谱》卷二之二）

7.4.206 《清实录·乾隆朝实录》卷一三五一

乾隆五十五年，庚戌，三月，丙申。上谒孔林，至墓门，降舆，步入墓前，北面跪，三酹酒毕，行三拜礼，谕："朕此次巡幸山东，祗谒孔林，所有跸路往来，山东省承办差务之文武大小各员，宜沛恩施，用昭庆泽。著该抚查明咨部，凡有罚俸住俸降级之案，俱准其开复，其无此等罚案件者，各加一级。"

7.4.207 《清实录·乾隆朝实录》卷一三六一

（乾隆五十五年八月）丁卯，祭先师孔子，遣成亲王永瑆行礼。

7.4.208 《清实录·乾隆朝实录》卷一三七二

（乾隆五十六年二月）辛亥，祭先师孔子，遣成亲王永瑆行礼。

7.4.209 《清实录·乾隆朝实录》卷一三七二

（乾隆五十六年二月）庚戌，以举行仲春经筵，遣官告祭奉先殿、传心殿。

命皇子、皇孙从至经筵听讲。

上御文华殿。讲官暨侍班之大学士、九卿、詹事等行二跪六叩礼，分班入殿内序立。直讲官四人出就讲案，行一跪三叩礼。复位。直讲官庆桂、沈初进讲

《论语》“回也，闻一以知十；赐也，闻一以知二”二句。讲毕，上宣御论曰：“朱子注此，以为一与十数之始终，一与二数之相对，回与赐之高下，以是而定。夫既云数矣，则自一而数至十，回将何以历而知至十哉？即二为一之对，则所谓始终，正相对之二也。且善恶、高下、是非、宾主之类，其相对者不可屈指数，是赐亦可称尽知，且与回同矣。予以为十者，上下八方也，其数既合，其理亦备，是回之知，举一而无不知也。夫子示曾子‘吾道一以贯之’，正谓此也。谓回为即始而见终，则尚有见者存焉。盖一以贯之，无所为知而无不知，正可为闻一知十之证。赐之闻一知二，则实自用其知，推测存焉，此夫子之所以与其弗如回也。若以朱注视之，则其所知，亦不过赐之流而已，其去一贯之道远矣，未必似曾子之能闻诸夫子也。”

讲官暨侍班官跪聆毕。兴。直讲官铁保、金士松进讲《书经·大禹谟》“允执厥中”一句。讲毕，上宣御论曰：“‘允执厥中’，乃二帝三王所传之心法。心法即治法也，心蕴内而治施外，舍执中无二道也。蔡沈注以为尧之告舜，但曰‘允执厥中’，盖取《论语》之言，今《尧》典内无是语也。然舜之详言人心道心之公私，必当精以察一以守，亦不见《尧》典也。舜之语，非尧所授乎？精察一守，即所谓执中也。其下四海困穷，天禄永终。后汉苞氏注，以为穷极四海，天禄所以长终，盖以为吉言矣。而宋朱子注，则以为四海之人困穷，则君禄亦永绝。似以为凶语。而予则以为朱子所注得理，且非凶语也。易曰：‘其亡其亡，系于苞桑’，为人君者，诚念四海民之困穷，法文王之视民如伤，则必思所以济民之困穷，虽不能博施济众，而民之困穷者，究不无少救，亦可保其君禄之善终，即《洪范》九五福之考终命，岂不善乎？若为君者不思四海之困穷，而自恣其乐，思欲保天禄之永终得乎？因经筵略释经义，故简而言之，以戒万世之为君者。”

讲官暨侍班官跪聆毕。大学士公阿桂、大学士嵇璜奏曰：“皇上本天德以行王道，一以贯之，故于圣学圣治，精切详明，略无纤翳之隔也。臣等幸侍讲筵，恭承圣训，曷胜诚服。”

奏毕，诸臣出就拜位，行二跪六叩礼。礼成，上御文渊阁赐茶。还宫，复赐宴于文华殿东庑之本仁殿。

7.4.210　《清实录·乾隆朝实录》卷一三八四

（乾隆五十六年八月）丁未，祭先师孔子，遣协办大学士孙士毅行礼。

7.4.211　《清实录·乾隆朝实录》卷一三九六

（乾隆五十七年二月）甲辰，以举行仲春经筵，遣官告祭奉先殿、传心殿。

命皇子、皇孙从至经筵听讲。

上御文华殿。讲官暨侍班之大学士、九卿、詹事等行二跪六叩礼，分班入殿内序立。直讲官四人出就讲案前，行一跪三叩礼。复位。直讲官舒常、刘墉进讲《论语》“君子思不出其位”一句。讲毕，上宣御论曰：“此虽曾子重述夫子之言，以兼举艮大象之语，然其义各殊。朱傅所引，程范均未道及焉。盖‘不在其位，不谋其政’，不过尽己之职无越思耳。若夫思不出其位则有二义焉。盖位者，职也，一为不越职，一为尽其职。不越职犹易，尽其职甚难。譬之侍郎不思尚书之职，尚书不思大学士之职，易也。然平心自问果各能尽其职哉？冢宰掌邦治，统百官，均四海，皆其位中之事；司徒掌邦教，敷五典，扰兆民，皆其位中之事。果皆尽职乎？为人君者，协和万邦，辟门明目，实皆予位中之事也。不能身体力行，兢业惶恐之不暇，尚何敢有出其位之思哉？且出其位亦更何之乎？然而今实有四年后归政之期，则亦所谓过望之思，出其位矣。然在耄期倦勤者或宜，余不可也。”

讲官暨侍班官跪聆毕。兴。直讲官玉德、金士松进讲《易经》“唯几也，故能成天下之务”一句。讲毕，上宣御论曰：“上章明言极深而研几，极深即所以研几，非二事也。盖深为蕴于中，几乃发于中，本祇一原，不过微有动静之别。太极动而生阳，静而生阴，斯岂有内外、先后之殊哉！静所以通志，动所以成务，此圣人所以阐《易》理也。《易》之道通天地，贯古今，自虞翻解此章，分属之蓍与卦；而朱子遂以《易》为占卜之书，视《易》小矣！其然岂其然哉！予之迟速论中略见之。昔用以成功，今复以自勉然，而见几而作，克己立诚，其难其慎亦惟自知其苦而已，敢为侈谈也哉！”

讲官暨侍班官跪聆毕。大学士公阿桂、大学士嵇璜奏曰：“皇上文思安止，睿照先几，本建极以敷言，所由广大精微，实阐千古未发之蕴也。臣等幸侍讲筵，亲承圣训，不胜钦服。”

奏毕，诸臣出就拜位，行二跪六叩礼。礼成，上御文渊阁赐茶。还宫，复赐宴于文华殿东庑之本仁殿。

7.4.212 《清实录·乾隆朝实录》卷一三九六

（乾隆五十七年二月）丁未，上命皇十五子嘉亲王颙琰祭先师孔子。

（又见于《清史稿·高宗纪》）

7.4.213 《清实录·乾隆朝实录》卷一四〇〇

乾隆五十七年，壬子八月丁卯朔，祭先师孔子，遣仪郡王永璇行礼。

7.4.214 《清实录·乾隆朝实录》卷一四二二

(乾隆五十八年二月)丁卯,祭先师孔子,遣仪郡王永璇行礼。

7.4.215 《清实录·乾隆朝实录》卷一四二二

(乾隆五十八年二月)己巳,以举行仲春经筵,遣官告祭奉先殿、传心殿。

命皇子、皇孙从至经筵听讲。

上御文华殿。讲官暨侍班之大学士、九卿、詹事等行二跪六叩礼,分班入殿内序立。直讲官四人出就讲案前,行一跪三叩礼。复位。直讲官德明、纪昀进讲《中庸》"至诚无息,不息则久"二句。讲毕,上宣御论曰:"此应与《易·乾·象》'天行健,君子以自强不息'并观之。盖不息即无息。而行健……[1]仍不足以资息之行也。夫何有为于其间哉。然惟天地能之。至诚之圣,即天地之不息而行健也。其久征以至博厚高明之用,虽由至诚以显天地,仍即天地以印至诚,所谓一而二,二而一者也。朱子以无虚假间断注之,予以为视至诚为小矣。试观天地四时之运,有虚假乎?有间断乎?至诚之无息,亦如是而已矣。然而至诚岂易言哉?必其致曲之功。形而著,所谓无虚假也。变而化,所谓无间断也。则朱子之言,未尝无见,但以此注无息之至诚,则尚未造至诚之域耳。"

讲官暨侍班官跪聆毕。兴。直讲官铁保、金士松进讲《书经》"天聪明自我民聪明,天明畏自我民明威"二句。讲毕,上宣御论曰:"天择人以为君,君奉天以治民。治民无他术,曰安之而已矣。夫以民视天远矣,然而不远也,'天聪明自我民聪明,天明畏自我民明威'。所谓至愚而不可欺,至弱而不可胜,呼吸相通,照临有赫,人君畏天,当知畏民,畏民莫若安民,而安民又在爱民。其道多矣,岂语言所能尽哉!惟日孜孜,克己复礼,或庶几乎。"

讲官暨侍班官跪聆毕。大学士公阿桂、大学士嵇璜奏曰:"自古天德王道,相为表里,我皇上本天德以行王道,钦若诚和,五十八年如一日,故能发前贤所未发,而言之亲切如此也。臣等幸侍讲筵,亲承圣训,不胜钦服。"

---

① 省略号部分为衍文,内容为:"亦无军机大臣等。前因阮光平病故,安南系新造之邦。伊与其兄阮岳素不和睦。而吴文楚久管国事,亦恐非安分之徒。主少国疑,人心反侧,设有事端,转致难办。是以降旨令福康安由四川取道湖南、星赴广西驻札弹压,并于节次所降谕旨内,催令遄行。昨据福康安等奏到各折,系于上年十二月二十九日拜发。福康安尚在前藏,并未起程。藏内应办事宜,已据福康安等陆续具奏,计于正月内。福康安自已由藏起程。前令福康安赴广西之旨,系于正月二十二日,由六百里加紧发去,计可在途次接奉。阮光平自臣服以来,最为恭顺,而与福康安亦素称浃洽。该国当缔造之初,内有权臣,旁有觊觎。世子阮光缵,年甫十五,设有煽构窥伺之事,甚有关系。朕因此一事,颇为廑念。福康安威望素著,此时若另派大臣前往,不但于该处情形未能谙习,且非该国臣民素所知名信服之人。"与御论不符,原文缺失。

奏毕，诸臣出就拜位，行二跪六叩礼。礼成，上御文渊阁赐茶。还宫，复赐宴于文华殿东庑之本仁殿。

7.4.216 《清实录·乾隆朝实录》卷一四三四

（乾隆五十八年八月）丁卯，祭先师孔子，遣仪郡王永璇行礼。

7.4.217 《清实录·乾隆朝实录》卷一四四六

（乾隆五十九年二月）壬戌，以举行仲春经筵，遣官告祭奉先殿、传心殿。

命皇子、皇孙从至经筵听讲。

上御文华殿。讲官暨侍班之大学士、九卿、詹事行二跪六叩礼，分班入殿内序立。直讲官四人出就讲案前，行一跪三叩礼。复位。直讲官德明、纪昀进讲《中庸》"悠远则博厚，博厚则高明"二句。讲毕，上宣御论曰："载物者莫如地，覆物者莫如天。然天地未尝自言能覆载也，惟其不言，是以终万古而无不覆，无不载。至诚之功用，亦如是而已矣，夫岂有所谓博厚高明之想乎？不息之诚，久征悠远，胥在是矣。然而至诚之明，性也；自明之诚，教也。非生知之圣，必当尽思诚之教。教岂多乎哉？亦曰无息而已矣。其博厚高明之效，岂可舍无息而以意求之乎？"

讲官暨侍班官跪聆毕。兴。直讲官铁保、金士松进讲《易经》"显诸仁，藏诸用"二句。讲毕，上宣御论曰："显仁藏用，鼓万物而不与，向曾屡言之，兹特以显仁藏用。朱注有所未概者，申而论之。其自内自外之言，吾以为未臻。盖德之发于外，外即内也。业必有所本，本即内也。其显与藏，内外如一，方能合天地万物为一体，岂有所谓藏于此而显于彼乎？不臻此，不足以知阴阳不测之谓神。"

讲官暨侍班官跪聆毕。大学士公阿桂、大学士嵇璜奏曰："皇上至诚无息，德盛功崇，赞化育而与参，合显微而如一。皇极之敷言，所由广大精深，阐千古未发之蕴也。臣等幸侍讲筵，亲承圣训，不胜悦服之至。"

奏毕，诸臣出就拜位，行二跪六叩礼。礼成，上御文渊阁赐茶。还宫，复赐宴于文华殿东庑之本仁殿。

7.4.218 《清实录·乾隆朝实录》卷一四四六

（乾隆五十九年二月）丁卯，祭先师孔子，遣成亲王永瑆行礼。

7.4.219 《清实录·乾隆朝实录》卷一四五八

（乾隆五十九年八月）丁巳，祭先师孔子，遣仪郡王永璇行礼。

7.4.220　《清实录·乾隆朝实录》卷一四七〇

(乾隆六十年二月)甲寅,以举行仲春经筵,遣官告祭奉先殿。

上诣传心殿行礼,命皇子、皇孙从至经筵听讲。

上御文华殿。讲官暨侍班之大学士、九卿、詹事等行二跪六叩礼,分班入殿内序立。直讲官四人出就讲案前,行一跪三叩礼。复位。直讲官德明、金士松进讲《中庸》"小德川流,大德敦化"二句。讲毕,上宣御论曰:"此应与《易·象》所云'天行健,君子以自强不息'并观之。盖天地之德无所为大小也,以人观之,以错行代,明者为小,以并育并行者为大。孰知天之行健,以敦化者在不息,而错行代明即在其中,且错代仍一行健之所敦,又岂能外行健而别有所谓化者哉?朱子注《中庸》,言圣人与天地合德以明天道。予以为圣人法天行健,原无大小之分,而君子法之自强不息。不息者,诚也。未能如圣人与天地合德者皆可以自勉,岂可自画。谓不能同错行代明,更谓先识其小,后习其大,斯则与天地在人心之中,以及天地人一体之道,去之远矣。"

讲官暨侍班官跪聆毕。兴。直讲官多永武、胡高望进讲《书经》"亶聪明作元后,元后作民父母"二句。讲毕,上宣御论曰:"武王此言,即申虞舜明目达聪之意也。夫聪明非耳目之所能为,必如舜浚哲温恭之德具于内,而执两用中之公施于外,则足以作后矣。且亶者,信也,诚也,必如是而后可以作元后,作民父母。《洪范》所云'作威作福',亦如是而已矣。且聪明出于诚信,然后可谓之聪明。若作聪明而不出于诚信,必有偏私乱章之事,又何以作元后以临民哉?"

讲官暨侍班官跪聆毕。大学士公阿桂、大学士王杰奏曰:"皇上敦化健行,亶聪敷锡。体清宁以合撰,而纯德孔昭;本诚信以立基,而睿思广运。洵所谓引纲拊本,甄虞陶周矣。臣等幸侍讲筵,亲承圣训,曷胜诚服。"

奏毕,诸臣出就拜位,行二跪六叩礼。礼成,上御文渊阁赐茶。还宫,复赐宴于文华殿东庑之本仁殿。

7.4.221　《清实录·乾隆朝实录》卷一四七〇

(乾隆六十年二月)丁巳,祭先师孔子,上亲诣行礼。

谕:"朕临御今六十年,于二月上丁,亲诣文庙释奠礼成,并阅辟雍新刊石经,瞻仰宫墙,弥深景慕。自惟冲龄肄学,服膺圣教,迄今八帙开五,犹日孜孜,诲学无倦,举凡行政念典,悉皆虔奉心传。今晨临雍展敬,祗肃躬亲。风日暄和,典礼咸备,景仰之诚。先师灵爽式凭,自必默垂鉴佑。当兹郅运增隆,庆臻耆寿,莫非仰邀赐贶。允宜施恩黉序,嘉惠士林,以光盛典。所有各直省岁试入学名数,著交该部查照向例,分别广额。其太学肄业诸生,并加恩免其坐监一月，用示重道崇儒，寿世作人至意。”

又谕：“本日上丁释奠礼成，因念朕临御六十年以来，孜孜勤政，悉繇典学懋修，罔弗衷诸圣教。回忆冲龄就傅之时，福敏启蒙授业，循循善诱，加增日课，得以多读经书；蔡世远教以古文作法，宜学昌黎。朕从此问津肆力，学业益进，至今所作古文，无不理明气盛。是当年久侍帷幄，敷陈启沃，实福敏、蔡世远两师傅之力为多。今年登八旬有五，眷怀旧学，允宜秩赠三公。原任大学士太傅福敏著晋赠太师，原任尚书蔡世远著加赠太傅，并各赐祭一坛。福敏著派舒常致祭，葬世远原籍，著派福建巡抚亲往致祭，以示朕眷隆耆旧，崇礼师儒至意。”

又谕：“本日朕亲行释奠礼成，阅辟雍新刻石经。据该管收掌官蒋和呈进恭录御制序四体字册，并石经告成颂册，观其文理尚优，且伊系蒋衡之孙，此次所刻十三经，即系从前蒋衡手书进呈之本，字画俱属端楷。今兹列碣圜桥，洵为右文盛事。蒋和能承家学，著加恩以国子监学正学录补用，并著赏大缎二匹，以示表章经学，奖励宿儒至意。”

谕军机大臣等：“朕临御六十年，八帙开五。本年仲春，亲祭传心殿，临御经筵。越三日，释奠文庙礼成，临幸辟雍，阅视石经碑刻。连日举行典礼，御制诗四章，用申仰止景行之意。蔡新、朱圭学问尚优，孙士毅亦娴文义。著将御制诗章钞寄阅看，即令恭和进呈。朕自幼读书，服膺圣训，为治世临民矩矱，迄今年逾耄耋，典学孜孜，蔡新等当知此意。恭和之诗，毋徒以颂而忘规也。至福康安，虽于文墨之事，非其所习，但伊屡膺阃寄，懋著勋劳。今远在滇南，不克恭襄盛典。亦著将御制诗钞寄阅看，使之同深欣庆。著赏给福康安祭糕及新制奶饼，以示优眷。”

御制亲祭传心殿诗曰：

文华殿侧传心殿，祭以经筵义本深。
承祀例应大学士，升香一阅五旬今。
外王内圣幼知重，日引月长耄逮谌。
十六字犹能背读，行何有我愧成吟。

御制春仲经筵诗曰：

对越崇祠致敬虔，文华咫尺御经筵。
居今稽古春中月，望道勤民六十年。
敦化流川那小大，达聪明目勖仔肩。
丙辰讲席应儿事，诗示心传及政传。

御制仲春丁祭至圣先师礼成述事诗曰：

践阼年当天数庆，八旬五岂易为望。
幸蒙昊贶符心愿，感谢师承叩已侵。
莅政临民惕宵旰，志于心欲仰宫墙。
石经核准全刊壁，三一参差胜汉唐。

御制释奠礼成，御辟雍敬忆皇祖诗句，因示皇子及诸大臣诗曰：

六旬在位孙同祖，恭忆神尧两句诗。
而我其时犹侍母，蒙天赐寿敢忘师。
欲询百帝谁曾此，深惕一身幸获兹。
释奠礼成辟雍坐，愧为荣用敬摛词。

（又见于《文庙丁祭谱》卷二之二）

7.4.222　《清实录·乾隆朝实录》卷一四八五

（乾隆六十年八月）丁酉，祭先师孔子，遣仪郡王永璇行礼。

第5节　清仁宗评儒

7.5.1　《文庙丁祭谱》卷二之二

丙辰，仁宗睿皇帝嘉庆元年，授受礼成，遣官诣阙里祭告孔子。春二月，亲诣国学祭告孔子。

（又见于《清史稿·仁宗纪》、《清实录·嘉庆朝实录》卷二）

7.5.2　民国《续修曲阜县志》卷一

嘉庆元年，岁次丙辰三月朔日丁未，皇帝遣青州副都统观明致祭于至圣先师之神曰："道合时中，圣惟天纵，范围古今，为帝王治法之师，声振始终。示智训行之准，读《大学》之孝慈，仁敬积躬，每切修来，诵《论语》之德礼，政刑出治，恒殷向往。"

7.5.3　《清实录·嘉庆朝实录》卷八

（嘉庆元年八月丁丑）祭先师孔子，遣仪郡王永璇行礼。

7.5.4　《清实录·嘉庆朝实录》卷一四

（嘉庆二年二月）丁丑，祭先师孔子，遣成亲王永瑆行礼。

7.5.5 《清实录·嘉庆朝实录》卷二一

嘉庆二年丁巳八月丁酉朔，祭先师孔子，遣成亲王永瑆行礼。

7.5.6 《清实录·嘉庆朝实录》卷二七

（嘉庆三年二月）丁未，上诣文庙行释奠礼。

礼成，御彝伦堂，更衮服亲临辟雍讲学。王公、衍圣公、大学士、九卿、詹事、起居注官入侍。至圣后裔、五经博士、各氏后裔及学官、进士、举人、荫生、贡监生等圜桥肃立。上赐讲官坐。大学士苏凌阿、刘墉进讲《大学》"大学之道，在明明德，在新民，在止于至善"。讲毕，上宣御论曰："《大学》一书，首言明德、新民而必皆止于至善，此道统之渊源，而内圣外王之纲领也。夫大人为学之道，在明吾本来之德。德赋于天，禀于性，具于心，至精至醇，广蕴圆神，方智之体，故谓之明德。然此德者，人人之所同得，非一己之所私有，故必致力以明之，使无或为外物所蔽。既明矣，则思推而溥之。俾薄海生民，皆有以复其本来所同得者，咸与臻于大同之治，斯明德之效，见之于新民矣。欲明其德，必极于合天之心；欲新其民，必极于凝天之命，然后为能止于至善焉。人主照临天下，己德无不明，则民德无不新，上下皆能止至善，弥纶范围之能事毕矣，此修齐治平之全功。为学之道，孰大于此？为君者诚身体力行，于以希尧舜于变之风，其庶几乎！"

祭酒法式善、胡长龄进讲《周易》"君子以教思无穷，容保民无疆"。讲毕，上宣御论曰："《大易》著《象》，临卦之义，尤切于人君之道焉。盖人君之道，一仁而已矣。仁之心，教之思也，心之本乎仁者，肫然不已。故思之著乎教者，油然无穷。申之以孝弟，辅之以德礼，振之以政刑，欲民为善之心无所不尽，与兑泽同其深矣！始之于邦畿，达之于侯甸，极之于要荒，欲民从风之化，无所不届，与坤德同其广矣！作君即所以作师，非异人任也，而尤在养贤以及万民。感化育之恩，戴照临之德，斯教思之无穷者达而容保之，无疆者遂矣！此先圣著《象》之本意。有知临之责者，可不勉诸。"

时王公百官及听讲之进士、举人、荫生、贡监生等跪聆圣训毕，王以下各官行三跪九叩礼。祭酒、司业率学官、诸生谢恩。礼成，恩赉进讲大学士、祭酒并衍圣公、圣贤后裔、国子监官、观礼进士、举人、荫生、贡监生等有差，广太学本科乡试中额十五名。

（又见于《文庙丁祭谱》卷二之二）

7.5.7 《清实录·嘉庆朝实录》卷三二

（嘉庆三年八月）丁酉，祭先师孔子，遣仪郡王永璇行礼。

7.5.8 《清实录·嘉庆朝实录》卷三九

(嘉庆四年二月)丁丑,祭先师孔子,遣大学士刘墉行礼。

7.5.9 《清实录·嘉庆朝实录》卷五○

嘉庆四年己未八月丁亥朔,祭先师孔子,遣大学士庆桂行礼。

7.5.10 《文庙丁祭谱》卷二之二

己未(嘉庆)四年,遣官诣阙里祭告孔子,恭奉高宗纯皇帝升配礼成。颁御书“圣集大成”额。

7.5.11 《清实录·嘉庆朝实录》卷五九

(嘉庆五年二月)丁亥,祭先师孔子,遣大学士庆桂行礼。

7.5.12 《清实录·嘉庆朝实录》卷七二

(嘉庆五年八月)丁巳,祭先师孔子,遣大学士刘墉行礼。

7.5.13 《清实录·嘉庆朝实录》卷七九

嘉庆六年辛酉二月丁未朔,祭先师孔子,遣大学士庆桂行礼。

7.5.14 《清实录·嘉庆朝实录》卷八六

(嘉庆六年八月)丁未,祭先师孔子,遣大学士庆桂行礼。

7.5.15 《文庙丁祭谱》卷二之二

壬戌,(嘉庆)七年春二月,亲诣太学释奠于先师。以先儒伏胜后敬祖为世袭五经博士。

(又见于《清史稿·仁宗纪》、《清实录·嘉庆朝实录》卷八六)

7.5.16 《清实录·嘉庆朝实录》卷一○二

(嘉庆七年八月丁未)祭先师孔子,遣大学士保宁行礼。

7.5.17 《清实录·嘉庆朝实录》卷一○七

(嘉庆八年正月甲午)以举行仲春经筵,遣官告祭奉先殿、传心殿。

御文华殿经筵。直讲官琳宁、纪昀进讲《大学》“顾諟天之明命”。讲毕，上宣御论曰：“《大学》释明明德之理，引伊尹告太甲之言曰：‘顾諟天之明命’。盖人之明德，本天之所付，即天之明命也。故呼吸相通，絪缊感召，时存于心，若常目见，无一时之敢忽焉。天之所与我，我之所以为命也，自明其德，推而及于民物，无往而不明矣。人君代天治世，尤觉亲切著明。自明德即克己之功，极明德之量，自能感格咸通，上下交而允协，可以类推矣。天人交感之理，无时不在人心，范围曲成，造次颠沛，不可须臾暂舍，久道化成，成己成物之功，胥于是系。修己之道，可不勉诸。”

直讲官明志、钱樾进讲《书经》“德惟善政，政在养民”。讲毕，上宣御论曰：“为君贵乎有德。然非独善其身也，必思施于政事，及于民物，所行之政无不善，乃为实德。而善政则在养民。天生万姓，使一人养之。厚民之生计，培民之元气，承天治人，代天宣泽。古昔圣王，胥勉于修己之德，敷宣善政，使各由其理，顺则安和，六府修而九功叙。治道日隆，万世永赖矣。然大本总系于人君之一心，君心正而天下莫不归于正。正者政也，移风易俗，化莠安良，斯事至大，斯理至精，不外乎清心修己以治百姓。古圣王交儆之法言，诚为君之准则也。”

礼成，上幸文渊阁，赐讲官暨听讲诸臣茶，复赐宴于本仁殿。

7.5.18 《清实录·嘉庆朝实录》卷一〇八

嘉庆八年癸亥二月丁酉朔，祭先师孔子，遣大学士保宁行礼。

7.5.19 《清实录·嘉庆朝实录》卷一一八

（嘉庆八年八月）丁卯，祭先师孔子，遣庆亲王永璘行礼。

7.5.20 《清实录·嘉庆朝实录》卷一二六

（嘉庆九年二月丁卯）祭先师孔子，遣荣亲王绵亿行礼。

7.5.21 《清实录·嘉庆朝实录》卷一三三

嘉庆九年甲子八月丁巳朔，祭先师孔子，遣荣亲王绵亿行礼。

7.5.22 《清实录·嘉庆朝实录》卷一四〇

（嘉庆十年二月）丁巳，祭先师孔子，遣庆荣王绵亿行礼。

7.5.23 《清实录·嘉庆朝实录》卷一四〇

（嘉庆十年二月）己未，以举行仲春经筵，遣官告祭奉先殿、传心殿。

上御文华殿经筵。直讲官文宁、李钧简进讲《论语》"居敬而行篇"。讲毕，上宣御论曰："临民贵乎有容，务择其要以求治理，若过事苛细，徒自烦扰。行政必归于简易，则民知所从矣。然简者非疏略之谓。稍存怠忽之心，百度尽废。失之过甚，流弊益大。唯敬胜怠。居心于敬，兢业求安，存诚于内，而勿自纷烦，惕厉于中，而无敢肆慢。祖宗成宪，不可更张，家国旧章，岂容改易？万几纷至，当前衹此一事。以静御动，以理观心，主于敬则不烦，能得其大体。治具毕张，纲维咸振矣。天道不言而岁功成，圣人无为而万民治。简所当简，斯须不可去者敬也。孔门论古帝王之心法治法，胥在于是。视彼文恬武嬉，侈言太平，不知振作之庸臣暗主，奚可同日而语哉！"

直讲官英和、戴均元进讲《易经》"君子以自强不息"。讲毕，上宣御论曰："天道至健，一日一周，终万古而不息，四时成焉，百物兴焉；圣功至刚，一心一理，治万事而忘劳，八表泰矣，庶民安矣。天道君道，若合符节，自强在于克己。静专以立体，动直以致用，私欲不杂，范围曲成而不遗，从容中道，举错咸宜。日新又新之功既纯，缉熙敬止之心益固。刚健中正，与天合德，无一时或息也。盖造化之理，通乎人事性命之学，合乎治功。天与人切近，君与民同体，内圣外王，胥主于敬，为万事之根本。善万事之化裁，始终无闲，斡运不穷。庶几可臻上治，总不外此自强不息之功用。临民者岂可怠忽哉！"

礼成，上幸文渊阁，赐讲官及听讲诸臣茶，复赐宴于本仁殿。

7.5.24 《清实录·嘉庆朝实录》卷一四八

（嘉庆十年八月）丁亥，祭先师孔子，命皇次子旻宁行礼。

7.5.25 《清实录·嘉庆朝实录》卷一五七

（嘉庆十一年二月）丁亥，祭先师孔子，遣荣亲王绵亿行礼。

7.5.26 《清实录·嘉庆朝实录》卷一六五

（嘉庆十一年八月）丁丑，祭先师孔子，遣协办大学士费淳行礼。

7.5.27 《清实录·嘉庆朝实录》卷一七四

（嘉庆十二年二月）甲戌，以举行仲春经筵，遣官告祭奉先殿、传心殿。

上御文华殿经筵。直讲官英和、曹振镛进讲《论语》"修己以敬"。讲毕，上宣御论曰："君临天下，莫先修己，修己斯能治人，其效捷如影响。修己之要在主敬。平时收摄身心，内省不疚，操持黾勉，慎独谨微，则天理常存，物欲远屏矣。为百官兆民之表率，必主一念之敬，纯而不杂，感而遂通，先成己而后成物，则事得其序，物得其和，从欲以治。庶绩咸熙，皆主敬基之也。夫庄以自持，群兴俨恪之心，举措合宜，咸服照临之彻，其身正不令而行，诚端本之极则也。德义可尊，作事可法，民孰不感化乎？惟自勉寸心，常持诚敬。希古圣之心传，作君师之标准，则上行下效，唯反求诸己耳。若不能自正身心，则表仪不端，焉能率下？未有己不正而能正人者也。人君一身，上承天命，下系民生，一念不谨，或贻四海之忧；一事偶疏，恐致无穷之患，曷其奈何弗敬？吁！可畏也。”

直讲官扎郎阿、刘镮之进讲《书经》“君子所其无逸”。讲毕，上宣御论曰：“《尚书》为人君之大经、大法，而《无逸》一篇，又为全书之纲领也。每诵其书，沉潜玩味，意深远而旨精微，洵立纲陈纪之准式也。盖人君居九重，处富贵，鲜衣美食好逸厌劳，衹知一身之饱暖，不恤庶民之饥寒，驯至惑心志，坏政事，皆由怠也。苟能朝乾夕惕，旰食宵衣，以己饥己溺为怀，存同胞物与之念，凡出处语默、动静作息之闲，莫不衹严天命，顾畏民碞，兢兢业业，以无逸为所，则孰不从风向化，敢图暇豫乎？宥密于万几，而不敢有一事之忽；危凛于一心，而不敢一念之偷。民生在勤，勤则不匮。小民尚不可怠惰，况人君任大责重一日万几，舍勤奚能求治哉？持此不敢暇逸之心，勤劳庶政，不令丛脞。斯真知小民之艰难，永享天心之眷顾，诚万世君道之极也。”

礼成，上幸文渊阁，赐讲官及听讲诸臣茶，复赐宴于本仁殿。

7.5.28 《清实录·嘉庆朝实录》卷一七四

（嘉庆十二年二月）丁丑，祭先师孔子，遣荣郡王绵亿行礼。

7.5.29 《清实录·嘉庆朝实录》卷一八四

（嘉庆十二年八月）丁丑，祭先师孔子，遣大学士禄康行礼。

7.5.30 《清实录·嘉庆朝实录》卷一九二

嘉庆十三年戊辰二月丁卯朔，祭先师孔子，命皇次子旻宁行礼。

（又见于《清史稿·仁宗纪》）

7.5.31 《清实录·嘉庆朝实录》卷一九二

（嘉庆十三年二月）庚午，以举行仲春经筵，遣官告祭奉先殿、传心殿。

上御文华殿经筵。直讲官桂芳、邹炳泰进讲《中庸》“诚者，天之道也；诚之者，人之道也”。讲毕，上宣御论曰：“《中庸》一书，大本在诚。盖天人交感之理，惟诚一以贯之。天道至刚，健行不息。不息之功用，诚也。而诚之所以为诚者，天所赋畀。真实无妄，继善成性，自然之道也。或为气禀所拘，或为物欲所累，必用克己之功力，复乎天理之纯常，以臻于真实无妄之境，斯能尽人事以感天心矣！人君体天行政，化育裁成，授时验休咎之征，抚字体治乱之兆，皆诚之所格也。存诚去私，无一毫自为之念，纯一不已，庄敬日强。上应天心，则雨旸顺序，沴戾潜除，皆诚之感召也；下孚民志，则风移俗易，善长恶消，皆诚之功效也。人君敬体天之纯诚，人臣仰体君之真诚，庶民各效己之寸诚，斯万事万物彻上彻下咸归于至诚。悠久无疆，世臻大同之治，其本则在于各尽其诚。自勉功用，庶几上合天道矣！"

直讲官明志、曹振镛进讲《书经》"一日二日万几。无旷庶官，天工人其代之"。讲毕，上宣御论曰："天道不言而岁功成。代天宣化者，人君之责也。一日二日之闲，事几至万。仔肩至重，必兢业以图之，不可稍自暇豫也。然人君以一心察天下之几，奚能以一身兼天下之务？所用庶官，在得其人也。故能成尧舜之圣治者，亦资于皋夔稷契之良辅也。若用非其才，职业必旷，奚能亮天工治庶事哉？天运亘万古，无一息之停；人君莅庶政，无一刻之忽。克勤率下，曷敢怠慢乎？盖天生蒸民，而以治理托于君，君不能独理而托于臣，是所理者皆天之事。若有忽略，则天事必致废缺。故时乖俗敝，皆一心之怠也。常操敬谨之心，克修职业，则时和岁稔，天心眷佑，皆一念之勤也。唐虞咨儆，无不求端于天。天事本人事，人心即天心。君臣上下，各勤其事，各慎其几，不俟终日，自能庶绩咸熙，以驯至于无为而治。天德王道，浃洽感通，无旷之效也，可不勉诸？"

礼成，上幸文渊阁，赐讲官及听讲诸臣茶，复赐宴于本仁殿。

7.5.32　民国《山东通志·列训圣典四》

嘉庆十二年五月庚申上谕：上谕内阁，据御史孔昭虔奏请修先贤祠庙以崇祀典一折。山东曲阜县建有复圣颜子专庙，久膺崇祀，今祠宇日就攲颓，自应亟加修葺，整复旧观。因思阙里至圣孔子庙宫墙在望，典极崇隆，自雍正年间估修以后，迄今历有岁矣，时恐垣墉栋宇间有渗圮之处，亦宜速为缮治以肃观瞻。着山东巡抚吉纶即亲往，敬谨阅勘一并核实确估，奏明动项兴修，用副朕崇儒重道之至意。

（又见于《清实录·嘉庆朝实录》卷一九五、《文庙丁祭谱》卷二之二）

7.5.33　《清实录·嘉庆朝实录》卷二〇〇

（嘉庆十三年八月丁酉）祭先师孔子，遣大学士费淳行礼。

7.5.34 《清实录·嘉庆朝实录》卷二〇七

（嘉庆十四年二月）壬辰，以举行仲春经筵，遣官告祭奉先殿、传心殿。

上御文华殿经筵。直讲官瑚图礼、戴衢亨进讲《中庸》“修道之谓教”。讲毕，上宣御论曰：“天之生人，各正性命。性有善有不善之分，则在道有修有不修之故耳。果养其赤子之心，循其本来之性，加以就傅，成童琢磨训迪之功，自受变化气质之益。四端既正，庶事咸宜，皆吾性之本有，毫无人欲之私，所谓道也。道也者，要在自修也。性与道虽人所同得，圣与狂亦一念所系。气禀有清、浊之不同，趋向有理、欲之所适。斯所以不能尽率其性，就迷途而失正路者多矣，惟圣人大为之防。礼以节之，乐以和之，政以齐之，刑以禁之，使贤者知所强勉，不肖者知所儆戒，以复其天命之性，所谓教也。道由性而出，由教而明，天所赋之本性，人所受之正理，诚不可须臾离也。教之功用又在于自勉进修，勤学好问。虚衷延纳，毋自满假。能如是孜孜不倦，日引月长，永不失天命之性，推己及人。庶几感化兴起，教之功效，岂浅鲜哉！”

直讲官英和、曹振镛进讲《书经》“刑期于无刑”。讲毕，上宣御论曰：“圣王体天好生大德，孰愿用刑法以治庶姓哉？天道有春温，亦有秋肃，雨露雷霆，无非教也。圣王德礼以化民，刑法以去莠。政有用刑之典，心期于无刑之效也，盖不得已之苦心，非忍于残民以逞欲。同胞物与之怀，岂甘听宛转呼号之惨哉？人能迁善改过，刑原无所用；不至越礼犯上，刑本无可施。驯至于刑措之治，则贤才日多，不肖者益鲜，五教昌明于世矣。兆庶既众，良莠不齐，背于教必罹于刑，能怀刑必循乎教。夫刑禁于已然，而教感于未然，明刑固因弼教，究不若修德以省刑也。古先圣王以教化为首务，至于万不得已而后用刑，故唐虞之世所诛不过四凶耳。后世多设科条，民多伪诈，终无刑措之期矣。呜呼！予惟谨身育德，勤求治理，心希古训，政勉前修，期与吾民共登仁寿之域，以协咸中有庆之治，或可期无刑之愿矣夫。”

礼成，上幸文渊阁，赐讲官及听讲诸臣茶，复赐宴于本仁殿。

7.5.35 《清实录·嘉庆朝实录》卷二〇七

（嘉庆十四年二月丁酉）祭先师孔子，遣荣郡王绵亿行礼。

7.5.36 《清实录·嘉庆朝实录》卷二一〇

（嘉庆十四年四月）庚戌，策试天下贡士孔传纶等二百四十一人于太和殿前。制曰：“朕寅绍丕基，覃熙宙合，仰荷上苍鸿佑，祖考眷贻，海宇乂宁。雨旸时叙，而深宫劼毖，益亹治安，弗侈小康，冀臻大同。兹御极之十四年，值朕躬五旬庆节，诞敷纶诏，特开恩榜，嘉与天下。普赐藩厘，同跻仁寿。思所以昌明经术，会通典礼，正士趋而裕民食者，非博采胪言，曷弼予治，尔多士扬，对朝廷其敬听咨询，各抒所蕴，言《易》首称汉学。其授受源流，皆有可考。上下经原目，始于《乾》而讫于《丰》。今之篇目，何时所定？先儒十翼，次第不同，其以文言分附乾、坤二卦者何人？荀爽九家《易》列诸逸象，能约举欤？孔子删《书》断自唐虞，而周官外史职掌三皇五帝之书，其书有见于他籍者欤？《洪范》九畴，与八卦相为表里，能畅其旨欤？《诗》首二南，《诗》谱云：'得圣人之化者谓之《周南》，得贤人之化者谓之《召南》'，厥旨安在？《诗》之用于乐者，国君以小雅，天子以大雅，然燕飨所用，或上取，或下就，见于书传者凡几。《周颂》为周室太平德洽之诗作于何时？鲁颂果奚斯所作欤？宋无风而商有颂，其义安在？《春秋》宗公羊者几家？宗穀梁者几家？平其异同者几人？修左氏传者自何人始？条列二家不如左氏数十事者何人何事？能确指欤？经曲之文，损益之道，莫备于礼。汉时后仓最为明礼，授弟子三家者谁氏？其名《周礼》为《尚书》周官者何谓？作十论七难以排之者何人？其能释论难使《周礼》义得条通者又何人？《周礼》为末，《仪礼》为本，岂真本难明而末易晓欤？《周礼》注者多门，注《仪礼》者止郑康成。其为章疏者二家，孰举大而略小，孰举小而略大？《礼记》则大小二戴，既共氏以分门。王、郑两家，复同经而异注。其为义疏者，则有南北九家五家，可缕指之。至若唐之开元礼，曲台新礼，续曲台礼。宋之开宝通礼，太常新礼，太常因革礼，以及《通典》、《续通典》诸书，源流得失，其参互论断以为定衡。古之用人，首德行，次才能。汉举孝廉及贤良方正，有未仕而举者，有既仕而举者，何欤？魏陈群立九品官人之法，刘毅谓九品有八损，而官才有三难，所谓八损三难者，撮举其略。唐取士多沿隋制，常贡之科有几，其择人有四事，而犹必先德行者。本末先后，不较然欤？觅举之讥，最为士习之痼弊。宋太宗谓科级之设以待士流，岂容走吏冒进，窃取科名，言之何笃切欤？国家求贤取士，非徒以阶荣进之路，多士学古入官，宜何如束身自爱，以副贡选之盛典也。食为民天，周礼仓人藏粟，旅师聚粟，遗人委积，其为储蓄甚备，常平义仓、社仓无论。元史所载河西务十四仓，京师二十二仓，通州十三仓，即今制所由昉，顾天庾转输，丁胥丛杂，回漕挽和之弊，何以杜之？平籴之法，所以便民。其后或定和籴之制，或筑富人之仓，或置东西市之籴，厥为何代？管子守国、守谷之说，李悝籴三籴二籴一之论，所言果有当欤？宇文融之受诏益贮九谷，孙成之发仓贱售，薛讷之不与仓粟，皆有可采欤？夫粜运多则囤积不免，存贮久则红朽堪虞，果何道而使市无腾踊，谷无浥烂欤？夫覃研经籍，为致用之原；参稽礼制，为建中之准。先器识后文艺，而后登进之法严。三余一九余三，而后储备之道广，斯数者皆经国之要图，立政之先务也。尔多士坐言起行，先资拜献，即在于此。其勉殚素学，悉意敷陈，以备遴选焉。”

7.5.37 《清实录·嘉庆朝实录》卷二一〇

（嘉庆十四年四月乙卯）谕军机大臣等：

“吉纶奏估修孔庙、颜子祠并泰山庙宇各工，请于十五、十六年分别购料，于十六、十七年次第兴工一折。孔林释奠典礼攸存，我国家重道崇儒，理不可阙，朕心殷仰止，本即欲躬亲瞻礼，用举上仪。但近年东省吏治废弛，地方州县等官不知遵守法度。即如广兴、英纶两案，伊等多藉办差为名，逢迎取悦，交接馈送，习以成风。朕銮辂时巡，一切加意整饬，不致令地方官困供亿之繁。但随从大小官员人数较多，其中或有不知自爱之徒，失于检束，该州县等从而交接馈送，是不可知。彼时法在必惩，亦断不能逃朕洞鉴。然朕省方问俗，正届行庆施惠之时，若纷纷办理此等案件，使官员等多受惩处，亦于巡典未协。因思乾隆四十九年、五十五年，朕前在藩邸时随侍皇考高宗纯皇帝，曾经两至曲阜，从登泰山，此时即暂缓瞻礼，亦无不可。且本年已届五旬万寿，既未及举行斯典，不妨展至六旬万寿之年，或即于庆节前一年再行前往。此数年中，将山东吏治大加整顿，使习俗改移，恪遵廉法。彼时朕观风临莅，躬举盛仪，庶为妥协。所有该省应修各工，该抚将可以从缓者，即行缓办。本年九月闲，该抚祝嘏到京时，亦不必再以此渎请也。将此谕令知之。”

（又见于民国《山东通志·列训圣典四》）

7.5.38 《文庙丁祭谱》卷二之二

己巳，（嘉庆）十四年，遣官诣阙里祭告孔子。恭遇仁宗睿皇帝五旬万寿。

7.5.39 《清实录·嘉庆朝实录》卷二一七

（嘉庆十四年八月丁酉）祭先师孔子，遣大学士禄康行礼。

7.5.40 《文庙丁祭谱》卷二之二

庚午，（嘉庆）十五年春二月，亲诣太学释奠于先师。

7.5.41 《清实录·嘉庆朝实录》卷二二五

（嘉庆十五年二月）丁亥，祭先师孔子，遣庆郡王永璘行礼。

7.5.42 《清实录·嘉庆朝实录》卷二二五

（嘉庆十五年二月）己丑，以举行仲春经筵，遣官告祭奉先殿、传心殿。

上御文华殿经筵。直讲官刘权之、桂芳进讲《中庸》“中也者，天下之大本也；和也者，天下之达道也”。讲毕，上宣御论曰：“君子之学，莫大乎主敬；圣人之道，莫要于执中。道之体用，即人之性情，与事物相接，不刚不柔，无所偏倚。喜怒哀乐随其所发，皆当乎理，从容中道，心体畅洽，发乎情而止乎礼义。或过或不及，皆非中道。中也者，天下之大本也。大本既立，所发得中，上可感天心，百谷用成，雨旸时若；下可定民志，兴廉讲让，易俗移风。六合全消乖戾，感而遂通，四达无碍。以一人之情，召万民之情，从欲以治，太和洋溢。和也者，天下之达道也。未发谓之中，存养省察于平时，不容少闲，斯所发皆中节，得和之效验矣。至静之中毫无偏倚，而大本立；应物之时全消私隐，而达道行。内圣外王之功用，总不出于一心，心之所存，则不懈于寸诚，至诚无息，斯能致中和，以驯至于天地位万物育。故心尽而天应，政修而天从。中和之极则，达道之隆轨，岂泛论哉？”

直讲官邹炳泰、秀宁进讲《书经》“钦哉！惟时亮天功”。讲毕，上宣御论曰：“人君代天治民，所理者皆上天之事也。然天下之大，兆民之众，一人之心思，岂能独任？故分命百官，量其才力各任以职。既受斯职，即应敬其事。敬事为敬君之实。君命之事，即天事也，天岂可不敬哉？若尸禄保位，怠慢忽略，天事必致废缺，天鉴在上，岂能逃乎？大舜以上圣之资，当极隆之会，尚不能独治，分任二十有二人，复勉其尽职，勤修职业，无旷天功，如此恳切，况后世君臣转可懈弛哉！盖天托于君，君托于臣，臣任庶事。君者天之子也，子不克承父命，为大不敬。臣者君所命也，不理君事，为大不忠。不忠之臣，君即被其朦蔽，天必不容。不敬之君，臣或不敢进言，天亦必降大咎。呜呼！常操敬谨，时亮天功，上下交儆，一德同心。庶几常承天眷，永保无疆。君臣所理，皆天之事，岂可不勉敬勤哉？”

礼成，上幸文渊阁，赐讲官及听讲诸臣茶，复赐宴于本仁殿。

7.5.43 《清实录·嘉庆朝实录》卷二三〇

（嘉庆十五年八月）丁亥，祭先师孔子，遣大学士禄康行礼。

7.5.44 《清实录·嘉庆朝实录》卷二三九

（嘉庆十六年二月）壬午，以举行仲春经筵，遣官告祭奉先殿、传心殿。

上御文华殿经筵。直讲官玉麟、费淳进讲《中庸》“用其中于民”。讲毕，上宣御论曰：“古圣人御世，以天下人之聪明，为己之聪明。所谓好问则裕也。孔子称舜为大知，诚后圣得先圣之心传道统矣。盖人之见识有偏有全。自作聪明者，喜谋恶直，不纳嘉言，拒谏饰非，不闻忠告，久之自趋于隘，流为下愚不移，徒自蔽耳。上圣才知，迥异常人，好问好察，虚衷采纳，从善如转圜，改过不吝。虽抱浚哲文明之资，不敢自恃。咨于岳牧，询于刍荛。诚立极之大纲，为政之要道也。然发言盈庭，鲜皆当理。或过或不及，有两端焉，于是兼综众说，酌核至当，自有一定不易之理，所谓中也。中也者，天下之大本也。五六天地之中，上天以之定四时，成岁功。圣王用之于民，无过不及，措之事业，见诸施行，知愈精而量愈广，德益纯而道益彰。后代人君，岂可不景仰虞舜，敬希重华之心法乎？用中建极，敷赐庶民，政治蒸然日上，于变时雍，孰谓有虞之隆轨。不能见于今日，总在于人君一心自勉耳。"

直讲官桂芳、陈希曾进讲《易经》"圣人以顺动，则刑罚清而民服"。讲毕，上宣御论曰："《大易》释《豫·象辞》曰：'志行顺动，黎庶向风'。圣人体天行健，御极治民，道德齐礼，讲让兴廉，狱讼自息，民志大畏，无繁刑也。顺理而动，举直错枉。明慎用刑，虚衷研究。一言不可偏听，一字必归于是。准于人情，合诸物理，则情得其平，两造孰有不服。理行其是，吾心亦可自安，所动皆顺，朝野胥悦豫矣。夫物不平则鸣，民不服则狱讼滋兴。刁风日炽，用刑无休息之时。比户鲜安宁之象，岂小民之乐于争斗，甘心告讦乎？皆治世之君，所行之政事鲜能中礼。而岳牧百司，习于安逸，不能克勤。诿之于习俗。殊不知上无仁风善政，安望刑清讼简哉？君臣交泰，力行政治，非礼不为，彰善瘅恶，小民知所趋向，渐臻易俗移风，刑措不用，咸中有庆矣。人君为百官万民之标准，诚能宵旰孜孜，敬事不息，必能成治功，建皇极。熙皞同豫，远溯唐虞之盛轨；无思不服，合于豫卦顺动之义。此圣人示象垂教之深意，以为后世人君之极则也。"

礼成，上幸文渊阁，赐讲官暨听讲诸臣茶，复赐宴于本仁殿。

（又见于《清史稿·仁宗纪》）

7.5.45 《清实录·嘉庆朝实录》卷二三九

（嘉庆十六年二月）丁亥，祭先师孔子，上亲诣行礼。

（又见于《清史稿·仁宗纪》）

7.5.46 《清实录·嘉庆朝实录》卷二三九

嘉庆十六年辛未八月丁未朔，祭先师孔子，遣大学士刘权之行礼。

7.5.47 《清实录·嘉庆朝实录》卷二五四

嘉庆十七年壬申二月甲辰朔，以举行仲春经筵，遣官告祭奉先殿、传心殿。上御文华殿经筵。直讲官桂芳、曹振镛进讲《中庸》"修身以道，修道以仁"。

讲毕，上宣御谕曰："圣人论人君用贤之要，必先修治其身也。盖正君心以正百官，为臣下之标准，作庶民之纲纪，所谓形端表正也。修身心以道者何？日用伦常之理，威仪进退之节，经礼三百，曲礼三千，无不动作应礼。从容中道，然后纲常伦纪反身而备，故修身莫若以道也。然修道之极，则又必全乎本心之德也。心德者何？即我生之初本性之善也。自孩提以至成童，纯然天理之全此，禀赋先下之仁也。及其长也，知识渐开，各趋所好，或为物欲所蔽，仁心渐失矣。能常具恻怛慈爱之诚，日修中正仁和之道，全体大用，咸止于仁，则道备身修。身修则家齐、国治。至于天下平一以贯之者，惟仁也。圣人示后世人君之至德要道，必以仁为大本，诚立政之纯理也。"

直讲官明志、万承风进讲《易经》"圣人养贤以及万民"。讲毕，上宣御论曰："尝读《大易·颐卦·彖辞》曰：'圣人养贤以及万民'，其义极深远，而理极精微也。夫君臣民物，皆天地所养也。天生民而立之君，使司牧之。代天地养臣民者，人君之责也，故称为天子。代上天治家事，所谓以天下为一家也。尧舜为后世人君之表率，以上圣之资，尚不能独治九州，分任九官十二牧，用成唐虞之治，彼九官十二牧皆尧舜所培养造就者也。能养贤图治，推而及于万民矣。养贤在于人君。而人君能养贤，又先本于自养其心，咸归于正，惟圣主方得贤臣，心纯则贤才辅，一定不易之理也。反求诸身心，德养充实，光明正大，则憸壬之徒乌得而进哉？所用皆贤臣，所行皆善政，以心德所培养、感召庶官，庶官各培养其心德、化被万民，万民得其所养，皆合于正，无不吉也。天人上下相通，君臣咸有一德，欲臻大同之治，其庶几乎？"

礼成，上幸文渊阁，赐讲官及听讲诸臣茶，复赐宴于本仁殿。

7.5.48　《清实录·嘉庆朝实录》卷二五四

（嘉庆十七年二月）丁未，祭先师孔子，遣皇三子绵恺行礼。

7.5.49　《清实录·嘉庆朝实录》卷二六〇

（嘉庆十七年八月）丁未，祭先师孔子，遣大学士勒行礼。

7.5.50　《清实录·嘉庆朝实录》卷二六六

（嘉庆十八年二月）庚子，以举行仲春经筵，遣官告祭奉先殿、传心殿。

上御文华殿经筵。直讲官秀宁、刘镮之进讲《大学》"自天子以至于庶人，壹是皆以修身为本"。讲毕，上宣御论曰："圣人垂训后世，以修身为齐家治国之大本。格物、致知、正心、诚意之功用，无论分位之崇卑，皆具于天性之本来。良知所蕴，为修身之要道也。自天子以至于庶人，各修其身，各立其本，等级虽殊，而功效则一也。天下兆姓，良莠不齐，能修其身，则显亲扬名，垂裕后嗣，否则徒自作孽，贻害身家耳。若夫为人君者，上承天祖之命，下抚亿兆苍生，君之身修，则人皆仰望。贤者观感兴起，不肖者改悔勉励，故责己胜于责人，必以自修为本也。天子以修身为为政之本，百官庶民各正性命，共沐薰陶，治功蒸然日上。风俗纯厚，和气致祥，家齐国治，一本万殊，会其有极也。圣王之学不外正心，正心为修身之本，修身又为治家国天下之本。欲望家国天下之治，又在各修其身，而其大本不外建极之一身。所谓形端表正，立极执中，为天下万民之标准，共遵王路，咸有一德。庶几臻于大同之盛，必以天子修身为本也。"

直讲官英和、汪廷珍进讲《易经》"君子体仁，足以长人"。讲毕，上宣御论曰："上天以生物为心，乾德以元为首。元者，仁也。天以元德资始，万物生生之本，成始成终，健行不息，天之道也。惟君子以仁为心之德，本于吾性善之所发。以道德涵育之，以理义陶铸之，百行由此而出，万物由此而遂。盖善之长也，体乾之德功用精纯。所存所发，莫非天理之流行，毫无人欲之闲杂。虽天下之广，兆姓之众，而度量之含弘光大，自足以怙冒寰宇，品物咸亨，功效有余，无不备矣。为人君止于仁，法天之行健，溥爱而无私。仁者，人心之所同也。因人心之同，施推恩之政，殷胞与之怀。己饥己溺，关切深衷；曰教曰养，筹思力行。所谓体也，以不忍人之心，行不忍人之政。正民德，厚民生，恤民隐，化民俗。斯对时育物，容保无疆。仁之全体大用，足以浃洽人心，生成庶物矣。推其本原，必尽己性，乃能尽人物之性。'己所不欲，勿施于人'。以忠恕之道，为体仁之夹辅。以义利之辩，作体仁之防闲。先成己而后成物。明良交泰，呼吸感通，天人胥庆，政治克谐。体仁之效，长人之功，光被四表，格于上下，其旨深矣。"

礼成，上幸文渊阁，赐讲官及听讲诸臣茶，复赐宴于本仁殿。

7.5.51 《清实录·嘉庆朝实录》卷二六六

（嘉庆十八年二月）丁未，祭先师孔子，命皇次子旻宁行礼。

7.5.52 《清实录·嘉庆朝实录》卷二七二

（嘉庆十八年八月）丁酉，祭先师孔子，遣大学士勒保行礼。

7.5.53 《清实录·嘉庆朝实录》卷二八四

（嘉庆十九年二月）甲午，以举行仲春经筵，遣官告祭奉先殿、传心殿。

上御文华殿经筵。直讲官英和、曹振镛进讲《孟子》"经正则庶民兴"。讲毕，上宣御论曰："人心不正之故，总由邪说横行也，其咎在上而不在下。盖有故焉，为人上者，不能彰明教化，宣扬礼义。司牧之官，惟知尸禄保位，视民如草芥，德不修，学不讲，乃有奸徒煽惑，假邪说以诬民，愚顽自趋陷阱而不觉。世道沉沦，未能挽救，谁之咎欤？正己治人，实为探本之论；谨身率下，诚为不易之理。不必责人之趋向不端，曷不自省己之行为？未有不知者也。逆来顺受，又何怨乎？人君为世道计，在一心枢机之所发，转旋风气，惟在敬敷五教，躬行实践，为庶民之准则，形端表正，其应如响，不可忽也。尧舜以来，真正不易之常经，即在伦常日用之间，非新奇之事也。常经既复而归于正，皆知五伦之道为吾真是。勃然咸兴于善，则邪慝皆潜移默化矣。人伦明于上，小民亲于下。乌有干名犯义之举，同归于正之功用全在培养心德，诚至理也。"

直讲官桂芳、潘世恩进讲《易经》"君子以遏恶扬善，顺天休命"。讲毕，上宣御论曰："天运四时，雨露雷霆，无非教也。人君代天御极，立身行道，大柄在于遏恶扬善，赏罚必得其当，转移人心之大用也。齐之以刑，虽圣王不得已之苦心，亦无可奈何之事也。稂莠不去，嘉禾不生。虞舜去四凶，孔子诛少正卯，可谓辟以止辟，遏恶之道尽矣。若淫刑以逞，残忍酷暴，视民命如鸿毛，任意草菅，则是自为元恶。焉能遏人之恶，自绝于天，灾患立至矣。朝廷名器，非邀恩市惠之具。酬勋慰劳，赏得其宜，所以奖善也。若滥赏博好施之名，人皆不知感，继不知畏，而善者反沦于恶矣。五刑五用，天所以讨有罪也，则顺天命以遏之，不可因怒而滥刑。五服五章，天所以命有德也，则顺天命以扬之，不可因喜而滥赏。顺天休美之命，功罪皆其自取。昭大公无我之心，不以一时之喜怒，任性施为，斯能遏恶扬善矣。其本在于克去己私，复乎天道。握御天下之大权，立治万民之极则，克明峻德，树之风声，体天图治，庶臻大有之盛矣。"

礼成，上幸文渊阁，赐讲官及听讲诸臣茶，复赐宴于本仁殿。

7.5.54　《清实录·嘉庆朝实录》卷二八四

（嘉庆十九年二月）丁酉，祭先师孔子，遣大学士曹振镛行礼。

7.5.55　《清实录·嘉庆朝实录》卷二九四

（嘉庆十九年八月）甲子，以举行仲秋经筵，遣官告祭奉先殿、传心殿。

上御文华殿经筵。直讲官秀宁、曹振镛进讲《中庸》"故至诚无息"。讲毕，上宣御论曰："《中庸》一书，圣王之心法备矣。心法者何？一诚字耳。天地覆载，日月照临，诚之全体也。圣王法天则地，健行不息，诚之大用也。万方万姓之事业，全系于一人一心之存养。存养之道，致诚也。无一事非诚之所为，即无一息非诚之所在。动作应礼，从容中道，渐臻于至诚无息之极，则不待勉强，自成久征悠远博厚高明之要道矣。功用同乎天地，皆出自然。若因私欲间断，常有迁移之时，其功用遂不能臻无息之妙，即非至诚矣。至诚之心，浑然天理，毫无私欲，纯一不已，安有止息之时？慎终如始，长久不变。发政施仁，成己成物，皆至诚所感召也。诚者实也，有实心然后能行实政。无息者勤也，日勤实政，不尚虚文。所谓'君子务本，本立道生'，生生不息，驯至于悠久无疆，一以贯之矣。君臣各尽诚心，各行实事。百工咸序，庶绩用成。上感天和，下敦风化，不亦休欤。君心诚而天下莫不归于诚。敢不勉乎？"

直讲官果齐斯欢、周兆基进讲《易经》"君子以辨上下、定民心"。讲毕，上宣御论曰："尝观《大易·象传》，上天下泽履，君子以辨上下、定民志，定分不易，履之象也。尊卑等级，截然不紊。古先圣王制为典礼，定以制度，天经地义，秩然不可逾越，所以定民志也。天生民而立之君，使司牧之。君岂能独任乎？慎选公卿将相，百官庶司，付之职守。立政保邦，爱养黎民，咸使得所。得所则志定矣！民志既定，自然五伦顺序，五教覃敷，亲其亲长其长而天下平，乌有干名犯义作奸悖乱之举？下民虽至愚，亦不敢为，更不忍为也。欲辨等威，平僭越，非可以语言化导也，非可以刑罚逼胁也，当思慎尔出话，敬尔威仪，有威可畏，有仪可象，正心修德，尚俭去奢。君臣自勉勤慎，职思其居，使天下群黎，爱之如父母，敬之如神明。各具良知，本性原善也。上下之分，孰不知之？犯上妄为，亦由在上位者不恤其下之所致。已志不定，奚能定民志乎？尧舜之时，仅四凶耳，未必若是之甚也。修己以治百姓，树之风声，泰交丕应，世臻大同。民志既定，比户咸安居乐业。不识不知，顺帝之则，上下之办，不待宣谕矣。"

礼成，上幸文渊阁，赐讲官及听讲诸臣茶，复赐宴于本仁殿。

7.5.56 《清实录·嘉庆朝实录》卷二九四

(嘉庆十九年八月丁卯)祭先师孔子，命皇次子智亲王旻宁行礼。

7.5.57 《清实录·嘉庆朝实录》卷三〇三

嘉庆二十年乙亥二月丁巳朔，祭先师孔子，遣皇三子绵恺行礼。

7.5.58 《清实录·嘉庆朝实录》卷三〇三

(嘉庆二十年二月)己未，以举行仲春经筵，遣官告祭奉先殿、传心殿。

上御文华殿经筵。直讲官英和、刘镮之进讲《孟子》"仁民而爱物"。讲毕，上宣御论曰："民吾同胞，物吾与。为人君者，皆宜尽仁尽爱也。民宜仁而物宜爱，有等差之分焉。理本一而分则殊，虽存一视同仁之心，亦不可漫无区别，流弊滋甚矣。生长收藏，天地之至仁也。君临天下，体天地之至仁。德礼政刑，及于兆庶，人君之大用也。治功勤修，无敢暇豫。使天下苍生，人人亲其亲而长其长，毫无干名背义之事。一人之仁，及于万姓，各养仁心，咸得其所，厚生正德之效大矣。爱以及物，咸若其性，各适其用而已。心存姑息，是见牛未见羊耳。暴殄废弃，大夫爱物之道矣。取之以时，用之以礼，尽爱物之真诚，即仁民之极则也。民物相为表里，仁民爱物，一而二、二而一也。治理之大端，为君之要道。《孟子》法言，万世无弊，岂可忽乎？"

直讲官果齐斯欢、黄钺进讲《易经》"圣人感人心而天下和平"。讲毕，上宣御论曰："天地万物，交相感也。上体天心，下孚民志，中立人极，其惟圣人乎！圣人者，旋乾转坤之枢机，兆庶性命所寄托，皆本于一心所感也。四时调而风雨时，是天心所感也；九宇安而政令顺，是民心所感也，总在于人君一诚所召也，兆民同有是心。人性本善，而流于邪僻不自觉者，在上位不能感化，奚能消其乖戾之气乎？感非空言也，必先正心诚意，表正形端，勤政爱民，诚求保赤，不期感而自感，不期化而自化。上以正感，下以正应，天下和平，胥顺则矣。感通之理，彻上下，达古今，主于一诚。诚者真实无妄之谓，斯能感也。君臣兆庶，一德同心，泰交咸感，化洽教敷，乌有犯上作乱之举哉？上以诚求治道，尽心保民，虽草木亦能化悟，况胞与同类乎？人心和平，则天下安乐。和气致祥，必能感召丰登。臻于熙皞之世矣，位育之实，感应之速，理不爽也。"

礼成，上幸文渊阁，赐讲官及听讲诸臣茶，复赐宴于本仁殿。

7.5.59 《清实录·嘉庆朝实录》卷三〇九

(嘉庆二十年八月)丁巳，祭先师孔子，遣大学士曹振镛行礼。

7.5.60 《清实录·嘉庆朝实录》卷三一六

(嘉庆二十一年二月)壬子，以举行仲春经筵，遣官告祭奉先殿、传心殿。

上御文华殿经筵。直讲官英和、曹振镛进讲《孟子》"善教得民心"。讲毕，上宣御论曰："君心民心，理一贯也，善教民者，能得其心也。所谓从欲以治，正其本也。道之以政，仅制其外耳；道之以德，斯格其内矣。天君泰然，百体从令，乌有犯上作乱之举哉？教也者，古先圣王驭世之大经大法，即在伦常之闲。惜乎奉行不善，舍本逐末，而民不率由，妄兴邪说，鼓惑痴愚，风俗日趋儇薄，皆在上位者不尽心化导之所致也。夫人情莫不欲安存而恶危亡。然而干名犯义之徒，莠言乱法之辈，虽用严刑峻法，尚不知改悔，其故何也？未得其心也。若平时宣三德，弼五教，仁以养之，义以正之，礼乐以陶淑之，政治以化导之，因民之所利而利之，修身及家，均平天下。民俗厚而忠爱生，孝亲敬君，明伦宣化，则正气充盈，民生安乐，皆善教之明效大验也。同其好恶，得心也；拂人之性，失心也。国家之得失，在乎民心之得失。民心之得失，在乎政教之隆替也。诚能君臣交泰，尽心教养，休戚相关，胞与为念，海宇苍生，同心向化，善教所得者大矣。”

直讲官佛住、卢荫溥进讲《易经》“君子以明慎用刑，而不留狱”。讲毕，上宣御论曰：“圣人释《旅·象》曰‘山上有火，去而不留’，仁义兼赅之至德也。刑狱者，庶民之身命所关，先王不得已而用之。哀矜恻怛之念，斯须不可去也，审察必极其详，而使无遁情。听断必尽其词，而使无伪说。勿以猛厉之言折之，而不能申其蕴；勿以慢易之心乘之，而必欲得其实。出入惟允，轻重得宜。公则明，偏必暗，勤则慎，怠必疏。公正勤敬，理刑之要道也。狱既成而断决宜速，不可留滞。使冤滥之气不伸，又增吏胥之勒索诡计，仍流于不明不慎矣。刑狱之弊，情伪百出，污吏贪婪，为鬼为蜮，若稍怠忽姑容，民不堪命。戾气腾达，上干天和，所系非浅鲜也。勤敬之功用，日勉于君心。明慎之效验，日见于行事矣。世道人心，日流日下。犯法者多，为民上者，宜思己过。不能格其非心，化其污俗，使之犯罪遭刑，日睹锒铛桎梏，伤心惨目，何忍因循怠玩。漠不关心，留狱盘诘，冤苦莫诉，非人心矣。明慎不留，诚用刑之极，则因循怠玩，百弊丛生。勤敬二字，不可稍忽。期于无刑，予之深愿也。”

礼成，上幸文渊阁，赐讲官及听讲诸臣茶，复赐宴于本仁殿。

7.5.61 《清实录·嘉庆朝实录》卷三一六

（嘉庆二十一年二月丁巳）祭先师孔子，遣皇三子绵恺行礼。

7.5.62 《清实录·嘉庆朝实录》卷三二一

嘉庆二十一年丙子八月丁丑朔，祭先师孔子，遣大学士曹振镛行礼。

7.5.63 《清实录·嘉庆朝实录》卷三二六

（嘉庆二十二年正月）壬申，以举行仲春经筵，遣官告祭奉先殿、传心殿。

上御文华殿经筵。直讲官果齐斯欢、戴均元进讲《孟子》“我亦欲正人心”。讲毕，上宣御论曰：“古先圣王以道德仁义维持世道，惟恐人心失于正教，流于邪僻而不自觉，其害非浅鲜也。孟子当周之末世，诸侯争衡，大夫放侈，加之以杨墨之道不息，孔子之道不著，邪说诬民，充塞仁义，故欲正人心以承三圣。孟子圣人之徒，尚如此亟欲挽回正教。况君临天下，养育苍生，何忍坐视愚民从流下而忘返，不思拯救乎？夫人之一身，以心为主。天君泰然，百体从令，心正于内，行正于外，内外交养，本末相资，正己正人，皆归正道。世治民安，庶几可望矣。若不正本清源，徒以严刑峻法绳治，加以贪官污吏从而剥削，颠倒是非，妄缉株连，是驱之日就邪路，陷溺沉迷，终不能归于正道。甚至以邪为正，为害益钜矣。三代去古不远，尚有杨墨之徒。从世人心持正者鲜，可不强勉养正之圣功，以希成己成物之善政哉？孟子法言，宜自励也。”

直讲官秀宁、汪廷珍进讲《易经》“理财正辞，禁民为非，曰义”。讲毕。上宣御论曰：“圣人守位曰仁，体天地好生之大德也。天生蒸民，若有恒性，全赖人君以养之。何以聚人曰财？养之之道必宜理也。崇本业，祛浮靡，躬行节俭，怀保惠鲜。遇丰年务使家有余粮，逢歉岁则宜力筹接济，从欲以治，胞与为怀，同甘共苦，藏富于民，理财之道备矣。继以文辞教之，昌明先圣王之法言懿行。辨上下，定民志，正五伦，宗正学，先养后教之诚尽矣。教养既备，宜循正道而行。然良莠不齐，或体质愚昧，或迫于饥寒，为非肆横，则不能不申法令、明刑罚以禁之。不得已之苦心，仍应存哀矜勿喜之念也。理财，先养也；正辞、禁非后教也，必皆裁之于义焉。盖合于义，则财赋平均，家给人足。文辞宣达，格其非心，明刑弼教，毫无枉曲。圣人之功业垂裕无穷，与天地之大德侔矣。君与臣民，一心贯注则治，离心离德则乱。‘己所不欲，勿施于人’。言似浅而意深，稽诸往代，事迹昭然。孔子述《大易》之精义，诚万古之至德要道也。”

礼成，上幸文渊阁，赐讲官及听讲诸臣茶，复赐宴于本仁殿。

7.5.64　《清实录·嘉庆朝实录》卷三二七

（嘉庆二十二年二月）丁丑，祭先师孔子，上亲诣行礼。

（又见于《清史稿·仁宗纪》）

7.5.65　《清实录·嘉庆朝实录》卷三三三

（嘉庆二十二年八月）丁丑，祭先师孔子，遣大学士戴均元行礼。

7.5.66　《清实录·嘉庆朝实录》卷三三九

（嘉庆二十三年二月）丁丑，祭先师孔子，遣皇三子绵恺行礼。

7.5.67　《清实录·嘉庆朝实录》卷三三九

（嘉庆二十三年二月）庚辰，以举行仲春经筵，遣官告祭奉先殿、传心殿。

上御文华殿经筵。直讲官穆彰阿、戴联奎进讲《孟子》“得其民有道，得其心斯得民矣；得其心有道，所欲与之聚之，所恶勿施尔也”。讲毕，上宣御论曰：“君臣士庶，分位虽殊，心性好恶则一也。君承社稷重任，治理天下国家。天下国家，托于万民。万民为天下国家之大本大源，必先得其心。得其心则治具毕张，本源巩固矣。尧舜之道，得民心也。饱食暖衣人所欲，下民穷困，何能自求，必多方以致之，因利而利之。广田畴，薄税敛，讲礼义，明禁令，凡其所欲，务为聚焉。咸获生养安全，如保赤子。心诚求之，庶民仰之如父母，敬之如神明。上下交泰，不识不知，顺则成俗矣。'己所不欲，勿施于人'，饥寒流离人所恶，而上不能恤，水旱盗贼人所惧，而上不能去。上下相蒙，漠不动念。听其转于沟壑，而又加之以重赋，苦之以差徭。桀纣之亡，失民心也。民心既失，天下国家，沦胥以亡，甚可畏也。从欲以治，圣主良臣之大经大法，总在于阜财足食，平均天下，则国家安。拂人之性，暴君污吏之小巧小识，总贪于掊克聚敛，剥削闾阎，则国家危。安危之机，系于君心。正则得民心，偏则失民心。同其好恶，安其生计，不必以智术权势，控制笼络。久道化成，情孚义洽，得心之效大哉。民心之向背，兴亡系焉。有天下国家者，尚慎旃哉！"

直讲官廉善、黄钺进讲《书经》"惟学逊志务时敏"。讲毕，上宣御论曰："人君立极治民，学于古训，乃有获也。二典三谟，钜细毕赅，在所取法耳。身居九重之上，惟恐志满气盈，不能虚衷从善，诚大患也。宵旰潜心勉力，终始无闲。以所行之政事，证诸先王法言。合于道者从之，背于理者改之，为学之实功著矣。骄泰之性，造次不可存；讲益之志，无时而不敏。坦怀纳谏，舍己从人。典谟之义理，靡有津涯；学问之工夫，惟虞闲断。处晦而观明，不敢有一毫自足之心；集虚以受益，不肯萌片时自止之念。渐觉义理有得于心，可为建极立政之本，为学之大用见矣。帝王之学，贯串古今，涵育万类。修齐治平之要，危微精一之传，诚能笃信而深念之，身体而力行之。自学以明德，成己之功也；教学以新民，成物之效也。实体于寸心，推广于万事，内圣外王之道备矣。夫学殖也，一念惓惓，慎终如始。日就月将，勤求不怠，自臻于缉熙光明之境。粤稽古先圣王，莫不笃信好学。尊闻念典，故能化隆俗美，治道光昭。前代昏蒙失德之主，皆由于不学无术，自以为是，至于不可救药，废学之贻害也。有民人社稷之任者，岂可不逊志时敏，孜孜勤学乎？"

礼成，上幸文渊阁，赐讲官及听讲诸臣茶，复赐宴于本仁殿。

7.5.68 《清实录·嘉庆朝实录》卷三四五

嘉庆二十三年戊寅八月丁卯朔，祭先师孔子，遣大学士曹振镛行礼。

7.5.69 《清实录·嘉庆朝实录》卷三五三

（嘉庆二十四年正月）癸丑，谕内阁、御史唐鉴奏："请复轮班日讲官员及缮进经史讲义一折：经书史鉴，皆关治道。人君日理万几，不废典学。我朝列圣相承，皆本圣学以成圣治。朕仰绍诒谋，孜孜求治。每值几暇，亦惟披览经史，学于古训。然念帝王之学，在于贯彻天人，明体达用，以见诸施行。与经生寻章索句者不同，从前康熙年闲，圣祖仁皇帝曾有翰林轮班入直之命，旋亦停罢。乾隆初年，高宗纯皇帝命翰林科道，轮进经史讲义，其后即有借进讲经书，隐讽时事，行其诈伪者，特降旨训饬。至乾隆十四年，因御史金相之奏，圣谕以诸臣按日奏御。所称洞达天人、发明道奥者，殊不概见。行之十余载，渐成故套，敕令停止，自后数十年总未举行。是以朕嗣位以来，亦未议及此事。今该御史请复此举，朕每日召见臣工，多至十余起，披览章奏，动辄数十件。即使添见翰林四人，多阅讲义数篇，亦断不以为烦苦。惟朕召见大臣，皆以咨诹庶政。即京堂各官，近年增有冬季轮班直日之例。其学识之浅深，心术之邪正，于召见时，亦均可鉴察。至翰林资格本浅，俟升转至学士以上，或擢用京堂，改补科道，自可敷奏以言。如此时遽令撰进讲义，轮班入对，其能阐圣贤之精义，陈古今之治忽者能有几人？若徒摭拾陈言，敷衍入奏，或以颂扬塞责，甚至妄议时事，岂非徒乱人意乎？朕图治维殷，然一切皆求之于实。所谓为政不在多言，顾力行何如耳。使但博稽古之名，而无裨实政，殊不如其已也。该御史所奏，著无庸议。"

7.5.70 《清实录·嘉庆朝实录》卷三五四

（嘉庆二十四年二月）甲子，以举行仲春经筵，遣官告祭奉先殿、传心殿。

上御文华殿经筵。直讲官英和、曹振镛进讲《中庸》"故为政在人，取人以身"。讲毕，上宣御论曰："孔子论为政之要，在选建贤才而任用之。贤才进用，则治具毕张，纲纪咸举。卿士从，庶民从，可臻大同之治矣。然涵育培植，虽在于自修，而登崇拔擢，则在于教养，其本则在人君一身。心正身修，为臣下之标准。取人之道，必先存形端表正之心，为敷政安民之则，好恶取舍，皆得其宜。上行下效，贤才无不皇风乐附，济济跻跻，登于廊庙。孰谓尧舜皋夔之盛治，不能见于今日乎？上有圣主，则下有贤臣。惟圣主能用贤臣，能知贤臣。知人则哲，安民则惠。能哲而惠，君道下济矣。其本总在于人君一身，一身又本于一心。人君一心一身，咸循正道，则所用之臣皆是正人，所行之政皆是正事。士民观感兴起，率由正轨，乌有邪僻怪诞干名犯义之事哉？所谓君心正而天下莫不归于正，诚为政之至德要道也。为人君者岂可不自勉乎？进贤退不肖，为人君之大柄。正己则举错得宜，君子进而小人退。上下交泰，知人安民。制治保邦之道，不外乎求诸己也。"

直讲官那彦宝、卢荫溥进讲《书经》"慎乃俭德"。讲毕，上宣御论曰："圣帝明王，必尚俭德。故尧舜茅茨土阶，禹卑宫室，不以君位为尊崇，罔咈百姓以从己之欲，故成上治。能怀永图，皆本于君心尚俭也。暴君昏主，必纵奢侈。竭民脂膏，聚敛财货，驯至于满盈倾覆。但知耽一身之逸乐，不恤万姓之艰辛，纵一时之情欲，不为长久之谋猷。尚俭政日兴，损上益下之效也。纵欲国日蹙，损下益上所致也。奢侈之源，皆起于心，不可不谨。俭约之德，不可不修。为政皆循尺度，燕居专尚朴素。旰食则思穷黎饥馁者多，宵衣则念无衣无褐者众。推己及人，阜财利用，平均天下，爱育苍生。身居九重，玉食万方，惟恐一夫之不获，常怀庶姓之颠连。收敛身心，时戒放肆，所怀者皆为永远之良图，所行者皆为悠久之善则。念莫逞于一时，鉴必法于上古。心尧舜之心，行尧舜之政。俭德常思慎守，操存在于寸心。伊尹告嗣王之言，诚为君之极则也。”

礼成，上幸文渊阁，赐讲官及听讲诸臣茶，复赐宴于本仁殿。

7.5.71 《清实录·嘉庆朝实录》卷三五四

（嘉庆二十四年二月）丁卯，祭先师孔子，遣皇四子瑞亲王绵忻行礼。

（又见于《文庙丁祭谱》卷二之二）

7.5.72 民国《续修曲阜县志》卷一

嘉庆二十四年，岁次乙卯三月癸巳朔越十五日丁未，皇帝遣刑部左侍郎致祭于先师孔子之神曰：“惟先师化洽胶庠，型垂洙泗。执中曰圣，不朽之业。有三吐醉为经，无隐之教惟四。绍五百年之统，振铎功宏。敉一二日之几，传薪慕切。”

7.5.73 《清实录·嘉庆朝实录》卷三六一

（嘉庆二十四年八月）丁酉，祭先师孔子，命皇次子智亲王旻宁行礼。

7.5.74 《清实录·嘉庆朝实录》卷三六七

嘉庆二十五年庚辰二月丁亥朔，祭先师孔子，上亲诣行礼。

7.5.75 《清实录·嘉庆朝实录》卷三六七

（嘉庆二十五年二月）己丑，以举行仲春经筵，遣官告祭奉先殿。

上诣传心殿行礼。御文华殿经筵。直讲官穆克登额、黄钺进讲《大学》“知止而后有定，定而后能静，静而后能安”。讲毕，上宣御论曰：“道在一身，而能周乎天下国家者，大人之学也。明德、新民、止于至善，方为有本之学也。知其所止，能真知灼见至当不易之理。事机之来，应之以正，克去己私，复于天理。心如止水，湛然澄洁，知止之功用备矣。功用既备，而后心之所应，不倚不偏，志之所向，无欺无隐。养心公正，立志清明。公正清明，纯一不已。化去物欲，致中和之极，则常确然而有定矣。志既定又在随时颐养。遇事琢磨，在安居无事之日，修涵育操存之道。言必顾行，念守口如瓶之戒；思不出位，体深藏若虚之言。

即遇意外之变，自有一定之理。所谓猝然临之而不惊，无故加之而不怒。渊衷定见，臻于冲漠，绝乎纷扰，常泰然而能静矣。心既静然后能包括群动，揆度事理，无不暇裕周详，各臻其极矣。天行至健，天心至静。静为动之体，动为静之用。法天行政，常坦然而能安，从此循序渐进，修齐治平之全体大用，由近及远，胥归至善矣。”

直讲官穆彰阿、王鼎进讲《书经》“在知人，在安民”。讲毕，上宣御论曰：“安民为致治之要，知人为安民之本。人君一身临万民，一心用百官。欲令官无旷而民得所，唐虞之世已见其难，三代而下更不易矣。人君代天图治，岂能独理？所赖内外百官寅亮天工，分司其事。职任既繁，任使倍众，欲使人人称职，是诚难矣！知其心术，见其德业，舍其所短，用其所长。去取之闲，务期至当。不以小眚掩大德，不以微过治重咎。必使才称其职，德称其位。为人君能哲而惠，则所知皆正人，所用尽贤臣，岂患民不安乎？既为人君，孰不愿天下乂安，兆民乐业？所以不能如愿之故，由于不能知人，不能用人也。得贤才则治，任佥壬则乱。彼贤才固吾所用，而佥壬岂自荐乎？亦吾所用也，勿责彼之不肖，惟自怨己之不明耳。若知其公忠清直，勤慎廉明，必应久任观成，始终保全，咸有一德，所谓任贤勿贰也。若知其巧言令色，尸禄保位，必应立加谴责，驱斥遐方，永绝仕路，所谓去邪勿疑也。百官庶绩其凝，万民安常处顺。知人诚安民之要，在人君之鉴别去取皆得其当，知之一字难矣哉！”

礼成，上幸文渊阁，赐讲官及听讲诸臣茶，复赐宴于本仁殿。

7.5.76 《清实录·道光朝实录》卷二

（嘉庆二十五年八月）丁亥，祭先师孔子，遣大学士曹振镛行礼。

7.5.77 民国《续修曲阜县志》卷一

嘉庆二十五年，岁次庚辰十一月甲寅朔越十八日辛未，皇帝遣青州副都统西陵阿致祭于至圣先师孔子之神曰：“仰惟先师，圣集大成，道参于穆，作百王之师表，启万世之文明。朕自冲龄即深志学，念皇考心源克契，允绍夫尧、舜、禹、汤、文、武之传。逮缵躬道统，亲承莫罄夫《诗》《书》《易》《礼》《春秋》之蕴，兹值缵基之始，宜申用享之虔，爰遣专官特隆昭告，所冀风淳俗美，经正民兴，德馨溥被乎！垓埏文教益光乎日月。尚其歆格，鉴此精诚。”

7.5.78 《文庙丁祭谱》卷二之二

庚辰（嘉庆）二十五年，今皇帝登极，遣官诣阙里祭告孔子。

第6节 清宣宗评儒

7.6.1 《文庙丁祭谱》卷二之二

辛巳，今皇帝道光元年，颁御书“圣协时中”额。

7.6.2 《清实录·道光朝实录》卷一三

（道光元年二月）丁亥，祭先师孔子，遣大学士托津行礼。

7.6.3 《清实录·道光朝实录》卷二二

（道光元年八月丁亥）祭先师孔子，遣瑞亲王绵忻行礼。

7.6.4 《清实录·道光朝实录》卷二九

道光二年壬午二月丁丑朔，祭先师孔子，遣瑞亲王绵忻行礼。

7.6.5 《文庙丁祭谱》卷二之二

壬午（道光）二年，遣官诣阙里祭告孔子。恭奉仁宗睿皇帝升配礼成。
春二月，圣驾幸临雍释奠于先师。以明臣刘宗周从祀文庙。

7.6.6 《清实录·道光朝实录》卷三〇

（道光二年二月丙申）谕内阁：“先师孔子德配天地，道冠古今。我朝列祖列宗，暨我皇考仁宗睿皇帝亲诣释奠。临雍讲学，多士圜桥观听，洵盛典也。朕寅绍丕基，心诚向慕，谨于明年仲春上丁，亲诣辟雍，登堂释奠。用昭崇师重道，稽古右文至意。其应行典礼事宜，著各该衙门先期敬谨豫备。”

7.6.7 《清实录·道光朝实录》卷三九

（道光二年八月）丁未，祭先师孔子，遣惇亲王绵恺行礼。

7.6.8 《清史稿·礼志·吉礼》

道光二年诏刘宗周，三年汤斌，五年黄道周[①]，六年陆贽[②]、吕坤，八年孙奇

① 《文庙丁祭谱》卷二之二记载，黄道周为道光三年从祀。
② 《文庙丁祭谱》卷二之二记载，陆贽为道光五年从祀。

逢，从祀先儒。

（又见于《文庙丁祭谱》卷二之二）

7.6.9 《清实录·道光朝实录》卷四九

（道光三年二月丁未）祭先师孔子，上亲诣行释奠礼。

（又见于《清史稿·宣宗纪》）

7.6.10 《清实录·道光朝实录》卷四九

（道光三年二月）谕内阁、礼部议覆、通政司参议卢浙奏请以汤斌从祀文庙一折："原任尚书汤斌，学术精醇。顺治年间，有旨褒其品行清端。康熙年间，有旨称其老成端谨。至其政绩卓著，则禁侈靡，兴教化，举善惩贪，兴利除弊。官岭北时，擒获巨寇以靖地方。巡抚江苏时，毁不经之祀，化斗狠之风，奏豁民欠，议减赋额。还京之日，部民送者十余万人。其他奏议，忠言谠论，剀切详明，正色立朝，始终一节。所学主于坚苦自持，事事讲求实用。著书立说，深醇笃实。中正和平，洵能倡明正学，远契心传。汤斌著从祀文庙东庑，列于明臣罗钦顺之次，以崇实学而阐幽光。"

（又见于《清史稿·宣宗纪》《清史稿·礼志·吉礼》）

7.6.11 《清实录·道光朝实录》卷四九

（道光三年二月）癸丑，上诣文庙行释奠礼。

礼成，御彝伦堂，更衮服，亲临辟雍讲学。王、公、衍圣公、大学士、九卿、詹事、起居注官入侍。至圣后裔、五经博士、各氏后裔及学官、进士、举人、荫生、贡监生等圜桥肃立。上赐讲官坐。大学士长龄、曹振镛进讲《大学》"欲修其身者先正其心，欲正其心者先诚其意"。讲毕，上宣御论曰："圣人垂训后世，齐家治国平天下，胥平于一身。身也者，显扬垂裕表率之则也。有明德、新民之责者，岂可忽哉？夫修身有道，不事外求。心为身之主宰，意乃心之发端，其理本应于一贯，其次第则有不可紊者。人君以一身上承尧舜禹汤之绪，下慰亿兆烝黎之望，万几至赜，一心应之，无偏无倚，始足以昭感化。然志壹则动气，气壹则动志，此皆意未能诚耳。意既未诚，欲心之正难，欲身之修尤难。必也敬以直内，虚以应物，去私克己，复见天心。无一息或懈，无一念或弛。持之以谨慎，养之以和平。纯一不已，渣滓不留，意与心无二致，而后绥猷建极，措正施行，正朝廷以正百官，正百官以正万民。未尝以修身示天下，而吾身之修，即莫不共揭于天下。所谓形端表正，动罔不宜，将见上行下效，咸有一德，治理蒸蒸日上。由是推而至于致知格物，而大学之功全矣。”

祭酒铁麟、彭邦畴进讲《书经》“惟精惟一，允执厥中”。讲毕，上宣御论曰：“古圣人乘乾御宇，莫不以治平为先务。而先圣后贤，其揆则一。所谓揆者，传心之要也。唐虞之世，尧以执中传之舜，舜推广尧意，曰惟精、曰惟一以授禹，后世帝王咸以为准则焉。盖存心出治之旨，大率不出人心、道心。人心惟甚危险，道心惟甚幽微。危则易挠而难于安之，微则易晦而难于明之，故不得不慎夫择守也。夫使择之而不精，则理与欲相乘，而邻于憧扰；守之而不一，则理与欲相杂，而迫于纷繁。人君端拱于上，执两用中，诚非易易。公其心以与天下万物相见，诚知人心为万虑之本，道心为众道之本。惟精始免于混淆，而万虑可安焉；惟一始归于简易，而众道可扩焉。自人心而收之，孰非道心？自道心而扩之，孰非中道？执此以往，存之宥密，措之事功，万化万变之来，运之一心。无过不及之弊，化愈神而效愈速，德益茂而道益彰。敷赐庶民，时雍于变，要在为君者以此心默贯乎古圣之心耳。”

时王公百官及听讲之进士、举人、荫生、贡监生等跪聆圣训毕，王以下各官行三跪九叩礼，祭酒、司业率学官诸生谢恩。礼成，恩赉进讲大学士、祭酒并衍圣公、圣贤后裔、国子监官、观礼进士、举人、荫生、贡监生等有差，广太学乙酉科乡试中额十五名。

（又见于《清史稿·宣宗纪》）

7.6.12 《清实录·道光朝实录》卷五六

道光三年癸未八月丁酉朔，祭先师孔子，遣大学士戴均元行礼。

7.6.13 《清实录·道光朝实录》卷五六

（道光三年八月）己亥，以举行仲秋经筵，遣官告祭奉先殿。

上诣传心殿行礼。御文华殿经筵。直讲官文孚、汪廷珍进讲《孟子》“善教得民心”。讲毕，上宣御论曰：“人君代天工，治万姓，其任匪轻，其事不易，故必有以教之也。缓征薄敛，使民以时，恐劳民力也。教之树畜，矜恤补助，恐失民业也。建邑设官，惩恶劝善，恐民无告也。党庠州序，阐发人伦，恐民无学也。自古教民之道，既明且备，何风俗日下，民心不壹耶？呜呼！三代而还，王霸杂施，凡古圣王之谟训，咸谓迂阔而难为。或智术以驭之，或小惠以结之，甚至以威刑驱迫之。如此而欲得民心，不亦远乎！其不流于诐行，惑于邪说者亦鲜矣。欲教厥民，先正君心。盖君为民心，民为君体，心不正，百体不能从也。且君心正，则知诱物化，不能扰乱。工巧献谀者，不绝自远。日夕相亲无非，朝士大夫咨询所论,必先勤恤民隐。凡有宰制斯民者,必详加选择,勿致殃民。庙堂之上,以教化为先。推而至于天下国家,莫不重纲常,厉风俗,宣扬正道,屏绝邪淫。小民天良具在,今古不殊,未有不可教化者也。要在当时君臣,措置何如耳。予深愿有位之士,各正己以率人。心希古训,默化潜移,使下民迁善远罪。奉公亲上之心,有不期然而然者也,不亦懿与!"

直讲官禧恩、王引之进讲《易经》"君子以自强不息"。讲毕,上宣御论曰:"古圣人乘乾御世,取法乎天,莫不戒晏安而尚勤勉也。盖天行至健,运转无停,不息之功,覆冒皆赖以生成。今以四海之大,兆民之众,虽竭一己之心,犹恐力不逮而功或有间也。《书》曰'君子所其无逸',《记》曰'君子庄敬日强',此与自强不息之功,其义一也。君人者不慎乎此,或委靡不振,好逸恶劳,不思天命难谌,不念宗社重大,既获九五之尊,罔恤闾阎之苦甚,则纵欲无厌,居安忘危。左右前后,非容悦则谄谀。由是日引月长,相习成性,于文明刚健之德,不啻霄壤矣。念及此,可不精勤自励,夕惕朝乾。懔天命非养尊之位,慎大宝非自悦之时。惜阴待旦,捉发吐哺,自非圣帝明王,孰能舍己从人?若是之勤也,何楷谓自强之法在主敬,不易之论也。《记》曰'毋不敬',在人君尤不可斯须去身。盖心存乎敬则畏天命,畏天命则无怠荒,无怠荒则政治理而家国安。然非纯一不已,久而不息,不可得也。"

礼成,上幸文渊阁,赐讲官及听讲诸臣茶,复赐宴于本仁殿。

7.6.14 《清实录·道光朝实录》卷六五

(道光四年二月)丁酉,祭先师孔子,遣大学士托津行礼。

7.6.15 《清实录·道光朝实录》卷六五

(道光四年二月)己亥,以举行仲春经筵,遣官告祭奉先殿、传心殿。

上御文华殿经筵。直讲官长龄、卢荫溥进讲《孟子》"欲为君尽君道,欲为臣尽臣道"。讲毕,上宣御论曰:"圣人不外乎道。人伦首重君臣。为君者体天立极,敷治绥猷者也。然而分治不能无人。宣猷亦资襄赞,譬之调羹济川,安得舍盐梅舟楫,则人臣有赖焉。夫君也者,天道也,臣也者,地道也。人君四海为家,万民为念,实惠均沾,虚文不尚,若懔朽索之驭,而措磐石之安,未尝一息怠安。启百年因循之渐,不敢一事奢侈,开后世华靡之风。人臣体此,以君心为心,以君事为事。身家之念轻,股肱之力瘁。体国经野之谟,窃恐忽诸夙夜。大法小廉之戒,要期无愧影衾。《书》曰'后克艰厥后,臣克艰厥臣'。君臣一体,上下合德,盖有厚望焉。"

直讲官那清安、姚文田进讲《书经》"慎乃俭德,惟怀永图"。讲毕,上宣御论曰："千古帝王，所以肇造开基，奄有四海者，未闻以奢侈示天下。著奢侈必由于纵欲。欲即纵，收之实难，而万姓无由化导。且易开趋慕之风，久则难于图治。旨哉伊尹之言，诚百世为君之明训也。夫兴工作，尚靡丽，不足以与言俭，固已，即好大喜功者，徒极一时之盛，而流弊隐寓于无穷，亦何可与言俭哉？所谓俭者，宫室必期其卑也，饮食必期其菲也。不欲以一己之奉累天下，以天下之利还之天下。凡夫粟米力役之征，不能不用民力，而用之必以道，必以时，正所以为之计长久也。计长久，斯深宫之旰食宵衣，兢兢业业，祇以克俭为心，乌敢自以为德？用保我丕基于无穷，可不慎乎！"

礼成，上幸文渊阁，赐讲官及听讲诸臣茶，复赐宴于本仁殿。

7.6.16 《清实录·道光朝实录》卷七二

（道光四年八月）丁卯，祭先师孔子，遣大学士曹振镛行礼。

7.6.17 《清实录·道光朝实录》卷七二

（道光四年八月庚午）续纂《通礼》书成，御制序曰："安上全下，莫大乎礼。王者端制心制事之原，循勿二勿三之轨，向明出治，万物洁齐以相见，胥于礼乎是赖。夫礼者，理也，千古所不易之经；通者同也，古今民共贯之义。历时久而其间有因者，即不能无损与益。要之斟酌损益之中，正所以善厥因也。《通礼》一书于乾隆元年，皇祖特命儒臣博采前闻，广搜往册，越二十四年己卯告成，亲制序文，冠诸卷首。全书具而法制详，大典昭而休明备。凡夫冠、婚、丧、祭时巡蒐狩柴望军容，莫不理器兼贯，经曲毕该。洵乎美善必探乎源，敷赐咸归于极矣。顾行之数十年来，或时事异宜，或质文异用，虽大经大法，固已酌古今而定厥中。而尽制尽伦，有当观会通以神其变，是以我皇考于嘉庆二十四年允臣工之请，命礼臣重加修辑。予践阼以来，敬绍先志，万几之暇，亲为观览，并予指授。俾令分门别类，增入四卷，汇为五十四卷，兹以蒇事。礼臣请序于予，予谓礼之时义大矣哉。经纬乎天地，综贯乎人伦，自天子以至于庶人，未有不由乎礼。秩叙所以通幽明，寅清所以肃董劝，范围之而不过，曲成之而不遗，措之天下而皆安，施之百世而无弊。岂仅山龙藻火，玉节金和，徒以饰观瞻哉！若夫六合同风，不肃而成，制治保邦，百族同体，则岂予所敢冀焉？愿与天下臣民共勉之。是为序。"

7.6.18 《清实录·道光朝实录》卷七二

（道光四年八月）戊寅，以举行仲秋经筵，遣官告祭奉先殿、传心殿。

上御文华殿经筵。直讲官英和、王宗诚进讲《论语》"节用而爱人"。讲毕。

上宣御论曰:"《易》曰:'节以制度,不伤财,不害民。'盖用度既侈,浮靡必多。以天生有用之财,轻弃于无益之地。初未尝显,然有取于民,而民脂民膏,自必暗受其剥削也。是以爱民之君,必慎修俭德,时防奢侈,量入为出,屏除繁缛,时懔卑宫。菲食之戒,常殷已饥已溺之怀,或能心正意诚,检身若不及。凡一切纵欲从奢之举,容悦便佞之人,无从窥伺,则治理日见其上矣。试思奢侈之原,总由于骄满。心志既盈,何所不至。任性挥霍,仅供一时之娱悦,独不思追呼嗟怨之苦况耶矧夫。'百姓足,君孰与不足。百姓不足,君孰与足。'为君之要道,先存不以天下奉一人之心,躬行节俭,民隐周知。所以缓征薄敛,多方振恤者,非干百姓之誉,正所以养元气,固邦本,行爱人之实政也。可无慎乎!"

直讲官穆彰阿、陆以庄进讲《书经》"三载考绩,三考黜陟幽明,庶绩咸熙"。讲毕,上宣御论曰:"伊古建官分职,各率其属。所以宰制万方,奠安庶姓者,胥在于是。而其人之贤否不可不察,功过不可不考。故有虞四岳、九官、十二牧,畴咨诰诫,至再至三,劝其敬事奏功,各扬其职。然政绩之优劣,必得经阅岁时,方能论定。故三载考绩以核其功过。历三考而示以赏罚,则贤能者不致淹弃,庸凡者亦不能滥厕矣。是以周以六计弊群吏;汉以六条定官常;晋则委任达官,各考所统;魏则三岁一考,考即黜陟;唐之四善二十七最;宋之四课七事,皆所以定其考课而申黜陟,理明义备,洵万世之良规也。呜呼!世道之污隆不一,而人心之情伪不齐。考核之文,具在方策,得其实者,十无二三。盖统察之人,不能公正乃心,视国事如家事。无非按序就班,奉行故事,或逞一己之爱憎,或沽一时之名誉,甚则夤缘奔竞,是非颠倒,考最者竟有昏墨不职之人,如此何以肃官方而清吏治。兴言及此,愧恨交加。今而后深愿有位之士,各正乃心,各修其职,懔激扬为国政之大典。进贤退不肖乃用人之通经,慎勿偏存私见,德怨报修。更不可心知其非,曲意依同。佐朝廷务收得人之效,而成庶绩咸熙之上治。我君臣当共懔之慎之。"

礼成,上幸文渊阁,赐讲官及听讲诸臣茶,复赐宴于本仁殿。

7.6.19 《清实录·道光朝实录》卷七九

(道光五年二月)以举行仲春经筵,遣官祭奉先殿、传心殿。

上御文华殿经筵。直讲官禧恩、卢荫溥进讲《大学》"生之者众,食之者寡,为之者疾,用之者舒"。讲毕,上宣御论曰:"此圣人本先慎乎德,以明足国之道在乎务本而节用也。诚以人主固不可专务于财,而财用又实国家所不可缺。此其中有大道四,曰生之、食之、为之、用之。农工商贾,各安其业,事惰则议惩,熙攘者无游手矣;卿尹庶司,各任其劳,官冗则议汰,食禄者无幸位矣。赋税徭役无苛政,而用之必以时,民无农事之妨焉。冠、昏享食有成规,而节之必以礼,朝鲜不时之令焉。惟上之人，以一身阜天下无穷之财，道在乎辅相；以一身节天下有限之财，道在乎裁成。生食为用有其经，众寡疾舒得其当。闾阎之一丝一粟，皆关宵旰之廑思，兢兢业业，不敢一息或弛，一念或怠。尤愿百尔臣工，克襄郅治。庶几国用足而民生裕，可不即《大学》一书而'克修厥德'乎？”

直讲官舒英、王引之进讲《易经》“天地之大德曰生”。讲毕，上宣御论曰：“一阴一阳之谓道。乾为天，坤为地，天尊而地卑也。乾，天下之至健也，德行恒易。坤，天下之至顺也，德行恒简。易则易知，简则易从，易简而天下之理得矣。天以轻清上浮而为阳，地以重浊下澄而为阴，阴与阳相感而万物化醇，所谓乾元资始、坤元资生也。以是知盛德主乎常生，故曰生也。若不常生，其德何由而称大哉！五行四象，天之所以生物者至大；百谷草木，地之所以生物者亦至大。而且雷以动之，风以散之，雨以润之，日以烜之。春则涣发为功，秋则收成为用。钜而民物，细而昆虫。本乎天者亲上，本乎地者亲下。天地自默运于不言，而实为万物之所归，万物皆致养焉。王者观象于天，观法于地，本人情以出治，顺物理以长养。因其已生者而生之，以顺其节序。更因其未生者而生之，而无事勉强。以礼乐畅煦育之气固为生，以刑政弭暴戾之习亦为生。如天之无不帱，如地之无不载。凡夫山陬海隅，穷乡僻壤，戴天而履地者，莫不栽者培而倾者覆也。是以通天下之志，定天下之业，断天下之疑。使盈天地之间者，共沐广生之德，于以生生而不穷焉，有天下者其可忽诸？

礼成，上幸文渊阁，赐讲官及听讲诸臣茶，复赐宴于本仁殿。

7.6.20 《清实录·道光朝实录》卷七九

（道光五年二月）丁卯，祭先师孔子，遣大学士长龄行礼。

7.6.21 《清实录·道光朝实录》卷八七

（道光五年八月）丁巳，祭先师孔子，遣大学士托津行礼。

7.6.22 《清实录·道光朝实录》卷八七

（道光五年八月）己未，以举行仲秋经筵，遣官告祭奉先殿、传心殿。

上御文华殿经筵。直讲官英和、黄钺进讲《孟子》“谨庠序之教，申之以孝悌之义”。讲毕，上宣御论曰：“此孟子告时王以为君教民之道，惟在尽其所当行而已。家国君民，教学为先，易俗移风，彝伦攸叙，圣后哲王，莫不以之为急务。党有庠，术有序，教由是谨焉；入则孝，出则弟，义由是生焉。则学校之设，不可不讲也，明矣。惟民生厚，纳诸轨物，则于变时雍；惟皇建极，赐之敷言，则率履罔越。人虽至愚，与之言孝言弟，有不奋兴鼓舞者乎？为之上者，设为庠序以教之。习舞合吹，上丁仲丁，所以正其始也；三令五申，先甲后甲，所以垂其训也。由是礼乐以激其气，诗书以导其和。春诵夏弦，乐群敬业，为儒者端表率，即为百族树风声。人各有亲，人自祗厥父也；人各有长，人自恭厥兄也。门庭无诟谇之声，乡邑少嚣凌之气。爱敬发于天良，率性而行矣；仁义达于天下，溯源以往矣。行见五典可敦，六行可上，教典在是，治绩亦在是，又何必长驱傍骛，侈规模之宏远也哉！"

直讲官玉麟、姚文田进讲《书经》"任官惟贤才，左右惟其人"。讲毕，上宣御论曰："且天下不可以一人理也，于是乎设官分职，以共治天下之事。自左辅右弼，前疑后丞，以及大夫师长，庶事百司，莫不效一人臂指之用，即莫不系一人敬慎之心，以与为简畀而已矣。唐虞之世，工虞水火。九官十二牧各司其职，而二十有二人。时亮天工，每以无旷庶官为兢兢，尤于百揆之宅，先致意焉。此明良喜起之所由盛，而伊尹之言任官择人者，胥是道也。盖官者，行君之令，而致之天下者也。非贤而有德，则无以励廉隅而布恺悌，而有守者无以兴；非才而有能，则无以胜艰巨而理烦剧，而有为者无由著。而左右者，则又当有猷、有为、有守，为庶官表率也。一君子进，而众君子毕升；一小人进，而众小人咸集，其利害所关乎国家者綦重。故官不必备，惟其人也。人主诚宜居敬穷理，以裕知人之明。激浊扬清，以操用人之柄。不以微细忽庶司，不以姑息容大吏，庶黜陟明而劝惩当。有过者各思愧奋，咸荡秽而涤瑕；称职者益励忠贞，更谟明而弼直。大臣法小臣廉，济济师师，上下交泰，于以见王道蒸然日上，远追唐虞三代之郅治。我君臣其共勉之。"

礼成，上幸文渊阁，赐讲官及听讲诸臣茶，复赐宴于本仁殿。

7.6.23 《清实录·道光朝实录》卷九五

（道光六年二月）丁巳，祭先师孔子，遣大学士蒋攸铦行礼。

7.6.24 《清实录·道光朝实录》卷九五

（道光六年二月）庚申，以举行仲春经筵，遣官告祭奉先殿、传心殿。

上御文华殿经筵。直讲官文孚、汪廷珍进讲《论语》"众恶之，必察焉；众好之，必察焉"。讲毕，上宣御论曰："知人则哲，千古其难。天下品类最繁，性情各异，要不外恶与好两端。而一言乎恶与好，即美恶之所由分，用好用恶之所由判，此其中正有难言之者已。夫不容昧者，即物而存之理；最易淆者，因物而付之心。使两人于此，一为众所恶，一为众所好。所恶者，或贱恶，或傲惰。固已，若其人迂远而阔于事情，矫立不逐于流俗，所谓举浊独清也，未可因众恶而置之。所好者，或亲爱，或畏敬，或哀矜。似已，若其人色庄貌为君子，乡愿乱德之真，所谓作伪日劳也，亦未可因众好而忽之。更或巧诈百出，投恶与好者以喜怒，而饰美与恶以矫情，有知人之责者，尤不可不严以察之。务使宵小无所行其术，君子得以尽其长。庶几渐跻正直之风，而弭阿谀之习。孔氏之言，可深长思也。”

直讲官松筠、王宗诚进讲《书经》“罔以侧言改厥度”。讲毕，上宣御论曰：“经言齐家、治国、平天下必本于修身。诚以身也者，所以为度者也。守先王之法，布彝伦之叙，四海之所具瞻，万方之所以丕应也。苟不审夫视听以杜非礼，将以邪巧之言易其常度，政治其何足观耶。旨哉成王命蔡仲曰：‘罔以侧言改厥度’，试详绎之。人君端拱九重之上，四岳三涂既已云远。欲周知小民之疾苦，非询事考言不为功。然其身不正，虽令不从。故必先正其身，而身正又非徒托诸空言，是在资乎献纳。且夫君子辞寡，小人言甘。寡则难入也，甘则易惑也。彼善为甘言者，必且百计思维，或托以无心，或假诸公论，始则呐呐如不能出诸口，既且侃侃而谈，使人不及觉察而入其术中，而此身遂放逸而不顾，则侧言之为害，岂浅鲜哉。上之人执两用中，断之以义，不为人欺，即不以自欺。孔壬是屏，纷华不尚，合四海为一家，历百年如一日。行见风气蒸蒸，日臻上理。朝野咸仰其成，人民默受其福。其在《书》曰‘儆戒无虞，罔失法度’。《传》曰‘思我王度，式如玉，式如金’。《诗》曰‘视民不恌’。君子是则是效者，此物此志也，而顾可忽乎哉？”

礼成，上幸文渊阁，赐讲官及听讲诸臣茶，复赐宴于本仁殿。

7.6.25 《清实录·道光朝实录》卷一〇二

（道光六年八月）丁巳，祭先师孔子，遣协办大学士英和行礼。

7.6.26 《文庙丁祭谱》卷二之二

丙戌，（道光）六年，以明儒吕坤从祀文庙。

7.6.27 《清实录·道光朝实录》卷一一四

（道光七年二月丁未）祭先师孔子。遣大学士蒋攸铦行礼。

7.6.28 《清实录·道光朝实录》卷一一四

（道光七年二月）庚戌，以举行仲春经筵，遣官告祭奉先殿、传心殿。

上御文华殿经筵。直讲官禧恩、蒋攸铦进讲《孟子》“立贤无方”。讲毕，上宣御论曰：“人君抚临方夏，惟期得人以图治。然必进贤之道广，而后庶官无旷。百职允修，政教隆而治术懋也。昔成汤智勇天赐，圣敬日跻。其时俊彦旁求，赞襄一德。贤如伊尹，立之为阿衡；贤如仲虺，立之为左相。其出自有莘之微，与为奚仲之后，皆所勿问，惟其无方也，而贤乾有不在位乎？用人贵有定见，而不可有成见。汤惟克绥厥猷，懋昭大德，制事制心正其本，不迩不殖清其源。有昧爽丕显之全神，有聪明时乂之实用。举凡懋官懋赏，一皆本于执中。夫是以佑贤辅德，显忠遂良。固与唐虞之官人，有夏之吁俊，均有若合符节者，延及后嗣。若伊陟用自世家，甘盘任由旧学，传说举于梦卜，犹能追绍前规。后先媲美，则九围是式，万邦惟怀，汤之所以得人而治也。"

直讲官穆彰阿、卢荫溥进讲《易经》"师众也，贞正也"。讲毕。上宣御论曰："天生五材，兵不可去。圣王知武备之宜修也，于是克诘戎兵，将以正天下之不正。而用众行师，所向克捷。《大易》所以于地水之象，首阐师贞之旨也。古者设兵之意，无事则平居相保，训练有素，简阅必精，所谓容民畜众也。有事则整旅遄行，号令严明，部伍约束，所谓师出以律也。事定则凯还饮至，论功行赏，定等策勋。所谓大君有命，以正功也，如是以警众。义问宣昭，罔干予正矣，如是以动众。威德远加，莫敢不一于正矣。虽然，声罪致讨，义甚正也。而运筹决策，又未尝不用奇。或先声后实，或间道分攻。应变无方，迎机立断。兵固有出奇而制胜者，然出奇而制胜，皆归于至正而无私。有保大定功之实，无穷兵黩武之思。师直为壮而正气伸，师出有名而正声著。刚中而应，行险而顺，安有不嘉绩用成，肤功克奏乎？彼自作不靖者，不过恃其险远，潜煽一时，而当命将徂征。师中协吉，震声灵之播，张挞伐之威，如火之烈而莫敢遏，如雨之沛而慰其苏，则信乎王者之师之无敌于天下也。"

礼成，上幸文渊阁，赐讲官及听讲诸臣茶，复赐宴于本仁殿。

7.6.29 《清实录·道光朝实录》卷一二八

（道光七年十月甲午）修山东曲阜县少昊陵、元圣庙、复圣庙，从巡抚琦善请也。

7.6.30 《清实录·道光朝实录》卷一三三

（道光八年二月）壬申，以举行仲春经筵，遣官告祭奉先殿、传心殿。

上御文华殿经筵。直讲官富俊、汤金钊进讲《中庸》"舜好问"。讲毕，上宣御论曰："自古致治之道，不外乎广咨博访，而尤难于明目达聪。昔夫子称舜为大知，而于好问首及之。以舜之浚哲文明，温恭允塞，固已五典克从，百揆时叙矣，又何待于下问而孜孜不倦？顾事必集益于所好，好之而不笃，虽近且易犹不能致。况以天下之大，万民之众，而欲于耳目之所不及，思虑之所未周，一一洞悉而条贯之，非好问不为功。舜之咨四岳，咨十有二牧，稽于众也。维时俊乂在官，虚怀延纳。举夫礼乐刑政，工虞水火，莫不奋庸亮采。庶绩咸熙，皆由舜之舍己从人。乐取为善，以视尧有衢室之问。何多让焉，开四方之门，以来天下之贤俊，广四方之视听，以决天下之壅蔽。《书》曰‘好问则裕，自用则小’。舜大知而不以为知，其勤于好问也，乃其不自用也，此舜知之所以为大也。”

直讲官穆彰阿、李宗昉进讲《书经》“明于五刑，以弼五教”。讲毕，上宣御论曰：“帝王承天以出治，惟任德教而不任刑。作士如皋陶，而舜谆谆然命之曰：‘明于五刑，以弼五教’。弼，辅也，圣人以教为化民之本，而刑特以辅教之不逮而已。示人以常刑，墨劓剕宫大辟，五刑之正也。修道之谓教。父子亲、君臣义、夫妇别、长幼序、朋友信。此五者，察于人伦而垂为教令也。教令既行，咸知三纲五常。天理民彝之大节，则有所敬畏而不敢犯。不忍犯，若谓五刑纠万民。而以刻核为能，以锻炼为事。禁网愈密，奸慝愈多，欲民无冤狱而颂声作也得乎？刑者不可任以治世，故以之助教而不可专用。民罹于刑而教乃背，民趋于教而刑自措。盖圣人之法有尽，而心则无穷。其变民也易，其化人也著，赦过宥罪而法莫施。所谓‘善教得民心’也，刑于何有？皋陶能体舜之意，使人知契与伯夷之教，而不知有皋陶之刑。民协于中，舜美皋陶之功，而非取伤肌肤之效也。世操用刑之柄者，重民五教，惟刑之恤，俾好生德洽，而民不犯于有司，于以远溯唐虞之盛轨也。其庶乎！”

礼成，上幸文渊阁，赐讲官及听讲诸臣茶，复赐宴于本仁殿。

7.6.31 《清实录·道光朝实录》卷一三三

（道光八年二月丁丑）祭先师孔子，遣协办大学士富俊行礼。

7.6.32 《文庙丁祭谱》卷二之二

戊子，（道光）八年，以明儒孙奇逢从祀文庙。

7.6.33 民国《续修曲阜县志》卷一

道光九年，岁次乙丑正月丙申朔越十三日戊申，皇帝遣宗室国祥致祭于至圣先师孔子之神位前曰：“维先师德裕时中，道隆亘古。麟经垂训，义昭斧钺之严；羲画系辞，威著矢弧之利。缅杏坛之礼器，文治诞敷；稽芹沼之彝章，武功妥献。兹以回疆耆定，逆裔俘诛，徼堠销锋，万里听金铙之奏，宫墙展币。千秋聆，木铎之宣，撫立道绥，动之遗言，虔衷弥惕，统南北东西而悦服，洪贶攸酬敬荐馨香，伏维歆鉴。”

7.6.34　《清实录·道光朝实录》卷一五一

(道光九年二月)丁卯,祭先师孔子,上亲诣行释奠礼。

7.6.35　《清实录·道光朝实录》卷一五一

(道光九年二月)己巳,以举行仲春经筵,遣官告祭奉先殿、传心殿。

上御文华殿经筵。直讲官松筠、王鼎进讲《孟子》“人有不为也,而后可以有为”。讲毕,上宣御论曰:“士之托于世而列于君子之林者,非独贵其有守也,尤贵其有为。而欲其有为者,要必归于有守。此孟子精义之学。而以不为决有为,欲人之知所择也,天下畏葸者不能为一事,躁妄者亦不能建一切。轻发者始若勇,终必怯;慎重者始若怯,终必勇。成败利钝,非所逆睹,而不严于从违之介,则扰乱其神明;险阻艰难,岂能备尝,而不权于是非之衡,则蛊惑其心志。此而欲其任重致远,卒然临之而不惊。错节盘根,坦然由之而不惧,其可得乎?古駑子合当世之所难图,而卓然有以自振;举众人之所易溷,而矫然有以独存。岂强致哉,盖其识精而其守固也。彼自负非常之才者,岂无所为者哉?而终不得谓之有为者,盖未尝有为而先已无所不为,则不知其何为而可。志士励行,守之于为,孟子所以为世道人心之防也。”

直讲官舒英、潘世恩进讲《易经》“天之所助者,顺也;人之所助者,信也”。讲毕,上宣御论曰:“天人之道,一理而已。《易·系辞》上传,引大有上九之爻辞曰:‘自天祐之,吉,无不利’。天何以祐?祐者,助也。天助之,人亦助之。舍逆取顺,天道也。推诚布信,人道也。圣人明于天之道而察于民之故,合天人者也。自古圣人以天之心为心,抚辰凝绩,敕天命也。遏恶扬善,谨天戒也。陈师鞠旅,申天讨也。顺乎天而天弗违。靡悔靡阻,如八风之无不通,是为大顺。顺以定功,而天心享矣。圣人亦以人之心为心。正德厚生,治人情也。放准循绳,修人纪也。除暴安良,立人极也。信乎人而人弗疑何诈何欺,如四时之无或爽,是谓大信。信以发志,而人心洽矣。天人相应,欢然交欣,所以阴阳调而风雨时,群生和而万民殖,而谓非天道之助顺,人道之助信乎?《易》序卦又云:‘与人同者,物必归焉’。故受之以大有,节而信之。故受之以中孚,此履信思乎顺者。人之所助在于信,明乎上九之能践履于信也;天之所助在于顺,明乎上九之能恒思于顺也。体信达顺,天人皆祐助之,而得其吉无不利也,宜哉!”

礼成,上幸文渊阁,赐讲官及听讲诸臣茶,复赐宴于本仁殿。

7.6.36　《清实录·道光朝实录》卷一五九

(道光九年八月)丁卯,祭先师孔子。命皇长子奕纬行礼。

7.6.37 《清实录·道光朝实录》卷一六五

道光十年，庚寅。二月，庚申朔，壬戌，以举行仲春经筵，遣官告祭奉先殿、传心殿。

上御文华殿经筵。直讲官长龄、卢荫溥进讲《论语》“居之无倦，行之以忠”。讲毕，上宣御论曰：“从来制治保邦之要，宅心图事，贵乎明体达用。贯初终，合内外，罔弗归本于一诚也。诚则无息，缉熙宥密，有不敝之精神焉。诚则无妄，正大光明，有不欺之学术焉。此夫子之诏子张，所为必于居与行加之意也。夫为政者，莫不思久安长治。与天下相见以心，顾往往气盛则易衰，愿奢则难副。好大喜功而倦以乘矣，美言小数而忠未著矣。为政不先立乎诚，而欲其成久道，臻大同也得乎？人君正位居体，设诚于内而致行之。日新时宪，至密也；宵衣旰食，至勤也；章志贞教，至切也；推心置腹，至公也。万年不拔之基，务远图不期速效；兆民允怀之治，崇实德不袭虚文。慎修所以思永，中孚所以化邦。万世永赖，四海来格。实心实政，皆一诚之发见而充周也，岂不懿哉！”

直讲官禧恩、白镕进讲《书经》“位不期骄，禄不期侈，恭俭惟德，无载尔伪”。讲毕，上宣御论曰：“建官之制，莫备于周。凡所以勖官守儆官常者，无不详且慎焉。国家设位以辨等，诏禄以酬功，必使盈廷之臣，宣三德而为大夫，严六德而为诸侯。乃见爵非轻予，赏非滥膺。故欲防骄侈之萌，当先懔恭俭之度。诚有非饰貌娇情所得而伪托者。周书之戒卿士，试申其旨。人臣有位于朝，受禄于国，未尝不知寅恭之足尚，节俭之可师。然而气既盈则满假潜形，用既广则奢靡渐启，贵不与骄期而骄自至，富不与侈期而侈自求。骄侈之心胜，德则病矣。而犹欲以训恭俭，则是袭而取之。相率而为伪者也，恶得为恭俭？古之为大臣者，铭三命而滋益恭，耻盈礼而示以俭。其备位也为有恪，其受禄也为不诬。果能允迪厥德，而无毫发之伪于其间，则跻是位必罔以宠利居功，飨是禄必思以淡泊明志。恭以行己，而矜骄之气悉除；俭以养廉，而怙侈之习自远。夫然后可以致君，可以泽民，可以律身，可以寡过。兢兢焉以存诚戒伪为心，而襄赞弼谐，克成一德明良之盛也，庶几有古大臣之风矣！”

礼成，上幸文渊阁，赐讲官及听讲诸臣茶，复赐宴于本仁殿。

7.6.38 《清实录·道光朝实录》卷一六五

（道光十年二月）丁卯，祭先师孔子，遣大学士长龄行礼。

7.6.39 《清实录·道光朝实录》卷一七二

（道光十年八月）丁亥，祭先师孔子，遣大学士长龄行礼。

7.6.40 《清实录·道光朝实录》卷一八四

(道光十一年二月)丁亥,祭先师孔子,遣协办大学士、理藩院尚书富俊行礼。

7.6.41 《清实录·道光朝实录》卷一八四

(道光十一年二月)己丑,以举行仲春经筵,遣官告祭奉先殿、传心殿。

上御文华殿经筵。直讲官文孚、汤金钊进讲《论语》"居敬而行简,以临其民"。讲毕,上宣御论曰:"圣人南面而听天下,其精神足以临万方,而治具毕张,风俗丕变,要必有择之至精,操之至约者。昔仲弓谓'居敬而行简,以临其民',旨哉斯言乎。夫天下之大,六合之众,而一人临之。洁齐相见,非敬不为功;恭己无为,非简亦不为用。其深居端拱也,有严有翼,倍懔乎纠虔抑畏之思;其推行尽利也,从俗从宜,胥泯乎纤悉烦苛之习。修己以敬,而后能临下以简,诚无取高言清净,与徒事纷更为也。尧、舜、禹、汤以来,精一绍其传,缉熙懋其学,帝王主敬之心法实为古今不易之治法。斯时之民,作其矜庄,不生侮慢之念;乐其坦易,各安淳朴之天。岂非敬以胜怠,简以御繁,使民知所向化哉?《书》之言敬也曰作所,《易》之言简也曰易从,古所称聪明睿智足以有临者,道固然欤。"

直讲官耆英、王宗诚进讲《易经》"几事不密,则害成,是以君子慎密而不出也"。讲毕,上宣御论曰:"为治不在多方。郅隆之世上有圣哲之各,下有贤能之臣。往往治功已布,而未尝明示其由;治象已成,而莫能仰窥其故。所谓默而成之,不言而信也。彼轻易其言者,不先审之于心,而遽宣之于口,欲与之图厥。政也,盖亦难矣!夫子系《易》,于节之初爻,要于几事必密。试申论之。今夫政治之得失,不验于事之既成,而征于几之将发。动而未形,有无之间者,几也。几微故幽,圣人之所慎也。古者君臣一德,上下共功。虑周四海,而不必有显赫之施;制定百年,而不见其经营之迹。诚密之至,慎之至也。不密则朕兆方萌,而揣摩逢合者,遂进而扰之;不密则机缄偶启,而乘闲抵隙者,且从而败之。患害之兴,有不可胜言者。几者动之微,吉之先见者也,可无慎乎?君子知其如是。是以藏密之学,归于洗心宥密之功,根于基命如纶如綍,慎之于发号施令之先。嘉谋嘉猷,慎之于入告陈谟之顷。泽以节水之出入,户以节人之出入。言之不出,与户庭之不出,其事同,其理一也。慎斯术也以往,其无所失矣!"

礼成,上幸文渊阁,赐讲官及听讲诸臣茶,复赐宴于本仁殿。

7.6.42 《清实录·道光朝实录》卷一九四

(道光十一年八月)丁亥,祭先师孔子,遣协办大学士、两广总督李鸿宾行礼。

7.6.43 《文庙丁祭谱》卷二之二

辛卯，(道光)十一年秋八月，遣官诣阙里祭告孔子。恭遇皇上五旬万寿。

7.6.44 《清实录·道光朝实录》卷二〇五

(道光十二年二月)己卯，以举行仲春经筵，遣官告祭奉先殿、传心殿。

上御文华殿经筵。直讲官博启图、潘世恩进讲《中庸》“故至诚无息，不息则久”。讲毕，上宣御论曰：“诚者，圣人之本。圣人有作，天下睹至德之光昭，仰太和之格被，但见其与天地无终极耳。顾熟知其神明内守者，成性存存，恒久不已，而何有于虚假，又何有于间断哉！《中庸》言至诚无息，而继之以不息则久。盖言至诚而求之于息，此析而言之者也；言至诚而要之于久，又统而言之者也。数往知来，而泯乎离合之迹，则缉熙敬止，愈形其穆穆矣；穷本观变，而浑夫绝续之端，则钦明文思，益觉其安安矣。吾见至诚之真实无妄，充塞无间者，无在而可以息言也，亦无在而不可以久言也。日月得天而能久照，四时变化而能久成。圣人久于其道而天下化成。所以不息者，无息之实也，久者不息之积也，而要皆于无息之功验之，于至诚之道知之，故曰圣诚而已矣！”

直讲官舒英、李宗昉进讲《书经》“令出惟行，弗惟反。以公灭私，民其允怀”。讲毕，上宣御论曰：“君者，出令者也；臣者，行君之令而致之民者也。欲令行禁止，则必思所以行之，欲民心悦服，则必求所以怀之，此周王合有官、君子而同训之也。令出于君，而百司庶府自下条教于其属，亦何莫非令？《易》曰‘涣汗其大号’。言号令如汗，汗出而不反者也。使出令未能逾时而反，是反汗也。如是而令出欲其行，不綦难乎！夫下令如流水之原，令顺民心，故易行而难反。傥不谨于未令之先，则必反于既令之后。日变月易，朝更暮改，凡此者皆不公之为害也。不公则权宜以便其私矣，不公则委曲以遂其私矣，此非以公灭私者不可。所谓灭私者必荡涤其邪秽，消融其渣滓，而矫其偏僻之私见，更绝其好恶之私心。若火之燎于原，不可向迩，其犹可扑灭，而况私之必不能胜公乎！以天下之公理灭一己之私情，私则万殊，公则一致。示天下以必诚必信，与天下以共见共闻，则有行无反矣！王者无私，令之慎也，兆民允怀，令之行也。《礼》曰：‘发号施令而民悦，谓之和’，其至公矣乎！”

礼成，上幸文渊阁，赐讲官及听讲诸臣茶，复赐宴于本仁殿。

7.6.45 《清实录·道光朝实录》卷二〇五

(道光十二年二月)丁亥，祭先师孔子，遣协办大学士、吏部尚书文孚行礼。

7.6.46 《清实录·道光朝实录》卷二一七

(道光十二年八月)丁丑,祭先师孔子,遣大学士卢荫溥行礼。

7.6.47 《清实录·道光朝实录》卷二三一

(道光十三年二月)甲辰,以举行仲春经筵,遣官告祭奉先殿、传心殿。

上御文华殿经筵。直讲官耆英、白镕进讲《中庸》"执其两端,用其中于民"。讲毕,上宣御论曰:"自古圣人传心之要,曰'惟精惟一,允执厥中'。中之理无定在,而中之用有定衡。凡物皆有两端,而莫不有一中,执焉而用之。如不善其用,或以疑似之迹,而乱理义之真;或以毫厘之差,而致千里之谬。则所谓执中无权,犹执一也。此大舜之执两用中,以生两者,化两而互用焉,适得其中。以明两者,象两而专用焉,愈得其中。盖两端者,中之所从出也,善之所见端也。竭两端而求之于己,上下精粗,无一毫之不尽。执两端而取之于人,大小厚薄,无一善之或遗。故萃群美以并营者,物生有两也;会众善而归极者,民协于中也。化裁利用,守之以有伦有要之规;变通宜民。敷之以无党无偏之治。择之审,舜之精也;行之至,舜之一也,而道有不执中者乎?此大舜之知所以为大也。"

直讲官奕经、汤金钊进讲《易经》"贞固足以干事"。讲毕,上宣御论曰:"君子体乾之健以行四德。利贞者性情也,性为天生之质,正而不邪;情为人起之欲,邪正相杂。若不以性制情,则不能久行其正。《易》《乾》卦之《文言》申明贞者事之干,而曰贞固者,与体仁嘉会利物之旨更有进。盖贞者正而固也,知正之所在而固守之,乃足以为事之干。夫干如木之干,事如木之枝叶,天惟以中正之气,成就万物,人亦以中正之德,经纬万事。措则正,施则行。《礼》所云'贯四时而不改柯易叶'者,理枝循干,巩深根不拔之基,议事以制也;强材挺干,负伟略不羁之概,任事惟能也。且于时为冬,冬藏也,收敛成实,凡物莫能以倾之。于人为智。知,知也。烛照数计,凡事莫能以挠之。四时定而成冬,有与春交接之义。四德全而为贞,有贞下起元之功。此法天之健,即所以法天之贞也,而不见君子之坚固而不摇乎?无游移迁就之私,则事无丛脞;无机械变诈之巧,则事无敧邪。而要之得一以贞,置善则固者,率作兴事,何事不行。于此知君子者国之干也!"

礼成,上幸文渊阁,赐讲官及听讲诸臣茶,复赐宴于本仁殿。

7.6.48 《清实录·道光朝实录》卷二三一

(道光十三年二月)丁未,祭先师孔子,遣庆郡王绵慜行礼。

7.6.49 《清实录·道光朝实录》卷二四二

（道光十三年八月丁未）祭先师孔子，遣大学士潘世恩行礼。

7.6.50 《清实录·道光朝实录》卷二四九

（道光十四年二月）丁酉，祭先师孔子，遣大学士潘世恩行礼。

7.6.51 《清实录·道光朝实录》卷二四九

（道光十四年二月）己亥，以举行仲春经筵，遣官告祭奉先殿、传心殿。

上御文华殿经筵。直讲官穆彰阿、潘世恩进讲《中庸》“故君子之道，暗然而日章”。讲毕，上宣御论曰：“《易》曰‘天地相遇，品物咸章’，又曰‘含章可贞’，谓当含晦其章美也。晦不终晦，其志厚者其义章。此《中庸》引诗得暗之音，而知君子之章本此也。君子为己之学，存之为心，成之为道。道也者，明而能暗者也。扬于外无以足乎内，则内念已夺；炫于人无以持乎己，则己意先驰。故物不阏其华，情每迁于伪，事不行吾素，性必动于浮，而欲其相得益章也可乎？君子不自置于表暴之地，而白贲无咎矣；君子不自失其浑穆之怀，而黄中通理矣。愈收敛斯愈发，越平淡之内绚烂自生，有笃实斯有辉光。质朴之中，精英自炳，贞正而固，积厚而流，美在其中，而畅于四支，发于事业，美之至也。此可知《诗》之尚䌹故暗然。衣锦故有日章之实，下学立心之始，其可忽诸。”

直讲官禧恩、史致俨进讲《书经》“好问则裕，自用则小”。讲毕，上宣御论曰：“人君抚临区夏，咨岳牧，询刍荛，舍己从人，不自私其功。盖欲罗四方之英俊，而急亲贤之为务，非徒恃一己之聪明，而夸予知以自雄也。此商书仲虺之诰，所由重好问而戒自用。试申论之。今夫天下之大，万民之众，非广咨博访，无以穷治乱之根源；非兼听并观，无以辨邪正之心术。故前席而问之，使从容敷奏而不辞。亦临轩而问之，俾剀切直陈而无隐。是以德尊而业广，则绰绰乎有余裕矣。夫好问者，合天下之人以为用也，而岂愚而好自用乎？嘉谋嘉猷之入告，自用则等于自专。群策群力之相资，自用则甚于自弃。将所云用作砺，用作舟楫，用作霖雨者，皆以有用之用，而置诸无用之用，犹欣欣然以自用为得计，其反为人用也。何事能治，不亦小乎。仲虺举古人之言，谓之自得师者，真知己之不足，人之有余，委心听顺，而无拂逆之谓也。好问则求有余师矣，自用则欲其附己矣。昔大知如舜，察迩言而好问，执两端而用中。所为不自用而取诸人者，其即此义也夫。”

礼成，上幸文渊阁，赐讲官及听讲诸臣茶，复赐宴于本仁殿。

7.6.52　《清史稿·宣宗纪》

（道光十四年五月）庚寅，修山东阙里至圣孔子林、庙。

（又见于《清实录·道光朝实录》卷二五二）

7.6.53　《清实录·道光朝实录》卷二五五

（道光十四年八月）丁酉，祭先师孔子，遣大学士潘世恩行礼。

7.6.54　《清实录·道光朝实录》卷二六三

（道光十五年二月）丁酉，祭先师孔子，遣大学士文孚行礼。

7.6.55　《清实录·道光朝实录》卷二六三

道光十五年乙未八月丁巳朔，祭先师孔子，遣大学士文孚行礼。

7.6.56　《文庙丁祭谱》卷二之二

乙未，（道光）十五年冬十月，遣官诣阙里祭告孔子。恭遇皇太后六旬万寿。

7.6.57　《清史稿·礼志·吉礼》

（道光）十六年，诏祀孔子不得与佛、老同庙。是后复以宋臣文天祥、宋儒谢良佐侑飨云。

7.6.58　民国《续修曲阜县志》卷一

道光十六年，岁次丙申正月乙酉朔越四日戊子，皇帝遣兖州镇总兵商岐华致祭于至圣先师孔子神位前曰："维先师德参两道两大，道贯三才，君子时中，生民未有。备千秋之述作，仪炳日星；植万古之纲常，光昭云汉。"

7.6.59　《清实录·道光朝实录》卷二七八

（道光十六年二月丁巳）祭先师孔子，遣大学士阮元行礼。

7.6.60　《清实录·道光朝实录》卷二七八

（道光十六年二月戊午）以举行仲春经筵，遣官告祭奉先殿、传心殿。

上御文华殿经筵。直隶官耆英、王鼎进讲《论语》"君使臣以礼，臣事君以忠"。讲毕，上宣御论曰："自乾坤定位以来，道莫重于君臣。臣者所使也，君者所事也，君臣相与之际，亦各尽其当然而已。此夫子因鲁定公之问，而对之使以礼、事以忠也。人臣策名委质，出而为国家用，惟君命是从，夫岂智取术驭之为哉！爵禄以厚之，体貌以崇之。笙簧酒醴，享之以多仪；竹帛旂常，旌之以懋赏。明尊卑之分，即以通上下之情，亦谓名以制义。义以出礼，而可不纳于轨物乎？至于为人臣者，进思尽忠，不负所学，而启乃心者为最真。不知其身，而根于心者为尤挚。其责愈重，则恪恭匪懈，而务竭其诚；其任愈隆，则鞠躬尽瘁，而不屈其节。伸之以无隐，矢之以勿欺。故曰'事其君者，不择事而安之，忠之盛也'。若是者为国以礼，君不必责臣之忠，而恩义交孚。为下克忠，臣不敢望君之礼，而明良相契，天下有不治者哉！"

直讲官桂轮、何凌汉进讲《易经》"君子以裒多益寡，称物平施"。讲毕，上宣御论曰："谦也者，致恭以存其位者也。《易》卦地中有山谦，君子观谦之象。山在地下，见抑高举下。损过益不及之义，故以施于事，则裒多益寡，即以卑蕴高之意，谦之象也。天下莫不有物，方以类聚，物以群分，而不得其平，则由多寡之不同，以致参差不一。此非损益之不为功，礼时为大，称亦次之。又曰：'先王之制礼也，不可多也，不可寡也，惟其称也'。捐益盈虚，与时偕行。有分无，多分寡，不患寡而患不均，不均则不平也。人情自高之心常多，下人之心常寡。不裒而益之，则轻世傲物者，自处过高。处人过卑，而物我不得其平，惟多者裒之，寡者益之，则自视不见其有余，而视人不见其不足。《易》所谓称物平施者，称比物之多寡，均平而施。物之先多者得其施，物之先寡者亦得其施也。多者用谦以为裒，寡者用谦以为益。谦岂易言乎？必也平其气，清其心，而与人无竞，与物无争，则人欲去，天理全。夫物之不齐，物之情也。有大物者不可以物物，明乎物物者之非物也，亦曰平而已矣。谦尊而光，信矣哉！"

礼成，上幸文渊阁，赐讲官及听讲诸臣茶，复赐宴于本仁殿。

7.6.61 《清实录·道光朝实录》卷二八二

（道光十六年四月）癸酉，策试天下贡士夏子龄等一百七十二人于保和殿。制曰："朕抚绥寰宇，敬绍丕基，宵旰健勤，不敢暇逸。仰荷昊苍眷佑，四海乂安；惟益延集嘉谟，冀熙庶绩。临轩策问，其敬听之。士以行义为重，而科目先凭文学。文学多端，首重经史。九经为圣贤彝训。帝学官箴，皆从此出。故未言汉宋之讲孔孟，当先求孔孟之说《诗》《书》。《诗》《书》内名言至论，最补身心治道。为孔孟所引证推明者何在？汉、晋、唐、宋传注疏义，孰为醇正？《易》之费、虞，《书》之欧、夏，《诗》之三家，何所考见？贾公彦二礼孰精？《仪礼》经传通解，朱子晚年立意若何？史以《春秋》为最先，三传科例何殊？荀、袁《两汉纪》，继为编年之体。司马光《通鉴》，重在资治。后世资为金鉴，皆不刊之书也。多士治经学史，先器识而后文艺。所以裨朕治理者也，其胪叙之。考绩始自唐虞。询事考言，既已察之平时，而三载、五载、九载，何以加密？《尚书》大传，谓积善至于明，五福以类升；积不善至于幽，六极以类降，其说何如？《周官》六计，以廉为本，或训廉为察，厥义孰优？汉以六条察二千石；晋以五条考郡县；唐叙以四善，分以二十七，最差以九等；宋因唐之四善，分为三等，详略得失，可缕析之欤。汉书言综核名实，故吏称其职。然或上求实效，下循虚名，将操何道而使之皆实心以任事乎？虞廷钦恤，刑期无刑。《周官》五刑之属各五百，吕刑何以言五刑之属三千？所增减者安在？魏文侯时李悝著法经六篇，为后世律例所自始。然楚之仆区，郑之刑书，晋之刑鼎，不俱在李悝之前欤！汉初约法三章，厥后萧何定律令，于李悝所造凡益若干篇，叔孙通复益者何律？唐之律令格式，宋之刑统，元之至元新格、大元通制，明之大明律令，其轻其重，其沿其革，能详陈欤？朕哀矜庶狱，每阅谳牍，再三审慎，期于无枉无纵。司宪之吏，宜如何持平协中，以共泯刻核姑息之见乎？自昔除莠安良之法，莫善于保甲。汉之亭长啬夫游徼，唐之里正耆老，所辖之地甚近，所联之户无多。里巷之中，互相纠察，最为切近。后世幅员日广，户口日繁，生计之绌，盗贼易生。惟有编查勤密，摘发精明，庶使闾阎相安，奸慝敛迹。夫以一州一县，四境非远，果能视一邑如一家，何至藏伏盗奸，传习邪术。赵广汉、张敞固甚严明，然能消患于初萌，戢乱于未发。如龚遂至郡，盗贼皆散，不更善乎！盗之所以重乎弭者在此也。多士来自田间，见闻较切，其各陈之。凡此四端，皆经国之大猷，为政之本务。其稽古有年，讲求有素者，所宜悉抒谠论，毋有所隐，朕将亲览，虚衷听纳焉。”

7.6.62　《清实录·道光朝实录》卷二八七

（道光十六年八月）丁巳，祭先师孔子，遣大学士穆彰阿行礼。

7.6.63　《清实录·道光朝实录》卷二九四

道光十七年丁酉二月己酉朔庚戌，以举行仲春经筵，遣官告祭奉先殿、传心殿。

上御文华殿经筵。直讲官奕经、阮元进讲《论语》“举善而教不能，则劝”。讲毕，上宣御论曰：“帝王之政，莫大于知人。能知人则能官人，能官人则能治天下。盖本聪明圣智之德，著为发强刚毅之才，旌别淑慝，治化于以昭焉，政事于以懋焉，所谓举之、教之者得其宜耳。民有善则举之，以忠信者培养民气，以智勇者宏济时宜，以正直者维持道义，以醇谨者从容帷幄，则善者咸立于朝廷之上矣。民有不能则教之，短于识者使之谙练，短于才者使之勤劳，短于气者使之振作，短于守者使之廉洁，则不能者咸在陶铸之中矣。当斯时也，一人辨才建官于上，百姓式化从风于下。举一善而民知为善之足乐，则皆洗涤其不善以进于善；教一不能而民知不能之可羞，则皆砥砺其不能以进于能。举之愈当，劝之愈深；教之愈严，劝之愈切。《书》曰'彰善瘅恶，树之风声'，《礼》曰'爵不渎而民作愿，刑不试而民咸服'，胥是道也。"

直讲官桂轮、何凌汉进讲《书经》"德惟善政，政在养民"。讲毕，上宣御论曰："天生民而树之君，君代天而治其民。内之不可无刚健笃实之德，而外之不可无委曲详明之政。盖粹然而存于夙夜者，惟精惟一之真传；灿然而著于日星者，无党无偏之大道。故德与政相为表里，政与民相为响应也。夫张皇补苴，此小其政者也，而非以德为政；智取术驭，此愚其民者也，而非以政养民。惟以简治繁，政乃不纷。以静治动，政乃不劳。此德与政所以相为表里也。故劝农桑则民有饱暖而无饥寒，兴学校则民有俊秀而无顽梗，简徭役则民有宽闲而无劳苦，慎刑罚则民有约束而无桎梏。于是六合之内，八方之外，俯仰隆平，沐浴德泽。其始也熙熙然而莫之违，其终也浑浑然而与之化。此政与民所以相为响应也。天下不见帝王之德，而见帝王之政，则知其德之蕴蓄者深。帝王非有牢笼万民之术，而有整饬万民之政，则知其民之鼓舞者神，一道德而同风俗，被润泽而大丰美，岂不盛与！"

礼成，上御文渊阁，赐讲官及听讲诸臣茶，复赐宴于本仁殿。

7.6.64 《清实录·道光朝实录》卷二九四

（道光十七年二月）丁巳，祭先师孔子，遣大学士阮元行礼。

7.6.65 《清实录·道光朝实录》卷三〇〇

（道光十七年八月）丁未，祭先师孔子，遣大学士阮元行礼。

7.6.66 《清实录·道光朝实录》卷三〇六

（道光十八年二月）甲辰，以举行仲春经筵，遣官告祭奉先殿、传心殿。

上御文华殿经筵。直讲官敬征、汤金钊进讲《孟子》"以不忍人之心，行不忍人之政"。讲毕，上宣御论曰："盖闻有其心无其政，是谓徒善；有其政无其心，是谓徒法。心与政固相为表里者也，要在人君推而广之，扩而充之而已。孟子示人不忍人之政而归本于心，旨哉诚致治之要道也。夫天地之大德曰生，圣人之大宝曰位。有是生即有所以为生之心，有是位即有所以居位之政。特患操持无具，施措无方。将煦仁为念，惜物反至于病民；小惠为怀，优容或流于姑息。无他，心之不忍，未能行之于政耳。惟先王民胞物与，悉出慈祥恺恻之意，而刑赏无所私；秋肃春温，无非矜恤怙冒之恩，而好恶无所倚。所为因心作则，敷政优优,四海向风,群生被泽也。后世人主观法先王,端所以而验所行,庶几缉熙光明,治臻上理欤!"

直讲官裕诚、吴椿进讲《易经》"几事不密,则害成"。讲毕,上宣御论曰:"人君考言询事,人臣陈善纳忠,要在推诚心、布公道。用人行政门、闼洞开,何一事不与天下以共见、共闻哉?顾举而措之谓之事,引而不发谓之几。若端倪未露,而盈廷已启猜疑;朕兆甫萌,而草野已滋论说。始由几之不密,驯至事之无成。有不仅君失臣、臣失身者,害可胜言哉!宜圣人以几事之必密,垂戒于节之初爻也。夫几者,动之微。登进贤能,罢斥阘茸,所以用人也,几不密而人得巧于迎合矣!损益因时,变通尽利,所以行政也,几不密而人得议其纷更矣。无谨几之学者,无藏密之心;无宥密之功者,无研几之哲。害于其事,成何有焉?夫惟知几其神,临事而惧,同心同德庆于朝,嘉谋嘉猷顺于外,即有小人,何所逞其诪张娼嫉之私,与夫窥伺揣摩之术哉?此事之所以臻于成,而几之所以有利而无害也,可不儆哉!"

礼成,上幸文渊阁,赐讲官及听讲诸臣茶,复赐宴于本仁殿。

7.6.67 《清实录·道光朝实录》卷三〇六

(道光十八年二月)丁未,祭先师孔子,遣大学士穆彰阿行礼。

7.6.68 《清实录·道光朝实录》卷三一九

道光十九年己亥二月丁卯朔,祭先师孔子,遣大学士潘世恩行礼。

7.6.69 《清实录·道光朝实录》卷三一九

(道光十九年二月)己巳,以举行仲春经筵,遣官告祭奉先殿、传心殿。

上御文华殿经筵。直讲官赛尚阿、何凌汉进讲《大学》"故君子必诚其意"。讲毕,上宣御论曰:"致知,知之始;诚意,行之始。不能诚意则为小人,能诚其意则为君子,理固然也。然而世之人犹有不肯实用其力者,冀吾独之或可自欺,疑吾心之未必自慊耳。君子自格物致知以来,知天下之事,总不外一诚,而又灼见夫诚中形外之未可伪为,心广体胖之不容幸致也,于是乎慎独以诚其意,有必然者。盖正心修身,天德也。不诚意,天德何由立?齐家、治国、平天下,王道也。不诚意,王道何由成?且不必进求之天德王道也。意有不诚,即此幽独之中,能勿歉然乎?意果能诚,即使指视之严,何弗泰然乎?《书》曰:'惟圣罔念作狂,惟狂克念作圣'。克念者,即诚意之谓也。圣狂之界,祇争此欺慊之分。不欺则慊,其理至微也;非慊即欺,其几至危也。古之君子,致知而后必于诚意为兢兢者,职是故也。"

直讲官桂轮、陈官俊进讲《书经》“刑期于无刑，民协于中”。讲毕，上宣御论曰：“帝王之治，惟其中而已。周礼小司寇之职，岁终登中于天府。狱辞为中者，谓得讼狱之中也。吕刑一书，一则曰制于刑之中，再则曰明于刑之中。盖严刻则民丽非辜，姑息则民轻犯法，刑固所以教中也。斯道也，惟大禹谟‘刑期于无刑，民协于中’之义实该之。夫化民成俗，以德为本，刑特以辅其不及焉耳。故伯夷礼官也，所降者典，而折民惟刑。盖以遏人邪僻之念，止刑于未然也。皋陶刑官也，所制者刑，而教民祇德。盖以启人严惮之心，慎刑于已然也。其用法虽严，其用心良苦，非以刑刑民，实以刑教中。有讼而听之，不如无讼之为安。有刑而慎之，不如无刑之为盛。古人用刑之心，洵非得已也。夫惟明罚而民知所避，敕法而民知所畏，而又沐浴膏泽，董陶善良。斯民协于中，不罹于咎，而受中之典。仅申明禁，咸中之庆，惠我嘉师矣。罔干予正，不犯于有司，是诚所厚望也夫。”

礼成，上幸文渊阁，赐讲官及听讲诸臣茶，复赐宴于本仁殿。

7.6.70 《清实录·道光朝实录》卷三二五

（道光十九年八月）丁卯，祭先师孔子，遣协办大学士、吏部尚书汤金钊行礼。

7.6.71 《清实录·道光朝实录》卷三三一

（道光二十年二月）丁卯，祭先师孔子，遣协办大学士、吏部尚书汤金钊行礼。

7.6.72 《清实录·道光朝实录》卷三三八

（道光二十年八月丁卯）祭先师孔子，遣协办大学士、吏部尚书汤金钊行礼。

7.6.73 《清实录·道光朝实录》卷三四六

（道光二十一年二月）丁巳，祭先师孔子，遣大学士穆彰阿行礼。

7.6.74 《清实录·道光朝实录》卷三四六

（道光二十一年二月）己未，以举行仲春经筵，遣官告祭奉先殿、传心殿。

上御文华殿经筵。直讲官裕诚、卓秉恬进讲《孟子》“君子以仁存心，以礼存心”。讲毕，上宣御论曰：“君子体仁足以长人，嘉会足以合礼。君子之所行，未有不以仁与礼为先务也。然显之见诸施行，而微之实基诸宥密，则存心其尤要矣。夫仁为心之德，博施济众，有不能尽之事。而民胞物与，有不容已之怀。礼为心之制，威仪度数，有由外饰之文，而恭敬撙节。有由中出之实，其在下者，以仁为宅，以礼为门。所以扩立达之量，而严践履之闲者，其功固不可阙矣。在上之君子，为亿兆所托命，尤必极乎各正保合之量，而于方寸召祥和，为臣庶所归依，尤必浑乎众寡小大之形，而于轨物端表率，而又非以姑息为仁，致饰为礼也。有时威克厥爱，而春温济以秋肃，无非出自慈祥；有时至敬无文，而崇实所以黜华，要必衷诸庄正。《虞书》之言好生，言祗敬。《周书》之言怀保，言懿恭，胥是道也。”

直讲官恩桂、许乃普进讲《易经》“理财正辞，禁民为非，曰义”。讲毕，上宣御论曰：“天以大生覆万物，地以广生载万物。人君中处其间，有辅相裁成之道，裕衣食以养民之身家，即崇政教以范民之心性，于是农桑树畜之经，礼义廉耻之训，条教号令之事兴焉。皆所以体天地生物之仁，而成利物之义也。盖天下之财，天下之民不能自为生也，惟在上者有以理之。易田畴而薄税敛，所以开其源也；敦俭朴而黜纷华，所以节其流也。如是则财理矣，而犹恐民趋利而有争心也，为之殊贵贱以别尊卑，明取予以兴廉让，辨名实以昭忠信。如是则辞正矣，而犹恐民纵欲而不知检也，为之颁宪典以整齐其风俗，申禁令以警动其耳目，致刑罚以畏惕其神明，而后民咸不敢为非，享安平康乐之风，而遵正直荡平之路。若此者何也？义也。仁民之德，见之于措正施行者也。《虞书》有之，六府之言惟修，理财之谓也。三事之言正德，正辞之谓也。戒之用休，董之用威，则禁民为非之谓也，岂非守位者之要道哉！”

礼成，上幸文渊阁，赐讲官及听讲诸臣茶，复赐宴于本仁殿。

7.6.75　《清实录·道光朝实录》卷三五五

（道光二十一年八月）丁亥，祭先师孔了，遣大学上潘世恩行礼。

7.6.76　《文庙丁祭谱》卷二之二

辛丑，（道光）二十一年秋八月，遣官诣阙里祭告孔子。恭遇皇上六旬万寿。

7.6.77　《清实录·道光朝实录》卷三六七

（道光二十二年二月）辛巳，以举行仲春经筵，遣官告祭奉先殿、传心殿。

上御文华殿经筵。直讲官裕诚、龚守正进讲《中庸》“言顾行，行顾言”。讲毕，上宣御论曰：“天道至教，不外乎蒸民日用之间；圣人至德，祇求乎言行相符之理。道贵交修，功由实践。如《中庸》所谓‘言顾行，行顾言’者，洵入德之始基、诚身之要务也。盖本天之所以范乎人者？而奉为持循。即本天之所以牖斯民者，而敷为训典。言与行本一原也，自世之人歧而视之，复泛而求之。于是乎言与行不相符合，遂日流为无所忌惮之势。惟君子不以大言苟为异，为其行之约而精也；不以琐言苟为同，为其行之扩而大也。言必践之以行，斯言有所不敢肆矣。不以奇行欺人，为其言之近而赅也；不以惰行自弃，为其言之勉而赴也。行必践乎其言，斯行有所不敢宽矣。夫言行之相符，必由于言行之相顾。然则民之质也，即圣之功也，有所顾则为君子，而无所顾则为无忌惮之小人矣！可不慎与。”

直讲官关圣保、潘锡恩进讲《书经》“安民则惠”。讲毕，上宣御论曰：“天生民而立之君，所以安之也。古之圣人，存心于天下，加志于穷民，悯万姓之其咨，虑群生之昏垫。一民饥，曰我饥之；一民寒，曰我寒之；一民有罪，曰我陷之。信乎其有以乂安之矣。而《皋陶谟》之言‘安民则惠’，犹曰惟帝其难，何也？夫安民之道，莫大于政教。而行惠之实，莫要于敬勤。天秩天叙，教原于天，所以安民性也，敬以施之，则典礼协而民性纯矣；天命天讨，政原于天，所以安民生也，勤以施之，则政事当而民生遂矣。况夫天聪明，天明威，民心所存，即天心所寄。天不忍黎庶之阻饥，君敢任府事之不治乎？天不忍彝伦之攸斁，君敢任董劝之不明乎？惠迪者，天之道，惠爱者，君之仁。允迪厥德，用保乂安，诚戛戛乎其难之也。若夫寅恭之义，懋勉之劳，君咨之，臣亦赞之。‘岂弟君子，惠我嘉师’，是又有赖于天工人代者矣！”

礼成，上幸文渊阁，赐讲官及听讲诸臣茶，复赐宴于本仁殿。

7.6.78 《清实录·道光朝实录》卷三六七

（道光二十二年二月）丁亥，祭先师孔子，遣协办大学士、吏部尚书卓秉恬行礼。

7.6.79 《清实录·道光朝实录》卷三七九

道光二十二年壬寅八月丁丑朔，祭先师孔子，遣协办大学士、吏部尚书卓秉恬行礼。

7.6.80 《清实录·道光朝实录》卷三八九

（道光二十三年二月）丁丑，祭先师孔子，遣兵部尚书许乃普行礼。

7.6.81 《清实录·道光朝实录》卷三八九

（道光二十三年二月）己卯，以举行仲春经筵，遣官祭奉先殿、传心殿。

上御文华殿经筵。直讲官吉伦泰、卓秉恬进讲《论语》“修己以敬”。讲毕，上宣御论曰：“二帝三王传心之要，不外一敬。尧曰钦明，舜曰温恭，禹曰祗承，汤曰日跻，文曰小心，武曰执竞。兢兢业业，慎厥身修，无康好逸豫。先圣后圣，若合一拨，是岂古帝王过为曲谨哉？亦思尽乎己之量而已。己量甚大，天地万物备于一身，故曰‘民吾同胞，物吾与也’。视己小则待己薄，视己大则持己严。非敬不足践己之形，非敬不足尽己之性。己之外无物，敬之外无德，修之外无功。《诗》曰：‘昊天曰明，及尔出王。昊天曰旦，及尔游衍’。其修之于静存者可谓切矣；《书》曰：‘予临兆民，懔乎若朽索之驭六马’，其修之于动察者可谓至矣。由是而推之于安人、安百姓，如水浚其源而流自清，如木培其根而叶自茂。盖修己即修身也。《大学》言修身曰而后家齐，而后国治、天下平。《中庸》言修身曰知所以治人，知所以治天下国家。然则但言修己以敬，而安人、安百姓该之矣。”

直讲官宗室端华、杜受田进讲《易经》“圣人以顺动，则刑罚清而民服”。讲毕，上宣御论曰：“圣人观于阴阳舒惨之道，春温秋肃之理，而制为刑罚。刑罚者，非圣人之得已也。天不能有阳而无阴，有春而无秋，圣人不能有爵赏而无刑罚，自然之势地。《易·豫·象》曰：‘圣人以顺动，则刑罚清而民服’。《豫》，悦豫也，刑罚之设，诚自然之势，用以威民，非用以悦民，而不知此正悦豫之大者。盖刑罚之所以不能悦豫，为不服之故。所以不服，为不清之故。所以不清，为不顺而动之故。若因其有罪而罚之，则罚之顺，虽执法不为苛。因其无罪而赦之，则赦之顺，虽肆赦不为纵。顺天理即以顺人心。上以顺召，下必以顺应。革面革心，兴仁兴让；狱讼衰息，比户可封，自西自东，自南自北，无思不服矣。其服也中，心悦而诚服，故其象为豫。《书》曰‘告尔祥刑’，谓详审也；《礼》曰‘严断刑’，严非严酷之严，谓严密也。既详且密，务使上无疑而下不怨，则顺之道得矣。”

礼成，上幸文渊阁，赐讲官及听讲诸臣茶，复赐宴于本仁殿。

7.6.82　《清实录·道光朝实录》卷三九六

（道光二十三年八月）丁未，祭先师孔子，遣户部尚书祁寯藻行礼。

7.6.83　《文庙丁祭谱》卷二之二

癸卯，（道光）二十三年秋八月，诏山东巡抚谨修阙里祀典。

庚戌，上谕内阁曰：“山东曲阜县先师林庙系万方观礼之乡，遇有祀典必应致诚尽敬，以示尊崇。一切礼仪、祭品尤宜整齐蠲洁，用肃观瞻。现在虽无不备之处，但恐日久懈生，稍失诚敬。山东巡抚严饬地方官随时敬谨察看，每届祭祀之期务须恪恭将事，务得视为具文用副。朕崇儒重道至意。钦此。”

九月，以宋臣文天祥从祀文庙。

7.6.84 《清实录·道光朝实录》卷四〇二

（道光二十四年二月己亥）以举行仲春经筵，遣官告祭奉先殿、传心殿。

上御文华殿经筵。直讲官赛尚阿、祁寯藻进讲《中庸》“取人以身”。讲毕，上宣御论曰：“人君不能独治天下，必与人共治天下。自公孤卿尹以至九州十二牧，莫不专厥司，尽厥职，而后天下治。然则治天下，取人其首要哉！顾人才之得，自古为难。上以名求，则下以名竞；上以势驭，则下亦以势趋。取之者相需未尝不殷也，应其取者，或相率而为伪。天下岂真无人耶？抑亦取人者不握其原也。夫本固则枝荣，形端则表正。主圣者臣必良，君明者臣必直。有尧舜之君，斯有皋夔之臣。有汤武之君，斯有伊周之臣。未有上好在此，下趋在彼者。故曰修身其要也。能修其身，则培养为有本。能修其身，则感化为无形。而且资众人之谋猷，明四目，达四聪，君身当日益修矣；立一身为表率，元首明，股肱良，人才当日益盛矣。由是济济多士，蔼蔼吉人，笙簧酒醴以来之，湛露彤弓以飨之。上以身先，下以身致，庶几唐虞三代之盛，复见于今日乎。”

直讲官关圣保、陈官俊进讲《书经》“德威惟畏”。讲毕，上宣御论曰：“《书·吕刑》曰：‘德威惟畏。’夫德何威哉？何以使人畏哉？以刑威天下者怨，以兵威天下者离，必与爱兼施，与恩迭用，而威乃可恃。与爱兼施，与恩迭用，则不以威威天下，而以德威天下矣。以德则所守者简而能御繁，所处者静而能制动，所务者寡而能服众。上之威以德也，若天之赫赫在上，七政九曜，昭布森列，对越者自生敬畏之心；若地之明明在下，五岳四渎，耸峙流行，践履者自起寅畏之念。民之畏其德也，奉之如神明，视而不见，听而不闻，时觉在傍而在上；仰之如父母，拊我畜我，长我育我，不啻靡瞻而靡依。畏而且服，畏而兼爱，岂畏法畏力者所可同日语哉！然又必树德者先有畏天命、畏民志之忱，则不显亦临，无射亦保。上之威罔不惟德之勤，下之畏共率祗德之教矣。”

礼成，上幸文渊阁，赐讲官及听讲诸臣茶，复赐宴于本仁殿。

7.6.85 《清实录·道光朝实录》卷四〇二

（道光二十四年二月）丁未，祭先师孔子，遣礼部尚书特登额行礼。

7.6.86 《清实录·道光朝实录》卷四〇八

（道光二十四年八月）丁酉，祭先师孔子，遣礼部尚书特登额行礼。

7.6.87 《清实录·道光朝实录》卷四一四

（道光二十五年二月）丁酉，祭先师孔子，遣大学士卓秉恬行礼。

7.6.88　《清实录·道光朝实录》卷四二〇

（道光二十五年八月）丁酉，祭先师孔子，遣协办大学士、吏部尚书陈官俊行礼。

7.6.89　《清实录·道光朝实录》卷四二六

道光二十六年丙午二月丁亥朔，祭先师孔子，遣户部尚书祁寯藻行礼。

7.6.90　《清实录·道光朝实录》卷四二六

（道光二十六年二月）辛卯，以举行仲春经筵，遣官告祭奉先殿、传心殿。

上御文华殿经筵。直讲官吉伦泰、卓秉恬进讲《论语》"举直错诸枉，则民服"。讲毕，上宣御论曰："自古帝王御宇，未有不以进贤退不肖为首务。非欲以之服民也，而民之从风向化，自有不期然而然者。昔夫子因鲁公'何为，则民服'之问，而以'举直错诸枉，则民服'对，盖非举错之难，知其直枉而举错之为难。故《书》曰'惟帝其难之'。知人则哲，能官人。虽然，斯民也，三代之所以直道而行。人君果能用天下心为心，则如衡鉴之悬，如绳墨之陈，如规矩之设。贤奸邪正，未有不烛照而数计者，于是虚其心以为举，则野无遗贤，而民服其举之公。精其心以为错，则朝无幸位，而民服其错之明。举民之所欲举，而任之勿贰；错民之所欲错，而去之勿疑。是非判而民志以一，赏罚劝而民气益和。民之所好好之，民之所恶恶之，有不心悦而诚服哉！至于明明在朝，穆穆布列，枉化为直，而民忘帝力，此又举错之效也。"

直讲官宗室端华、贾桢进讲《易经》"君子敬以直内，义以方外"。讲毕，上宣御论曰："万物咸备于君子。君子必有一道焉，足以统万物之全者，以持乎其内。万事待理于君子，君子又必有一道焉，可以立万事之则者，以树乎其外。持之坚，斯以无形役有形，而主一无适；树之确，斯以有定衡无定，而因应无方。如《易·文言》称'敬以直内，义以方外'，实为君子内外交修之学，其功不可阙，而其序有不容紊者。敬也者，警也，无敢戏豫，无敢驰驱，则不愧不怍，有以直其内矣；义也者，宜也，行为世法，言为世则，则无偏无陂，有以方其外矣。且夫内者外之存，外者内之发。敬生于内而见于外，无以直内，必至于袭义以自馁；义形于外而根于内，无以方外，必不能庄敬以日强。若严恭寅畏，懔以帝天，则处事自精义以入神；动作云为，限以程式，则处心必殊事而合敬。表里相符，不可强也。《书》曰：'兢兢业业，一日二日万几。'又曰：'以义制事，以礼制心。'其即此意也夫。"

礼成，上幸文渊阁，赐讲官及听讲诸臣茶，复赐宴于本仁殿。

7.6.91 民国《续修曲阜县志》卷一

道光二十六年，岁次丙午三月壬辰朔越三日戊午，皇帝遣山东曹州镇总兵官祺寿致祭于至圣先师孔子神位前曰："维先师教垂亿世，理贯万殊，纲纪聿修，德功并懋。道高尧舜，内圣兼备夫外王，撰合乾坤，上律更赅夫下袭。"

7.6.92 《清实录·道光朝实录》卷四三三

（道光二十六年八月）丁巳，祭先师孔子，遣大学士卓秉恬行礼。

7.6.93 《清实录·道光朝实录》卷四三九

（道光二十七年二月）壬子，以举行仲春经筵，遣官告祭奉先殿、传心殿。

上御文华殿经筵。直讲官赛尚阿、祁寯藻进讲《论语》"君子无众寡，无小大，无敢慢"。讲毕，上宣御论曰："王者乘乾御宇，以一统三，责綦重，事綦繁，求所以持一心而驭万几者，莫若敬。敬也者，保邦制治之要道也。顾古君子以敬自勖，必先以慢自诫，未有敢慢而能敬者也。一举动不敢肆，一嚬笑不敢轻，惴惴乎如见大宾、如承大祭。惰慢之气不存于中，傲慢之象不见于外。兢兢业业，日慎一日，犹恐不慢于众或于寡，不慢于大或于小。精益求精，密益求密，务使无罅隙、无间断而后已。如孔子之教子张'无众寡、无小大、无敢慢'，抑亦可谓详且尽矣。夫所谓无众寡、小大者，非谓不问众寡、不辨小大，亦非谓视众如寡、视小胜大也。尝读书至五子之歌，既曰：愚夫愚妇，一能胜予。又曰：予临兆民，懔乎若朽，索之驭六马。至毕公之命，既曰惟公懋德，又曰克勤小物。然则无众寡、小大云者，盖无一人一事而敢慢之谓也，此圣人之意也。"

直讲官连贵、孙瑞珍进讲《书经》"慎厥、身修、思永"。讲毕，上宣御论曰："尧典曰钦明，舜典曰温恭，禹谟曰祗承。自来帝王传心之法，未有不主于慎者也。盖大道之集，基诸小心。而定命之原，始于宥密。《皋陶谟》之言'慎厥、身修、思永'，其亦斯旨乎！夫身者，臣民之式，将以表率臣民，厥身安可不修？厥修安可不永？而要之修身、思永之功，犹不系此。夫天秩天叙，吾身当思所以慎守之；天命天讨，吾身当思所以慎行之；天聪明天明威，吾身当思所以慎体之。天监在下，天命难谌，惟一人罔或不修。庶乎允迪厥德，惟怀永图耳。而不然者，万几无由理，皇极即无由建，而欲以正朝廷、正百官、正万民也，其将何道之从？夫惟思之又思，慎益加慎，以居敬者握正位凝命之原，以有恒者定长治久安之策。《诗》曰'永言配命，自求多福'，又曰'庶几夙夜，以永终誉'，盖言慎也。自尧舜以来，精一执中之传，未有不主于慎者也！"

礼成，上幸文渊阁，赐讲官及听讲诸臣茶，复赐宴于本仁殿。

7.6.94 《清实录·道光朝实录》卷四三九

（道光二十七年二月丁巳）祭先师孔子，遣大学士卓秉恬行礼。

7.6.95 《清实录·道光朝实录》卷四四五

道光二十七年丁未八月丁未朔，祭先师孔子，遣大学士卓秉恬行礼。

7.6.96 《清实录·道光朝实录》卷四五二

（道光二十八年二月）丁未，祭先师孔子，遣礼部尚书贾桢行礼。

7.6.97 《清实录·道光朝实录》卷四五二

（道光二十八年二月戊申）以举行仲春经筵，遣官告祭奉先殿、传心殿。

上御文华殿经筵。直讲官赛尚阿、贾桢进讲《孟子》"善与人同"。讲毕，上宣御论曰："王者父天母地，民胞物与，以天下为一家，中国为一人。固非漫为广骛也。盖天以阴阳五行之德，化生万物，而理亦赋焉。万物各得其所赋之理，以为健顺五常之德，而性以名焉。圣人此性，常人亦此性。性无有不善，善无有不同。以同然之性，为同然之善，夫安得不廓然而大公哉？试征诸舜。善如舜，至矣，蔑以加矣。然舜不自觉己之有善，但觉人之有善，且觉人所有之善，皆己所不能有之善，而又不可不有之善。于是日取人之善以为善，人无不乐与之为善，而人亦日趋于为善。兴仁兴让，教孝教弟，朝野上下，翕然同风，郅治之隆，端在于此。孔子曰：'舜好问而好察迩言，隐恶而扬善'，孟子曰：'闻一善言，见一善行，若决江河，沛然莫之能御'，皆善与人同之征也。善之量弥纶天地，舜之量遂与天地准，故曰'大舜'。"

直讲官文庆、季芝昌进讲《易经》"君子以除戎器，戒不虞"。讲毕，上宣御论曰："兵者凶器，圣人不得已而用之。故大同之世，耀德不观兵。惟卖剑买牛，铸剑戟为农器，与天下共享和平之福。然狃于治安，视武事为不急之务，则适足以召奸宄而来寇兵。周王胜殷，载戢干戈，载橐弓矢，示天下不复用兵。而周官大司马之职，特详搜苗狝狩之法。二者并行不悖，盖未尝一日废武事也。故曰'兵可百年不用，不可一日不备'。《易·象·传》于《萃》曰：'君子以除戎器，戒不虞'，谓泽在地上，不可不思患而豫防也。且夫宵小之窃发，半由于武备之不修。如果严训练，明赏罚，娴鼓铙之用，办旂常之施，则干城腹心，悉成劲旅。彼反侧者将不戢自销，不战自屈。熙熙皞皞，同我太平。体天地好生之德，立神武不杀之功，莫大于是。故《书》曰'有备无患'，《传》曰'备豫不虞'，皆斯义也。"

礼成，上幸文渊阁，赐讲官及听讲诸臣茶，复赐宴于本仁殿。

7.6.98 《清实录·道光朝实录》卷四五八

(道光二十八年八月)丁未,祭先师孔子,遣礼部尚书麟魁行礼。

7.6.99 《清实录·道光朝实录》卷四六四

(道光二十九年二月)丁未,祭先师孔子,命惇郡王奕誴行礼。

7.6.100 《清实录·道光朝实录》卷四七一

(道光二十九年八月)丁卯,祭先师孔子,遣吏部尚书文庆行礼。

7.6.101 《清实录·咸丰朝实录》卷三

(道光三十年二月丁卯)祭先师孔子,遣协办大学士杜受田行礼。

7.6.102 民国《续修曲阜县志》卷一

道光三十年,岁次庚戌四月癸亥朔越十五日丁丑,皇帝遣山东青州副都统常清致祭于至圣先师孔子神位前曰:"仰维先师德协中和,功符参赞,作述垂型于万禩,宪章示法于百王。"

7.6.103 《清实录·咸丰朝实录》卷一五

(道光三十年八月)丁卯,祭先师孔子,遣大学士祁寯藻行礼。

第7节 清文宗、穆宗、德宗、溥仪评儒

7.7.1 《清实录·咸丰朝实录》卷二七

(咸丰元年二月)丁卯,祭先师孔子,遣大学士赛尚阿行礼。

7.7.2 《清实录·咸丰朝实录》卷三九

(咸丰元年八月)丁巳,祭先师孔子,遣大学士祁寯藻行礼。

7.7.3 《清实录·咸丰朝实录》卷五三

(咸丰二年二月)丁亥,祭先师孔子,遣协办大学士杜受田行礼。

7.7.4 《清实录·咸丰朝实录》卷六八

(咸丰二年八月)癸未,以举行仲秋经筵,遣官告祭奉先殿。

上诣传心殿行礼。御文华殿经筵。直讲官柏葰、翁心存进讲《论语》"道之以德,齐之以礼,有耻且格"。讲毕,上宣御论曰:"自古帝王御宇,以德为基,以礼为范。诚以德不修,则根本无以立,礼不行,则法度无以明。德礼不先,则下之观感亦无由,而致夫子知政刑之不足道齐也。故于德礼求之,知德礼之必有实效也。故以有耻且格征之,要非强民以难,为实因民之所固有也。夫朝乾夕惕,德之大原。三纲五常,礼之大体。其端肇于一人,而效见诸万姓,虽夙夜宥密,非草野所能窥。品节威仪,非愚贱所能喻,而秉彝之良民所同具。尊卑之序,民所共知,使任其汩没,听其纵恣,则风俗人心将不可问矣。大圣人作,思其致此之由,复其本然之性,既以身为表率,而劝诱检束。又使之自悟其非,由是愧悔日深,梗顽日化,遵道遵路,革面革心。当斯时也,懋勉在宸衷,天下咸知孝弟忠信之不容缓也;维持在名教,天下咸知规矩准绳之不可逾也。嗜欲之源灭,兼耻之心生,蒸蒸然共底于无为之治者,胥是道也。"

直讲官恩华、何桂清进讲《书经》"有言逆于汝心,必求诸道;有言逊于汝志,必求诸非道"。讲毕,上宣御论曰:"从来人君,未有不以拒谏为非,纳谏为美者也。而究之謇谔之士,不克尽其忠;佥壬之徒,转得行其智。是非失实,趋舍乖方,为治之患莫大乎是。此伊尹既告太甲,以听德惟聪,而复斤斤致谨于听言也。夫以言之不可一端尽也。法语之言,而激切出之,未有不逆于心;巽语之言,而委婉将之,未有不逊于志。然道与非道分焉矣,使非精以求之,则为直言者,反蒙不韪之名;为谀言者,且获将顺之美。古来社稷之臣,有惮其戆而远斥之;侧媚之辈,有知其佞而优容之者,其弊未有不由于此,然则听言之道可知已。欲办其是非,必虚心以待之,虚则能明;欲定其趋舍,必平心以察之,平则能公。既明且公则,如水如镜,而妍媸莫能遁焉;如衡如石,而锱铢无或爽焉。于此进嘉谟,屏谗说,上下交泰,以成一德之休不难矣。"

礼成,上幸文渊阁,赐讲官及听讲诸臣茶,复赐宴于本仁殿。

7.7.5 《清实录·咸丰朝实录》卷六八

(咸丰二年八月丁亥)祭先师孔子,遣恭亲王奕䜣行礼。

7.7.6 民国《续修曲阜县志》卷一

咸丰二年,岁次壬子八月乙卯朔越十五日癸巳,皇帝遣青州副都统常清致祭于至圣先师孔子之神位前曰:"道贯六经,作君与作师而并重;功昭万世,治法缘心法而益隆。休教泽以常新，极上际下，蟠之盛钦，闻知于自昔，合外王内圣之全，恪守宪章，肃将秩祀。维先师德建儒宗，业垂帝范。金声玉振，时中集群圣之成壁，耀珠辉纂，述阐文明之运。经天纬地，亘古莫逾。继往开来，生民未有。”

7.7.7 《清实录·咸丰朝实录》卷八四

（咸丰三年二月）丁丑，祭先师孔子，上亲诣行释奠礼。

（又见于《清史稿·文宗纪》）

7.7.8 《清实录·咸丰朝实录》卷八四

（咸丰三年二月癸未）诣文庙行释奠礼。

礼成，御彝伦堂，更衮衣，亲临辟雍讲学。王、公、衍圣公、大学士、九卿、詹事、起居注官、入侍，至圣后裔、五经博士、各氏后裔及学官、进士、举人、荫生、贡监生等圜桥肃立。上赐讲官坐。大学士裕诚、祁寯藻进讲四书“致中和，天地位焉，万物育焉”。讲毕，上宣御论曰：“圣人之学，基于戒惧慎独之一心。推而致之，遂及于广大而不可限量。所为推而致之者，非有所为而为也。圣人之心，与天地万物为一体。所谓中者，即天地自然之理也。所谓和者，即万物自然之气也。天地之理，本无偏倚；万物之气，本无乖戾。特吾戒惧慎独之功，或有未至，则天地万物，亦不能无缺憾之处。盖吾之心未极其正，则至静之中，未能偏倚胥无，而中之体或不立；吾之心未极其精，则应物之处，未能差谬悉泯，而和之用或不行。惟圣人知其然也。自其存养省察之功，推而至于德盛化神之妙。故中则极其中，和则极其和。中之至，则天命之性，皆浑涵于吾心，而天地自安其所矣。和之至，则率性之道，皆阐发于吾心，而万物自遂其生矣。易曰：‘财成天地之道，辅相天地之宜’，又曰：‘范围天地而不过，曲成万物而不遗’，非致中和之圣人，孰能功效如此其盛乎？”

国子监祭酒讷尔济、龙元僖进讲《书经》“惟天无亲，克敬惟亲。民罔常怀，怀于有仁”。讲毕，上宣御论曰：“《书》曰天难谌，惟克敬克仁者。天之所与，即民之所归也。然岂易言哉？创业之君，忧勤惕励，所以承天眷孚民情者，固非易易。然较之守成之君之动循法则，罔敢怠荒。彼不易，此难也。试论之。夫万事草创，定鸿规，基大业，受命而兴。仁敷胞与，救民于水火之中，以治继乱，其时其势不易也，非难也。若夫以祖宗之心为心，以祖宗之政为政，夙兴夜寐，惠鲜鳏寡，虽中主亦知，然甚难矣。盖蒙业而安者，其心易肆，其志易骄。苟非乾惕为意，视民如伤。知创业之不易，时加警觉，则有违天心。民心自涣，民心日离,天将夺之。由是观之,难也,非不易也。至若极敬之功,推仁之量,载之编籍,论之详矣,兹无复赘。因申伊尹告太甲之旨,又发明创业守成之难不易,仰止高皇作说之深意,告我后人,且自警焉。"

时王公百官及听讲之进士、举人、荫生、贡监生等跪聆圣训毕,王以下各官行三跪九叩礼。祭酒、司业、率学官诸生谢恩。礼成,恩赉进讲大学士、祭酒并衍圣公、圣贤后裔、国子监官、观礼进士、举人、荫生、贡监生等有差。广太学乙卯科乡试中额十五名。

7.7.9 《清实录·咸丰朝实录》卷一〇二

(咸丰三年八月丁丑)祭先师孔子,遣协办大学士贾桢行礼。

7.7.10 《清实录·咸丰朝实录》卷一二〇

(咸丰四年二月)丁丑,祭先师孔子,遣大学士裕诚行礼。

以举行仲春经筵,遣官告祭奉先殿。

上诣传心殿行礼。御文华殿经筵。直讲官文庆、贾桢进讲《中庸》"诚者,天之道也"。讲毕,上宣御论曰:"道之大原出于天。自古圣人,保合太和,参赞化育,未有不本于至诚无妄,与天合德者也。《中庸》为言诚之书。君子诚之为贵,立极于道,而求端于天。天者造化之枢纽,品汇之根柢。试观雨露者天之恩,雷霆者天之威,日月者天之文明,星辰者天之经纬,四时寒暑者天之运行。以至刚柔愚智,以人治人者,天之赋畀;飞潜动植,因物付物者,天之化醇。莫非无私之覆,即莫非无妄之诚。是故无声无臭者,天也;不偏不倚者,天之诚也。曰明曰旦者,天也;成始成终者,天之诚也。巍巍荡荡,得一以清,不言而信,无为而成。所福者善,所瘅者恶,所助者顺,所殛者逆。无将迎,无意必。大中正至,纯任自然,此谓诚者天之道也。惟天牖民,惟圣宪天,不勉而中,不思而得,从容中道,非天下之至诚,其孰能与于斯?"

直讲官阿灵阿、朱凤标进讲《易经》"自强不息"。讲毕,上宣御论曰:"从来天之体至刚,天之命不已。人受生于天,莫不禀是以为德焉。自人不能纯乎天,于是德之至刚者失其刚,德之不已者有时已。苟欲天体常立,天命常行,则非法天不可。此其理于《大易·乾·象》见之。夫人之不能自强者,由于赋质之偏,成于积习之误。性既安于委靡,则变化之功无所施。情复中于宴安,则惕厉之心无由入,虽或奋勉于一时,终至怠荒于末路。必也,志足以帅气,使刚大之气浩然而常伸。理足以胜私,使纯一之理粹然而不杂。夫而后天体天命之赋于我者,自然流行而不息矣。然而人情多肆,肆则易弛。主之以敬,斯精神足以检摄乎内外,庄敬所以日强也。人心易虚,虚则有闲。存之以诚,斯志力足以贯彻乎始终，至诚所以无息也。伊古以来，尧之钦明，舜之允恭，禹之祗台，汤之圣敬，以及文武之缉熙执竞，性反虽殊，而其尽人合天之诣则无异。此君子所以重法天也。”

礼成，上幸文渊阁，赐讲官及听讲诸臣茶。复赐宴于本仁殿。

7.7.11 《清实录·咸丰朝实录》卷一四一

咸丰四年，甲寅，八月，丁酉朔，祭先师孔子，遣吏部尚书柏葰行礼。

7.7.12 《清实录·咸丰朝实录》卷一五八

（咸丰五年二月丁酉）祭先师孔子，遣吏部尚书花沙纳行礼。

7.7.13 《清实录·咸丰朝实录》卷一五八

（咸丰五年二月）己亥，以举行仲春经筵，遣官告祭奉先殿、传心殿。

上御文华殿经筵。直讲官麟魁、赵光进讲《论语》书“为君难，为臣不易”。讲毕，上宣御论曰：“《书》曰：‘后克艰厥后，臣克艰厥臣’。自古圣君，未有不兢兢业业，忧勤惕厉于上，百僚庶司，思日赞襄于下者也。夫子所谓‘为君难，为臣不易’，其意尤深切著明焉。夫人君一日万几，清和咸理，固觉难矣。至于雍宫肃庙，懔敬天法祖之心，旰食宵衣，廑知人安民之虑，有严有翼，无怠无荒。为开创之君难，为守成之君尤难；为蒙业承庥之君难，为持盈保泰之君尤难。以此思难，难可知矣。若夫为臣者，思熙绩亮工之不易，当毋蹈因循；思献可替否之不易，当毋甘泄沓；思敬事后食之不易，当毋等素餐。勤职不易，受职无愧愈不易；尽心不易，问心无欺愈不易也。要之君之乾惕终日，难也，非不易也。臣之靖共夙夜，不易也，非难也。在昔唐虞郅治，一堂交儆，百度惟贞，所由协和时雍，臻上理者，其难其慎之道得也。”

直讲官穆荫、李钧进讲《书经》“慎乃俭德，惟怀永图”。讲毕，上宣御论曰：“昔成汤之表正万邦也。不迩声色，不殖货利，以义制事，以礼制心。用能垂裕后昆，永保天命，何俭德若斯之盛欤！旨哉，伊尹之训太甲曰：‘慎乃俭德，惟怀永图’，所以承家法，即所以传心法，诚千古不易之治法也。夫必以茅茨土阶为法尧，以饭糗茹草为法舜，则将捐金于山，藏珠于渊。以斯云俭，犹其迹也。所谓俭者，当以一身为天下臣民万世子孙法，无从匪彝，无即慆淫，始于家邦，终于四海。于时为之臣者，不至以位高禄重而忘俭；为之民者，不至以家给人足而忘俭；为之子孙者，不至以席丰履厚而忘俭。各守尔典，以承天休。尚何欲败度，纵败礼，三风十愆之待儆哉？良由君人者，克绥厥猷，检身不及。以不迩不殖者杜其弊，以制事制心者清其源。思艰图易，永永万年。被盛泽而大丰美，受厚福以浸黎元，无非此克俭之德。有以致之也，可不慎哉！可不慎哉！”

礼成，上幸文渊阁，赐讲官及听讲诸臣茶，复赐宴于本仁殿。

7.7.14 《清实录·咸丰朝实录》卷一七四

（咸丰五年八月）丁酉，祭先师孔子，遣兵部尚书周祖培行礼。

7.7.15 《清实录·咸丰朝实录》卷一九〇

（咸丰六年二月）丁酉，祭先师孔子，遣大学士贾桢行礼。

7.7.16 《清实录·咸丰朝实录》卷一九〇

（咸丰六年二月戊戌）以举行仲春经筵，遣官告祭奉先殿、传心殿。

上御文华殿经筵。直讲官花沙纳、彭蕴章进讲《中庸》“致中和，天地位焉，万物育焉”。讲毕，上宣御论曰：“人主一身，固天地万物所系属。至于天地平成，万物咸若，此人主之极功也。然不得其道，则泛骛而侈求之，与畏难而轻诿之，皆由不知中知之性，而悉推而致之也。试申其旨。今夫天地大矣，万物繁矣，此岂睹闻所能及。而君子戒谨恐惧，力慎于独者，诚见夫受中之旨。保和之精，皆根极于隐微。试观一人之身，喜怒哀乐，偶有得失。在己方不及知，而日星应于上，川岳应于下，草木鸟兽应于其间，从可知天地万物本吾一体，而息息相通也。然使一身之中，耳目手足失所措，阴阳血气失所调，则吾身之缺憾未能平，安能平天地之缺憾？吾身之颠连未能拯，安能拯万物之颠连？君子知其然也，务使性分之内，偏倚悉化，乖戾胥消，夫而后覆载生成。顺而推焉，无不各得其所，此中庸之极功也，非天下至圣，其孰能与于斯。”

直讲官联顺、何彤云进讲《易经》“有孚惠心，勿问元吉”。讲毕，上宣御论曰：“为人上者，孰不以施惠为急务哉？乃或恩命屡申，而民不见德者，何也？良以外矜保惠之名，中鲜作孚之实。所树者私惠，而量未能宏；所好者小惠，而泽未能溥，欲求行无不得也难矣！此《益》之九五所以言惠心，而必推本于有孚也。夫孚与惠皆心之德，其根于信而为心之所存者曰孚，其本于仁而为心之所发者曰惠。果也以孚为惠之宰，以惠为孚之征，则欲立立人，欲达达人。其推己以为惠者，无一不出于悃忱也。所好好之，所恶恶之，其因人以为惠者，无一不将以恳挚也。凡善政所敷布，何莫非实意所充周乎？然其心初无责效之见存也。惟知厚己之施，而人之报勿问焉；惟知善己之感，而人之应勿问焉。究之诚至者物自动，德盛者化自神。利用厚生之事，我既切于诚求。尊君亲上之忱，彼自生于不觉，此中正之所以有庆也，谓为元吉，又何疑乎？”

礼成，上幸文渊阁，赐讲官及听讲诸臣茶，复赐宴于本仁殿。

7.7.17 《清实录·咸丰朝实录》卷二〇五

（咸丰六年八月）丁亥，祭先师孔子，遣工部尚书全庆行礼。

7.7.18 《清实录·咸丰朝实录》卷二一九

（咸丰七年二月）丙戌，以举行仲春经筵，遣官告祭奉先殿、传心殿。

上御文华殿经筵。直讲官柏葰、翁心存进讲《论语》"节用而爱人"。讲毕，上宣御论曰："为人上者，席富厚之基，易萌逸欲。处崇高之势，莫悉民依。所出者赢，所入者渐形其绌。德我者寡，责我者益觉其奢。则制用与安人，非首宜兢兢者欤？孔子言道国之要，既以敬信植其本矣，而即进之以节用爱人。诚以惟正之供，祇有此数，不受之以节，则出纳不相准，恐恒有匮乏之忧。一夫不获，时切予辜。不广之以爱，则上下不相孚，恐难免怨咨之集。是以论宅心，必以敬信为始基；论制治，自以节爱为本务也。夫用出于财，知财与用之叠为盈虚，则图匮于丰，防俭于逸，自有不节而不敢者焉。人对乎己，知人与己之本同休戚，则所欲与聚，所恶勿施。自有不爱而不忍者焉，且节非概从简略也。朝祭燕飨，自有一代之典章，至土木游畋，则在所必节矣，爱亦非徒事燠休也。小惠私恩，难入斯民之瘏瘵，必正德厚生，乃可以言爱矣。况节与爱又有相因而见者。一粟一丝，皆资物力，则因爱人而侈念愈不敢萌也；议蠲议赈，未可后期，则因节用而膏泽不难立沛也。且夫菲食恶衣，禹所以称无间；惠鲜怀保，文所以致咸和。繄古帝王，府库常充，尊亲共戴，月要岁会，而度支无告匮之时。物与民胞，而康衢有同声之颂者，此道得焉耳。谓非宰世之远谟，经邦之要务哉！"

直讲官全庆、杜翰进讲《易经》"乾道变化，各正性命。保合太和，乃利贞"。讲毕，上宣御论曰："天地间一理与气而已。有理以宰乎气，而气不沦于虚；有气以运乎理，而理不滞于实。理乘气而寓，气载理而行。而流形之品物，乃得全其所赋之理，以涵濡于元气之中，则《乾》卦'利贞'之义可识也。夫乾元而亨。乾之为道，已由无形而有形矣。溯乾道之体，其浑沦无间者，早有以立变化之原。究乾道之用，其流行不已者，自有以尽变化之妙。则见动静阖辟之机，相推相荡。由变而渐及于化，而理之赋于物而为性。受于天而为命者，皆实有所附丽焉。合而观之，万物共此一性命，而无所亏缺，无所偏毗，则性命之正也。分而观之，一物各有一性命，而不相假借，不相陵夺，则性命之各正也。盖理于此全，而气无不行矣。此生物之遂，而实乾道有以遂之也，乃乾之利也。由是畅达者积而至于充实，充实者敛而至于完密。阴阳会合冲和之气，得于生初者，至此乃保固凝合，而返乎其始。盖气由此全，而理亦于此愈全矣。此生物之成，而实乾道有以成之也，乃乾之贞也。惟体乾之圣人，以至诚无息之德，致曲成万物之功。不动而变，一乾道之变也。所过者化，一乾道之化也。于以尽人性，尽物性，俾万类欢欣鼓舞，熙熙然游于太和之宇。一乾道变化之各正性命，保合太和也。此利贞为圣功之成，而实基于体元出治之一心，则元之为体大而为用宏也。故曰'大哉乾元'。"

礼成，上幸文渊阁，赐讲官及听讲诸臣茶，复赐宴于本仁殿。

7.7.19 《清实录·咸丰朝实录》卷二一九

（咸丰七年二月）丁亥，祭先师孔子，遣大学士彭蕴章行礼。

7.7.20 《清实录·咸丰朝实录》卷二三三

（咸丰七年八月丁巳）祭先师孔子，遣大学士桂良行礼。

7.7.21 《清史稿·礼志·吉礼》

（咸丰）七年，增圣兄孟皮从祀崇圣祠，先贤公孙侨从祀圣庙，宋臣陆秀夫、明儒曹端并入之。

7.7.22 《清实录·咸丰朝实录》卷二四五

（咸丰八年二月丁未）祭先师孔子，遣大学士桂良行礼。

7.7.23 《清实录·咸丰朝实录》卷二六〇

咸丰八年戊午八月癸卯朔，以举行仲秋经筵，遣官告祭奉先殿。

上亲诣传心殿行礼，御文华殿经筵。直讲官肃顺、周祖培进讲《中庸》"凡为天下国家有九经，所以行之者一也"。讲毕，上宣御论曰："天下事皆实理所充周。顾实理必宰以实心，然后无虚假，无间断，而天下国家皆就理矣。此九经之实，必要于一诚也。夫九经之事，君人者，所当励于行而慎于中。苟行之不本于诚，则朝宁之恩意未孚。扩及万邦，而期其德施威制，有是理乎？是惟矢以一诚，斯真实无妄之意，合朝野宫府内外而靡不贯通。显诸仁者为九经，其藏诸用者皆诚也。夫临事而惧，亦诚之谓。然非积诚有素，焉能及物施人。故豫立之诚，即九经之诚也。进而论之，一诚之要，首重修身。若道不立，而欲表率万邦，是以自欺之心欺诸人，吾知其必不行。所令所好，皆视上为法则，有临民建极之责者，其可忽诸？"

直讲官双福、沈兆霖进讲《易经》"有亲则可久，有功则可大。可久则贤人之德，可大则贤人之业"。讲毕，上宣御论曰："夫《易》，圣人所以崇德而广业也。言其体，实至要而不繁；推其用，又至溥而无际。孔子之系《易传》曰：'有亲则可久,有功则可大。可久则贤人之德,可大则贤人之业',其示人以易简也,旨深哉!夫参天地之谓人,人也者,所以通天地之心也。顾德不崇,无以立久道而成之体;业不广,无以扩大德曰生之用。非易简之意也。惟因《易》知而有亲,则绵绵延延,万年之命基之;由《易》从而有功,则荡荡巍巍,天下之人仰之。可久可大,非贤者而能若是乎?于是通神明之德,而悠久法乎天;定天下之业,而广大象乎地。默而成之,不言而信,成乎德行,则鼓之舞之,莫神于此矣!举而措之,天下之民谓之事业,则形上形下,尽该于此矣!然则天地之盛德大业,即阴骘下民之理。而君子之进德修业,皆旦明上帝之心。所以然者,则以我之易简,与乾坤同原故也。人可不穷理尽性以至命哉?"

礼成,上幸文渊阁,赐讲官及听讲诸臣茶,复赐宴于本仁殿。

7.7.24 《清实录·咸丰朝实录》卷二六〇

(咸丰八年八月)丁未,祭先师孔子,遣协办大学士柏葰行礼。

7.7.25 《清实录·咸丰朝实录》卷二七五

(咸丰九年二月)丁未,祭先师孔子,遣兵部尚书全庆行礼。

7.7.26 《清实录·咸丰朝实录》卷二九〇

(咸丰九年八月)己亥,以举行仲秋经筵,遣官告祭奉先殿、传心殿。

上御文华殿经筵。直讲官瑞麟、贾桢进讲《大学》"是故君子先慎乎德"。讲毕,上宣御论曰:"君人者,与天合德。朝乾夕惕,慎修思永,以明絜矩而同好恶,诚国家得失之所系也。君子知之,故于性功之地,兢兢业业,务端厥先。盖君子之德,即所谓明德。天之所赋,民之所归,我所固有,无待外求。万物悉备于此,而完其固有,则惟在人之自为。然诚恐危微之际,稍懈闲存,则于本源先有未端,何以使民物之繁,相孚以至足之理乎?君子所以戒慎恐惧,探格致诚正之原,不敢稍宽,并不敢或后也。由是准一己之矩,类万物之情。所好同,所恶同,其德遂无远而弗届,人第见子孙黎民,胥受其福。而不知皆慎德中所,积厚而流也。不此之先,而泛骛以求之,安所得治平之要哉?"

直讲官穆荫、赵光进讲《尚书》"无稽之言勿听,弗询之谋勿庸"。讲毕,上宣御论曰:"圣人体天出治,于考言询事诸大端,非可漫焉以相试也。禹谟所谓'无稽之言勿听,弗询之谋勿庸',诚图治之要道矣。夫朝夕纳诲,以辅台德。献可替否,陈善闭邪,下之人竭格非之忱,上之人获虚受之益者,以其则古称先,信而可征,实有裨于主德也。否则,漫无稽考,徒腾口说,不费则烦,不伪则辩,即使议论间有可采,亦何关于损益乎?至于谋多不集,古人所忧。然必卿士庶人,询谋佥同，衷于一是。朝廷之上，同心共济，以求国计民生之本。揆之庶务，悉协机宜，夫而后其言非虚，其谋可用也。所虑逞其私智，不加咨度，以一己之是非，定天下之是非。其谋为弗询之谋，即其言为无稽之言。偿使习焉不察，徒博纳谏之虚名，而所谓实有裨于主德，有关于国计民生者，转无自闻其谠论，良可惧已！”

礼成，上幸文渊阁，赐讲官及听讲诸臣茶，复赐宴于本仁殿。

7.7.27 《清实录·咸丰朝实录》卷二九〇

（咸丰九年八月丁未）祭先师孔子，遣大学士贾桢行礼。

7.7.28 《清实录·咸丰朝实录》卷三〇七

（咸丰十年二月）丁酉，祭先师孔子，遣大学士瑞麟行礼。

以举行仲春经筵，遣官告祭奉先殿、传心殿。上御文华殿经筵。直讲官肃顺、许乃普进讲《中庸》“夫孝者，善继人之志，善述人之事者也”。讲毕，上宣御论曰：“孝也者，先王所为至德要道也。亟人之孝，与常人异。天子之孝，与庶人异。尽伦尽制，皆孝中之志与事，即皆前之志与事也。《中庸》论武周之达孝，而申之以善继志、善述事，诚以孝道至大。人子之心在善，窥乎天理人情之所同，因时起义，以求满其孝之本量而已。前人所有之志与事，固当敬承而勿替。即前人所未遑制作者，但使所志、所事，协天理，顺人情，正不必前人所已为，而要皆前人所欲为。特时位不同，故前人未及为之，而有待于后人。是以论其迹则今昔异宜，推其本则后先同揆也。武周为人伦之至，故能善继善述，使孝之量充满而无遗。经所称通于神明，光于四海者，其武周达孝之谓乎！”

直讲官文彩、匡源进讲《易经》“后以财成天地之道，辅相天地之宜，以左右民”。讲毕，上宣御论曰：“夫国于天地，必有与立。民者，天地所以立心者也。王者观天地之气化，以验民之从违，使民情上通乎君，而君道下济乎民。是以品物咸亨，而性命各正。此其义于《泰·象》见之。天地之道，有寒暑昼夜之运，因而有作讹成易之宜。民生天地之间，或节宣失序，以昧生成之经；或俶扰乖和，以干阴阳之纪，岂民之失其性哉？天时地利有成规，而久而紊其节，则乖戾之气生；天经地纪有定则，而忽而反其常，则否塞之机伏。圣人成《泰》之功，与所以保《泰》之道，惟审其端于民情之通塞而已。是以祁寒暑雨，常恐民气之伤，必财成其过恶者，而后时行物生之机畅。通德类情，以求民性之遂，必辅相其不及焉者，而后易知简能之化成。盖其心通乎民隐，而扶持祐助，不以尊卑临之，而以左右命之。故曰‘天地所以立心者民也，生民所以托命者后也’。圣人系《泰》之辞意深哉！”

礼成,上幸文渊阁,赐讲官及听讲诸臣茶,复赐宴于本仁殿。

7.7.29 《清史稿·文宗纪》

(咸丰十年)夏四月丙寅,以明儒曹端从祀文庙。

7.7.30 《清实录·咸丰朝实录》卷三二七

(咸丰十年八月)丁卯,祭先师孔子,遣协办大学士周祖培行礼。

7.7.31 民国《续修曲阜县志》卷一

咸丰十年,岁次庚申十一月戊子朔越十六日乙巳,皇帝遣山东青州副都统恩夔致祭于至圣先师孔子神位前曰:"牖民觉世,尊亲罔间于君师,崇德报功,向往备殷。于道法,惟先师德侔帱载,教范古今,溯洙泗之渊源,广胶庠之化育。纂修删定,人文焕经籍之光;祖述宪章,治统垂帝王之则。"

7.7.32 《清实录·咸丰朝实录》卷三四二

(咸丰十一年二月)丁卯,祭先师孔子,遣礼部尚书倭什珲布行礼。

7.7.33 《清实录·同治朝实录》卷二

(咸丰十一年八月丁巳)祭先师孔子,遣户部尚书沈兆霖行礼。

7.7.34 《清实录·同治朝实录》卷一八

(同治元年二月)丁巳,祭先师孔子,遣吏部尚书朱凤标行礼。

7.7.35 《清史稿·穆宗纪》

(同治元年三月辛丑)诏各省举孝廉方正,务求真儒。①

7.7.36 民国《山东通志·列训圣典六》

同治元年四月壬戌,上谕议政王、军机大臣等,前因尼山圣庙、书院及颜母祠等处被匪拆毁,当将衍圣公孔繁灏交部议处,并着谭廷襄查取该管地方官职名交部议处。兹据王茂荫奏,尼山为先师发祥之地,圣学攸关,亟宜崇术等语,

---

① 《清实录·同治朝实录》卷二二载:"(同治元年三月辛丑)又谕:御史何兆瀛奏保举孝廉方正,请饬采访真儒等语,各直省保举孝廉方正,理宜慎重。若如该御史所奏,不加访闻,遽登荐剡。甚至夤缘钻刺者,糅杂其中,殊不足以光盛典。此次应举孝廉方正,著各督抚学政严密访察,务须人品学问,为乡里素所推许者,始准荐举,不得以名实不符之人,滥竽充数,以副延访真才至意。"

邹县教匪聚众滋扰，敢拆毁尼山庙宇，实属罪不容诛。尼山距曲阜仅五十里，匪踪距阙里已近，设有滋扰更复成何事体。着谭廷襄督饬地方文武妥为防护，并将此股匪徒悉数奸除，毋任久稽显戮。所有书院等工，着谭廷襄赶紧劝捐集款，一俟地方平静即行兴修，以昭崇术圣学至意。

（又见于《清实录·同治朝实录》卷二四）

7.7.37　民国《续修曲阜县志》卷一

同治元年，岁次壬戌闰八月乙酉朔越七日丁亥，皇帝遣山东青州副都统恩夔致祭于至圣先师孔子神位前曰："宫墙万仞，瞻美富于尼山；俎豆千秋，奉仪型于阙里。惟至圣立人伦之极，仰之弥高，而国家隆师道之尊礼毋不敬。朕万几肇理，一德钦承，念典心殷，景行志笃，堇建国化民之本教学为先，冀修文偃武之休，崇儒是急，肃将祀事。"

7.7.38　《清实录·同治朝实录》卷三六

（同治元年八月）丁巳，祭先师孔子，遣大学士周祖培行礼。

7.7.39　《清实录·同治朝实录》卷五七

（同治二年二月丁丑）祭先师孔子，遣大学士贾桢行礼。

7.7.40　《清史稿·穆宗纪》

（同治二年三月乙丑）予秦儒毛亨、明儒吕柟从祀文庙。

（又见于《清实录·同治朝实录》卷五七）

7.7.41　《清实录·同治朝实录》卷七四

（同治二年七月）丁卯，谕："内阁阎敬铭奏，尼山圣庙被匪损坏，请将奉祀之衍圣公议处，并自请议处一摺。山东邹县尼山一带，逼近教匪巢穴。本年五月闲，叠被肆扰，毁坏庙宇，砍伐树株。准袭衍圣公孔祥珂职司奉祀，疏于防护，著交部议处。阎敬铭未能先事预防，咎亦难辞，著一并交部议处。该管地方文武员弁，均著查取职名，交部议处。并著阎敬铭派员前往，敬谨查勘，赶紧筹议设法修补，以副尊崇圣道至意。寻吏部议，孔祥珂、阎敬铭均照防范不严，降一级留任。例上加等，降三级留任。得旨，准其抵销。"

7.7.42　《清实录·同治朝实录》卷九三

（同治三年二月）丁丑，祭先师孔子，遣户部尚书罗惇衍行礼。

7.7.43 《清实录·同治朝实录》卷一一一

(同治三年八月丁丑)祭先师孔子,遣工部尚书单懋谦行礼。

7.7.44 《清实录·同治朝实录》卷一二九

(同治四年二月乙丑)祭先师孔子,遣大学士贾桢行礼。

7.7.45 《清实录·同治朝实录》卷一五〇

(同治四年八月)丁酉,祭先师孔子,遣大学士倭仁行礼。

7.7.46 《清实录·同治朝实录》卷一六八

(同治五年二月丁酉)祭先师孔子,遣大学士倭仁行礼。

7.7.47 《清实录·同治朝实录》卷一八二

(同治五年八月丁亥)祭先师孔子,遣大学士周祖培行礼。

7.7.48 《清实录·同治朝实录》卷一九六

(同治六年二月)丁亥,祭先师孔子,遣大学士倭仁行礼。

7.7.49 《清实录·同治朝实录》卷二〇九

(同治六年八月)丁亥,祭先师孔子,遣大学士官文行礼。

7.7.50 《清实录·同治朝实录》卷二二四

(同治七年二月)丁亥,祭先师孔子,遣大学士倭仁行礼。

7.7.51 《清史稿·穆宗纪》

(同治七年七月)庚子,予宋儒袁燮从祀文庙。

(又见于《清实录·同治朝实录》卷二三九)

7.7.52 《清实录·同治朝实录》卷二四〇

(同治七年八月)丁未,祭先师孔子,遣协办大学士、刑部尚书瑞常行礼。

7.7.53 《清实录·同治朝实录》卷二五二

(同治八年二月)丁未,祭先师孔子,遣大学士朱凤标行礼。

7.7.54 《清实录·同治朝实录》卷二六四

(同治八年八月)丁未,祭先师孔子,遣协办大学士、刑部尚书瑞常行礼。

7.7.55 《清实录·同治朝实录》卷二七六

(同治九年二月丁酉)祭先师孔子,遣大学士倭仁行礼。

7.7.56 《清实录·同治朝实录》卷二八八

(同治九年八月)丁酉,祭先师孔子,遣大学士倭仁行礼。

7.7.57 《清实录·同治朝实录》卷三〇四

(同治十年二月丁卯)祭先师孔子,遣户部尚书宝鋆行礼。

7.7.58 《清实录·同治朝实录》卷三一七

(同治十年八月丁卯)祭先师孔子,遣大学士瑞常行礼。

7.7.59 《清史稿·穆宗纪》

(同治十年)十二月辛未,予先儒张履祥从祀文庙。

(又见于《清实录·同治朝实录》卷三二六)

7.7.60 《清实录·同治朝实录》卷三二八

(同治十一年二月)丁巳,祭先师孔子,遣大学士瑞常行礼。

7.7.61 《清实录·同治朝实录》卷三三八

(同治十一年八月)丁巳,祭先师孔子,遣大学士文祥行礼。

7.7.62 《清实录·同治朝实录》卷三四九

(同治十二年二月丁巳)祭先师孔子,遣大学士单懋谦行礼。

7.7.63 《清实录·同治朝实录》卷三五六

(同治十二年八月丁丑)祭先师孔子,遣协办大学士、刑部尚书全庆行礼。

7.7.64 《清实录·同治朝实录》卷三六三

(同治十三年二月丁丑)祭先师孔子,遣吏部尚书毛昶熙行礼。

7.7.65 《清实录·同治朝实录》卷三七〇

（同治十三年八月）丁丑，祭先师孔子，遣吏部尚书毛昶熙行礼。

7.7.66 《清实录·光绪朝实录》卷四

（光绪元年二月）丁丑，祭先师孔子，遣吏部尚书毛昶熙行礼。

7.7.67 民国《续修曲阜县志》卷一

光绪元年，岁次乙亥五月壬午朔越二十四日，皇帝遣青州副都统春福致祭于至圣先师孔子神位前曰："开宗明义，千秋振木铎之音；稽古右文，一代崇辟雍之典。考履端而谨始化，溯渊源，致丰洁，以告虔礼，隆秩祀。维师圣由天纵，道协时中，赞化育于乾坤，侔昭临于日月。勋华巍焕，惟微述精一之传；谟烈显承，至善章亲贤之业。诣参群圣，功集大成，教设四科，旨归一贯，君臣父子彝伦，则炳于两间。《礼》《乐》《诗》《书经》训则垂诸百世，虽仰瞻高高在上，不可阶升而陟降，懔懔如生，永昭楹奠。"

7.7.68 《清实录·光绪朝实录》卷一五

（光绪元年八月）丁卯，祭先师孔子，遣吏部尚书英桂行礼。

7.7.69 《清实录·光绪朝实录》卷二六

（光绪二年二月）丁卯，祭先师孔子，遣大学士宝鋆行礼。

7.7.70 《清实录·光绪朝实录》卷三〇

（光绪二年四月）壬午，上诣至圣先师前行礼。诣毓庆宫殿，升座，受师傅谙达，御前大臣、内务府大臣礼上揖师傅。入座读书，自是日始，每日御殿读书，岁以为常。

7.7.71 《清实录·光绪朝实录》卷三八

（光绪二年八月丁酉）祭先师孔子，遣大学士宝鋆行礼。

7.7.72 《清实录·光绪朝实录》卷四七

（光绪三年二月丁丑）祭先师孔子，遣协办大学士沈桂芬行礼。

7.7.73 《清实录·光绪朝实录》卷五五

(光绪三年八月)丁亥,祭先师孔子,遣大学士宝鋆行礼。

7.7.74 《清史稿·德宗纪》

(光绪三年九月)甲子,予汉儒河间献王刘德从祀文庙。

7.7.75 《清实录·光绪朝实录》卷六七

(光绪四年二月丁亥)祭先师孔子,遣大学士宝鋆行礼。

7.7.76 《清实录·光绪朝实录》卷七七

(光绪四年八月丁亥)祭先师孔子,遣大学士载龄行礼。

7.7.77 《清实录·光绪朝实录》卷八七

(光绪五年二月)丁丑,祭先师孔子,遣大学士宝鋆行礼。

7.7.78 《清实录·光绪朝实录》卷九九

(光绪五年八月)丁未,祭先师孔子,遣大学士宝鋆行礼。

7.7.79 《清实录·光绪朝实录》卷一〇九

(光绪六年二月)丁未,祭先师孔子,遣大学士宝鋆行礼。

7.7.80 《清实录·光绪朝实录》卷一一七

(光绪六年八月丁酉)祭先师孔子,遣协办大学士沈桂芬行礼。

7.7.81 《清实录·光绪朝实录》卷一二七

(光绪七年二月)丁酉,祭先师孔子,遣大学士全庆行礼。

7.7.82 《清实录·光绪朝实录》卷一三四

(光绪七年八月)丁卯,祭先师孔子,遣协办大学士灵桂行礼。

7.7.83 《清实录·光绪朝实录》卷一四三

(光绪八年二月丁巳)祭先师孔子,遣大学士灵桂行礼。

7.7.84 《清实录·光绪朝实录》卷一五〇

（光绪八年八月）丁巳，祭先师孔子，遣大学士灵桂行礼。

7.7.85 《清实录·光绪朝实录》卷一五九

（光绪九年二月）丁巳，祭先师孔子，遣大学士灵桂行礼。

7.7.86 《清实录·光绪朝实录》卷一六八

（光绪九年八月丁巳）祭先师孔子，遣大学士灵桂行礼。

7.7.87 《清实录·光绪朝实录》卷一七八

光绪十年，甲申，二月，丁未朔，祭先师孔子，遣协办大学士李鸿藻行礼。

7.7.88 《清实录·光绪朝实录》卷一九一

（光绪十年八月）丁丑，祭先师孔子，遣大学士灵桂行礼。

7.7.89 《清实录·光绪朝实录》卷二〇三

（光绪十一年二月丁丑）祭先师孔子，遣大学士额勒和布行礼。

7.7.90 《清实录·光绪朝实录》卷二一三

（光绪十一年八月丁卯）祭先师孔子，遣协办大学士、吏部尚书恩承行礼。

7.7.91 《清实录·光绪朝实录》卷二三一

（光绪十二年八月）丁卯，祭先师孔子，遣大学士恩承行礼。

7.7.92 《清实录·光绪朝实录》卷二三九

（光绪十三年二月）丁卯，祭先师孔子，遣协办大学士福锟行礼。

7.7.93 民国《续修曲阜县志》卷一

光绪十三年，岁次丁亥朔越十三日己亥，皇帝遣山东青州副都统德克吉讷致祭于至圣先师孔子神位前曰："瑞毓尼山，百代启文明之盛；祀隆阙里，千秋昭俎豆之华。师道立，则善人多，惟至圣实垂其教，儒术尊而文治懋，在我朝特播其休。"

7.7.94 《清实录·光绪朝实录》卷二五二

（光绪十四年二月）丁亥，祭先师孔子，遣协办大学士福锟行礼。

7.7.95 《清实录·光绪朝实录》卷二五五

（光绪十四年五月壬子）赏衍圣公孔令贻“福”“寿”字、书籍、文具、蟒袍、缎等件。

7.7.96 《清实录·光绪朝实录》卷二六六

（光绪十五年二月丁丑）祭先师孔子，遣吏部尚书协办大学士徐桐行礼。

7.7.97 民国《续修曲阜县志》卷一

光绪十五年，己丑七月壬申朔越七日，辛亥皇帝遣青州副都统德克吉讷致祭于至圣先师孔子神位前曰：“阙里堂高，俎豆两楹之典；尼山道峻，宫墙万仞之规。惟至圣之时中，实人伦之极则，折中六艺，微言炳乎日星，垂宪百王，大法昭于方策。”

7.7.98 《清实录·光绪朝实录》卷二七三

（光绪十五年八月）丁丑，祭先师孔子，遣大学士恩承行礼。

7.7.99 《清实录·光绪朝实录》卷二八一

（光绪十六年二月丁丑）祭先师孔子，遣大学士恩承行礼。

7.7.100 《清实录·光绪朝实录》卷二八八

（光绪十六年八月丁未）祭先师孔子，遣大学士福锟行礼。

7.7.101 民国《续修曲阜县志》卷一

光绪十六年，岁次庚寅九月丙戌朔越二十五日，皇帝遣青州副都统德克吉讷致祭于先师孔子神位前曰：“宫墙聿峻千秋，仰泗水儒宗，俎豆常新，百代衍尼山教泽。惟至圣宪章祖述，声震集乎大成，在我朝重道尊师，推崇光乎圣典。”

7.7.102 《清实录·光绪朝实录》卷二九四

（光绪十七年二月）丁酉，祭先师孔子，遣大学士恩承行礼。

7.7.103 《清史稿·德宗纪》

（光绪十七年）八月壬辰朔，予乐亭耆儒史梦兰四品卿衔。

7.7.104 《清实录·光绪朝实录》卷三〇〇

（光绪十七年八月）丁酉，祭先师孔子，遣大学士福锟行礼。

7.7.105 《清史稿·德宗纪》

（光绪十七年十月）甲寅，予宋儒游酢从祀文庙。

（又见于《清实录·光绪朝实录》卷三〇二）

7.7.106 《清实录·光绪朝实录》卷三〇八

（光绪十八年二月）丁酉，祭先师孔子，遣协办大学士徐桐行礼。

7.7.107 《清实录·光绪朝实录》卷三一五

（光绪十八年八月丁巳）祭先师孔子，遣协办大学士徐桐行礼。

7.7.108 《清实录·光绪朝实录》卷三二一

（光绪十九年二月）丁巳，祭先师孔子，遣协办大学士麟书行礼。

7.7.109 《清实录·光绪朝实录》卷三二七

（光绪十九年八月）丁巳，祭先师孔子，遣协办大学士麟书行礼。

7.7.110 《清实录·光绪朝实录》卷三三四

（光绪二十年二月）丁巳，祭先师孔子，遣大学士福锟行礼。

7.7.111 《清实录·光绪朝实录》卷三四六

（光绪二十年八月）丁未，祭先师孔子，上亲诣行礼。

7.7.112 民国《续修曲阜县志》卷一

光绪二十一年，岁次乙未三月壬申朔越十五日丙戌，皇帝遣署青州副都统德恒致祭于先师孔子神位："惟先师道重明伦，经成教孝，正万世之人心，明后天之大义。七十子无思不服，能说诸心；五百年有王者兴，必来取法。"

7.7.113　《清实录·光绪朝实录》卷三七二

（光绪二十一年七月）己酉，谕："内阁礼部等衙门议覆，陕西学政黎荣翰奏请，以宋儒吕大临从祀文庙一摺。宋儒吕大临纯修正学，与游酢杨时诸贤同列程子之门，所著《易经章句》、《大易图像易传》、《芸阁礼记传注编》、《论语中庸解》、《孟子讲义》等书，皆足发明圣学羽翼经传，其生平尤邃于礼，为朱子所引重。洵属制行诚笃，无愧纯儒。吕大临著从祀文庙，位在东庑谢良佐之次，以崇实学而光茂典。"

（又见于《清史稿·德宗纪》）

7.7.114　《清实录·光绪朝实录》卷三七四

（光绪二十一年八月丁丑）祭先师孔子，遣大学士麟书行礼。

7.7.115　《清实录·光绪朝实录》卷三八五

（光绪二十二年二月）丁卯，祭先师孔子，遣协办大学士徐桐行礼。

7.7.116　《清实录·光绪朝实录》卷三九四

（光绪二十二年八月）丁卯，祭先师孔子，遣兵部尚书荣禄行礼。

7.7.117　《清实录·光绪朝实录》卷四〇一

（光绪二十三年二月）丁卯，祭先师孔子，遣吏部尚书熙敬行礼。

7.7.118　《清实录·光绪朝实录》卷四〇八

（光绪二十三年八月丁卯）祭先师孔子，遣兵部尚书荣禄行礼。

7.7.119　《清实录·光绪朝实录》卷四一五

（光绪二十四年二月）丁巳，祭先师孔子，遣协办大学士兵部尚书荣禄行礼。

7.7.120　《清实录·光绪朝实录》卷四二六

（光绪二十四年八月）丁亥，祭先师孔子，遣吏部尚书熙敬行礼。

7.7.121　《清实录·光绪朝实录》卷四三九

（光绪二十五年二月）丁亥，祭先师孔子，遣吏部尚书熙敬行礼。

7.7.122 《清实录·光绪朝实录》卷四四九

（光绪二十五年八月）丁丑，祭先师孔子，遣户部尚书敬信行礼。

7.7.123 《清实录·光绪朝实录》卷四五九

（光绪二十六年二月）丁丑，祭先师孔子，遣户部尚书敬信行礼。

7.7.124 《清实录·光绪朝实录》卷四八六

（光绪二十七年）八月甲午朔，谕军机大臣等：本日礼部奏，回銮有期，请派员致祭岳渎一摺。中岳嵩山著派陆润庠、西岳华山著派李绂藻尤期前往，择吉致祭。跸路所经名山大川，古帝王陵庙，名臣先儒祠墓，即著陕西巡抚派镇道大员，就近致祭。其直隶河南等处，由该部咨行各该督抚查明，一律遵照办理。

（又见于《清史稿·德宗纪》）

7.7.125 《清实录·光绪朝实录》卷四九五

（光绪二十八年二月）丁酉，祭先师孔子，遣吏部尚书张百熙行礼。

7.7.126 《清实录·光绪朝实录》卷五〇四

（光绪二十八年八月丁酉）祭先师孔子，遣兵部尚书徐会沣行礼。

7.7.127 《清实录·光绪朝实录》卷五一二

（光绪二十九年二月）丁亥，祭先师孔子，遣兵部尚书徐会沣行礼。

7.7.128 《清实录·光绪朝实录》卷五二〇

（光绪二十九年八月）丁巳，祭先师孔子，遣户部尚书那桐行礼。

7.7.129 《清实录·光绪朝实录》卷五二七

（光绪三十年二月）丁巳，祭先师孔子，遣协办大学士裕德行礼。

7.7.130 《清实录·光绪朝实录》卷五三四

（光绪三十年八月丁未）祭先师孔子，遣兵部尚书长庚行礼。

7.7.131 《清实录·光绪朝实录》卷五四二

（光绪三十一年二月）丁未，祭先师孔子，遣户部尚书赵尔巽行礼。

7.7.132　民国《续修曲阜县志》卷一

光绪三十一年，岁次乙巳四月癸卯朔越二十四日丙寅，皇帝遣青州副都统宗室英瑞致祭于先师神位前曰："化溥杏坛，祀修芹泮，溯心源于一贯，备治法于百王。麟绂呈祥，集大成者，时中之圣，麑裘式度，开生民所未有之奇。"

7.7.133　民国《山东通志・列训圣典八》

光绪三十一年乙巳十一月乙卯谕："朕钦奉慈禧端佑康颐昭豫庄诚寿恭钦献崇熙皇太后懿旨，湖北按察使梁鼎芬奏请建曲阜学堂各折片。孔子为万世师表，昨经降旨升为大祀。曲阜圣人之乡，自应建设学堂以拓宏规而启后进，着张之洞督同湖北提学使黄绍基等悉心筹划，妥慎办理所需经费，即着该督筹办并颁发帑银十万两，由山东藩库发给。"

7.7.134　民国《山东通志・列训圣典八》

光绪三十一年乙巳十二月癸亥谕："朕钦奉慈禧端佑康颐昭豫庄诚寿恭钦献崇熙皇太后懿旨，御史赵炳麟奏请定教育宗旨一折。学术人心，关系至大，叠经降旨宣示学堂，以中学为主，西学为辅，培养通才首重德育，并以忠君尊孔，尚公、尚武、尚实端定其趋向，凡在臣民岂容不修明伦理，顾行顾言。兹据该御史奏称曲阜学堂开办伊始，请以明人伦，重躬行为要义等话，亟应申明前旨，俾共切实遵行。所有曲阜学堂应如何慎选师儒，注重行义，著学部会同张之洞悉心妥议，详订规则，奏明办理。"

7.7.135　《清实录・光绪朝实录》卷五五五

(光绪三十二年二月)丁未，祭先师孔子，遣大学士那桐行礼。

7.7.136　《清实录・光绪朝实录》卷五六三

(光绪三十二年八月)丁卯，祭先师孔子，遣礼部尚书溥良行礼。

7.7.137　《清史稿・德宗纪》

(光绪三十二年十一月)戊申，诏升孔子为大祀，所司议典礼以闻。

(又见于《清史稿・礼志・吉礼》)

7.7.138　《清实录・光绪朝实录》卷五七〇

(光绪三十三年二月)丁卯，祭先师孔子，上亲诣行礼。

7.7.139 《清实录·光绪朝实录》卷五七七

（光绪三十三年八月）丁卯，祭先师孔子，上亲诣行礼。

7.7.140 《清实录·光绪朝实录》卷五八七

光绪三十四年，戊申，二月，丁巳朔，祭先师孔子，遣恭亲王溥伟恭代行礼。

7.7.141 《清实录·光绪朝实录》卷五九五

（光绪三十四年八月）丁巳，祭先师孔子，遣恭亲王溥伟恭代行礼。

7.7.142 《清史稿·德宗纪》

（光绪三十四年五月）甲午，修曲阜孔子庙。

7.7.143 《清史稿·德宗纪》

（光绪三十四年）九月癸未朔，予先儒顾炎武、王夫之、黄宗羲从祀文庙。

7.7.144 《清史稿·宣统纪》

（光绪三十四年十一月）庚寅，以即位前期告祭天地、宗庙、社稷、先师孔子，告祭大行太皇太后、大行皇帝几筵。……丙午，遣官告祭孔子阙里、历代帝王陵寝、五岳、四渎。

（又见于《清实录·宣统朝实录》卷二）

7.7.145 《清实录·宣统朝实录》卷八

（宣统元年二月）丁巳，祭先师孔子，遣庄亲王载功恭代行礼。

7.7.146 民国《续修曲阜县志》卷一

宣统元年，岁次己酉七月戊申朔越二十一日戊辰，皇帝遣青州副都统英瑞致祭于先师孔子神位前曰："治统缘道统而益隆，作师与作君而并重。维先师孔子，德建儒宗，道垂帝范，开斯民之先觉，集群圣之大成。"

7.7.147 《清实录·宣统朝实录》卷一九

宣统元年，己酉，八月，丁丑朔，祭先师孔子，遣豫亲王懋林恭代行礼。

7.7.148　《清实录·宣统朝实录》卷三一

（宣统二年二月）丁丑，祭先师孔子，遣顺承郡王讷勒赫恭代行礼。

7.7.149　《清实录·宣统朝实录》卷四〇

（宣统二年八月）丁丑，祭先师孔子，命肃亲王善耆行礼。

7.7.150　《清实录·宣统朝实录》卷四九

（宣统三年二月丙子）祭先师孔子，派豫亲王懋林恭代行礼。

7.7.151　《清史稿·宣统纪》

（宣统三年三月）癸亥，汉儒赵岐、元儒刘因俱从祀文庙。

（又见于《清实录·宣统朝实录》卷五一）

7.7.152　《清实录·宣统朝实录》卷六〇

（宣统三年八月）丁酉，祭先师孔子，遣豫亲王懋林行礼。

附录　部分帝王对孔子的封谥

朝代	封谥帝王	具体年份	谥号	文献记载
周	鲁哀公	周敬王四十二年	尼父	《史记·孔子世家》《春秋左传·哀公十六年》《礼记·檀公上》《孔子家语·终记》《历代尊孔纪》《阙里志》卷六
西汉	平帝	元始元年	褒成宣尼公	《汉书·平帝纪》《至圣世纪》《孔氏祖庭广记·追崇圣号》《册府元龟》卷四九《帝王部·崇儒术第一》、《阙里志》卷六、《文庙丁祭谱》《历代尊孔纪》
北魏	孝文帝	太和十六年	文圣尼父	《魏书·孝文帝纪》、乾隆《山东通志》卷一一《阙里志三》、《孔氏祖庭广记·追崇圣号》《册府元龟》卷四九《帝王部·崇儒术第一》《阙里志》卷六、《历代尊孔纪》
北周	静帝	大象二年	邹国公	《周书·宣帝纪》;《北史·周本纪下第十》《至圣世纪》《孔氏祖庭广记·追崇圣号》《孔氏祖庭广记·历代崇奉诏文》《孔氏祖庭广记·学庙亲祠皇太子附》《册府元龟》卷四九《帝王部·崇儒术第一》、《阙里志》卷六、《阙里志》卷一四、《文庙丁祭谱》卷二之一、《历代尊孔纪》
隋	文帝	开皇元年	先师尼父	《至圣世纪》《阙里志》卷六
唐	太宗	贞观二年	先圣	《新唐书·礼乐志》《至圣世纪》《孔氏祖庭广记·追崇圣号》《孔氏祖庭广记·崇奉杂事》《文庙丁祭谱》卷二之一

续表

朝代	封谥帝王	具体年份	谥号	文献记载
唐	太宗	贞观十一年	宣父	《新唐书·礼乐志》《孔氏祖庭广记·追崇圣号》《孔氏祖庭广记·历代崇重》《阙里志》卷六、《文庙丁祭谱》卷二之一、《历代尊孔纪》
唐	高宗	显庆二年	先圣	《新唐书·礼乐志》《至圣世纪》《孔氏祖庭广记·崇奉杂事》《阙里志》卷六、《文庙丁祭谱》卷二之一、《历代尊孔纪》
唐	高宗	乾封元年	太师	嘉靖《山东通志》卷三七《遗文上·御制类》、《旧唐书·高宗纪》《新唐书·高祖纪》《阙里志》卷一四、《全唐文》卷一二《赠孔子为太师诏》、《孔氏祖庭广记·追崇圣号》《孔氏祖庭广记·历代崇奉诏文》《孔氏祖庭广记·林庙亲祠》《册府元龟》卷五〇《帝王部·崇儒术第二》、《阙里志》卷六、《文庙丁祭谱》卷二之一、《历代尊孔纪》
唐	武则天	天绶元年	隆道公	《至圣世纪》《孔氏祖庭广记·追崇圣号》《阙里志》卷六、《历代尊孔纪》
唐	玄宗	开元二十七年	文宣王	《孔氏祖庭广记·崇奉杂事》、《阙里志》卷六
宋	真宗	大中祥符元年	玄圣文宣王	《宋史·真宗纪》《宋史·礼志·吉礼》《孔氏祖庭广记·追崇圣号》《孔氏祖庭广记·林庙亲祠》《孔氏祖庭广记·历代崇重》《阙里志》卷六、《阙里志》卷一二、《历代尊孔纪》
宋	真宗	大中祥符五年	至圣文宣王	《孔氏祖庭广记·追崇圣号》《阙里志》卷六、《文庙丁祭谱》卷二之一、《历代尊孔纪》
元	成宗	大德十一年	大成至圣文宣王	嘉靖《山东通志》卷三七《遗文上·御制类》、《元史·祭祀志》、《阙里志》卷六、《阙里志》卷一四、《文庙丁祭谱》卷二之一、《历代尊孔纪》
明	世宗	嘉靖九年	至圣先师孔子	《明史·世宗纪》《阙里志》卷六、《文庙丁祭谱》卷二之一

续表

朝代	封谥帝王	具体年份	谥号	文献记载
清	世祖	顺治二年	大成至圣文宣先师孔子	《清史稿·礼志·吉礼》《文庙丁祭谱》卷二之二、《历代尊孔纪》
清	世祖	顺治十四年	至圣先师	《清史稿·世祖纪》《清实录·顺治朝实录》卷一〇八、《历代尊孔纪》

主要参考文献

[明]陆釴等纂修:《山东通志》影印本,明嘉靖刻本。

[清]岳濬等监修,杜诏等编纂:《山东通志》影印本,清乾隆刻本。

[清]杨士骧等修,孙葆田等纂:《山东通志》,商务印书馆山东通志刊印局1934年铅印。

[清]孙永汉、李经野等修纂:《续修曲阜县志》,成文出版社1934年铅印版。

[明]赵滂辑:《程朱阙里志》,清雍正三年重刊本。

[汉]司马迁:《史记》,中华书局2009年版。

[汉]班固:《汉书》,中华书局2007年版。

[南朝宋]范晔:《后汉书》,中华书局2007年版。

[晋]陈寿:《三国志》,中华书局2009年版。

[唐]房玄龄等:《晋书》,中华书局2015年版。

[梁]沈约:《宋书》,中华书局1997年版。

[梁]萧子显:《南齐书》,中华书局1972年版。

[唐]姚思廉:《梁书》,中华书局1973年版。

[唐]姚思廉:《陈书》,中华书局1972年版。

[北齐]魏收:《魏书》,中华书局1974年版。

[唐]李百药:《北齐书》,中华书局2008年版。

[唐]令孤德棻等:《周书》,中华书局1971年版。

[唐]魏征等:《隋书》,中华书局1973年版。

[唐]李延寿:《南史》,中华书局1975年版。

[唐]李延寿:《北史》,中华书局1974年版。

[后晋]刘昫等:《旧唐书》,中华书局1975年版。

[宋]欧阳修、宋祁等:《新唐书》,中华书局1975年版。

[宋]薛居正等:《旧五代史》,中华书局 1976 年版。

[宋]欧阳修:《新五代史》,中华书局 1974 年版。

[元]脱脱等:《宋史》,中华书局 1977 年版。

[元]脱脱等:《辽史》,中华书局 1974 年版。

[元]脱脱等:《金史》,中华书局 1975 年版。

[明]宋濂等:《元史》,中华书局 1976 年版。

[清]张廷玉等:《明史》,中华书局 1974 年版。

赵尔巽等:《清史稿》中华书局 1977 年版。

[明]内府辑:《明实录》,傅斯年、王崇武、黄彰健等校勘,(台)"中央"研究院历史语言研究所 1962 年影印本。

[明]朱元璋:《明太祖宝训》,(台)"中央"研究院历史语言研究所 1962 年影印版。

[明]朱祁镇撰:《大明英宗睿皇帝宝训》,(台)"中央"研究院历史语言研究所 1962 年影印版。

[明]朱厚熜撰:《大明世宗肃皇帝宝训》,(台)"中央"研究院历史语言研究所 1962 年影印版。

[清]蒋良骐:《东华录》,中华书局 1980 年版。

[清]董诰等编:《全唐文》,中华书局 1983 年版。

[清]王聘珍撰:《大戴礼记解诂》,中华书局 1983 年版。

[清]官修:《清实录》,中华书局 1985 年影印版。

[宋]孔元措编纂:《孔氏祖庭广记》,《孔子文化大全》影印本,山东友谊书社 1989 年版。

[明]陈镐纂修:《阙里志》,《孔子文化大全》影印本,山东友谊书社 1989 年版。

[清]蓝钟瑞等纂,陈锦订:《文庙丁祭谱》,《孔子文化大全》影印本,山东友谊书社 1989 年版。

[清]魏象枢:《寒松堂集》,山西人民出版社 1992 年版。

[清]严可均辑:《全上古三代秦汉三国六朝文》,商务印书馆 1999 年版。

[清]康熙:《圣祖仁皇帝御制文集》,吉林出版集团 2005 年版。

[清]李灼、黄晟合辑:《至圣编年世纪》,商务印书馆 2005 年版。

国学整理社辑:《诸子集成》,中华书局 2006 年版。

[清]陈梦雷编:《明伦汇编官常典圣裔部》,中国戏剧出版社 2008 年影印版。

[汉]刘向:《说苑》,北京大学出版社 2009 年版。

[唐]吴兢:《贞观政要》,中华书局 2011 年版。

王国轩、王秀梅译注:《孔子家语》,中华书局 2011 年版。

[宋]王钦若等编修:《册府元龟》,中华书局 2012 年版。

[清]章梫纂:《康熙政要》,中州古籍出版社 2012 年版。

[明]杨士奇:《三朝圣谕录》,国家图书馆出版社 2013 年影印版。

[宋]李心传纂,朱军点校:《道命录》,上海古籍出版社 2016 年版。